G. SCHMID (HG.)
DIE ZEICHEN DER HISTORIE

D1666516

LUDWIG-BOLTZMANN-INSTITUT FÜR HISTORISCHE SOZIALWISSENSCHAFT
MATERIALIEN ZUR HISTORISCHEN SOZIALWISSENSCHAFT

5

Die Zeichen der Historie

Beiträge zu einer semiologischen Geschichtswissenschaft

Herausgegeben von

GEORG SCHMID

1986

HERMANN BÖHLAUS NACHF. WIEN · KÖLN

Materialien zur Historischen Sozialwissenschaft 5

Herausgegeben von Gerhard Botz

Ludwig-Boltzmann-Institut für Historische Sozialwissenschaft
c/o Institut für Geschichte, Universität Salzburg, Mirabellplatz 1, A-5020 Salzburg.

Gedruckt mit Unterstützung durch das
Bundesministerium für Wissenschaft und Forschung
und der Salzburger Landesregierung.

CIP-Kurztitelaufnahme der Deutschen Bibliothek

Die Zeichen der Historie: Beitr. zu e. semiolog.
Geschichtswiss. / hrsg. von Georg Schmid — Wien ;
Köln ; Graz : Böhlau, 1986.
   (Materialien zur historischen Sozialwissen-
   schaft ; 5)
   ISBN 3-205-07079-8
NE : Schmid Georg [Hrsg.] ; GT

ISBN 3-205-07079-8
Copyright © 1986 by Hermann Böhlaus Nachf. Gesellschaft m.b.H.,
Graz-Wien
Druck: Novographic, Wien

INHALTSVERZEICHNIS

GEORG SCHMID

Präsentation

Die Geschichtsbilder der Moderne, wie sie sich in den nachfolgenden Beiträgen abzeichnen, sind nicht nur nach ihrem inneren (intrinsischen) Wert zu lesen, sondern auch im Hinblick auf die Beziehungen, die zwischen den einzelnen Aufsätzen ein Netz des Extrinsischen, ein Geflecht gegenseitiger Erhellungen ergeben. Egal wo auch immer mit dem Lesen angefangen werden mag: bereits die Lektüre von zwei Aufsätzen wird deutlich werden lassen, welche Relationen aufgrund der Positionen, die in den einzelnen Beiträgen eingenommen werden, zustandekommen. Diese Verschränkungen, motivischen Bezüge und Echos sind natürlich unter editorischem Gesichtspunkt intendiert, doch war den einzelnen Beiträger/inne/n nichts als der vorweg abgesteckte Gesamtrahmen des Buchs vorgegeben — den Konstrukt- oder Zeichencharakter der Historie, ihre Imagologie, Semiologie und Dekonstruktion von dieser oder jener Perspektive aus zu untersuchen.

In den letzten Jahren war eine Ausweitung des geschichtswissenschaftlichen Horizonts zu beobachten, die Position, Status und Prestige der historischen Wissenschaften erheblich verändert hat. Wenn aber heute auch die unmittelbare Krise derselben überwunden scheint, ist es andererseits doch unübersehbar, dass integrale Probleme weiterbestehen — sie sind in Gefahr, in der neugewonnenen (Wieder-) Aufschwungsphase verdrängt zu werden. Hat die Geschichtswissenschaft neues (Selbst-)Verständnis gefunden, weil sie sich neue Forschungsgegenstände gegeben hat (z.B. Geschichte der Unterschichten), weil sie »klassische« Themen anders angeht, oder ist der neuerliche Zugewinn an Renommee auf methodologische Innovationen zurückzuführen (z.B. auf den ethnohistorischen Blick auf die Unterschichten)? (Dem ersten entspricht in diesem Buch etwa der feministische und der Film-Block, dem zweiten entsprechen die Aufsätze »Intrige als Kultur« und der von *Brigitte Mazohl-Wallnig*, dem dritten alle jene, die beispielsweise semiologische und/oder linguistische Verfahrensweisen für die Geschichte operabel machen.)

Wenn sich heute mancherorts im Bereich der Geschichtswissenschaft wieder ein Verlangen nach der Rückkehr zu einfachen, vertrauten und gewohnten Mustern zeigt, ist das nicht nur ein Alarmsignal — es könnte eine Rückkehr zu blosser politischer und Diplomatiegeschichtsschreibung eintreten, bei Bevorrangung biographischer Methoden und gebunden an das Dogma, hier sei die Wahre Geschichte —, sondern ruft doch auch schon Gegenbewegungen auf den Plan — den Ehrgeiz zu zeigen, was

Erneuerte Geschichtsschreibung zu leisten vermag, wenn sie, ohne Einschränkung auf das eine oder das andere Gebiet, methodisch pluralistisch und des Zeichencharakters der historiographischen Operation eingedenk, aus sich herausgeht. Der Bereich der Geschichtswissenschaft hat im Laufe des letzten Jahrhunderts manche Reduktion hinnehmen müssen (Ausklammerung der Kunstgeschichte, zentrifugale Tendenzen der Wirtschaftsgeschichte, neuerdings eine Art Separatismus der Zeitgeschichte etc.), was allerdings wesentlich auf die Indolenz der zentrierenden Geschichtsbetrachtung des »main-stream« zurückzuführen war, die alles (Wesentliche) auf die politische Geschichte rückführbar setzen wollte. Es ist an der Zeit (und die Gelegenheit ist momentan nicht ungünstig), wieder das gesamte Feld zu erschliessen — aus der Geschichtswissenschaft die historischen Wissenschaften zu machen —, den verbal nie aufgegebenen Universalitätsanspruch einzulösen, allen Facetten »des Historischen« gerecht zu werden. Das impliziert allerdings eine enorme Palette, und erfordert die Bereitschaft, auch Zugänge, Darlegungsweisen und Bereiche zu akzeptieren, die scheinbar nach dem Verständnis der Orthodoxie nicht »selbstverständlich« integraler Bestandteil »der Geschichte« sind.

Die momentanen Spannungen innerhalb der Historikerzunft — thematischer und methodischer Neokonservativismus versus Innovationsdynamik in Objekt- wie in darstellerischer Hinsicht — können durchaus produktiv gemacht werden. Die Zunft sanktioniert und gratifiziert oder pönalisiert nach einem Orthodoxie-Heterodoxie-Koeffizienten. Der Trend zurück zu den klassischen Grossen Themen wird zumindest infragegestellt durch einen umgekehrten: gemäss der Vorstellung, dass sich die historischen Wissenschaften einer permanenten Erneuerungsdynamik anheimgeben sollten, ist die Geschichte (und hinfort die Historiographie) niemals abschliessbar; die historische Studie, die alle weiteren historischen Studien überflüssig macht, wird (wenn auch manche von ihr phantasieren) nie geschrieben werden, und das ist gut so. Die endgültige Antwort durch das e i n e Buch, die autoritative »clôtierende« Monographie ist eine Schimäre.

Strömungen, die auch heute noch als (neo)historisch bezeichnet werden können, insistieren auf den Einmaligkeiten, Individualitäten etc. des Geschichtlichen; umgekehrt sollen aber die historiographischen Studien — dies wäre zumindest der erträumte Fluchtpunkt — die Wahrheit gewinnen und das Endgültige sagen, den Schlusspunkt, in Form einer unwiderruflichen Antwort, setzen. Im Hinblick darauf wäre die Unsicherheit, die, im Gefolge gerade von aussen an sie herangetragener Verunsicherung, weite Teile der Historikerzunft ergriffen hat, eine konstruktive: diese Unsicherheit hat Heterologien produziert. Ihre Resultate sind »neue Themen«, »neue Umgangsformen«, »neue Zugänge«. — Wer anders fragt, erhält auch andere Antworten. Das heisst, nichts von der »Alten Geschichte« muss verworfen werden, die neue — sich durch die Verwendung korrigierender Rückkopplungsschleifen um die Fortführung bemühende — setzt die alte fort, schreibt sie weiter (und schreibt sie damit freilich auch um), invertiert sie wohl auch manchmal (und stellt sie damit auf die Füsse).

Die Geschichtswissenschaft war in letzter Zeit nicht selten in Diskussionen um ihre Legitimität und Identität verwickelt. Bisweilen hatte es den Anschein, dass der innere Zusammenhalt der Historiker-»Zunft« hinsichtlich dieser »Bedrohung« ein umgekehrt proportionaler war: je mehr von aussen her die Zerrissenheit betont wurde, desto, mehr rückte man innerhalb der »Zunft« zusammen.

Dies gereichte nicht nur dem Image der Geschichtswissenschaft zum Schaden, es konnte dabei naturgemäss auch nicht ohne erhebliche innere Zwistigkeiten abgehen, die allerdings nach aussen hin mehr oder weniger gut verschleiert wurden. Jedenfalls setzten sich gewisse Strömungen auf Kosten anderer — und nicht immer zum Nutzen der gesamten Wissenschaft — durch. Auffällig war dabei eine eigentümliche nationale Distribution: in verschiedenen Kulturbereichen setzten sich gleichzeitig durchaus konträre Paradigmata durch, was übrigens auch die transnationale Verständigung und Verständlichkeit erschwerte. Die hier versammelten Aufsätze können, wie sie zueinander in Beziehung gesetzt sind, auch zu einer Wiederannäherung (fast könnte man sagen: Versöhnung) Beträchtliches beisteuern (*David Rodowicks* Aufsatz macht auf ein aufgeschlossenes Rezeptionsklima aufmerksam; *Jeff Bernard, Gloria Withalm, Herbert Lauenroth* und *Brigitte Mazohl-Wallnig* bringen italienische Themen und Theorien ins Spiel; die Beiträge von *Michèle Lagny, Arthur Marwick, Marie-Claire Ropars-Wuilleumier* und *Pierre Sorlin* sind, im nationalen Überschreiten Britannien/ Frankreich, durchaus im Zusammenhang zu lesen*).

Dieses Buch zeigt, indem es britische, italienische, französische und US-amerikanische Arbeiten mit solchen aus dem deutschen Sprachraum vereinigt, nicht nur transnationale Zusammenhänge von Pionierarbeiten, sondern ebenso motivische Entsprechungen und — gewiss — auch Ungleichheiten auf: wiewohl sich hier das Rapprochement abzeichnet, geht es nicht um unbillige Homogenisierung. Auch dies ist — nicht zuletzt — Folge von Methodologischem; es hat manchen zu denken gegeben, dass ausgerechnet der exakteste Zweig der Forschungstaktiken, die Quantifizierung, häufig genug die heterodoxesten Ergebnisse gezeitigt hat. Es ist nicht

---

* Es ist in diesem Zusammenhang bemerkenswert, dass Arthur Marwick und Pierre Sorlin für den Internationalen Historikerkongress 1985 in Stuttgart gemeinsam einen *rapport* verfasst haben, der eine der Hauptgrundlagen für die Sektion *Methodologie: Film und Geschichte* (Präsident: Karsten Fledelius, Vizepräsidenten: G. Heidorn, Wilhelm van Kampen, Y. A. Polyakov und Georg Schmid) darstellte. Die internationale Historikervereinigung hat damit etwas sanktioniert — und gegenüber diesen einen merkbaren Vorsprung erzielt —, was von den meisten nationalen Organisationen in seiner Existenz noch nicht einmal wahrgenommen worden ist. Cf. Film et Histoire. Social Change in 1960's Europe: Four Feature Films, cf. auch Karsten Fledelius: Film and History — an Introduction to the Theme; Comité International des Sciences Historiques, XVIᵉ Congrès International des Sciences Historiques, Stuttgart 1985, Rapports I, Grands thèmes, méthodologie, sections chronologiques (I), pp. 214sq. u. 180sq.

zuletzt den daraus erwachsenen (produktiven) Unsicherheiten zu danken, dass heute die gesamte Landschaft des Geschichtlichen anders gedacht zu werden beginnt; die »historische Sozialwissenschaft« bedient sich anderer Mittel, sieht ihre Fakten in neuem Licht (kann etwa zwischen »harten« und »weichen« unterscheiden), gewinnt neue Geschichtsbilder.

In den historischen Wissenschaften beginnt sich eine neue Materialität abzuzeichnen, die nicht im historischen Referenten angesiedelt ist, sondern in der Schrift der Historie. Unsere neuen Geschichtsbilder resultieren a fortiori auch in neuen Façons, Geschichte zu schreiben. Diese neue Materialität der Historie ist eine der Zeichen, wie sie gesamtgesellschaftlich produziert werden. Sie beruht wesentlich auf der Art und Weise, wie die historiographische Bezeichnung zwischen sich und ihren »geschichtlichen Gegenständen« Beziehungen herstellt — semiologisch gesprochen: die Bedeutungsherstellung erweist ihren materialen Charakter, indem sie die via Zeichen zustandekommenden Analysen und Deskriptionen und Explikationen mit dem Referenten korrelationiert. In der Versöhnung von Vorstellung und Darstellung, von historiographischer Spezialistenarbeit mit gewöhnlichen Geschichtsbildern enthüllt sich diese Materialität als eine — in weitestem Sinn — der Schrift.

Das primäre Kriterium für die Auswahl der nachfolgenden Untersuchungen war indessen kein einheitlicher Zeichenbegriff, keine alleinige semiologische Methode oder auch nur völlig vergleichbare theoretische Grundtendenz (Foucault etwa, der im Beitrag von *Hans Petschar* positiv konnotiert vorkommt, wird bei *Jeff Bernard* und *Gloria Withalm* negativ akzentuiert). Es lag also unter editorischem Gesichtspunkt fern, auf eine homogene Auffassung von Semiologie/Semiotik hinauszuwollen oder sie zu unterstellen (deshalb auch die Offenheit in puncto Terminologie: Semiologie oder Semiotik?). Geschichte ihrerseits wird auch weiterhin ohne direkten oder indirekten Rekurs auf das semantische und substantielle instrumentelle Inventar von Semiologie/Semiotik geschrieben werden. Es wird allerdings schwieriger werden, an der naiven Annahme festzuhalten, die Geschichtsschreibung be-schreibe einen ihr zwar vielleicht äusserlichen, aber gleichsam präsenten Gegenstand.

Den hier vorgelegten Aufsätzen ist demgegenüber gemein, dass sie, gleich ob sie semiologische/semiotische Nomenklatur benützen oder nicht (wie etwa bei *Gunther Barth*), auf die eine oder andere Weise dem be-zeichnenden Charakter aller Geschichts-Schreibung Rechnung tragen. Dieser Band setzt damit, auf sehr vielfältige Weise, einen Standard, den sich die Geschichtswissenschaft inzwischen sehr wohl selbst zusprechen kann — ja, im Hinblick auf die Fortschritte der Nachbarwissenschaften geben muss, will sie ihre Chancen nützen: redet sie von sich selbst als einer Sozialwissenschaft, muss sie auch den Wissenschaftlichkeitskriterien genügen, die auf benachbarten Feldern schon seit längerem zur Selbstverständlichkeit geworden sind.

Es zeigt sich in diesem Band auch, wie unter unseren Augen »das Archiv« sich verändert, neue Gestalt annimmt, andere Dimensionen gewinnt. Archiv bedeutet auf einmal — denkt man an Frauengeschichte, also Geschichte systematischer Ausschliessung, Geschichte des Imaginären oder der Kollektive, wie sie sich für die Urbanistik darstellen — nicht mehr nur (aber andererseits immer noch) das, was von Oberschichten bewusst hervorgebracht und in bestimmten Speichern gehortet wurde. Das Neue Archiv kann — virtuell — überall ausgemacht werden: es ist das Corpus, das sich der Historiker selbst schafft, indem er ein Thema und eine Arbeitsweise wählt, seine Motivationen und seinen Darstellungsgestus dabei in Rechnung stellend. Alles kann mit einem Mal Material der Historie werden — es zeigt sich unvermutet in seinem ganzen ihm inhärenten Reichtum. Dieser findet sich auch, aber keineswegs nur mehr in den klassischen Archiven. Die im folgenden ausgebreiteten Geschichtsauffassungen und -darstellungen fügen also der Geschichte wieder hinzu, was ihr unbillige Einengungen und Ausschliessungen genommen haben (so wird etwa der Bibliothek die Filmothek hinzugesellt). Die Schätze der Geschichte sind ungleich umfangreicher, als wir es uns noch vor relativ kurzer Zeit haben träumen lassen. Voraussetzung dafür, sie nicht brachliegen zu lassen, ist allerdings, dass die Historiker neue Formen des Umgangs mit ihnen, etwa in Form von Beschreibung und Zuschreibung, entwickeln (weswegen hier ein so nachdrücklicher Akzent auf Textlinguistik, -theorie und -praxis gesetzt wird).

Vieles von dem, was (wie es *Michel de Certeau* in seinem Aufsatz formuliert) neben dem Computer — und ich füge hinzu: neben dem Archiv — liegen geblieben ist, wird im vorliegenden Buch aufgegriffen und verarbeitet. (Nicht dass diese stupende Palette des bisher Abgewiesenen im Archiv keinen Platz hätte oder grundsätzlich nicht quantifizierbar wäre: es gibt beispielsweise längst — und seien sie private — Filmarchive, nur wurden sie bisher nicht akzeptiert und kanonisiert; und dass etwa Geschichte der Unterschichten ohne »Quantifizierung« gar nicht hätte geschrieben werden können, hat sich in den letzten Jahren eindrucksvoll erwiesen — Einsichten, die allerdings auf andere thematische und methodische Dimensionen umgelegt werden müssen.) Der Reichtum des aus »der« Geschichte bisher Ausgeklammerten ergibt schliesslich auch die ganze Faszination einer Innovationsdynamik. Eines ihrer Hauptcharakteristika ist bemerkenswerterweise, dass die Ausweitung zu niemandes Lasten geht — sie ist kein Wissenschaftsimperialismus —, sie bringt lediglich (wie hier an den Beispielen Feminismus, Film oder Texttheorie deutlich wird, also sowohl im Hinblick auf »Objekte« wie auch auf »Anschauungsweisen«) etwas in den Kanon ein, das im Alten Kanon nur wegen dessen Verengung keinen Platz gefunden hat.

Etwas Vergleichbares trifft auch im Hinblick auf die Umgangsweisen mit und Darstellungsformen von »klassischem« Material zu. So wie man sich dahingehend verständigt hat, dass es nicht nur gilt, eine Geschichte des Politischen (und politisch Manifesten) zu schreiben — aber auch diese —, zeigt sich einem schlagartig ein stupendes Panorama anderer/zusätzlicher Geschichte(n) — der Mythen und Sagen, der Märchen und Legenden, des kollektiv Unbewussten, der Bilder und Vorstellungen, des und der Ausgeschlossenen... Vieles von dem, was bisher ausgeschlossen — hier also von der Geschichte sich selbst vorenthalten — war, ist hier restituiert: die Frauen (aber nicht nur als »soziale Gruppe«, sondern auch hinsichtlich des Blicks der Frauen), das Legendenhafte der traditionalen Geschichtsvorstellungen (also der konstruktivistische Charakter aller Historiographie) oder eben die unerschöpfliche Fülle eines von der Orthodoxie für unmöglich gehaltene Reservoirs (das Corpus ist überall und vermag mit den hier aufgezeigten Methoden auch zum Sprechen gebracht zu werden). Wenn wir die Spezifität der historischen Recherche als Historie-auf-der-Suche-nach-Geschichte begreifen, zeigt sich kraft dieses Zugewinns die Geschichte auch — und in zweifacher Hinsicht — als Wirkendes: gesellschaftliche Produktivität und — später — Produktivität durch eben diese Re-cherche — Geschichte und Schreibung der Geschichte versöhnt.

Der Vielwertigkeit permanent erneuerbarer Geschichte tragen also die zahlreichen verschiedenen Zugänge der hier versammelten Beiträge Rechnung. Die Kohärenz der hier angewandten Methoden liegt darin, dass diese dem Geschichtlichen neue Horizonte geben; völlige methodologische Homogenität hätte demgegenüber restringierend gewirkt. Die Pluralität des »geschichtlichen Gegenstands« (auf der rhetorisch — und meist zu Unrecht, weil ihr tatsächlich in der Regel nicht Genüge getan wurde — insistiert wurde) bedingt auch eine Pluralität der Einstiege und Ansätze, und dementsprechend gibt es für den Leser der nachfolgenden Aufsätze auch eine Vielheit verschiedener Einstiegsmöglichkeiten, seien sie methodischer oder »sachlicher« Natur, orientieren sie sich nun primär an bisher Vernachlässigtem oder an der Neuschreibung von schon vordem durch die Geschichswissenschaft Behandeltem. Die Polyvalenz und Heterologie ist demzufolge Resultat jener Palette von diversen Eintritten in die Geschichte; auch dafür mag das im Titel figurierende Wort Zeichen einstehen (viele Lesarten, Zeichen für etwas, Spuren ...).

Die einzelnen Aufsätze sind also nicht durch Standardisierung aufeinander bezogen, und wenn sich in wiederkehrenden Motiven immer wieder ein kollektives Unbewusstes in seiner temporalen Tiefe, der Bildcharakter historischer Vorstellungen, das Latente aller Geschichte(n) oder die Momente der Schreibung abzeichnen, ist das — bezogen auf die Beiträge, die der »Salzburger Schule« entstammen — nicht nur auf ein bestimmtes Rezeptions-, Diskussions- und Forschungsklima zurückzuführen, das diesen Arbeiten eine teils ähnliche Orientierung vorgegeben haben mag, sondern vor allem auf Faktoren, die den entsprechenden Forschungspraxen inhärent sind. Dieser Umstand geht nicht zuletzt daraus hervor, dass die bereits früher abgedruckten (und hier in Übersetzung wiedergegebenen) Beiträge ähnliche (wenn nicht zuweilen identische) Bezüge und Verfahrenstechniken aufweisen. Naturgemäss wurden diese letztgenannten Beiträge so placiert, dass das Erkennen jener gewissen Kongruenz leicht möglich sei; die einzelnen thematischen Blöcke und die ihnen eventuell zuzuordnenden Verfahrensweisen überspringen also die Grenzlinien zwischen nationalen Forschungs- und Darstellungstraditionen.

Eines der Hauptmotive dieses Buchs ist es zu zeigen, dass (und auf welche Weise) »die Geschichte« mit »den Zeichen« zu tun hat. Diese ebenso neutrale wie generelle Formulierung ist angebracht, weil in einigen Aufsätzen weder semiologische/semiotische Terminologie (respektive Methode) angewendet wird, noch spezifische entsprechende Ziele verfolgt werden (diese Beiträge sind gewissermassen durch den allgemein formulierten Haupttitel repräsentiert). In einer Reihe von anderen Aufsätzen, beispielsweise in denen von *Jeff Bernard* und *Gloria Withalm* sowie von *Peter Stockinger* auf ganz direkte Weise, ist hingegen der Ehrgeiz offenkundig, nicht nur zur semiologischen/semiotischen Diskussion beizutragen, sondern auch ihre Wichtigkeit für die Geschichtswissenschaft nicht unbeachtet zu lassen, was in manchen anderen Beiträgen wiederum sogar eines der Hauptziele ausmachen mag (etwa bei *Michèle Lagny* und *Pierre Sorlin* sowie bei *Marie-Claire Ropars-Wuilleumier*, was die Herkunft der entsprechenden Methoden aus der Textlinguistik anbelangt, oder etwa bei *Hans Petschar, Sigrid Schmid-Bortenschlager* oder *Georg Schmid*, im erst- und letztgenannten Fall mit explizitem Bezug auf die Geschichtswissenschaft). Die Kompatibilität von Semiologie/Semiotik und Geschichtswissenschaft wird dergestalt von mehreren durchaus unterschiedlichen Blickwinkeln aus nachgewiesen, und in dem einen oder anderen Beitrag (etwa bei *Herbert Lauenroth*) klingt sogar so etwas wie eine Unverzichtbarkeit der Semiologie für die Geschichtswissenschaft an, was mit dem Schlagwort »Semiohistorie« zu umschreiben wäre.

Egal ob es sich um eine ausführliche Darstellung der Rossi-Landischen Semiotik, wie sie sich mit Geschichtsdenken, Dialektik und Marxismus nicht nur versöhnt, sondern sich mit diesen sogar integral verbindet, oder etwa um den urbanistischen Beitrag *Gunther Barths* handelt, der den konstruktiven Wert konkreter Utopien, abseits der Zeichenüberlegungen, für den realen Geschichtsverlauf darstellt (also wie der Städtebau durch die Vorstellungen von der — idealen — Stadt beeinflusst wurde), in jedem Fall wird die Machbarkeit und das Gemachte der Geschichte durch soziale Praxis — oder, anders ausgedrückt, der Konstruktcharakter des Geschichtlichen und des Historiographischen — deutlich, was so oder so impliziert, dass auch dem Zeichencharakter der historiographischen Diskurse nachgegangen wird.

Auch dies kann unter ganz verschiedenen Gesichtspunkten erfolgen. Damit wird nicht auf die sattsam bekannten Diskussionen über den »Minimalkonsensus« in der Geschichtswissenschaft angespielt, der allzu oft nur auf Selbstverständlichkeiten hinauslief (intellektuelle Ehrlichkeit, prinzipielle Nachvollziehbarkeit der Darstellung, Nachprüfbarkeit des verwendeten Materials etc., etc.). Die hier versammelten Beiträge sind zum überwiegenden Teil und hauptsächlich das Ergebnis von Arbeiten, die üblicherweise dem »praktischen« Pol der geschichtswissenschaftlichen Arbeit zugerechnet werden; es geht demzufolge darum, dass »Geschichte« nicht einfach — sozusagen vergleichbar mit Natur — »passiert«, sondern dass sie gemacht wird, so wie es eben ihre Schreibung schwer entscheidbar macht, wie weit die »Rekonstruktion« reicht und wo die genuine Konstruktion beginnt. Die einschlägigen »theoretischen« Debatten, denen es darum ging, das epistemologische Statut der Historiographie in dieser Hinsicht zu eruieren, verschleierten, ohne es zu wollen, oft genug, dass viele Historiker, in die Enge getrieben, immer noch in Versuchung kommen, sich auf das pure Interesse am Vergangenen zu berufen, auf die Notwendigkeit zu wissen, was »eigentlich« geschehen sei, auf das »Handfeste« der nicht selten naiv akzeptierten »Fakten«, kurz: auf die »Altgierde«, wie es J. und O. Radkau ausgedrückt haben.

Solche (oder ähnliche) Rekurse sind hinter zahllosen Verweigerungs-, Abblockungs- und Verhinderungsstrategien auszumachen. Deshalb schien es zweckmässig, in diesem Band Arbeiten zu versammeln, die direkt aus der Forschungspraxis abzuleiten sind (und damit ebenso direkt von ihren »Gegenständen« herzukommen scheinen), weil dann die theoretische Apathie keinen Angriffspunkt gewinnen kann: wenn etwa der Aufsatz von *Arthur Marwick* entsprechende Problematisierungen unmittelbar aus seinem in mehreren bekannten Büchern manifestierten sozialhistorischen Interesse ableitet, ist es aufgrund dieser Verzahnung von »Konkretem« und seiner daraus erwachsenden kritischen Überprüfung unmöglich, ihn mit letztlich theoriefeindlichen Scheinargumenten zu negieren. Wenn *Brigitte Mazohl-Wallnig* am Beispiel des Zustandekommens historiographischer Bausteine zeigt, wie sogenannte Geschichtsbilder entstehen, führt sie »die Geschichte« auf eine ihrer Quellen zurück, die (in) der historischen Apparatur selbst entspringt, also die Praxis des Geschichte-Schreibens an einen ihrer »Ursprungs«-Punkte; und wenn *Walter Seitter* anhand eines seltsamen (unaufführbaren?) Theaterstücks zeigt, wie allenthalben mit Geschichte gespielt werden kann, bringt er eine gesellschaftliche Praxis zur Sprache, die, ungeachtet aller Einwände der Historiker-Profession, »die Geschichte« nicht so sakrosankt erscheinen lässt, wie sie manchen erscheinen mag: in allen diesen (und anderen Fällen) steht nicht die theoretische Spekulation Pate, sondern die jeweilige Praxis, sei sie nun bezogen auf die Sozialgeschichte, die Historiographie selbst oder auf den Bereich des Theaters (etc.), wie es Geschichte lediglich als eine Art Hintergrund in Gebrauch nimmt.

Es gehe, hört man immer wieder, »um die Geschichte (an sich?)« (als würde sie von sozialer Praxis in einem fort nur »verunreinigt«); diese oder jene andere Motivation, die in ihr allenfalls mitschwinge, sei, gleich ob methodologischer oder epistemologischer Art, in jedem Fall »sekundär«: *die*-Geschichte-wie-sie-sich-abgespielt-hat, sei das primäre. Mit diesem Scheinargument machte und macht man Stimmung (gegen die »Abweichler«), bringt man zum Verstummen (welcher Rekurs wäre schon gegen »*die* Geschichte« möglich?), zwingt man auch zu (Lippen-)Bekenntnissen (die dann Praxis und Praxologie aller historiographischen Tätigkeit beeinflusst). Nicht zuletzt

14

aus solchen Gründen entwickeln die nachfolgenden Beiträge ihre Argumentativität aus Praxis, Material und Recherche, ohne sich unmittelbar auf eine theoretische Diskussion einzulassen, die oft genug dazu dienen musste, alibihaft eine wirklich tiefgreifende Diskussion zu verhindern. Die nachfolgenden Beiträge erweisen, dass es möglich ist, ohne Objektfetischismus an die »Dinge der Historie« heranzugehen, wenn nur gewisse Faktoren bedacht werden. Die Vorstellung, eine historische Aussage beziehe sich auf ein historisches Reales ist in vielerlei Hinsicht problematisch: a) Die Frage nach dem »Wahrheits«-(Bei-)Wert kann nicht als unabdingbares Kriterium gelten; in vielen Kontexten ist sie schlichtweg irreführend (Legenden, Fabeln oder Märchen sind nicht »wahr«, haben aber unstreitig enorme historische Wirksamkeit); b) die Beziehungsherstellung zur Vergangenheit kann nur als Übersetzung verschiedener Bezeichnungs- und Bedeutungssysteme begriffen werden, die aber nie völlig glücken kann; c) diese Übersetzung ist Kreation und nicht Kontemplation — »die« Geschichte ist nicht einfach (wie die Natur) zu betrachten, die historiographische Arbeit nimmt nicht »einfach« auf »die historische Realität« Bezug, sondern ist zu orten in der Beziehung zwischen vergangener und gegenwärtiger Semiosis.

Wenn *Michel de Certeau* also auf den fiktiven Charakter aufmerksam macht, wie er die Geschichtsschreibung auf weite Strecken durchzieht, hängt das einerseits mit der »Entrücktheit« des »historischen Gegenstands« zusammen, der also durch konstruktive (und damit unvermeidlich auch immer fiktive) Arbeit eingeholt werden muss, impliziert indessen andererseits auch Gedanken zur Semiosis, gleichgültig ob sie ihrer selbst inne wird und welchen Vokabulars sie sich bedient, da sie sich auch in den naivsten Arbeiten anfindet — je klarer diese Präsenz (die der Semiosis) gemacht wird (das erweist der Certeausche An- und Aufsatz aufs deutlichste), desto grösser sind die Chancen, das kritische Potential der Geschichtswissenschaften auch tatsächlich zu nützen.

So legitim es sein mag, »altgierig« aus »Interesse« oder aus Wissbegierde »der« Vergangenheit als solcher (die dann als Geschichte-im-Singular absolut, als Instanz und als Verdikt gesetzt wird) nachzugehen — die Frage nach der Relevanz sogenannter historischer Erkenntnis ist damit nicht beantwortet, sondern lediglich mehr oder weniger elegant umschifft. Vor allem kann ein solcher Rekurs auf das pure Interesse zahllose halb-, vor- und unbewusste Motive verschleiern. Natürlich ist auch das Konzept »Relevanz« inzwischen zu einem Modeterminus verkommen, der für alles und jedes herhalten muss. Hier ist nicht mehr und nicht weniger damit gemeint, als dass letztlich der Wert historiographischer Aussagen, wie er nicht zuletzt auch durch die Modalitäten der Äusserung kodeterminiert wird, es sich gefallen lassen muss, danach bemessen zu werden, was er an allgemeinen Einblicken in die Soziokulturen gewährt.

Da heute niemand mehr daran glaubt, eine »Sache« (und sei sie gleich historisch) habe Bedeutung — sie gewinnt sie erst aus der Verknüpfung und Vernetzung mit anderen Sachverhalten —, geht es also um die Übertragbarkeit des durch historiographische Verfahren gewonnenen Wissens: hinsichtlich der blossen Wissbegierde wäre etwa die Motivation dieses antiquarischen Interesses zu bestimmen. Ebenso wird heute niemand mehr bestreiten, dass es bei jeder Wissenschaft auch um ihren Betrieb geht, woraus sich ergibt, dass die gruppendynamischen Prozesse einer »Zunft« erkenntnisleitend wirken. Das scheinbar neutrale antiquarische Interesse erscheint folglich gegenwärtig motiviert, ja, vielleicht von den Verhältnissen innerhalb wie ausserhalb der Zunft diktiert.

Wenn hier also nicht nur metaphorisch von Geschichtsbildern die Rede ist, dann betrifft das auch solche Grundüberlegungen; und es ist sicherlich bezeichnend, dass derartige Fragen immer wieder gerade an die Geschichtswissenschaften heranzutragen sind. Das Verzagen an der Tragfähigkeit und Vertretbarkeit der Auffassung, »die Geschichte« bestehe im Konstatieren dieser oder jener Fakten, bietet indessen noch keine Alternative an, wie es anders zu machen sei. Hier vermögen Betrachtungsweisen und Analysemethoden, die mit Begriffen wie Semiologie, Imagologie oder Ikonographie (es gibt beispielsweise eine Ikonographie der Geschichtsauffassungen) nur unvollkommen umschrieben sind, einzusetzen. Die praktische Verwendung solch verfeinerten Instrumentariums bietet den unübersehbaren Vorteil erheblich grösserer wissenschaftlicher Präzision, erfordert allerdings auch gebieterisch tiefschürfendes Studium der entsprechenden Methodologien. Diese sind, wie sie sich hier präsentieren, vielfältig (plural in dem Sinn, dass sie untereinander keineswegs widerspruchsfrei sind) und kompliziert (sie verlangen nach gründlicher Auseinandersetzung). In den meisten Aufsätzen erweisen sie allerdings auch, direkt vom Material herkommend, ihre Brauchbarkeit; eine Minderheit der Beiträge operiert primär (aber nicht ausschließlich) »theoretisch«, weist dem aufgeschlossenen Leser jedoch sofort die Wege zu praktischer Umsetzbarkeit.

Der extremen Komplexität des Geschichtlichen lässt sich mit simplen Methoden oft nur um einen hohen — allzu hohen — Preis beikommen. Natürlich treten die Historiker entsprechend komplizierten (und ungewohnten) Methoden, die der Komplexität des »Gegenstands« entsprechen (und diese gleichsam zu kompensieren gewähren), mit einem gewissen Misstrauen gegenüber, wie es etwa hier *Michèle Lagny* und *Pierre Sorlin* in bezug auf die Textlinguistik tun. Die Divergenzen, die sie zwischen den Ansprüchen der Historiker und diesen textlinguistischen Methoden konstatieren, hindert sie jedoch nicht daran, diese zu verwenden: darin besteht letztendlich die Chance, sie so zu adaptieren, dass sie den Ansprüchen der Historiker noch mehr genügen, als sie es jetzt schon tun können.

Ein Schwerpunkt dieses Buchs ist zweifellos mit Begriffen wie »linguistische Methoden« (wie sie immer mehr die klassischen philologischen ersetzen) oder »Dekonstruktion«, wie sie (nicht zufällig unter mehr oder weniger explizitem Bezug auf Derrida) etwa in den Beiträgen von *Herbert Lauenroth* oder *Marie-Claire Ropars-Wuilleumier* aufscheint, zu beschreiben. Bei jenem erweist sich die Unverzichtbarkeit solcher Methode im Hinblick auf das Problem der Authentizität, bei dieser hinsichtlich eines »Verdrängten« (in) der Geschichte, wie es auch in einer Reihe anderer Aufsätze auftaucht: bei *Sigrid Schmid-Bortenschlager* etwa unter Hinweis darauf, dass die reale (weitestgehende) »Absenz« der Schriftstellerinnen in der deutschen Literaturge-schichtsschreibung natürlich nicht bedeutet, es habe sie nicht gegeben. Wir sehen hier eine neue Art des »Konterfaktuellen« vor uns (eine Art »hors faits«) — wie ist die Geschichte des Abgeschobenen, Verdrängten, Unterdrückten zu schreiben? Wo keine Fakten (im orthodoxen Sinn) zu eruieren sind, muss das vorhandene und als quasi natürlich verbriefte Material unter Gesichtspunkten befragt werden — unter Geschichtspunkten —, die aus dem Verdrängenden die Ermittlung dessen gestatten, was verdrängt worden ist.

Das Geschichtliche kann umso aufschlussreicher sein, je weniger Intention in es eingeflossen ist; eine Bedachtnahme auf die Momente des Latenten vermag also zu decouvrieren, was sich (unwillentlich) kaschiert hat. Es ist also kein Zufall — und kann als Indiz verstanden werden —, wenn der Name Freud nicht nur bei *Michel de Certeau* immer wieder direkt oder indirekt aufscheint; gemäss seiner Überlegungen erscheinen die Zonen, zu denen Freud Zugänge gewiesen hat, als durchaus geschichtliche; und wenn bei *Severin Heinisch* diesen unbewussten (kollektiv-unbewussten) Faktoren alles Geschichtlichen unter Bezugnahme auf ein »tiefenhistorisches« Schichtenmodell nachgegangen wird, so kommt auch ein Moment der Zeit (und ihrer Dilatation) zum Tragen. Die in den letzten Jahren oft konstatierbare Nähe von Psychoanalyse (wie sie in meinem eigenen Beitrag »Intrige als Kultur« zur Soziopsychoanalyse wird), Linguistik und Semiologie wird also auch in den Beiträgen des vorliegenden Bandes sichtbar und versucht damit überdies, befremdliche Rezeptionsverweigerungen nicht nur der Geschichtswissenschaft, sondern des deutschen Sprach- und Kulturbereichs insgesamt zu mildern.

Es wäre hier die Ethnologie hinzuzusetzen — auch sie scheint auf, über Umwege, oft in Gestalt einer imaginären Ethnographie, die sich auf Vergangenes bezieht und sich aus diesem zu legitimieren trachtet. Es ist von Literatur und Märchen (*Christa Gürtler*), Mythen und Alltagsmythen (*Theresia Klugsberger*) oder Sagen (*Walter Seitter*) die Rede, von denjenigen »Bildern« (im weitesten Sinn) also, denen normalerweise keine »Geschichtswürdigkeit« zugesprochen wird, die aber unstreitig enorme geschicht-liche Kräfte repräsentieren; sie sind vielleicht Verzerrungen des normativ als normal gesetzten historiographischen Diskurses, der sich als einer »über die Geschichte« setzt, als wären die Fakten — und nur diejenigen, die uns als gültige erscheinen — die alleinigen Referenz- und Triangulationspunkte der Geschichtsschreibung. Der Beitrag von *Hans Petschar* zeigt indessen (und wirft damit, wie in Form eines Echos, bei *Michel de Certeau* aufscheinende Gedanken zurück), aus wievielen Geschichten schliesslich »die« Geschichte destilliert wird, und dass wir aus dem Erkennen der Beziehungen zwischen jenen ein anderes, tieferes Geschichtsverständnis gewinnen können; das Einheitliche, Zentrierende und Eindeutige der Geschichte erscheint dergestalt als Folge historiographischer Praxis und nicht als adäquates »Bild der Geschichte als solcher«.

Dieses Vielfache der Neuen Bilder wird auch deutlich an dem Beitragsblock, der Film(geschichten) thematisiert — hier ist der Ausdruck Geschichtsbilder in gewissem Sinn wörtlich zu nehmen. Wie sich Geschichte verbildlichen lässt und ihrerseits Bilder erzeugt, dient als privilegiertes Exempel dazu, das Entstehen von Geschichts-Bildern — auch ausserhalb des engen Kreises der Spezialisten — darzulegen. Abgesehen von den verschiedenen Querverbindungen, die sich dabei aus den thematischen Anklängen ergeben (*Herbert Lauenroths* Aufsatz über die Darstellung des mezzogiorno im Verhältnis zu einer anderen, von *Brigitte Mazohl-Wallnig* analysierten italienischen — und österreichischen — Geschichtsvorstellung über den »mito del buon governo«), aus methodischen Präferenzen (*Arthur Marwicks* Versuch, aus filmischer Evidenz genuin sozialhistorisches Material zu gewinnen) oder der Zusammenschliessung verschiedener Zeitebenen im Aufsatz von *Gabriele Jutz*, wie sie die Darstellung durch das Darstellende regeln, stellt der Beitrag von *David Rodowick* die Verbindung zwischen semiologischen und dekonstruktiven Vorgangsweisen und einschlägigen Studien Kuntzels und *Marie-Claire Ropars-Wuilleumiers* her, die im vorliegenden Band selbst mit einem Beitrag vertreten ist, der das Inkommensurable des »historischen Faktums: Hiroshima« auf dessen Darstellbarkeit (und die ihr innewohnenden Rücksichten) hin untersucht.

Diese letztgenannte Untersuchung legt aber auch eine unübersehbare Verbindung zu den feministischen Beiträgen klar, indem die Unterwanderung eines männlichen Stimmprinzips durch weibliche Ekritüre-Formen aufgezeigt wird; dass das Zur-Sprache-Bringen in den historischen Prozessen einer men's world immer auch eine Funktion einer Art von feminin/maskulin-Koeffizienten war, erweist sich also von daher ebenso wie aus dem eben genannten Aufsatz *Mazohl-Wallnigs*, der aufzeigt, wie aus einer Frauenfigur ein quasi maskulinisierter historischer Aktant gemacht werden muss, um so etwas wie Geschichtswürdigkeit zu begründen; und schliesslich bestehen zwischen diesen Beiträgen und dem Aufsatz »Intrige als Kultur« zudem in der Weise Verbindungslinien, dass es auch bei diesem um die erzwungene »Passivierung« (in diesem Fall Österreichs) geht, die typisch für die Rolle erscheint, die Frauen zugedacht, und die eben auch in *Schmid-Bortenschlagers* Untersuchung problematisiert wird (Löschung des Weiblichen aus historischem Text und Kontext).

Die einzelnen Teile dieses Buchs erscheinen aber auch in anderer Hinsicht in ständiger Bewegung: so wie sie unter- und zueinander in die vielfältigsten Beziehungen treten (und damit einander erhellen), immer neue Konstellationen und Konfigurationen bildend, je nachdem wie (in welcher Reihenfolge, mit welchem Interesse, unter welchen Auspizien) sie gelesen werden, oszillieren die meisten unter ihnen zwischen einer sozusagen sanften oder weichen Methode einerseits und höchstmöglicher

18

Präzision andererseits. Zwei der Untersuchungen, die die Semiologie als Verfahrenstechnik darstellen, diejenigen von *Jeff Bernard* und *Gloria Withalm* einerseits, von *Peter Stockinger* andererseits, sind zwar völlig am Präzisions-Pol auszumachen, was die Sauberkeit des Instrumentariums betrifft (ein ähnliches trifft, ohne dass er direkt einer semiologischen Methode verschrieben wäre, etwa auch auf den Aufsatz von *Gunther Barth* zu); andere Beiträge hingegen gewinnen ihre argumentative Dynamik aus einer Art dialektischen Operationalisierung dieser Art von wissenschaftlicher Genauigkeit und der Möglichkeit andererseits, durch etwas, das Poetisierung genannt werden könnte, zusätzliche Einblicke zu ermöglichen. Auch in dieser Hinsicht haben wir es hier mit verschiedenen Schichten (Sphären, Zonen etc.) der Geschichte, des Historiographischen und der entsprechenden Vor- und Darstellungsmöglichkeit zu tun (und die Schichten, die wieder auf *Severin Heinischs* Beitrag zurückverweisen, finden sich etwa auch in *Otto Johannes Adlers* Untersuchung zur Historizität des Remakes, um nur auf eine weitere Querverbindung aufmerksam zu machen).

Der Geschichtsbegriff wird damit wesentlich erweitert; so wie sich die möglichen Quellen-Corpora verändern und erweitern (respektive neue hinzutreten), so wird hier auch bei den Quellen eher in die Tiefe als in die Breite gegangen; an die Stelle der Notion der Menge tritt die der Profundität. Dies ist nicht auf willkürliche Entscheidungen, Optionen zurückzuführen (was ebenfalls legitim wäre), sondern auf einen a fortiori erneuerten Quellenbegriff, wie er sich aus der Geschichte des 20. Jahrhunderts, aber ebenso sehr aus neuen Betrachtungen der Geschichte früherer Jahrhunderte ergibt: Die Photographie, die *Karl Aigner* in seinem Beitrag behandelt, und der Film, dem *Arthur Marwick* derartige Bedeutung beimisst, sind zwar neu hinzugekommen und haben als zwei Faktoren unter mehreren (und sozialgeschichtlich-materialistisch betrachtet wohl als wichtigste) die Sinne für die Geschichte der Blicke und Bilder geschärft, die Notwendigkeit historio-imagologischer Techniken aufgewiesen und die Herleitbarkeit der Geschichtsvorstellungen vor allem aus der Latenz kollektiv-unbewusster Vorgänge unleugbar gemacht. Doch erweisen, um nur drei Beispiele zu nennen, die Aufsätze von *Brigitte Mazohl-Wallnig, Hans Petschar* oder *Walter Seitter* auch, wie im Hinblick auf das gewissermassen klassische Material früherer Zeit anders verfahren werden kann, ohne das Orthodoxe zu negieren — also etwas Neues daneben stellend. Der Quellenbegriff (und damit die Notwendigkeit) der Geschichte ändert sich also von selbst; es gibt nicht eine historische Zwangsläufigkeit, sondern viele historiographische Möglichkeiten der Darstellung; die Plausibilität aller Geschichte ist ihrerseits historisiert.

Der Polylog, den die nachfolgenden Aufsätze miteinander führen, beruht auf einer Materialfülle, deren Struktur eine zweifache ist: einerseits Resultat des Wohldurchdachten der einzelnen Beiträge, ist die Vielfalt vor allem auch Konsequenz der

Beziehungen, die diese Beiträge untereinander eingehen. Ihre Aufeinanderfolge gehorcht weder der Chronologie noch dem jeweiligen Vorrang grundsätzlicher oder materialorientierter Arbeitsweisen. Die Tatsache, dass die einzelnen Teile dieses Buchs aus verschiedenen Kulturräumen mit teils sehr unterschiedlichen Traditionen stammen und dennoch zu diesem Polylog imstande sind, erweist nicht zuletzt, dass es der Geschichtswissenschaft heute, schränkt sie sich nicht selbst ein auf ganz bestimmte nationale Traditionen, möglich ist, auf neue Weise kommunikativ zu werden. Das bedeutet also auch: Kommunikation über Traditionsgrenzen hinaus — die Grenze wird nicht mehr als Aus- oder Abgrenzung, sondern als Ein- und Angrenzung akzentuiert.

Die Neue Geschichte, die sich hier erschreibt, weist auch so etwas wie die Struktur eines Sternmarsches auf: von überall her, ohne je dem Zentrieren zu verfallen; allseitig, ohne doch unstrukturiert zu zerflattern. Wenn man die (in diesem Fall historiographischen) Entwicklungen anderswo rechtzeitig (also von allem Anfang an, lange ehe es zur Mode wird) mitverfolgt, ist es späterhin kein Problem, das Verschneiden, Verzahnen und Ineinandergreifen zu bewerkstelligen.

Das Kriterium dafür, inwieweit (und ob überhaupt) die Geschichtswissenschaft über ihre althergebrachten (Selbst-)Beschränkungen hinauslangt, besteht darin, ob die Historiographie imstande sein wird, die Bedingungen ihres Zustandekommens zu reflektieren. Es ist kein Zufall, dass im Deutschen »Geschichtswissenschaft« selten (wenn überhaupt) im Plural verwendet wird. Und dennoch gibt es — sowohl was die Praxis des Gesellschaftlichen als auch was die des Wissenschaftlichen betrifft — offenbar viele verschiedene Historizitäten. Das könnte bereits aufgrund der zahlreichen mehr oder weniger offen ausgetragenen Kontroversen klar sein, wie sie »die« Geschichtswissenschaft immer gekennzeichnet haben. Es scheint indessen, dass diese diversen Historizitäten durchaus koexistieren können, ja, dass diese Koexistenz verschiedener Anschauungsweisen, Darstellungsmodi und Grundüberzeugungen zu gegenseitigen Erhellungen, zu gleichzeitiger Verdichtung der Einsicht wie auch zur Ausweitung der thematischen und Materialpalette führen. So zeigt sich etwa in den hier vorliegenden Aufsätzen, dass die klassischen Vorgangsweisen durch innovative Methoden zusätzliche Dimensionen gewinnen können, wie auch umgekehrt neue Themen und die ihnen entsprechenden Verfahrenstechniken von jenen profitieren können, indem die schon lange begangenen Wege Rekursmöglichkeiten in bezug auf gesichertes Terrain zulassen.

Die Art und Weise der Koexistenz — sie besteht auch nicht zuletzt darin, dass in manchen Aufsätzen die Semiologie immer wieder anklingt, in anderen expressis verbis nicht direkt genannt wird, in wieder anderen ihren zentralen Bezugspunkt findet — lässt sich etwa daran zeigen, wie mit klassischen Themen umgegangen wird. So banal die Biographie eines »grossen Mannes« (oder einer grossen Frau, ungleich seltener) sein mag, wird sie aufschlussreich und bezeichnend, so wie man sie auf ein kollektives

Imaginäres bezieht; solcherart gewinnt sie die Tiefe dessen, was Geschichte ausmacht und bestimmt. Da diese Tiefe, diese Profundität nur durch entsprechende Analysemethoden zutagegefördert und durch adäquate Darstellungsweisen mitteilbar gemacht werden kann, muss nicht nur Innovatorisches in die Geschichtswissenschaft eingebracht, sondern es müssen auch diese klassischen Methoden stets neu durchdrungen werden.

In den letzten zwei, drei Jahrzehnten sind viele Herausforderungen an die Geschichtswissenschaft herangetragen worden, von denen sie, zu ihrem eigenen Schaden, nur wenige aufgegriffen hat. Die Semiologie ist nicht die geringste (und jedenfalls eine der rezentesten); sie ermöglicht es, das aufzuzeigen, was man Selbstbegründung der Geschichte nennen könnte. Unser Verhältnis zu »der« Geschichte erheischt eine genaue Kenntnis davon, wie unsere historiographischen Aussagen den jeweiligen Referenten und die Zeichen in Beziehung setzen, bisweilen kurzschliessen. Die Quellen, nicht nach den Gesichtspunkten der Semiosis gelesen, vermögen immer nur das zu besagen, was in ihnen manifest aufscheint; und da der Referent in seiner temporalen Entzogenheit nur über die signifikanten Momente erfahrbar scheint, laufen wir nur allzu leicht Gefahr, die Signifikate der Quellen mit den Referenten zu verwechseln. Die Quellen, wie sie die Basis der historiographischen Aussagen bilden, führen nicht direkt zu den Fakten; die Sprache der Historiker vermag das Faktum weder zu evozieren noch zu simulieren; und es gibt in »der« Geschichte nicht nur autonome, bewusst kreierende Subjekte.

Im Prinzip ist allen Historikern klar, dass die Objekte der Vergangenheit weder direkt noch »rein« erfahrbar oder darstellbar sind. In unseren Aussagen beziehen wir uns immer auf ein anderes (vergangenes) Beziehungsgefüge, ohne dieses jemals genau kennen zu können. Wir haben in diesem Sinn keine »Dingvorstellungen«, sondern nur solche von Verhältnissen und Beziehungen. Die Frage nach dem Referenten — in Gestalt eines singularisierten und isolierten »Gegenstands«, gleich ob es sich dabei um Ereignis oder Zustand handle — erscheint demzufolge eher irreführend als zielführend. Worauf es ankommt, ist der geschichtliche Kontext, den wir in unsere heutigen Begriffs- und Begreifenssysteme »übersetzen« müssen. Die »Semiohistorie« befasst sich mit diesen Übersetzungen, die nie völlig glücken können; und diese Übersetzungen involvieren kreative Arbeit und keineswegs nur die Kontemplation von Kulturgegenständen, in welcher Form auch immer sie auf uns gekommen sein mögen. Die historiographischen Aussagen beziehen sich also nie wirklich auf »die historische Realität an sich«, sondern bilden Konstrukte heraus, die vergangene und gegenwärtige Systeme der Semiosis zueinander in Beziehung setzen.

Wir haben es also nicht nur mit Fakten zu tun, sondern vor allem und in erster Linie mit Artefakten. Der konstruktive Charakter des Historiographischen — auch wenn sich dieses als rekonstruktiv ausgibt — täuscht darüber hinweg, dass uns die Sprache nicht an die »Fakten« heranführt (wie auch diese nicht in Sprache münden), indem er an

21

die Stelle der »historischen Referenten« scheinbar nur sachbezogene Diskurse setzt. Jene können ebenso als Artefakte begriffen werden wie auch als materielle oder intellektuelle »Überreste« vergangener Zeiten, welche ihrerseits nur in den seltensten Fällen intentional produziert wurden. Einzelne Veränderungen belangloser Details mögen von Subjekten getragen werden; doch ist es die Akzeptanz durch eine Soziokultur, die darüber entscheidet, welche Veränderungen im System wirksam werden; es gibt keine Grosse Politische Persönlichkeit, die ohne diese gesamtgesellschaftliche Akzeptanz »in die Geschichte hätte eingehen können«.

Assertion und Akzeptanz einerseits, Sanktion und Zensur andererseits sind die funktionellen Faktoren, die darüber entscheiden, was sozialgeschichtlich wirksam wird. In diesem sozialhistorischen Sinn sind es hinfort nicht die beliebig isolierbaren Einzelerscheinungen (gewisse Faktenreihen, singulare Phänomene oder »Einzelleistungen« etc.), die interessieren, sondern die Transformationsregeln der Veränderungen, ja, von Veränderung tout court. Es besteht heute kein Zweifel mehr, dass diese Transformationsregeln dem bewussten Erfassen und der intentionalen Steuerung weitestgehend entzogen sind, was nicht bedeutet, dass sie nicht intelligibel gemacht werden könnten. Jedenfalls gibt es ein kollektiv unbewusstes Beziehungsgefüge der Bedeutungen und aller sozialen Verhältnisse, das den unüberschreitbaren Bezugsrahmen einer jeden Soziokultur abgibt; an uns ist es nun, diesem Umstand adäquate Analyse- und Präsentationsmethoden zu entwickeln, um diesen Rahmen und die in ihm möglichen Handlungen begreifbar machen zu können.

Wenn wir mit R. Koselleck dahingehend übereinstimmen, dass die Enthistorisierung unserer Sozial- und Humanwissenschaften der Historie kein genuines Erkenntnisobjekt übrig lasse, lässt sich allerdings auch die Notwendigkeit einer umgekehrten Bewegung unterstellen. Die historischen Wissenschaften müssen sich Methoden einschreiben, die das »Spezifische« unserer Disziplin nicht unmittelbar zu treffen scheinen. Mit anderen Worten: die Historizität wird dabei zunächst ausgeblendet, da die Spezifizität des Historischen paradoxerweise in ihrer unbegrenzten Vielfalt liegt, die jede Spezifizierung letztlich willkürlich macht.

Nach der eben genannten Ausblendung gelingt es, etwa Vorgangsweisen aus Psychoanalyse, Ethnologie, Linguistik und eben Semiologie (etc., etc.) einzubringen — wie auch weitere Analyse- und Präsentationsweisen, die keinem wissenschaftlichen Feld und keiner universitären Disziplin eindeutig zugeordnet sind (die strukturale Analyse oder, thematisch gesprochen, die Frauenproblematik). Vor allem diese (noch) nicht zugeordneten (oder noch nicht völlig eingeordneten) Themen oder Methoden sind von grösster Wichtigkeit, weil sie sich der Eindeutigkeit bindender Zuordnung ja aus bestimmten Gründen widersetzen. Ein »Thema« wie Frauengeschichte ist nicht mit e i n e r Methode abzuhandeln; die strukturale Analyse zum anderen vermag nicht nur Frauengeschichte zu erhellen, sondern auch noch andere Probleme.

22

Erst wenn wir uns solcher noch nicht völlig von Besitzansprüchen gezeichneter Forschungs- und Darlegungspraktiken versichert haben, wollen wir, nun allerdings auf neue Weise, die Historizität wieder einblenden. Sie erscheint inzwischen nicht mehr als das Genuine der Geschichte und der Wissenschaft von dieser Geschichte, sondern als eine bestimmte Anschauungsweise aller realen (aber auch symbolischen und imaginären), vor allem Zeit, Dynamik und Wechsel betrachtenden Gegebenheiten. Wir gelangen also zu einer neuen Historizität, die nicht auf eine spekulativ zu begründende Besonderheit des aus dem Geschichtlichen hergeleiteten Historiographischen rekurriert, sondern sich aus den Veränderungsregeln sozialer Praxis ergibt.

Diese neue Historizität kann ihre Originalität auf mehrfache Weise gleichsam illustrieren. Während sie einerseits so viele Techniken bei anderen »Disziplinen« entlehnen kann, wie sie gerade benötigt, ist sie andererseits das einzige Feld, das seinen Gegenstand niemals vor sich sehen wird. Die Historizität in diesem Sinn ernst zu nehmen, bedeutet, die Objekt- und Subjektbeziehungen der Historie neu zu denken. Das »Objekt« ist allenfalls noch in partialer, entstellter und zu rekonstruierender Form gegeben; und im Sinne der Verzahnung Objekt/Subjekt kommt, wie wir gesehen haben, die konstruktive Komponente ins Spiel: die Historiographie ist eine konstruktiv-rekonstruktive Wissenschaft, die zwar ihre »Gegenstände« nicht (im engen Wortsinn) schafft, diese aber vermittels konstruktiver Verfahrensweisen (Prozeduren) simulatorisch restituieren kann. Daraus ergibt sich der Bedarf nach Prozeduren, die geeignet sind, Regeln, Bindekraft, Verbindlichkeit sowie Parameter und Reichweite dieses (Re-)Konstruktiven zu erhellen.

Auf diese Weise wird es also auch möglich, auf neue Weise die Relationen zwischen den Feldern des Geschichtlichen und den Registern der historiographischen Operation zu betrachten. Um wieder direkt auf die Untersuchungen im vorliegenden Band einzugehen: Mythos oder Sage entsprachen bisher meist nicht in den Augen der Historikerschaft; es wurden keine Gedanken dafür aufgewendet, sie mit entsprechendem Instrumentarium analysierbar zu machen, sondern sie wurden — ähnlich wie etwa auch kollektive Vorstellungen, materielle (und hernach symbolisch gerechtfertigte) Zwänge oder das Unbewusst-Latente, angesichts dessen wir immer im Beweisnotstand sind — einfach abgeschoben. Entwickelten sich diese Bereiche in Form von Ideologien zu politisch wirksamen Kräften, so stiess eine sich auf die politischen Ereignisse oder die materielle Basis stützende Geschichtswissenschaft an ihre Grenzen. Unbestreitbar war das eine der grössten Schwächen der orthodoxen Geschichtsauffassung. Denn gerade »die politische Geschichte« — von der Orthodoxie in ihrer kardinalen Bedeutung so oder so immer wieder ins Treffen geführt — speist sich aus einem weithin latenten kollektiven Imaginären; wenn etwa *Walter Seitter* Untersberg und römisch-deutschen Kaiser, Bahnlinien, Bunker und Abhöranlagen nicht ohne Ironie in Beziehung setzt, heisst das nicht, hier werde »reale«

Geschichte beschrieben (geschrieben), sondern weist auf die Speisepunkte hin, wo imaginierte Geschichte auf die reale zurückwirken mag. Diese allerdings sehen wir immer nur gebrochen, eingefärbt und durch die Brillen der Vor- und Darstellungen, entstellt von einem Verlangen nach Geschichte.

Die Vorstellungen von Geschichte — wie sie sei und wie sie sein solle, könne oder müsse — geben uns in mancherlei Hinsicht eine Betrachtbarkeit vor, der die reale-Geschichte-wie-sie-tatsächlich-passiert-ist, nicht direkt gegenübergestellt werden kann: indem das Imaginäre um nichts weniger real ist als das Reale, sich allerdings auf andere Weise (und auf anderen Schauplätzen, die die Wissenschaften nur allzu oft meiden) darstellt, gilt es, wie es hier geschieht, die Praktikabilität von Instrumentarien aufzuweisen, die es gestatten, diese Momente eines Latenten, Imagologischen, Entstellten etc. zur Darstellung zu bringen. Auch das wird ja mit dem Begriff Geschichtsbild angezeigt. Wo wir die Geschichte auszumachen meinen, ist unstreitig etwas: es ist aber nicht »die« Geschichte, es sind immer schon Vorstellungen, die wir uns von »ihr« machen — Geschichtsbilder. Und damit tritt nun noch ein Symbolisches hinzu, das für den augenblicklichen Gebrauch so definiert werden kann, dass die gesellschaftliche Vorstellungskapazität und -kompetenz, indem sie auch die sozial bedingte Historikerschaft umgreift, Techniken der Darstellung nahelegt, die gewisse Dinge (Phänomene, Erinnerbarkeiten, Rückstände etc.) nur auf eine bestimmte Weise darstellbar macht.

Das Legendenhafte, das, wie *Michel de Certeau* unter anderem feststellt, der historischen Institution eignet, findet eine Entsprechung im Sagenhaften der Bilder, die wir uns von »der« Geschichte machen — von den Bildern, die uns gemacht werden. Hier zeigt sich die soziale Tätigkeit des Geschichtemachens durch Geschichteschreiben. *Christa Gürtlers* Ausführungen zum Märchen, *Theresia Klugsbergers* Studie über den (Alltags-)Mythos bezeichnen, in diesem sehr weiten Sinn des »Schreibens«, Zonen, in denen geschichtswirksame »Bilder« fabriziert werden (also etwa männliche Bilder vom »Weiblichen«). *Brigitte Mazohl-Wallnig* zeigt mit direktem Rekurs auf die Geschichte (im doppelten Wortsinn), dass die Bilder, die auf ganz unterschiedliche Art von Maria-Theresia projiziert werden, offenkundig nicht eine oder gar »die historische Realität« wiedergeben, sondern der historischen Personnage »und ihrer Zeit« Auffassungen und Anschauungsweisen aufprägen. *Hans Petschar* schliesslich kann zeigen, dass es der Schrift obliege, uns Vorstellungen von der Geschichte zu vermitteln, »sie ist ein Werk der Übersetzung und der Einbildung, eine Kunst der Verführung wie die antike Rhetorik, indem sie glauben macht, wenn sie Verständnis weckt.«

Diese Einbildungen fügen der Geschichte damit etwas zu, indem sie ihr das unterschlagen, wovon wir glauben, sie habe es, während es ihr in Wahrheit bereits abhanden gekommen ist: nämlich diese Wahrheit selbst, die aber eine fabrizierte ist. Der Blick auf sie wird nicht nur durch die Vor- und Darstellungen von später geprägt, gelenkt und gemünzt, sondern es wird ihm auch entzogen, dass das, was als reales Objekt erscheint, ein bereits Dargestelltes ist, dessen Authentizität, wie *Herbert Lauenroth* in der Gegenüberstellung von Historiographie und Kinematographie in ihren jeweiligen Einbildungen zeigt, dubios ist. Der Film i s t Realität, nennt *Arthur Marwick* provokant seinen Aufsatz; und mein eigener Aufsatz »Die Sache und die Sprache« erweist die Unschärfe von Notionen wie »Wahrheit« oder »Authentizität«, wenn sie auf die Geschichte bezogen werden.

Die Tatsache, dass jemand nach bestem Wissen und Gewissen meint, die Wahrheit zu sagen, heisst (jedem Juristen vertraute Binsenweisheit) naturgemäss nicht, dass es sich tatsächlich um die Wahrheit handelt. Vor Gericht mag der Wahrheitsbeweis zu erbringen sein, in der Geschichte ist er es nie. Dieser »Beweisnotstand« kaschiert und kompensiert sich allerdings auf vielfache Weise. Er kaschiert sich, indem sich der historiographische Diskurs als Diskurs des Realen ausgibt (klare Gegenständlichkeit, eindeutige Aussagen durch ein Subjekt, prinzipiell erzielbare Wahrheit der Darstellung), indem er sich auf ein von der Macht verbrieftes Corpus stützt, dem er eine zweifelsfreie Lesart unterschiebt. Er kompensiert sich, indem er in die Zonen des »Absenten« einfügt, was ganz einfach nicht mehr gewusst werden kann (es geht hier nicht zuletzt um das, was *Severin Heinisch* die unbewusste Schrift der Historie nennt). In den urbanistischen Beiträgen dieses Buchs (von *Gunther Barth* respektive in »Die Sache und die Sprache«) wird so etwas wie ein Wahrheitswechsel deutlich: die Stadtutopien nordamerikanischer Religionsgründer werden durch die Schrift des Heute angerufen, aber sind uns gewiss nur noch allenfalls partial vorstellbar; die Kartographie der Stadt zum anderen hat in ihrem historischen Wandel immer auch etwas Imaginäres (und bestünde es nur darin, dass ein Plan nur gelesen werden kann, wenn an ihn Vorstellungen geknüpft werden, die mit der ihm äusserlichen Realität nichts zu schaffen haben).

Dass es immer eine (in jenem weiten Sinn) Schrift ist (und sei es eine Bilderschrift, wie in dem Aufsatz über den Brontë-Film angedeutet), über die das Geschichtsverständnis läuft, tritt dort am wenigsten deutlich hervor, wo Corpus, Konvention und Codes der Darstellung traditionell die »solidesten«, »abgesichertsten« und »eindeutigsten« Aussagen zustandegebracht haben (die Diplomatiegeschichte ist das klassische Beispiel dafür, wie die Macht des Dargestellten auf das Darstellende zurückstrahlt.) Es ist eine interessante Überlegung, dass die Dominanz der Diplomatiegeschichte nicht zuletzt in der Dominanz der schriftlichen Quellen des Klassischen Archivs situiert werden kann. Nimmt man Photographie und Film — bzw. für frühere Zeiten z.B. auch die Malerei — als Quellen ebenso ernst, so ergibt sich — aufgrund der unterschiedlichen Darstellbarkeit in diesen Medien — auch eine neue unterschiedliche Hierarchie der in der Historiographie zu behandelnden Gegenstände und Bereiche. Die Sicherheit der Wahrheit erscheint also, sobald man sich der Geschichte des und der Marginalen zuwendet, in anderem Licht. Gewiss, bereits das Interesse für

Marginales leitet. Und eine Gesellschaft, innerhalb derer es möglich wird, ein solches Interesse zu entwickeln, zeigt unstreitig Tendenzen, dieses Marginale aus diesem oder jenem Grund zu rekuperieren. Dennoch verdeutlicht dieses Beispiel, dass die Geschichten des Peripheren nicht auf die gleiche Weise geschrieben werden können wie diejenigen des Zentralen. Geschichte der Frauen, auf konventionelle Weise geschrieben, würde nur einen Bruchteil dessen aufweisen, was es zu erschreiben gülte, weil kaum Material (im klassischen Sinn) vorhanden ist, um ihre Geschichte darzustellen — aber heisst das, es hätte die Frauen »nicht« (oder kaum) »gegeben«?

Die Vorstellungen von »Weiblichkeit« und die Multiplizität der entsprechenden Darstellungsweisen haben die Situationen der Frau real geprägt; was sich im Film an Phantasien, Phantasmen und Phantasmagorien anfindet — ebenso in Mythos oder Sage, Literatur und Märchen —, hat fraglos dezisive Rückwirkungen auf die sogenannte Politische Geschichte; die utopischen Vorstellungen von der Stadt-wie-sie-sein-soll(te), haben feed-back-Konsequenzen auf Städtebau wie Stadtplanung und sind damit integraler Bestandteil der Sozialgeschichte. Auch darin besteht die Artifizialität der Geschichte: die Retroaktion des Gedachten, Erwünschten, Geplanten oder Ersehnten ist eine Weise, wie die sozialen Kollektive (ohne dass es ihren Exponenten im einzelnen bewusst wäre) die Geschichte nach ihrem Willen zu lenken trachten, indem sie sie schreiben oder zeigen, erträumen oder phantasieren. Die Geschichtsmächtigkeit von Ideologien hat die Historiker nicht zuletzt deshalb immer wieder vor ungelöste und scheinbar unlösbare Fragen gestellt, weil die Bereiche des Vorbewussten, der kollektiven Wünsche, der Sagen- und Bildproduktion mit dem klassischen Instrumentarium nicht erfasst und analysiert werden konnten. Gerade auf diesem Gebiet der Sozialgeschichte kann die Semiologie etwa in Kombination mit psychoanalytischen Ansätzen ein adäquates Analyseinstrumentarium auch für Historiker bieten.

Was begründet eigentlich die Geschichtlichkeit (auch und gerade im Sinn von »Geschichtswürdigkeit«) eines Sachverhalts, einer Person etc.? Die jeweilige Wichtigkeit ist eine von den Zeitgenossen im Stil der self-fulfilling prophecy, jedoch auch eine hernach zugeschriebene; die Zuschreibungen speisen sich zurück in die Bilder, die wir von der Geschichte haben und gewinnen damit ihrerseits historisierten Charakter, der das, was zunächst nur Anschauung gewesen, schliesslich als sekundär Historisches gewährleistet. Das ist der Grund, weswegen der Notion der Fülle des Geschichtlichen eine andere gegenüber- oder zumindest zur Seite gestellt werden muss: die der Fülle des Materials (und seiner zahllosen Lesarten), wie es in den nachfolgenden Beiträgen auf vielfältige Weise geschieht.

Im Hinblick auf diese beiden Notionen besteht ein konstruktives Moment der Gegenbewegung der historiographischen Operation und ihres gesellschaftlichen

26

Werts darin, verdrängten Figuren und Figurationen, marginalisierten Gruppen, unbewussten Dynamiken aufs neue oder zum ersten Mal Sichtbarkeit, Schrift und damit »Geschichtswürdigkeit« zu geben. Dies vermag der lediglich eindimensional objektbezogene Diskurs nicht zu leisten. Die Unüberblickbarkeit der latenten Beziehungen und Verhältnisse des Vergangenen gebietet es, in der (Re-)Konstruktion alles nach Relationen zu setzen, die für das Geschichtliche ebenso wie für das Historiographische denkbar sind. In gewisser Weise wird damit die Notion der Authentizität durch die der Plausibilität ersetzt. Das Geflecht der folgenden Aufsätze spiegelt diesen Umstand in gewisser Weise wider: jeder Beitrag ist, für sich genommen, stringent, doch gewinnen die Studien, zusammen betrachtet, miteinander verbunden und nach ihren motivischen Echos gelesen, eine zusätzliche Dimension der Plausibilität.

Die Gegenbewegung, von der eben die Rede gewesen ist, macht auch aufmerksam auf die eminent politische Funktion erneuerter Geschichtswissenschaft, auf eine soziopolitische Brisanz, die im vorliegenden Buch ganz deutlich wird. Was durch Ignorieren, Abschieben oder Totschweigen der Geschichte ent-fernt worden ist, kann ihr durch die Neue Geschichte wiedergegeben werden: die moderne Historiographie, wie sie sich in diesem Band abzeichnet, gibt durch das Aufsuchen dieses Entfernten in einer Gegenbewegung der Schrift, einer Gegenbewegung zu den realen Ausschlussverfahren, dem Geschichtlichen das wieder, was ihm die Einengung des Blicks durch die Macht genommen hat. Was durch partiale politische Interessen (Interessen von Klasse oder Kaste, von Geschlecht oder Berufsstand etc., etc.) verzerrt, abgetrennt, unsichtbar gemacht worden ist, wird wieder ins Blickfeld gerückt. (Insofern mögen fiktive Personnagen, wie wir sie aus dem Spielfilm kennen, in der Tat, wie aus dem Beitrag von *Arthur Marwick* hervorgeht, höheres dokumentarisches Gewicht haben als die durch die klassisch-historische Biographie beschriebenen »Grossen« der Geschichte: jene ermöglichen es, Projektionsflächen und -linien von Verlangen nach Geschichtswürdigkeit mit der Projektionsfläche der Grossen Geschichte in Beziehung zu setzen; eine artifizielle Biographie, in Form der Autobiographie von »N« etwa, durch *Gabriele Jutz* untersucht, ist um nichts weniger »authentisch« als eine auf verbürgter Existenz beruhende.)

Auch daraus ergibt sich die im folgenden vielfach eingelöste Notwendigkeit neuen Materials und neuen Umgangs mit klassischem Material. Das Potential des letzteren ist noch keineswegs ausgeschöpft — *David Rodowick* führt bezugnehmend auf *Marie-Claire Ropars-Wuilleumier* vor, was etwa in der filmbezogenen Textlinguistik auch für die Historie zu gewinnen wäre —, und je eher wir unsere Kompetenz entwickeln, diese Potentiale durch entsprechende praktische Arbeitsmethoden für die Geschichtsschreibung in Gebrauch zu nehmen, desto leichter wird es uns fallen, diejenige Geschichte zu schreiben, die bisher unseren Blicken entzogen war. (Die Konjekturalhistorie vermag uns beispielsweise viel zu sagen über das Imaginäre von Gesellschaften, die ohne solchen Rekurs nachgerade enigmatisch blieben; und so manche — vergangene— Utopie sagt mehr aus über Status und Dynamik der Gesellschaft, aus der sie erwachsen ist, als die Geschichte der Kabinette, der aussenpolitischen Aktivitäten und der intentionalen Diplomatie; der vom P.C.F. kommissionierte Film »La vie est à nous« sagt uns, als fiktionaler und wie er von *Michèle Lagny* und *Pierre Sorlin* analysiert wird, in sozialhistorischer Hinsicht mehr als so manche traditionelle Parteiengeschichte.)

Nicht zuletzt so ist die »Repolitisierung« der historischen Wissenschaften, wie sie gleich im nächstfolgenden Beitrag reklamiert wird, zu verstehen. Auch dieser Begriff steckt seine Tragweite sehr weit ab; das (Sozio-)Politische muss gerade auch dort aufgesucht werden, wo wir es üblicherweise nicht vermuten, dort, wo sich das Individuelle dem Sozialen untermischt, indem es seinen Regeln gehorcht, und wo das Soziale, sei es gleich das eines Latenten, Kollektiv-Unbewussten oder der Alltagsträume, der Macht des Politischen unterliegt, weil dieses versucht, sich alles einzubinden, zu benützen oder aber es totzuschweigen. Auf solche Weise wird die Geschichte/Geschichtswissenschaft wahrhaft sozial; die Schrift der Historie kann das von der Macht des Politischen Entwendete restituieren, indem es die verborgene Mächtigkeit des Sozialen aufruft: Politisierung und Sozialwissenschaften versöhnt.

Nach dem bisher Gesagten sind zu den editorischen Gesichtspunkten nur noch wenige Bemerkungen hinzuzufügen. Auswahl und Anordnung der Beiträge richten sich nicht nach zwanghafter Homogenisierung, sondern erfolgen nach dem Prinzip konstruktiver Differenzen. Allfällige Anmerkungen des Herausgebers sind in dieser Präsentation zusammengezogen, um jedem einzelnen Aufsatz die ungestörte Entfaltung seiner Argumentation zu ermöglichen; die Anmerkungen der Übersetzer sind auf ein Minimum beschränkt (im übrigen wurde bei den Übersetzungen nach dem Prinzip verfahren, möglichst viel von der Originalatmosphärik ins Deutsche herüberzuretten). Schliesslich sind die Arbeiten der Salzburger Schule nicht en bloc zusammengestellt, sondern orientieren sich wie diejenigen der anderen Beiträger/innen nach sachlich-praktischen und/oder methodisch-instrumentellen Zusammengehörigkeiten.

Ohne die engagierte redaktionelle und Lektoratsmitarbeit von Hans Petschar und ohne die in jeder Hinsicht tatkräftige Unterstützung durch Sigrid Schmid-Bortenschlager wäre dieses Buch nicht zustandegekommen.

MICHEL DE CERTEAU

Die Geschichte, Wissenschaft und Fiktion

»Fiktionen«

Fiktion ist ein gefährliches Wort, ganz wie seine Entsprechung, Wissenschaft. Nachdem ich andernorts[1] versucht habe, seinen Status zu ermitteln, werde ich hier, in Form einer vorläufigen Anmerkung, vier mögliche Funktionen der Fiktion im historischen Diskurs zu bestimmen suchen.

1. Fiktion und Geschichte. — Die okzidentale Geschichtswissenschaft kämpft an gegen die Fiktion. Der Bruderkrieg zwischen der Geschichte und den Geschichten reicht weit zurück. Es ist ein Familienzwist, der auf Anhieb die Positionen festlegt. Aber in ihrem Kampf gegen die genealogische *Affabulation*, gegen die Mythen und Legenden des kollektiven Gedächtnisses oder gegen die Abwege der mündlichen Überlieferung setzt die Historiographie eine Abweichung gegenüber dem allgemeinen Glauben, und sie nistet sich genau in dieser Differenz ein, die ihr den Ruf des Gelehrsamen einbringt, indem sie sie vom gewöhnlichen Diskurs unterscheidet.

Nicht dass sie die Wahrheit sagte. Kein Historiker hatte jemals einen solchen Anspruch. Vielmehr versucht der Gelehrte, duch den Apparat der Quellenkritik, die »Fabeln« richtigzustellen. Den Bereich, den er durch sie gewinnt, erlangt er durch das Diagnostizieren des Falschen. Er ermittelt in der als bindend angesehenen Sprache den Platz, den er seiner Disziplin zuweist, als ob er sich, inmitten der geschichteten und kombinierten Narrativitäten einer Gesellschaft (alles, was sich in ihr erzählt oder erzählt wird), damit befasste, eher das Falsche auszutreiben, denn das Wahre zu konstruieren, oder als ob er die Wahrheit nur durch die Bestimmung des Irrtums produzierte. Seine Arbeit wäre demzufolge eine negative oder, um bei Popper einen geeigneteren Terminus zu entlehnen, eine Arbeit der »Falsifikation«. Von dieser Warte aus betrachtet, ist die Fiktion auf dem Gebiet einer Kultur das, was die Historiographie als Irrtum instituiert, indem sie sich eigenes Gebiet gibt.

2. Fiktion und Realität. — Auf der Ebene der analytischen Verfahren (Prüfung und Gegenüberstellung der Dokumente) wie auch auf der der Interpretationen (die Produkte dieser Vorgangsweisen sind) beruft sich der technische Diskurs, der in der Lage ist, die die Fiktion charakterisierenden Irrtümer auszumachen, darauf, im Namen des Realen zu sprechen. Indem die Geschichtswissenschaft die Schritte, die die beiden Diskurse voneinander abheben — einerseits den wissenschaftlichen, andererseits den der Fiktion — nach ihren eigenen Kriterien setzt, schreibt sie sich eine Beziehung zum Realen zu, indem sie ihrem Gegenteil einen Platz unter dem Zeichen des Falschen zuweist.

Diese reziproke Bestimmung findet sich auch anderswo, wenn auch mit anderen Mitteln und anderen Zielen. Sie impliziert eine doppelte Verschiebung, die einerseits darin besteht, durch die Demonstration eines Irrtums das Wahre plausibel zu machen und gleichzeitig durch Denunzierung des Falschen ans Wahre glauben zu machen. Sie nimmt also an, dass das, was nicht als falsch erwiesen ist, real sein muß. So führte man früher, gegen die »falschen« Götter argumentierend, zum Glauben an die Existenz eines Wahren hin. Dieses Verfahren wiederholt sich bis hin zur zeitgenössischen Historiographie. Es ist einfach: der Diskurs lässt das als Reales erscheinen, was er diesem, nachdem es als Irrtum erwiesen ist, entgegensetzt. Diese Vorgangsweise, wiewohl logisch illegitim, funktioniert und »bringt in Gang«. Sohin ist die Fiktion in den Bereich des Irrealen verbannt, während der technisch zum Aufzeigen der Fehlmeinung gerüstete Diskurs den zusätzlichen Vorzug vortäuscht, das Reale zu repräsentieren. Der Streit zwischen »Literatur« und Geschichte würde leicht eine Illustration dieser Aufteilung ergeben.

3. *Fiktion und Wissenschaft.* — Dergestalt findet sich in Form einer durchaus logischen Umkehr die Fiktion auf dem Feld der Wissenschaft wieder. Eine langsame, die Modernität begründende Revolution hat den die Ordnung der Seinsweisen und den Willen ihrer Hervorbringer entziffernden (metaphysischen und theologischen) Diskurs durch Schreibweisen ersetzt, die, ausgehend von der Fähigkeit, Zusammenhänge zu begründen, eine Ordnung, einen Fortschritt, eine Geschichte hervorbringen. Losgelöst von ihrer epiphanischen Funktion, die Dinge zu repräsentieren, machen diese formellen Sprachen in ihren Anwendungen Szenarios Platz, deren Pertinenz nicht mehr auf das zurückzuführen ist, was sie ausdrücken, sondern auf das, was sie möglich machen. Das ist eine neue Art Fiktion, ein wissenschaftliches Artefakt, das sich zwar nicht als Reales, aber als Urheber von Aktion und Veränderung erachtet. In diesem Sinne ist »Fiktion« nicht das, was die Mondlandung photographiert, sondern das, was ihr vorausgeht und sie organisiert.

Die Geschichtswissenschaft bedient sich also Fiktionen solchen Typs, wenn sie Systeme der Korrelationen zwischen Einheiten, die als distinkt und stabil definiert werden, konstruiert, wenn sie Hypothesen und gegenwärtige wissenschaftliche Regeln in den Bereich der Vergangenheit überträgt und solcherart verschiedene Gesellschaftsmodelle produziert; oder wenn sie, expliziter, wie im Falle der historischen Ökonometrie, die wahrscheinlichen Konsequenzen kontrafakureller Hypothesen untersucht (etwa: was wäre aus der Sklaverei in den USA geworden, wenn der Bürgerkrieg nicht stattgefunden hätte?)[2]. Indessen verhält sich der Historiker dieser Wissenschaft gewordenen Fiktion gegenüber nicht weniger misstrauisch. Er beschuldigt sie, die Geschichtsschreibung zu »zerstören«: die Debatten über die Ökonometrie haben es deutlich erwiesen. Dieser Widerstand ruft noch einmal jene Vorrichtung auf, die, indem sie sich auf die Fakten beruft, das Falsche aufzeigt. Mehr noch, er beruft sich auf die Beziehung, die der historische Diskurs angeblich mit dem Realen unterhält. Der Historiker bekämpft, sogar in der Fiktion, einen Mangel an Referentiellem, eine Schädigung des »realistischen« Diskurses, einen Bruch zwischen den vermählt gewähnten Worten und Dingen.

4. *Fiktion und das »Eigentliche«.* — Schliesslich wird die Fiktion beschuldigt, kein eindeutiger Diskurs zu sein, anders gesagt, wissenschaftlicher »Sauberkeit« zu ermangeln. Tatsächlich spielt die Fiktion mit der Schichtung des Sinns, sie erzählt eine Sache, um eine andere auszusagen, sie bezeichnet sich aus einer Sprache, aus der sie unbegrenzt Sinneffekte bezieht, die weder umschrieben noch kontrolliert werden können. Im Unterschied zu dem, was in den im Prinzip eindeutigen artifiziellen Sprachen vorgeht, weist sie keinen bestimmten Ort auf. Sie ist »metaphorisch«. Sie verliert sich unfasslich im Feld des anderen. Das Wissen findet sich hier nicht an sicherem Ort, und seine Bemühungen bestehen darin, sie so zu analysieren, dass sie zu stabilen und kombinierbaren Elementen reduziert oder umgeformt wird. Aus dieser Perspektive bricht die Fiktion eine wissenschaftliche Regel. Das Wissen möchte die Hexerin fixieren und klassieren, indem es sie aus seinen Werkstätten austreibt. Sie ist hier nicht mehr vom Zeichen des Falschen, des Irrealen oder des Artefakts geprägt. Sie bezeichnet einen semantischen Abweg. Es ist die Sirene, gegen die sich der Historiker verteidigen muss, wie Odysseus an den Mast gefesselt.

Die Fiktion ist, unbeschadet der Verwechslung ihrer aufeinander folgenden oder simultanen Zustände, in ihren mythischen, literarischen, wissenschaftlichen oder metaphorischen Modalitäten ein Diskurs, der das Reale »informiert«, nicht aber vorgibt, es zu repräsentieren, noch es sich gutschreibt. Dadurch unterscheidet sie sich grundlegend von einer Historiographie, die sich immer hinsichtlich ihrer Ambition, das Reale auszusagen, artikuliert und es damit unmöglich aufgeben kann. Diese Ambition scheint die Präsenz und die Kraft eines Ursprünglichen an sich zu haben. Sie geht sehr weit zurück, etwa auf eine uranfängliche Szene, deren dunkle Permanenz noch immer die Disziplin bestimmt. Jedenfalls bleibt sie wesentlich. Das wäre also die undeutliche Mitte einiger Betrachtungen, die ich über das Spiel der Wissenschaft und der Fiktion einführen möchte, indem ich mich nun drei Fragen zuwende: I. das von der Historiographie produzierte Reale ist auch das Legendenhafte der historischen Institutionen; II. der Apparat des Wissenschaftlichen, zum Beispiel die Informatik, weist in der historischen Arbeit auch Aspekte der Fiktion auf; III. man kann die Historiographie, indem sie den Diskurs mit dem, was ihn produziert, in Beziehung setzt, also Zug und Zug mit einer professionellen Institution und mit einer wissenschaftlichen Methode, als ein Zusammengesetztes aus Wissenschaft und Fiktion betrachten oder als den Ort, wo sich die Zeit wieder einfügt.

I. - Das Legendenhafte der Institution

In dem Mass, wie sie sich als Repräsentation einer (vergangenen) Realität ausgibt, instituiert jede Erzählung, die von einem Das-was-sich-ereignet (oder Was-sich-ereignet-hat) handelt, Reales. Sie bezieht ihre Autorität daraus, dass sie sich als Zeuge dessen ausgibt, was ist, oder was gewesen ist. Sie verführt und zwingt sich auf im Namen der Ereignisse, die sie angeblich interpretiert, zum Beispiel die letzten Stunden Nixons im Weissen Haus oder die kapitalistische Ökonomie der mexikanischen *haciendas*. In der Tat gründet jede Autorität auf dem Realen, das sie anzeigen soll. Es geschieht immer im Namen eines Realen, dass man Gläubige »funktionieren macht« und sie produziert. Die Geschichtswissenschaft gewinnt diese Macht, indem sie »Fakten« präsentiert und interpretiert. Was könnte der Leser dem Diskurs entgegensetzen, der ihm sagt, was ist (oder gewesen ist)? Er muß dem Gesetz zustimmen, das sich in Begriffen der Ereignisse ausdrückt.

Dennoch entspricht das repräsentative »Reale« nicht dem Realen, das seine Hervorbringung bestimmt. Es verbirgt die Gegenwart, die es organisiert, hinter einer Figuration der Vergangenheit. Schonungslos ausgedrückt, ist das Problem folgendes: die Inszenierung eines (vergangenen) wirklichen Vorhandenseins, das heisst also der historiographische Diskurs selbst, verbirgt die soziale und technische Apparatur, die jenes hervorbringt, also die professionelle Institution. Die in Frage stehende Operation erscheint durchaus verschlagen: der Diskurs gibt sich glaubwürdig im Namen einer Realität, die er angeblich darstellt, aber dieser autorisierte Anschein führt genau dazu, dass die Praxis, die ihn tatsächlich bestimmt, verschleiert wird. Die Darstellung verkleidet die Praxis, die sie organisiert.

1. *Der Diskurs (und) die/der Institution.* - Die gelehrsame Historiographie entkommt nicht den Zwängen der sozio-ökonomischen Strukturen, die die Darstellung einer Gesellschaft bestimmen. Gewiss, ein spezialisiertes Milieu hat getrachtet, die Produktion dieser Historiographie der Politisierung und der Kommerzialisierung der Erzählungen durch Isolation zu entreissen. Dieser Rückzug, bald in Form eines Bürokratischen (staatliche Körperschaft), bald in Form eines Kooperativen (einer Profession), hat die Umschreibung älterer Gegenstände (einer Vergangenheit), das Herausisolieren eines rareren Materials (der Archive) und die Festlegung nachvollziehbarer Vorgangsweisen durch die Zunft (Techniken) gestattet. Aber alles geschieht so, als wären die allgemeinen Prozeduren der Herstellung unserer gemeinsamen »Geschichten« oder unserer Alltagslegenden aus diesen Laboratorien nicht ausgeschaltet, sondern vielmehr von den Historikern auf ihren Experimentierfeldern auf die Probe gestellt, kritisiert und verifiziert. Bevor wir die der wissenschaftlichen Forschung eigentümliche Technizität analysieren, muss also erkannt werden, was sie *gemein hat* mit der allgemeinen Produktion unserer Geschichten durch die Medien. Und es ist die historische Institution selbst, die,

indem sie diese Forschungen unterstützt, sie den gemeinschaftlichen Praxen wiedereinbindet, von denen sich zu unterscheiden sie vorgibt.

Die Gelehrsamkeit ist nur am Rande individuelle Arbeit. Sie ist ein kollektives Unterfangen. Nach Popper korrigiert die wissenschaftliche Gemeinschaft die Folgen der Subjektivität des Forschers. Aber diese Gemeinschaft ist auch eine Fabrik, aufgeteilt in Fliessbänder, budgetären Anforderungen unterworfen, also an die Politik und die wachsenden Zwänge spitzfindigen Handwerkszeugs gebunden (archivalische Infrastrukturen, Computer, Editionsweisen etc.); sie ist bestimmt durch eine ziemlich enge und homogene soziale Rekrutierung; sie ist nach den soziokulturellen Schemata oder Postulaten orientiert, die diese Rekrutierung auferlegt, nach dem Forschungsstand, nach den Interessen der Ordinarien, den Modeströmungen etc. Mehr noch, sie ist innerlich nach dem Prinzip der Arbeitsteilung organisiert: sie hat ihre Chefs, ihre Aristokratie, ihre Projektleiter (oftmals Proletarier ordinarialer Forschung), ihre Techniken, ihre unterbezahlten Sklaven, ihre Handlanger. Und dabei lasse ich den psychosoziologischen Aspekt dieser Unternehmung noch zur Seite; etwa die »Rhetorik universitärer Respektabilität«, die Jeanine Czubaroff analysiert hat.[3]

Indessen sagen die Bücher, die in dieser Fabrik produziert werden, nichts über ihre Fabrikation aus, oder so gut wie nichts. Sie verbergen ihre Beziehung zu dieser hierarchisierten und sozio-ökonomischen Apparatur. Verdeutlicht etwa die *thèse* die Beziehung zu dem Doktorvater, von dem das Fortkommen abhängt, oder die finanziellen Imperative, die dieser beachten muss, oder die Pressionen, die ein professionelles Milieu auf die ausgewählten Themen und die angewandten Methoden ausübt? Es ist unnötig zu insistieren. Aber es ist nötig, auf der Tatsache zu beharren, dass diese Determinationen weder die eigentlich wissenschaftlichen noch die individuellen Ideologien betreffen, sondern den Druck, den eine gegebene historische Realität auf die Diskussion ausübt; dieser wird jedoch eskamotiert, indem man vorgibt, das Reale darzustellen.

Gewiss spielt diese historische Repräsentation in einer Gesellschaft oder einer Gruppe eine notwendige Rolle. Sie setzt unablässig die Risse zwischen der Vergangenheit und der Gegenwart instand. Sie versichert eines »Sinns«, der die Gewalttätigkeit und die Aufteilung der Zeit überwindet. Sie schafft ein Theater der Bezüge und der gemeinsamen Werte, die der Gruppe eine Einheit und symbolische Kommunikabilität geben. Kurzum, sie ist, wie Michelet sagte, die Arbeit der Lebenden, um die »Toten zu beruhigen« und um alles Entzweite unter dem Anschein der Präsenz zusammenzuführen, die die Repräsentation selbst ist. Es ist ein Diskurs der Konjunktion, der gegen die durch die Konkurrenz, die Mühsal, die Zeit und den Tod zustandegekommene Disjunktion ankämpft. Aber dieses Soziale zieht genau die Verschleierung dessen nach sich, was die Repräsentation spezifiziert. Sie führt zur Verhinderung der Wiederkehr der gegenwärtigen Teilung auf der symbolisierenden

Bühne. Der Text substituiert also die Erhellung einer institutionellen Operation, die ihn hervorbringt, durch die Repräsentation einer Vergangenheit. Er gibt den Anschein eines (vergangenen) Realen anstelle der (gegenwärtigen) Praxis, die ihn produziert: das eine wird an die Stelle des anderen gesetzt.

2. *Vom wissenschaftlichen Produkt zu den Medien: die allgemeine Historiographie.* – Von diesem Gesichtswinkel aus unterscheidet sich der gelehrte Diskurs nicht mehr von der weitschweifigen und grundlegenden Narrativität, die unsere alltägliche Historiographie ausmacht. Er partizipiert am System, das, durch »Geschichten«, die soziale Kommunikation und die Bewohnbarkeit der Gegenwart organisiert. Das professionelle Buch oder der professionelle Aufsatz einerseits und die gedruckte Zeitschrift oder das Fernsehfeuilleton andererseits unterscheiden sich lediglich im Inneren ein und desselben historiographischen Feldes, das durch zahllose Erzählungen gebildet wird, die die Ereignisse beschreiben und interpretieren. Natürlich ist der »spezialisierte« Historiker darauf erpicht, diesen kompromittierenden Zusammenhang zurückzuweisen. Der gelehrsame Teil dieser Historiographie bildet aber nur eine besondere Spielart, die nicht »technischer« ist als die Nachbararten, sondern lediglich andere Techniken aufweist. Er bringt auch ein spriessendes Genre zu Ansehen: die Erzählungen, die erklären, was-sich-ereignet.

In der Tat erzählt sich die Geschichte ohne Unterlass, von morgens bis abends. Sie bevorzugt das, was nicht geht (das Ereignis ist vor allem ein Unfall, ein Malheur, eine Krise), weil zunächst diese Brüche durch eine Sprache des Sinns dringend zusammengeführt werden müssen. Umgekehrt sind die Unglücksfälle Anlässe der Erzählungen, sie ermöglichen ihre unablässige Produktion. Ehedem hatte das »Reale« die Gestalt eines Göttlichen Geheimnisses, das die unaufhörliche Erzählbarkeit seiner Offenbarung autorisierte. Heute fährt das »Reale« fort, unbegrenzt die Erzählung zu erlauben, aber es hat die Form eines fernen und fremden Ereignisses, das der Produktion unserer Offenbarungsdiskurse als notwendiges Postulat dient. Dieser fragmentierte Gott hört nicht auf zu reden. Er schwatzt. Überall Neuigkeiten, Informationen, Statistiken, Erhebungen, Dokumente, die die von der Arbeitsteilung, der sozialen Atomisierung und der professionellen Spezialisierung hervorgerufene und wachsende Disjunktion durch die narrative Zusammenfügung kompensieren. Diese Diskurse stellen allem Entzweiten ein gemeinsames Referentielles bei. Im Namen des »Realen« instituieren sie die Symbolsprache, die an die Kommunikation glauben macht und die das Spinnennetz »unserer« Geschichte ausmacht.

In bezug auf die allgemeine Historiographie werde ich nur drei für das ganze Genre typische Züge hervorheben, obwohl diese im »Medien«-Bereich sichtbarer und besser kontrolliert (oder anders modalisiert) sind als im wissenschaftlichen Bereich.

a) Die Darstellung der historischen Realitäten ist das Mittel, um die realen Verhältnisse ihres Zustandekommens zu verschleiern. Der »Dokumentarbericht« verdeutlicht nicht, dass er zunächst das Resultat einer selektiven sozio-ökonomischen Institution und einer kodizifierten technischen Vorrichtung, der Zeitung oder des Fernsehens, ist. Alles ist hier, als zeigte sich, via Dan Rather, Afghanistan. Tatsächlich wird es uns durch Erzählung weisgemacht. Diese ist das Produkt eines Milieus oder einer Macht, einer Übereinkunft zwischen Sender/Empfänger oder der Logik einer Technik. Die Klarheit der Information kaschiert die Regeln der komplexen Arbeit, die diese Klarheit erst zustandebringt. Es ist ein trompe-l'œil, das im Unterschied zu früheren trompes-l'œil, weder den Schauplatz des Geschehens noch den Code seiner Herstellung sichtbar macht. Die professionistische »Erhellung« der Vergangenheit geht genauso vor.

b) Die Erzählung, die im Namen des Realen spricht, ist eine Weisung. Sie »gibt aus«, so wie man einen Befehl ausgibt. In dieser Hinsicht spielt die Aktualität (dieses alltägliche Reale) dieselbe Rolle wie einst die Göttlichkeit: die Priester, die Zeugen oder die Prediger der Aktualität bringen sie zum Sprechen, um in ihrem Namen zu verschreiben. Gewiss bedeutet »Das-Reale-zum-sprechen-zu-bringen« nicht mehr, den geheimen Willen eines Schöpfers aufzudecken. Doch nehmen Zahlen und Tatsachen den Platz dieser »enthüllten« Geheimnisse ein. Dennoch bleibt die Struktur die nämliche: sie diktiert, im Namen des »Realen«, in einem fort, was es zu sagen, zu glauben und zu tun gelte. Und was wäre den Fakten entgegenzuhalten? Das Gesetz, das sich in Daten und Zahlen (also von Fachleuten hergestellten Termen, die jedoch als Manifestation der letzten Autorität, des Realen, ausgegeben werden) erzählt, konstituiert unsere Orthodoxie, einen unüberschaubaren Diskurs der Ordnung. Wie man weiss, gilt dasselbe für die geschichtswissenschaftliche Literatur. Zahlreiche Analysen erweisen es heute: sie ist immer ein nationalistischer oder militant pädagogischer und normativer Diskurs gewesen. Aber indem er ausdrückt, was es zu denken und tun gelte, hat es dieser dogmatische Diskurs nicht nötig, sich zu rechtfertigen, da er ja im Namen des Realen spricht.

c) Mehr noch, diese Erzählung ist wirksam. Indem sie vorgibt, das Reale zu erzählen, fabriziert sie es. Sie ist performativ. Sie macht glaubwürdig, was sie sagt, und führt in der Folge zum Handeln. Gläubige produzierend, produziert sie schliesslich Handelnde. Die Information erklärt: »Der Anarchismus ist auf euren Strassen, das Verbrechen an eurer Tür!« Also bewaffnet und verbarrikadiert sich die Allgemeinheit. Die Information fügt hinzu: »Die Kriminellen sind Fremde, man hat Beweise.« Die Allgemeinheit sucht Schuldige, denunziert Menschen, verlangt alsbald ihren Tod oder ihre Exilierung. Die historische Narration entwertet oder überbewertet Erfahrungen, sie übertreibt Konflikte, sie entzündet Nationalismen oder Rassimen, sie organisiert oder entfesselt Verhaltensweisen. Sie macht, was sie sagt. Jean-Pierre Faye hat es, in bezug auf den Nazismus, in seinen *Langages totalitaires*[4] analysiert. Wir kennen zahlreiche andere Fälle solcher fabrizierter Erzählungen, die die Geschichte ausmachen. Die beschwörende Stimme der Narration transformiert, deplaciert und reguliert den sozialen Raum. Sie übt eine immense Macht aus, aber eine Macht, die sich der Kontrolle entzieht, da sie sich als die wahre Darstellung dessen präsentiert, was geschieht oder was geschehen ist. Durch die Stoffe, die sie auswählt, durch die Problematiken, die sie bevorzugt, durch die Dokumente und die Modelle, die sie benützt, hat die professionistische Geschichte eine analoge Operativität. Auch sie bewaffnet und mobilisiert ihre Klientele im Namen der Wissenschaft. Die politischen und ökonomischen Machthaber, oftmals hellsichtiger als die Historiker selbst, haben immer danach getrachtet, sie auf ihre Seite zu bringen, ihr zu schmeicheln, sie zu bezahlen, zu leiten, zu kontrollieren oder zu bändigen.

II. - Wissenschaftlichkeit und Geschichte: die Informatik

Um Inszenierung und Gewalt zu vereinen, ordnet sich der Diskurs den Institutionen zu, die ihm gleichermassen Legitimität im Hinblick auf die Öffentlichkeit und Abhängigkeit hinsichtlich der Beziehung zu den sozialen Kräften zuweisen. Das Unternehmen garantiert (den Lesern oder Betrachtern) die Schriftstücke oder Bilder als Diskurs des Realen, während es gleichzeitig, durch sein inneres Funktionieren, die Herstellung der Gesamtheit der sozialen Praktiken für sich in Anspruch nimmt. Aber es gibt ein hin und her zwischen diesen beiden Aspekten. Die Darstellungen sind nur in dem Mass autorisiert, im Namen des Realen *zu sprechen*, wie sie die Bedingungen ihrer Herstellung *vergessen*. Also ist es ebenfalls die Institution, die die Verbindung der Gegensätze bewirkt. Sie, die aus diesen Kämpfen, Regeln und allgemein gesellschaftlichen Verfahren entstanden ist, erlegt der hervorbringenden Aktivität Zwänge auf, die sie durch den solcherart hergestellten Diskurs verdunkeln hilft. Von da ab können diese Verfahrensweisen, abgesichert durch das professionelle Milieu, durch die Darstellung kaschiert werden. Aber ist diese Situation so paradox? Das vom Diskurs ausgeschlossene Element ist genau das, was den praktischen Zusammenhalt der (gelehrten) Gruppe ergibt.

Diese Praxis ist offenkundig nicht rückführbar auf das, was sie dem Genre der allgemeinen Historiographie zuordnen lässt. Sie hat, da sie »wissenschaftlicher Natur« ist, spezifische Züge. Als Beispiel nehme ich die Funktionsweise der Informatik im Bereich spezialisierter oder professioneller historiographischer Arbeit. Durch sie hat sich die Möglichkeit des Quantitativen, der seriellen Bearbeitung variabler Beziehungen zwischen stabilen Einheiten über eine lange Dauer hinweg ergeben. Für den Historiker ist das die Schatzinsel. Endlich ist er drauf und dran, die Historiographie aus ihren kompromittierenden Beziehungen zur Rhetorik zu lösen, aus dem metonymischen oder metaphorischen Gebrauch der angeblich für das Ganze bezeichnenden Einzelheit, aus ihren oratorischen Kunstgriffen der Überzeugungskraft. Er ist im Begriff, sie aus der Abhängigkeit gegenüber einer sie umgebenden Kultur zu lösen, deren Vorurteile im vorhinein Postulate, Zusammenhänge und Interpretationen herausschälen. Dank der Informatik kommt der Historiker in die Lage, die Zahlen zu meistern, Regelmässigkeiten zu konstruieren und die Periodizitäten nach Korrelationskurven zu bestimmen — drei neuralgische Punkte in seiner Arbeitsstrategie. Ein statistischer Rausch hat also die Historiographie ergriffen. Die Bücher strotzen von Ziffern, Garanten der Objektivität.

Indessen hat man diese Hoffnungen entzaubern müssen, selbst wenn man nicht so weit wie kürzlich Jack Douglas oder Herbert Simons gehen wollte, von einer »Rhetorik der Ziffern« zu reden[5]. Das Streben, die Geschichtswissenschaft zu mathematisieren, hat als Gegenstück die Historisierung jener eigentümlichen Mathematik, die die Statistik ist. In dieser mathematischen Gesellschaftsanalyse, müssen 1. ihre Beziehung zu den Bedingungen ihrer historischen Möglichkeit, 2. die technischen Einschränkungen, die sie auferlegen und damit die Relation zwischen dem, was sie behandelt und dem, was sie unbeachtet lässt, schliesslich 3. ihr tatsächliches Funktionieren im historiographischen Feld, das heisst der Modus ihrer Rekuperation oder ihrer Assimilation durch die Disziplin, die sie angeblich verändert, hervorgehoben werden. Dergestalt wird man auf andere Weise der Wiederkehr der Fiktion in die wissenschaftliche Praxis beiwohnen.

1. Dem Augenschein nach gibt es hinsichtlich der Abenteuer der Geschichte nichts Fremderes als diese mathematische Wissenschaftlichkeit. In ihrer theoretisierenden Praxis definiert sich die Mathematik aus der Fähigkeit ihres Diskurses, die Regeln seines Zustandekommens zu bestimmen, »konsistent« (also ohne Widersprüche zwischen seinen Aussagen), »sauber« (das heisst ohne Doppelsinnigkeit) und »zwingend« zu sein (durch seine Form jede Verweigerung seines Inhalts zu unterbinden). Die Schrift dieser Wissenschaftlichkeit verfügt also über eine Autonomie, die aus der »Eleganz« das innere Prinzip ihrer Entwicklung macht. In der Tat zeigt ihre Anwendung auf die Gesellschaftsanalyse die Umstände der Zeit und des Ortes; wenn auch im 17. Jahrhundert John Craig mit seinen »rules of historical evidence« schon die Wahrscheinlichkeiten der Zeugnisse in seiner *Theologia ... mathematica*[6] zu kalkulieren sucht, so begründet erst im 18. Jahrhundert Condorcet eine »soziale Mathematik« und berechnet die »Wahrscheinlichkeiten«, die, wie er denkt, die »Glaubensmotive« und damit die praktische freie Wahl der in der Gesellschaft vereinigten Individuen bestimmen[7]. Nun also erst nimmt die Idee einer mathematisierbaren Gesellschaft Gestalt an — Prinzip und Postulat aller Analysen, die seither die soziale Realität mathematisch behandeln.

Diese »Idee« verstand sich nicht von selbst, wiewohl das Projekt einer von der Vernunft gesteuerten Gesellschaft auf die *Republik* von Plato zurückgeht. Damit die *langue des calculs*, wie Condillac sagte, den Diskurs einer Sozialwissenschaft näher bestimmen konnte, war es zunächst nötig, dass eine Gesellschaft für eine aus individuellen Einheiten zusammengesetzte und ihre Absichten vereinigende Totalität gehalten wurde: dieser mit der Modernität[8] geborene »Individualismus« ist die

Voraussetzung einer mathematischen Behandlung der möglichen Beziehungen zwischen diesen Einheiten, ganz so, wie er zur gleichen Zeit die Voraussetzung der Konzeption einer demokratischen Gesellschaft ist. Darüber hinaus binden drei zufällige Bedingungen diese Idee an einen geschichtlichen Zusammenhang: ein technischer Fortschritt der Mathematik (Wahrscheinlichkeitsrechnung etc.), im übrigen untrennbar vom quantitativen Zugang zur Natur und zur Deduktion der Naturgesetze, die für die Wissenschaftlichkeit im 18. Jahrhundert so charakteristisch sind[9]; die soziopolitische Organisation einer Administration, die das Staatsgebiet vereinheitlichte und damit die Information zentralisierte und das Modell einer allgemeinen Verwaltung der Bürger beisteuerte; und schliesslich die Herausbildung einer bürgerlichen Elite, die davon überzeugt war, dass ihre eigene Macht und der Reichtum der Nation durch eine Rationalisierung der Gesellschaft herbeizuführen seien.

Diese dreifache historische Determinierung, die eine technisch, die andere soziopolitisch, die dritte ideologisch und sozial, war — und bleibt — die Möglichkeitsbedingung statistischer Operationen. Noch heute tragen wissenschaftlicher Fortschritt, Staats- oder internationaler Apparat und technokratisches Milieu den informationstechnischen Betrieb[10]. Anders ausgedrückt, die Mathematisierung der Gesellschaft entkommt nicht der Geschichte. Sie hängt im Gegenteil von den wissenschaftlichen Entdeckungen, den institutionellen Strukturen und den sozialen Formationen ab, deren historische Implikationen sich über das Feld einer ahistorischen Methodologie hinweg entwickeln.

2. Darüber hinaus wird die mathematische Strenge mit einer strikten Einschränkung des Bereichs erkauft, auf dem sie angewendet werden kann. Schon Condorcet ging nach einer dreifachen Einschränkung vor. In seiner »sozialen Mathematik« nahm er *a)* an, dass man demzufolge handle, woran man glaube, dass *b)* der Glaube auf »Glaubensmotive« zurückgeführt werden könne, und dass *c)* diese »Motive« sich auf Wahrscheinlichkeiten reduzierten. Er muss also sehr wohl ein mathematisierbares Objekt ins Reale einführen. Er lässt einen enormen Rückstand ausserhalb seiner Berechnungen, die ganze soziale und psychologische Komplexität der freien Wahl. Seine *Science des stratégies* kombiniert Trugbilder. Was berechnet letztlich dieses mathematische Genie von der Gesellschaft, die zu analysieren es vorgibt? Die rigorose Neuheit der Methode wird um den Preis einer Überführung seines Gegenstandes in eine Fiktion erkauft. Im übrigen wird, wie Peter Hans Reill am Beispiel der Anfänge des deutschen Historismus gezeigt hat[11], seit dem Ende des 18. Jahrhunderts das mathematische Modell zugunsten eines Evolutionismus aufgegeben (Hand in Hand mit der Historisierung der Linguistik)[12], ehe der makroökonomische Strukturalismus des 20. Jahrhunderts auch dieses Modell der Geschichte wieder zurückgibt.

Heute ermöglichen in der Geschichte nur drastische Einschränkungen die Anwendung der Statistik, wiewohl diese eine elementare Form der Mathematik darstellt. So kann man schon vom Anfang des Verfahrens an nur dasjenige Material beibehalten, das für eine Anordnung in Serien geeignet ist (was eine Urbanistik oder eine Geschichte des Wählerverhaltens zum Schaden anderer Geschichten, die brach liegen bleiben oder der Handwerkskunst von Amateuren überlassen werden, begünstigt). Man muss auch die behandelten Einheiten derart näher bestimmen, dass das Zeichen (das codierte Objekt) nicht mit den Dingen oder den Wörtern gleichgesetzt wird, deren historische oder semantische Veränderungen die Stabilität des Zeichens und damit die Stichhaltigkeit der Berechnung infragestellen würde. Zu den sich aus der »Auslaugung« der Tatsachen ergebenden Einschränkungen kommen noch diejenigen, die sich aus den Grenzen der theoretischen Werkzeuge aufzwingen. Zum Beispiel bedürfte es einer »weichen Logik«, die in der Lage wäre, Kategorien in der Art von »ein wenig«, »ziemlich«, »vielleicht« etc. zu behandeln, wie sie für den historischen Bereich charakteristisch sind. Trotz neuerer Forschungen, die, ausgehend von Begriffen wie »Verwandtschaft« oder »Distanz« zwischen Objekten, »weiche« Einheiten in die Analyse einführen[13], reduzieren sich die informatischen Algorithmen auf drei oder vier Formeln.

Wir kennen alle die Erfahrung, dass Material eliminiert werden musste, weil es nicht nach den vorgegebenen Regeln zu behandeln war. Ich könnte über die Trugbilder historischer Recherchen berichten, zum Beispiel über die Generalstände von 1614 oder über die *Cahiers de doléances* von 1789, Tatsachen, die schliesslich aus dem geschlossenen Raum der Informatik ausgemustert wurden. Sowie das elementare Niveau der herauszuhebenden Einheiten feststeht, schliesst die mathematische Vorgangsweise — und aus guten Gründen — ganze Gebiete aus der Historizität aus. Sie schafft immense Rückstände, vom Computer zurückgewiesen und um ihn herum aufgehäuft.

3. In dem Mass, wie sie von der tatsächlichen Praxis des Historikers beachtet werden, erzeugen diese Zwänge eine technische und methodische Bescheinigung. Sie generieren Eindrücke von Wissenschaftlichkeit. Um diese Eindrücke zu charakterisieren, könnte man ganz allgemein sagen, dass da, wo sie durch die Berechnung eingeführt werden, diese die Hypothesen vervielfältigt und es gestattet, einige unter ihnen zu falsifizieren. Einerseits legen die Kombinationen zwischen den Elementen, die man isoliert hat, bisher unvermutete Beziehungen nahe. Andererseits verbietet das Rechnen mit großen Zahlen Interpretationen, die auf besonderen Fällen oder *idées reçues* beruhen. Es gibt also eine Zunahme des Möglichen und eine Determination des Unmöglichen. Die Berechnung beweist nichts. Sie lässt die Zahl der legitimen Formalrelationen zwischen abstrakt definierten Elementen anwachsen, und sie bezeichnet die Hypothesen als abzulehnende, weil sie schlecht formuliert, nicht behandelbar oder konträr zu den Resultaten der Analyse seien[14].

Aber auf diese Weise befasst sich die Berechnung nicht fundamentaler mit dem »Realen«. Es ist nur ein Auflisten formaler Einheiten. Die eigentliche Geschichte wird im Grunde vor die Tür ihrer Laboratorien gesetzt. So ist also die Reaktion der Historiker sehr ambivalent, gleichzeitig verlockt und widersetzlich. Ich spreche hier nicht von einer theoretischen Rechnungsführung, sondern von einer tatsächlichen Lage. Sie muss einen Sinn haben. Um sie so zu untersuchen, wie sie sich darstellt, kann man mindestens drei Aspekte des tatsächlichen Funktionierens der Informatik in der Historiographie bestimmen.

a) Indem man, wenn es nötig ist, die Informatik (in der die Statistik nur eine unwichtige Rolle spielt), die Wahrscheinlichkeitsrechnung, die Statistik selbst (und die angewandte Statistik), die Datenanalyse etc. unterscheidet, kann man allgemein sagen, dass sich die Historiker im letztgenannten Bereich verschanzt haben: in der quantitativen Behandlung der Daten. Der Computer wird vor allem benützt, um neue Archive herauszubilden. Diese Archive, öffentliche oder private, verdoppeln und ersetzen die alten Archive. Es existieren bemerkenswerte Datenbanken, etwa das *Inter University Consortium for Political and Social Research* (I.C.P.S.R.) der University of Michigan (Ann Arbor), das auf dem System Fox basiert, oder die in Frankreich bei den *Archives Nationales* durch Rémi Matthieu und Ivan Cloulas geschaffenen archivalischen Datenbanken, die die Kommunalverwaltung des 19. Jahrhunderts betreffen, und nicht zuletzt die der Pariser Notare beim *Minutier central*.

Diese beträchtliche Entwicklung schreibt sich jedoch in die Archivlehre ein, eine Disziplin, die traditionell für eine Hilfswissenschaft gehalten und von der interpretativen Arbeit, die sich der Historiker als sein eigenes Feld vorbehielt, unterschieden wird. Der Computer ist also, obschon er die Dokumentation verändert und dergestalt auch die Interpretationsmöglichkeiten,[15] in einem Sonderbereich des historiographischen Betriebs, im Inneren eines vorgegebenen Rahmens, der die Autonomie der Hermeneutik schützte, angesiedelt. Man weist ihm nur eine »Hilfs«-Funktion zu, die noch vom alten Modell bestimmt ist, das die Sammlung der Fakten von der Erhellung des Sinns unterscheidet und die Techniken hierarchisiert. Diese Kombination erlaubt dem Historiker im Prinzip, die Quantifizierung zu nützen, ohne sich ihren Regeln zu beugen. Sie beweist zweifellos, dass es, wie Charles Tilly konstatiert hat[16], auf der Ebene der geistigen Schritte so wenig erkenntnistheoretische Konfrontationen zwischen dem mathematischen und dem interpretativen Verfahren gibt, und dass sich, trotz der Spannungen, der Porositäten und gegenseitigen Verschiebungen eine Art epistemologische Zweisprachigkeit hält.

b) Indem er von den Historikern als Lieferant sicherer und umfassenderer Daten verwendet wird, anstatt dass sie mit ihm unter dem Gesichtspunkt von Formaloperationen umgehen, erscheint der Computer in der zeitgemässen Gestalt der technokratischen Gewalt. Eher im Namen einer sozio-ökonomischen Realität als in dem einem wissenschaftlichen Feld eigentümlichen Ensemble von Regeln und Hypothesen bürgert er sich in der Historiographie ein. Das ist im übrigen ein Verdienst der

Historiker und nicht der Mathematiker. Der Computer schreibt sich in den Diskurs der ersteren als massive und bestimmende zeitgenössische Gegebenheit ein. Die historische Institution bezieht sich auf die Macht, die quer durch alle Bereiche das sozio-ökonomische Leben verändert.

So muß jede historische Studie eine minimale statistische Grundlage aufweisen, die gleichzeitig die Ernsthaftigkeit der Studie gewährleistet und der reorganisierenden Macht unseres hervorbringenden Betriebs Anerkennung zollt. Die beiden Gesten, die eine der Konformität mit einer zeitgenössischen technischen Methode und die andere eine Ehrerbietung gegenüber der herrschenden Autorität, sind untrennbar. Es ist die gleiche Geste. Aus diesem Blickwinkel wäre der Tribut, den die zeitgenössische Gelehrsamkeit dem Computer darbringt, das Äquivalent zur *Dédication au Prince* in den Büchern des 17. Jahrhunderts: eine Anerkennung der Schuld im Hinblick auf die Gewalt, die die Rationalität einer Epoche überdeterminiert. Wie die fürstliche und genealogische Institution seinerzeit, scheint die informatische Institution von heute im Text in Gestalt einer Kraft auf, die im Recht ist und sich dem Diskurs der Repräsentation aufzwingt.

In bezug auf diese beiden aufeinanderfolgenden Gewalten ist der Historiker im übrigen in der Position, ihnen gleichermassen nahe und doch fremd zu sein. Er ist »im Gefolge« des Computers, so wie er einst »im Gefolge« des Königs war. Er analysiert und mimt die Verfahren, die er nur von weitem ausführen kann. Er benützt sie, aber er verkörpert sie nicht. Kurz, er schreibt die Geschichte, aber er macht nicht Geschichte. Er re-präsentiert sie.

c) Umgekehrt verbürgt die Dedikation an diese Wissenschaftlichkeit ihren Text. Sie spielt die Rolle des autorisierenden Zitierens. Unter allen Autoritäten, auf die sich der historiographische Diskurs bezieht, ist es das, was ihm am meisten Legitimität gibt. Was verbürgt, ist in der Tat in letzter Instanz immer die Macht, weil sie wie eine Garantie des Realen funktioniert, in der Art wie die Golddeckung für das Papiergeld. Diese Vernunft, die den Repräsentationsdiskurs zur Macht hin drückt, ist grundlegender als die psychologischen oder politischen Motivationen. Die Macht aber hat heute die (technokratische) Form der Informatik, sie zu zitieren heisst also, vermöge dieser »Autorität«, der Darstellung Glaubwürdigkeit zu geben. Durch den Tribut, den sie an die Informatik entrichtet, macht die Historiographie glauben, sie sei keine Fiktion. Ihre wissenschaftlichen Schritte drücken noch eine andere Sache aus, die sie nicht ist: die dem Computer dargebrachte Hommage stützt das uralte Streben, den historischen für einen Diskurs des Realen auszugeben.

Zu dieser Problematik des »Glauben-Machens« durch das Zitieren der Macht tritt eine Problematik des »Glaubens« hinzu, die an das Zitieren des anderen gebunden ist. Die beiden sind einander verpflichtet, indem die Macht das andere des Diskurses ist. Als Beispiel nehme ich die Beziehung, die eine Teildisziplin zu einer anderen unterhält. Gemäss der Erfahrungen, die ich bei der Zusammenarbeit zwischen

Historikern und Informatikern gemacht habe, führt eine reziproke Illusion beiderseits zur Annahme, dass die jeweils andere Disziplin der eigenen geben könne, was ihr fehlt — nämlich eine Referenz zum Realen. Von der Informatik hoffen die Historiker das Ansehen einer wissenschaftlichen Überzeugungskaft zu gewinnen, die geeignet ist, die ernsthafte »Strenge« ihres Diskurses zu begründen. Die Informatiker, beunruhigt von ihrer eigenen Gewandtheit, mit formalen Kriterien umzugehen, verlangen von der Historiographie einen Beleg ihrer Berechnungen durch das »Konkrete« und durch die Besonderheiten der Gelehrsamkeit. Am Rande jedes Fachgebietes erwartet man von der Nachbardisziplin, die beiden Konditionen jeder modernen wissenschaftlichen Forschung zu kompensieren: einerseits ihre Begrenztheit (die Entsagung gegenüber der Totalisierung ist), andererseits ihre Eigentümlichkeit, Wissenschaftssprache oder Repräsentation zu sein (was dem Realitätsdiskurs entsagt).

Um sich zu konstituieren, muss eine Wissenschaft auf die Totalität und auf die Realität verzichten. Aber das, was man ausschliessen oder wessen man verlustig gehen muss, um sich zu formieren, kehrt in Gestalt des anderen wieder, von dem man fortfährt, eine Gewähr gegen den Mangel zu erwarten, der am Anfang unseres Wissens steht. Ein »Glaube ans Andere« ist der Modus, auf dem das Phantom einer totalisierenden und ontologischen Wissenschaft beruht. Die mehr oder weniger marginale Wiedereinführung dieses Wissenschaftsmodells offenbart die Weigerung, auf etwas zu verzichten, was den Bruch zwischen dem Diskurs (Schrift) und dem »Realen« (der Präsenz) markiert hat. Es überrascht nicht, dass die Historiographie, von allen Disziplinen zweifellos die älteste und am meisten vom Vergangenen gezeichnete, ein bevorzugtes Gebiet der Wiederkehr dieses Phantoms ist. Hier ist besonders der Computer unlösbar von dem, was es den Historikern gestattet, glauben zu machen, was bei ihnen den Glauben voraussetzt. Dieses Hinzugegebene (dieser Aber-Glaube) des Vergangenen wirkt sich in der Weise aus, wie die modernen Techniken verwendet werden. Daher ist die Historiographie gerade in ihrer Beziehung zur Wissenschaftlichkeit, zur Mathematik, zur Informatik, »historisch«. Nicht mehr in dem Sinn, wie sie eine Interpretation vergangener Epochen herstellt, sondern im dem, wie die Vergangenheit (das, was die modernen Wissenschaften zurückgewiesen oder verloren haben und nun als Vergangenheit konstituieren — eine endliche, abgetrennte Sache) sich in ihr produziert und erzählt.

III. - Science Fiction oder der Ort der Zeit

Diese Verbindung wäre also das Historische selbst: die Wiederkehr des Vergangenen im gegenwärtigen Diskurs. Weiter gesprochen, stört diese Zusammensetzung (Wissenschaft und Fiktion) die Trennung, die die moderne Geschichtswissenschaft als Verhältnis zwischen deutlich unterschiedenem »Gegenwärtigen«

und »Vergangenen« eingeführt hat, das eine »Subjekt« und das andere »Objekt« eines Wissens, das eine als Hervorbringer des Diskurses und das andere als Dargestelltes. Tatsächlich bestimmt dieses Ob-jekt, *ob-jectum*, angeblich ausserhalb der Werkstatt, das Innere der Verfahren.

Diese Verbindung gilt häufig als Folge einer Archäologie, die Zug um Zug aus der korrekten Wissenschaft entfernt gehörte, oder als ein »notwendiges Übel«, das nur wie eine unheilbare Krankheit zu ertragen sei. Aber sie kann auch, wie ich glaube, das Register eines eigentlichen epistemologischen Status bilden, und damit das Register einer Funktion und einer Wissenschaftlichkeit, um ihrer selbst inne zu werden. In diesem Fall muss man die »beschämenden« Aspekte an den Tag zerren, die die Geschichtswissenschaft glaubt verbergen zu sollen. Die diskursive Formation, die dergestalt auftritt, ist ein *entre-deux*. Sie hat ihre Normen, die nicht dem Modellfall, der immer transgrediert wird, entsprechen und an den man dennoch glauben möchte oder von dem man zumindest glauben machen möchte, dass die diskursive Formation ihm gehorcht. Szientifizität und Fiktion, diese Science Fiction, bewegen sich, wie andere Heterologien, an der Nahtstelle von wissenschaftlichem Diskurs und gewöhnlicher Sprache, auch da, wo sie die Vergangenheit mit der Gegenwart vermählen, und wo die Fragestellungen, denen keine technische Behandelbarkeit zukommt, als narrative Metaphern wiederkehren. Zum Schluss möchte ich nur noch einige Fragen klären, die die Aufhellung dieser Zusammensetzung zum Ziel haben:

1. *Eine Repolitisierung.* - Unsere Wissenschaften sind mit dem »modernen« historischen Gestus zustandegekommen, der die Forschung entpolitisiert hat, indem er von den wissenschaftlichen Einrichtungen gestützte »unbefangene« und »neutrale« Felder eingerichtet hat. Dieser Gestus bestimmt noch immer recht häufig die Ideologie, die gewisse wissenschaftliche Kreise zur Schau tragen. Aber die Entwicklung dieses Gestus hat es auch ermöglicht, ihre Spannkraft zu invertieren. Seit langem passen sich die wissenschaftlichen Institutionen, zu logistischen Mächten gewandelt, dem System an, das sie rationalisieren, das sie aber untereinander verbindet, das ihnen Orientierungen vorgibt und ihre sozio-ökonomische Integration sichert. Dieser Effekt der Assimilation ist natürlich in denjenigen Disziplinen schwerwiegender, deren technische Elaboration schwächer ist. Das ist der Fall bei der Geschichtswissenschaft.

Heute müssen also die Wissenschaften »repolitisiert« werden. Darunter verstehe ich, den wissenschaftlich-technischen Apparat auf den Feldern der Macht, in deren Innerem und in Abhängigkeit von deren Vorgangsweisen Diskurse produziert werden, neu zu bestimmen. Dieses Vorhaben ist vor allem ein historisches. Die Historiographie hat sich immer an der Grenze des Diskurses und der Macht eingenistet, an der ein Krieg zwischen Sinn und Gewalt ausgetragen wird. Aber nach drei oder vier Jahrhunderten, während derer man geglaubt hat, diese Beziehung beherrschen zu können, sie im Aussen des Wissens zu situieren, um daraus einen

»Gegenstand« zu machen und sie unter dem Gesichtspunkt einer »Vergangenheit« zu analysieren, muß man heute einsehen, dass der Konflikt des Diskurses und die Macht ebenso über die Historiographie hinausragt, wie er ihr innerlich ist. Die Erläuterung entwickelt sich unter der Herrschaft dessen, was sie behandelt. Sie muss eine innere und aktuelle Beziehung zur Macht ausdrücken (so wie es früher mit der Beziehung zum Fürsten der Fall war). Sie allein wird es der Geschichtswissenschaft gestatten, die Herstellung von Trugbildern zu vermeiden, die, indem sie eine wissenschaftliche Autonomie annehmen, genau die Elimination jeder ernsthaften Behandlung der Beziehung zur Folge haben, die die Sprache (des Sinns oder der Kommunikation) mit dem Kräftespiel unterhält.

Technisch gesprochen, besteht die »Repolitisierung« darin, die Geschichtswissenschaft selbst zu »historisieren«. Ein professionistischer Reflex lässt den Historiker jeden Diskurs auf seine sozio-ökonomischen oder geistigen Produktionsbedingungen zurückführen. Er muss nur diese Analyse auf seinen eigenen Diskurs anwenden, und zwar in der Weise, dass er dessen Pertinenz auf die gegenwärtigen Kräfte bezieht, die die Darstellbarkeit des Vergangenen bestimmen. Seine Arbeit als solche wird das Labor, wo mit einer sich um die Politik gruppierenden Symbolik zu experimentieren ist.

2. *Die Zeit denken.* - Dadurch wird die Epistemologie, die zwischen Subjekt und Objekt differenzierte, und die konsequenterweise die Zeit auf die Funktion reduzierte, die Gegenstände zu klassifizieren, modifiziert. In der Geschichtswissenschaft sind die zwei Urgründe, der Gegenstand und die Zeit, tatsächlich verbunden, und zweifellos hat die Objektivierung der Vergangenheit seit drei Jahrhunderten aus der Zeit das Ungedachte einer Disziplin gemacht, die nicht aufhört, jene als taxinomisches Instrument zu benützen. In der mit der Aufklärung entstehenden Epistemologie begründet die Differenz zwischen dem Subjekt des Wissens und seinem Objekt auch diejenige, die die Gegenwart von der Vergangenheit trennt. Im Inneren einer stratifizierten gesellschaftlichen Gegebenheit definierte die Geschichtswissenschaft das als »vergangen«, was nicht mit der (politischen, sozialen oder wissenschaftlichen) Macht, ein Gegenwärtiges herzustellen, ausgestattet war, wobei »vergangen« als zu begreifendes oder zurückzuweisendes Ensemble von Andersheiten und »Widerständen« zu verstehen ist. Demzufolge gilt ein Gegenstand als »vergangen«, wenn er sich von seinem Produktionsapparat, der ihn transformiert, unterscheidet. Von der Haltung, die die Archive hervorgebracht hat, bis zu derjenigen, die aus Landschaften denkwürdige und/oder überzeichnete Traditionen gemacht hat, betont der Einschnitt, der, im Inneren einer Gesellschaft, eine »Vergangenheit« umschreibt, die Beziehung, die eine hervorbringende Ambition mit dem, was sie nicht ist, mit dem Milieu, dem sie sich abnötigt, mit der Umgebung, die sie erobern muss, mit den Widerständen, denen sie begegnet etc., unterhält. Dieser Einschnitt hat die Beziehung einer Unternehmung mit ihrer im selben ökonomischen

Feld befindlichen Exteriorität zum Modell. Die »vergangenen« Dokumente verhalten sich also relativ zu einem Fabrikationsapparat und werden nach dessen Regeln behandelt.

In dieser für die »bürgerliche« und eroberungssüchtige Ökonomie typischen Konzentration befremdet das Faktum, dass die Zeit, also die Exteriorität, das andere ist. Deshalb scheint, nach der Art eines monetären Systems, ein Klassifikationsprinzip für die Daten auf, die in diesem äusserlichen Raum gelagert sind. Zur taxinomischen Bemessung der Dinge gewandelt, wird die Chronologie zum Alibi der Zeit, zum Mittel, sich der Zeit zu bedienen, ohne sie zu denken, und dieses Prinzip des Todes und des Durchgangs (oder der Metapher) aus dem Wissen zu verbannen. Bleibt die innere Herstellungszeit, aber, verlegt ins Innere einer rationellen Serialität der Operationen, und ins Aussen eines metrischen Systems von chronologischen Einheiten objektiviert, ist dieser Versuch nur mehr eine ethische Sprache: der Produktionsimperativ, Prinzip der kapitalistischen Askese.

Vielleicht könnte die Geschichswissenschaft, indem sie die Doppeldeutigkeit der Beziehung Objekt-Subjekt oder Vergangenheit-Gegenwart wiederherstellte, zu ihrer ursprünglichen Aufgabe zurückgelangen, philosophisch ebenso wie technisch, die Zeit als genau jene Ambivalenz zu sagen, die den Ort betrifft, an dem sie ist, und also die Doppelseitigkeit des Ortes als Arbeit an der Zeit in eben dem Inneren des Ortes des Wissens zu denken. Zum Beispiel lässt die Archäologie, die den, gleichwohl technischen, Gebrauch der Informatik metaphorisiert, in der Tatsächlichkeit der historischen Produktion die Unmöglichkeit, sich mit dem Ort zu identifizieren, zum Vorschein kommen, was eine in bezug auf die Zeit essentielle Erfahrung darstellt. Dass das andere, schon da, am Platz sei, das ist der Modus, auf der Basis dessen sich die Zeit einschleicht[17]. Die Zeit kann im geschichtswissenschaftlichen Denken auch in Form eines Folgen zeitigenden Wandels wiederkehren, der die Praxis und die Konzeption des Objekts und nicht die des Orts betrifft. So gestattet es die *histoire immédiate* nicht mehr, sich von ihrem »Gegenstand«, der sie tatsächlich dominiert, einhüllt und im Netz aller anderen »Geschichten« ersetzt, zu entfernen. Ebenso bei der *oral history,* wenn sie sich nicht damit zufrieden gibt, Stimmen abzuschreiben und zu beschwören, deren Tod eben die Voraussetzung der Geschichts-Schreibung war: wenn er bereit ist zu hören, ohne vor dem, was man sehen oder lesen kann, innezuhalten, entdeckt der Professionist unmittelbar vor seinen Augen Gesprächspartner, die, wenn auch keine Spezialisten, doch ihrerseits geschichtshervorbringende Subjekte und Diskurspartner sind. Von der Beziehung Subjekt-Objekt gelangt man zu einer Vielheit von Autoren und Kontrahenten. Sie ersetzt die Hierarchie des Wissens durch eine gegenseitige Differenzierung der Subjekte. Damit führt die Relation, die der besondere Ort, an dem sich der Fachmann befindet, mit anderen unterhält, eine Dialektik der Orte ein, das heisst eine Erfahrung der Zeit.

3. *Das Subjekt des Wissens.* - Dass der Ort, wo sich der Diskurs produziert, wesentlich sei, tritt natürlich vor allem dort am deutlichsten auf, wo der historiographische Diskurs Probleme behandelt, die das historische Subjekt in Frage stellen: Geschichte der Frauen, der Neger, der Juden, der kulturalen Minderheiten etc. Gewiss kann man in diesen Zweigen jeweils behaupten, dass die persönliche Lage des Autors gleichgültig ist (in bezug auf die Objektivität seiner Arbeit) oder dass nur er den Diskurs gültig oder ungültig mache (demzufolge, was »er ist« oder nicht). Aber diese Debatte erfordert genau die klare Darlegung dessen, was von einer Epistemologie verschleiert wurde, das heisst, es gilt, den Einfluss intersubjektiver Beziehungen (Frauen und Männer, Schwarze und Weisse) auf den Gebrauch offenkundig »objektiver« Techniken und auf die Organisation vielleicht gleichermassen wissenschaftlicher Diskurse festzustellen. Kann man zum Beispiel aus der Ungleichheit des Geschlechts schliessen, dass eine Frau eine andere Historiographie produziert als ein Mann? Ich werde keine Antwort geben, aber ich halte fest, dass diese Frage den Ort des Subjekts zur Debatte stellt und einen verpflichtet, sie zu prüfen, im Gegensatz zur Epistemologie, die die »Wahrheit« des Werks über die Unerheblichkeit des Sprechers setzt. Das Subjekt des Wissens zu befragen, heisst auch, über die Zeit nachdenken zu müssen, wenn es zutrifft, dass sich das Subjekt als eine Stratifikation heterogener Zeiten konstituiert, und dass es, ob Frau, Schwarzer oder Baske, nach seiner Beziehung zum anderen strukturiert ist[18]. Die Zeit ist genau die Unmöglichkeit der Identität mit dem Ort. Von hier aus beginnt also eine Reflexion über die Zeit. Das Problem der Geschichte schreibt sich am Ort jedes Subjekts ein, das in sich Spiel der Differenz, der Historizität der Nicht-Identität mit sich ist.

Durch die doppelte Bewegung, die den Ort und das Objekt der Geschichtswissenschaft in ihrer Sicherheit beinträchtigt, scheint auch der Diskurs des Affekts und der Leidenschaft auf. Nachdem sie in den Gesellschaftsanalysen bis zum Ende des 18. Jahrhunderts (bis Spinoza, Hume, Locke und Rousseau) im Mittelpunkt gestanden ist, ist die Theorie der Leidenschaften und der Interessen langsam durch die objektivistische Ökonomie eliminiert worden, die sie im 19. Jahrhundert durch rationale Interpretation der Produktionsbeziehungen ersetzt und von der alten Verarbeitung nichts als einen Rest übrig gelassen hat, was es erlaubte, dem neuen System eine Verankerung in den »Bedürfnissen« zu geben. Nach einem Jahrhundert Zurückweisung hat die Ökonomie des Unbewussten eine Rückkehr erlebt. Mit *Totem und Tabu, Unbehagen in der Kultur* oder *Moses und der Monotheismus* tritt, notwendigerweise bezogen auf ein Verdrängtes, die Analyse hervor, die neuerlich die Einfügung des Subjekts in die kollektiven Strukturationen ausspricht. In der Ordnung einer sozio-ökonomischen Vernunft sind diese Affekte Gespenster. In der geschichtswissenschaftlichen Theorie und Praxis erlauben sie, Fragen zu formulieren, die bereits zahlreich Ausdruck gefunden haben seit den Essays von Paul Veyne über das Begehren des Historikers[19], von Albert Hirschman über das *disappointment* in der Wirtschaft[20], von Martin Duberman über die geschlechtsspezifische Einschreibung des Subjekts in sein historisches Objekt[21] oder von Régine Robin über die Strukturation der Studien durch mythische Kindheitsszenen[22]. Auf diese Weise kündigt sich eine Epistemologie an, die von derjenigen, die den Ort des Wissens über einen »eigenen« Ort definierte und die die Autorität des »Wissenssubjekts« am Ausschluss jeder Frage bemass, die sich auf den Sprechenden bezog, unterschieden ist. Indem sie dieses Ausgeschlossene verdeutlicht, findet sich die Geschichtswissenschaft von neuem zurückverwiesen auf die Partikularität eines gewöhnlichen Ortes, auf die reziproken Affekte, die die Repräsentationen strukturieren und auf die Vergangenheiten, die vom Inneren her die Verwendung von Techniken bestimmen.

4. *Wissenschaft und Fiktion.* -Die Ausbreitung der Fiktion zeigt seit langem, dass die Identitäten der Zeit, des Orts, von Subjekt und Objekt, die von der klassischen Geschichtswissenschaft angenommen wurden, nicht mehr »greifen«, und von einer »Ruhelosigkeit« erfasst sind, die sie in Aufruhr versetzt. Aber das ist eine Seite, die für beschämend und unbillig gehalten wird — eine obskure Hälfte, von der Disziplin verleugnet. Im übrigen ist es merkwürdig, dass die Geschichtswissenschaft im 17. Jahrhundert am entgegengesetzten Extrem lokalisiert war: der praktizierende Historiker rechnete es sich als Ehre an, das rhetorische Genre par excellence auszuüben[23]. Im Laufe dreier Jahrhunderte ist die Disziplin von einem Pol zum anderen gewechselt. Allein diese Oszillation ist schon symptomatisch für einen Status. Die Kurve wäre zu verdeutlichen und zu analysieren, besonders die zunehmende Differenzierung, die im 18. Jahrhundert die »Geistes-« und »Naturwissenschaften« separiert: die Geisteswissenschaft hat sich von den beiden Kontinenten, an die sie ihre traditionelle Rolle der »globalen« Wissenschaft und der soziosymbolischen Verbindung band, losgelöst. Sie ist es geblieben, wenn auch auf verschiedene Weisen. Aber die Verbesserung ihrer Techniken und die allgemeine Entwicklung des Wissens führen sie mehr und mehr dazu, ihre szientifisch uneingestehbare Verbundenheit mit dem, was während dieser Zeit die Form der »Literatur« angenommen hat, zu verschleiern. Hier führt diese Camouflage genau das Simulakrum ein, das die Geschichtswissenschaft zu sein ablehnt. Um der Fiktion, die das Feld der Geschichtswissenschaft heimsucht, ihre Legitimität zu geben, muss im als wissenschaftlich legitimierten Diskurs vor allem das Verdrängte »erkannt« werden, das die Form der »Literatur« angenommen hat. Die Tricks des Diskurses gegenüber der Macht, um sie benützen zu können, ohne ihr zu dienen, das Auftauchen des Objekts als phantastischer Akteur genau am Ort des »Wissenssubjekts«, die Wiederholungen und die Wiederkehr der vergangen gewähnten Zeit, die Verkleidungen der Leidenschaften unter der Maske der Vernunft etc.: alles das legt Fiktion frei, im »literarischen« Sinn des Begriffs. Die Fiktion ist dem Realen gar nicht so fremd. Im Gegenteil, der fiktionale Diskurs ist ihr, wie Jeremy Bentham schon im 18. Jahrhundert bemerkte, näher als der »objektive« Diskurs[24]. Aber hier

steht eine andere Logik auf dem Spiel, die nicht die der positiven Wissenschaften ist. Sie hat ihre Rückkehr mit Freud begonnen. Ihre Aufhellung wäre eines der Ziele der Geschichtswissenschaft. Unter diesem ersten Gesichtspunkt ist die Fiktion auszumachen, wo es keinen eigentlichen und eindeutigen Ort gibt, das heisst da, wo sich das andere an diese Stelle einschleicht. Die dermassen wichtige Rolle der Rhetorik auf dem geschichtswissenschaftlichen Feld ist ein massives Symptom dieser unterschiedlichen Logik.

Als »Disziplin« betrachtet, ist die Geschichtswissenschaft eine Wissenschaft, der es der Mittel ermangelt, eine zu sein. Ihr Diskurs nimmt sich dessen an, was am meisten der Wissenschaftlichkeit widersteht (der sozialen Beziehungen zum Ereignis, zur Gewalt, zum Vergangenen, zum Tod), also dessen, was jede wissenschaftliche Disziplin ausschliessen musste, um sich zu konstituieren. Aber in dieser schwierigen Position trachtet sie, durch textuale Verallgemeinerung einer narrativen Synthese, die Möglichkeit einer wissenschaftlichen Explikation aufrechtzuerhalten. Die »Wahrscheinlichkeit«, die diesen Diskurs charakterisiert, verteidigt das Prinzip einer Explikation und das Recht auf Sinn. Das »Als ob« des Urteilens (der enthymematische Stil der historiographischen Beweisführungen) hat den Wert eines wissenschaftlichen Projekts. Es hält einen Glauben an die Intelligibilität der Dinge aufrecht, die ihm am meisten widerstehen. Dergestalt stellt die Geschichtswissenschaft nicht-kohärente oder sogar kontradiktorische Elemente nebeneinander und sie verfährt oft ähnlich, um sie zu »explizieren«: sie ist die Beziehung der wissenschaftlichen Modelle zu ihren Mängeln. Diese Relation der Systeme mit dem, was sie deplaciert oder metaphorisiert, entspricht auch der Manifestation und unserer Erfahrung mit der Zeit. Aus dieser Perspektive erscheint der geschichtswissenschaftliche Diskurs in sich als Kampf einer Vernunft mit der Zeit, aber einer Vernunft, die nicht auf das verzichtet, wozu sie noch nicht fähig ist — eine Vernunft in ihrer ethischen Bewegung. Sie wäre also die Avant-garde der Wissenschaften, wie die Fiktion die Avant-garde dessen wäre, was diese nur teilweise zustande bringen. Eine Bekräftigung der Wissenschaftlichkeit regiert den Diskurs, der, in sich selbst, das Explizierbare mit dem verbindet, was es noch nicht ist. Was sich hier erzählt, ist eine Fiktion der Wissenschaft selbst.

Immer noch in ihrer traditionellen Funktion einer »Verbindung«, vereinigt die Geschichtswissenschaft also die Kultur — das Legendenhafte — einer Zeit mit dem, was an ihr schon nachprüfbar, korrigibel oder von den technischen Praktiken ausgeschlossen ist. Sie kann nicht mit diesen Praktiken gleichgesetzt werden, aber sie wird von dem produziert, was sie in der feststehenden Sprache eines Milieus abstecken, beseitigen oder bestätigen. Das traditionelle Modell eines globalen, symbolisierenden und legitimierenden Diskurses findet sich also hier wieder, aber von Kontrollinstrumenten bearbeitet, die dem hervorbringenden Apparat unserer Gesellschaft zugehören. So können weder die totalisierende Narrativität unserer

48

kulturellen Legenden noch die technischen und kritischen Verfahrensweisen ohne Willkür von dem abhebbar oder auslösbar gelten, was zu einer Darstellung im Text oder einem Geschichtsstoff führt. Durch diesen Ausweg könnte jede dieser Repräsentationen — oder die Menge, die sie gemeinsam ergeben — mit dem Mythos verglichen werden, wenn man den Mythos als eine von den sozialen Praktiken durchlöcherte Erzählung betrachtet, das heisst, als einen globalen Diskurs, der Praktiken ausdrückt, die er nicht erzählt, aber die er respektieren muss und die ihm gleichzeitig fehlen und ihn überwachen. Unsere technischen Praktiken sind oft so stumm, so beschränkt und doch auch so unerlässlich wie es einst die der Initiation waren, aber sie gehören dennoch dem wissenschaftlichen Typ zu. In bezug auf sie bildet sich der historische Diskurs, indem er ihnen zwar eine symbolische Legitimität gibt, sie aber »respektiert«. Er ist für ihre soziale Artikulation notwendig, und dennoch durch sie kontrolliert, und er wäre so der mögliche Mythos einer wissenschaftlichen Gesellschaft, die manches ablehnt: die Mythen, die Fiktion eines gesellschaftlichen Bezugs zwischen spezifizierten Praktiken und allgemeinen Legenden, zwischen Techniken, die Orte produzieren, und Legenden, die die Auswirkungen der Zeit symbolisieren. Ich werde mit einer Formel enden. Der Ort, der durch die Kontrollvorgänge gebildet wird, ist selbst durch die Zeit, sei sie vergangen oder gegenwärtig, historisiert, die sich hier als Wiederkehr »des Anderen« (einer Beziehung zur Macht, zum Voraufgegangenen oder zum Streben) einschreibt und die, den Diskurs einer Wissenschaft »metaphorisierend«, aus ihr auch eine Fiktion macht.

(Aus dem Französischen von Georg Schmid)

Anmerkungen

1 M. de Certau: L'Ecriture de l'histoire. Paris, Gallimard, 1978², pp. 312-358 (»La fiction de l'histoire«).
2 Vgl. Ralph Andreano (Hrsg.): La nouvelle histoire économique. Paris, Gallimard, 1977, pp. 258f.
3 Jeanine Czubaroff: Intellectual respectability: a rhetorical problem. In: Quarterly Journal of Speech, 59, 1973, pp. 155-164.
4 Jean-Pierre Faye: Les languages totalitaires. Paris, Hermann 1973.
5 Jack D. Douglas: The rhetoric of science and the origins of statistical social thougt. In: Edward A. Tiryakian (Ed.): The Phenomenon of Sociology. New York, Appleton-Century-Crofts, 1969, pp. 44-57. Herbert W. Simons: Are scientists rhetors in disguise? An analysis of discursive processes within scientific communities. in: Eugene E. White (Hrsg.): Rhetoric in Transition. The Pennsylvania State University Press, 1980, pp. 115-130.
6 John Craig: Theologiae christianae principia mathematica. London, 1699. Vgl. den lateinischen Text sowie eine Übersetzung der »rules of historical evidence« in: History and Theory, Beiheft 4, 1964.

7   Condorcet: Mathématique et société. Paris, Hermann, 1974. Das von Condorcet 1785 behandelte Problem wurde bereits bei Jean-Charles de Borda (Mémoires sur les élections au scrutin, 1781) angesprochen und von Kenneth J. Arrow (Social Choice and Individual Values, New York, 1963) wieder aufgegriffen. Dem Autor wurde für diese Arbeit der Nobelpreis verliehen.

8   Vgl. C. B. Macpherson: The Political Theory of Possessive Individualism. Oxford, Clarendon-Press, 1962, und Alan MacFarlan: The Origins of English Individualism. Cambridge University Press, 1978.

9   Vgl. Morris Kline: Mathematics in Western Culture. Oxford University Press, 1972, pp. 190-286.

10 Vgl. z.B. IBM ou l'émergence d'une nouvelle dictature. in: Les Temps modernes, n° 351, Oktober 1975.

11 Vgl. Peter Hanns Reill: The German Enlightenment and the Rise of Historicism. University of California Press, 1975, p. 231, etc.

12 Vgl. M. de Certau u.a.: Une politique de la langue. Paris, Gallimard, 1975, Kap. 4, Théorie et fiction (1760-1780): De Brosses et Court de Gébelin.

13 Vgl. z.B. Charles Corge: Informatique et démarches de l'esprit. Paris, Larousse, 1975.

14 Zur historischen Analyse mittels Computer vgl. Charles Tilly: Computer in historical analysis. in: Computers and the Humanities, Bd. 7, n° 6, 1973, pp. 323-335.

15 Vgl. François Furet: Le quantitatif en histoire. in: Jacques Le Goff und Pierre Nora (Ed.): Faire de l'histoire. Paris, Gallimard, 1974, I, pp. 42-61.

16 Tilly, Computers, pp. 333-334.

17 Über diese »Rückkehr« der Vergangenheit in die Gegenwart vgl. M. de Certau: Histoire et psychoanalyse. in: Jacques Le Goff u.a.: La nouvelle histoire. Paris, CEPL, Retz, 1978, pp. 477-487.

18 Das gleiche Problem stellt sich auf kollektiver Ebene. Man denke in diesem Zusammenhang an die diffizile Beziehung, die die neuere schwarzafrikanische Historiographie nationalen Typs mit der ethnischen Pluralität ihres Objekts-Subjekts unterhält. Vgl. Bogumil Jewsiewicki: L'histoire en Afrique et le commerce des idées usagées. in: Canadian Journal of African Studies, Bd. 13, 1-2, 1979, pp. 69-87.

19 Paul Veyne: Comment on écrit l'histoire. Paris, Seuil, 1971.

20 Albert O. Hirschman: The Passions and the Interests. Political Arguments for Capitalism before its Triumph. Princeton University Press, 1977 und Private Interest and Public Action, ibid., 1982.

21 Martin Duberman: Black Mountain. An exploration in community. New York, Dutton, 1973.

22 Régine Robin: Le cheval blanc de Lénine ou l'histoire autre. Brüssel, Complexe, 1979.

23 Vgl. Marc Fumaroli: Les Mémoires du XVIIe siècle au carrefour des genres en prose. in: XVIIe siècle, 94-95, 1971, pp. 7-37. F. Smith Fussner: The Historical Revolution. Englisch Historical Writing and Thought, 1580-1640. Westport, Greenwood Press, 1962, pp. 299-321.

24 Eine Theorie der linguistischen Fiktionen und des Symbolismus (im besonderen der »incomplete symbols«) gestattet es Jeremy Bentham, die Realitätseffekte, die dem »fictitious« eigentümlich sind, sowie die mit einer Logik des »Als ob« verbundenen Vorgangsweisen zu analysieren. Vgl. C. K. Ogden: Bentham's Theory of Fictions. London, Kegan Paul, 1932.

HANS PETSCHAR

Kritik der historischen Vernunft

Warum Geschichte schreiben, wenn die Fakten sprechen? Die Überzeugungskraft der Fakten musste von der historischen Vernunft stets bewiesen und gefürchtet werden: die nackte Wahrheit bildete den Historikern den Zielpunkt des Verlangens und das Ende der Geschichte. Weil sie in aller Unschuld hergestellt werden musste, bedurfte es der Schrift nur, einer ihr äusseren Natur der Dinge Ausdruck zu verleihen. Gerade weil sie vorgab, den direkten Zugang zur Wahrheit zu suchen, konnte für die historische Vernunft der höchste Gewinn nur um den Preis des höchsten Verlustes erzielt werden: die Erkenntnis musste der Historie äusserlich sein, da sie sich auf eine reine Wahrheit stützen sollte, die den Dingen innewohnte. Die Wahrheit ausserhalb der Geschichten, das waren den Historikern die Fakten, das zweite, das endgültige Gesicht der Geschichte.

Doch die Historie enthüllt uns, dass die Wahrheit so viele Gesichter hat, wie es Geschichten gibt (und mehr Geschichten als Historiker). Die Wahrheit in der Geschichte ist nichts anderes als dies: eine Weise der Anschauung. Der Schrift obliegt es, uns ihre Vorstellung zu vermitteln, sie ist ein Werk der Übersetzung und der Einbildung, eine Kunst der Verführung wie die antike Rhetorik, indem sie glauben macht, wenn sie Verständnis weckt.[1] Dass Verstehen Übersetzen bedeutet, haben uns die Semiologie, die Psychoanalyse und die strukturale Analyse wieder enthüllt, indem sie deutlich werden liessen, dass es (für) die Subjekte nicht(s) zu denken gibt, ohne die Setzung von Verhältnissen. Dass Verständnis nur über Verhältnisse erlangt werden kann, zeigt aber auch das Schachspiel, dessen Geschichte ich dazu verwenden möchte, der Historie wieder zu geben, was die historische Vernunft ihr entfernt hat: die Bedeutung, die in der Herstellung der Geschichten liegt.[2] Indem es das Spiel in den Bereich des historisch Denkbaren rückt, erfährt dieses Denken selbst eine Bewegung, die unsere Beziehungen zur Vergangenheit entlang dreier Achsen verteilt:

— die erste dieser Achsen markiert die Passage, den Transfer vom gegenwärtigen zum vergangenen Verständnis (sie ist der Einsatz jeder historischen Semiologie)

— die zweite Achse bestimmt die Konstruktion des Objekts der Analyse (sie bindet in der Herstellung eines Verhältnisses zwischen Subjekt und Objekt der historischen Analyse die Historie an die Semiologie und die Psychoanalyse)

— die dritte Achse schliesslich bestimmt das Verhältnis der Erscheinungen zueinander (sie strukturiert die Erscheinungen und lässt die strukturale Analyse genau dort einsetzen, wo versucht wird, die Zeit zu denken, ohne sie zum unauslotbaren Grund der Veränderung zu machen).

Die Geschichte des Schachspiels soll in der Folge als Einsatz dienen, die Verhältnisse innerhalb dieser Achsen und die Beziehungen, die sie untereinander unterhalten, zu diskutieren.

Nennen wir die erste Achse, die im engeren Sinn die Beziehung zur Vergangenheit organisiert, die *Passage zum Wissen* oder den *Transfer des Verständnisses*. Die Passage zum Wissen markiert das erste Verständnis eines Verhältnisses, die notwendige Voraussetzung der Hinwendung und der Ausrichtung auf ein vergangenes Wissen. Es ist jene elementare Bedingung der Herstellung, die die Historiker verschweigen, wenn sie *nur* von der Geschichte sprechen. Doch die pure Sprache des Vergangenen ist unmöglich, weil der Nullpunkt der Geschichte selbst dem wahrhaftigsten Historiker unzugänglich ist: jener Punkt in der Vergangenheit, aus dem etwas hervorgegangen sein soll. Die Beschreibung muss den umgekehrten Weg gehen, anders wäre sie nicht denkbar: um die Geschichte des Schachspiels zu schreiben, ist eine gewisse gegenwärtige Kenntnis des Spiels Voraussetzung. Diese Voraussetzung nicht zu berücksichtigen, weil sie so selbstverständlich und so natürlich sei, hiesse nichts anderes, als unser Verständnis, die Vorstellungen, die wir haben und die wir uns machen, ohne es zu merken, über die Geschichte zu stülpen, die zu schreiben wir vorgeben. Im 20. Jahrhundert verbindet man mit dem Schachspiel gewöhnlich Notwendigkeit, Regelmässigkeit und Berechnung. Um das Jahr 1000 wurden im Kloster Einsiedeln Verse niedergeschrieben, die das Schachspiel in Gegensatz zum Würfelspiel bringen, da es frei von Hinterlist und Betrug sei. Doch sind diese Verse mit der Überschrift *De aleae ratione* versehen; das Schachspiel wird mit einem Terminus bezeichnet, der den Spielen des Zufalls vorbehalten scheint (und zu denen das Schachspiel auch in Opposition gesetzt wird). Die Überschrift bedeutete die Inserierung in einen Kontext, der Harold James Ruthven Murray, dem bedeutendsten Historiker zur Geschichte des Schachspiels, so unverständlich war, dass er annahm, der Schreiber müsse sich geirrt haben, als er die Schachverse mit *De aleae ratione* überschrieb.[3] Unverständlich, weil unseren Vorstellungen fremd, passt diese Bezeichnung des Spiels auch nicht in die Einteilung der Spiele, die Roger Caillois unternommen hat, der die Spiele nach den Momenten des Wettstreits, des Zufalls, der Maskierung und des Rausches klassifizierte.[4]

Der Kontext bestimmt Verständnis und Unverständnis, da er der Bedeutung eine kulturelle Rahmung verleiht. Deshalb muss die historische Analyse zunächst die Bestimmung dieser Beziehung sein: des Verhältnisses von gegenwärtiger zu vergangener Semiosis. Zugleich wird man aber bemerken, dass es den Transfer des Verständnisses auch in der anderen Richtung zu denken gilt: von der Vergangenheit zur Gegenwart, in dem Sinn, dass unsere Vorstellungen von Geschichten durchwirkt seien, dass es Kontinuitäten gebe und Bedeutungen, deren Wirkungen erloschen sind. Doch wird diese Bewegung von der Schwierigkeit getragen, dass unser Ausgangspunkt ein gegenwärtiger ist, wenn wir vergangene Wirkungen bedenken. Die beiden Richtungen im Transfer des Wissens finden daher in den linguistischen Konzepten der Codierung und der Decodierung nur eine ungefähre Entsprechung, die aber immerhin als Anleitung zum folgenden Schema dienen möge:

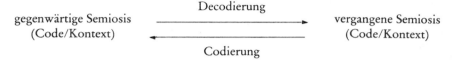

gegenwärtige Semiosis   Decodierung   vergangene Semiosis
(Code/Kontext)   Codierung   (Code/Kontext)

In der einen Richtung, die von der Gegenwart zur Vergangenheit führen sollte, unternehmen die Historiker ihre Versuche des Verständnisses zumeist, indem sie ihren Ausgangspunkt verschleiern: die künstliche Herstellung oder, etwas vorsichtiger ausgedrückt, die Produktionsbedingungen des Diskurses, da die vergangene Semiosis nur in der Übersetzung durch die gegenwärtige Semiosis, als gegenwärtige Codierung einer vergangenen Codierung, erfahren werden kann. In jeder Arbeit der Entschlüsselung steckt dieses konstruktive Moment. In der zweiten Richtung wird von der historischen Vernunft vorunterstellt, dass die Vergangenheit von sich aus etwas zu sagen habe, dass ihre Bedeutung in die Gegenwart reiche und dass die Historiker die Wirkung dieser kontinuierlichen Linie zu beschreiben hätten. Abgesehen davon, dass es dabei ein dauerndes Rätsel bleibt, warum eine Bedeutung erst aufgesucht werden müsse, wo sie doch beständig wirksam sei, verhüllt dieses Konzept, dass nur das eigene Denken, dessen Kontinuität postuliert wird, in die Vergangenheit verlängert wird. Vor allem die Arbeiten von Michel Foucault haben gezeigt, wie wichtig es wäre, nicht so sehr die Kontinuität als die Diskontinuitäten der Geschichte zu denken, dass es darauf ankommt, die Unterschiede zu sehen und das Andere in unserer eigenen Kultur zu denken.[5]

Das Moment der Passage, der Transferierung einer verlorenen Wirklichkeit (des Lebens) in ein Spiel von Zeichen und der Erfahrung des Todes begleitet die Dispersionen des Schachspiels seit dem sechsten nachchristlichen Jahrhundert von Indien und China aus in den asiatischen und etwas später in den arabischen und den europäischen Raum. Und doch markiert gerade diese kontinuierliche Passage die Gefahr der Unterbrechung oder des Todes. In einer Legende des persischen Dichters Firdousi bekriegen sich Talkand und Gau, zwei Halbbrüder. Da Talkand in der Schlacht getötet wird, erfinden Gau und ein Weiser das Schachspiel, um der Mutter den Tod ihres Sohnes vor Augen zu führen. So wird dieser durch die Vorführung des Spiels die Todesbotschaft übermittelt, die ihre »Sender« nicht auszusprechen wagen.

In Spanien wird im 13. Jahrhundert das Schachspiel als ein Mittel gesehen, verschiedene Kulturen, die arabische, die jüdische (deren Vertreter vor allem in der

Übersetzung der arabischen Literatur an der Transferierung arbeiten) und die christliche zu verbinden. Das Schachspiel dient hier dazu, die Gefahren, die die sozialen und kulturellen Unterschiede mit sich bringen, zu bändigen. Wie im chinesischen Schachspiel, in dem die Ordnung der Welt in einer göttlichen Kosmographie sichtbar werden soll, dient das Schachspiel im europäischen Mittelalter als Metapher der symbolischen Ordnung. An der Grenze dieser Ordnung steht der Tod. »Mensch, der Teufel spielt Schach mit dir und müht sich, dich zu schlagen und dir auf diesem Felde (dem Tode) Schach und Matt zu bieten. Halte dich also bereit und sei bedacht, weil du, wenn du hier gewinnst, alles übrige gewonnen hast, wenn du aber verlierst, wird, was du auch immer getan hast, nichts gelten.«[6]

Im 19. und 20. Jahrhundert wird in der Metaphorik des Schachspiels, die die Spuren einer kollektiven Verdichtung in sich trägt, der Platz des Todes vom Automaten bzw. vom Computer eingenommen. Das »kontinuierliche« Moment des Transfers, welches die Metapher des Todes ist, wird in jeder Kultur anders besetzt, indem es jeweils als die Grenze figuriert, die ein kulturelles Feld definiert und aufzulösen droht. Benennen wir den Aspekt der kulturellen Besetzung die Codierung des Spiels und den allgemeinen Raum, in dem sie Platz greift, den kulturellen Kontext und untersuchen für das europäische Mittelalter vom 11. bis zum 16. Jahrhundert diese beiden Aspekte des Codes und des Kontexts im Transfer des Verständnisses.

Im 11. Jahrhundert erscheint Petrus Damiani, dem Kardinalbischof von Ostia, das Schachspiel als ein weltliches Vergnügen, das nicht die göttlichen Regeln zum Ausdruck bringt; ein Spiel, das mit dem Makel des Unheiligen behaftet ist, wie die Raserei des Würfelspiels. Der Terminus *alea*, der die Würfel und die Glücksspiele bezeichnet, umfasst für ihn auch das Schachspiel. Im 11. Jahrhundert, in dem die Encodierung des Schachspiels in die verschiedenen europäischen Kulturräume um sich greift, ist der Stellenwert des Schachspiels noch nicht präzise bestimmt: wie die Würfel ist es ein weltliches Vergnügen, das von den göttlichen Dingen nur ablenkt. Im 13. Jahrhundert dient das Schachspiel gerade als Metapher einer göttlichen Ordnung, da die unterschiedlichen Figuren es erlauben, die sozialen Differenzierungen zu klassifizieren, um die Gefahren der sozialen Mobilität einzudämmen. In den *Schachzabelbüchern* formuliert die göttliche Regel die Neuordnung der Welt in den Städten. Das Spiel ist Symbol der gesamten Gesellschaft, in dem alle Mitglieder durch ihre Position, ihre Züge und ihre Erscheinung bestimmt sind. Mit Ausnahme des Königs hängt der Wert aller Figuren von ihrer Stellung ab. Am Anfang des 16. Jahrhunderts schliesslich tritt das Schachspiel wieder mit den Spielen des Zufalls in Verbindung. In den Beschreibungen der neuen Regeln des Spiels, die den Raum dynamisieren, bestimmen das Schicksal, das Glück und der Zufall den ungewissen Ausgang des Spiels. An den Enden der kulturellen Setzung gehen Code und Kontext ineinander über; das Schachspiel partizipiert an den Spielräumen des kulturellen Wissens, das, indem es vorgibt, die Spiele zu klassifizieren, soziale Differenzierungen setzt. Besonders deutlich wird dies im *Buch der Spiele* Königs Alfons des Weisen aus dem Jahre 1283.[7] In den Miniaturen wird gezeigt, dass das Schachspiel verschiedene Kulturen, verschiedene soziale Schichten, Männer und Frauen miteinander verbindet. Das Würfelspiel hingegen entfacht die Leidenschaften, produziert Hass und Streit. Soweit der diegetische Symbolismus, der sich in der Anschauung der Bilder herstellt, und von dem die Beschreibung nur ein undeutliches Bild vermittelt. Ein dekonstruktives Moment der Übersetzung, das Roland Barthes vielleicht mit der Entschleierung des Mythos bezeichnet hätte, wird man in der sozialen Wertung des Edlen und des Niedrigen erkennen. In der Übersetzung müssen die gegenwärtige und die vergangene Codierung hier auseinander treten, da die eine in der Enthüllung funktioniert, die andere in der Verschleierung. Edel sind das Schachspiel und die Reichen, niedrig sind die Würfel (die Laster) und die Armen. Vor allem kostbare Kleidung und Schmuck dienen zur sozialen Markierung, Barfüssigkeit und einfache Kleidung konnotieren den niedrigen sozialen Status. In der Tat würde man dem Mythos auf den Leim gehen, wollte man rein denotativ die Bilder in ihrem historischen Aussagewert (im traditionellen Sinn, wie ihn die historische Vernunft definiert) beschreiben. Nicht dass es unergiebig wäre, die Kleidung zu beschreiben, die Architektur, die Getränke, aber es sollte nicht unterstellt werden, dass die Geschichte der Referenten, die man sich erschreibt, die wahre Bedeutung der Zeichen wäre. Im Buch der Spiele sind diese Referenten nicht vorhanden, da die Zeichen anderes bedeuten: die Getränke konnotieren metonymisch die Gastfreundschaft beim Schachspiel, den übermässigen Genuss und das Laster beim Würfelspiel; die (kostbare) Kleidung markiert den Reichtum, die männliche Nacktheit bezeichnet die Armut oder das Laster der Spielleidenschaft, welches zu Armut führe.

Ähnlich wie in den *Schachzabelbüchern* erscheint im *Buch der Spiele* die Regelmässigkeit im Sinne der göttlichen Ordnung, die doch nur dazu dient, die soziale Ordnung zu codifizieren. Merken wir hier an, dass auch in Indien die Unterscheidung zwischen dem Würfelspiel und dem Spiel der Gelehrten (dem Schachspiel) vor allem als soziale Differenzierung fungiert. Dennoch sind die Zuordnungen der Gelehrsamkeit, des Reichtums und des göttlichen Wissens zur Regel, der Armut und des Niedrigen zum Zufall nicht invariant. Fernand Braudel bringt im zweiten Band seiner *Civilisation matérielle* die (neuzeitliche) kapitalistische Ökonomie mit dem aleatorischen Moment der Spekulation in Verbindung, die der transparenten und geregelten (mittelalterlichen) Welt des Händlers gegenüberstehe.[8] In der *Wette von Pascal* wird die Aleatorik zum sinnvollen Beweis der Existenz Gottes. Glück und ewiges Leben wären der Gewinn für die Annahme des Göttlichen.

Im 20. Jahrhundert entfalten die Kybernetik und die Entwicklung der künstlichen Intelligenz in einer beinahe allmächtigen Bewegung das Sinnpotential, das in der Kombination von Aleatorik und Regel besteht. Michel de Certeau hat sehr deutlich formuliert, dass die Wahrheit, die in der Wahrscheinlichkeit liegt, auch die

Geschichtswissenschaft in Bann hält.[9] Die enge Verbindung des Schachspiels mit der Kybernetik, in der sich Momente des Aleatorischen mit dem Regelmässigen, der Wahrscheinlichkeit und der Berechnung untermischen, zeigt, dass die Achse des Zufälligen und des Notwendigen in jedem kulturellen Kontext verschieden besetzt wird. In der Geschichte der Spiele sind die Würfel eines der ersten Mittel, das Schicksal vorherzusagen und ein göttliches Wissen augenscheinlich zu machen. In den Stadt- und Schriftkulturen, die die Anthropologen die komplexen Organisationsformen nennen, ist die Divination durch Priester- und Gelehrtenkasten auf die Seite der Regel, der Konstruktion und der Planung geschoben worden. Die Genealogie, die Geschichte, die Astronomie, die Mathematik und die Urbanistik vereinen sich in dieser Sehweise des göttlichen Wissens. Aus einem anderen Kulturraum transferiert steht in Europa im 11. und 12. Jahrhundert das Schachspiel an der Grenze zwischen dem Unverständlichen (dem Zufälligen) und der Codierung der menschlichen und der göttlichen Ordnung. Im 15. und 16. Jahrhundert werden in einem veränderten kulturellen Kontext die Dynamik, die die neuen Züge von Läufer und Dame ins Spiel bringen (die beide Figuren wirken nunmehr auf der ganzen Diagonale, anstatt wie vorher im mittelalterlichen Schachspiel vom ersten ins dritte Feld diagonal zu springen bzw. ein Feld diagonal zu ziehen) als willkürliche Ausfahrten, als wilde Raserei interpretiert und mit einer gewissen moralischen Zügellosigkeit verbunden.

Codierung und Kontext bestimmen das Verständnis des Spiels, ebenso aber auch die Übersetzung, deren konstruktives Moment darin besteht, im Transfer des Verständnisses neue Kontexte herzustellen. So wird man in der Passage zum Wissen eine »aktive« Bereitschaft der Ausrichtung und ein »passives« Verhalten der Aufnahme vereint sehen, die das Verhältnis von gegenwärtiger und vergangener Semiosis bestimmen: indem wir das Verständnis einer vergangenen Semiosis zu erlangen suchen, müssen wir uns von unserem eigenen Denken entfernen und bereit sein, es neu zu definieren im Verhältnis zum vergangenen. Auch in diesem Sinn, weil ihr nichts selbstverständlich bleiben kann, muss die Historie zum Kunstwerk werden.

Benennen wir die zweite Achse, die die Geschichte zum Kunstwerk formt, die Achse der *Konstruktion des Verhältnisses von Subjekt und Objekt*. Das Denken der historischen Vernunft, das die Äusserung und die Aussage vom Blick des (souveränen) Subjekts aus bestimmt (wer würde bezweifeln, dass Subjekte Geschichten machen und schreiben ...), findet in der Mythologie des Schachspiels im 20. Jahrhundert eine präzise Entsprechung: das Wunderkind und der Grossmeister, das Genie und der wahnsinnige Weltmeister, der Gott zum Spiel fordert, tauchen als Figuren in einem Feld des Wissens auf, dessen Zentrum das Gehirn des Meisters bildet. Dass die Konzeption des wissenden Subjekts nicht mehr als eine mächtige Figuration des Denkens ist, die unseren kulturellen Spielraum definiert, wird man nach der *Archäologie der Humanwissenschaften* nicht extra betonen.[10] Der Automat und der Computer figurieren möglicherweise nicht nur im Schachspiel, sondern auch in der Herstellung der Geschichten an den Rändern des Wissens. Auch im mittel-alterlichen Schachspiel bilden die »Gegner« die Grenzen des kulturellen Selbstver-ständnisses. In Spanien definiert der arabische Freund die äussere Grenze der christlichen Kultur. In der *amour courtois,* einem bevorzugten Feld für die Verdichtung des Spiels, bildet die Figur der Dame den Pol, um den das männliche Begehren kreist. Im Spätmittelalter, im Zuge einer veränderten Beziehung von Individualität und Tod, transzendiert das Spiel gegen den Tod eine anthropologische Grenze des Menschen, indem es eine Beziehung zur Unsterblichkeit herstellen soll. Im Augenblick des Todes spielt ein königliches Subjekt gegen den Teufel Schach, in einem Spiel, in dem die Seele von der Figur der Dame verkörpert wird. Die Seele wird zum Einsatz des Spiels und zum Scharnier, an dem die Ratschläge des Beichtvaters auf die Versuchungen des Bösen treffen. Deshalb ist die Seele zugleich Einsatz und Exerzierfeld des Spiels und überdies eine Figur im Spiel. Die Züge, die der Spieler in der Welt setzt, die bösen und die guten Werke, werden von innen her geleitet, sind das Resultat eines nach innen verlegten Spiels zwischen guten und bösen Möglich-keiten. Zugleich aber wird die innere Anordnung nach aussen projiziert und sie verdichtet sich in einer weiblichen Figur, die das souveräne Subjekt lenkt. Dies entfaltet die vielfältige Wertigkeit der Dame im Symbolischen und im Imaginären. Im Dreieck der mittelalterlichen Verhältnisse zum Anderen definiert sich die männliche Subjektivität in einem Feld der Äusserlichkeit: in der externen kulturellen Abgren-zung (gegenüber einer anderen Kultur), in der internen Abgrenzung (der sexuellen Differenzierung, die im Imaginären statthat) und in der Grenze zum Überirdischen (die die biologische Grenze des Todes transzendieren soll).

Bei einem genaueren Blick auf die verschiedenen kulturellen Kontexte wird man den hypothetischen und den konstruktiven Charakter dieses Dreiecks erkennen, das aber neben der Formulierung eines allgemeineren kulturellen Kontexts des mittel-alterlichen Spiels dazu dienen kann, die Unterscheidung zum modernen Verständ-nis des Spiels und seiner Figurationen zu erarbeiten. Im mittelalterlichen Dreieck definiert sich die männliche Subjektivität in den verschiedenen Verhältnissen, die das Subjekt in bezug zum jeweiligen Anderen setzt. Im modernen Feld des Wissens scheint dieser Bezug zur Äusserlichkeit in unbestimmter Weise zu fehlen: das Genie, das Wunderkind und selbst der Automat (als Figuration dessen, was »von selber« denkt) bedürfen dieses Verhältnisses scheinbar nicht. Im mittelalterlichen Spiel ist die Unterweisung des Subjekts eine notwendige Erfahrung: der weise Philosoph, der den Tyrannen das Spiel lehrt, und der sich im Priester verdoppelt, der den Laien (dem König und dem Volk) die göttliche Ordnung im Spiel erklärt. Im modernen Schach-spiel vereint der Schachmeister das Wissen und den königlichen Blick in sich. Doch diese Vereinnahmung des Wissens kann nicht darüber hinwegtäuschen, dass im Schachspiel wie in der Kunst und der Historie Erfolge nur durch die Anteilnahme an einer kollektiven Arbeit zu erzielen sind, und dass in der Mythographie des

Schachspiels, deren Dekonstruktion die Historie in Verbindung mit der strukturalen Analyse und der Psychoanalyse leisten kann, die Gewinne nicht von souveränen Subjekten erzielt werden. Von den Figurationen, die sich in die Spielfelder des kulturellen Wissens eingravieren, wird man schwerlich sagen können, dass sie ihren Ursprung oder ihren Ausgangspunkt in den Subjekten finden. Die Operationsweisen der Metapher und der Metonymie, der Verdichtung und der Verschiebung liefern die Posten und die Bahnen für ein Denken, das die Subjekte duchläuft, das dem *wilden Denken* nicht fremd ist und das von einer sublimen Art ist, die das soziale und kulturelle Verständnis kunstvoll bearbeitet.[11]

Im Sinne der historischen Vernunft wird man vielleicht argumentieren, dass gerade die Konstruktion des Objekts das Subjekt der Äusserung in eine allmächtige Position setzt. Dabei wird übersehen, dass in dieser Kritik das Konzept der Konstruktion eine irreduzible Einschränkung auf die pure Fiktion erfährt, ebenso wie das kreative Subjekt auf eine narzisstische »Subjektivität« reduziert wird. Demgegenüber konstituiert sich im Verhältnis von gegenwärtiger und vergangener Semiosis, in der Vermählung von Äusserung und Aussage in der Schrift der Geschichte das Subjekt in der Beziehung zum Anderen; und diese Setzung im Feld der Äusserung garantiert die Metamorphose des souveränen Subjekts in eine Spielfigur in einer kulturellen Konfiguration. So werden im Verhältnis von Subjekt und Objekt der Analyse die beiden Pole einander angenähert, wenn die Figuren im jeweiligen Kontext äquivalente Positionen einnehmen, die vielleicht die Punkte markieren, an denen sich die metaphorischen Funken entzünden, die die Substituierbarkeit und die Übersetzung ermöglichen. Auf diese Weise wird man das Konzept der Konstruktion von der Einsperrung in die pure Fiktion befreien müssen, der die objektiven Sachverhalte und die wahre Natur der Geschichte gegenüberstünden. Die Konstruktion bezieht sich auf ein signifikantes Material, und nur als solches können auch die Fakten und die Objekte der Vergangenheit in der Herstellung der Geschichten bedeuten. In dieser Hinsicht wird jedes Faktum zum Artefakt, das in einem Feld der Äusserung plaziert wird. In dieser Hinsicht können auch die Objekte der Vergangenheit nur codiert erscheinen — in der Übersetzung einer vergangenen Codierung in eine gegenwärtige. Nicht ihr Status im Realen kennzeichnet ihre wahre Bedeutung und ihre historische Wahrheit, sondern der kulturelle Kontext. Codierung und Kontext bestimmen die Übersetzung und die Konstruktion von Subjekt und Objekt: der Code verleiht Bedeutung, der Kontext befindet über die Wahrheit. Deshalb muss die Wahrheit paradoxerweise von den Dingen, den Fakten und den Objekten der Vergangenheit entfernt werden, damit sie historisch analysierbar wird: als Bestimmung dessen, was in verschiedenen Kontexten (für) wahr genommen wurde, als Transfer der Wahrheit in die Bedeutung. Hingegen führt die Verankerung der Wahrheit im Realen zu vielen »falschen« Fragen: Geht aus der Bezeichnung *alea* hervor, dass das Schachspiel in der Transferierung nach Europa anfänglich mit Würfeln gespielt wurde? Viele

Schachhistoriker haben sich diese Frage gestellt. Murray definiert den Terminus *alea* in der Bedeutung eines Glücksspiels, das mit Würfeln gespielt wird, oder eines Brettspiels, auf dem die Züge der Steine durch Würfel bestimmt werden. Zwar wäre im konkreten Fall, von dem der Kardinalbischof Petrus Damiani berichtet, nicht mit Würfeln gespielt worden, doch wäre es denkbar, dass er dies anderenorts gesehen hätte.[12] Doch aus der »wahren« Bedeutung, die die Bezeichnung in den kulturellen Kontext inseriert, geht dies in keiner Weise hervor; ein Ungeheuer, das die historische Vernunft geboren hat, blockierte das »Schachspiel mit den Würfeln« das Verständnis der vergangenen Semiosis des Spiels, das im Fall des Petrus Damiani scheinbar paradox im Unverständnis mündete, in den Spielen des Zufalls ausserhalb der göttlichen Ordnung. So musste in diesem Kontext selbst das »Unverstandene« noch bedeuten.

In dem Augenblick aber, in dem das Spiel als Codierung der gesellschaftlichen Ordnung dient, wird die Bedeutung im Verhältnis von Figur und Kontext bestimmt. Dies gilt insbesondere für den Transfer des Verständnisses der Bezeichnungen vom indischen in den persisch-arabischen und schliesslich in den europäischen Raum. Bei der Figur des Königs erfolgt die Übersetzung in einen anderen kulturellen Kontext als Übersetzung in eine isotope Position des jeweiligen Repräsentationsraumes. Deshalb bleibt die Figur des Königs im indischen, persisch/arabischen und europäischen Raum »gleich«. In der Übersetzung fungieren die Schachfiguren als Träger figurativer Isotopien, die vom Schachbrett aus auf das Schachbrett des gesellschaftlichen Raumes verweisen sollen. Indem sich aber der materielle Spielraum des Schachbrettes auf einen kulturellen Vorstellungsraum beziehen muss, kann die Übersetzung in eine isotope Position auch den Wechsel der Signifikate erfordern. Die Figur an der Seite des Königs wird im Kontext der höfischen Gesellschaft vom männlichen Ratgeber (Wesir oder Minister) in eine weibliche Figur, die Königin, umbesetzt. Ebenso hat für den Transfer der übrigen Figuren die Doppelbödigkeit der Position eine gewisse Bedeutung: die Fussoldaten sind in Bauern übersetzbar, weil sie derselben Klasse zuordenbar sind; und auch die berittenen Krieger und die Ritter verbindet eine semantische Spur, als deren materieller Träger das Pferd fungiert. Schwieriger ist der Transfer von Turm und Läufer herzustellen, doch gerade die Fixierung von Position und Zugweise dieser beiden Figuren ist vielen Schwankungen unterworfen. So finden sich im indischen *chaturanga* die Positionen und die Züge von Elefant (entspricht in der üblichen Fixierung dem mittelalterlichen *alfil*, der sich in den modernen *Läufer* transformiert) und Streitwagen (bzw. Boot in manchen asiatischen Ländern und in Russland) manchmal vertauscht. Der Transfer des Streitwagens zum Helden (persisch-arabischer Raum), zur Festung (europäischer Raum) und schliesslich zum modernen Turm wird duch eine semantische Spur geleitet, die auf die militärische Kraft dieser Figur anspielt. Macht und Bedeutung repräsentiert aber in Indien, militärisch und symbolisch, der Elefant, und in Ländern, die eher in kulturellen und ökonomischen Termini diese Bedeutung vermitteln, das Boot. Aufgrund der Streuung des semantischen Raumes wird das Wechseln der Signifikate, der Positionen und der Züge möglich. Für den europäischen Parkurs des Transfers hingegen bleibt der Elefant so fremd, dass zunächst unübersetzt der Terminus *alfil* aus dem Arabischen übernommen wird, und später je nach Kontext »eigene« Figuren erfunden werden (wie Bischof, Narr, Ratsherr, Richter, und Läufer im modernen Schachspiel). Die Figur des Läufers jedoch bringt in der Bezeichnung eine neue Regel zum Ausdruck, da sie, nicht wie der mittelalterliche Alfil, vom ersten ins dritte Feld diagonal zieht (schräg springt), sondern auf der ganzen Diagonale wirkt. Diese Wirkung teilt sie mit der Figur der Dame, die, nachdem sie im europäischen Raum zunächst eine neue Bezeichnung erfahren hat, am Ende des Mittelalters ebenfalls auf der ganzen Diagonale wirkt und zusammen mit dem Zug des Läufers das Spielsystem völlig verändert und damit das mittelalterliche (Spiel)objekt transformiert.

Analysieren wir die Erscheinung dieses neuen Spiels entlang der dritten Achse, die wir mit dem *Spiel von Erscheinung und Struktur* bezeichnen. In der Formulierung dieses Verhältnisses wird man zum einen die bewusste Entfernung von einer Diskussion bemerken, die, wie es scheint, mehr Schaden als Nutzen gebracht hat, zum anderen den Versuch einer analytischen Verbindung der Arbeitsweise, die Michel Foucault in der *Archäologie des Wissens* angezeigt hat, und gewissen Möglichkeiten zum Denken, die die strukturale Analyse bereit hält. Der Einsatz dieser Verbindung ist die Notion der Regel.

Am Anfang des 16. Jahrhunderts heisst es von der *regina furens*, der *dame enragée*, sie tobe wie rasend am Schachbrett, entferne sich von ihrem König und der ehelichen Verbindung und verbreite Zerstörung. In der Ikonographie des Schachspiels wird das *Ausziehen* der Dame mit der Inszenierung einer moralischen Zügellosigkeit verbunden, die vor allem darin bestand, das Objekt der Begierde den zudringlichen Blicken zu öffnen. Der Vorwand, das Verhältnis von Aktivität und Passivität beständig zu verkehren, liegt im Wissen, das ein anonymes Subjekt bekundet, indem es in ein fremdes Spiel eingreift. Dieses Eingreifen ins Geschehen wird auch dem Betrachter eingebildet, der sehen soll, dass der Zusehen mehr sieht als die Dame, die im Begriff ist, einen Zug auszuführen. In jeder Hinsicht muss daher der Transfer des Verständnisses die Form der Übertragung annehmen, soll sich die Einbildung vergegenwärtigen: dass die Dame zur wichtigsten Figur im schönsten der Spiele werde, ohne handelndes Subjekt zu sein.

Die Frage nach der Genealogie der modernen Regeln im Schachspiel stellt sich uns ausgehend von dieser Problematik. Die Transformationen im Regelsystem des Spiels vollziehen sich vom 13. zum 16. Jahrhundert. Im mittelalterlichen Schachspiel wurden die Züge der Figuren von den Arabern unverändert übernommen, die sie von den Persern und jene von den Indern übernommen hatten. Zugleich werden sie aber innerhalb eines Kontextes definiert, der von der Macht des Königs gespeist wird. In der kulturellen Interpretation erhalten alle Figuren ihre Kraft vom König, da die Königsfigur gewissermassen die Weltordnung verkörpert. (Dem König ist daher auch der Rittersprung erlaubt, wenn er anfangs vom ersten ins dritte Feld springt.) Die mittelalterlichen Regeln stellen sich wie folgt dar:

König: zieht ein Feld gerade (horizontal/vertikal) oder ein Feld diagonal;
Königin: zieht ein Feld diagonal
Alfil: zieht diagonal vom ersten ins dritte Feld;
Ritter: zieht ein Feld gerade und dann ein Feld diagonal;
Rochus: zieht gerade (h/v) in jedes Feld;
Bauer: zieht ein Feld vertikal, schlägt diagonal ins nächste Feld.

Im 13. Jahrhundert wird in Italien eine Spielweise üblich, die lombardische Regel, nach der es den Bauern am Anfang der Partie erlaubt ist, einen Doppelschritt zu machen, dem König, zwei oder drei Felder weit zu springen (Rittersprung des Königs) und der Königin, den König zu begleiten. Doch diese einzügigen Reformen sind nur als Veränderung innerhalb eines Spielsystems zu begreifen. Die wesentliche Veränderung findet in der zweiten Hälfte des 15. Jahrhunderts statt, in der die Zugweise des Alfil auf die ganze Diagonale erweitert wird und die Dame den neuen Zug des Läufers und den des Turmes (Rochus) kombiniert. Im Verhältnis zum König ausgedrückt, zieht die Dame gleich wie der König (gerade oder schräg) bei unterschiedlichem Aktionsradius (minimaler Aktionsradius auf seiten des Königs, maximaler Aktionsradius auf seiten der Dame).

Auf dem Schauplatz der metaphorischen Umsetzungen wird den Zügen oder den Beziehungen der Figuren zueinander ebenfalls Rechnung getragen. So scheinen die schrägen Züge die Figuren moralisch zu gefährden, während umgekehrt die geraden Schritte zur Forderung nach Recht und Gerechtigkeit führen. Die Forderung nach Gerechtigkeit kann allerdings auch in einer komplementären Verschränkung von Recht und Unrecht zum Ausdruck gebracht werden. Im *Schachzabelbuch* des Jacobus de Cessolis ziehen die Richter (Alfiles) schräg und bringen mit ihrem Gang ins Unrecht die Weisheit in das Königrich. Im Schachkapitel der *Gesta Romanorum* wird diese komplementäre Verschränkung aufgehoben in eine fehlgeschlagene Bewegung nach oben (ins Himmelreich).[13] Obzwar die Kompilatoren für das Schachspiel der *Gesta Romanorum* Cessolis-Handschriften als Vorlagen hatten, geht die metaphorische Umsetzung in eine völlig andere Richtung. Die »Weltweisen« durchmessen nicht, wie in der mittelhochdeutschen Prosafassung des *Schachzabelbuches,* in sechs vollkommenen Schritten das Schachbrett, sie sollen vielmehr ihren Weg aufwärts zu Gott richten und fallen zurück auf die Erde über drei Felder, die diejenigen bezeichnen, welche vom rechten Weg abgekommen sind (Schlemmer, Räuber und Hoffärtige). Nicht die Ausgangsstellung der Figuren wird im Schachkapitel der *Gesta Romanorum* zum Zentrum der Argumentation, sondern ein Spiel, das im Inneren des Menschen statthat, in der Seele, die als Einsatz (König auf Erden, Dame im Himmelreich), Spielfeld und Figur (Dame) auftaucht. In Anlehnung an Claude Lévi-Strauss könnte man sagen, das Schachkapitel in den *Gesta Romanorum* transformiere das statische System in den *Schachzabelbüchern* (innen und aussen, oben und unten, horizontal und vertikal) in ein dynamisches System (nach innen und nach aussen, nach oben und nach unten).

Die Figurationen der Dame erscheinen in diesem Spiel inbegriffen. Die Seele, die im Spiel gegen den Teufel von der Figur der Dame verkörpert wird, muss den Körper von innen her antreiben, gute Werke zu tun. Das Nahverhältnis von König und Königin bestimmt die Abhängigkeit des Körpers von der Seele. Um ihrem König Zeugnis ihrer Liebe zu geben, muss die Dame immer in seiner Nähe sich aufhalten, darf keine grossen Sprünge machen und muss in den ihr gesetzten Grenzen verbleiben. Zugleich sind die Züge, die der Spieler in der Welt setzt, das Resultat eines nach innen verlegten Spiels zwischen guten und bösen Möglichkeiten. Die Figur der Dame ist das Ergebnis eines besonderen Verhältnisses von Körper und Seele, Himmel und Erde im Spiel eines männlichen Subjekts um den Platz Mariens im Himmelreich (der Stelle neben dem König der Könige). Doch anders als in den *Schachzabelbüchern*, in denen die Königin ihre Würde vom König erhält, wird in den *Gesta Romanorum* die Abhängigkeit des Königs von der Königin bestimmt, denn die inneren Anordnungen der Seele müssen die Züge auf dem Schachbrett der Welt ergeben. Wird sie schwach, um den Niederungen des weltlichen Genusses zu erliegen, muss das Spiel verloren gehen.

Im Zug der Dame schlagen sich Spuren nieder, die vom 13. zum 16. Jahrhundert reichen. In den *Schachzabelbüchern* wird der Dame eine Position zugewiesen, umgeben von Männern, die sich um sie sorgen. Die Figur der Dame markiert die Gefährdungen, die dem männlichen Geist der weibliche Körper bildet. In den *Gesta Romanorum* gefährdet oder zügelt die weibliche Seele ihren König, den Körper. Im 16. Jahrhundert hat sich die Gefährdung gleichsam maximalisiert, indem die Macht der Dame im Spiel zugleich bejaht und gefürchtet wird. Ein und dieselbe Regel (das Moment der Gefährdung) also, die an der Oberfläche der Geschichten vom 13. zum 16. Jahrhundert in den Zügen der Dame verschiedene Blüten treibt. In der Nähe und der Ferne erscheinen die zwei Enden der Verschiedenheit.

Die Notion der Regel haben wir in einer bestimmten Weise der Struktur angenähert, wenn wir die Variationen, die Umkehrungen und die Transformationen in den mittelalterlichen Texten beschrieben haben, die mittels der strukturalen Analyse übersetzbar werden. Jedoch sollte dieser Zusammenhang nicht zu sehr gedehnt werden, den wir vorsichtig im Übergang von einem statischen in ein dynamisches System angedeutet haben, und der sich auf dem Niveau der Texte ebenso abzeichnet wie im Regelsystem des Spiels. Die mittelalterlichen Texte (und Kontexte) sind durch die schriftliche Bearbeitung, duch den unendlichen Kommentar im Transfer der Schriften schon allzu sehr vom *Romanesken* durchdrungen, als dass sie der logischen

Kohärenz der Mythen entsprechen könnten, auf die sich die strukturale Analyse berufen kann. Immerhin ist aber diese Art zu denken den Spielen mit den Regeln und ihren Erscheinungen nicht ganz fremd, in denen jede Geschichte ihr Objekt bearbeitet, transformiert und neu hervorbringt. Im Lichte der historischen Vernunft freilich haben die Bilder, die Texte und die Regeln nichts gemein. Gegeben seien die Fakten (die alten und die neuen Regeln), gesucht die Referenten. War es nicht Jeanne d'Arc, die als Vorbild für die Dame diente, oder vielleicht ein ganz neues Lebensgefühl, das in einem die Entdeckungsfahrten und die neuen Regeln im Schachspiel hervorbrachte? Allzu sehr antworten diese Interpretation den Stereotypen des kulturellen Wissens, als dass sich schlichtweg sagen liesse, sie wären falsch; einfältig sind sie hingegen ganz gewiss. Doch gerade weil die Dinge nicht so einfach liegen, bedarf es der Schrift der Geschichte und der Herstellung des *Kontextes*. Die Transformationen im Regelsystem des Schachspiels haben keinen *realen Grund,* wie er von der historischen Vernunft vorunterstellt wird.

Die Strukturen und ihre Erscheinungen, die wir beschrieben haben, die Transformationen und ihre Regeln finden keinen Grund in einer einheitlichen Instanz, die sie hervorgerufen hätte. Die Prozesse der Verschiebung und der Verdichtung, denen wir ausgehend von den signifikanten Materialien nachgespürt haben, sind auch nicht im Unbewussten (kollektiv oder individuell) *verankert,* dessen *einheitliches Gesicht* es zu zeichnen gelte; Bahnen des Denkens sind sie vielmehr, die die Subjekte durchlaufen, die ihrer eigenen Logik gehorchen, und deren Erscheinungen vergangene Subjekte in einer kollektiven Arbeit ihre Zustimmung oder Ablehnung erteilt haben, wie wir es tun, wenn wir Geschichte(n) schreiben. Diese verdichtende Wirksamkeit der Regeln und ihrer Erscheinungen veranlasst wohl, dass Spiel- und Kulturgemeinschaften denjenigen Regeln ihre Zustimmung erteilen, die den sozialen und ideologischen Kontexten, in denen sie sich wiederfinden, zu entsprechen scheinen, oder deren Erscheinungen zu sein sie sich einbilden können.

Deshalb findet die poetische Kraft der Regeln und ihrer Erscheinungen in den kulturellen Kontexten ihre *Entsprechung* und nicht die Gründe ihres Ursprungs. Daher kann der Zug der Dame auf die billigen Spässe in den Schenken ebenso übertragen werden wie auf die perspektivische Konstruktion des Raumes, die in der Kunstgeschichte wie im Schachspiel den göttlichen Blick eines individuellen Subjekts sichtbar werden lässt. Der Kontext begründet nicht, er verleiht Wahrheit, um in einer kollektiven Arbeit, deren poetische Wirksamkeit wir betont haben, Ausdrucksweisen miteinander zu vergleichen, Kohärenzen zu bilden und Verhältnisse zu setzen, die, den Subjekten unbewusst, von einer »autre-poétique« des kollektiven Verständnisses Zeugnis geben. Denn von den Bahnungen des Wissens durchdrungen, antwortet in der Historie des Schachspiels die Setzung des Verhältnisses von Codierung und Kontext den Geschichten der Figuren, der Regeln und des Spiels, sodass die Historie des Spiels in vielfältiger Weise in die Konfigurationen miteinbezogen erscheint, die wir mittels dreier Achsen zu skizzieren suchten und an deren Enden jeweils neue Konfigurationen des Verhältnisses von Code und Kontext sich bilden. Denn obschon in einer allgemeinen Perspektive die Figuration in der Passage des Wissens sich plazieren lässt, die Codierung in der Konstruktion des Verhältnisses von Subjekt und Objekt statthat und die Kontextualisierung im Spiel von Erscheinung und Struktur, haben wir in der Analyse der Beziehungen innerhalb der drei Achsen jeweils eine Dreiteilung vorgenommen, die den äusseren Verhältnissen (den Beziehungen der Achsen zueinander) entspricht. In vereinfachter Form, die nichts zusätzlich beweisen will oder die Beschreibung ersetzen soll, deren Wert also allein darin besteht, die Gesamtheiten der Beziehungen auf einen Blick kenntlich werden zu lassen, stellen sich die inneren und äusseren Verhältnisse in folgender Figur dar.

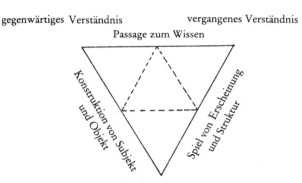

Historie des Schachspiels

Im Sinne der historischen Vernunft würde man die Enden des äusseren Dreiecks von den Subjekten, den Objekten und der Wahrheit okkupiert sehen. Die Analyse der Beziehungen zeigt jedoch, dass die Pole nicht fix besetzt sind, dass die Besetzungen vertauschbar sind, und dass an jedem Ende, je nach Gesichtspunkt und Einstellung, neue Konfigurationen sich bilden. Da sie die Beziehungen über die Terme setzt, gestattet es die Semiologie, die Fixierungen an den Polen als kulturelle Setzungen zu begreifen, als Positionen in sozialen und kulturellen Feldern. Sie bedient sich dabei, wenn wir recht sehen, eines Modells mit einer langen Geschichte, nur um es aufzulösen. Das Modell der Trifunktionalität, das Georges Dumézil in den Mythen der indo-europäischen Völker aufgefunden hat, scheint noch in den komplexesten Arten der Signifikation eine gewisse Rolle zu spielen.[14] In den mittelalterlichen Texten erfüllt die *göttliche Regel* in jedem Kontext die ideologische Funktion, die herrschenden Klassen von den »Niederungen der Arbeit« zu trennen und den natürlichen Anschein der sozialen und kulturellen Ordnung zu gewährleisten. In der modernen Disposition scheinen das wissende Subjekt und die

Wahrheit, bar jeden Kontextes, der symbolischen Funktion nur zu bedürfen, um sie zu verleugnen, da sie selbst den endgültigen Bezugspunkt und die göttliche Referenz bilden. Indem sie dieses Spiel nicht mitspielt und die symbolische Grenze in die Signifikation mit einbezieht, indem sie das Modell der Trifunktionalität benützt, nur um sein mythologisches Funktionieren in Beziehungen aufzulösen, hält die Semiologie vielleicht die *Mittel* bereit, die Funktionsweise eines kulturellen Selbstverständnisses zu enthüllen, in dem die Entdeckung des Anderen in der Exteriorität (und im Ausschluss) seit Jahrhunderten nur die völlige Assimilation oder die Zerstörung bewirkt hat, in dem die Wahrheit in den Dingen gesucht wird, während die Welt in einer wahren Revolution der Bilder von Zeichen überschwemmt wird und in dem die göttliche Bestimmung des Menschen die ökologische Katastrophe und den völligen Verlust der Kommunikation mit der Welt anzeigt. In der Bestimmung der Geschichte als Kontinuität, in der Situierung der Wahrheit in den Dingen und den Subjekten als Zentren des Wissens erscheint die historische Vernunft völlig in dieser Konstellation gefangen, vielleicht, da die Musik die *Konstruktionsweise* der Mythen übernommen hat, die Geschichten ihre ideologische Funktion zur Wirkung bringen müssen. Weil sie sich der Trennung von Subjekt und Objekt, der Ablöse der Wahrheit vom Kontext verweigert und die Verwandtschaft der Geschichten mit den Mythen nicht leugnet, liefert die historische Semiologie die Möglichkeit, in den Gesichtern der Moderne die Codierungen, die Postulate und die gemeinsamen Bedeutungen freizulegen, die die Erscheinungen unbewusster Schöpfungen von sozialen und kulturellen Gemeinsamkeiten sind. Denn *in* Wahrheit bilden sich Subjekt und Objekt erst wechselseitig in den Feldern der Äusserung (in Verhältnissen und nicht in interner oder externer Abtrennung), *in* Wahrheit formiert sich uns vergangenes Wissen nicht unabhängig von den gegenwärtigen Bedingungen unseres Verständnisses, *in* Wahrheit sagen uns die Fakten alleine nichts; und weil sie nicht *von selber* sprechen, müssen wir Geschichte(n) schreiben — und es passiert uns unentwegt, dass wir es tun.

Anmerkungen

1 Roland Barthes: L'ancienne rhéthorique: aide-mémoire. in: Communications, 16, 1970, pp. 172-229.
2 Zur näheren Erläuterung vgl.: Hans Petschar: Kulturgeschichte als Schachspiel. Vom Verhältnis der Historie mit den Humanwissenschaften. Salzburg, Phil. Diss. 1985.
   H(arold) J(ames) R(uthven) Murray: A History of Chess. Oxford, Clarendon Press, 1913, p. 497.
4 Roger Caillois: Die Spiele und die Menschen. Maske und Rausch. Frankfurt/M.-Berlin-Wien, (Ullstein-Buch Nr. 15253), 1982.
5 Michel Foucault: Archäologie des Wissens. Frankfurt/M., Suhrkamp (stw 356), 1981.

6 Philippe Ariès: Geschichte des Todes. München, Hanser 1980. p. 140. Ariès bringt dieses Zitat Savonarolas in Verbindung mit einer veränderten Beziehung von Individualität und Tod vom 12. zum 15. Jahrhundert. Im Augenblick des Todes liege beim Sterbenden selbst die Macht, alles zu gewinnen oder alles zu verlieren.

7 Das spanische Schachzabelbuch König Alfons des Weisen vom Jahre 1283. Illustrierte Handschrift im Besitze der Königl. Bibliothek des Eskorial (j.T. 6 fol.). Vollständige Nachbildung der Handschrift in 194 Lichtdrucktafeln - El Tratado de ajedrez ordenado par mandado del Rey D. Alfonso el Sabio en el ano 1283. (Vorwort von John G. White). Leipzig, Hiersemann 1913. (2 Bde. fol.).

8 Fernand Braudel: Civilisation matérielle, économie et capitalisme XVe-XVIIIe siècle. Tome 2. Les Jeux de l'échange. Paris, Armand Colin, 1979.

9 Michel de Certeau: Histoire, science et fiction. in: Le Genre Humain, 1983, pp. 147-169, Übersetzung in diesem Band.

10 Michel Foucault: Die Ordnung der Dinge. Eine Archäologie der Humanwissenschaften. Frankfurt/M., Suhrkamp (stw 96), 1978.

11 Claude Lévi-Strauss: Das wilde Denken. Frankfurt/M., Suhrkamp (stw), 1979

12 Murray, A History of Chess, p. 409.

13 Hermann Oesterley: Gesta Romanorum. Hildesheim, Georg Olms, 1963. (Nachdruck der Ausgabe Berlin 1872). pp. 549-553. Der von Oesterley herausgegebene Text (»Vulgärtext«) stammt nach dessen Angaben aus der zweiten Hälfte des 15. Jahrhunderts.

14 Georges Dumézil: Mythes et épopées. Paris, Gallimard, 1968.

GEORG SCHMID

Intrige als Kultur.

Selbstmord, Deutschsein und »Sozialinertia« im Österreich der 1850er-Jahre

Es fällt nicht schwer, sich Grillparzer als augurenlächelnden Arbiter, den expliziten Kassandraruf allerdings verweigernd, in den 1850er-Jahren als ebenso verbitterten wie larmoyanten (und vorzeitig gealterten) *Dichterfürsten* vorzustellen, dessen Patriotismus, mehr als blosse Habsburgtreue, letzter Fluchtpunkt einer inneren Versöhnung des janusköpfigen Josephinismus — »Fortschrittlichkeit« vs. repressive Bürokratie — mit einer — latent? — verzweifelt herbeigesehnten Revolution — kurz: Harmonisierung ist. Es wäre banal, Grillparzer nur als raunzenden Alten zu sehen, der einer josephini(sti)schen Vergangenheit (und den in ihr angelegten Chancen) nachträumt — ein aber doch vielleicht bei manchen konstatierbares Phantasma. Plausibler wäre es schon, seine Dramen als fernes Echo der Corneilleschen oder Racineschen zu betrachten: was in Wien als Raunzen erscheint, ist anderswo der grosse tragödische Gestus. Mit anderen Worten: Larmoyanz einerseits und Kühle des tragödisch Dramatischen andererseits sind Modalitäten der Oberfläche, die die hauptsächliche (und nicht immer klar zutagetretende) Projektionsfläche gemein haben: die *Macht* — und wie sie auf ihren Feldern durch *Intrige* zu gewinnen und zu behaupten sei.

Ein sozusagen terminologisch integriertes Attribut — *bieder*-Meier — lässt nicht ausreichend die Brutalität, Unerbittlichkeit und Erbarmungslosigkeit teils durchgesetzter Machtansprüche hervortreten — und eben diese Ansprüche werden, scheinbares Paradox, gerade ab der neoabsolutistischen Phase zunehmend von rein dynastischen zu facettierteren. Es sind die (aristokratischen) Exponenten der Ballhausbürokratie, die rund sechs Jahrzehnte später, mörderisch und suizidal zugleich, den Weltkrieg initiieren — es ist nicht »der alte Kaiser«. Die Wahrnehmungsraster, die Wirklichkeit nur noch gewissen Schablonen nach überhaupt sichtbar machen, klinken in den 1850er-Jahren endgültig ein, um sich danach nur mehr marginal zu modifizieren (die Perspektivik wird von nun an immer inerter). Was Österreich (von nun an) sei, sein solle, tun oder lassen solle, wird immer mehr zu Phantasmen einiger weniger Abweichler: das Paradigma einer absolut(istisch)en Bürokratie gerät dadurch nicht mehr ins Wanken; die Intrigen*spiele* sind schon zu sehr *eingespielt*. Was tatsächlich geschieht — unabhängig von dem, was nach den Auffassungen anderer (eventueller

»Abweichler«) geschehen sollte —, bestimmen diejenigen, die sich kraft Intrigen durchsetzen und daher dominieren.

Grillparzers Stücke kann man dergestalt als *höfische Tragödien* sehen, deren Dialektik eine Diagnose (»verfahrene Machtstruktur«) mit einer immer nur (vorbewusst?) herbeigesehnten, angedeuteten und unklaren Therapie verknüpft (das macht das scheinbar Versöhnliche an ihnen aus). Die offenbar unüberwindbare Machtlage ergibt dann jenen scheinbar so typischen (typisch österreichischen?), »charakeristischen« Zug von Resignation, Wehklage und *Todesattentismus*, akzentuiert schliesslich durch das Verstummen. — Was tun, wenn die Wirklichkeit so einzuschätzen ist, dass *alle* Alternativen verderblich erscheinen? (Sie, diese Wirklichkeit, wird ja nie per se, in nuce oder idealiter sichtbar, sondern als amorphe Masse einer Reihe von Elementen, die *bedeuten* — in diesem Sinn sind Grillparzers Dramen weniger »Allegorien« als *Insignien*, die ein sich *Entziehendes* be-zeichnen:)

Der Minister des Äussern
Darf sich nicht äussern,
Der Minister des Innern
Kann sich nicht erinnern,
Der Minister des Krieges
Ist nicht der des Sieges,
Nach dem Minister der Finanzen
Muss alles tanzen

Man könnte eine österreichische Geschichte (und wahrscheinlich alle Geschichte) nach der Opposition »tatsächliche Lage« vs. »herbeigewünschte Idealität« schreiben — auf der Basis all der mehr oder weniger verzweifelt (und unterwürfig oder aufmüpfig, hochmütig oder auch larmoyant) klingenden exposéartigen Denkschriften, egal ob sie nun Wirtschaftliches oder Kulturelles (etc., etc.) zum Gegenstand haben (denn es ist der Gestus, der sie bestimmt, der Habitus, der noch nachhallt, ihr Modus, der heute nachvollziehbar ist — oder auch nicht —, kurz: ihre *Gangart*, die sie mit der Gegenwart kommensurabel macht).

Zumal an der unteren Donau sind nicht so sehr Nationalitäts- als wesentlich Kulturfragen zu entscheiden, und diese kann Österreich nur mit Hilfe vordringender deutscher Bildung in seinem höchsten gesamtstaatlichen Interesse zu lösen hoffen. Je mehr seine eigenen Ostprovinzen sich mit deutschem Leben sättigen und in der Kultur fortschreiten, desto zuversichtlicher (… etc., etc. Und:) Die freie intensive Bewegung der deutschen Kultur, ihr entschiedenes Vordringen in jene weiten östlichen Lebenskreise, die umwandelnden, regenerierenden Wirkungen der deutschen Arbeits- und Geisteskraft, der deutschen Sitte und Gesittung (…)[1]

Abgesehen von dem fast hysterisch wirkenden Insistieren auf »dem Deutschen« (was allerdings damals, vor allem in Attributen, die Regel war), ist es sicher der drängende Ton (das Air, ein gewisses Atmosphärisches), gleichermassen die verpasste Gelegenheit fürchtend wie den Umstand, dass es grundsätzlich schon zu spät sein könnte, der

(Denk)Schriften wie diese aussagekräftig macht. Jene gewisse gehetzte Atemlosigkeit … — rasch und deutlich etwas sagen zu wollen (während man fürchtet, es könne ungehört verhallen oder, schlimmer noch, absichtsvoll ignoriert werden) —, jenes Verlangen findet (dieses vorwegnehmend) eine Entsprechung im Verstummen, im *Schweigen*.

Die Geschichte der Schweigenden, der Verstummten — des Schweigens tout court — kann naturgemäss nicht geschrieben werden; aber wir sollen uns (und einander) nicht täuschen: die immer präziser recherchierte und perfekter präsentierte Oberfläche führt nicht zu immer zutreffenderen Bildern von der Vergangenheit, sondern verdrängt diese, in Form symbolischer Blockaden (blocages), immer mehr und gründlicher. Allzu oft schiebt die Mutlosigkeit wissenschaftlicher Explikationen dann die konstruktiven Vermutungen über die Profunditäten immer weiter hinaus und vor uns her — schiebt sie immer mehr ab in eine nur dumpf zu erahnende Latenz. Das schliessliche Schweigen Grillparzers (Schweigen kann sehr beredt sein) ist durchaus eine Form kommunikativer Aktion; eine Art *Negaktion,* sagt sie (kraft Allusion) aus — indem sie, eben nicht (mehr) redend, *ausspart*. Das Verstummen ist als Handlung zu begreifen; in einem Feld möglicher Dezisionismen — aber auch untergründiger symbolischer Determinierungen — ist etwa das quasi absichtsvolle Vergessen Grillparzers durch die Öffentlichkeit eine Funktion seines Rückzugs ins Schweigen — *und umgekehrt*: die Praxis der Handlungstheorie sieht wohl die Reversibilität.

Aber wie beredt (oder schweigsam) kann uns die Kulturgeschichte der 1850er-Jahre überhaupt erscheinen? Wenn wir uns nicht mit den Geschwätzigkeiten der taxonomischen und tabellarischen Aufzählungen sogenannter künstlerischer Hervorbringungen zufrieden geben, wenn wir stattdessen jenem *Atmosphärischen* nachspüren wollen, das sich als kollektives (und immer nur vage zu erahnendes) Lebensgefühl darstellt, bedarf es freilich anderer Dispositive als der Kleinkrämerei des Faktizismus: so sehr wir die gründliche Recherche benötigen — sie darf aus der Geschichte nicht die »petite épargnante« machen, von der Veyne spricht.[2] Jenes *Andere* ist ja die Hauptsache in der *Hybris der Macht* — das historische Drama etwa »masst sich an«, was sich Geschichtswissenschaft gewöhnlich verbietet; das Drama entwickelt ein konzeptuell-konstruktives Denken der Hypothesen; es orientiert sich nach Möglichkeiten des Denkbaren und nicht nur nach der Sicherheit des scheinbar ohnehin schon Verbürgten und Verbrieften.

Was also können wir über die 1850er-Jahre in Österreich wissen? Oder, präziser gefragt (denn es handelt sich um keine rhetorische Frage): *auf welche Weise* können wir es wissen? Wir *»wissen«* zum Beispiel, dass Ebner-Eschenbach, Saar oder (vor allem) Stifter (etc., etc.) in jener Zeit — aber wann *ganz* genau? — literarische Kunstwerke *ge*schrieben (so heisst es im trivialen Sprechen), die die »damalige Situation« *be*schrieben haben. Ehe wir diese Auffassung wieder tangieren werden, wollen wir ein wenig mehr von der taxonomischen *Liste* Revue passieren lassen. Sie (diese Liste) teilt sich zunächst in bestimmte Rubriken: Dichtkunst (damals eher noch die Reime wahrer Poesie), Malerei (ideale Momente tableauartig darstellend), Musik (die Unerklärlichkeit oder Unfasslichkeit markierend und vielleicht sogar eine spezifisch österreichische Form des Ikonoklasmus). Kurzum, der Kanon formaler Regeln und Expressivitätsmodalitäten, der Spiele der Differenzierungen — und die einzelnen »Ausformungen« schematisieren bereits vorweg. Anders gesagt: retrospektiv sehen wir uns mit einer mittelbar wirksamen und niemals offen eingestandenen Kriteriologie konfrontiert, die scheinbar (primo) nur Bereiche absteckt (die Philosophie, die Bildende Kunst, das Theater etc.), in Wahrheit aber (secundo) auch bereits Wert-Hierarchien anklingen lässt. Diese sind durch den historischen »Nachvollzug« ebenso konstituiert wie durch die sogenannten Zeitgenossen: als ob sich eine Kultur in eine andere *übersetzte*.

Die Liste also. Es wurden Lanner oder Strauss (sen.) gehört (und wohl auch Flotow); Hanslick begann ab Mitte der 50er-Jahre seine (wegen ihrer fragwürdigen Einschätzungen erinnerten) Musikfeuilletons zu schreiben; Bruckner war noch Organist in Linz (das Niedergemacht-Werden durch den schädlichen Hanslick stand ihm noch bevor); Nestroy gab's wohl nicht nur in der Leopoldstadt (der Spielplan der Bühnen ist unschwer rekonstruierbar: Grillparzer auf den Abwegen des Vergessen-Werdens); Moritz Saphir gab seinen *Humoristen* heraus; Waldmüller, Danhauser, andere verfertigten ihre Genrebilder (denn auch das Muster, die — zögernd vollzogene — *Modernisierung* zu fliehen, Natur zu verklären oder — wie Rudolf von Alt — Wiener Bauwerke in allen Details, nicht »nach der Natur«, sondern »nach der *Kultur*« »realistisch-idealistisch« auszumalen bzw. abzumalen, ist genrehafter Wirklichkeitsein- und -ausdruck: Welt-Bild kraft unauflöslich, *dialektisch* aneinander gebundener Darstellung und Vorstellung); Makart stand noch bevor (aber wurde in der uns interessierenden Zeit akkulturiert); die Försters, Ferstels (und Sempers und Schmidts und wie sie alle hiessen) sorgten alsbald für die historisierenden Mammuts der Ringstrasse (und für zahllose Stadttheater in der Provinz) — und wer weiss schon *ganz* genau, *wann* sie das taten, und auf welche Weise Sozialisierung und Akkulturation zu der in Frage stehenden Zeit dezisiv gewesen sein mögen —, und als Kritiker mögen sich bereits Sitte und Wagner abgezeichnet haben[3] (jeder auf seine Art »repräsentativ« für ein Oppositionelles gegenüber der »Ringstrasse«, wie sie damals zu entstehen beginnt). Um nur ein paar Beispiele zu geben.

Man sieht: die taxative Aufzählung wäre nicht schwer (allein, sie kann nie »unschuldig« gedacht werden: so objektiv und wertneutral sich die Aufzählung auch geben mag, so sehr lässt sie doch immer das Willkürliche — die Fluchtpunkte ihrer untergründigen Obessionen — hervortreten). Ähnlich verhält es sich mit der Akzentuierung: auch sie gelingt leicht durch jenen sattsam bekannten Diskurs, der von Kultur und Kunst auf Grund ihrer intrinsischen Determinanten spricht (hier *ist* die Hohe Qualität, dort ist sie *nicht*, anderswo ist sie nur als »Versprechen« oder »Hoffnung«, später nie eingelöst, sichtbar — vielmehr: sichtbar *gemacht* —, *oder es*

wird einfach überhaupt unterschlagen). Wie auch immer. Kunst (als Konstitutives der
— breiter verstandenen? — Kultur) ist Schönheit, Anmut, Humanität, sie ist licht,
spendet Freude, ist von göttlichem Funken erfüllt, *sie ist wie die Natur* — jedoch
tadellos maîtrisée: man kommt sich vor wie in einem Wachsfigurenkabinett — die
Künstler des Etablissements gleichsam als Puppen aufgereiht —, in dem ein Führer
unausgesetzt Epitheta vor sich her leiert.

Es sind indes auch andere Vorgangsweisen denkbar. Warum erscheint im
sogenannten Rückblick (der vor allem ein Blick auf Wissens-Reservoirs ist und in der
soziokulturellen Aktion zu einem Reservoir mit zahllosen Wissen-*Bits* wird), warum
also, gemäss dieses Blicks, und egal aus welcher Perspektive, erscheint die »neo-
absolutistische Epoche« (oder »Phase«) *vergleichsweise* unproduktiv, jedenfalls wenig
ergiebig, was die (Schönen) Künste anlangt? Diese Frage allein deutet bereits in die
Richtung anderer Vorgangsweisen. Nehmen wir an, dieser *Befund* stimme — die
»Kulturleistungen« jener Zeit werden etwa von denen im Wien der Zeit von 1890 bis
1910 »überstrahlt«[4] —, liegt eine weitere Frage nahe: Ist der Befund nur Resultat des
tatsächlichen (weitgehenden) *Fehlens* des »Herausragenden« oder der *Geschichtsbuch-
Blicke* (die ja manchmal, quasi als Anhang zur Diplomatiegeschichte, die taxative
Aufzählung der grossen »Kulturleistungen«, der grossen »künstlerischen Verdienste«
bieten)? Entspricht dem Fehlen der Studien über diese Zeit, die über die politische
Darstellung wesentlich hinausgingen, ein »historisches« Fehlen der ehemaligen
»Leistungen«? Spezieller gefragt: könnten etwa systematische Ikonographien der
Bilder der Waldmüller oder Amerlings dieses Manko kompensieren, das *Emblemati-
sche* (als eine Art *Enigma* verstanden) jener Kultur (auf)klären helfen? Oder hat dieser
Mangel seine Gründe ausserhalb der Kulturgeschichte — dann brauchte diese nur ein
ihr Extrinsisches zu diagnostizieren und könnte den Rest einfach deskribieren … Aber
Skription wäre es so und so, *Graphie*, Historiographie, Geschichts-*Schreibung* (und
nicht einfach »Geschichte«). Eine enorme praktische Schwierigkeit besteht natürlich
darin, dass es in Österreich keine systematische, als universitäre Disziplin etablierte
Kulturgeschichte (also Kulturgeschichtsschreibung) gibt; Friedrich Heer ist tot, und
es ist signifikant, dass die Historikerzunft sowieso nie etwas mit ihm anfangen konnte.
Ein Ordinariat für modern betriebene Kulturgeschichte, die nicht nur die »materielle«
Kultur — aber auch sie — sähe, ist offenkundig undenkbar.

Sagen wir es in aller Klarheit. Ob »nachzeitig« — wie man zu sagen pflegt — Kulturgeschichte betrieben werden kann, ist von jener *kulturalen Atmosphärik* abhängig, auf
die wir hinauswollen (und die eben in gewisser Weise auch ein Produkt des *Heute* ist).
Umgekehrt: die Möglichkeitsbedingungen einer Kulturanalyse des Vorher, Früher:
der »Geschichte« ist auch Produkt momentaner Bedeutungszuschreibungen (wenn
Kultur als solche geringgeschätzt wird, gesamtgesellschaftlich keine wesentliche Rolle
spielt, braucht man logischerweise auch keine *Kulturgeschichtsschreibung*). Es geht
also um die Bedeutungs*schreibungen* und ihre Varianten und Variationen. Warum

heutzutage nur das elende Festspiel-Spektakel in Österreich? Warum, andererseits, weit über Barock und Biedermeier hinaus, der Akzent auf dem Theater und viel weniger (und auch weniger bedeutend?) auf Prosaliteratur? Erinnern wir uns an de Staëls (auch Nervals) Verblüffung angesichts der Abwesenheit der Literatur (bzw. der Literaten) im aristokratischen Salon Wiens.[5] Literatur in deutscher Sprache ist in Österreich nie *selbstverständlich* gewesen — oder präziser: den Reiz des Geheimnisumwobenen, der interessanten Intrigen, suchte man eher bei der Bühnenliteratur, und nicht bei Romanen (ein Rätselraten um Pseudonyme wie Currer, Acton und Ellis Bell ist im Österreich dieser Zeit schwer vorstellbar).

»Barocke Tradition«, aristokratischer Kosmopolitismus oder, später, Fragen der Sprach- und Kulturnation, der (neuen?) Kollektiven Identität, haben, alles auf seine Art, immer zu jener merkwürdigen Scheu vor »jouissances intellectuelles« geführt, deren Absenz Madame de Staël monierte. Es scheint, dass der (oft herbeizitierte) Kosmopolitismus und die engstirnige Borniertheit des immer näher rückenden schwarz-weiss-roten Syndroms nicht so weit voneinander entfernt waren, wie es üblicherweise dargestellt wird. Indem die Bourgeoisie der zweiten Hälfte des 19. Jahrhunderts in Österreich(-Ungarn) weit mehr eine Beamtenbourgeoisie ist als anderswo (eine Bourgeoisie also, die, zwar modifiziert, die aristokratischen Traditionen in manchem weiterführt, jedoch mit westeuropäischen Erscheinungsformen der bürgerlichen Kultur wenig gemein hat), mangelt es an profunden Kontakten zwischen der Ersten und der Zweiten Gesellschaft — was weniger eine Problematik historischer *Sequenz* ist: Homologierelationen zwischen diesen »Gesellschaften« lassen sich ja unstreitig in beträchtlichem Mass feststellen, und zwar gerade im Hinblick auf die entsprechenden Kulturvorstellungen.

Das Dilemma bestand ja nicht zuletzt kraft einer traditionell lateineuropäisch orientierten Kultur der obersten Gesellschaftsschichten (und dann der allgegenwärtigen Angst vor der Revolution, die von Frankreich her drohte) und eines vagen (und sich immer mehr präzisierenden) Gefühls des Deutschseins von Exponenten des Liberalismus (der vielfach rasch zum bornierten *Nationalismus* wird), einer anderen Gesellschaft(sschicht), die dann alsbald das Ausbleiben der grossdeutschen Lösung zu beklagen nicht müde werden wird. Bruck — ein Bürgerlicher, »Dienstadel« — argumentiert innerhalb eines grossdeutschen Paradigmas (und er tut dies unter fast permanentem, immerhin rhetorischem Rekurs auf einen niemals näher definierten Kulturbegriff, der wesentlich mit dem Adjektiv (Epitheton) »deutsch« das Auslangen findet). Wenn er, Bruck, durch die Intrigen einer Hofkamarilla stürzte, zeigt sich darin, neben anderem, auch die *Parteiung*: und sie geht durch die Führungsschichten hindurch, differenziert sie, trennt vielleicht einige der jeweiligen Exponenten untereinander ... Gewiss: Bruck ist »fortschrittlich« (und die aristokratische Kamarilla ist das Gegenteil), aber die Fortschrittlichkeit war in gewisser Hinsicht ein Phantasma: nicht einlösbar, steht sie unter dem Zwang eines niemals beweisbaren Postulats, das auch im

Rückgriff retrospektiver Historiographie (in der Retrognose) unübersehbar ist— dass 1866 (und vollends 1871) ein (schon in den 1850er-Jahren erahntes oder befürchtetes?) Verhängnis sei.

Insofern mögen die Fünfzigerjahre tatsächlich eine Art Scharnier bilden: der (österreichische) Patriotismus vor 1848 ist ganz anders akzentuiert als der ab 48, 59, 66, 71 — um nur die prominenten Jahreszahlen und -zeichen zu nennen. Ist es patriotisch (und kaisertreu?!) angesichts der Multinationalität (und Multilingualität, der pluralen Kultur) einen deutschen Bundesstaat zu denken? Und auf welche Weise denkt man die Nationen (»die Völker«!) »besser«? Denn auch Bruck denkt sie (»Es (Österreich) muss mit deutschem Kulturleben selbst bis an den Pontus tatkräftig und befruchtend vordringen ...«[6]); er denkt sie aber offenkundig auf andere Weise als die Kamarilla, die ihn nicht nur stürzt, sondern auch in den Suizid treibt. Welche »Nation«, Legitimität, Identität[7] also (um von Zukunftsperspektiven, gar Utopien, zu schweigen)? Und wie wird damals (Kultur-)Nation überhaupt gedacht? (Denn es wäre ein folgenschwerer Irrtum, die verbalen, offiziösen und rhetorisch verbrämten Äusserungen Brucks — oder irgendjemandes — quasi als blosse »Übersetzungen« einer Wirklichkeit in Diskurse »über sie« misszuverstehen. Die Wirklichkeit wird allenthalben — und different — bedeutet; auch die Aristokratie war der »Tendenz Südost« nicht abgeneigt, aber wohl unter anderen Vor-Zeichen.)

Die Befunde Brucks über die deutsche Kultur (und ihre mögliche Leistungs- und Tragfähigkeit) beruhen nicht auf einem durch die (Denk-)Schrift etablierten analogischen Verhältnis zu realen Verhältnissen (ebenso wenig wie die Einschätzungen der hocharistokratischen pressure group); der Brucksche Diskurs über die Lage der Dinge (und die künftigen Wünschbarkeiten) entspringt keineswegs einer textualen Imitation der Dinge, sondern be-deutet diese erst. Das heisst, wir haben es dergestalt mit Konkurrenz von Bedeutungszuschreibungen in einem nur teilweise überschaubaren soziokulturalen Feld zu tun. Anders gesagt: verschiedene »Lesarten« gegebener und erwarteter (auch befürchteter oder ersehnter) Wirklichkeitsimpressionen induzieren differenzierende Diskurse. Dass dabei, im Falle Brucks, in den 1850er-Jahren noch einmal die hocharistokratische Hofclique obsiegt, ist indessen kein Beweis für ihre Stärke im Neoabsolutismus: diese ergäbe sich allenfalls aus der geläufigen Ex-post-Perspektive. Die kommenden Verfassungen, der Ausgleich, die liberale Periode können — ebenfalls aus einer Ex-post-Perspektive — durchaus auch eine Schwäche dieser Clique aufzeigen, die sich in den 50er-Jahren bereits »abgezeichnet« haben muss.

Was für ein »kulturelles Klima« also — in jenem so (relativ) stiefmütterlich (philologisch fast ebenso wie historiographisch) behandelten Dezennium? Das Alte Europa (eine anhaltende Atmosphäre von Ancien Régime?), Loyalität ihm gegenüber? — Loyalität muss nicht immer (voll) bewusst sein. Nestroys Welt ist zum Beispiel die einer umfassenden europäischen Disponibilität des Materials theatralischer Tradition (und nicht nur der Tradition des Theaters) — aber seine, Nestroys, Kreativität habe ja, sagen uns die Germanisten, zu dieser Zeit bereits nachgelassen (wegen 1848?). Ist er also — ähnlich wie Grillparzer, der grosse Stumme unseres Dezenniums — gewissermassen über den Vormärz nicht hinausgekommen? Oder passte nicht eben dieser gut in den *Nachmärz*? Eine Art Innehalten oder Stillhalten, in Angst vor Unpatriotischem, in Angst vor dem Fall habsburgischer Hochkultur in die Barbarei des Nationalismus? Oder liegt nicht gerade darin der Dis- und Dysrealismus sowohl Nestroys als auch Grillparzers? Der nun heraufziehende Realismus wäre diesfalls nicht per se suspekt, sondern deshalb, weil er nur in einer anderen kulturellen Konfiguration oder Konstellation möglich ist ...

Bruck, der schon aus gesellschaftlichen Gründen oft ins Theater gegangen sein dürfte, — wie (bewusst) mag er solches erfahren haben? Sein Sturz, sein Ende wirken ja theatralisch genug; die Intrige, die ihn zu Fall bringt, hat etwas von der *intrigue* (modern und anachronistisch gesagt: vom *plot*) in einem Stück, das von Verwicklungen, Ränken und Komplotten lebt; Bruck stürzt über eine Machination, die über jenen Kaisergott läuft, der ihn fallen lässt und der, zumindest noch formal, die Macht-Maschine steuert.[8] So betrachtet hat die »österreichische Atmosphäre« gar nichts mehr Raunzerisches an sich, ganz im Gegenteil (und ist das »Raunzen« nicht eine Art sublimierender Kompensation einer dergestalt nur tentativ signalisierten Suizidalität?!). Diese Atmosphärik erinnert also eben viel eher an die schicksalsschwangeren, von allerlei Loyalitäts-, Liebes- und sonstigen Konflikten und Komplotten bestimmten und über Intrigen laufenden racineschen Tragödien, und das ist keineswegs weit hergeholt, denn Grillparzer, die geheime und geheimnisvolle Scharnierfigur, musste auf die Akzeptabilität (bei Hof) ebenso achten wie Racine, Corneille, der Port-Royal etc. Die österreichische Spezifität liegt anderswo; die Zuschreibung der Larmoyanz ist jedenfalls nur eine später »konstatierte« Oberflächenerscheinung (und bemisst sich nach quasi protestantischen, »nordischen«, ikonoklastischen Schablonen des Trockenen, Prosaischen, Sachlichen, »Nicht-Barocken«).[9]

Wir wollen auf das Denken der *Rekuperation* hinaus: Grillparzer war, symptomatisch genug, Beamter — und als solcher nicht nur in einer »tragischen Situation« (Schaffen vs. Verwalten, kreative Abweichung vs. Integration), sondern auch in einer paradoxen und polyvalenten. Wo liegen die Loyalitäten? Wie sind sie beschaffen? Auf welche Weise mit ihnen umgehen? Sind sie personal (der Deus-ex-machina(tion)-Kaiser) oder struktural (die »Völker« der Monarchie: ihrerseits, so will es das Possessivpronomen, Eigentum des Regierenden — noch vor 1914: an meine Völker ...) zu verstehen? Ist die saturierte (extrem komplexe) Struktur des Vor- (*und* des Nach-) März die Matrix, auf die sich das Intelligible wie das Handeln (aber auch das Nicht-Handeln: das Zaudern, die Unsicherheit, der Attentismus), das Imaginäre wie auch seine sofortige »symbolische« Kontrolle bezieht? Ist es schlicht die praktische Vernunft — sich etwa irgendeiner Staatsidee verschreiben —, auf die alles reduzibel ist?

(Die Deutschtümelei gefährdet »Österreich«, in dem man integriert ist; es wäre symbolisch suizidal, »deutsch« zu denken, zu dichten, zu handeln …)

Auf Bruck bezogen heisst das, dass er selbst — »ein Bayer von Geburt, ein Preusse nach der späteren staatlichen Zugehörigkeit seiner Heimatstadt, mit Leib und Seele Österreicher in dem zweiten Vaterlande, das er sich erwählte«[10], also nicht *ein*deutig integriert — den Konflikt dar-stellt (verkörpert, sagt man im gewöhnlichen Sprechen). Er ist, selbst zwar »progressiv« und »rational«: fortschrittliche Vernunft »verkörpernd«, *Diener* (ja durchaus!) eines Staates (einer Dynastie, eines Hofs, eines »Hauses« — einer Idee?), eines Staates also, der nicht nur restaurativ ist, sondern auch von der »Idee« her *ewig* auf Grund einer quasi sakralen staatlichen Ordnungsidee … auf Bruck bezogen … aber nicht nur (biographisch) auf ihn (es geht um ein allgemeines Dilemma der »Fortschrittlichkeit«, sei sie auch relativ — d.h. eine ganz bestimmte Spielart von Fortschrittlichkeit —, in einem restaurativen Bezugsrahmen). Und wohin schreitet man eigentlich (fort)? Das Ausweichen in den Diskurs über Kultur (und ihre Aufgaben, ihren allgemeinen Wert etc.), zumindest an der Oberfläche, ist eine unbewusste Taktik der Selbstentlastung und -rechtfertigung hinsichtlich der Loyalitätskonflikte. Wie sonst wären die allenthalben bizarr gehäuften Rekurse auf »das Deutsche« zu erklären? Diese kulturale Taktik erscheint uns damit als *Dissimulation* des in den Zonen des Bewussten Gewollten; die praktisch definierte Handlungstheorie der Historie zeigt uns dann einen *tragischen* Helden.

Nun *ist* ja Österreich (oder Habsburg) wesentlich Theater: eine barocke Inszenatorik. Paradox ausgedrückt: der Weltentrücktheit dieser Art von Ordnungsidee — einer nicht nur saturierten, sondern auch zutiefst phantasmatischen Struktur — entspricht der Personalismus der apostolischen Kaiserauffassug. Eine Ikonographie höfischer Autoinszenierung zeigt es in aller Deutlichkeit an: Kaiser, Dynastie, Hof (samt den Feldern der Vorhöfe) haben etwas von einer Ancien-Régime-Theatralik, auch nach Linderung des spanischen Zeremoniells. Die neue Bourgeoisie (zu einem nicht unerheblichen Teil noch in den Dienstadel »aufsteigend«) verhält sich letztlich forsch und respektlos gegenüber jenen alten theatralischen Ideen des Prärevolutionären (das sich nun, im Nachmärz, spätjosephinisch-überzeitlich im Gestus, in der künstlerischen Verfremdung als kosmopolitischer Humanismus verbrämt). Und wohin stiegen sie eigentlich, die in den Adelsstand Erhobenen? Ihre Rekuperation gelingt nur mehr hinsichtlich der Oberflächenstrukturen; es wird, beigeordnet einer Ersten, eine Zweite Gesellschaft etabliert, eine »Dritte«, …

Und diese Bourgeoisie simuliert ihrerseits den Freiheitsgestus von 48, während sie schon anfängt, *nur noch das Nationale zu meinen;* vollends nach 73 wird es deutlich. Deutsche Kultur nach Südosten (oder wohin auch immer) tragen, heisst also: eine südosteuropäische (oder auch eine andere) Wirtschaftspolitik betreiben, deren deutscher Zug allerdings genau jenes Hegemoniale enthält, dessen Gegenteil Libussa (eine »Slawin«) vor ihrem *»sakralen« Tod* — mit Blick auf die humanitäre Harmonie —

visionär verklärt. Diese zwei Diskurstypen repräsentieren Pole in den Aktionsmustern der Habsburgermonarchie: Pole entsprechen einander, aber sind nicht identisch. Der eine — »moderne(re)« — ist pragmatischer, operiert logistisch durchdacht und hat die überzeugenden Vorteile offenkundigen »Erfolgs« für sich: diesem Typus eignet als Fluchtpunkt der Mythos von der Kultur der Sprach-Nationen. Der andere — »ancien« — diskutiert idealistischer, erweist phantasmagorische und gleichsam inerte Stratageme und trägt schwer am Makel beginnenden Misserfolgs (59, je nach Lesart auch schon 48): die Fluchtlinien dieses Typus weisen auf den Mythos transnationaler Kultur. Jener hat etwas Praxologisch-Missionarisches an sich (»bekehren wir alle 'Völker' zur deutschen Kultur, und sie werden des Fortschritts teilhaftig«), dieser etwas Harmonisierend-Messianisches (»versöhnen wir die 'Völker', und sie werden die Seligkeit erlangen«): man sieht, sie verhalten sich nicht symmetrisch zueinander. Jener ist »hegelianisch«, könnte man auch sagen, dieser »leibnizianisch«. Sie haben beide *kulturell* etwas »Imperialistisches« an sich: sie (und nur sie bieten die dezisiven Kriteriologien) sind die Sachwalter der Wirklichkeitsein- und -ausdrücke, sie erziehen, leiten, führen, tragen die Verantwortung, sie befinden über Integration und Ideologie, kurz: sie definieren die Kultur.

Wir sehen also zwei *Modi* kulturell determinierter und determinierender Realitätswahrnehmungen in lange währendem Widerstreit (der keineswegs auf die Opposition Österreich-Preussen reduzibel ist), zwei Paradigmata von sozio-ökonomischer *und* kultureller Existenzweise, von Weltsicht und Handlungsmuster, die sich also über eine *längere Dauer* hinweg (von 1789 bis 1914/1918 grob gesprochen) *überlappen*; der Paradigmenwechsel erfolgt aussergewöhnlich zögernd, regional differenziert, »in sich widersprüchlich«, ohne unmittelbar einsichtige Sequenz und Konsequenz — kurzum: voller retardierender Momente. Wir werden der langen Agonie der alten Welt (-Bezeichnung) ansichtig. Diese (kultural unbewusste) Konkurrenzsituation — so etwas wie ein *plot* der Geschichte (oder eben eine *intrigue*) — resultiert u.a. in jenen sogenannten inneren Widersprüchen der Habsburgermonarchie,[11] und erklärt auch teilweise den intriganten Charakter der Politik, die in ihr gemacht wird. — Wie verhält man sich, wenn einem die Ordnung, in die man akkulturiert ist, bedroht erscheint, aber angesichts eben dieser Bedrohung immer die Zweifel, der innere Zwist bleiben (ob die Drohung »real« oder ein paranoisch wahrgenommenes Trugbild sei), wenn die herrschende symbolische Ordnung der Dinge (die Ideologie des Hauses Habsburg) in ihrem offiziösen Charakter des Verbrieftseins immer mehr unterlaufen wird von immer rabiateren Formen des Deutschnationalismus ...[12] — wo noch die Anhaltspunkte suchen?

Es gibt nie nur *eine* kollektive Mentalität — nach ihr und nach den durch sie bewirkten Setzungen von Bedeutungen richten sich die hauptsächlichen Fragen modern betriebener Sozio-Kulturgeschichte —, es gibt, in Koexistenz und Konkurrenz, immer mehrere kollektive Mentalitäten, Attitüden, Allüren, in den verschiedensten Abstufungen (Schattierungen, Graden, Intensitäten, gegenseitigen Durchdringungen etc., etc.).[13] Und es gibt noch andere Verhalten steuernde Klassen von »Einstellungen« (also Wirklichkeitseindrücken, Welt- und Geschichtsbildern, Aktions- und Reaktionsmustern, also Matrices): etwa die noch weniger tief gehenden und kürzer anhaltenden Moden ... Was legt eine bestimmte Haltung oder Anschauungs- und Handlungsweise nahe? Welche tragische Sichtweise des Suizidalen etwa?

Betrachten wir den Selbstmord näher, es ist naheliegend. Welche Angst mag bei Raimund (symbolisch-imaginär verschoben) jenseits eines allfälligen »Paranoiden« verborgen gewesen sein, als er sich erschoss? 1868 wird *sich* Stifter (aus Angst vor Leberkrebs?) *das Leben nehmen* (wie es so schön heisst: und warum wird das so dargestellt, als wäre es Unglück, Koinzidenz, »momentane Sinnesverwirrung«?). Später die Suizide von Saar, Boltzmann, Gumplowicz oder van der Nüll ... und die Reihe liesse sich mit Weiniger fortsetzen, dessen Irrtum »dans sa vie comme dans ses théories, consiste à confondre la littérature et la réalité«,[14] bis hin zu dem Maler Gerstl (der sich 1908 töten wird, weil man sein Talent nicht anerkennt: ein guter Grund) ... zu schweigen von der Enormität der ungezählten Suizide quasi Anonymer: Masaryk veröffentlicht 1881 *Der Selbstmord als soziale Massenerscheinung der modernen Civilisation*,[15] nur zwei Jahrzehnte nach dem Suizid Brucks und eineinhalb Jahrzehnte *vor* Durkheims grosser Suizidstudie (die merkwürdigerweise erst 1973 auf Deutsch vorliegen wird).[16]

Die Literatur mit der Realität verwechseln ... — in dieser funktionieren tatsächlich oft genug die Dinge gemäss eines Komplotts, in jener hingegen ist häufig alles abhängig von intrigues. Im Englischen kann man sagen: to plot against someone, und das lässt sich im Deutschen durchaus mit »gegen jemand intrigieren« wiedergeben. In der Tat *ist* die Habsburgermonarchie wie eine Bühne, auf der en suite ein Stück gegeben wird, in dem nichts als intrigiert wird (das berühmte Wort vom Dank des Hauses Habsburg gehört in diese Kategorie von *Stücken* — »die Macht und ihr Preis« —, und viele — wenn nicht alle — der politisch Dezisiven unterliegen der Eigendynamik des »Rollenfachs« und der Rollenerwartungen, neben Bruck auch Beust oder Badeni). Allein, warum wird intrigiert? Es ist unverzichtbar, sich an dieser Stelle bewusst zu machen, dass heute ebenso wie ehedem intrigiert wird in Österreich — von der sogenannten einstigen Grösse ist nichts geblieben als die Enormität des Intrigen*spiels*. Nicht nur obsiegt immer nur der bessere Intrigant; ein guter Intrigant zu sein, ist überhaupt die einzige Möglichkeit, »etwas zu erreichen«; die sprichwörtlichen »verkannten Genies« Österreichs waren ganz einfach schlechte Intriganten. Und solches trifft gerade auf die Felder des Kulturellen zu (was wären etwa die Universitäten ohne die Berufungsintrigen?, aber ein Freud kann hierzulande *nur* durch *Protektion* gerade noch, mit Müh und Not, Professor extraordinarius werden). Sogar für die Nachwelt ist dies zutreffend: nur die Gehässigkeit bildet für Argumente eine tragfähige Grundlage,[17] und diese Gehässigkeit kann ihrer selbst nicht einmal dann entraten, wenn sie eine scheinbar affirmierende Pose einnimmt — der grotesk überschätzte Karl Kraus, im Grunde ein kleiner kläffender Köter, »lobt« etwa Nestroy nur, um ihn als Waffe für seinen antimodernen Kampf (gegen den »Pesthauch der Intelligenz«, gegen das »Teufelswerk der Humanität«) vereinnahmen und verwenden zu können.

Warum also wird intrigiert? — Eine (in dieser Façon gestellt) sinnlose Frage. Man intrigiert, weil man gerade nichts besseres zu tun hat; aus Selbstzweck, aus Freude an der Sache; *weil man so akkulturiert ist.* Dass durch die Intrige auch ein bestimmtes Ziel erreicht wird, erscheint dabei nachgerade als *gratuitement* Hinzugegebenes. Es handelt sich hiebei um ein (tendenziell) psychotisches Verhältnis zur Realität, das diese als Bühne auffasst, auf der man agiert. Sohin geht es um eine (Psycho)Analyse der Intriganten — und, darüber hinaus, um eine *Soziopsychoanalyse* des Intriganten, *als System verstanden.* In einem solchen System bleibt einem etwa, will man seiner *Ehre* nicht verlustig gehen, keine andere Wahl, als Selbstmord zu begehen, wenn man im Intrigenspiel unterliegt: man kann den Spiel*regeln* niemals entgehen, auch nicht, wenn man nur passiv in eine Intrige verwickelt wird. (Wir reden hier natürlich von den Selbstmorden der sozial Arrivierten, nicht von den suicides par misères, noch von den suicidés de la société.)

Die Bühne, die die Habsburgermonarchie derart abgibt, hätte etwas Komisches an sich (»zuckt schon der Mörderdolch in deiner Hand, oh Ungeheuer?!«), wenn es nicht, ganz »untheatralisch«, so viele wahre *Opfer* gäbe: bei den Pradler Ritterspielen werden Gummimesser verwendet, nicht *echte* (wie tatsächlich im Falle Bruck). Und darüber hinaus gibt es, das vor allem ist zu betonen, zahllose Quasi-Suizide, wie ihn etwa das (selbst auferlegte?) Verstummen und Schweigen darstellt. Grillparzer äussert sich nicht mehr; er verbleibt im Ichgefängnis, das er als Fatum versteht; seine Ambivalenz gegenüber dem, was aus diesem »Staat« wird, lässt Ich und Welt, Wir und Kosmos, Loyalität und Moral immer mehr verschwimmen ... Blickten wir jemals tiefer (in die Abgründe der Latenz), erblickten wir jemals die Tiefenstrukturen des Kulturellen, würden wir eines Sozio-Politischen im scheinbar Unpolitischen ansichtig (das »Unpolitische« bei Stifter markiert als *désaveu* den blinden Fleck des eben soziopolitisch Verweigerten), wie es bei sensibleren Autoren, die über diese Zeit schreiben, auch schon gelegentlich aufblitzt.

Welcher Patriotismus etwa? Bei Grillparzer kann es der nicht sein, der zwar seiner (Grillparzers) soziologischen Bedingtheit vielleicht eher entgegenkäme (der bürgerlich-deutsche Nationalismus), aber seinem Loyalitätsverständnis und seinen quasi etatistischen (oder dynastischen?) moralischen Überzeugungen (einer, sagen wir, »josephinischen Vielvölkerei«) widerspricht. Das Missverständnis schafft oft mehr Klarheiten als das Verstehen: als Grillparzer von den »deutschen« Studenten Prags zum Ehrenmitglied der »Lesehalle der deutschen Studenten in Prag« gewählt wird, spricht er zurückhaltend davon, dass er so deutsch nun auch wiederum nicht empfinde (aber er weist das

Ansinnen natürlich auch nicht überhaupt zurück). Die Desorientierungen und désarrois, wie sie nach 48 immer prononcierter hervortreten, werfen retrospektiv auch ein bezeichnendes Licht auf das Biedermeier: es war für die Kreativen nicht nur keine Idylle (diese war vielmehr Konstrukt, artificium, zum Zweck, die Angst zu bannen), das Biedermeier war der latent immer schon empfundene, verzögerte (=retardierte), phasenverschobene Untergang einer politischen Ordnung (im weitesten Sinn), die nicht nur einfach mit dem Epitheton *ancien* abzutun ist. Was verloren geht, ist die Harmonia Mundi (oder zumindest die Einbildung davon: die Kraft, sie aus- und einzubilden, geht verloren); und dieser Verlust vollzieht sich an der Donau in einer anderen Phase (mit einem anderen Tempo, unter anderer Spannung, mit unterschiedlicher Frequenz) als am Rhein — oder, temporal ausgedrückt, das »Junge Deutschland« nimmt ihn vorweg, oder, nochmals anders gesagt, die Intensität des Deutschen trägt sich ungleich offenkundiger (fast exhibitionistisch) zur Schau, ihre Modalität ist eine andere als die des »Österreichischen«, wo sie sich in den Zwischentönen (der alsbaldigen Misanthropie, des Pessimismus, des dégoût) scheinbar verliert.

Sehen wir uns hier nicht konfrontiert mit zwei Grundmustern von Weltanschauung, die verschiedenen sozio-ökonomischen Existenzmodi entsprechen? — Später wird alles aus der Siegerperspektive gesehen — und auf diese Weise *über*sehen, dass wir es in mancher Hinsicht eher mit *Typen* als mit einer Abfolge-(Kon-)Sequenz, einer consecutio zu schaffen haben. *Es wird* kultural, kulturpolitisch *um die deutsche Vorherrschaft intrigiert,* und die (nord)deutschen Strategien erweisen sich als die ungleich erfolgreicheren. So betrachtet, erscheinen auch viele der internen Gehässigkeiten in Österreich als Reflex jener grösseren Auseinandersetzung, die sich darum abspielt, wer deutsche Kultur (»die« deutsche Kultur, Singular) »besser« verkörpere (und das heisst natürlich auch: überzeugender definiere).[18] Was etwa in einzelnen Künstlern als innere Widersprüchlichkeit (wie es das triviale Sprechen will) sichtbar wird, ist in Wahrheit *ein Bruch im Symbolischen,* der durch kollektiv-unbewusste Operationen der Imagination nur unvollkommen zu kitten ist. (Sich traditional verhalten und »künsteln«? — die »idyllischen«, zuweilen fast utopisch anmutenden »Gegenwelten« Stifters. Später das Innovative der Musik Mahlers, fast zerrieben am deutschtümelnden Götzen Wagner, Mahlers, der sagt, Tradition sei Schlamperei, was Adorno so goûtiert hat. Die eigene Analytik — Freud — als Individualphänomen ausgeben, während es doch viel eher in seinen hintergründigen Implikationen Sozialpsychoanalytisches aufweist?)

Das alte Symbolsystem der Harmonie, das dem Mythos der Sprachnation nicht logisch-notwendig vorausgegangen ist, erscheint brüchig, dem Untergang verschrieben, nur mehr als eine Art Echo einer ehemals (vielleicht) gegebenen Perfektion (Stifter versucht, diese in den 50er-Jahren noch in der Ekritüre zu simulieren; Freud und Mahler, in den 50ern geboren, bearbeiten aber schon die Brüche und Brechungen). Die Artifizialität (das »Formalistische«, wie es der gehässige Vorwurf will, das Konstruktive also) ist Kenn-Zeichen eines symbolisch-kulturellen Systems, in dem nicht mehr an die Möglichkeit (oder Notwendigkeit!) einer entsprechenden Ordnung sozio-politischer Praxis geglaubt zu werden vermag. Die ökonomische Machbarkeit andererseits, offenkundig und unübersehbar im Sinne einer Praxologie, weist den Erfolg auf (norddeutsche Integration, Handelspolitik, Zollverein u.ä.m.), eine Reüssite, die später als protestantische Ethik (oder vielmehr deren Resultat) beschreib-bar werden wird. Jenes andere (quasi österreichische) Symbolsystem versteht es indessen gut zu verlieren — ohne dass *der Staat* Österreich(-Ungarn) ein »guter Verlierer« wäre; das ikonoklastisch-protestantische-(nord)deutsche System, zunächst der Gewinner, verliert zwar auch bald (und erweist sich als ungemein schlechter Ver-lierer), ist aber zu der in Frage stehenden Zeit jedenfalls das »modernere«. (Der symbo-lische Gewinn, trotz beginnenden ökonomischen Verfalls im Norden, bleibt bis heute bestehen: immer noch befindet und richtet Nord-Deutschland über den Süden und Österreich und ist die dezisive symbolische Gewalt; vom »deutschen Süden« aus blickt man immer noch hündisch auf die verbürgte nördliche »Fortschrittlichkeit«.)

Aber können wir diese Fortschrittlichkeit über die Zeiten hinweg so unkritisch akzeptieren, ja affirmieren? Präziser gefragt: wie ist dieser Typus von Fortschritt zu verstehen, *zu qualifizieren?* Als Wechsel zum Tauschwert der Waren? Als rascher Übergang zu kapitalistischen Produktionsweisen? Als alles durchdringende Entfrem-dung? ... Und all das als notwendiges (=unvermeidbares) Durchgangsstadium (nur dass der Verdacht naheliegt, wir seien aus diesem Stadium noch nicht wirklich heraus-getreten: und gelänge uns der Übertritt ins nächste, bei voller Entfaltung aller Produktivkräfte, bedeutete das die totale — ökologisch bedingte — Selbstausrot-tung) —, Durchgangsstadium: auf dem Weg wohin also? Grillparzer scheint hier jedenfalls klarer gesehen zu haben als Stifter (und daher konsequenterweise, *quasi*-suizidal, »nur« verstummt zu sein): jener spricht uns im Grunde von ökonomisch wie politisch dezisivem Dominanzstreben, das dieser hinwiederum in seiner idylli-schen Privatutopie »einfach« ausklammert. Hier also erscheint der Realitätsverlust ausgeprägter,[19] er führt zum Ignorieren des Gefürchteten, das sich gleichwohl, gerade kraft Negation, als Implicitum zeigt. Das Regressive in beiden Vorstellungs- und Darstellungsweisen ist unübersehbar; fraglich ist nur, ob die blosse Inversion schon das *Progressive* ausmache.

Diejenige Kulturgeschichtsschreibung, die in jeder »künstlerischen Hervorbrin-gung« nichts als die unmittelbare, unverfälschte und nichts verschweigende Darstel-lung eines dergestalt entweder bedingungslos affirmierten oder ebenso dogmatisch zurückgewiesenen Ist-Zustands zu sehen vermag, will nichts wissen vom Dissimula-tiven aller Kultur, die, in ihren Kunstmanifestationen, nie nur »Abbildung« (»Widerspiegelung« u. dgl.), sondern immer auch Abweichung, Entwurf und Gegen-Welt (gegen Welt) ist. Ästhetisierung von »Welt« ist nicht nur Leugnung der »Realität« (wer definiert diese?!), sondern zuerst textualer Entwurf, *kontra* kraft *Ekritüre*,

Widerstand im sozialisierbaren »Privaten«. Es ist richtig, dass sich derlei »künstlerische« Vorhaben *struktural* homolog zu habsburgischen Ordo-Gedanken verhalten können; allein, sie sind nicht mit ihnen identisch — und verhalten sich auch nicht analogisch zu ihnen. In beiden Bereichen (aber der eine ist politisch, der andere symbolisch) wird eine *saturierte Struktur* supponiert, die vom kantianisch definierten transzendentalen Ego jedenfalls niemals gänzlich erreicht werden kann; der symbolische Bereich (régime) ist indessen nicht simplizistisch als eine Art Widerspiegelung der ökonomischen und sozialen Seinsweisen zu sehen (es ist vielmehr jeweils ein entstellender Zug ebenso zu konstatieren wie auch, gerade hinsichtlich der Geschichtswissenschaft, die *»Rücksicht auf Darstellbarkeit«*).

Die implizite Kapitalismuskritik beim Stifter der Zeit nach 48 kann auch gelesen werden als Bedauern über den sich durchsetzenden (protestantisch geprägten) Ikonoklasmus, wie er der Fetischisierung der *Ware* (damit dem Warenprinzip überhaupt) inhärent ist. Hier liegt gewiss auch ein enormes Misstrauenspotential gegen den »historischen Prozess« vor, gegen jene Dynamik, wie sie eben durchaus auch der »Deutsche« Bruck repräsentiert. Es tritt ein momentaner Gebrauchswert gegebener und gemachter »Dinge« ans Licht, die, der modernen Auffassung zufolge, quasi nur Rohmaterial immer weiter voranzutreibender Warenproduktion (ad infinitum? als Selbstzweck?) sein sollen. Stiftersche Auffassungen sind in der Tat inkompatibel mit der angestrebten Bruckschen Politik der »äusseren Sicherheit und Machtentfaltung«; »kein Zweifel also, dass die freie Strömung deutscher Kultur und der durch sie erstarkende Mittelstand aller Provinzen den festesten Kitt des Gesamtstaates bilden wird«.[20]

Wenn auf den Feldern der Kultur den Gefahren der Deutschtümelei von den Schreyvogels oder Grillparzers immer wieder der Kosmopolitismus positiv gegenübergestellt wird, ist das, sozusagen mechanistisch betrachtet, unmodern — und nichts anderes. Die italienische und französische Kulturtradition, der Österreich schon lange vor den Fünfzigern verlustig geht, ist zwar eine aristokratische gewesen, doch ist sie struktural der *habsburgischen Vielvölkerei* gemässer als das, was nun heraufdämmert. Ein »österreichischer Patriot«, der, sich als »Deutscher« fühlend, in einem fort nur von den deutschen Volksgenossen faselt, wird nun, in den Fünfzigern, undenkbarer denn je. Es ist dabei vergleichsweise ohne Belang, dass sich das kulturale Konzept »Kapitalismus und Protestantismus« als das rationellere (nicht unbedingt als das rationalere!) Schema erweist. In den kulturellen Feldern konstatieren wir oft genug eine Art Leerlaufen der Sprache (womit sich einmal mehr zeigt, dass durch ihre Zuhilfenahme nicht einfach ein Ist-Zustand *be*schrieben, sondern ein Soll-Zustand *er*schrieben wird), ein Leerlaufen im Bereich der Leere (als ob sich ein kulturelles System erschöpfte in den Tiefen der Zeiten verlöre), in einem Bereich, der dann mit *Geschwätz* erfüllt wird: nationales Pflichtgefühl und Empfinden, Volksseele im Feuer der Bedrängnis, das deutsche Gefühl aus dem Liede unserer Dichter — das sind die sich schon abzeichnenden Parolen (so wörtlich aus Franzos' Deutschem Dichter Buch aus Oesterreich, 1882, das auf diese Weise übrigens auch den Assimilierungsdruck bedrückend deutlich macht).[21] Nun wird die Rede sein von »falsche(m) Kosmopolitismus, welcher unsere Poeten drängte, lieber die Schicksale der Czechen und Polen dichterisch zu verklären. Aber von dieser Vermeidung deutscher Stoffe und Stimmungen abgesehen, (...) auch bezüglich Stil, Form und Anschauung machte sich (...) eine (...) doch ziemlich schroffe Isolirung von Deutschland spürbar« ... undsoweiter undsofort.[22]

Es ist hier die Verengung von den »Völkern« auf den Singular Volk so augenfällig (derlei Singularisierungen sind stets ebenso verräterisch wie ekelhaft und aufschlussreich: »der Russe«, »der Jude«); nun zählen nicht mehr die Völker (Elemente), sondern nur noch die Deutschen Österreichs. In dieser Hinsicht können, in manifester Weise, *Witiko* und *Libussa,* auf weniger deutlich zutagetretende Weise auch andere literarische Texte, die scheinbar thematisch mit dem »Kulturkampf« um die symbolische Vorherrschaft innerhalb des deutschen Paradigmas nichts zu tun haben, als ebenso couragiertes wie hoffnungsloses Rückzugsgefecht gegen den sich als immer siegreicher erweisenden Norden des literarischen Realismus oder der Folgen Jungdeutschlands analysiert werden — auch gegen den Kant des Ich-Idealismus, die Jung- oder Rechtshegelianer etc. Es ist völlig verkehrt, diese — vor allem Grillparzersche — Haltung nur als krampfhaftes, reaktionäres Festhaltung am restaurativen Vormärz zu interpretieren (wie es zuweilen noch geschieht); 48 ist nicht (nur) die Verheissung der Vernunft, Freiheit und Demokratie — kurz: des Fortschritts als philosophiertem Fetisch —, sondern eben immer auch schon die Borniertheit des schwarz-weiss-roten Syndroms. Und die Auslegung von 48 als Nationales bedeutet auch (diese Antizipation bei Grillparzer ubiquitär) das virtuelle Ende Österreichs — nicht so sehr vordergründig als bestehende »Grossmacht« begriffen, als vielmehr im Hinblick auf *Umbauchancen.*

Die — wenn man so will — Tragik des »Deutschseins« im Österreich des Nachmärz, des Neoabsolutismus im besonderen, besteht (hinsichtlich der Rolle, die dem Intrigenspiel zugedacht ist) in Form eines möglicherweise unlösbaren Loyalitätskonflikts in puncto kulturell-symbolischem System. Will man Österreich im deutschen Korrolarium erfolgreich sehen, muss man das Supranationale (in kultureller Hinsicht als durchaus deutsch definierte Integrationsideologie) aufgeben und sich einem neuen Reichsdenken anheimgeben (ein anderes, expansiveres System vorstellend, das die »anderen Völker« symbolisch als *Fremdes* begreift). Möchte man das sich als immer chancenloser darstellende alte (und seinerseits durch allerlei Verklärungsoperationen entstellte) *Ordo*-System erhalten, muss man auf den »Fortschritt« verzichten (der gewissermassen zwanghaften Charakter zugeschrieben erhält, indem der als logisch notwendig etc., mit einem Wort: als historisch unvermeidlich hingestellt wird). Was sich — den orthodoxen Vorstellungen zufolge — »zwischenstaatlich« als *Machtkampf* (»um die *Vorherrschaft* in Deutschland«) darstellt, ist in Sachen Kulturmuster und auf der Bühne der symbolischen Gewalt-Inszenierungen die *Intrige*; bei ihr geht es *generell* um die Dominanz einer politischen (aber auch »symbolischen«) Kultur der Macht (und diese beruht vor allem nicht auf einem simplen Entweder-Oder, sondern auf einem kaum überschaubaren System von Differenzierungen; die Intrige ist ein Netz, Gespinst, Gestrüpp des im Widerstreit Liegenden, des sich Überlappenden, der Übergangszonen, wo nur *Eines* existieren will, konkurrenzlos) ... Eine Kultur also, die alles mit ihr Konkurrierende zu vernachlässigbaren Nichtigkeiten macht — konkret: die Frage ist, welches ist das »bessere« (sieg- und erfolgreichere) Deutschland (nicht das fortschrittlichere); die Wertzuschreibungen, die alles legitimierende Moraltümelei folgen hernach.

Was für einen Kulturbegriff supponieren wir hier? Einen jedenfalls sehr breiten und umfassenden, der sich nicht *nur* an materiellen Determinanten orientiert (im übrigen können die dynamischen Systeme von Bedeutungszuschreibungen nicht anders als *materialistisch* analysiert werden: »Welt« kann nur insoweit wahrgenommen werden, als sie durch Be-zeichnung intelligibel ist, und die entsprechenden Intelligibilitäten zeigen sich unter anderem in Verhaltensmustern, Kleidungscodes, Umgangsformen, der Art und Weise, wie Feste gefeiert werden etc., etc. — wir drehen mit dieser Wortverwendung die platonisch-kantianische semantische Tradition gewissermassen um; es ist nicht mehr zu trennen zwischen sinnlicher und intellektueller Erfahrbarkeit). Jede Wirklichkeitsimpression (es gibt viele) beruht auf kulturell (und damit materiell) vorgegebenen Wahrnehmbarkeitsrastern, die, *soziokulturell* determinierend, den einen etwas zeigen, den anderen verheimlichen; die *vision du monde* (ein wenig im Goldmannschen Sinn) facettiert sich in Visionen, je nach den Erfahrungsmöglichkeiten, die sich zwar auf *ein* Reales beziehen mögen (es ist immerhin fingierbar), jedoch Funktionen der Imaginationen sozial differenzierender, distinguierender sozialer *und* semiotischer Kompetenzen sind.

Fraglos unterscheiden sich die vormärzlichen Wirklichkeitsimpressionen, ungeachtet des temporalen Moments, im Hinblick auf die Bezeichnungsleistungen, unabhängig von einem hegelianischen Gang der Geschichte, jedoch hinsichtlich der Bedeutungsentzifferungen, logisch-funktional von den »nachmärzlichen«. Eine Art Empfinden von Ordo-Einheit (Katholizität, Kaiserhaus, aber auch josephinische Vernunft und materieller Fortschritt) — nicht misszuverstehen als gleichsam »totalitäre«: es war, gemäss solcher Eindrücke, eine in sich ungewöhnlich facettierte Realität —, in dem (in diesem Ordo also), trotz aller josephinischen Sprachenpolitik, das nationale Moment noch eine vergleichsweise belanglose Rolle spielte. Es ging, diesseits aller Ideologisierung, einfach um materiell-linguistische Sachverhalte, auf fast neutrale Weise. Die wirkliche »Germanisierung« Österreichs (so ein Greuel für Grillparzer) ist erst — auch — ein Resultat von 1848. Lediglich rein mechanizistisch-linear kann es auch als »Fortschritt« begriffen werden, es sei denn, man fasste die Bedeutungszuschreibungen so neutral auf — »ein 'Stadium' folgt dem vorangehenden nach« —, dass sie leerliefen, nichts mehr aus-sagten.

Für die 50er-Jahre gibt es für Österreich ein Begreifensklischee, das scheinbar schlüssig (aber in Wahrheit kurzschlüssig) alle Veränderung als national-kulturalen »Fortschritt« (Öffnung gegenüber dem protestantischen Norden, mehr »deutsche« Integration, aber auch ökonomische Modernisierung — mit einem Wort: Anschluss-finden nach dem erzwungenen biedermeierlichen Schlaf) begreift. Der Zirkel solcher Auffassung besteht darin, dass in der scheinbar unschuldigen Darlegung bereits die Wert-Kriteriologie integriert ist: Anschluss gewinnen/Aufholen/Modernisierung *bezieht sich* auf Angleichung an und Gleichziehen mit (Nord)Deutschland, wobei das kulturelle Moment (»den südöstlichen 'Völkern' die Segnungen deutscher Bildung bringen«) mit dem nationalökonomischen (»Zum Nutzen der gesamten Sprachnation wirtschaften«) auf befremdliche Weise ein Junktim eingeht. Wenn Bruck vom ökonomisch-finanziellen Wohlergehen spricht (in der bereits mehrfach erwähnten Denkschrift etwa: »Wenn Österreich mit Hilfe der wirtschaftlichen Einigung von der deutschen Kultur sich überfluten und sättigen lässt ...«[23]), ist dies überhaupt nur auf dem Weg material-kulturaler Operationen zu bewerkstelligen — eine verkürzende (weil die Verhältnisse unidimensionalisierende und singularisierende) Anschauung bezieht dies ausschliesslich auf den Nationalen Gedanken und »das Reich«, was später von (national-)liberalen Historikern (Friedjung oder Charmatz) nachvollzogen werden wird. Je »preussisch-deutscher« die Geschichtsauffassung wird (auch für die Gegenwart wird sozusagen prospektiv-historisch gedacht; alles erscheint in »Ge-schichte« getränkt), desto naheliegender der Vorwurf, siehe Srbik, die in Österreich dominierenden Kreise hätten sich ausschliesslich dem Fortschritt (der Herausbil-dung eines deutschen Nationalstaats?) entgegenstellen wollen.

Wohlgemerkt: bei derlei summarischen Hinweisen auf Historikerauffassungen (Nachvollzüge früherer, »zeitgenössischer« Auffassungen) ist nicht die Rede von deren »Wert«, von deren kultureller Selbsteinschätzung und nunmehriger Fremd-einordnung (in Form der »Geschichte der Geschichtsschreibung«), sondern von den untergründigen Implikationen ihrer niemals einbekennbaren Parteilichkeit, also der latenten Ideologie, wohl verdeckt von den kulturell gut eingespielten *masques* der Wissenschaftlichkeit. Worum es uns hier geht, ist, die Unterschiedlichkeiten kulturaler Wahrnehmungsmodalitäten zu ermessen. Konkret: die Verengung dessen, was als »deutsch« gelten konnte, auf norddeutsche Definitionen, bedeutete auch die Prädominanz eines kulturellen Deutungsmusters. Dieses setzte etwa die föderalisti-sche Idee fast zur Gänze gleich mit Reaktion und Restauration, zumal im Neo-absolutismus (als es Projekte betraf), während die Fortschrittlichkeit nur auf dem Boden eines (durchaus auch rechtshegelianisch) definierten Staates als möglich stipuliert wurde. Nun haben derartige kulturelle Bedeutungszumessungen etwas

Fatales an sich: nach den Prinzipien der symbolischen Gewalt setzt sich im entsprechenden Regelsystem nicht nur, es liegt auf der Hand, über kurz oder lang die mächtigere Deutung durch, sie bleibt auch, einmal geschrieben, *fest*geschrieben (wie es der Modejargon will); und sie vermag dies vor allem durch eine kulturell-kollektiv-unbewusste Kombinatorik des (ohnehin schon parteilichen) Befundes mit dem Prospektiv-Projektiven ebenso wie mit dem historisierend Zugeschriebenen. (Brucks Diagnosen über die Lage gegen Ende der 50er-Jahre illustrieren dies sehr anschaulich: sie operieren nicht nur in historischer Perspektive — wenn sie nationalökonomisch argumentieren — *unter unausgesetztem verbalen Rekurs auf Kulturelles*, sie sind auch vor allem eingeschrieben in eine sich rational wähnende — und sich entsprechend gerierende — Planung der Zukunft: sich legitimierend, schafft die Aussage gerade damit erst ihre eigene »Richtigkeit«.)

Wiederholen wir: dass die »reaktionäre Kamarilla« Bruck zu Fall bringt, bedeutet nicht ihre tatsächlich (real) noch bestehende Macht, sondern ist Anzeichen für die Pluralität (Multiplizität) der Spiele der Intrigen.[24] Die föderative Staatsidee, sozusagen mit josephinisch Libertärem angereichert, ist nicht a priori inkompatibel gewesen mit Fortschritt (die Zuschreibungen der Historiker, a posteriori, sind allerdings kaum korrigibel: das kanonisierte Wissen erhält über lange Zeiträume hinweg seine Zählebigkeit, und dies umso mehr, *je seltener Kontroversen werden*, ersetzt durch Totschweigen und/oder Gehässigkeit, die Intrigenspiele von einst auf gewisse Weise nachvollziehend: all das mag unmittelbar evident sein — für wen? —, kann aber nicht oft genug gesagt werden). Manches an den Fünfzigern vermöchte heute, huldigte man nicht einem naiven und linear-mechanizistischen Fortschrittsglauben,[25] aus sich fortschrittlich erscheinen — etwa die Einrichtung universitärer Selbstverwaltung: ist es »Fortschritt«, wenn wir ihrer heute wieder, durch die Intransigenz der Professoren und die wachsende Ingerenz der Bundes- (und auch Länder-)Bürokratien, also disziplinierender Instanzen, wieder verlustig gehen? Redlich, man weiss es, konstatierte für die in Frage stehende Zeit einen dilletantischen coup der Hocharistokratie gegen die — virtuell progessive(re)? — Bürokratie; allein, welche *wie motivierte* Kriteriologie (die auch das Konzept Fortschritt umfasst) liegt solcher Einschätzung zugrunde?

Eduard Winter hat darauf insistiert, dass das kulturelle Klima vor wie nach 48 jenseits aller Differenzierungen von weitreichender Opposition gegen die hegelianische Philosophie gekennzeichnet sei; nicht nur der Bolzanismus habe sich demgegenüber um eine Aktualisierung der Leibnizschen Philosophie bemüht. Die Verengung der historischen Perspektive auf etwas, das auch alle Kulturgeschichte als Vorgeschichte von 1871 erscheinen lässt, hat jedenfalls eine Inkommensurabilität von Denkweisen unterstellt, die nicht in allen Ländern der Habsburgermonarchie wirklich gegeben sein mag. Die Staatsidolatrie, die auch, und eben über sozusagen emblematische Formen hinausgehend, integraler Teil eines Rechtshegelianismus ist, konnte die

»österreichische Kultur« nicht reparieren — sondern allenfalls ruinieren. Aufklärung, Vernunft, Fortschritt waren für sie fraglos anders konnotiert — und das erklärt, wenn wir uns diesen Vorgriff gestatten, zum Teil auch den spezifischen Charakter der Wiener Moderne, die ja heute in der Historiographie, und nicht nur in ihr, so populär ist (und damit die ihr voraufgegangenen Kulturmodalitäten im Schlagschatten von 1890-1910 *zum Verschwinden* bringt). Die Art und Weise, in der sich, stark retardiert, spätjosephinistische Auffassungen, gerade kulturell, manifestieren, ist eine jener zahlreichen Leerstellen, in die sich eine (bis zu einem gewissen Grad beliebige) Geschichte einschreiben kann.

Im *Intrigenspiel zweier Kulturkonzeptionen* ist die österreichische unterlegen; die »Niederlage« war nicht nur eine militärische von 1866. Insistieren wir nochmals darauf, dass Intrige, linguistisch betrachtet, im soziohistorisch ermessbaren Ritual als ebenso nachweisbar gelten darf wie in einer ihr struktural entsprechenden Narration (ohne dass diese das Soziohistorische »reflektierte«: vielmehr wird es, unter Einschaltung semiotischen Instrumentariums, dargestellt, be-zeichnet). Die österreichische (humanistisch-harmonisierend-katholische) Bildungskultur »unterlag« somit einer protestantisch-puritanisch-ikonoklastischen Leistungskultur, die die Werte nach kulturell anders motivierten Kriterien beurteilt und *moralisiert*. Was heute gemäss dieser weithin immer noch dominanten Kultur als katholische Restauration verbrieft und verrufen ist, kann auch als — allerdings chancenloser — Versuch einer Resistenz gegen die *effektiver legitimierte* Wirklichkeitsauslegung unter Bezug auf erfolgreichere (solidere?) philosophische Unterbauten beschrieben werden. Die Intrige (intrigue im narrativen Sinn) ist also auch eine der Ex-post-Geschichts- und Zu-Schreibungen, die sich immer der dominierenden symbolischen Gewalt verschreiben.

Der preussische Vorherrschaftsanspruch hat nicht nur um 1848 effizienter intrigiert, er dominiert auch die *intrigue narrative*. Dass sich ein »zweites Reich« gebildet hat, ist die Basis der narrativen Stratageme, die dieses Reich auch a posteriori für die einzig logische Lösung des geschichtlichen Zwists zweier Kulturformen (der »Intrige« und der kulturellen Macht mit all ihren kommunikativen Handlungsaspekten und Ritualen) postuliert. Diese retrospektiv-fatalistische Anschauungsweise ist immer in Gefahr, das Unterlegene als falsch und überholt, irrig und abgelebt zu kategorisieren. (Fast) bis heute ist das etatistisch-kapitalistische Paradigma dominant, wiewohl es auf das Deutsche nur bedingt zutrifft, und für die deutschen Staaten (und nicht nur für sie) auch Katastrophen und keineswegs nur Lebbarkeit gebracht hat. Die entsprechenden logistischen Operationen der sich diesbezüglich legitimierenden Geschichtsschreibungen sind uns so vertraut, dass wir sie kaum mehr bewusst wahrnehmen — und damit über einen an sich *einfachen* Sachverhalt *einfach* hinwegsehen. Wenn sich die Affirmationshagio- und -historiographie mit der erfolgreicheren Kultur identifiziert und junktimiert, erfährt diese aus deren Prestige nicht nur ihre Rechtfertigung, sondern überstrahlt mit eben diesem erst derart erstellten Prestige auch die Deutung, die es überhaupt erst (ko)produziert hat; man könnte diese Zirkellogik den *Treitschkeismus* der Geschichtsschreibung nennen.

Es gibt auch, wie Tzvetan Todorov gezeigt hat, einen symbolischen Sieg des überlegenen semiotischen Systems[26] — und dieser Sieg ist ebenso wenig ein »moralisch« bemessbarer wie der der Waffen. Offenkundig ist bloss, dass auch im Bereich der Kultur die Sieger ihre eigene Geschichte — also die ihres Sieges — schreiben lassen: Hagio-/Historio-Graphie sind so auf weite Strecken synonym. Das läuft aber nicht nur auf den Herrschaftscharakter und die Legitimationsfunktion von Geschichtsschreibung (und Schreibung insgesamt) hinaus, es resultiert vor allem in der Verleugnung und Verdrängung des Sprach- und Namenlosen, das sozusagen auf den Tafeln des ewiglich Wahren nicht aufscheint; wo sich seine Spuren zeigen, werden sie getilgt. Die Exponenten der Kultur werden in den Maelstrom der Macht oft genug mitgerissen; kategorial scheinen sie dann, je nachdem, als Künder der obsiegenden Macht oder als zaghafte Memmen im Zeichen der Niederlage auf: »Grillparzer« — so Kürnberger in seinen »Literarischen Herzenssachen« — »war in jedem Sinn berufen, ein grosser d e u t s c h e r Dichter zu werden. Er wurde O e s t e r r e i c h s Grillparzer«.[27]

Die hier geleistete Pejorationsoperation erfolgt auf zwei Niveaux (und sie belegt schon zunächst rein impressionistisch, dass das Vitriolsprühen, übrigens auf den kulturellen Feldern nicht unbedingt nur eine Sache österreichischer »kollektiver Mentalität«, eine lange Tradition hat, und schon vor Karl Kraus en vogue war; das Aphoristische ist übrigens in besonderer Gefahr, nicht nur zu simplifizieren, sondern — symbolisch — die Rede verkürzend, quasi *zu kastrieren*). Das eine Niveau ist der »historisch-politische Befund«, der apriorisch, ohne auch nur ein Wort darüber zu verlieren, in diesem Fall »Deutschland« die hierarchisch übergeordnete Position zumisst. Die andere Kategorie muss jedoch auch semantisch erzeugt werden — so spricht etwa Bruck vom »deutschen Beruf« Österreichs: der Nullpunkt des supponierten Koordinatensystems liegt in der »kategorial« höher gestuften »Entität«, die entsprechend benannt wird; Österreich erscheint dabei rhetorisch fast als Attribut, das spezifischere, jedenfalls untergeordnete Interessen umschreibt.

> (...) die (...) heilsame Erkenntnis, dass die merkantilen Interessen der deutschen Staaten abhängig voneinander sind, wird um so mächtiger und wirksamer erstarken, je rascher und vollständiger Österreich sein Eisenbahnsystem ausbaut und südöstlich erweitert und eine je grössere Anziehung es eben durch die kräftige Entfaltung des Verkehres in dem ganzen grossen Donaugebiete, dessen Schwerpunkt unverkennbar in ihm selber liegt, auf die Nachbarländer ausübt.[28]

Abgesehen davon, dass hier dem — hinsichtlich der materiellen Kultur ebenso wie der nationalökonomischen Entwicklung — Eisenbahnbau die Wichtigkeit beigemessen wird, deren genauere Analyse eigens darauf bezogenen Studien vorbehalten bleiben muss,[29] zeigt sich eine interessante Äquivalenzierung von referentieller Beschreibung

(Schwerpunkt im Donaugebiet) und der semantischen Ordnung der Dinge, wie sie sich bis hin zur Syntax abzeichnen. Der Satz ist auch Grundsatz; und er nimmt *Wien als Eisenbahnzentrum* mit radial von ihm ausgehenden Linien kraft semantischer Operation sozusagen vorweg.

Das andere der beiden angesprochenen Niveaux (man kann auch sagen: das zweite Stratagem in einem anderen régime — in Deleuze/Guattarischem Sinn) der vorhin zitierten *intriganten* Äusserung Kürnbergers schliesst das kulturelle Zensurverteilen mit der politischen Präferenz kurz, woraus eine Art Engführung (Untermischung, Überlagerung, ein Durchschlagen wie bei Mittelwellensendern) des Semantischen mit dem Materialen erfolgt. Wie können Differenzen gedacht und in der kollektiven Lebenspraxis des kommunikativen Handelns *tariert* werden? Verschoben in den symbolischen Bereich — es ist inzwischen klar, dass wir hier Symbol nicht naiv als »Sinnbild« missverstehen: es geht uns vielmehr um die kulturale Produktion konnotativer Systeme — ist die Intrige, worauf ja eben zweifellos auch das Tragödische beruht, dann unvermeidbar, wenn die (prinzipiell auch fair zu führende) Kontroverse aus Gründen internalisierter Zensur nicht zustandekommt, also praxisorientiert gesprochen: wenn sie nicht ausgetragen wird, da alles »hinter den Kulissen« und klandestin geschieht.

Dies können wir nun, in einem letzten Durchgang, und bezogen auf eine Handlungstheorie der Praxis, noch einmal auf die österreichisch/deutsche Situation von, grob gesprochen, wenigstens 48 bis 66 anwenden. Das *Erzählen* von — etwa — künstlerischen »Leistungen« in einem soziokulturellen Bezugssystem geht hervor aus einem Aussagesubjekt, dem (wie angedeutet) eine semiotische ebenso wie eine soziale Kompetenz eignet, und das diese auf die konstruierte Praxis richtet. Wie man sofort erkennt, ist es in einem solchen Dispositiv gleichgültig, ob dabei »real stattgehabte« oder »bloss geplante« Aktionen analysiert werden, wodurch auch die (phantasmagorische?) »Eventual-« oder »Virtualgeschichte« ins Blickfeld rückt.[30] Demzufolge ist — *dies*seits aller retrognostischen Spekulationen über die Geschichte föderativ-(restaurativ?)er Projekte — das Wunsch(geschichts)bild zu »er«schreiben, das einen föderativ strukturierten Staatenverband dynastischer Prägung zeigt (wie ihn wohl Thun anstrebte — »erfolglos«, wie wir »wissen«: aber das *Bild* existiert dennoch). Unter diesen *Projekten* (in dieser Pluralität von Projekten) finden auch die Vorstellungen Brucks ihren Platz (wie er sie — etwa in seinen Denkschriften — entworfen, *dargestellt* hat). Was uns hier interessiert: die unendlich komplexen, differentialen Spiele der Ideen von Kultur (und wie sie sich gleichsam verbildlichen, vergeschichtsbildlichen), wie sie miteinander konkomitieren und konkurrieren und gegeneinander *intrigieren*. *Narrativ* ist heute nichts als die Intrige nachzuvollziehen.

Die Spiele der Kultur laufen nicht immer konform mit denen der Wirtschaft oder »Politik«; Kultur ist auch ein Modus, in dem eine Gesellschaft (oder eine Partie von ihr) autoreflektierend und -explizierend von sich Zeugnis gibt, ohne im einzelnen darum zu wissen, mit eben dieser Rechenschaft unter Umständen das Zugrundeliegende verleugnend, entstellend oder *dissimulierend*. Gerade der prononcierte Katholizismus, der uns als unterliegende (weil reaktionäre?) Kulturstrategie erscheint, weist untergründig, jenseits der désaveus der Oberfläche, im Österreich jener Zeit, was zunächst paradox klingen mag, geradezu jansenistische (um nicht zu sagen: asketische) Züge auf, und das Pessimistisch-Skeptizistisch-Resignative markiert einen verzagenden Kulturpatriotismus, der nur nach »der« aus der Siegerpose des *Treitschkeismus* geschriebenen »Geschichte« beim einen notwendig zum Suizid (Bruck), beim anderen zum Verstummen, einer Art symbolischem Suizid (Grillparzer), führen muss. Es ging hier weniger darum, den einen oder anderen — auf der Basis der Forschungen der Maas oder Valjavec, der Winters oder wie sie alle, auch die Jüngeren, heissen mögen — *positional* einzuordnen, eine Stellung zur konservativen Reformbewegung etwa oder ein Verhältnis zu zeitweilig oder permanent am Hof dominierenden Kreisen, Cliquen oder Kamarillas zu ermessen. Worauf es hier ankam, war die Skizzierung der Rahmenbedingungen eines »kulturellen Klimas« (wie das geläufige Sprechen sagt), und wie dieses Projekte *und Phantasmen* (sei es in Gestalt von »Kunstwerken«, sei es in Gestalt von Denkschriften über das oder jenes) ebenso wie »konkrete« Handlungen und (Re)Aktionen nahelegte, die durch eben diese Kulturschablonen hernach eine auch historiographisch einordnende und verbürgende — weil nachvollzogene — Rechtfertigung erfahren.

Die modern betriebene (Sozio-)Kulturgeschichte, an der es uns so sehr mangelt, referiert nicht Ideen und beschreibt nicht nur einfach kulturelle Hervorbringungen, wie es so schön heisst; sie analysiert vielmehr individuelle/kollektive Praxis (komplementär verstanden) auf der Basis von Diskurstypen, was auch »non-linguistische Diskurse« miteinschliesst (Essensrituale, Ehrgefühl u.dgl.), ohne dabei in die Falle der durch das Reale (als blosse Oberfläche verstanden) bedingten »referentiellen« Faktoren zu gehen. Es kommt auf das *Transmittierende* der in soziokultureller Praxis geschehenden Bedeutungs(zu)schreibungen an (worauf hier im Andeuten soziopsychoanalytischer und linguistischer Analysen angespielt wurde). Was für ein Kulturbegriff also? Sein ausser-gewöhnlicher Materialismus besteht darin, dass er den Bedeutungsbildungen selbst materialen Charakter beimisst. Die Art und Weise, wer in der franzisko-josephinischen Epoche *wie* isst, fällt dabei ebenso ins Gewicht wie die Eisenbahnbauten — bei Bruck, wie wir gesehen haben, das *Vehikel* deutscher Kultur-*dispersion* — samt ihren rhetorischen Verbrämungen, die sich als (ausschliesslich) rationale Analysen gerieren. Worauf es ferner ankommt, ist der Prozess der Vermittlungsstrukturen, worauf eben mit *Transmission* angespielt worden ist (man könnte auch sagen: Relais, Paragenerratives oder *Kommutation*). Neben dem Vertikalen der Tiefenstrukturen (die soziopsychoanalytisch dechiffrierbar sind und auf ein linguistisches Grundmodell reduzibel sein mögen) sind wir en passant auch »horizontaler« Gliederungen ansichtig geworden (die eine Ethnohistorie bedingen, wie sie da oder dort von einigen wenigen Couragierten schon in Angriff genommen wird: sie werden sich auch mit den Speisen im Salon — und nicht nur mit dem Gespräch — befassen). Der Materialismus (oder Antiidealismus) solcher Anschauung basiert wesentlich auf dem Prinzip der (semiotischen) Immanenz, das die Existenz zweier (oder auch mehrerer) Realitätsebenen und des Primats einer von ihnen radikal ablehnt. Genauer: es geht nicht um Niveaux, die zu hierarchisieren wären, sondern um differente und differenzierende und artikulierende régimes oder Register.

Die soziokulturellen Produktionsbedingungen des »Akteurs« sind immer die gleichen (nicht dieselben), egal ob er »auf der politischen Bühne« agiert, einen theoretischen (oder künstlerischen) Diskurs führt oder ob er als *Personnage* auf eine tatsächliche Bühne gestellt wird. Diese Bedingungen sind gleich (und gleich gültig) für den staatsdienenden Minister Bruck wie für den künstelnden Hofrat Grillparzer. Eine solche Kulturgeschichte hinkt nicht mehr einem genetischen Ideal nach, sondern versucht, generative Prozesse aufzuspüren: wie etwa die »konkret-historische« Intrige in der später künstlerisch gestalteten *intrigue* narrativer Art »detektiert« werden kann — dieses letztere ist ja die einzige für den Historiker noch »tangible« Realität und damit von kardinalem Interesse. Wir sehen die konstruierte Praxis und die in ihr stattgehabten Kommunikationen *à travers* der erzählten Handlung, womit sich übrigens auch die reichlich naive Diskussion um »narrativ« betriebene Geschichte vs. Strukturgeschichte erübrigt: was uns allein zugänglich ist, sind die Strukturen des Narrativen, seien es die einer »natürlichen Semiotik«, seien es die intentionalen oder non-intentionalen diskursiven Akte und Aktionen in einem engeren Sinn.

Die Hybris der Macht (oder die Ubiquität der Intrige) tout court: und nicht bloss personaliter die Geschichten singularisierter Akteure: so zeigt sich die grundsätzliche Handlungsmechanik der »wahren« (tatsächlich stattgehabten) Geschichte ebenso wie auch die Handlungsmechanik der »geschriebenen« — jouer aux plusieurs tableaux. Post eventum sind wir ja immer in Gefahr, unzählige kleine Fakten zu (kaum grösseren) Wahrheiten umzubauen, umzumodeln, umzudeuten; die grosspurig angekündigte Explikation ist abhängig von den zufälligen Ansammlungen zahlloser Details, die dann notwendigerweise anekdotisch dargebracht werden. Doch die Historiker vermögen inzwischen auf mehreren Registern zu spielen; die Differenz zwischen dem »Realen« (der »Geschichte«) und dem »Imaginierten« (der Geschichts-schreibung) ist nicht eindeutig auszumachen. Die Geschichte der konstituierenden Imagination *kann* um nichts falscher (muss aber auch nicht richtiger) sein als die des kaum noch bewusst gemachten, wohlfeilen Konsensus einer Zunft, der ja die Intrige nicht fremd ist.

Anmerkungen

1   Karl Ludwig Freiherr von Bruck: Die Aufgaben Österreichs (Sommer 1859). in: Richard Charmatz: Minister Freiherr von Bruck. Der Vorkämpfer Mitteleuropas. Sein Lebensgang und seine Denkschriften. Leipzig, Hirzel, 1916, pp. 241sqq., hier p. 252. Bruck nimmt sich bekanntlich 1860 das Leben, wie man zu sagen pflegt (genau: am 23. April). »So gross war sein Leid,« schreibt Charmatz, »dass er nach einem Messer griff und sich tödliche Wunden beibrachte.« Ibid., p. 143.

2   Paul Veyne: Les Grecs ont-ils cru à leurs mythes? Essai sur l'imagination constituante. Paris, Seuil (Des Travaux), 1983, p. 50: »L'efflorescence du mythe et des billeversées de tout genre cesse d'être mystérieuse par sa gratuité et par son linutilité, si l'histoire elle-même est sans cesse invention et ne mène pas la vie raisonnable d'une petite épargnante.«

3   Cf. Françoise Choay: Pour une nouvelle lecture de Camillo Sitte, in: Sémiotique de l'espace. Communications 27 (1977), pp. 112sqq.

4   Schorskes Essay-Sammlung Fin-de-Siècle-Vienna scheint einen Trend vorweggenommen zu haben — und damit in ihm zu liegen: die Ausstellung »Traum und Wirklichkeit« dürfte eine der meistbesuchten Ausstellungen überhaupt sein.

5   Roger Bauer: Lasst sie koaxen, die kritischen Frösch' in Preussen und Sachsen! Zwei Jahrhunderte Literatur in Österreich. Wien, Europaverlag, 1977, p. 22.

6   Bruck, Aufgaben Österreichs (Anm. 1), p. 263.

7   Cf. hiezu Georg Schmid: Der Text als generative Instanz des Phantasmas. Karl Emil Franzos und Joseph Roth — Brennpunkte in einem elliptischen Feld, wo dieser Identitätsproblematik in »gemischtnationalem« Bereich weiter nachgegangen wird. (Erscheint in: »Galizien, eine literarische Heimat«.)

8   Hiezu sind Louis Marins Überlegungen zu vergleichen: Le récit est un piège. Paris, Minuit (coll. Critique), 1978: »'le Roi' va fonctionner comme le substitut de l'historien.« (p. 96.) Woraus sich schliessen lässt, »que l'Histoire (Historie) n'est autre que l'inscription de sa volonté dans les choses et que l'histoire (Geschichte) n'est que la retranscription de cette inscription dans l'écriture.« (p. 97).

9   Diesen Ikonoklasmus kann man indessen auch mit Jean-Joseph Goux: Les monnayeurs du langage. Paris, Galilée (coll. Débats), 1984 als Verlust begreifen: »La position iconoclaste n'est pas occupé comme le site inexpugnable d'une vérité supérieure, d'où toute image serait soumise à la destruction impitoyable, mais plutôt soufferte par un sujet à son corps défendant, vécue comme une carence, un impouvoir, une déficience.« (p. 121.)

10   Charmatz, Bruck (Anm. 1), pp. 3-4.

11   Cf. hiezu Ernst Hanisch: Der kranke Mann an der Donau. Marx und Engels über Österreich. Wien, Europaverlag, 1978, der die marxistische Einschätzung vor allem pp. 230sqq. darlegt.

12   Cf. vor allem Heinrich Lutz: Österreich-Ungarn und die Gründung des Deutschen Reiches. Europäische Entscheidungen, 1867-1871. Frankfurt, Propyläen, 1979, etwa p. 485.

13   Michel Vovelle: Idéologies et Mentalités. Paris, Maspero, 1982 gibt diesbezüglich einige wertvolle Klarstellungen. Cf. vor allem pp. 5-17 sowie pp. 19sqq., 81sqq., 236sqq. und 319sqq.

14   Jacques Le Rider: Le cas Otto Weininger. Racines de l'antiféminisme et de l'antisémitisme. Paris, P.U.F. (coll. Perspectives Critiques), 1982, p. 45.

15   Thomas Garrique Masaryk: Der Selbstmord als sociale Massenerscheinung der modernen Civilisation. Wien, 1881, Nachdruck München und Wien, Philosophia, 1982.

16 Emile Durkheim: Der Selbstmord. Neuwied u. Berlin, Luchterhand (Soziolog. Texte), 1973.
17 Bei Arthur Schnitzler heisst es (in: Der Weg ins Freie, zit. nach der Fischer-Taschenbuch-ausgabe, Bd. 4, Frankfurt 1978): »'Unglaublich? ... Nein, österreichisch. Bei uns ist ja die Entrüstung so wenig echt wie die Begeisterung. Nur die Schadenfreude und der Hass gegen das Talent, die sind echt bei uns.'« (p. 29.)
18 Fritz Fellners Plädoyer für eine — auch retrognostisch — der deutschen Geschichte zu-geschriebene Pluralität erscheint demgemäss wie der Versuch, etwas gleichsam reparieren zu wollen. Cf. Das Problem der österreichischen Nation nach 1945. in: Die Rolle der Nation in der deutschen Geschichte und Gegenwart. Berlin, Colloquium, 1985, pp. 193-220, vor allem pp. 216 u. 217.
19 Cf. Sigmund Freud: Der Realitätsverlust bei Neurose und Psychose. in: Studienausgabe III, Psychologie des Unbewussten. Frankfurt, Fischer, 1975, pp. 356sqq.
20 Charmatz, Bruck (Anm. 1), p. 266.
21 Karl Emil Franzos: Deutsches Dichterbuch aus Oesterreich. Stuttgart, Bonz, o. J. (1882).
22 Ibid., p. VI.
23 Charmatz, Bruck (Anm. 1), p. 266.
24 Wie lange ein solcherart verstandenes »Intrigantes« determinierend blieb, habe ich in meiner Arbeit: Der Ballhausplatz 1848-1918. in: Österreichische Osthefte 23, 1981, dargelegt.
25 Hanisch, Der kanke Mann (Anm. 11), pp. 169-171 gibt eine pointierte Kritik der Auffassung von den »geschichtslosen Völkern«.
26 Tzvetan Todorov: La conquète de l'Amérique. La question de l'autre. Paris, Seuil, 1982.
27 Ferdinand Kürnberger: Literarische Herzenssachen. Gesammelte Werke II, hg. v. O. E. Deutsch. München u. Leipzig, Müller, 1911, p. 262.
28 Charmatz, Bruck (Anm. 1), p. 244.
29 Cf. demnächst Hanns Haas: Triest im altösterreichischen Verkehrssystem. Erscheint in: Mélanges Félix Kreissler, Rouen 1985.
30 Cf. hiezu meinen Aufsatz: Das »Square of (Hi)Stories«. »Qualifizierung« in der Geschichts-wissenschaft oder Semiologie der (Dis-)Simulation. in: Der Computer und die Geistes-wissenschaften, hg. v. Albert Müller u. Manfred Thaller, Wien und Köln, 1985

BRIGITTE MAZOHL-WALLNIG

Il mito del buon governo teresiano nell'Ottocento austriaco.
Der Maria-Theresia-Mythos im 19. Jahrhundert in Österreich

1. Wenn der Titel des folgenden Beitrages hier doppelsprachig wiedergegeben wird — in seiner ursprünglichen italienischen Form ebenso wie in seiner deutschen Übersetzung — so soll damit nicht nur das sprachliche Ungenügen der Verfasserin dokumentiert werden: denn tatsächlich bedeutet *Maria-Theresia-Mythos* etwas anders als *mito del buon governo teresiano*. Doch verbergen sich hinter dieser offenkundig »falschen« Übersetzung einmal mehr verschiedene Betrachtungsweisen, Zugänge, unterschiedliche Arten des betreffenden »Mythos«. Für die Italiener und für die italienische Entwicklung des Maria-Theresia-Mythos stand das »buon governo« im Mittelpunkt — in analoger Weise wandte sich die italienische Historiographie in verstärktem Masse dem Regieren, dem Staate, den Institutionen zu. Wir in Österreich haben Maria Theresia biographisiert: unser Mythos ist auf die Person konzentriert, ist bis in die Historiographie der Gegenwart hinein überwiegend Personenkult geblieben. Die scheinbare Unübersetzbarkeit des Titels ist also mehr als ein sprachliches Problem, sie spiegelt Grundsätzliches wieder, das aufzuzeigen die zweisprachige Bezeichnung notwendig erscheinen liess.

Gegenstand der folgenden Beobachtungen ist nun aber in jedem Falle der »Mythos« — weder Maria-Theresia selbst noch das *buon governo* als sogenannte »historische Realitäten«. Hierin liegt ein grosser Vorteil. Per definitionem befinden wir uns damit nämlich im Bereich der Spekulationen, im Ambito des Irrealen; die unsere Wissenschaft kennzeichnende positivistische Illusion, eine wie immer geartete Realität einfangen zu können, kann hier nicht zum Tragen kommen: paradoxerweise haben nämlich zum Grossteil jene das Entstehen einer Maria-Theresia-Legende gefördert, die sich ihr »sachlich«, »objektiv«, »wissenschaftlich« nähern wollten. Indem der Historiker mit dem Anspruch auftritt, alte »Imagines« an der »Realität« zu messen, schafft er nichts anderes als neue: wie sollte ihm die »reale« Maria-Theresia jemals greifbar (gewesen) sein?

Der Begriff »Mythos« wird heute oft in einem Sinn gebraucht, der die Aufklärung zur Voraussetzung hat; von der erhöhten Position rationaler Skepsis aus blickt man umgangssprachlich auf den Mythos herab, als auf etwas, an das man nicht mehr glaubt, ja noch mehr, das jeder realen Grundlage entbehrt. Anderseits wird in einer merkwürdigen Dialektik der nicht mehr geglaubte Mythos mit einer Idealität versehen, die ihn — die vergangene »Realität« nun ihrerseits entstellend — zur Utopie, zum postulierten Idealzustand erhebt.

Doch sollte man im Grunde mit der Verwendung des Begriffes »Mythos« vorsichtig sein — angesichts der grundlegenden Forschungen, die auf diesem Felde durch die moderne Ethnologie und Anthropologie geleistet werden. Wir wissen heute um die Unzulänglichkeit einer Interpretation, die lediglich den Symbolgehalt des Mythos betont, und sich dann in den verschiedensten Deutungsanalysen verliert. Mit Claude Lévi-Strauss sollten wir uns davor hüten, den Mythos auf ein »grundloses Spiel« oder auf eine »grobschlächtige Form philosophischer Spekulation« zu reduzieren, ihn als »Träumerei des Kollektivbewusstseins« erkenntnistheoretisch zu verkürzen.[2] Schon in den Vierziger Jahren unseres Jahrhunderts kam der Ethnologe Malinowski bei den von ihm untersuchten sogenannten »primitiven« Kulturen zu einem völlig anderen Verständnis von »Mythos«: als eine das Dasein dieser Völker bestimmende Macht ist dieser Mythos alles eher als Symbol, sonden konkrete gelebte Wirklichkeit.[3]

Es soll hier nicht tiefer auf diese allerdings nicht zu unterschätzende Problematik eingegangen werden. Doch ist der Hinweis auf die Zweideutigkeit unseres Begriffes mehr als eine Spielerei um sprachliche Definitionen. Was die Unterschiedlichkeit in der Begriffsdefinition ausmacht, ist der Standpunkt des Betrachters: während die konkrete gesellschaftliche Funktion in archaischen Kulturen dem Mythos Realität verleiht, setzt ihn die »entzauberte« Rationalität der neuzeitlich-europäischen Kultur von dieser Realität ab.[4] Begriff und Deutung stehen also in engem Zusammenhang mit den jeweiligen historisch-kulturellen Bedingtheiten und sind von diesen nicht zu trennen.

Wenn nun für die hier zur Debatte stehende Thematik der Begriff »Mythos« trotz dieser definitorischen Problematik verwendet wird, so geschieht dies ganz bewusst, aus einem theoretischen Erkenntnisansatz heraus, der die Mehrdeutigkeit des Begriffes selbst als Erklärungsmodell begreift oder, anders ausgedrückt, weil es darum geht, die Verflechtung und das wechselseitige Ineinanderfliessen von Mythos-Definition und Mythos-Entwicklung in unserem konkreten Fall: dem Maria-Theresia-Mythos aufzuzeigen. Mit den folgenden Ausführungen, denen eine bemerkenswerte Studie von Otto Brunner aus dem Jahre 1956 als theoretische Basis zugrunde liegt, soll dies näher verdeutlicht werden.

2. Otto Brunner kam in seinem Aufsatz *Vom Gottesgnadentum zum monarchischen Prinzip*, in welchem er den Weg des europäischen Königtums vom Mittelalter in die Neuzeit verfolgte, zu ähnlichen Ergebnissen und Schlussfolgerungen, wie sie die moderne Ethnologie in bezug auf »Primitivkulturen« entwickelt hat.[5] In der archaischen Form des Gottesgnadentums, im Glauben an »die Heilkraft der wunderwirkenden Könige« der europäischen Frühzeit, welche aus der engen Verbindung von »Kirche« und »Welt« heraus die Krönung als kirchliche Weihe, als »Sakrament« verstand, erkennt Brunner das Wirksamwerden von mythisch-magischen Grundelementen als notwendige Voraussetzung des »realen« institutionellen Königtums

selbst. Mit der allmählichen Differenzierung von geistlicher und weltlicher Sphäre (die Brunner mit einer fortschreitenden Einschränkung der Selbsthilfe, des Widerstandsrechtes verbunden sieht) beginnt auch die ursprüngliche Einheit von »Realität« und »Magie« brüchig zu werden. Im weltlichen Bereich des Staates setzen nun jene Veränderungen in der Herrschaftsorganisation ein, die schliesslich zum absoluten Staat, zur Herausbildung des Souveränitätsbegriffes, zur Säkularisierung des Gottesgnadentums führen. Die beiden Grundstrukturen des neuzeitlichen Staates — der die Staatsgewalt verkörpernde Verwaltungsapparat und die Stände als lokale Herrschaftsbereiche — entwickeln sich aus jener Scheidung des ursprünglichen *göttlichen Rechts* in *Lex* und *Ius*: »die alte Formel, dass das Recht über beiden stehe, genügte nicht mehr, seitdem der Widerstand gegen einen unrechtmässig handelnden Herrscher praktisch ausgeschaltet war und die Gesetzgebung steigende Bedeutung gewann.«[6]

Die Vergöttlichung des Königs im Sonnenkönig oder der »säkulare Kult des Barock«, der mit seinen antik-mythischen Allegorien der Glorifizierung des Herrschers, des halbgöttlichen Menschen, des *divino* dient, können — so Brunner — nicht einfach auf eine Stufe mit dem älteren Gottesgnadentum gestellt weden. Dieses *Juredivino-Königtum* ist in Wirklichkeit Zeichen der Krise, ja die »extreme Fortbildung zur Fürstensouveränität, die den Bezug des echten Gottesgnadentums älterer Art zum Widerstandsrecht verloren hat.«[7] Mit der Aufklärung, mit dem Auftreten des »autonomen Menschen« erfolgt eine weitere und grundlegende Veränderung dieses langfristigen Aushöhlungsprozesses: mit dem Durchbruch der modernen Rationalität erscheint das Gottesgnadentum, nunmehr als »Mythos« in unserem heutigen — umgangssprachlichen — Sinne, als überlebte Tradition, die nicht mehr geglaubt wird und nur noch Symbolcharakter trägt. Im Versuch, das dennoch Bestehende nun rational zu legitimieren, wird die Stellung des Herrschers aus dem naturrechtlichen Vertragsdenken heraus verstanden: der Herrscher leitet sein Amt vom »Volke« ab. Der Herrschaftsvertrag als Voraussetzung des aufgeklärten Absolutismus macht den Herrscher zum »ersten Diener« seines »Staates«, jenes »Staates«, der nun erst seine moderne Bedeutung annimmt und der »Gesellschaft« gegenübertritt. Begriffe wie »Staat«, »Nation«, »Volk« werden die »modernen« ideologischen Grundlagen, auf die sich der aufgeklärte Monarch berufen kann. Während Recht und Macht mit dem Ausbau des neuzeitlichen Militär- und Verwaltungsapparates zum Monopol des »Staates« werden, erscheint der Herrscher einerseits als dessen »Organ«, wird aber andererseits auf einer »privaten«, menschlichen Ebene abgehoben und ist als »Person« dem aufgeklärten Ideal des »vollkommenen Menschen« verpflichtet. Die »Vergöttlichung« des Herrschers war in die Forderung nach seiner »menschlichen« Vollkommenheit übergegangen. Das Gottesgnadentum als Institution, das die Trennung von Staat und Gesellschaft, von Herrscher und Mensch nicht gekannt hatte, war damit am Endpunkt seiner »Entzauberung« angelangt: das monarchische Prinzip, das sich von ihm ableitete, entbehrte jener ursprünglichen geistigen Begründung und schuf in seinen Surrogatlegitimationen eben jene Voraussetzungen, die seine spätere endgültige Auflösung mit sich bringen sollten.

3. Diese etwas ausführlichen Darlegungen der Brunnerschen Thesen waren deshalb notwendig, weil es mir lohnend erscheint, Maria-Theresia *und* die Entwicklung ihres Kultes vor diesem Hintergrund zu sehen. Innerhalb der Strukturveränderungen von Organisation und ideologischer Rechtfertigung von »Herrschaft« ist Maria-Theresia Objekt und Subjekt zugleich — ebenso wie die Entstehung ihrer Legende zugleich Ausdruck und mitprägender Faktor einer späteren Entwicklungsphase jener ursprünglichen Herrschaftskrise sein wird. (In diesem Zusammenhang drängt sich die Frage auf, inwieweit nicht überhaupt Krise, Übergang, Veränderung mit zu den Prämissen gehören, welche die ihm zugeschriebene »Grösse« eines Herrschers erst ermöglichen. Man könnte hier einen Bogen von Alexander über Augustus, Karl bis Friedrich spannen: wann und warum sind sie »Grosse« geworden und wer hat sie dazu gemacht?)

Maria-Theresias Regierungszeit fällt in eine solche Periode des Übergangs: sie selbst ist den Strukturveränderungen ihrer Zeit ebenso ausgesetzt, wie sie sie kraft ihrer Stellung mitbestimmt. Wenn man ihr »barocke Frömmigkeit« vorgeworfen hat,[8] wenn man ihr neuerdings demgegenüber mehr »aufklärerisches Bewusstsein« bescheinigt,[9] so sind das keine »privaten« Widersprüche; es handelt sich vielmehr um die noch vorhandenen, noch prägenden *und* um die sich eben neu entwickelnden Bauelemente eines sich wandelnden Denkens, die Maria-Theresia — und gerade in der Frage der Herrschaftsdefinierung — unmittelbar und in entscheidender Weise prägen mussten.

Wenn man nun exemplarisch drei der wesentlichsten Motive herausgreift, die sich durch die verschiedenen Ausgestaltungen der Maria-Theresia-Legende ziehen und als Thema mit Variationen immer wiederkehren, so wird man in allen drei Bereichen das wiederfinden, was vorhin anhand der Brunnerschen Thesen erläutert wurde: es spiegelt sich mehr oder weniger deutlich in allen drei Grundmotiven jener Strukturwandel von Herrschaftsorganisation wider — jede »legendäre« Bewältigung ist zugleich ein Resultat dieser Problematik und eine Reaktion auf sie.

3.1. Schon die Zeitgenossen hat die Frage beschäftigt, warum sich Maria-Theresia in Frankfurt an der Seite ihres Mannes Franz Stephan, für den sie mit allen Mitteln die Krone erkämpft hatte, nicht zur Kaiserin des Heiligen Römischen Reiches krönen liess. Die von ihr selbst vorgeschützte Schwangerschaft erschien schon damals im Grunde niemandem ein ernsthaftes oder glaubwürdiges Argument und, dem Wandel der jeweiligen historischen Perspektive folgend, wurde diese rätselhafte Weigerung in verschiedener Weise zu ergründen versucht: Maria-Theresia sei es um reale Machtbefugnisse gegangen und die Krone des Reiches habe ihr deshalb nichts bedeutet,[10] sie habe diese Krone abgelehnt, weil sie als österreichische Herrscherin keine »deutsche« Krone wollte,[11] man legte ihr diese Weigerung als »Starrsinn, Stolz, und mangelndes Feingefühl«[12] aus und vermutete — nicht zuletzt auch in neuerer Zeit — dahinter die

Ablehnung der überlegenen Frau, die neben ihrem schwächlichen Mann nicht bereit war, die zweite Rolle zu spielen.[13]

Die literarische Ausgestaltung, die Goethe der Episode in *Dichtung und Wahrheit* gegeben hat, fängt all diese Mutmassungen am besten ein und lässt dabei das eigentlich Wesentliche deutlich anklingen. Der scheinbar oberflächlichen Schilderng dessen, was dem jungen Goethe einst über diese Krönung erzählt worden war, liegt Substantielles zugrunde:

> Maria-Theresia, über die Massen schön, habe jener Feierlichkeit an einem Balkonfenster ... zugesehen; als nun ihr Gemahl in der seltsamen Verkleidung aus dem Dome zurückgekommen und sich ihr sozusagen als ein Gespenst Karls des Grossen dargestellt, habe er wie zum Scherz beide Hände erhoben und ihr den Reichsapfel, den Zepter und die wundersamen Handschuh hingewiesen, worüber sie in ein unendliches Lachen ausgebrochen ...[14]

Was sich hinter diesem Lachen verbirgt — unabhängig davon, ob die Szene nun authentisch ist oder nicht — ist mehr als der Ausdruck des »modernen« Empfindens einer neuen Zeit, dem die Symbolik überholter Rituale fragwürdig geworden war. In dieser Distanz selbst, im kritischen Abseits- und Ausserhalbstehen des Betrachters sowie der Beteiligten liegt das grundlegend Neue: wie immer man Maria-Theresias Entschluss interpretieren will, hinter ihrer Entscheidungsfreiheit allein leuchtet die Brüchigkeit des Heiligen Römischen Reiches durch, das den Herrscher in die alte Einheit des Gottesgnadentums nicht mehr einzubinden vermochte; hier liegt bereits die Möglichkeit einer modernen österreichischen Staatsbildung, die zwangsläufig gegen dieses Reich gerichtet sein musste, begründet. Blitzartig erhellt hier die grundsätzliche Inkompatibilität zwischen dem Amt des Königs und dem des Kaisers: der moderne Territorialstaat in seinem Souveränitätsanspruch konnte nicht mehr Basis der Kaiserwürde sein.

3.2.   Auch das zweite charakteristische Motiv, das die Maria-Theresia-Legende in vielerlei Ausgestaltungen durchzieht, berührt in seinem Kern dieselbe Problematik. Auch hier kommt es nicht primär auf die inhaltliche Aussage und ihre schmückende Ausarbeitung durch Historiker und Literaten an; was zählt, ist die funktionale Bedeutung des Ereignisses sowie seiner Darstellung im Rahmen jenes Prozesses, den wir als Herrschaftskrise bezeichnet haben. Es handelt sich um die bekannte, auch bildlich festgehaltene Szene aus dem Jahre 1741 in Pressburg, wo Maria-Theresia — »von meinen Freunden verlassen, von meinen Feinden verfolgt, von meinen nächsten Blutsverwandten angegriffen«,[15] mit dem wenige Monate alten Joseph auf dem Arm,[16] die ungarischen Stände um Hilfe und militärische Unterstützung gegen den Preussenkönig Friedrich angefleht hatte, worauf die Ungarn mit dem leidenschaftlichen Versprechen »panem et sanguinem« für sie hinzugeben, ihre Bereitschaft und Gefolgschaft — »moriamur pro rege nostro Maria-Theresia« — verkündet hatten.[17]

Unter der Fassade solcher Phantasie und Emotionen anregender, sentimentaler Darstellungen, welche von der »seriösen« Historiographie nicht nur als Kitsch verunglimpft werden sollten, verbergen sich auch in diesem Falle Zeichen grundlegender Strukturveränderungen: von erstrangiger Bedeutung und massgeblich einbezogen in den sich vollziehenden Wandel der Herrschaftsorganisation war notwenigerweise das Verhältnis zwischen Herrscher und Ständen. Dem »souveränen Monarchen«, der aus dem Zusammenbrechen der alten Einheit emporgewachsen war, mussten sich die nunmehr funktionslosen Stände entgegenstellen — und dieser für die weitere Entwicklung so entscheidende Dualismus brachte jene harten Auseinandersetzungen und Kämpfe um die Macht mit sich, die im 19. Jahrhundert schliesslich mit der endgültigen Niederlage der Stände enden sollten.

3.3. Das dritte Element, welches, über den Episodencharakter der beiden erstgenannten Beispiele hinausgehend, den Maria-Theresia-Mythos — wie mir scheint — prägend gestaltete, lässt sich in ähnlicher Weise von der Perspektive unserer Grundthematik her interpretieren. Der Konflikt zwischen dem Preussenkönig Friedrich II. und Maria-Theresia kann als eines der tragenden Leitmotive ihrer Legende, und — wenn man dieser glauben soll — auch ihres Lebens angesehen werden. Das Maria-Theresia-Bild hat im Grunde erst durch die kontrapunktische Bezugsetzung zu Friedrich II. seine Konturen erhalten, ja noch mehr, es konnte sich aus dieser beinahe »klassischen« Gegenüberstellung erst jener Kult des »Österreichertums« herausbilden, das seither — als dem »Preussentum entgegengesetzt« mit dem von Claudio Magris so benannten »Habsburger-Mythos« eng verflochten blieb.[18] In scharfer Akzentuierung von begrifflich nur alternativ angelegten Gegensatzpaaren wurde — in der literarischen und historiographischen Bearbeitung — dem »warmen«, »gemütvollen«, »weiblichen« »Wesen« Maria-Theresias die »kalte, »intellektuelle«, »männliche« Art des Preussenkönigs gegenübergestellt; und die Antinomien setzten sich fort in entscheidendere und konkretere Bezugsschemata: der Gegensatz Geist-Herz erweiterte sich auf ideologische und religiöse Polarisierungen, Aufklärung und Protestantismus wurden für Friedrich und Preussen, »barocke Frömmigkeit« und Katholizismus für Maria-Theresia und Österreich in Anspruch genommen.[19] Wie einprägsam diese Kontrastzeichnung bis in unser Jahrhundert hinein geblieben ist, beweist nicht zuletzt ein Ausspruch des Grafen Harry Kessler aus dem Jahr 1926, ein Ausspruch, der für Hugo von Hofmannsthal bei der Auswahl von Zeit und Schauplatz seines »Rosenkavalier« von entscheidender Bedeutung war: »die letzten Habsburger hätten es verstanden, in Schönheit zu sterben ... die letzten Habsburger enden wie Gentlemen, die letzten Hohenzollern wie Rollkutscher ...«[20] Einmal abgesehen, von der Simplifizierung, die einer solchen grobflächigen Hell-Dunkel-Malerei zugrunde liegt, bleibt es auch zweifelhaft, ob sich der »historische« Antagonismus zwischen Preussen und Österreich in ähnlichen Polarisierungen abgespielt hat; Zeitpunkt und Charakter der entsprechenden Interpretationsmodelle verweisen wohl durchwegs auf das 19. Jahrhundert.[21] Doch selbst wenn man diesen »historischen« Konflikt mit den ihm zugesprochenen assoziativen Umfeldern als gegeben annehmen möchte, ist es in jedem Fall unzulässig, ihn auf konstante und statische Grössen, auf die »Personen« Maria-Theresia und Friedrich, oder auf die »Staaten« Preussen und Österreich zu reduzieren. Letztlich kann dieser Gegensatz nur eingebunden in die Dynamik des Strukturwandels gesehen werden: im Zusammenhang mit dem »modernen« Staatsbildungsprozess, der aus dem übernationalen Reichsverband die nationalen »Staaten« Preussen und Österreich herauszuschälen begann. Es ging um neu zu etablierende Macht- und Herrschaftsverhältnisse, um die »Vor-herrschaft«, welche die alte »Herrschaft« im Sinne des Gottesgnadentums abgelöst hatte.[22] Es sollte mit diesen drei Beispielen aus dem unmittelbaren Bereich des Maria-Theresia-Mythos gezeigt werden, dass sich in der Legendenbildung um Maria-Theresia die Problematik der fundamentalen strukturellen Veränderungen dieser Epoche selbst widerspiegelt: der Wandel in der Herrschaftskonzeption vom Gottesgnadentum zur monarchischen Legitimität, damit verbunden das Verhältnis des modernen souveränen Staates zum Heiligen Römischen Reich, im Zusammenhang damit wiederum das Verhältnis zwischen absolutem Herrscher und den ständischen Lokalgewalten, und nicht zuletzt als übergreifende Frage die Beziehung zwischen »Staat« und »Kirche«, zwischen Herrschaft und Glauben, die — aus der Spaltung von geistlicher und weltlicher Macht hervorgegangen — eines der zentralen Themen war und bleiben musste; es sollte vor allem gezeigt werden, wie sehr alle diese Bereiche netzartig miteinander verwoben sind und nicht isoliert betrachtet werden können — mehr als die sprachliche Analyse es vermag, lässt sich die Komplexität vielleicht hinter diesen Bildern erahnen.

In dem Zusammenhang ist auch ein Blick auf das Denkmal von Bedeutung, das im Jahre 1888 für Maria-Theresia auf der Wiener Ringstrasse errichtet wurde. Maria-Theresia hält in ihrer Hand nicht das Szepter, Symbol und Zeichen des einstigen Gottesgnadentums, sondern ein zusammengerolltes Blatt Papier, den Vertrag, die »Pragmatische Sanktion«, als deutlich sichtbaren Beweis dafür, dass die Grundlage ihrer Herrschaft nicht mehr auf der »göttlichen Gnade«, sondern auf dem Prinzip des »rationalen Vertrages« beruhe.[23]

Entwürfe und Verantwortlichkeit für dieses Denkmal lagen in den Händen österreichischer Gelehrter, es war der berühmte Biograph Maria-Theresias von Arneth, der an dessen Errichtung massgeblich beteiligt war — die Perspektive des liberalen Österreichers aus der zweiten Hälfte des 19. Jahrhunderts musste auf die Betonung und Hervorhebung des »Vertrages« gerichtet sein: die Entwicklung, welche die ursprüngliche Legitmitätskrise inzwischen im Verlaufe dieser hundert Jahre genommen hatte, war duch die zunehmende Hinwendung zu den neuen »rationalen«, vertraglich begründeten Grundlagen von Herrschaft gekennzeichnet. Es zeigt sich hier mit aller Deutlichkeit, dass die Problematik jenes Strukturwandels als solche bis in das 19. Jahrhundert hineinreicht und es noch weitgehend mitprägt, dass die Art und Weise der Interpretation, der Legendenbildung, des Denkmalkultes nicht nur eine Reaktion auf jene ursprüngliche Herrschaftskrise ist, sondern selbst noch im 19. Jahrhundert deren Determinanten schafft.

4. Dies soll im folgenden mit dem Blick auf die zweite Hälfte des 19. Jahrhunderts näher ausgeführt weden. Es stellt sich die Frage, aus welchen Gründen ausgerechnet in der zweiten Hälfte des 19. Jahrhunderts in Österreich ein derartiger Aufschwung des Maria-Theresia-Kultes stattgefunden hat. Was die Geschichtsschreibung betrifft, ist diese Tatsache hinlänglich bekannt, ein Blick auf eine zusammenfassende Maria-Theresia-Bibliographie genügt, um die Verdichtung der Maria-Theresia gewidmeten Werke in diesem Zeitraum zu erkennen, sowie das nahezu vollständige Schweigen, das die Zeit des Vormärz der österreichischen Herrscherin entgegengebracht hat.[24] Weniger geläufig — vermutlich auch auf Grund der literarischen Qualität — ist uns das enorme Ausmass dessen, was aus der literarischen Produktion zur Maria-Theresia-Thematik in jener Zeit hervorgegangen ist. Ich verweise hier lediglich auf eine Wiener Dissertation aus dem Jahre 1935, die sich mit der Verarbeitung des Maria-Theresia-Stoffes in Roman und Drama beschäftigt und die eine unübersehbare Fülle von Maria-Theresia-Romanen, Komödien, Tragödien, ja selbst Operetten anführt — und unter anderem davon berichtet, dass keine geringere als Katharina Schratt 1903 dazu ausersehen war, in der Operette *Maria-Theresia* von Franz von Schönthan-Pernwald Maria-Theresia zu spielen.[25]

Man hat auch des öfteren schon Erklärungen für jene doch auffallende Ausbreitung des Maria-Theresia-Mythos in der zweiten Hälfte des 19. Jahrhunderts gesucht und gefunden: Maria-Theresia, als Schöpferin der österreichischen Staatsidee musste dem um seine staatliche Konsoldierung ringenden Österreich des ausgehenden 19. Jahrhunderts als ideale Herrscherin erscheinen; Maria-Theresias gutes Verhältnis zu Ungarn — das in der Szene von Pressburg sichtbaren Ausdruck fand — konnte im 19. Jahrhundert als Grundstein für den Ausgleich mit Ungarn angesehen werden; der preussisch-österreichische Gegensatz, der das 19. Jahrhundert kennzeichnete, mochte als Neuauflage des Konfliktes zwischen Maria-Theresia und Friedrich II. erscheinen. Die Erklärungen lagen gewissermassen auf der Hand:

> es fällt nicht schwer, den inneren Zusammenhang dieser Maria-Theresien-Renaissance mit den grossen geschichtlichen Ereignissen und Entwicklungen nach 1859 festzustellen: mit der Rivalität zwischen Preussen und Österreich auf der einen, der 'ungarischen Frage' und dem Ausgleich von 1867 auf der anderen Seite.[26]

Zweifellos haben diese Begründungen ihre Gültigkeit, doch scheinen sie mir zu sehr am Inhaltlichen fixiert, sie interpretieren offenkundige »grosse geschichtliche Ereignisse und Entwicklungen«,[27] ohne diese selbst in Frage zu stellen, sie orientieren sich an »Ergebnissen« von Entwicklungen und nicht an deren Bedingungszusammenhang. Möglicherweise kann es zielführender sein, nicht nur die Tatsache als solche ins Auge zu fassen und zu ergründen, weshalb es gerade in dieser Zeit zu einem derartigen Aufschwung des Maria-Theresia-Mythos gekommen ist, (eine Zeit im übrigen, die ihrerseits den endgültigen Zusammenbruch des monarchischen Prinzips erlebte!), sondern nach der Art und Weise zu fragen, in der sich dieser Mythos manifestiert hatte, nach Methoden und Denkkategorien, nach den geistigen Konzeptionen, die ihm zugrunde lagen.

Von diesem Gesichtspunkt aus lässt sich ein entscheidendes und merkwürdiges Faktum konstatieren, nämlich die theoretische Trennung von »Monarchin« und »Person«, ein durchgebildeter Dualismus von »herrscherlichen Funktionen« einerseits und »menschlicher, privater Sphäre« andererseits. Es ziehen sich — auch hier wiederum — die Auswirkungen jenes Auseinanderbrechens der ursprünglichen Einheit bis weit ins 19. Jahrhundert hinein. Die Legitimierung von »Herrschaft« auf der Basis des rationalen Vertrages musste den Schwerpunkt auf die *Funktion* des Herrschers legen. Der Monarch wurde zum »ersten Diener des Staates«, der vertraglich gebunden, sein Amt in der Erfüllung seiner Funktionen zu realisieren hat; auf der anderen Seite — losgelöst von seinen monarchischen Pflichten — wurde er zum »normalen« Menschen, zur Person, zur Individualität, zur »Biographie«. Diese fundamentale Scheidung in voneinander getrennte Bereiche, die — juristisch gesehen — in dem Auseinanderfallen der Begriffe »öffentlich« und »privat« eine evidente Parallelität finden, brachte weitere Konsequenzen mit sich.

4.1. Von der Grundlage der imperialen »Funktionen« aus konnten sich erst jene »modernen« Paradigmata herausbilden, die für die neuere und neueste Geschichte seither zu den bestimmendsten Determinanten schlechthin geworden sind, nämlich die theoretischen Konzeptionen von »Volk«, »Staat«, »Nation«. Es ist das 19. Jahrhundert, das den ideologischen Nährboden für die Entwicklung jener Begriffe erweitert und ausgedehnt hat, mit allen konkreten »politischen« Implikationen, die mit der »Realisierung« dieser Begriffe verbunden sein mussten, bis hin zu den totalitaristischen Auswüchsen in der Folge ihrer metaphysischen Übersteigerung. Es sind eben jene Konzepte von »Volk«, »Staat«, »Nation«, die rückwirkend und auf die Zeit Maria-Theresias projiziert, ihrerseits den »Mythos« mitgeprägt haben: der irrationale Volksbegriff, der aus Maria-Theresia die »erste« Herrscherin machen konnte, die das Wohl des »Volkes« im Auge hatte, indem sie ihm die »Segnungen« des allgemeinen Schulwesens zuteil werden liess (es wäre eine weitere interessante Frage, hinsichtlich des »Volksbegriffs« die verschiedene Mythenbildung um Maria-Theresia und den »Volkskaiser« Joseph II. zu untersuchen!); die Vorstellung von einem einheitlichen, nationalen, nach aussen und innen mächtige Staatsgebilde, welche Maria-Theresia mit ihren »staatlichen« Reformen eben dafür die Grundlage schaffen liess; schliesslich als jüngster und folgenschwerster: der Nationsbegriff, die Bestrebungen, eine eigene »österreichische« Vergangenheit als Klammer für ein gemeinsames »nationales« Empfinden zu erwecken, das die Österreicherin Maria-Theresia in den schroffen Gegensatz zu Preussens Friedrich stellen musste, umso mehr als sich Preussen national monisierte, während für Österreich gerade in der Pluralität seiner nationalen

Beschaffenheit eine der wesentlichsten zentrifugalen Kräfte lag. All diese Paradigmata hatten den herrscherlichen »Funktionen« zugrunde zu liegen — doch waren sie selbst in ihrer Komplexität eine langwirkende Folgeerscheinung jener ursprünglichen Legitimitätskrise, auf die sie — vordergründig — nur Reaktion zu sein schienen.

4.2. Auf der anderen Seite — der privaten — finden wir jenes seltsame Phänomen von »Vermenschlichung« des Herrschers, ein Aspekt, der damit tatsächlich im Falle Maria-Theresias erstmalig in den »Intimbereich« und in das »persönliche« Leben der Herrscherin eindringt. Die Idealisierungen des »bürgerlichen« Familienidylls am Wiener Kaiserhof durchziehen unsere Geschichtsbücher bis heute und in engem Zusammenhang damit finden sich all die charakterlichen Attributionen, die aus Maria-Theresia im Laufe der Geschichte die »ideale Frau und Mutter in ihrer Schlechthinigkeit« modellieren konnten: ihre Natürlichkeit und Herzlichkeit, ihr spontanes warmes Empfinden, ihre Mütterlichkeit und Feminität. Ihr eheliches Verhalten, ihre Beziehung zu Mann und Kindern zogen das grösste Interesse auf sich, ihr Verhältnis zur Sexualität (man denke nur etwa an den Wirbel um die angeblich von ihr einberufene Keuschheitskommission!) ihre Eifersucht auf die ausserehelichen Eskapaden Franz Stephans waren Gegenstand unzähliger — vor allem belletristischer — Bearbeitungen.

Doch damit nicht genug. Die Tradition des alten »Mythos«, des ursprünglichen Gottesgnadentums mit all den Brüchen, die es in der Vergöttlichung des Herrschers durch die Säkularisierung des Kultes erfahren hatte, war noch lebendig genug, um dieser »Vermenschlichung« nun ihrerseits prägend entgegenzuwirken. Es konnte daher nicht bei der schlichten Personalisierung der Monarchin, bei der Hervorhebung ihrer »privaten« Seite bleiben — vielmehr wurde nun jene »Menschlichkeit« selbst erhöht, emporgehoben, zur »erhabenen« Menschlichkeit gemacht. Es mutet heute sehr seltsam an, wenn durchaus »normale« menschliche Eigenschaften, die insbesondere in jener Zeit selbst, also von der unmittelbaren Umgebung Maria Theresias als keineswegs aussergewöhnlich empfunden wurden (es genügt, um diesen Eindruck zu gewinnen, die Tagebücher Khevenhüllers durchzublättern!),[28] auf einem Altar erhabener Menschlichkeit als Surrogatstranszendenz verherrlicht wurden. Besonders augenfällig und paradox zugleich ist die Heroisierung von Maria-Theresias Mutterschaft. Die realistische und unromantische Haltung der Herrscherin zu ihren Kindern, der Heiratswert, den sie vor allem an ihnen schätzte, war bis in die heutige Zeit hinein unter dem Deckmantel konstruierter irrationaler Mutterschaftsideologien verborgen geblieben; und selbst Maria-Theresias Äusserung: »ihrer Länder erste und allgemeine Mutter zu sein«, die doch von einem Primat des Politischen, oder noch mehr, im Grunde von einer noch nicht endgültig vollzogenen Trennung der beiden Bereiche zeugen könnte, wurde von dieser Ideologie in den Dienst gestellt. Es mag als eine merkwürdige und keineswegs zufällige Parallele erscheinen, dass eben in jener Zeit, in welcher die Verherrlichung der »grossen österreichischen Mutter« eine solche Blüte erlebte, ein anderer Frauenkult einen ähnlichen Aufschwung erfahren hat: gemeint ist die Marienverehrung, die Anbetung der Mutter Christi, die verbunden mit den Auseinandersetzungen zwischen Protestantismus und Katholizismus, nicht zuletzt in der Frage der unbefleckten Empfängnis (!), verbunden mit der »Krise« der Religion und dem als »Kulturkampf« im weitesten Sinne in Erscheinung tretenden ungeklärten Verhältnis zwischen »Staat« und »Kirche« auch wiederum Symptom *und* Folgeerscheinung ein- und derselben Problematik war.

Ein weiteres scheint mir noch wesentlich: der Trennung in »öffentliche« monarchische »Funktionen« einerseits und »private« Vermenschlichung, bzw. Übermenschlichung andererseits entspricht als historische Methode in der Geschichtswissenschaft des 19. Jahrhunderts ein rigoroser Dualismus von »Biographie« und »Gesamtstaatsbetrachtung«. Wenn sich das biographische Interesse vorwiegend der Person zugewendet hat, so beschränkte sich — mit negativeren Folgen für die Geschichtswissenschaft — die »funktionale« Perspektive ausschliesslich auf den *Gesamtstaat,* auf das politische Zentrum dieses Staates hin, auch noch bis ins 20. Jahrhundert hinein, nachdem insbesondere die beiden anderen »funktionalen« Begriffe wie »Volk« und »Nation« ihre Unschuld verloren hatten.

Wie Klingenstein in ihrem Buch über Kaunitz sehr überzeugend dargelegt hat, konnte ein Historiker wie Arneth, nachdem sein zehnbändiges Werk über Maria-Theresia erschienen war, nichts anderes, als sich wiederholen, wenn er sich anschliessend dem Staatskanzler Kaunitz zuwenden wollte. Die private Biographie des Staatskanzlers musste in dem Augenblick aufhören, für Arneth von Interesse zu sein, als das »Persönliche« in die staatspolitische »Funktion« eingemündet war: denn diese war für Arneth in der Gesamtstaatsbetrachtung, in der Regierungsgeschichte, die er — für Maria-Theresia — bereits geleistet hatte, aufgehoben. »Arneth, der in den Bezügen einer bis in seine Zeit unerschütterten Verbindung von Dynastie und Staat dachte, fehlten die anderen Perspektiven, die es ihm erlaubt hätten, sich mit differenzierenden Fragen Kaunitz zu nähern.«[29] Wesentlich daran ist jedoch, dass dieses für den Historiker des 19. Jahrhunderts unlösbare methodische Problem keineswegs zufällig oder individuell erklärbar ist, sondern in den Denkstrukturen, und damit wiederum im ursprünglichen Mythos selbst mitbegründet liegt.

5. Dies sollte mit den vorliegenden Ausführungen gezeigt werden: die Entwicklung von politischen Legenden kann nicht nur aus ihrer Entstehungszeit heraus gedeutet und ergründet werden, wenngleich dies naheliegend und offenkundig erscheint. Zweifellos schafft jede Zeit ihren eigenen Mythos, fraglos fliesst Zeitgenössisches in den Prozess der Legendenbildung ein — das jeweils Aktuelle gestaltet das Übernommene mit und um. Von diesem Gesichtspunkt aus liesse sich vielleicht eine »historische« diachronische Linie von der ersten Apotheose Maria-Theresias anlässlich ihres Todes bis zu den Zweihundertjahrfeiern ihres Todestages im Jahre 1980 zeichnen. Und die Aufeinanderfolge der Stimmen, die das Lob Maria-Theresias gesungen haben, würde sicherlich aufschlussreich sein für das Verständnis der

jeweiligen Zeit, der sie angehören: die Vereinnahmung der grossen »deutschen« Frau in der nationalsozialistischen Ära ist dafür nur eines der signifikantesten und evidentesten Beispiele.[30]

Ergiebiger und subtiler wäre eine Streifzug durch die literarische Bearbeitung des Themas während der letzten zweihundert Jahre; von Klopstocks Ode »Ihr Tod«,[31] über Matthias Claudius,[32] bis Thomas Mann,[33] von Hugo von Hofmannsthals Rede anlässlich der 200. Wiederkehr ihres Geburtstages[34] bis zu Carl Burckhardts pathetischer Äusserung: »Ein Meer von Musik ist rings um sie herum!«[35] spannt sich der Bogen von mehr oder weniger wertvollen literarischen Zeugnissen, die ihrerseits als »Zeichen der Zeit« gedeutet werden könnten. Doch mir ging es hier nicht um eine narrative Aneinanderreihung der verschiedenen »Epochen« des Maria-Theresia-Mythos in ihrer jeweiligen »historischen« oder »literarischen« Ausgestaltung. Mir schien es wesentlich, die strukturellen Veränderungen jener Zeit, auf die der Mythos gerichtet ist, mit in die Herausbildung dieses Mythos einfliessen zu lassen, die synchronischen Elemente vor den diachronischen zu betonen. Der Maria-Theresia-Mythos des 19. Jahrhunderts ist mit dem Strukturwandel des 18. Jahrhunderts selbst untrennbar verflochten: Wirkungen und Folgen greifen ineinander und insoferne bleibt der »Mythos« »Realität«.

Wenn sich heute die modernste Fassung des Maria-Theresia-Mythos durch ein beängstigendes Überwuchern von irrationalen Klischées, von realitätsfernen Glücks-ideologien, die jener ursprünglichen »theresianischen« Zeit zugesprochen werden,[36] durch einen — gerade im Falle Maria-Theresias — grotesken »Ur-Mutter« und »Urnatur«-Kult auszeichnet,[37] so scheint es mehr denn je notwendig zu sein, jene Bahnen endgültig zu verlassen, die das 19. Jahrhundert mit dem Auseinanderfallen von »grosser Persönlichkeit« (Kult!) und »staatlicher Funktion« (Zentralstaatsgeschichts-schreibung!) gewiesen hat, und den strukturellen Bedingtheiten von beiden nachzu-gehen.

Die Strukturveränderungen der Epoche Maria-Theresias in gesellschaftlicher und wirtschaftlicher Hinsicht, vor allem aber auch in der Frage der Neuorganisierung von Herrschaft, sind noch weitgehend unerforscht und erfordern — abseits vom Zentrum, an der jeweiligen Basis — konkrete Detailarbeit. Maria-Theresia selbst würde dies wohl am besten entsprechen; denn das, was sie vermutlich ausgezeichnet hat, war die konkrete und praktische Bewältigung der ihr gestellten Aufgaben, gerade und besonders in jener Zeit der Krise, des Übergangs, in der sie sich befand. Warum sollten diese Gedanken über den Maria-Theresia-Mythos nicht damit enden, dass ihr — ganz bewusst — ein zusätzliches Attribut als Grundlage weiterer Mythenbildung verliehen wird?

Anmerkungen

1 Wollte man den Begriff in bezug auf Maria-Theresia so verwenden, wie ihn die Amerikanerin Elaine Morgan in ihrem Buch »Der Mythos vom schwachen Geschlecht« gebraucht hat, so käme man zu der konsequenten Schlussfolgerung, dass es »die gute Kaiserin« überhaupt nicht gegeben habe. Diese Äusserung versteht sich als feministische Ironie. Vgl. Elaine Morgan: Der Mythos vom schwachen Geschlecht. Düsseldorf-Wien 1972.

2 Claude Lévi-Strauss: Strukturale Anthropologie. Frankfurt/M. 1967, p. 227.

3 Vgl. Bronislaw Malinowski: Magic, Science and Religion, and Other Essays. New York 1954 (Dt. 1973).

4 Max Weber: Über einige Kategorien der verstehenden Soziologie. in: Soziologie - Weltgeschichtliche Analysen - Politik. Stuttgart 1964, p. 103.

5 Otto Brunner: Vom Gottesgnadentum zum monarchischen Prinzip. in: Neue Wege der Verfassungs- und Sozialgeschichte. Göttingen 1968, pp. 160-186.

6 Brunner, Gottesgnadentum, p. 170.

7 Brunner, Gottesgnadentum, p. 172.

8 Vgl. besonders Ferdinand Maas: Maria-Theresia und der Josephinismus. in: Zeitschr. f. kath. Theologie 79 (1957), pp. 201-213 und Friedrich Walter: Die religiöse Stellung Maria-Theresias. in: Theologisch-Praktische Quartalschrift 105 (1957), pp. 34-47.

9 Vgl. Peter Hersche: War Maria-Theresia eine Jansenistin? in: Österreich in Geschichte und Literatur 15 (1971), pp. 14-23.

10 Vgl. Interpretation und Debatte bei Alfred Dove: Das Zeitalter Friedrichs des Grossen und Josephs II. Erste Hälfte (1740-1745). Gotha 1883, pp. 333/334. Darauf zurückkommend Eugen Guglia: Maria Theresia. Ihr Leben und ihre Regierung. München-Berlin 1917, 1. Bd., pp. 266/267. Alfred Arneth gibt die Maria-Theresia zugesprochene Äusserung wieder, es handle sich bei dieser Krönung um eine »Comödie«, welche sie keine Lust habe zu spielen«. (Alfred Arneth: Maria-Theresia's erste Regierungsjahre. 3. Bd. Wien 1865, pp. 105/6).

11 Vgl. insbesondere: Karl Tschuppik: Maria-Theresia. Amsterdam 1934, p. 122.

12 Peter Berglar: Maria-Theresia in Selbstzeugnissen und Bilddokumenten. Hamburg 1980, p. 47.

13 Vgl. Peter Reinhold: Maria-Theresia. Wiesbaden 1957, p. 140; neuerdings auch Gertrud Fussenegger: Maria-Theresia. Wien-München-Zürich-Innsbruck (1980), pp. 150/51.

14 Johann Wolfgang Goethe: Aus meinem Leben. Dichtung und Wahrheit. in: Goethes Werke. 4. Bd. Berlin-Darmstadt-Wien 1963, pp. 158/59.

15 Vgl. erstmalig Rautenstrauch: Biographie Marien Theresiens. Wien 1779, pp. 35/36.

16 Hilde Wultschner: Maria-Theresia in der deutschen Geschichtsschreibung. Wien: Phil.Diss. 1950, p. 18, p. 44 verfolgt die Entstehung dieser — historisch unrichtigen — Legende zurück. Einen Überblick über die bildlichen Ausgestaltungen dieses Motivs, wobei Maria-Theresia immer Joseph im Arme hält (die Assoziation mit Marien-Darstellungen ist augenfällig!) bietet: Maria Theresia und ihre Zeit. Hrsg. von Walter Koschatzky. Salzburg-Wien 1979, pp. 463-465.

17 Vgl. zuletzt Gerda und Gottfried Mraz: Maria-Theresia. Ihr Leben und ihre Zeit in Bildern und Dokumenten. München 1979, p. 64.

18 Vgl. Claudio Magris: Il mito absburgico nella letteratura austriaca moderna. Torino 1963.

19 Vgl. dazu die schon erwähnte Dissertation von Wultschner: Maria-Theresia in der deutschen Geschichtsschreibung, die diesem »historischen« Gegensatz nachgegangen ist, sowie Hilde Adam: Maria Theresia im Roman und Drama. Wien: Phil.Diss. 1935. Als besonders signifikantes Beispiel sei zitiert: Heinrich Kretschmayr: Maria-Theresia. Leipzig 1938, p.

217: »Man könnte sagen, die Hälfte der Totalität deutschen Wesens erscheine in ihr, die andere tue sich in ihrem grossen Gegner kund: eine weibliche Siegfriedsgestalt, keine Faustnatur«!

20 Adam Wandruszka: Im Urteil der Nachwelt. in: Maria-Theresia und ihre Zeit, p. 459.

21 Man vgl. dazu etwa Rautenstrauch: Biographie, wo noch keinerlei diesbezügliche Interpretation zu finden ist.

22 Vgl. dazu Adam Wandruszka: Maria-Theresia und der österreichische Staatsgedanke. in: Mitteilungen des Instituts für Österreichische Geschichtsforschung 76 (1968), pp. 174-188.

23 Vgl. Selma Krasa Florian: Maria-Theresia im Denkmalskult. in: Maria-Theresia und ihre Zeit, pp. 447 ff.

24 Es sei hier auf die reichhaltige und übersichtliche bibliographische Zusammenfassung von Karl Vocelka verwiesen, in: Maria-Theresia und ihre Zeit, pp. 467-485, sowie auf die bibliographischen Angaben in Mraz: Maria-Theresia, pp. 338-343.

25 Adam: Maria-Theresia in Roman und Drama, p. 204.

26 Wandruszka: Im Urteil der Nachwelt, in: Maria-Theresia und ihre Zeit, p. 259.

27 Ebenda.

28 Aus der Zeit Maria-Theresias. Tagebuch des Fürsten Johann Josef Khevenhüller-Metsch 1742-1776. Hrsg. von Rudolf Graf Khevenhüller-Metsch und Hanns Schlitter. 8 Bde., Wien 1907-1972. (8. Bd. Hrsg. von Maria Breunlich-Pawlik und Hans Wagner).

29 Grete Klingenstein: Der Aufstieg des Hauses Kaunitz. Studien zur Herkunft und Bildung des Staatskanzlers Wenzel Anton. Göttingen 1975, p. 14.

30 Vgl. Wultschner: Maria-Theresia; besonder auffallend auch Kretschmayr: Maria-Theresia; als Gegenposition, Tschuppik: Maria-Theresia.

31 »Schlaf sanft, Du grösste Deines Stammes, weil Du die menschlichste warst. Das warst Du und das gräbt die ernste Geschichte, die Totenrichterin, in ihre Felsen«. (Klopstock: »Ihr Tod«, zitiert nach Max Kratochwill: Das Urteil der Zeitgenossen über Maria-Theresia anlässlich ihres Todes. Wien: Phil.Diss. 1933, p. 121).

32 »Sie machte Frieden! Das ist mein Gedicht. War Mutter ihres Volks und ihres Volkes Segen. Und ging getrost und guter Zuversicht dem Tod als ihrem Freund entgegen. Ich weiss gewiss, ihr Grabstein drückt sie nicht. Sie machte Frieden. Das ist mein Gedicht.« (Matthias Claudius, zitiert nach: Kratochwill, Urteil der Zeitgenossen, p. 122).

33 Vgl. Adam, Maria-Theresia in Roman und Drama.

34 »Ihr Charakter als Frau geht in der vollkommensten Weise in den der Regentin über. Sie war eine grossartige Herrscherin, indem sie eine unvergleichliche, 'naiv-grossartige' Frau war ... Diese Durchkreuzung des höchsten Individuellen mit dem höchsten Natürlichen ist Maria-Theresias Signatur.« (Aus: Hugo von Hofmannsthal: Maria-Theresia. Zur 200. Wiederkehr ihres Geburtstages im Jahre 1917. in: Maria-Theresia und ihre Zeit, p. 11).

35 Zitiert nach Friedrich Heer: Das Glück der Maria-Theresia. Wien-München 1966, p. 5.

36 Vgl. etwa: ... »die Musik der theresianischen Welt, die Glück war, mitten im reichen Unglück, schier ohne Ende ...« (ebenda, p. 96).

37 Vgl. etwa: ... »weil diese Frau ein Stück Natur war, das Geschichte wurde; fruchtbar wie die Natur; zwar verletzlich, aber kraftvoll und regenerationsfähig wie die Natur, von unerschöpflicher vitaler Potenz und zarter Menschlichkeit zugleich«. (Fussenegger: Maria-Theresia, p. 10).

WALTER SEITTER

Zu einer Sage etwas sagen

Ein unmögliches Theater mit Kaiser Karl dem Grossen[1]

Die Untersbergsage gehört gehoben.
(Martin Hell)
Da könnten wir noch Kaiser spielen,
der Narr soll uns bekleiden.
(2. Geselle)(84)

A

Begonnen hat es wohl irgendwie mit *Liebe*. Sylt ist die Insel im äussersten Norden (Nordwesten) von Deutschland — eigentlich schon neben Deutschland: besteht sie doch nur aus Lehm und Sand, gehört sie also mehr dem Meer als dem Land. Am 30. Juli 1928 war auf der Insel Sylt eine Trauung. Am selben Tag hatte die Braut ein Zweites Gesicht. Sie sah eine Stadt mit vielen Türmen und einen Berg dahinter. Bei Tisch erzählte die Braut den Traum. Da sagte eine Dame der Tischgesellschaft, das könne nur eine Stadt in den Alpen sein und stimme nur für Salzburg. Das Ehepaar kam nach Salzburg. 1946 lernte es der Schreiber dieser Zeilen kennen. Um den Mann, der ein grosser Künstler war, aus der Tragödie seines Lebens herauszuführen, suchte ihn der Schreiber mit der grössten Sage Salzburgs zu beschäftigen. So wurden viele Elemente dieser berühmten Sage vom Untersberg und aus Salzburger Literatur mühsam zusammengetragen. — Am 26. Juli 1957 starb der grosse Künstler. Seiner hochzuverehrenden Frau zuliebe wurde an der *Thomasnacht* und *Johannesnacht* weitergearbeitet, denn »Religion ist es, der Witwen und Waisen sich anzunehmen«. — So wurde heute am 10. September 1971 ein Schluss gemacht und mein Gedanke geht dahin, es nach den USA zu senden, New York »On Broadway« wo man Theaterexperimente ohne jede feste Grösse macht. (p. IX)
So umreisst der Verfasser das sozusagen mikropolitische Umfeld seiner Verfassertätigkeit in einem seiner vielen Vorworte (unter anderem gibt es dann noch ein Vorwort zur »Jahrhundertwende« und eins zur »Jahrtausendwende«). Schon zuvor geht er auf makropolitische Zeitgenossenschaften ein: den Besuch von Nikolaj Podgorny und seiner Tochter Natalja Nikolajewna bei der Kaiserkrone in der Wiener Hofburg (p. III), die »Lojalitätserklärung« (also den definitiven Thronverzicht) Ottos von Habsburg, das Treffen zwischen Kennedy und Chruschtschow in Wien, womit »die Häupter der ins gigantische über den ganzen Erdkreis sich ausgedehnten uralten römische Reichsspannung in Wien zusammenkamen« (p. V). Am Beginn dieser grossen Einleitung heisst es:

1960 kam der russische Diktator nach Österreich auf Staatsbesuch. Er hob den babenbergischen rot-weiss-roten Schleier vom schwarz-gelben Sarg, hob den Deckel ab und sah darin noch die unverweste Leiche des Heiligen Römischen Reiches der Deutschen Nation. (p. V) Geht hier die historische Erwähnung glatt in eine Leichenwundergeschichte über, so wird etwas später die historische Ausführung förmlich unterbrochen, um — längst vor dem Beginn des Stücks — der Hauptperson einen ersten — oder sollte man sagen: minus ersten? — Auftritt einzuräumen:

— Hanswurst tritt auf, in der einen Hand die Lojalitätserklärung mit »L« bezeichnet, in der anderen Hand die Krone gegen die Jahreszahl 962-1962 haltend. Inzwischen fährt Pudlpudl mit der »unverwesten Leiche des Heiligen Römischen Reiches« ab, um sie symbolisch als Zimmerpflanze weiterzuzüchten. — (p. V)

Nach derlei Vorsprüchen und einem ausführlichen Literaturverzeichnis kommt ein — Nachspiel: genauer gesagt zweimal das gleiche »Nachspiel«. Die beiden Seiten (pp. XIII, XIV) unterscheiden sich nur durch die jeweils obenstehende Zeichnung, die zwei Phasen einer *Arbeit* zeigt: Hanswurst und Pudlpudl beim Leinölpressen: PRESSEN, FÜLLEN. Diese spezifisch »ökonomischen« Tätigkeiten, die hauptsächlich an dieses Paar geknüpft sind, werden sich durch das ganze Stück ziehen und so etwas wie einen zweiten (oder dritten) Faden neben der grossen *Politik* bilden. Wie wir aber schon gehört haben, ist auch Hanswurst nicht davor gefeit, sich in die grosse Politik einzumischen. Jetzt wird er — das Stück hat eigentlich noch immer nicht begonnen — schnell mit Chruschtschow, dem Aufdecker der unversehrten Leiche identifiziert — der ihrerseits schnell ein Übergangszustand zugesprochen wird: die Leiche ist »als Blaue Blume entführt« (p. XV) und dann als Kaktus in den Blumentopf eingesetzt worden — was dazu führt, dass in Hanswursts Kopf »die Idee der Unsterblichkeit« aufsteigt und »er Pudlpudl unter seine Haube bringt« (p. XV).

Erst dann beginnt das Stück, d.h. der erste Teil, d.h. die erste Nacht. Die Thomasnacht Europas (p. 1). Ein Salzburger Bauer tritt mit einem vielleicht nicht ganz untypischen Jammerlied auf, Hanswurst kommt hinzu und zeichnet sich dadurch aus, dass er auf alles und jedes mit »I a!« antwortet (p. 2). Es scheint, als hätte er die seit Nietzsche, mit Beckett in Gang gekommene Lektion des *Hanswurst redivivus*[2] wohl gelernt. Dann begegnet er — anscheinend zum ersten Mal — Pudlpudl. Weiter geht es mit bäuerlichen Liebessehnsüchten, mit ritterlichen Liebesspielen und -schicksalen. »Die ganze Verwicklung in der ganzen Tragödie geht nur um die 'Blaue Blume'.«[3] Neidhart verdächtigt Hanswurst, dass er die Blaue Blume — das Liebespfand für Kunigund — weggenommen habe. Doch es war Kunz, der sie kriegte — der aber in der Thomasnacht vom Untersberg »angezogen« sich in einen Mönch verwandelt. Der betrübten Kundigund teilt er das dann brieflich mit und dass er im Untersberg den Kaiser — Friedrich — gesehen habe (vgl. p. 18). Das erste Mal, da auf den Kern der Geschichte angespielt wird, ist also eine Verwechslung mit einem anderen Kaiser, mit einer »anderen« Kaisersage.[4] In der nächsten Szene wird eine andere Untersbergsage

108

gespielt: die Auffindung und nicht sofort mögliche Entzifferung einer Inschrift auf dem Untersberg. In einer Fassung des 19. Jahrhunderts lautet die Transskription: »S.U.R.G.E.T.S.A.T.U.M.« und wird übersetzt mit: »Aufgehen wird, was gesäet worden ist.«[5] In unserem Spiel lautet der Spruch — einerseits kaum übersetzbar, andererseits aber ziemlich modern klingend: »S.V.R.G.E.I.S.A.T.O.M.« (p. 19). Ist es eine andere Lesart, ist es eine Fälschung: um welchen Schriftgelehrtentrick handelt es sich?

Doch die Ereignisse überstürzen sich. Vier Kolosse mit Ketten, ein Herzogpaar mit einem einzigen spitzen Hut, ein Sigismund vom Deutschen Ritterorden führen einen Reigen auf. Stimmen sprechen davon, dass Sigismund Rom verlassen müsse. Es gelingt ihm, die beiden Herzogsleute auseinanderzureissen. Szenenwechsel. Neidhart, Pudlpudl und Hanswurst, Hexen und Teufel treiben heiteren und bösen Schabernack. Dann treten wir zum ersten Mal — mit Hanswurst — in den Untersberg ein. Der Kaiser — mit der Krone Ottos des Grossen — sitzt wie tot da, umgeben von seinen Fürsten. Im Hintergrund thront schon der Antichrist, umgeben von Demokraten und Kapitalisten. Der Tod tanzt die Fürsten zu Tode — es scheint, dass es mit dem Kaiser aus ist. Spielt diese Szene ein scheinbares Absterben der Kaisersage, so haben wir in der nächsten — aber nur erzählt — einen Versuch, den Kaiser aufzuwecken. Er gelingt nicht; aber es bleibt der Glaube an seine Auferstehung — in der Erzählung.

In der nächsten Szene wird das Interesse für das Innere des Untersbergs auf das Niveau von Aberglauben und Teufelsspuk gezogen.

Dann gelangt ein Mönch in den Untersberg und betet gegen den Untergang der Christenheit in Frankreich und Österreich. Der Kaiser mit seinen Zwergen und Raben. Neuerlich redet der Mönch von Frankreich und Österreich und fleht den Kaiser an, einzugreifen. Der aber vertröstet auf später.

Zwei Untersbergzwergen fällt auf, dass der Kirchenbetrieb im Berg nicht mehr funktioniert. Der Grund scheint darin zu liegen, dass jetzt eine Seilbahn gebaut wird. Die Arbeiter machen sich über den Hanswurst lustig, der nur zum Theaterspielen zu brauchen sei und deshalb eigentlich nur noch im Untersberg — nicht in der wirklichen Welt heraussen — seinen Platz habe. »Im Untersberg« und »Theater« werden so aufeinander projiziert: da drinnen ist die andere Welt, die es in Wirklichkeit nur auf dem Theater gibt. Hanswurst geht — halb unfreiwillig, halb vertrauensvoll — auf den Vorschlag ein und will sich von den Arbeitern den Eingang zeigen lassen. Mit dem Ergebnis, dass diese jetzt zu Theatermachern werden. Sie machen eine Felsentür aus Beton, bauen einen Sitz, basteln Gewand und Insignien sowie eine Pappendeckelfigur des Kaisers. Mit dem Gruss »Sieg Heil!« setzt ihr einer die »Krone des Tausendjährigen Reiches« (p. 46) auf. Der eine schlüpft in die Figur hinein, sie singen und trinken. Schliesslich setzen sie dieser Art von Kaisertheater die Krone auf, indem sich einer die Krone selbst aufsetzt, bevor sie gehen. In dieser Szene ist eine ganze Geschichte verdichtet: von der Selbstkrönung Napoleons bis zur Ausrufung des Tausendjährigen

Reichs im 20. Jahrhundert. Dann kommt Hanswurst dazu und sieht die schon etwas ramponierte Kaiserbescherung. Seine erste verblüffte, ambivalente Reaktion: »Da habn ma izzt alls was ma brauchn! Ja mir brauchn gar nit alls, was ma habn.« (p. 47). Dann sein Zorn über den Unfug der Arbeiter. Dann sein Mitleid mit dem armseligen Pappendeckelkaiser. Er will ihn vervollständigen, ihm Krone und Szepter wiedergeben, hat aber nur einen Schusterstuhl und einen abgebrochenen Haselnussstecken. Damit kann er den Kaiser zum verletzten Kaiser — sozusagen in der Richtung des verspotteten Jesus — vervollständigen. Aber dann ertönen Wehrufe. Zunächst vermutet Hanswurst eine Fortsetzung des Unfugs der Arbeiter. Allmählich bekommt er es mit der Angst zu tun. Schliesslich kommen aus dem Mund des Pappendeckelkaisers lateinische Satzbrocken — von der universalen Herrschaft Roms ... dann von seiner Ablösung durch den Antichrist und die Wiedergeburt Christi. Schliesslich scheint dem Kaiser — wie dem Ungläubigen Thomas — Christus zu erscheinen (An dieser Stelle vermerkt der Verfasser eine Erscheinung Christi am 2. XII. 1954) (p. 49).

Musikalisch und choreographisch, lateinisch und deutsch dann der Kreuzmarsch der Dämonen. Papst und Patriarch, Kaiser und Kaiserin besingen lateinisch das Inkarnations- und Kommunikationsunternehmen Jesu — wobei die zurückhaltende, relativ kontra-kommunikative Rolle Josephs hervorgehoben wird (vgl. pp. 55f.).

Es folgt — lateinisch und deutsch — der Kreuzmarsch der Engel, durch den ein Tuch gewebt wird. Es öffnet sich ein Tor: im Hintergrund der Antichrist, im Vordergrund die »Hemmschuhszene« (p. 60f.): Pudlpudl mit der unverwesten Leiche, Hanswurst mit der Kaiserkrone und (!) mit der »Lojalitätserklärung«. Links und rechts darüber, die Flaggen der USA und der UdSSR. Mit dieser Emblemmontage verweist der Verfasser — und Zeichner — auf den geschichtsspekulativen Kern, der seine Aufwärmung der Untersbergsage in eine Überwindung — vielleicht sollte man sagen: in eine Verwindung — dieser Sage übergehen lässt. Der »Hemmschuh« ist der *Katechon* des Zweiten Thessalonicherbriefs, als der bis ins Mittelalter der Kaiser, das Reich, interpretiert worden ist. Das Imperium hat den Lauf der Zeit hinauszuzögern, damit der Antichrist nicht zu früh komme — dessen Ankunft aber die Bedingung für die Wiederkunft Christi ist. Während die Untersbergsage die Wiederkunft, ja die Auferstehung (pp. 46, 71) des Kaisers in Aussicht stellt, die nach einer letzten Schlacht einen tausendjährigen Frieden sicherstellt, verkündet Paulus die Wiederkunft Christi — die aber nach der mittelalterlichen Interpretation mitsamt ihrem Antichrist-Vorspiel durch das Imperium tunlichst hinausgeschoben werden möge. Erst wenn der *Katechon* — der Kaiser — hinweggeräumt wird, können Antichrist und Christus kommen.[6]

Noch aber ist es nicht so weit. Die Auseinandersetzung zwischen der millenaristischen Verheissung des wiederkommenden Kaisers und der eschatologischen Verheissung des wiederkehrenden Christus, die das Motiv der Beunruhigung, ja der Chaotik unseres Stückes (vielmehr unserer Nacht) ist, geht noch weiter.

Wir erleben zwar eine Krönung des Kaisers und der Kaiserin (!) im Salzburger Dom. Aber anstatt der eigentlich fälligen Schlacht — wenn es sich wirklich um die Wiederkunft des Kaisers handeln würde — wird uns gesagt, dass das Ganze von den »Spielern des Unterberglertheaters« vorgeführt wird (vgl. p. 61). Das Theater im Theater kompliziert sich und ebenso die dazugehörige Krone:

> Die Krone gleicht einer halbentblühten Blumenkrone nach oben halb geöffnet mit goldenem Stempel in der Mitte. Vom Kronengrund, der Stempel durch sie hindurchgehend, trägt sie drei Kronen übereinander in kleinerer Form. Die Krone Karls des Grossen, die Krone 1602, die Dornenkrone und auf der Spitze des Stempels einen Stern zum Zeichen des Erstgeborenen. Auf den vom unteren Kronenreifen aufstehenden seitlich aufwärts gewölbten vier Einfassungsblättern befindet sich in Reliefdarstellung das Danielsche Visionsbild der vier vorchristlichen Weltreiche mit ihren Symbolen ... (p. 61f.).

In der nächsten Szene eine Beschwörung der Wiederkunft des Kaisers durch einen alten Bauern auf dem Walserfeld. Dann bittet der Mönch Zosimus, ehemals Kunz von Rosenmund, seinen Abt, dass er seine ehemalige Braut noch einmal sehen dürfe. Die ist inzwischen Nonne in einem Kloster, wo gerade das Hohe Lied gesungen und kommentiert wird. Die beiden sehen einander, dann sterben sie. Pudlpudl verflucht Neidhart. Neidhart erfährt noch vor seinem Tode, dass nicht Hanswurst, sondern Kunz »seine« Blaue Blume genommen hatte. Auch andere kämpfen mit dem Teufel, sterben. Hanswurst verabschiedet sich.

Aufgrund eines Traums des Verfassers am 19.-20. 12. 1963 gibt es noch ein winziges Nachspiel (und eine grosse Zeichnung): eine Art Auferstehung von Kunz und Kunigund — mit der Krone — aus dem gemeinsamen Grab auf dem Untersberg. Diese »Blaue Blume« deckt Hanswurst mit seinem grossen spitzen Hut zu. Damit schliesst sich *ein* Kreis — nennen wir ihn den Kreis der Liebe, und gleichzeitig vollendet sich die eine Genealogie: die der Blauen Blume, jenes tiefen Symbols der Romantik, von dem wir dank dieser eher unromantischen *Geschichtsklitterung* wissen, aus wievielen Schichten es zusammengesetzt ist: im Minnespiel des Mittelalters ging es um das unscheinbare Vergissmeinicht (vgl. p. 7), das erst dadurch, dass es zugedeckt wurde (von wem?), die Sichtbarkeit erlangte, dass es gepflückt werden konnte (von wem?). Wenn nun aufgrund eines nachträglichen Traums des Verfassers zwei Liebende aus ihrem Grab als die eine Blaue Blume auferstehen — aus dem Berg, der das Riesengrab des Kaisers ist, so ist es Hanswursts letzter Akt — in dieser Nacht, dieses Gewächs zuzudecken und damit die bergende Kraft des Berges zu erneuern und zu erhöhen — wie es sonst Burgen tun.[7] Hatte er doch seinerzeit — durch Chruschtschow — die unverweste Leiche des Heiligen Römischen Reiches aufgedeckt, die sich dann sofort in die Blaue Blume verwandelte, als welche sie von Pudlpudl (Hanswursts wohl nicht unproblematischer Liebe) entführt und daheim eingepflanzt worden ist — allerdings als typische und stachelige Zimmerpflanze.[8]

Was in dieser metamorphotischen und dramatischen Genealogie der Blauen Blume angezeigt wird, ist: dass die Romantik »nur« die riesige geistesgeschichtliche Seifenblase um ein winziges negatives Ereignis gewesen ist: die Niederlegung der Kaiserkrone.

Die Untersbergsage sagt, dass der Berg den Kaiser birgt, hält, schlafen lässt, unsichtbar macht. Genau das sieht man auch, wenn man den Untersberg sieht. Man sieht nämlich den Kaiser nicht. Der Berg birgt. Allerdings sagt die Sage auch, dass das, was im Untersberg niedergelegt ist, irgendwann aufwachen, aufstehen und heraustreten wird. Die im Berg, die vom Berg zurückgehaltene Kraft wird heraustreten und heraussen— auf dem Walserfeld— die Welt verändern— und zwar gewaltsam— und zwar zum Frieden. Die Sage spricht gewissermassen von drei Phasen: erstens vom Schlaf des Kaisers, der aber — zweitens — von der Ungeduld der Menschen immer wieder unterbrochen werden möchte, die zur letzten Schlacht, weil zum sicheren Frieden, drängen[9]—damit eben dann — drittens — das Reich des Friedens anbreche. Man kann annehmen, dass die Ungeduld und das Drängen zur letzten Schlacht das erste Motiv zum Sagen der Sage gewesen ist.[10] In einer biedermeierlichen, fast möchte man sagen stifterlichen Fassung aus dem frühen 19. Jahrhundert überwiegt allerdings das Hoffen — der Sage zum Trotz, dass der Berg weiterhin fest und geschlossen stehen bleiben möge (siehe unten C).

Das dritte Moment der Sage hätte bekanntlich vor kurzem durch das Tausendjährige Reich realisiert werden sollen. Nach gewonnenem Zweiten Weltkrieg hat Adolf Hitler tatsächlich von Schloss Klessheim auf dem Walserfeld aus der Welt den Frieden diktieren wollen — entsprechende Ausbauten wie unterirdische Gästeräume (nicht ohne Abhöranlagen) und eine Bahnlinie sind schon angelegt worden.

Die Spannung zwischen diesen drei Momenten, die in der Sage steckt, wird nun von unserem Theater dynamisiert, letzten Endes zur Explosion gebracht— letzten Endes, indem es sie mit einer anderen Geschichtsspekulation konfrontiert, welche die Bedeutung des Kaisers aufs äusserste reduziert, da sie anstatt auf die Auferstehung des Kaisers auf die Wiederkunft Christi setzt.

Wie wir gesehen haben, wird zwar die Wiederkunft des Kaisers immer wieder, in verschiedenen Versionen und auf verschiedenen Sprechebenen herbeigeredet und beschworen — aber gerade das lässt schon ahnen: es wird nichts. Die grosse Konkurrenz zwischen der Wiederkunft des Kaisers einerseits und dem Erscheinen des Antichrist und Christi andererseits wird nur zurückhaltend angedeutet.

Es ist gerade der harmlose und ziemlich unheroische Hanswurst, der dauernd dazwischen kommt und in die Geradlinigkeit der millenaristischen Verheissung Sand streut. Letzten Endes ist er es, der die auferstehenwollende Krone mit seinem gewöhnlichen Hut zudeckt. Er tut also genau das, was der Untersberg auch tut, solange er hält. Er hält auf: *Katechon*.

Weltimmanent gesehen besteht aber die beste »Garantie« gegen die Wiederkehr des Kaisers darin, dass das Kaisertum selber »hält«— was ja gerade die Aufgabe ist, die ihm von der *Katechon*-Spekulation zugewiesen wird. Der Kaiser braucht gar nicht auferstehen, wenn sein Reich, wenn sein Erbe möglichst unverwest, unversehrt weiterexistiert. Aus diesem Grunde »propagiert« der Verfasser gegen den Millenarismus vom wiederkehrenden Kaiser einen nicht nur naiv-treuherzigen, sondern auch zynisch-realistischen »Monarchismus«, demzufolge das Imperium nicht verstorben ist, sondern gerade in unseren Tagen endlich weltweit wird.

Unmittelbar im Anschluss an das Nachspiel mit dem Zudecken der auferstehenwollenden Krone bemüht der Verfasser — sozusagen in informellen Nachworten — Nachweise, dass das Heilige Römische Reich, obwohl es keine Erb-, sondern eine Wahlnachfolge kannte, immer von direkten Nachkommen - jedenfalls in weiblicher Linie[11] — Karls des Grossen regiert worden ist (vgl. p. 80). Ferner den Nachweis, dass das Haus Österreich diese Nachfolge bis zum heutigen Tag weitertrage — wobei nicht ausgeschlossen ist, dass Österreich überhaupt besonders viele der »Millionen« (ebd.) Nachfahren der Karolinger beheimate. Schliesslich geht der Verfasser soweit — aber damit er hat schon in seiner grossen Einleitung begonnen —, in den beiden heutigen Supermächten die Fortsetzung des Römischen Reiches zu erblicken. Wie wir gesehen haben, steht der Hanswurst als »Statthalter« des *Katechons*[12] (Statthalter des Aufhalters) unter den beiden Flaggen der USA und der UdSSR (p. 60).[13] Auch wenn der Verfasser in der Spannung zwischen den beiden Supermächten nicht unparteiisch bleibt, erblickt er in dieser Reichsspannung selber den

Fortschritt des zweibeinigen Reiches ... Bald ist das Gewicht der Gewalt im Osten, bald im Westen. Heute fängt der Westen an mit der Aufrüstung des Weltalls, der Osten hebt einstweilen das Bein auf, um es wieder später niederzusetzen, die Gegenrüstung zu beginnen.[14]

Das ist das Ende der Thomasnacht: manche haben geliebt; die meisten sind gestorben; man hat versucht, den Kaiser im Untersberg aufzuwecken und zur letzten Schlacht herauszukriegen. Aber es geht nicht. Nur Hanswurst bleibt munter und sogar aktiv. Zuletzt deckt er die Blaue Blume zu.

Wer ist Hanswurst, dass er die Rolle des bescheidenen, des zurückhaltenden Akteurs so gut, so stark spielen kann — dass er, wie es scheint, den Gang der in der Sage vorgesagten Dinge aufhalten kann? Diese Frage nach der Stärke des Hanswursts lässt sich wohl nur beantworten, wenn man sich die Eigenschaften seines Agierens genauer anschaut. Seine Stärke ist wohl seine Naivität, seine Unverdorbenheit, seine Langsamkeit, seine Lustigkeit, seine Arbeitsamkeit.

Wer aber ist der Verfasser, dass er diese Hanswurstrolle übernehmen und aktivieren hat können? Der Hanswurst ist zuerst nur die Rolle, die um 1700 Joseph Anton Stranitzky geschaffen hat, von dem man nicht genaus weiss, ob er in Knittelfeld oder in Graz geboren ist,[15] der aber als Steirer in der Wiener Universität immatrikuliert war, wo er 1706 das Examen als »Zahn- und Mundarzt« abgelegt hat. Die beiden Gewerbe des Zahnbrechers und des Gauklers waren damals häufig vereint. Schon 1699 taucht er in München als Besitzer eines Augsburger Marionettentheaters auf und 1705 erscheint er als Hanswurst im »Neueingerichteten Zwergenkabinett« von Elias Baeck aus Augsburg. Seit 1711 steht er dem neuen Kärntertortheater in Wien vor. Seine Truppe, die »Teutschen Komödianten«, spielen volkstümlich gewendete Haupt- und Staatsaktionen, auch Faust- und Don Juan-Dramatisierungen. Darin spielt Stranitzky, der der Unternehmer, also der Impresario, war, die beigeordnete Rolle des Hanswursts, der aus der Position der Fremde, des Aussenseiters, extemporiert.

Um noch fremder zu sein, legt sich der Hanswurst eine eigene »Genealogie«[16] zu, die mit der Biographie Stranitzkys nichts zu tun hat. Wie er in seiner »Lustigen Reyss-Beschreibung / Aus Saltzburg in verschiedene Länder«[17] berichtet, war er vorher Knecht beim Salzburger Bauern Riepel, der ein Krautbauer gewesen sein muss, weil das Krautschneiden dort eine Hauptarbeit war. Als er vom Riepel seinen Abschied nahm, rühmte er sich seiner Herkunft: »Ich bin von einem heldenmütigen Geschlecht / des Sauschneiders Jodels gewesener Oberknecht.«[18] Diese Aussage lässt uns zwar im Unklaren darüber, ob sie ein Abstammungs- oder ein früheres Dienstverhältnis definiert; sie führt uns aber sicher in eine andere Gegend des Salzburger Landes, in die übrigens auch die Tracht des Hanswursts besser passen dürfte: nämlich in den Lungau. Die Bewohner des Dorfes Zederhaus sollten sogar wenig später von Maria-Theresia das Privileg für die Ausübung des Sauschneidergewerbes bekommen. Diese ländliche, ja ausländische Herkunft (Salzburg gehörte damals noch nicht zu Österreich — weshalb ja dann Mozart nach Wien »flüchten« konnte) legte sich Stranitzkys Hanswurst zu, um in Wien sein Gegentheater zu bestreiten.

Während jener Hanswurst wahrscheinlich aus Zederhaus stammte, stammt Valentin Pfeifenberger tatsächlich aus Zederhaus. Er ist also der nachträglich echte Hanswurst[19]

B

Der Entwurf zur Johannisnacht ist nur bis zum Entwurf gediehen. Er enthält nur wenige Szenen — darunter die Einschmelzung aller Kronen (vgl. pp. 83ff.). Und zuletzt die Hinwegräumung des *Katechons*. Nachspiel: Hanswurst »presst sein Leinpäcklein aus und das Öl rinnt heraus ...« (p. 99)[20] Zuallerletzt wird auch dem anfangs (p. VI) geschmähten Censor gedankt. Er heisst »Dr. Karl der Grosse BERG« (p. 100).

C

Und wie diese Sage bereits aus grauer Vorzeit herrührt und sich besser erhalten hat, so wird diesselbe auch fortan ihre bleibende Existenz haben, so lange dieser kolossale Riesenberg mit seinen vielen grauen Wänden, tiefen düsteren Klüften und Schluchten, schroffen Enden, Zacken, dunklen Wäldern und geheimnissvollen Grotten und Höhlen die dortige Gegend und deren guthmütige Bewohner mit seiner ernst gebieterischen und zugleich geheimnissvollen Miene beherrscht.[21]

Anmerkungen

1 Zu Valentin Pfeifenberger: Im Untersberg. Entwurf zu einem Zeitrusticale (Tamsweg 1971) (In Klammern gesetzte Seitenangaben beziehen sich auf dieses Werk).

2 Vgl. Walter Zitzenbacher: Hanswurst und die Feenwelt. Von Stranitzky bis Raimund, Graz, 1965, 5ff. Vgl. auch Erner Promies: Der Bürger und der Narr oder das Risiko der Phantasie. Sechs Kapitel über das Irrationale in der Literatur des Rationalismus, München 1966.

3 Briefliche Mitteilung des Verfassers.

4 Wie sie — anderswo — von Kaiser Friedrich I., hintergründiger — und weniger ortsgebunden — von Kaiser Friedrich II. umgeht. Nach Kantorowicz ist »ein der Eryträischen Sibylle zugeschriebenes Vaticinium, das bald nach dem Tode Friedrich II. entstanden sein mag ... die früheste Spur der Sage vom fortlebenden Kaiser.« Diese sei nach 1519 dann auf Friedrich Barbarossa übertragen worden ... Ernst H. Kantorowicz: Zu den Rechtsgrundlagen der Kaisersage. in: ders.: Selected Studies, Locus Valley, New York, 1965, p. 291f.

5 Der Untersberg bei Salzburg. Dessen geheimnissvolle Sagen der Vorzeit, nebst näherer Beschreibung dieses berühmten Wunderberges, Burghausen, o. J, p. 24.

6 Die alte Geschichtsspekulation um den *Katechon* ist ausser von Valentin Pfeifenberger vor allem von Carl Schmitt in Erinnerung gerufen worden. Siehe neuerdings dazu Jacob Taubes (Hg.): Religionstheorie und Politische Theologie Bd. 1: Der Fürst dieser Welt. Carl Schmitt und die Folgen, pp. 92, 173; Carl Schmitt: Beschleuniger wider Willen. in: Tumult Zeitschrift für Verkehrswissenschaft 7, Der Planet, Wetzlar, 1983.

7 Siehe dazu Walter Seitter: Malen, bergen, zeigen. in: Willi Fromberger: Cöllnischer Umber. Michael Zepter: Schwarze Landschaften, Essen, 1984.

8 Die Zeichnungen des Verfassers gehen in mehrfacher Hinsicht über den Text hinaus. So zeichnet er die Zimmerpflanze als vierfach gegabeltes Gewächs: die beiden aufgestellten Sarghälften und dazwischen stehend Kaiser und Kaiserin, beide gekrönt — also nach Kaktusart mit Auswüchsen versehen. Überhaupt spielt die Kaiserin eine sichtbare Rolle — obwohl es sie eigentlich nie gegeben hat.

9 Vgl. dazu Walter Seitter: Von einem Pazifismus zum andern (Ms. 1983).

10 So jedenfalls ist diese Sage, ist »Karl der Grosse, der in seinem Grab eingeschlafen ist und aufwachen wird, um den gerechten Krieg wiederzubeleben«, von Michel Foucault in die grosse millenaristische Vorstellung des Mittelalters eingeordnet worden. Michel Foucault: Vom Licht des Krieges zur Geburt der Geschichte. Hg. von Walter Seitter, Ms. 1984, p. 14.

11 »In weiblicher Linie blühen sie alle.« (p. 80)

12 Wenn das Imperium keineswegs gefallen ist, ein Kaiser aber nicht in Sicht ist, nennt man das »Imperialismus«: Reich ohne *Katechon*. Eine solche Situation macht die Rolle des Statthalters des Aufhalters erst möglich.

13 Direkt nebeneinander krönen diese beiden Flaggen das Feldzeichen eines anderen zeitgenössischen, eines sehr hauptstädtischen, extrem römisch auftretenden »Clowns« (laut eigener Aussage): WALULISO.

14 Briefliche Mitteilung des Verfassers.

15 Die folgenden Ausführungen stützen sich auf Walter Zitzenbacher: op.cit., aber auch auf den dort zitierten Hanswurst — aber auch auf Valentin Pfeifenberger selber.

16 Walter Zitzenbacher, op.cit., p. 8.

17 Walter Zitzenberger, op.cit., p. 17.

18 Walter Zitzenbacher, op.cit., p. 18.

19 Dies bezeugt inzwischen das »Zederhauslied« von Willy Gödtler und Valentin Pfeifenberger.
20 Dieses allerletzte Nachspiel setzt — vereinsamt — dasjenige fort, das — paarweise — schon vor dem Anfang in Gang war (pp. XIII, XIV). Eine Analyse der beiden Nächte hätte gerade die *Paare* und die *»Schnitte«* (p. 99) zu erforschen.
21 Der Untersberg bei Salzburg. Dessen geheimnissvolle Sagen der Vorzeit, nebst näherer Beschreibung dieses berühmten Wunderberges, Burghausen, o. J., p. 45.

THERESIA KLUGSBERGER

Die Einbildungen der Melusine-Figur in die Geschichte

*nachdem und ich euch angezeigt habe, dass die
Frauen sich selbst mit dem Imaginieren auch
dahin bringen, dass sie anderes gebären, denn
es sein soll — was aber im selbigen geschieht, das
ist alles geseelt und nicht ohne Seele, ob sie schon
sehr bös und ungeschlacht imaginieren.*

Paracelsus

Jaques Le Goff ordnet die Bearbeitungen des Melusine-Stoffes im Spätmittelalter: Couldrette stützt sich auf zwei lateinische Bücher, die er im »Turm von Magrebon« gefunden habe und die ins Französische übersetzt sind, sowie auf ein anderes Werk, das ihm der »Comte de Salz et de Berry« (der Graf von Salisbury, der auch von Jean d'Arras als Informant genannt wird) verschafft habe. ... Jean d'Arras nennt als seine Quelle ebenfalls Bücher, »die wahren Chroniken«, die ihm sowohl der Herzog von Berry als auch der Graf von Salisbury überlassen haben, und »mehrere Bücher, die gefunden wurden«. ... Doch fügt er hinzu, er habe die wahren Chroniken durch das erweitert, was »unseren Vorfahren gesagt und erzählt wurde«.[1]

Thüring von Ringoltingen aber beruft sich auf Couldrette, führt dessen Vorlagen an und übersetzt im Auftrag des Markgrafen Rudolph von Hachberg die Geschichte der Melusine im Jahr 1456, erstmals gedruckt um 1477.

Schon vor der Auflösung dieser Aneinanderreihung in einen Kontext kristallisieren sich zwei Brennpunkte heraus: erstens die Absicherung durch die Zitate der historischen Quellen, zweitens die Geschichte der Melusine, die, aus einem gegenwärtigen Blickwinkel, in den Bereich der fiktiven Wesen gehört, und deren Bedeutung sich in wesentlich anderen Verfahren konstituieren müsste als in jenen der erzählenden Chroniken. Dennoch gelingt es nur schwer, die beiden Geschichten, wie sie in dem oben erwähnten Prosaroman des Schriftstellers Jean d'Arras *La noble histoire de Lusignan* oder *Le Roman de Melusine en prose* (1387 bis 1394) und in dem Versroman des Pariser Buchhändlers Couldrette (geschrieben zwischen 1401 und 1405) *Le Roman de Lusignan de Parthenay* und somit in der Vorlage zu Thüring von Ringoltingens *Die Historie von der schönen Melusina*[2] aufscheinen, anschaulich zu trennen. Nur unter Vernachlässigung der »geschichtlichen

Anteile« an der Geschichte in den erwähnten Versionen kann man noch von einem »reinen Kern« der Mythen- und der Märchenvarianten der volkstümlichen Überlieferung sprechen, der darin besteht, dass ein Wesen aus einer anderen Ordnung sich mit einem Menschen vermählt und nach einem bestimmten Ereignis verschwindet. In der Logik der Strukturanalyse, wie sie Le Goff in Anlehnung an das Schema von Vladimir Propp ansatzweise demonstriert,[3] ist auch der Held der Erzählung eindeutig die männliche Figur. Der *Einsatz* der Geschichte ist nicht die Abstammung Melusines aus der Ehe der Fee Presine mit dem König von Schottland, sondern der Graf von Poitiers, der seinen Neffen Reimund als Ziehsohn annimmt und von diesem durch ein Unglück während einer Jagd getötet wird. Der Graf von Poitiers aber sieht kurz zuvor als gelehrter Astronom ihrer beider Schicksal in einer überraschenden Sternenkonstellation voraus. Auf diesem Hintergrund erfährt das Auftauchen Melusines am Durstbrunnen, wo sie Reimund tröstet und ihm unter zwei Bedingungen Glück und Wohlstand verspricht, in gewisser Weise eine wissenschaftliche Legitimation; Wissen und Wunder entsprechen einander. Erst mit den Bedingungen kommt das Wunderbare in die Geschichte: ausser der Heirat mit Reimund muss sie jeden Samstag die Möglichkeit haben, sich alleine und unbeobachtet zurückziehen (da sie zur Strafe für die Ungehorsamkeit gegen ihre Mutter an diesem Tag halb Frau, halb Schlange sein muss und nur durch die Ehe und die Erfüllung der zweiten Forderung von dieser Verdammnis erlöst und zur sterblichen Frau werden kann — teilweise eine Wiederholung des Schicksals von Presine). »Die« Geschichte und Melusines Geschichte werden ständig miteinander verwoben, wenn Melusine das Schloss Lusignan, das Kloster Malliers und Städte gründet und die Heldentaten ihrer Söhne beschrieben werden, die sich z.T. durch Kämpfe gegen die Heiden und belohnender Einheirat Königreiche und Fürstentümer erwerben — so wird Urion König von Zypern, Guion König von Armenien und Renaud König von Böhmen.

Die Unsicherheiten in der Kategorisierung scheinen hier ihre Ursachen zu haben. Die Verwandtschaft mit Mythen aus anderen Kulturkreisen ist schon vor langer Zeit festgestellt worden,[4] für Le Goff handelt es sich eindeutig um ein Zaubermärchen mit einer mythologischen Matrix. Der Unterschied zwischen beiden liegt vor allem im Aufbau der Gegensätze, die in den Märchen auf lokalen, sozialen oder moralischen basieren, in den Mythen eher auf kosmologischen, metaphysischen und natürlichen. »Zweitens, und gerade weil das Märchen in einer abgeschwächten Übertragung von Themen besteht, deren verstärkte Realisierung das Merkmal des Mythos ist, unterliegt das erstere weniger streng als der zweite der dreifachen Beziehung der logischen Kohärenz, der religiösen Orthodoxie und des kollektiven Drucks.«[5] Den höchsten Anteil an Historizität birgt der Terminus »historische Sage«,[6] die sukzessive Steigerung Mythos— Märchen — Sage — historische Sage scheint einen Endpunkt erreicht zu haben, wenn man bedenkt, dass sich die Sage per Übereinkunft ohnehin schon vom Märchen durch ein Haften an Bekanntem und Bewusstem, an einem Ort oder einem durch die Geschichte gesicherten Namen unterscheidet (Grimm). Je näher die schriftlichen Variationen eines Motivs der Neuzeit rücken, desto »wahrer« scheinen sie zu werden. Erst die quantifizierende Methode könnte den Ausweg aus dieser etwas simpel erscheinenden Proportionalität von zeitlicher Nähe und Wahrheit zeigen: In dem »wissenschaftlich-phantastischen« Roman *Stern der Mütter*[7] wird, ausgehend von dem Abschiedsbrief einer Frau, die Möglichkeit der Existenz weiblicher Wesen auf einem anderen Stern in einem anderen Sonnensystem bewiesen, die sich durch die Fähigkeit auszeichnen, ohne Raumschiff den Weltraum zu durchqueren und die in den Märchen als »Schwanenjungfrauen« die Gestalt des noch Unerklärbaren angenommen haben. 144 Märchen werden überprüft: »Dabei zeigte sich erstens in allen hundertvierundvierzig Fällen Übereinstimmung darin, dass dort die erwähnten Wesen entweder einen weissen Schleier oder ein Schwanengewand besassen. ... Zweitens: Stets war beim ersten Auftreten der Fremden ein Wasser erwähnt, entweder ein Teich, ein See oder ein Fluss. ... Drittens: ...«[8] Die phantastischen Elemente lassen sich in Verbindung mit naturwissenschaftlicher Spekulation (ein Vorhandensein von Antigravitronen, die in Verbindung mit Wasser und einem bestimmten Gewebe den gewissen Schleier erzeugen, ist noch Vermutung), der Überzeugungskraft von Zahlen und der wissenschaftlichen Präsentation in ein neues, völlig unterschiedliches System einordnen. In der Fiktion bewirkt die Statistik und der seriöse Gestus dasselbe wie für Ringoltingen die Aufzählung der Genealogie, der Kämpfe, die Erwähnung der Chroniken und die Zitate von Aristoteles bis Hiob (und von Le Goff bis Bovenschen): die Schwanenjungfrauen und Melusine werden *wahr*.

Nun habe ich seitmals und auch von einem des Geschlechts, genannt der von Erlach, gesehen und gehört, der da in viel Schlössern, die Melusina erbauet hat, als dieses Buch beweiset, gewesen ist und gesehen hat, nämlich und des ersten Lusinien, Favent, Mervent, den Turm zu Mavent und Rochelle, ... Fürbass hat er auch gesehen die Kirchen, die Melusina gebauet hat zu Lusinien. ... Und mich bedünket aller der Historien (Anm.: von Iwan und Gawan, von Lancelot, Tristan, Parzival usw.) keine fremder noch abenteuerlicher zu sein denn diese. Besonders so halt ich davon mehr denn von den andern allen von Sach wegen, dass die vorgemeldten grossen Geschlechter alle daher kommen und erboren sind. Darum nun das Buch für ein Wahrheit geschrieben und erzählt werden kann.[9]

Die Funktion der Figuren in der Geschichte entspricht auf diesem Hintergrund undurchdringlicher Verflechtung von historischen Fakten und deutender Fiktion[10] nicht mehr jener auf dem Raster eines Zaubermärchens. Auch die des Helden lässt sich nicht mehr eindeutig bestimmen, sie spaltet sich in zwei Komponenten auf: für die Geschichte der Melusine wird sie von Reimund besetzt, für die Erstellung der Chronik wird die Natur der Melusine, die sich in ihrer Funktion im Text enthüllt, bedeutsam. In dreifacher Hinsicht bringt sie Fruchtbarkeit; Fruchtbarkeit, die in erster Linie *nicht* als biologische verstanden werden darf, sondern als *kulturschaffende*.

Zunächst gilt sie als die Gründerin von Städten, Schlössern und Burgen, die unter ihrer Anleitung und Aufsicht erbaut werden; ein Verdienst, das ihre Wiederkehr als »Zeichen der Geschichte« (rechtfertigt und) erscheinen lässt. »Wenn man mich sieht in der Luft schweben ob dem Schloss Lusinien, so sollet ihr gewiss sein, dass desselben Jahres so wird das Schloss einen andern Herrn gewinnen. Und wenn man mich in der Luft nit erkennen kann, so wird man mich aber bei dem Durstbrunnen sehen.«[11] Es ist dieser Aspekt, der eindeutig eine Position diesseits des *Zaunes zwischen Wildnis und Zivilisation* bezeichnet, von dem die beiden anderen Funktionen jedoch nicht unberührt sind. Der Durstbrunnen als der Ort, an dem Melusine in die Geschichte eintritt — dies ist übrigens der zweite Aspekt — befindet sich im Wald; der Wald aber, der in der mittelalterlichen Literatur und Kunst das Chaos, die Wildnis und das Unbewusste vorstellt,[12] wird in diesem Kontext zum Beweis der Fruchtbarkeit Melusines, die dessen Urbarmachung garantiert.[13]

Auch die Begründung einer Genealogie — der dritte Aspekt ihrer Fruchtbarkeit — repräsentiert nicht allein eine *natürliche* Funktion. Sie gebiert zehn *Söhne*, die ihre geschichtliche Bestimmung erfüllen; Genealogien können eben sinnvoll nur von Söhnen weitergeführt werden. Hierin erweist sich jedoch die Trennung zwischen Natur/Kultur als kulturelle Distinktion. In ihrer Struktur beschreiben die zweite und die dritte Funktion eine andere Zuordnung der Frau in dieser Unterscheidung, da beide auf deren Vermittlerfunktion zwischen Natur und Kultur rekurrieren.

In einer doppelten Vermählung bringt Melusine die Kultur hervor: als Mischwesen aus Wunderbarem und Realem, Tierischem und Menschlichem, ermöglicht ihr die Ehe mit einem Menschen ihren kulturellen Einsatz. Sie selber scheitert in ihrem Versuch, eine sterbliche Frau mit einer unsterblichen Seele und damit Mensch zu werden; ihre Spuren »Kultur«, »Realität«, »Kontinuität« (in ihren **Söhnen**) sind dauerhaft sichtbar im Gegensatz zu dem (schwebenden) Zeichen in der Luft, das auch das Phänomen des Ausschlusses bezeichnen könnte.

Dieses Scheitern der Melusine (und der »Kleinen Meerjungfrau« in Hans Christian Andersens Märchen) in ihrem Versuch der Mensch-Werdung nimmt Luce Irigaray als Ausgangspunkt für ihre Reflexionen über *Göttliche Frauen*.[14] Für sie ist die Bevorzugung des Sichtbaren, der Bilder der Repräsentation des Menschen und der Welt, ein konstituierendes Moment der Geschichte, in welchem ausgeschlossen wird, was der erste unserer Sinne begründet: das *Berühren;* damit wird auch aus unserem Denken unsere Beziehung zum Meer, zur Luft, zur Erde und zum Feuer verdrängt. In *L'eau et les rêves (Das Wasser und die Träume)* unterscheidet Bachelard nach den zwei Achsen, auf denen sich unsere Imaginationskräfte entwickeln, zwischen einer *imagination formelle* und einer *imagination matérielle*. Die Kräfte der zweiten Imagination »*creusent le fond de l'être; elles veulent trouver dans l'être, à la fois, le primitif et l'eternel.*«[15] Die Träume um das Wasser, in dem die Frauen als »Substanz-Mutter des Wortes der Menschen-Männer«[16] gefangen sind, werden zu Träumen, in denen die Frau diesem Element entsteigt und durch die Schaffung einer transzendenten Gottheit *für* die Frauen Subjekt und somit göttlich werden kann, da beides untrennbar verbunden ist; ein Subjekt, das beides, Materialität und Transzendenz, in sich vereinigen kann. »Nach der vollständigen Umhüllung durch *Wasser* während unseres vorgeburtlichen Aufenthaltes im Mutterleib sollten wir, nach und nach, die Umhüllung aus *Luft* an unserem irdischen Aufenthaltsort entwerfen. ... Luft, in der sich unsere Erscheinungen, unsere Bewegungen entfalten.«[17] Melusine also als Schlüssel weiblicher Identität oder besser Non-Identität, in der fehlenden Seele begründet. Die Utopie einer neu zu imaginierenden Instanz (welche, sozusagen als Nebeneffekt, die sexuelle Differenz (un)endlich eindeutig fixieren würde), nähert sich einer metaphysischen Denkweise, mit der auch die Archäologie der Kunstproduktionen von Weiblichkeiten verwischt wird. Doch »soll die Utopie nicht von Zügen gegenwärtiger Verzerrung entstellt sein, muss die Archäologie die Spuren, Boden sichern.«[18] Die Utopie, die Irigaray von der *Figur* der Melusine ausgehend entwickelt, restauriert Sinn (und hält ihn in Gang), der genau die Tragik dieser Figur ausmacht und in seinem Ewigkeitsanspruch auch zu deren Verwendbarkeit als Alltagsmythos beiträgt. Einer Figuration der *imagination matérielle* wird die Fähigkeit zugesprochen, das Geheimnis für die Verbindung von Elementarem und Ewigem in den Frauen zu enthalten. Die Suche nach dem einen Sinn des Mischwesens Melusine muss diese zuerst einmal aus ihrer **strukturalen** Position in der Erzählung lösen. In der Version von Ringoltingen würde dies letztendlich auch eine Vernachlässigung ihrer kulturellen Funktion sowie der Ungeschiedenheit von Fiktion und Realität verlangen.

In einer Denkweise, in der die *Ähnlichkeit* zum grossen Teil die Exegese und Interpretation der Texte leitet, »das Spiel der Symbole organisiert, die Erkenntnis der sichtbaren und unsichtbaren Dinge gestattet und die Kunst ihrer Repräsentation bestimmt«,[19] versucht Paracelsus die Elementargeister (zu denen er auch die Melusinen oder Undinen zählt) zuzuordnen und ihren Sinn zu ergründen:

> So ist aber von diesen auch zu verstehen, dass sie, wiewohl Geist und Mensch, doch aber keins von beiden sind. Der Mensch hat eine Seel, und ist doch dem Geist nit gleich, denn der hat aber eine. Die Kreatur aber ist die beide, aber keine Seel, und ist doch dem Geist nit gleich, denn der Geist stirbt nit, die Kreatur stirbt aber. Wieder ist sie dem Menschen nit gleich, sie hat die Seel nit, sie ist ein Vieh, — und aber über dem Vieh; ... Denn sie sind allenwegs wie die Menschen, allein ohne Seel, und besser denn der Mensch, denn sie sind wie die Geister, die niemand heben kann.[20]

Die Welt ist für Paracelsus mit göttlichen Zeichen bedeckt, mit sichtbaren Formen, die die Welt der Dinge zu erkennen ermöglichen und die Natur sprechen lassen. Sowohl die Signaturen als auch die bezeichneten Formen sind hier Formen der Ähnlichkeit, und diese zu erkennen, heisst gleichzeitig zu interpretieren. Mit Hilfe des Systems der Ähnlichkeiten (nach Foucault: conventia, aemulatio, Analogie,

Sympathie/Antipathie) und deren Überlagerung lässt sich der Raum der Elementargeister sowohl in ihrer jeweiligen Einheit als auch in ihrer Beziehung zum gesamten Kosmos beschreiben. Folgendes Beispiel mag der Anschauung dienen: Jedes Chaos (Lebens-Element) hat seine beiden Sphären (Himmel und Boden = obere und untere Grenze). Für die Feuergeister ist die Erde der Boden, Luft ihr Himmel und Feuer ihr Chaos; die Erdgeister haben die Erde als ihr Chaos, die Luft als ihren Himmel, das Wasser aber als ihren Boden, denn die Erde steht im Wasser; die Luftgeister sind den Menschen am nächsten, denn die Erde ist ihre untere Grenze, der Himmel ihre obere und die Luft ist ihr Chaos; die Wassergeister haben die Erde am Boden, Wasser als ihr Chaos und die Luft ist ihre obere Grenze. Die semiologische Tätigkeit des Auffindens und der Ordnung der Zeichen, der Definition, der Erkenntnisse ihrer Verbindungen, ist durch die göttliche Vorsehung nicht mehr von deren hermeneutischer Sinnexegese zu trennen, die diese Zeichen verstreut und dem Menschen sichtbar gemacht hat. Denn der Mensch »ist der grosse Herd der Proportionen, das Zentrum, auf das die Beziehungen sich stützen und von dem sie erneut reflektiert werden«[21] — letztlich derjenige, *für* den die Dinge erscheinen: »der Mensch erscheint niemand dermassen, wie die Ding dem Menschen erscheinen«.[22] Das gesamte *Liber de nymphis, sylphis, pygmaeis et salamandris et de caeteris spiritibus* ist daraufhin konzipiert, den Beweis für die Nähe des Menschen zu Gott zu erbringen.

> Denn Gleiches soll in Seinesgleichen erkannt werden, das ist: der Mensch ist ein Geist und ein Mensch, **ewig** und tödlich, hierauf folgt billig ein Wissen der andern Dinge, so er der ist, der nach Gott aus Gott geschaffen ist. So kann der Mensch nichts philosophieren, er habe denn den Gegenentwurf, aus dem es gehe, auf den er gründet.[23]

Exemplifiziert wird dieser Gegenentwurf anhand der Wassergeister. Sie vor allem zeigen sich am häufigsten den Menschen und vermählen sich mit ihnen, denn in der Ehe können diese Wesen eine unsterbliche Seele erhalten, die die Verbindung mit Gott garantiert. Doch die christliche Ehe ist nur dann eine Ehe, wenn sie unauflöslich ist. Auch wenn die Wasserfrau in ihr Element zurückkehrt, meist nach einer Beleidigung in der Nähe von Wasser, besteht die Ehe weiter, und diese Unauflöslichkeitsforderung wird mit einer Todesdrohung verstärkt — nach der Ordnung der Wassergeister muss der Mann sterben, der sich wieder vermählt. Die besondere Position des Menschen erfordert, dass die Geschichte der Elementargeister mit der Ideologie der christlichen Ehemoral verbunden **werde** — die Moralität ist der Exegese der Zeichen Gottes und ihrer Deutung inhärent. Warum aber sind unter den Wassergeistern »wenig Männer, viel Frauen«? Die Erklärung erfolgt bei Paracelsus nirgends explizit, sie kann nur in einem rückläufigen Verfahren erschlossen werden, das vom Zentrum, von der Seele aus, sich bewegt.

Es gibt zwei Gründe, die die Undinen oder Melusinen die Vermählung mit den Menschen-Männern suchen lässt und die scheinbar zusammenhangslos in den Text integriert sind:

— Der Wunsch nach einer Seele lässt sie um den Menschen werben. Dieser Punkt betrifft rein theoretisch alle Elementargeister, da sie um ihre Seelenlosigkeit wissen.

— Die Wassergeister lieben den Menschen, weil er ihnen in allem sehr ähnlich ist, beide also durch das Gesetz der Sympathie miteinander verbunden sind. Ausserdem sind unter ihnen mehr Frauen als Männer, »drum befleissigen sie sich, wo sie können, der Männer.«[24]

Einen Sinnzusammenhang ergeben diese beiden Argumente erst nach einem Vergleich mit anderen Schriften von Paracelsus. Aus ihnen geht hervor, dass die Beseelung nur durch den Mann erfolgen kann:

> Wenn in der selbigen Frucht (Anm.: einer Zeugung zwischen Elementargeist und Mensch) eine Seel ist oder wird, so muss sie vom Vater kommen, nit von der Mutter; alsdann mag sie wohl in die Zahl der Menschen gerechnet werden. Aber ein seltsam Ding ist es, das gross zu verwundern ist.[25]

Die Undinen müssen weiblich sein, wenn sie als Beweis der Gottähnlichkeit des Menschen einmal vor, einmal nach Eingriff des Menschen vorgeführt werden. Ich erspare hier eine Übersicht der Zeugungstheorien von Paulus bis Thomas von Aquin und möchte nur kurz die Beschreibung der Herkunft von Gott bei Paracelsus umreissen. Der erste Mensch ist von Gott als sein Bildnis und als Auszug aus der ganzen Welt geschaffen worden, er trägt den gesamten Mikrokosmos in sich. *Mikrokosmos* bezeichnet hier also sowohl eine Denkkategorie, die das Spiel der Ähnlichkeiten auf alle Naturgebiete anwendet, als auch eine allgemeine Konfiguration der Natur, die eine Grenze aller geschaffenen Dinge festsetzt.[26] Der Mensch als Mikrokosmos *ist* demnach die Grenze der Ähnlichkeiten. Die Frau als Abbild des Mannes stellt sozusagen einen Mikrokosmos zweiter Ordnung dar. Die unterschiedlichen Aufgaben in der Zeugung widerspiegeln diese Hierarchie. »... das fünft Wesen, das in einem Mann gemacht worden ist, das selbige fünfte Wesen hat er in sich behalten, welches Behalten ihm zu einem Samen verordnet ist, aus dem weiter Kinder geboren werden sollen.«[27] Die Teilung des *einen* Samen (aus dem für Paracelsus die Fortpflanzung erfolgt) in sperma (limus), das die göttliche Ordnung der Welt enthält, und weibliche matrix (Acker), trägt diese Hierarchisierung weiter; die Frau ist von dem Element Erde nicht geschieden, in der Reduplikation tritt sie an dessen Stelle. Die grosse Potenz des Mannes, die ihn von der Frau unterscheidet, besteht also in der Position (»Amt«), die er in der Herkunftsfolge einnimmt. Die Kreise der Ähnlichkeiten sind, an der Herkunft von Gott gemessen, hierarchisch übereinandergelagert:

> und so entratet der Mensch dessen, dass er Gott sei, und die Wilden Leut entraten der Seel; darum können sie nit sagen, dass sie Menschen seien. So entratet das *eine* Gottes, das andere der Seel, und also bleibt Gott allein ein Gott, der Mensch allein ein Mensch.[28]

Es gibt in diesem System aber eine Abzweigung: der Mann ist aus der grossen Welt gemacht und kann diese nicht verlassen, die Frau ist mikrokosmisch ein Auszug aus der Welt des Mannes und in dieser gebunden. Der Mann kann die Seele an die

Undinen nicht direkt weitergeben, denn diese wird bei jedem Zeugungsakt aufs Neue von Gott durch ein Wort empfangen; wie die Frau in der Zeugung an die Stelle des Elements Erde tritt, kann ein weibliches Elementarwesen (Undine) ihre Stelle einnehmen und in der Vermählung mit dem Mann ein Mensch gezeugt werden. Der Entwurf eines Göttlich-Werdens der Frauen von Irigaray würde die Richtung umkehren: eine Transzendenz, die aus der Erfahrung der Elemente (aus der elementaren Erfahrung) hervorginge.

In zwei verschiedenen Diskursbereichen, zeitlich nicht weit voneinander entfernt, erscheinen zwei sehr verschiedene Melusine-Figuren (bei Paracelsus sind *Melusine* und *Undine* austauschbare Bezeichnungen): einmal in dem Feld der *Historie*, einmal in jenem der philosophischen Betrachtungen. Die Melusine Ringoltingens hat nicht nur die christliche Lehre bis zur reflexartigen Reproduzierbarkeit internalisiert, sie hat auch als Kind eines Mannes und eines Wesens aus der Feenwelt eine Seele mitbekommen; diese ist in einem bis zum Jüngsten Tag unsterblichen Leib gefangen. Ihr Wunsch ist es, Sterblichkeit zu erlangen, um der Mühsal des strafverwandelten Leibes in seiner Mischform aus Tier und Mensch ein Ende zu bereiten. Die Tragik (die die Strafe ist) dieser Melusine wäre also das Gefangensein, der statische Zustand, das Innehalten auf dem fortschreitenden Weg eines Übergangs, die Fixierung/Fixierbarkeit (als Bild). In seinem Kontext kann dieses Bild aber auch Zeichen der Geschichte werden, denn die Bedeutung ergibt sich auch aus dem Kon*text*, in dem das *geschriebene Bild* nicht nur steht, sondern mit dem es Beziehungen eingeht und in dem es sich fortbewegt; ein Kontext auch, der sie *wahr* macht. Ihre Funktion lässt sich ebenfalls nicht nur von dem *Bild* her bestimmen: teilweise mit diesem verbunden, bringt sie Kultur, die in zwei der beschriebenen Aspekte mit einer Entwicklung oder Umwandlung von Natur zu Kultur verbunden ist. In einem wesentlichen Punkt unterscheidet sich auch die fixierte Figur noch von der des Paracelsus: nicht eingebunden in das Netz der Ähnlichkeiten, ist sie auch nicht an ein einziges Element gebunden. Sie ist in ihrem tierischen Anteil zwar Schlange, die sich im Wasser aufhält, kann sich aber ebensogut auf der Erde und in der Luft bewegen. Ihr Massstab ist in erster Linie der Mensch nicht als übergeordnete Instanz, sondern als der Träger eines sterblichen Leibes, der die unsterbliche Seele nach dem Tod freisetzt.

Die Figur differenziert sich also nach ihrer Position im Text und nach dessen Stellung im kulturellen Kontext. Die Struktur des Mythos, der den Übergang von der Natur zur Kultur beschreiben soll und als solcher bereits ein kulturelles Konstrukt darstellt, hat sich in einzelne Momente aufgelöst, aus denen das Bild *Melusine/ Undine* immer neu zum Bestandteil der Montage in verschiedenen Montagetechniken mit verschiedenen Intentionen wird. Auf der Suche nach dem kontinuierlichen Moment, das die Versionen miteinander verbindet, findet sich der Mann, der als einziger die Erlösung bringen könnte/kann. Es ist dieses Moment, das auch in spätere Versionen integriert ist. Der Mythos des Übergangs von der Natur zur Kultur, verdichtet in einer Figur, wird zum Signifikanten eines neuen Mythos, in dem die Statik des Bildes die dauernde ›Gültigkeit‹ beweisen soll und die Kontinuität der Geschichte gewährleistet. *Variation und Kontinuität*: Die Identifizierung von Geschichte und Kontinuität im Mann, der »seelig macht«, die Nichtberücksichtigung der Brüche, transformiert die Geschichtslosigkeit in der Statik des Bildes in eine Geschichtslosigkeit des Bildes.

— *Variation*

Ein Bild von Sarah Schuhmann, ohne Titel, um 1960, schwarz/weiss:[29] Im Vordergrund das glatte Gesicht einer jungen Frau. Der Kopf erhebt sich nicht aus den Wellen, er ist in sie montiert. Wasser bildet den Hintergrund und zugleich dessen Verbindung mit dem Vordergrund. Es hat die Stirn überflutet und wird an den oberen Rändern der Augenlider von den aufgespannten Flügeln einer Fledermaus aufgehalten. Der Körper dieses Nachtvogels hat sich in die Wölbung zwischen Nasenbein und Stirnvorsprung eingenistet. Der Fluss des Wassers ist bereits erstarrt. Der Blick ist nicht auf den Betrachter gerichtet, sondern nach innen. Undine im Kopf; »denn wo sich weibliche Identität historisch nicht erzwingen lässt, da sind die mimetischen Vermögen aufgerufen, da ist der Rollen- und Bilderreigen angesagt«.[30] Die Verlagerung des Undine-Motivs vom Körper in den Kopf kehrt die Opposition Natur/Kultur und ihre Entsprechung in dem Begriffspaar Körper/Geist um und befragt sie zugleich. Der Ort der Kennzeichnung ist nicht mehr der Körper, die Nähe der Figur zur Natur als kulturelles Konstrukt befindet sich im Kopf, der zugleich der Ort der Kennzeichnung und Einbildung ist. »Das Pathos dieser Gestalten, denn sie haben fraglos etwas Pathetisches, liegt nicht in ihrer Individualität, sondern in der Stilisierung der Posen. ... Das Pathos wird durch die eigentümliche Resistenz dieser Gestalten (Anm.: auf den Bildern Sarah Schumanns) im Wechselspiel von Anverwandlung und Widerständigkeit .... erzeugt.«[31] Die (Weiblichkeits)Imagination wird zum Einsatz der Identitätsbildung auch, was die männliche Figur im Text betrifft. (Der folgende kurze Abriss versteht sich als ein Verweis besonders auf diejenigen Aspekte der Produktion des Subjektes, die auch eine augenscheinliche Verbindung zu dem Undine-Motiv herstellen lassen.[32])

Es (=Ich=das Subjekt) konstituiert sich in der Identifikation mit Bildern, deren entscheidendstes das der narzisstischen Identifikation im Spiegelstadium wird.

Die Jubelreaktion des Kindes vor seinem einmal erkannten Spiegelbild ist ein Zeichen nicht der *Bestätigung* der Identität des Subjekts, sondern der *Konstitution* dieser Identität selbst. ... Das Ich demnach konstituiert sich erst durch die Identifikation mit einem Bild, dessen Andersheit zwar übergangen wird in der Konstatierung der Ähnlichkeit, aber weiterhin wirksam bleibt, weil es gerade die Andersheit war, welche die Identifikation motiviert hat.[33]

Ist das Bild wörtlich genommen ein *Spiegel*bild — was nicht Voraussetzung ist — verstärkt die umgekehrte Symmetrie das Moment der Andersheit. Wasser in seinen spiegelnden Eigenschaften ist also prädestiniert, diesen ganzen Prozess der narzisstischen Identifikation zu substituieren, metaphorisch zu beschreiben.

Voici une eau bien claire, dit le promeneur. Avec quelle fidélité elle refléterait la plus belle des images! Par conséquent, la femme qui s'y baignerait sera blanche et jeune; par conséquent elle sera nue. ... ... L'être qui sort de l'eau est un reflet qui peu à peu se matérialise: il est une *image* avant d'être une *être*, il est un désir avant d'être une image.[34]

Das Bild, das durch das Begehren erst hervorgerufen wird, um das Wesen zu werden, berührt zwei entscheidende Punkte. Zum einen führt es die neue Dimension des Begehrens ein, »den *symbolischen* Mangel — das Symbolische *als Mangel,* und zwar als *Begehren des anderen*«[35], zum anderen enthüllt es eben damit das *Subjekt des Signifikates,* das aus der rein dualen Beziehung Kind-Spiegelbild hervorzugehen scheint, als Illusion.

Diese restringierte Form der Artikulation nennt Lacan später *das Imaginäre,* wobei allein die Form des Namens darauf hinweist, dass es weniger um besondere konstitutive Elemente dabei geht als um *eine Funktion,* und zwar um eine der einbildenden Repräsentation, die sich auf der Grundlage einer Präsenz etablieren will.[36]

Edith Seifert hat dargestellt, wie die Identifikationseinheiten *männliches* und *weibliches Geschlecht* und *Subjekt* nur als Effekte der Symbolisierung entstehen. Beides »ist Schein, schlechter Schein; ein Trugbild an der Oberfläche«.[37] Führt die Passage aus dem Buch von Bachelard nicht beides vor, den Spaziergänger, der ein Bild »materialisiert«, und das Begehren, das den Prozess der Signifikation bedingt? In der Aneinanderreihung beschreibt das Melusine/Undine-Motiv einen Kreuzungspunkt männlicher und weiblicher scheinhafter Identitätsbildungen und -versagungen und kultureller Erscheinungen. Die Variationen der Melusine-Figur und die Verschränkung mit einer Subjekt- und Geschlechtsproduktion (*auch* in dem Undine-Bild) ist die Arbeit am Bild.

Anmerkungen

1   Jacques Le Goff: Für ein anderes Mittelalter. Zeit, Arbeit und Kultur im Europa des 5.-15. Jahrhunderts. Frankfurt/M.-Berlin-Wien, Ullstein (Ullstein Materialien), 1984, p. 153.
2   Thüring von Ringoltingen: Die Historie von der schönen Melusina. Leipzig, Insel (Insel-Bücherei 629), 1979.
3   Vgl. Le Goff, Anderes Mittelalter, p. 160.
4   Vgl. Le Goff, Anderes Mittelalter, p. 159, der folgende Studien anführt: Der Ursprung der Melusinensage. Eine ethnologische Untersuchung, von J. Kohler (1886); die Dissertation von Marie Nowack: Die Melusinensage. Ihr mythischer Hintergrund, ihre Verwandtschaft mit anderen Sagenkreisen und ihre Stellung in der deutschen Literatur, (1886), und einen Artikel von Jean Karlowicz, La belle Melusine et la reine Vanda (1887).
5   Claude Lévi-Strauss: Die Struktur und die Form. Reflexionen über ein Werk von Vladimir Propp. in: Vladimir Propp: Morphologie des Märchens. Frankfurt/M., Suhrkamp (stw Nr. 131), 1975, pp. 183-213, p. 196.
6   Vgl. Lutz Röhrich: Erzählungen des späten Mittelalters und ihr Weiterleben in Literatur und Volksdichtung bis zur Gegenwart. Bd. I. Bern-München, Francke, 1962, p. 244 ff.
7   Wolf Weitbrecht: Stern der Mütter. Wissenschaftlich-phantastischer Roman. Rudolstadt, Greifenverlag, 1982.

8 Weitbrecht, Stern der Mütter, p. 65.
9 Ringoltingen, Historie, p. 136.
10 Hans Robert Jauss: Ästhetische Erfahrung und literarische Hermeneutik. Frankfurt/M., Suhrkamp, 1982, p. 298.
11 Ringoltingen, Historie, p. 89.
12 Annemarie Dross: Die erste Walpurgisnacht. Hexenverfolgung in Deutschland. Reinbek bei Hamburg, Rowohlt (rororo 7427), 1981, p. 40.
13 Vgl. Le Goff, Anderes Mittelalter, p. 163.
14 Luce Irigaray: Göttliche Frauen. in: Kunst mit Eigen-Sinn. Aktuelle Kunst von Frauen. Texte und Dokumentation. Wien-München. Löcker. 1975. pp. 29-38.
15 Gaston Bachelard: L'eau et les rêves. Essai sur l'imagination de la matière. Paris, José Corti, 1942, p. 1.
16 Irigaray, Göttliche Frauen, p. 37. Verständlich wird diese Formulierung auf dem Hintergrund einer Theorie über den Ursprung der Sprache, die in der Verschiebung des Verhältnisses zur Mutter, zur Natur, zum Sein die Verdrängung des fundamentalen Signifikats sieht, die das Spiel der Signifikation in Gang setzt. Vgl. dazu auch: Jacques Derrida: Grammatologie. Frankfurt/M., Suhrkamp, 1974, insbes. pp. 416 ff.
17 Irigaray, Göttliche Frauen, p. 34.
18 Friederike Hassauer: Die Menschwerdung der Frau. Zehn Thesen zu den Defiziten der gegenwärtigen Situation. in: Kunst mit Eigen-Sinn. pp. 57-61, p. 61.
19 Michel Foucault: Die Ordnung der Dinge. Eine Archäologie der Humanwissenschaften. Frankfurt/M., Suhrkamp (stw nr. 96), 1974, p. 46.
20 Theophrastus Paracelsus: Werke. Bd. III: Philosophische Schriften. Basel-Stuttgart, Schwabe, 1974, pp. 468, 469.
21 Foucault, Ordnung der Dinge, p. 53.
22 Paracelsus, Werke, p. 479.
23 Paracelsus, Werke, pp. 478, 479.
24 Paracelsus, Werke, p. 486.
25 Paracelsus, Werke, p. 269.
26 Vgl. Foucault, Ordnung der Dinge, p. 62.
27 Paracelsus, Werke, p. 80.
28 Paracelsus, Werke, p. 470.
29 Sarah Schuhmann. Mit Beiträgen von Silvia Bovenschen, Peter Gorsen und Klaus Reichert. Berlin, Frölich & Kaufmann, 1983, p. 61.
30 Silvia Bovenschen: Vexierbilder des Schreckens. in: Sarah Schuhmann, pp. 11-24, p. 22.
31 Bovenschen, Vexierbilder, p. 22.
32 Ich verwende im Folgenden die Bezeichnungen Undine/Melusine nach einer gewissen Dominanz des bildhaften oder des variativen Aspektes.
33 Samuel M. Weber: Rückkehr zu Freud. Jacques Lacans Ent-Stellung der Psychoanalyse. Frankfurt/M.,-Berlin-Wien, Ullstein, 1978, p. 15.
34 Bachelard, l'eau, p. 49.
35 Weber, Rückkehr, p. 97.
36 Weber, Rückkehr, p. 89.
37 Edith Seifert: Zweimal Nichts. Körperbild und Begehren. in: Konkursbuch 12, Frauen-Macht, 1984, pp. 115-126, p. 116.

CHRISTA GÜRTLER

Drei Märchen um Drei Frauen:
Männerträume am Beginn unseres Jahrhunderts.

> *Nicht die Geliebte ist der Ursprung der scheinbar durch sie erregten Gefühle, sondern diese werden wie ein Licht hinter sie gestellt; aber während im Traum noch ein feiner Riss besteht, an dem sich die Liebe von der Geliebten abhebt, ist er im Wachen verwachsen, als würde man bloss das Opfer eines Doppelgänger-Spiels ...*
>
> Robert Musil[1]

> *Ist die Frau ein Projektionsphänomen des Mannes, so muss die Lichtquelle selbst beleuchtet werden, damit die projizierten Bilder verständlicher werden.*
>
> Nike Wagner[2]

Einen schön klingenden Namen hat sich Robert Musil erfunden, als er beginnt sein Tagebuch / sein Nachtbuch zu schreiben: Monsieur le vivisecteur:

> Mein Leben: — Die Abenteuer und Irrfahrten eines seelischen Vivisectors zu Beginn des zwanzigsten Jahrhunderts! Was ist m.l.v.? Vielleicht der Typus des kommenden Gehirnmenschen — vielleicht? — Allein alle Worte haben soviel Nebensinn, Doppelsinn, Nebenempfindung, Doppelempfindung, dass man gut thut sich von ihnen fern zu halten.[3]

Monsieur le vivisecteur hält sich nicht fern von den Worten, aber er misstraut ihrer Bedeutung, ihrem Sinn, ihrer Eindeutigkeit. Seiner Vivisektion fallen zum Opfer: die Wirklichkeit, die Wahrheit, der Sinn, die Identität.

Ulrich, der Mann ohne Eigenschaften, der Möglichkeitsmensch, nimmt das, was ist, nicht wichtiger als das, was nicht ist: »Solche Möglichkeitsmenschen leben, wie man sagt, in einem feineren Gespinst von Dunst, Einbildung, Träumerei und Konjunktiven«.[4] Dichtung ist für Musil eine Erkenntnismöglichkeit,[5] ein Ort, der Platz hat für den Menschen als »Inbegriff seiner Möglichkeiten«, den »potentiellen Menschen«.[6] Der Eindeutigkeit/Wahrheit setzt er das Gleichnis gegenüber, zugleich Lebens- und Schreibform: »Das Gleichnis dagegen ist die Verbindung der Vorstellungen, die im Traum herrscht, es ist die gleitende Logik der Seele, der die Verwandtschaft der Dinge in den Ahnungen der Kunst und Religion entspricht.«[7]

Gleichnis und Analogie rücken Traum und Schreiben zueinander: »Die Beziehung, die zwischen einem Traum und dem, was er ausdrückt, besteht, war ihm bekannt, denn es ist keine andere als die der Analogie, des Gleichnisses, die ihn schon des öfteren beschäftigt hatte.«[8]

In seinem Essay *Ansätze zu neuer Ästhetik*, in dem er sich mit Bela Balázs Filmtheorie auseinandersetzt, beschreibt er die Verfahrensweisen der künstlerischen Produktion mit den Begriffen Verdichtung und Verschiebung, metaphorische und metonymische Operationen.[9]

Gleichnisse und Analogien umkreisen das Geschehen: Seinesgleichen geschieht. Konjunktivische Formen, parataktischer Satzbau, Bildparataxen, Wie-Vergleiche, Gleichnisse produzieren einen endlosen Text, einen Essay, die Assoziationsketten kreisen um kein Zentrum, keine Identität, kein Ende.[10]

So sind die Irrfahrten und Abenteuer des Monsieur le vivisecteur und seiner Figuren keine Odyssee:»Der Musilsche Iter ist ein Nomadentum ohne Ende und Rückkehr, das ins Extreme geht, neuen Konstellationen und Interpretationen des Seins entgegen.«[11]

»Die Ambiguität der Jahrhundert-Wende: Ende und zugleich auch Anfang zu sein.«[12] Musils Kakanien ist der »fortgeschrittenste Staat«, seine Auflösung, seine politisch/sozialen Widersprüche prädestinieren es, das Land des Möglichkeitsmenschen zu sein.[13] So sieht auch Johnston in der Doppeldeutigkeit oder Doppelzüngigkeit den Ansporn für die ungeheure Kreativität des untergehenden Habsburgerreiches.[14]

Ein europäisches, im besonderen ein Wiener Thema in Wissenschaft/Literatur/ Kunst um die Jahrhundertwende ist die Sexualität und die Suche der Männer, das »Rätsel Weib« zu lösen.[15]

... die »soziale Frage« findet ein Echo in der »sexuellen Frage«, d.h., die Probleme, die das Aufkommen des Industrieproletariats aufwirft, haben ihr Pendant in den Problemen, die die Forderung der Frau nach Gleichberechtigung in Liebe, Ehe, Beruf und Gesellschaft bewirkt.[16]

Die Frau ist zum Störfaktor geworden, sie erhebt Anspruch auf ihre Rechte, sie ist es leid, »das Ideal des Mannes zu sein.«, wie Robert Musil in seinem Essay *Die Frau gestern und morgen* formuliert.[17] Der Mann reagiert auf seine Weise darauf: Frauenhass und Idealisierung der Frau. Die Literaten und bildenden Künstler der Jahrhundertwende neigen mehr zum einen oder zum anderen, meistens zu beidem: Altenberg, Schnitzler, Kraus, Weininger, Klimt, Schiele, Freud ... Die Liste der Rätsellöser lässt sich beliebig verlängern. Das »Rätsel Weib« wird simplifiziert, indem es in die »femme fragile« und die »femme fatale« aufgespalten wird. Beide symbolisieren diametral entgegengesetzte Tendenzen:

Der Sexualangst und Sexualabhängigkeit auf der einen Seite entsprechen die Sexualekstase und Sexualüberschätzung auf der anderen. In beiden Fällen ist ein entrealisiertes, enthumanisiertes Kunst-Geschöpf das Resultat.[18]

Die Frage nach der Sexualität, der Sinnlichkeit, dem Geschlecht, der Natur wird zur zentralen Frage in der Bestimmung von Weiblichkeit und Männlichkeit, von Frau und Mann.

Karl Kraus hat für die Problematik das Begriffspaar »Geist und Geschlecht« geprägt, das für Nike Wagner am deutlichsten seine Auffassung illustriert. Für sie trügt das »und«: »in erster Instanz ist seine Funktion die der Trennung.«[19] Die Einheit seiner Frauenverehrung und seines Frauenhasses ist im Modell Frau=Geschlecht begründet. Allerdings errichtet er im Gegensatz zu Weininger kein antagonistisches, sondern ein komplementäres Verhältnis zwischen männlichem Geist und weiblichem Geschlecht.[20]

Mit dem Begriff Misogynie verbindet sich im besonderen Otto Weiningers Buch *Geschlecht und Charakter,* 1903 erschienen, das vielleicht deshalb ein Skandal war, weil es den Wienern deutliche Konturen ihrer sexuellen Identität vorführte, wie Janik/Toulmin in ihrem Buch *Wittgensteins Wien* ausführen.[21] Weiningers Thesen, beeinflusst von Schopenhauer und Nietzsche, gipfeln in der Einschätzung, dass das Weibliche ein »Nichts« sei. Er konstruiert einen männlichen und weiblichen Idealtypus, der sich als Mischform in den realen Männern und Frauen findet. Dem männlichen Prinzip werden das Rationale, Kreative, alle positiven Leistungen zugeordnet, dem weiblichen Prinzip der Sexualtrieb, das Chaotische, Destruktive.[22]

Die Zuordnung der Frau zur Natur, zum Geschlecht durchzieht Texte und Bilder (Klimt, Schiele) der Jahrhundertwende, wenn auch die Bewertung verschieden ausfällt. Die Sexualisierung der Frau zeigt sich in der Vorliebe der Literaten für den Begriff »Weib«, der den naturhaft-mythischen, geschlechtsgebundenen Aspekt der Frau betont.[23] Das Weib wird zum mythischen Wesen, zur Hexe, Hure, zum Tier. Als Gegenbild wird die Kind-Frau, die jungfräuliche Madonna, die entsexualisierte Mutter, die Blumen-Frau aufgebaut.

Die ambivalente Haltung des Mannes gegenüber der Frau, die Bewertung als Heilige und Hure, Mutter und Hure, hat Sigmund Freud aus der unbewältigten kindlichen Fixierung an die Mutter erklärt: Dirne und Mutter sind im Unbewussten identisch. In den *Verwirrungen des Zöglings Törless* und in der Erzählung *Tonka* wird uns dies von Musil exemplarisch vorgeführt. In seinem oben erwähnten Essay *Die Frau gestern und morgen* macht er die Erziehung des Knaben — er bezieht seine Kenntnisse über Frauen aus alten Novellenbüchern — verantwortlich für die Angst, die ihn vor der realen Frau befällt, wenn er ihr, ausgestattet mit diesen Idealbildern, gegenübertritt: »In diesem Ideal wohnte zweifellos der Kern eines Wahnverhaltens, und wer ein wenig in Psychologie Bescheid weiss, wird sich vielleicht an das unersättliche Sicherungsbestreben gemahnt fühlen, das nach der Schule Adlers eines der Merkmale des Neurotikers ist.«[24]

Robert Musils Verhältnis zur Psychoanalyse und ihren Vertretern Freud, Adler, Jung ist zeitlebens ambivalent bis ablehnend; ironisch/satirisch kritisiert er sie etwa in seinem Essay *Der bedrohte Ödipus*. Mit Sicherheit hat er sie rezipiert, wie auch andere Publikationen zum Geschlechterthema, die im *Mann ohne Eigenschaften,* der »Nymphomanin« Bonadea in den Mund gelegt, zur Satire werden. Allerdings darf der Einfluss Freuds auch nicht überschätzt werden: *Die Verwirrungen des Zöglings Törless* erschienen 1906, Freuds Studie *Über einen besonderen Typus der Objektwahl beim Manne* 1910. Dies lässt Karl Corino fragen, ob nicht etwa Freud »Musils undankbarer Schuldner« war.[25] Robert Musil ist skeptisch gegenüber einer Theorie, die allgemeine Aussagen aus historischen Tatbeständen folgert, ohne die historische Bedingtheit zu reflektieren, und einen Totalitätsanspruch erhebt. Eine Theorie, die eine Kritik sofort mit dem Begriff des »Widerstands« abwehrt, wie er in *Der bedrohte Ödipus* ausführt, muss dem Hypothetiker Musil suspekt sein.[26] Vergleicht man (Tagebuch-)Entwürfe und veröffentlichte Texte, kann man eine zunehmende Verschlüsselung und Entsexualisierung der Inhalte feststellen. So gibt es etwa für die *Reise ins Paradies,* die den Inzest der Geschwister beschreibt, keine endgültige Fassung; in den veröffentlichten Texten bleibt es bei den Gesprächen über die Liebe. Andererseits spricht die Bildsprache der Texte häufig eine Sprache, die aus Freuds Traumdeutungen entnommen scheint. So irren die psychoanalytischen Deutungsversuche im Vergleich von Biographie, Entwürfen und Texten ebenso hilflos zwischen Ödipus, Orest und Narziss herum, wie einst vielleicht Musil selbst?[27] Es bleibt die Doppeldeutigkeit der Worte.

Welche Diskurse über Frauen werden in Musils Texten geführt? Will sich Musil auch in der Behandlung des »Rätsel(s) Weib« treu bleiben, kann es keine eindeutige Lösung geben, sondern allenfalls Lösungsvariationen. Variationen zu diesem Thema sind die drei Erzählungen *Grigia, Die Portugiesin, Tonka,* zunächst einzeln in der Zeit von 1921-1923, 1924 unter dem Titel *Drei Frauen* gemeinsam publiziert. Ihre Gemeinsamkeit wird durch das Muster der Variation hergestellt: »Ihre Aneinanderreihung macht sie zur Bildparataxe.«[28] Das Prinzip von Analogie und Gleichnis relativiert die Signifikationen der einzelnen Texte.

Gemeinsam ist den Erzählungen die männliche Erzählperspektive und der »Inhalt«: Die Identitätskrise dreier Männer, die alle drei den Musilschen Typus des »Ingenieurgeistes« verkörpern. Handlungsort der beiden ersten Erzählungen ist Südtirol, das in der *Portugiesin* in die vage bezeichnete Zeit des Mittelalters versetzt wird, der der letzten Erzählung die Stadt.

Die Tagebuchnotizen legen nahe, dass in alle drei Erzählungen autobiographische Erlebnisse eingeflossen sind. Für die ersten beiden Erzählungen sind es die Notizen, die sich Musil während seines Südtirolaufenthaltes im ersten Weltkrieg gemacht hat, für *Tonka* die Notizen, die bis ins Jahr 1902 zurückreichen und sich mit seiner Beziehung zu Hermine Dietz befassen. Die Notizen für *Tonka* sind am zahlreichsten und waren offensichtlich lange Zeit mit dem Projekt eines autobiographischen Romans verbunden.[29] Tagebuch und Text sind beides literarische Produkte, wenn auch die Verschiebungen zwischen beiden auffallend sind.

Für Hans-Georg Pott besteht die Einheit der Novellen, die er unter dem Titel *Drei Hexen* in seiner Analyse behandelt, in der »Magie der Zeichen«, in der »Märchen- und Mythenwelt« der Erzählungen.[30] Die »Drei Frauen« werden also als drei Hexen entziffert. In einer Notiz, die das Buch in der »Prager Presse« ankündigt, heisst es: »Die drei Frauengestalten ... haben bei allen ihren Verschiedenheiten gemeinsam die unbegreifliche Einfachheit der Natur. Sie bleiben ihren Gegenspielern fremd und wunderbar und lehren sie doch durch ihr blosses Dasein die Geheimnisse des Lebens.«[31] Gemeinsam ist den Frauen, dass sie für die Männer mit dem Ingenieurgeist das Andere und Fremde signifizieren, die Zuordnung zum Bereich der Natur erscheint jedoch zweifelhaft: In der *Portugiesin* ist es nämlich der Herr von Ketten/delle Catene, der stärker die Natur verkörpert, die schöne Portugiesin jedoch den Bereich der Kultur. Und »einfach« ist die Natur in den Texten Musils nie dargestellt, sie ist höchst ambivalent gezeichnet. Doppeldeutigkeiten, Zweideutigkeiten in den Männerträumen.

Homo, der Mensch/Mann ist der Name des Helden in *Grigia*, ohne Namen ist der Held in *Tonka*. Der »Er« in *Tonka* kann in den Entwürfen Robert, Hugo, Grauauge, Monrad, Unold, Nestor, Dobransky heissen.[32] Homo und Er machen deutlich, dass keine individuellen Schicksale, sondern Exempel vorgeführt werden. Und die Frauen:

Sie hiess Lene Maria Lenzi; das klang wie Selvot und Gronleit oder Malga Mendana, nach Amethystkristallen und Blumen, er aber nannte sie noch lieber Grigia, mit langem I und verhauchtem Dscha, nach der Kuh, die sie hatte, und Grigia, die Graue rief. (6, 245)

Übrigens hiess sie nicht ganz zurecht Tonka, sondern war deutsch getauft auf den Namen Antonie, während Tonka die Abkürzung der tschechischen Koseform Toninka bildet; (...)
... des Fräuleins Tonka mit dem traumhaften Nachnamen, der einer jener tschechischen Familiennamen war, die »Er sang« oder »Er kam über die Wiese« heissen. (6, 272, 279)

Homo und Er benennen die Frauen, die für sie Zeichenfunktion haben. (Wie Ulrich Bonadea und Diotima.) In der *Portugiesin* wird die Ambivalenz und Doppeldeutigkeit in der Bezeichnung des Herrn von Ketten/delle Catene sichtbar. Auch er wird nur mit einem Geschlechtsnamen bezeichnet, einem, der die Bedeutung Norden - Süden konnotiert, während die Portugiesin nach ihrem Heimatland benannt wird.

In der Eingangssituation der Erzählung *Grigia* trennt sich Homo von Frau und Kind, die zu einem Kuraufenthalt abreisen; er nimmt an der Expedition eines Herrn Mozart Amadeo Hoffingott teil, der die Goldbergwerke im Fersenatal wieder aufschliessen will. Der Name dieses Herrn assoziiert E.T.A. Hoffmann und Hugo von Hofmannsthal, von deren Texten über das Bergwerk zu Falun die Erzählung zumindest inspiriert ist, und Wolfgang Amadeus Mozart. Als alter ego von Homo hofft er in Gott. In den Tagebüchern wiederum taucht ein Oberstleutnant von Hoffingott als Musils Vorgesetzter auf.[33]

Homos »Weg« ist eine Reise zu sich selbst: Seine Goldsuche endet in einer Höhle, in der er sich mit Grigia vereinigt, während der eifersüchtige Ehemann die Höhle mit einem Stein verschliesst. Grigia kann aus der Höhle fliehen, Homo wählt den »Ausweg« nicht: »Aber er war in diesem Augenblick vielleicht schon zu schwach, um ins Leben zurückzukehren, wollte nicht oder war ohnmächtig geworden.« (6, 252) Während Homos Versuch »oben« scheitert, gibt »unten« Hoffingott den Befehl zum Abbruch der Arbeiten, da man die »Vergeblichkeit des Unternehmens« einsieht. Offen bleibt, ob die Höhle zu Homos Grab wird: Der Selbstversuch bleibt ein vergebliches Unternehmen. Die Verlangsamung der Zeit und die Verengung des Raums entsprechen einander auf Homos Weg, der gleichzeitig ein Weg hinauf auf den Berg und hinunter/hinein in die Heuställe, Stollen und Höhlen ist, ein männlicher Weg also zum Weiblichen.

Die Gleichzeitigkeit der Auf- und Abwärtsbewegung erzeugt den »Schwebezustand«, die Ambivalenz des Textes. Parallelisiert wird sie in der Gleichzeitigkeit von hell - dunkel, weich - hart, alt - neu, schön - hässlich, innen - aussen, lieblich - bedrohlich, Schnee - Süden, Deutsch - Italienisch etc., die die Stadt, das Dorf, die Landschaft, die Menschen, Grigia bezeichnen. Die Topographie des Ortes wird als archaisch-mythische Welt um das »vorweltliche Pfahldorf« konstruiert, deren »Märchengebilde« und »Märchenwald« den Eindruck verstärken, »dass sich unter dem Aussehen dieser Gegend, das so fremd vertraut flackerte wie die Sterne in mancher Nacht, etwas sehnsüchtig Erwartetes verberge.« (6, 235)

Homo erscheinen die Weiber des Tales fremd, wie einige der zahlreichen Wie-Vergleiche verdeutlichen: »... wie Japanerinnen, wie die Neger, die Männer, wie Käfer, wie in der komischen Oper, wie eine deutsche Wittib am Theater, wie Aztekin, wie Michel Angelos Statuen in der Mediceerkapelle ...« (6, 239, 247, 249, 250) Von den Goldgräbern werden sie zu Trägerkolonnen geformt:

> War solch ein hübsches junges Weib beladen, so hing ihm der Blick bei den Augen heraus und die Lippen blieben offen stehen; es trat in die Reihe, und auf das Zeichen begannen diese stillgewordenen Tiere hintereinander langsam in Schlangenwegen ein Bein vor das andre bergan zu setzen. (6, 237)

Die Vergleiche, die durch das fast immer vorangestellte »wie« die Differenz und nicht die Identität betonen, stellen parataktisch die Zuordnung sowohl zur rohen, tierhaften Natur wie zur Kultur und Kunst her. Ihre durchgehende Bezeichnung als »Weiber« betont allerdings — wie oben ausgeführt — den naturhaft-mythischen Aspekt.

Die Betonung dieses Aspektes wird in der Umbenennung Lene Maria Lenzis durch Homo in Grigia deutlich. Sie wird erleichtert durch den ähnlichen Klang der beiden Namen, die beide in Kontrast zu Homo und Hoffingott stehen. Homo identifiziert Grigia mit ihrer Kuh, der Grauen, mit der sich sein »Grauen vor der Natur« (6, 245) verkettet. Die archaisch-mythische Märchenwelt ist für ihn keine Idylle. Grigia sieht »natürlich lieblich wie ein schlankes giftiges Pilzchen« (6, 245) aus.[34] Wie der Mann sich die Natur unterwerfen möchte, indem er sie als Goldgräber manipulieren will, möchte sich Homo auch die naturhafte Grigia unterwerfen: »Er trieb sie in den Stollen.« (6, 250)[35] Ihre Naturhaftigkeit mit der ambivalenten Deutung von lieblich/ bedrohlich bindet Homo an die Bäurin und »zur anderen Hälfte war es ein nimmer- müdes Staunen, weil sie so sehr einer Frau glich. Man würde ja auch staunen, wenn man mitten im Holz eine Dame mit einer Teetasse sitzen sähe.« (6, 246) Während das Signifikat »Natur« des Signifikanten »Grigia« im Vordergrund steht, wird das Signifikat »Frau« als Zusätzliches gleichermassen entdeckt.[36]

Neben Grigia taucht in der Erzählung noch die ferne Frau des Homo auf, mit der Homo eine »Fernliebe« verbindet. Das Konzept der »Fernliebe«, der seraphischen, erotischen Liebe wird im *Mann ohne Eigenschaften* von Ulrich entwickelt. Der Frauenjäger Ulrich träumt von der Gattin des Majors, der Kind-Frau, der unerreich- baren Geliebten. Die Liebe wird in Eros und Sexus aufgespalten. Beeinflusst scheint dieses Konzept von Ludwig Klages und seinem kosmogonischen Eros, über den Musil in seinen Tagebüchern notiert: »Eros ist ein Eros der Ferne. Die Ferne verheisst, aber ist nicht erreichbar; es ist falsch, sie erreichen zu wollen. Ein grosser Augenblick mit einer Frau gehört der Wirklichkeit der Bilder an, nicht der Welt der Dinge.«[37] Eros und Sexus finden sich um die Jahrhundertwende auf dem Scheideweg. Ihnen entsprechen die Bilder der »femme fragile« und der »femme fatale.«

Ein anderes Phänomen, das im *Mann ohne Eigenschaften* eine grosse Rolle spielt, ist die Erkenntnis der Übertragungsfähigkeit der »Idee der Geliebten«, der »Idee der Liebe« auf verschiedene Personen. Die Übertragung wird von Musil ganz im psycho- analytischen Sinn verwendet. Wie aus dem eingangs erwähnten Motto aus der Erzählung *Tonka* abgelesen werden kann, ist das Problematische daran, dass in der Realität die Liebe und die Geliebte identisch erscheinen, dass also dem Liebenden nicht bewusst ist, wem die Liebe eigentlich gilt. So wird in *Tonka* die inzestuöse Bindung an die Mutter — in den Tagebuchnotizen ist dies ausgeführt — auf Tonka übertragen: »Zwischen der Mutter und H. besteht eine versteckte Parallele. Auch die Mutter war einmal ein Mädchen, das mehr noch als H. zu R. gepasst hätte. ... R. fühlt, dass er mit ihr glücklicher geworden wäre als mit H. Auch das 'Mitleid' hätte sie in hohem Masse verdient.«[38]

Mit einem ganz ähnlichen Beispiel, das in *Grigia* Homo fasziniert, erklärt Ulrich seiner Schwester Agathe die Übertragungsfunktion, die Möglichkeit der Abbildung. Die Frauen im Dorf merken nicht, dass ein aus Amerika zurückgekehrter Bauer, der sich als der jeweilige Ehemann ausgibt, gar nicht ihr Mann ist.[39] In *Grigia* wird die Liebe Homos zu seiner Fernliebe auf Grigia übertragen. Homo befindet sich am Beginn der Erzählung in einem Zustand der »Selbstauflösung« (da klingt Ernst Machs These vom aufgelösten Ich an), der ihn empfänglich für die mystische, religiöse Erfahrung der Liebe im »Märchenwald« macht:

> Er beantwortete nicht mehr die Briefe seiner Frau. Zwischen den Geheimnissen der Natur war Zusammengehören eines davon. Es gab eine zart scharlachfarbene Blume, es gab diese in keines anderen Mannes Welt, nur in seiner, so hatte es Gott geordnet, ganz als ein Wunder. Es gab eine Stelle am Leib, die wurde versteckt und niemand durfte sie sehn, wenn er nicht sterben sollte, nur einer. Dies kam ihm in diesem Augenblick so wundervoll unsinnig und unpraktisch vor, wie es nur eine tiefe Religion sein kann.... Sein Herz war demütig vor der Geliebten und arm wie ein Bettler geworden, beinahe strömten ihm Gelübde und Tränen aus der Seele... trotz der Sehnsucht nach Gefühl, dass er da,... tot liegen werde... es war nur ein herrliches, von Jugend umflossenes Wort: Wiedervereinigung da... es war ewiger erster Tag. Jede weltläufige Betrachtung versank, jede Möglichkeit des Überdrusses und der Untreue, denn niemand wird die Ewigkeit für den Leichtsinn einer Viertelstunde opfern, und er erfuhr zum erstenmal die Liebe ohne allen Zweifel als ein himmlisches Sakrament.....fühlte wie einen gar nicht mehr irdischen Schatz, sondern wie eine für ihn bestimmte Zauberwelt den Boden mit Gold und Edelsteinen unter seinen Füssen. (6, 240, 241)[40]

In einer mystischen Ekstase erfährt Homo die Liebe als himmlisches Sakrament, werden Eros und Thanatos zusammengespannt; Bataille bezeichnet sie als den »heiligen Eros«.[41] Homo macht diese heilige Erfahrung der Liebe allerdings nicht nur allein, sondern auch bei der sexuellen Vereinigung mit Grigia, die die Ewigkeit der Liebe zu seiner Frau bestätigen soll:

> ... wusste er nie, ob er dieses Weib liebte, oder ob ihm ein Wunder bewiesen werde, und Grigia nur Teil einer Sendung war, die ihn mit seiner Geliebten in Ewigkeit weiter verknüpfte. (6, 247)

Das »Heu« ist der Ort der sexuellen Begegnungen zwischen Homo und Grigia, das Heu ist Symbol von Grigias Sinnlichkeit und Sexualität. So wird in einer Textstelle ihre Arbeit am Feld — sie formt Heubündel — metaphorisch als Vereinigung mit dem Heu beschrieben (6, 248, 249). Im Heu wiederholt sich für Homo auch die Erfahrung der heiligen Erotik: »Das Heu trägt in allen Lagen..., Man liegt darin wie in Gottes Hand, möchte sich in Gottes Hand wälzen wie ein Hündchen oder ein Schweinchen. Man liegt schräg, und fast senkrecht wie ein Heiliger, der in einer grünen Wolke zum Himmel fährt. Das waren Hochzeitstage und Himmelfahrtstage.« (6, 249) Mit der »Liebe als himmlisches Sakrament« verketten sich die »Hochzeits- und Himmelfahrtstage«. Versinken, aufrecht stehen und zum Himmel fahren sind sowohl Signaturen der sexuellen Lust wie des Todes und der Erlösung.[42] Diese Metaphorik rückt die heilige Erotik in den Bereich des Mythos. »Heu« und »Erde« lassen Grigia als Erdgöttin erscheinen, mit der sich der Heros/Homo in der Heiligen Hochzeit vereinigt und dann (dem Jahreszeitenzyklus folgend) im Herbst in der Höhle den Opfertod stirbt, um im nächsten Jahr wiederaufzustehen. Die mythische Deutungsmöglichkeit stellt Assoziationen zu den romantischen Bergwerksgeschichten her, zu Hofmannsthals *Bergwerke zu Falun*.[43] Der Mythos in *Grigia* wird am Ende der Erzählung durch die Banalität der Höhlen-Situation Homos, aus der Grigia entflieht, destruiert.

Der erotischen Liebeserfahrung in der archaischen Welt wird als Kontrast die »europäische Sexualität« (6, 244) der Goldgräber gegenübergestellt, die Sexus und Thanatos verknüpft. Sie wird als Wollust bezeichnet und mit der Destruktivität verbunden, dem Freudschen Todestrieb:

Homo fühlte, es war nackt jene auf alle Dinge in den Städten verteilte Wollust, die sich von Totschlag, Eifersucht, Geschäften, Automobilrennen nicht mehr unterscheiden kann, — ah, es war gar nicht mehr Wollust, es war Abenteuersucht, — nein, es war nicht Abenteuersucht, sondern ein aus dem Himmel niederfahrendes Messer, ein Würgengel, Engelswahnsinn, der Krieg? (6, 244.)[44]

Homos Experiment, die Fernliebe in der Vereinigung mit Grigia zu vollenden, scheitert. Die Konstellation der Erzählung erinnert an die *Vollendung der Liebe,* in der sich Claudine auf die Reise macht und ihre Liebe zum Ehemann im Treuebruch vollendet.[45] Mit vertauschten Rollen gelingt dies in *Grigia* nicht.

Für den Mann/Homo existieren in der Erzählung zwei Frauenbilder: Die ferne Ehefrau, die nur als Abwesende auftritt, und Grigia, das Weib, das auch nur Zeichenfunktion hat. Am Ende hat sie ihre Zeichenfunktion erfüllt, in der Höhle vergass Homo »überhaupt an Grigia zu denken« (6, 252). Gleichzeitig entfernt sie sich ja tatsächlich aus Homos Realität. Am Ende der Erzählung: Die Frau existiert nicht.

Die in das Mittelalter versetzte Erzählung *Die Portugiesin* steht zu den beiden anderen Erzählungen in einem komplementären Verhältnis. Die Vollendung der Liebe scheint — wenn überhaupt — nur mehr »unter den Bedingungen der mittelalterlichen Mirakelerzählung« möglich.[46]

Die Identität des Helden ist doppeldeutig, angedeutet durch seinen Geschlechtsnamen Herr von Ketten/delle Catene. Der Name »Ketten« symbolisiert seine nördliche, kriegerische, wilde, wölfische Natur, während der Name »delle Catene« das Andere in ihm verkörpert, das Südliche, das Weibliche, das ihm eine Beziehung zur Portugiesin erst möglich macht. Mit dieser Seite kann er sie in der Fremde gewinnen, wie alle Angehörigen des Geschlechts vor ihm die fremden, schönen Frauen, die für schönen Söhne garantieren sollen, erobern: »sie wussten aber selbst nicht, zeigten sie sich in dem einen Jahr so, wie sie wirklich waren, oder in all den andern.« (6, 253) Die Opposition des Geschlechtsnamens ist mit der Antonymienreihe Tag - Nacht, Nord- Süd, Berg - Meer, Männlich - Weiblich, Natur - Kultur verknüpft. In die Heimat zurückgekehrt muss der Herr von Ketten zunächst — wie alle vor ihm — den Kampf mit dem Bischof von Trient aufnehmen, der ihn elf Jahre lang von seiner Frau weitgehend trennt. In dieser Zeit steht seine »wölfische« Natur im Vordergrund, Kampf, Krieg, Töten und Befehlen sind sein vertrautes Handwerk. Diesem »taghellen« Leben (6, 259) steht die »mondnächtige Zauberin« (6, 262) gegenüber, die das Andere verkörpert, das aber auch die verschüttete andere Seite in ihm selbst ist: »Das andre aber ist fremd wie der Mond. Der Herr von Ketten liebte dieses andere heimlich.« (6, 259)

Auf der Signifikantenebene wird die Portugiesin mit dem »pfaublauen Meer«, den »Perlenketten«, dem kulturellen Leben auf der Burg, dem »Zauber« verkettet. Komplementär dazu sind ihr der Herr von Ketten der Wald, die Berge, der Kampf fremd. Die »Fernliebe« ist wechselseitig, Ketten ist der »Geliebte des Ruhms und der Phantasie« (6, 265). Diese gegenseitige Fremdheit gilt auch für ihre sexuellen Begegnungen, wobei die Blumen- und Wassermetaphorik in den Signifikanten »Rose, Brunnenstrahl« den Bereich der Kultur konnotiert:

> ... hatte sich schweigend geöffnet wie eine Rose. ... Da war, als er kam, ein weiches hellgraues Kleid mit dunkelgrauen Blumen ... Es war wie Zauberei. Ruhig sass, in ihrem reichen Gewand, mit dem Rock, der in unzähligen Faltenbächen herabfloss, die Gestalt, nur aus sich heraussteigend und in sich fallend; wie ein Brunnenstrahl; ... Man mochte das Weib umarmen und plötzlich gegen den Schlag eines magischen Widerstands stossen; es geschah aber nicht so; aber ist Zärtlichkeit nicht noch unheimlicher? Sie sah ihn an, ... wie man einen Mantel wiedererkennt, den man lang an sich getragen und lang nicht mehr gesehen hat, der etwas fremd bleibt und in den man hineinschlüpft. (6, 259)

Dieses Bild zeigt die Souveränität der Portugiesin, die für den Herrn von Ketten unerreichbar bleibt, sich selbst genügt und den Mantel nicht unbedingt braucht. Das Beziehungsmuster wird in dem Augenblick durchbrochen, wo der Kampf für Ketten zu Ende ist, der Sinn seines Daseins/des Daseins der Ketten verlorengeht. Wie in mittelalterlichen Legenden sticht ihn auf dem Heimweg eine Fliege, Fieber befällt ihn und er stirbt gleichermassen einen Scheintod. Diese Todeserfahrung verbindet sich — ganz ähnlich wie in *Grigia* — mit einer Gotteserfahrung: »Der Herr von Ketten und dessen mondnächtige Zauberin waren aus ihm herausgetreten und hatten sich sacht entfernt: er sah sie noch, ... Das alles aber lag in einer riesigen gütigen Hand, die so mild war wie eine Wiege und zugleich alles abwog, ohne aus der Entscheidung viel Wesens zu machen. Das mochte Gott sein.« (6, 262) Während Ketten im Kampf war, hat ein Wolf als Repräsentant seiner Kriegerexistenz seine Stelle an der Seite der Portugiesin besetzt. Die Portugiesin »liebte diesen Wolf, weil seine Sehnen, sein braunes Haar, die schweigende Wildheit und die Kraft der Augen sie an den Herrn von Ketten erinnerten.« (6, 260) Gleichsam als symbolische Selbsttötung lässt Ketten diesen Wolf erschiessen, da diese Seite von ihm und das damit verbundene Bild von der mondnächtigen Zauberin (nur eine Projektion!?) gestorben sind. Doch nun besetzt eine andere Person seine Stelle: Der Jugendfreund der Portugiesin taucht auf, den

Ketten erduldet, da er ihn nicht mehr — wie es seiner wölfischen Natur entsprochen hat — fortschicken beziehungsweise töten kann. Diesen Tod stirbt dann allerdings eine kleine Katze, die Zeichenfunktion hat. Für alle drei Personen wird ihr Sterben, ihr »Martyrium« — das in der metaphorischen Beschreibung in die Nähe des christlichen Martyriums gerückt wird — zu einem Zeichen: »Das Zeichen war dagewesen, aber wie war es zu deuten, und was sollte geschehn? Eine Kuppel von Stille war um die beiden.« (6, 268) Der Portugiese deutet es als Signal für seine Abreise, er verschwindet. Der Herr von Ketten beschliesst, die »unersteigliche« Felswand zu seiner Burg hinaufzuklettern, die er schon als Kind bezwingen wollte. In diesem Kampf um Leben und Tod beginnen »Kraft und Gesundheit in die Glieder zu fliessen« (6, 269). Psychoanalytisch wäre diese Wandbezwingung wohl als Rückkehr seiner Potenz zu deuten, die ihn wieder zu einem möglichen Partner der Portugiesin macht.

Das Zusammentreffen mit der Portugiesin scheint nun einen Dialog zwischen den beiden anzudeuten. Die Portugiesin deutet das Zeichen so: »Wenn Gott Mensch werden konnte, kann er auch Katze werden« (6, 270). Mit diesem abgewandelten Novaliszitat endet die Erzählung und überlässt die Deutungsfrage dem Leser: »Die Zeichen sind geschrieben — wie sollen wir sie deuten?«[47] Das Zeichen — so weisen uns die drei Personen — hat die Bedeutung, die wir ihm zuordnen. Wie in den anderen Erzählungen die Frauen verschwinden, verschwindet in dieser Erzählung die Katze, der Herr von Ketten und die Portugiesin —sollte sie mehr als eine Projektion der weiblichen Seite des Helden gewesen sein? — bleiben. Existiert die Frau doch?

Tonka wird aus der Erinnerungsperspektive des namenlosen Protagonisten erzählt. Das Zeichen Tonka ist zum Zeitpunkt des Erinnerns/Erzählens schon tot. Diese Erinnerungsperspektive konstituiert zwei Ebenen des Deutungsvorganges der Zeichen, die dem »Märchen« und der »Wahrheit« zugeordnet werden.

An einem Zaun. Ein Vogel sang. …Der Vogel schwieg. Es war Abend. Die Bauernmädchen kamen singend über die Felder. Welche Einzelheiten! Ist es Kleinlichkeit, wenn solche Einzelheiten sich an einen Menschen heften? Wie Kletten!? Das war Tonka. Die Unendlichkeit fliesst manchmal in Tropfen. … Aber war es überhaupt so gewesen? Nein, das hatte er sich erst später zurecht gelegt. Das war schon das Märchen; er konnte es nicht mehr unterscheiden. In Wahrheit hatte sie … (6, 270)

Diese Eingangsszene wird im ersten Kapitel dann noch einmal variierend wiederholt: »In Wahrheit hatte er sie zum erstenmal am 'Ring' gesehen.« (6, 272) Beide Ebenen der Erinnerungen verschränken schon zu Beginn die Zweideutigkeit Tonkas. Auf der Märchenebene wird Tonka in ein dörfliches Milieu gerückt, das unter anderem mit dem Hinweis auf die Bauernmädchen, die sich auf den Fabrikfeldern wie Negersklaven den Männern unterwerfen und der metaphorischen Beschreibung Tonkas sexuelle Konnotationen enthält. Auf der Wahrheitsebene wird ihr Aufenthalts- und Arbeitsort in die Nähe von Kupplerinnen, Weibern aus der Strafanstalt, Prostituierten und den Söhnen des Tuchherrn gestellt. Schon hier taucht das Lächeln der Mutter auf, das leitmotivisch in der Erzählung wiederkehrt: »Dieses Lächeln war wirklich. Es sagte: Gott, jeder Mensch weiss, dieses Geschäft …?!« (6, 273)

Die Erzählung ist mit der Verschränkung von sozialer und sexueller Frage in der historischen Realität der Wiener Jahrhundertwende verankert und lässt an Erzählungen etwa von Schnitzler denken. Die bürgerliche Doppelmoral dieser Zeit wird durch die Prostitution aufrechterhalten. Die bürgerlichen Familien hielten es ja durchaus für angebracht, dass ihre Söhne von Prostituierten/tschechischen Dienstmädchen/Verkäuferinnen … in die Liebe eingeweiht werden, ohne dass diese Aussicht auf Heirat hatten. Eine etwaige Schwangerschaft der Mädchen führte unweigerlich zur Entlassung und machte häufig den Wechsel von Dienstmädchen/Verkäuferin zur Prostituierten zur Überlebensnotwendigkeit.[48] Mit der Prostitution der damaligen Zeit eng verknüpft ist das Problem der Geschlechtskrankheiten. Die Geschlechtskrankheiten bzw. ihre Eindämmung spielten eine zentrale Rolle in der Diskussion über die Prostitution; es wurde allerdings hauptsächlich aus der männlichen Perspektive gesehen: Die Männer sollten vor einer Ansteckung geschützt werden.

Der Logik der Erzählung/Geschichte entspricht die Logik der Geschichte, die der Autor selbst erlebt hat.[49] Der Erzähler, »ein fanatischer Jünger des kühlen, trockenen phantastischen, Bogen spannenden neuen Ingenieurgeistes« (6, 283), studiert Chemie, treibt Forschungen und mit seiner Erfindung festigt sich seine bürgerliche Existenz. Mit diesem Ingenieurgeist verbinden sich rationale Erkenntnis, Wahrheit, Eindeutigkeit, Gewalt, die im *Mann ohne Eigenschaften* dann auch Ulrich kennzeichnen Er bleibt diesem Geist bis zu Ende treu, gleichsam daneben versucht allerdings der »Schattenmensch« in ihm aufzusteigen. (6, 301) Die Erfahrung, dass er mit seiner rationalen Erkenntnis die Zweideutigkeit Tonkas nicht beseitigen kann, keine Sicherheit über den Verursacher ihrer Schwangerschaft bekommen kann, irritiert seine Laufbahn.

An Tonka wird ihre Stummheit und Naturhaftigkeit hervorgehoben. Ihre Sprache ist die des Gesangs, der Lieder, was schon in ihrem Nachnamen bezeichnet wird; es ist dies »eine Sprache des Ganzen« (6, 276), die er nicht versteht.

> Sie war Natur, die sich zum Geist ordnet, nicht Geist werden will, aber ihn liebt und unergründlich sich ihm anschloss wie eins der vielen dem Menschen zugelaufenen Wesen./ Die einfache Art zum Beispiel, wie sie ihm zugelaufen war, konnte Gleichgültigkeit sein oder Sicherheit des Herzens. Wie sie ihm diente, war Trägheit oder Seligkeit. War sie anhänglich wie ein Hund, so mochte sie auch jedem Herrn folgen wie ein Hund! (6, 285, 296)

Sogar der Hund erscheint ihm also verdächtig!

Im Gegensatz zu Grigia ist die Naturhaftigkeit aber nicht sexuell bedrohlich für den Erzähler; Tonka begehrt ihn nicht. Den Geschlechtsakt muss er ihr »wie ein Gerichtsvollzieher« (6, 286) abtrotzen, den sie wie »von der Macht des 'Herrn' unterjocht« (6, 287), über sich ergehen lässt. Auf der Wahrheitsebene erscheint die Beziehung der beiden wie eine zwischen Herr und Knecht. Als der Erzähler von ihrer Schwangerschaft und kurz darauf von ihrer Geschlechtskrankheit erfährt, verwandelt sich die jahrelange Beziehung in ein »Dornengerank« (6, 288), da das Datum der Empfängnis in eine Zeit seiner Reisen fällt. Von diesem Zeitpunkt an zerfällt Tonkas Bild auf der Wahrheitsebene in das der Hure und auf der Märchen- und Traumebene in das der Jungfrau Maria:

> Tonkas Gesicht. Man geht zwischen Kornfeldern, man fühlt die Luft, die Schwalben fliegen, in der Ferne die Türme der Stadt, Mädchen mit Liedern ... man ist fern aller Wahrheit, man ist in einer Welt, die den Begriff Wahrheit nicht kennt. Tonka war in die Nähe tiefer Märchen gerückt. Das war die Welt des Gesalbten, der Jungfrau und Pontius Pilatus, ... (6, 289)

Im Wachen zweifelt der moderne Josef wie der biblische an der jungfräulichen Zeugung, aber es taucht kein Erzengel auf, der ihn überzeugen könnte (wie in Godards Film »Je vous salue, Marie«). Die Verbindung zur Jungfrau Maria wird schon vorher im Text durch die Worte Reinheit, Frische, »Macht des Herrn« hergestellt.

Auf der Traum- und Märchenebene kann Tonka zu ihrer Schwester werden, im Mondlicht stehen, schön sein etc. ..., denn »es hing fast nur von ihm ab, was sie war. Tonka verwirrte sich dann sanft blendend wie ein Märchen.« (6, 296) Im Traum bekommt sie Züge der unerreichbaren »Fernliebe«, von der Ulrich in ähnlichen Worten träumt. Ganz im Sinne Freuds werden die Träume in den Texten als Wunscherfüllung verstanden: Er möchte Tonka gerne als Jungfrau Maria sehen. Im Traum taucht auch die »Idee der Geliebten« auf, die auf verschiedene Personen übertragen werden kann: »Wenn er darüber nachsann, erriet er, dass diese rätselhafte Übertragungsfähigkeit und Unabhängigkeit der Liebe sich auch im Wachen zeigen müsse. ... (siehe Motto)« (6,300). Der Erzähler bringt es aber nicht über sich, die Idee der Geliebten auf Tonka zu übertragen, »das Licht hinter sie zu stellen.« (6,300).

Allerdings überträgt er die Beziehung zu seiner Mutter auf Tonka. Dies wird, wie schon erwähnt, in den Tagebuchnotizen deutlich ausgeführt, lässt sich aber auch am Text ablesen. Die Mutter und Onkel Hyazinth, ein satirisch gezeichneter Typus des Grosschriftstellers, haben eine Beziehung, über deren Nähe der Sohn im Ungewissen bleibt. Beide verkörpern Geist, Charakter, bürgerlich-humanistische Werte, besitzen die Festigkeit der Grundsätze, die allerdings im Widerspruch zu ihrer Beziehung neben dem kränkelnden Vater stehen. Der Sohn hat Mitleid mit dem »tierhaft guten Vater« und bekämpft die Mutter und Hyazinth »gleich der geistigen Pest« (6, 283). Diese Mutter möchte den Sohn, der mit Tonka in eine deutsche Grosstadt vor ihr flieht, von der nicht standesgemässen Bindung trennen. In den Tagebuchnotizen kommt es nach dem Tod von Herma zu einer Begegnung mit der Mutter, die in zwei Notizen zu einer erotischen/inzestuösen? Vereinigung wird.[50] Einerseits wird die Beziehung des Sohnes zu Tonka als Protesthaltung gegenüber der Mutter konstelliert, andererseits wird deutlich, dass er ödipal auf sie fixiert bleibt.

Die Träume, die der Erzähler um Tonka spinnt, häufen sich gegen Ende der

Erzählung, Tonka kommt ins Spital und stirbt dort. Sein Glaube an die Wahrheit und Eindeutigkeit wird durch seine Träume/Gleichnisse gleichsam erschüttert, bleibt aber ohne Konsequenzen:

> Da fiel ihm nebenbei ein wie ein Gedicht, zu dem man den Kopf wiegt, das war gar nicht Tonka, mit der er gelebt hatte, sondern es hatte ihn etwas gerufen. ... Die Spannung der letzten Wochen, die Spannung seiner Erfindung versteht es sich recht, hatte sich gelöst, er war fertig. Er stand im Licht und sie lag unter der Erde, aber alles in allem fühlte er das Behagen des Lichts. ... Und vieles fiel ihm seither ein, das ihn etwas besser machte als andere, weil auf seinem glänzenden Leben ein kleiner warmer Schatten lag. (6, 306)

Wie ein Schatten liegt die Episode mit Tonka auf dem glänzenden Leben des Erzählers, der in seiner Deutung der Erinnerung eine beachtliche Leistung der Umdeutung vollbringt. In Wahrheit ist es gar nicht Tonka, sondern ein Zeichen (wie die Amsel) hat ihn gerufen (Wunscherfüllung?!): Die Frau existiert nicht.

In allen drei Erzählungen greift Musil Rätsellösungen am Beginn unseres Jahrhunderts auf, steht ihnen aber ironisch gegenüber und negiert sie.[51] Literatur ist ihm analog der Logik der Märchen und Träume Experimentierfeld. Die drei Erzählungen sind Variationen des männlichen Blicks auf die Frau. Die Perspektive der Frauen spielt keine Rolle, es geht um die Projizierenden selbst. Die männlichen Protagonisten suchen als Vertreter des Ratioiden das Nicht-Ratioide auf die Frauen zu projizieren. Sie suchen das Andere in den Frauen, sie suchen das Andere auch in sich selbst. Irrfahrten der Männer ohne Ende ... Auf der Ebene der Projektion kann die Frau alles sein:

> Wenn sie alles sein kann, so besagt das klar, dass sie nichts ist, ausserhalb des Männerhirns. Sie ist nichts, nichts als eine Erfindung des Mannes, wiewohl diese Erfindung nichts Geringeres tut, als die Liebe 'wiedererfinden', denn sie hat teil an allen traditionellen Mythen des 'Mysteriums Frau'.[52]

Anmerkungen

1 Robert Musil: Gesammelte Werke in neun Bänden. Hrsg. v. Adolf Frisé. Reinbek b. Hamburg, Rowohlt, 1978, Bd. 6, p. 300. (im folgenden GW)
2 Nike Wagner: Geist und Geschlecht. Karl Kraus und die Erotik der Wiener Moderne. Frankfurt, Suhrkamp 1982, p. 150.
3 Robert Musil: Tagebücher. Hrsg. von Adolf Frisé. Reinbek b. Hamburg, Rowohlt, 1976, Bd. 1, p. 2.
4 Musil, GW, 1, p. 16.
5 Vgl. Musils »Skizze der Erkenntnis des Dichters«, GW, 8, p. 1025-1030.

6   Musil, GW, 1, p. 251.
7   Musil, GW, 2, p. 593.
8   Musil, GW, 2, p. 581.
9   Musil, GW, 8, p. 1139.
10 Vgl. Hans-Georg Pott: Robert Musil. München, Fink, 1984 (=UTB 1287), S. 159, 162.
    Claudio Magris: Hinter dieser Unendlichkeit: Die Odyssee des Robert Musil. in: Beiträge zur
    Musil-Kritik. Hrsg. v. Gudrun Brokoph-Mauch. Frankfurt, Lang, 1983, p. 49-62.
11 Magris, Unendlichkeit, S. 60.
12 René Weiland: Enden, Beginnen. in: Début eines Jahrhunderts. Essays zur Wiener Moderne.
    Hrsg. v. Wolfgang Pircher, Wien, Falter-Verlag, 1985, p. 13-24, p. 16.
13 Vgl. dazu das 8. Kapitel des »Mann ohne Eigenschaften«.
14 Vgl. William M. Johnston: Österreichische Kultur- und Geistesgeschichte. Gesellschaft und
    Ideen im Donauraum 1848-1938. Wien, Böhlau, 1972, p. 398 ff.
15 Vgl. Wagner, Geist und Geschlecht, S. 39. Der Terminus »Rätsel Weib« bezieht sich auf
    S. Freud.
16 Wagner, Geist und Geschlecht, p. 7.
17 Musil, GW, 8, p. 1198.
18 Wagner, Geist und Geschlecht, p. 138.
19 ebenda p. 66.
20 Vgl. ebenda S. 163, 212. Auch: Allan Janik und Stephen Toulmin: Wittgensteins Wien.
    München, Hanser, 1984, p. 93.
21 Janik/Toulmin, Wittgensteins Wien, p. 90.
22 Vgl. ebenda p. 90f.
23 Vgl. Wagner, Geist und Geschlecht, p. 132.
24 Musil, GW, 8, 1195. Vgl. Sigmund Freud: Über einen besonderen Typus der Objektwahl
    beim Manne. in: Sigmund Freud: Studienausgabe. Frankfurt, Fischer, 1982, Bd. V,
    p. 185-195.
25 Karl Corino: Ödipus oder Orest? Robert Musil und die Psychoanalyse. in: Vom »Törless«
    zum »Mann ohne Eigenschaften«. Hrsg.v. Uwe Baur und Dietmar Goltschnigg. München/
    Salzburg, Fink, 1973, p. 123-235, p. 152ff.
26 Vgl. Corino, Ödipus, p. 224ff./Vgl. Musil, Tagebücher, 1, p. 845: »Es gibt zwei Dinge,
    gegen die man nicht kämpfen kann, …: Karl Kraus und die Psychoanalyse.«
27 Vgl. Corino, Ödipus/Klaus Laermann: Eigenschaftslosigkeit. Reflexionen zu Musils
    Roman »Der Mann ohne Eigenschaften«. Stuttgart 1970. Hartmut Böhme: Der Mangel des
    Narziss. Über Wunschstrukturen und Leiberfahrungen in Robert Musils »Der Mann ohne
    Eigenschaften«. in: Sprachästhetische Sinnvermittlung. Robert Musil Symposion Berlin
    1980. Hrsg. v. Dieter P. Farda/Ulrich Karthaus. Frankfurt, Lang, 1982, p. 45-85.
28 Karl Eibl: »Drei Frauen«. Text, Materialien, Kommentar. München, Hanser, 1978, p. 156.
29 Vgl. Helmut Arntzen: Musil - Kommentar sämtlicher zu Lebzeiten erschienener Schriften
    ausser dem »Mann ohne Eigenschaften«. München, Winkler, 1980, p. 134. Bei ihm finden
    sich auch die Seitenangaben zu den Tagebuchnotizen.
30 Pott, Musil, p. 48.
31 Arntzen, Musil-Kommentar, p. 57.
32 Vgl. Eibl, Drei Frauen, p. 102.
33 Vgl. Musil, Tagebücher, 1, p. 323.
34 Vgl. dazu noch Musil, GW, 6, p. 245: »… und man darf sich nicht darüber täuschen, dass die
    Natur nichts weniger als natürlich ist; sie ist erdig, kantig, giftig und unmenschlich in allem,
    wo ihr der Mensch nicht seinen Zwang auferlegt.«
35 Vgl. Arntzen, Musil¬Kommentar, p. 129.

36 Vgl. Eibl, Drei Frauen, p. 112.

37 Musil, Tagebücher, 1, p. 619. Musil hat das Buch von Klages sehr ausführlich exzerpiert.

38 Musil, Tagebücher, 1, p. 96.

39 Vgl. Musil, GW, 4, p. 1343ff.

40 Vgl. Musil, Tagebücher, 1, p. 305. Diese Stelle ist fast wörtlich in die Erzählung übernommen, spricht tw. eine deutlichere Sprache, z.B. »... Die Scharlachblume: wundervolles Wissen, dass diese Stelle einer Frau nur da ist, dich mit ihr zu vereinen. Es ist nämlich so unsinnig, so unpraktisch, direkt eine religiöse Tollheit. ... Wer wird sich zur Untreue verleiten lassen und ... die Ewigkeit für ein Viertelstunde opfern. Das kann nur geschehn, wenn man irdisch rechnet. Die Liebe weltmännisch betrachtet. ... Untreue bringt um die himmlische Seligkeit; ist ein Sakramentsbruch.«/Musil hatte während seines Südtirol-Aufenthaltes tatsächlich eine Beziehung zu einer Lene Maria Lenzi, vgl. Karl Corino: Der Zaubervogel küsst die Füsse. Zu Robert Musils Leben und Werk in den Jahren 1914-1916. in: Robert Musil — Literatur, Philosophie, Psychologie. Hrsg. v. Josef Strutz und Johann Strutz. München/Salzburg, Fink, 1984, p. 143-172. / Im Tagebuch folgt kurz auf die oben zitierte Passage eine recht aufschlussreiche Stelle über die Möglichkeit, einen Treuebruch umzudeuten: »Es setzt ein wie die Entstehung eines Lustmords: eine ganz verschlossene innere Bahn ist plötzlich zwingend frei. ... Er liebt eine Frau und kann nicht widerstehn, eine andere zu probieren. ... Die Forderung der Treue ist, die erste hors de concours zu rücken. Seine Form für die ekstatische Liebe. Indem er ekstatisch liebt, kann er den niedrigen Lüsten Freiheit geben. Genügt das nicht, so kommt die Demütigung der zweiten.« p. 307.

41 Georges Bataille: Der heilige Eros (L'Érotisme). Frankfurt/Berlin/Wien, Ullstein, 1974 (=3079), p. 23.

42 Vgl. Pott, Musil, p. 61.

43 Vgl. Jost Hermand: Musils »Grigia«. in: Monatshefte für deutschen Unterricht, Bd. 54, 1962, p. 171-182.

44 Vgl. Musil, Tagebücher, 1, p. 345. Hier heisst es noch u.a. »ein weiblicher Engel«.

45 Vgl. Eibl, Drei Frauen, p. 105.

46 Vgl. ebenda p. 158.

47 Pott, Musil, p. 68.

48 Vgl. Johnston, Kultur- und Geistesgeschichte, p. 129. / Regina Schulte: Sperrbezirke. Tugendhaftigkeit und Prostitution in der bürgerlichen Welt. Frankfurt, Syndikat, 1979.

49 Vgl. Corino, Ödipus. Er setzt sich darin ausführlich mit dem Leben Musils, der Beziehung zu seiner Mutter, zu Hermine Dietz (die denselben Vornamen wie die Mutter trägt) auseinander. Diese starb offensichtlich an einer Geschlechtskrankheit.

50 Vgl. Musil, Tagebücher, 1, p. 107ff. Darin wird die Mutterliebe als stärkstes Sympathiegefühl bezeichnet. Unter dem Stichwort »Ein Schluss des Romans« u.a.: »So finden sich am Schluss Hugo und seine Mutter.« Die folgende Szene, die am Badestrand spielt, ist mit erotischer Metaphorik aufgeladen. / Vgl. auch p. 185: »Tonka ist währenddem im Spital. Kommt nur um zu sterben heraus. Er vereinigt sich mit der Mutter — Nur dieses letzte Stadium wird erzählt. ...« / Vgl. dazu Corino, Ödipus, p. 163ff.

51 Vgl. Thomas Zaunschirm: Robert Musil und Marcel Duchamp. Klagenfurt, Ritter Verlag, 1982, p. 109.

52 Xavière Gauthier: Surrealismus und Sexualität. Inszenierung der Weiblichkeit. Berlin, Medusa, 1980, p. 143.

SIGRID SCHMID-BORTENSCHLAGER

»La femme n'existe pas«.[1]
Die Absenz der Schriftstellerinnen in der deutschen Literaturgeschichtsschreibung.

Durch die Introduktion des weiblichen Subjekts[2] in die Wissenschaft in der Rolle als Forscherin rückte in den letzten Jahren das Faktum ins Blickfeld, dass Frauen als Forschungsgegenstand der Geschichtswissenschaften nicht existieren. Umgekehrt wurde auch die Behauptung, Frauen seien zu künstlerischen Leistungen nicht befähigt, durch die historische Tatsache begründet, dass sie in diesen Funktionen in der über 2000-jährigen abendländischen Geschichte nicht aufgetreten seien. In diesem Argumentationsmuster erhält die Absenz Zeichencharakter — die Nicht-Existenz, der leere Fleck gewinnt präskriptive Aussagekraft für eine gesellschaftliche Praxis. Absenz, weit davon entfernt, blosse Negation zu sein, kann sich also sehr wohl fühlen mit der Kraft der Bedeutung: das Fehlen der Signifikanten nimmt — im interpretativen Verfahren — Signifikatcharakter an — es entsteht so scheinbar ein reines · Signifikat, ohne »Verunreinigung« durch die Signifikanten-Ebene. Da diese Signifikationsoperation allerdings an die Interpretation gebunden bleibt, muss die Leere doch wieder durch Zeichen — der Interpretation — gefüllt werden, muss die Absenz präsentiert werden.

In der Forschungsdiskussion hat sich für derartige Fälle — denn es handelt sich nicht nur um die Frauen, sondern auch um andere Gruppen ausserhalb des Hauptstroms des Erkenntnisinteresses, seien es rassisch oder sozial Deklassierte — das Bild der Landkarte mit ihren im 19. Jahrhundert noch nicht erforschten weissen Flecken eingestellt. Die Umrisse der Kontinente waren bekannt, im Inneren von Afrika oder Australien oder Südamerika wartete aber noch jungfräuliches Land darauf, vom europäischen Forschungsdrang erkundet und erobert zu werden. In dieser Analogie stehen die Umrisse des Wissens fest, es ist ein begrenztes Gebiet, in dem nur mehr interne Differenzierungen und Vertiefungen möglich sind. Ganz in diesem Sinne hat auch ein Teil der klassisch historisch verfahrenden jüngeren Forscherinnengeneration erfolgreich versucht, diese weissen Flecken kartographisch zu markieren.[3] Die Literaturwissenschaft muss — ebenso wie Kunst- und Musikwissenschaft — heute anerkennen, dass Frauen zu allen Zeiten als Künstlerinnen tätig waren, in einem Mass, das nicht ganz an das der Männer heranreicht, aber das immerhin — benützt man nur die zeitgenössischen Quellen — durchaus belegbar und respektabel ist. Das unerforschte Gebiet »Frau« auf der historischen Landkarte ist inzwischen bereits duch eine ganze Reihe von fixen Punkten und Linien markiert — die Schätze und Materialien, die gefunden wurden, harren der Auswertung und der Veröffentlichung, die Spuren einer weiblichen Kunsttradition werden bereits deutlich.

Diese Forschungsrichtung, getragen von der Freude am Wiederentdecken, ist geprägt durch den männlichen Vorwurf, es gebe keine Künstlerinnen, und bleibt damit in diesem Paradigma befangen; denn die zentrale Frage, wie es dazu kommen konnte, dass diese Leistungen verschwiegen wurden, wird, wenn überhaupt, nur mit der globalen patriarchalischen Unterdrückungsthese scheinbar beantwortet; die weitere Frage, ob es sich bei weiblicher Tradition tatsächlich nur um einen weissen Fleck innerhalb der vorgegebenen Grenzen handle, überhaupt nicht gestellt.

Die bisher vorgelegten Untersuchungen ermöglichen auf jeden Fall den Schluss, dass unser (Nicht-)Wissen um künstlerische Leistungen von Frauen nicht bedingt ist durch das Nicht-Vorhandensein dieser Leistungen, sondern situiert werden muss in den Methoden, mit denen kulturelles Wissen in einer Gesellschaft weitergegeben wird, mit den Methoden, die zur Kanonbildung des Verbürgten und Wahren und des Ausgeschlossenen führen. Dass dabei den Fachwissenschaften eine wichtige Rolle zukommt — allerdings in einem komplexen System der Weitergabe von Wissen via Schulen, Medien, öffentliche Meinung etc. — bildet eine der Thesen dieses Versuchs. Am Beispiel der Rolle der Literaturwissenschaft im deutschen Sprachbereich soll diese Funktion demonstriert werden.

Der Blickpunkt auf die deutschsprachige Literaturwissenschaft ist motiviert durch die Beobachtung, dass der Ausschluss der Schriftstellerinnen in dieser Tradition noch rigider erscheint als im vergleichbaren französischen oder angelsächsischen Bereich. Künstlerinnen fungieren im Bildungskanon Frankreichs und Englands zwar nicht gleichwertig mit den Männern, sie nehmen aber immer wieder entscheidende Positionen ein — Margarete von Navarra, Madame de Lafayette, Madame de Staël, Mlle de Scudéry, George Sand, Jane Austen, Mary W. Shelley, George E. Eliot, die Schwestern Brontë etc. Im deutschsprachigen Bereich muss man — sieht man von der Gottschedin ab (bezeichnenderweise fehlt ihr Vorname in fast allen Darstellungen und wird ersetzt duch die sonst unübliche feminine Endung, die sie in bezug auf ihren Gatten definiert) — ins späte 19. bzw. 20. Jahrhundert gelangen, um in ausführlicheren Darstellungen Ricarda Huch oder vielleicht auch Ebner-Eschenbach erwähnt zu finden. Ist es — wie im Fall der Gottschedin — fast unmöglich, sie zu übergehen, so ist die Art der Erwähnung signifikativ — bei Hettner[4] erscheint sie als »gewerbtätig« und als »Geliebte« Gottscheds: Sie wird damit doppelt negativ besetzt, situiert in den der Sphäre der Kunst nicht adäquaten kommerziellen und sexuellen Bereichen. Noch deutlicher zeigt sich ein spezifischer Blickwinkel bei den Romantikerinnen, die zwar, so Bettina von Arnim und Rahel von Varnhagen, mehrmals erwähnt werden, jeweils jedoch lediglich als Empfängerinnen von Briefen — die passive Funktion der Frau, und unterschwellig wohl auch ihre naturgegebene Rolle in der Reproduktion, schwingen hier deutlich mit.

Verschweigen bzw. Verschieben der Bedeutung von Frauen weisen in diesem konkreten Beispiel bereits auf die sich anbietenden Erklärungsmodelle. Fasst man Literaturwissenschaft, wie jeden wissenschaftlichen Diskurs, auf als geprägt durch eine überindividuelle Perspektive der Subjekte, die sie hervorbringen,[5] so erlaubt die Psychoanalyse, verstanden als Sozialwissenschaft, Erklärungsmöglichkeiten für das Verdrängen der weiblichen Leistungen aus dem Bereich der deutschen Kulturgeschichte anzubieten. Neben dem heuristischen Wert erscheint mir diese Sichtweise und das Aufdecken der Energien, die diese Verdrängung speisen, auch deshalb wichtig, weil die aufgewendete Energie und Konsequenz im Verhältnis zum Ausmass der Bedrohung, das erfahren wird, gesehen werden muss. Die Verdrängung des Weiblichen kann damit nicht mehr als blosse Unterdrückung eines ohnehin Schwachen gesehen werden, vielmehr tritt damit auch der Aspekt der weiblichen Macht, der Bedrohung einer herrschenden Ordnung durch weibliche Leistungen ins Blickfeld, der bisher nur auf dem Gebiet der Individualpsychologie im Bereich der Macht der Mütter gesehen worden ist.

Im deutschen Sprachbereich kommt der Literaturwissenschaft aufgrund der spezifischen historischen Situation eine besondere Bedeutung zu. Deutsche Sprache, deutscher Geist, deutsche Kultur dienten als Exempla für die nationale Einheit(lichkeit) der deutschsprachigen Staaten, die ihre politische Realisierung erforderte. Die Deckung von Sprach- und Staatsgebiet im französischen und englischen Bereich ermöglichte eine weitaus entspanntere Haltung zur eigenen Tradition; die deutsche Literaturwissenschaft hingegen stand in einem dauernden Rechtfertigungszwang. Aus der Position der Minderwertigkeit musste sie ihren Gegenstandsbereich zum einen konstituieren vis-à-vis der klassischen (lateinischen und griechischen) Tradition, andererseits vis-à-vis der hochentwickelten französischen und englischen Literatur des 18. Jahrhunderts. Doch argumentierte z.B. A.W.Schlegel nicht nur aus einer Position der Minderwertigkeit, sondern auch aus einer Position der Zersplitterung — der Begriff »deutsch« als solcher war aufgrund der politischen Situation keineswegs fest und etabliert; Literatur in deutscher Sprache ist nicht nur in Süd und Nord gespalten, sondern eigentlich nur um bestimmte kulturelle Zentren gruppiert (Leipzig, Berlin, Weimar etc.) — in realen politischen Verhältnissen begründeter Provinzialismus, der später zur Literatur der deutschen Stämme und Landschaften ideologisch weiterentwickelt werden wird.

Bezeichnend für dieses internalisierte Gefühl der eigenen Minderwertigkeit ist der Kompensationsgestus nach aussen — deutsch wird schon bei ihm zum kulturtragenden Äquivalent für europäisch:

Wenn wir also wie billig diese östlicher wohnenden slavischen Völkerschaften ... und die

asiatischen immer noch nicht einheimisch gewordenen Fremdlinge abrechnen: so behalten wir
für unser Europa, die kleineren Ausnahmen abgerechnet, nur eine einzige durch Sprache
und Abstammung durchgängig verwandte, grosse Völkermasse übrig.
Deutsche Stämme waren es, welche durch den Umsturz des abendländischen Römischen
Reiches im Süden, dann durch Ausbreitung im Norden das neuere Europa gründeten und
erfüllten. Auf dieser Seite des Erdbodens waren die Deutschen nach den Römern die
zweiten grossen Welteroberer. ... Übrigens sind in dem soeben beschriebenen Europa die
sämtlichen Sprachen entweder rein deutsche Mundarten, oder aus der Vermischung des
Deutschen mit dem in den Provinzen vorgefundenen Lateinischen entstanden. Nimmt man
nun noch die nahe Verwandtschaft des Deutschen mit dem Lateinischen und Griechischen
hinzu, die keinem Sprachforscher zweifelhaft sein kann: so erscheinen die verschiedenen
Sprachen Europas fast nur als Dialekte einer einzigen, welche in zwei Hauptklassen
zerfallen, wovon in der einen der grösste Teil der Masse lateinisch, in der anderen deutsch
ist.[6]

Die unbedeutenden deutschen Kleinstaaten werden erhöht zu den »Welt-
eroberern« und Gründern des neuen Europas, ihre Kleinheit kompensatorisch durch
die Identifikation mit dem gesamten europäischen Kontinent in Relation gestellt.
Medium dieser Einheits- und Grössenstiftung ist die deutsche Sprache, die ja auch, in
Analogie, die politische Einheit der deutschen Kleinstaaten fundieren soll. Es zeigt
sich hier bereits bei Schlegel in seiner späten Wiener Zeit die eminent politische Ausrichtung und Motivation der Literaturgeschichtsbetrachtung, die bei Hettner und
Gervinus dann explizit wird und sich mit konkretem politischen Engagement in den
deutschen Einigungsbestrebungen verbindet.

Doch bleiben wir noch bei Schlegel: Die revolutionäre Frühromantik erscheint in
seinen späteren Werken — ähnlich wie bei seinem Bruder Friedrich — vergessen,
äussere Zeichen für diese Wende sind Bekenntnis zum Katholizismus und die
Verurteilung der revolutionären sozialen Utopien der Frühromantik, deren klarsten
Ausdruck in bezug auf Geschlechterrollen bzw. Androgynität der Roman »Lucinde« darstellt, den Friedrich Schlegel in seine Werkausgabe nicht mehr aufgenommen hat. Auch hier keine Umarbeitung oder kritische Auseinandersetzung,
sondern Verdrängung — der Text soll nicht (mehr) existieren. Entspricht der
Verleugnung der Begeisterung für die französische Revolution, der Internationalität
und der Demokratie die explizite Universalisierung des »Deutschen« und seine
Identifikation mit der mittelalterlichen Ecclesia und ihren hierarchischen Strukturen,
so geht die Verleugnung der Tendenzen der »Lucinde« — Androgynität, Gleichberechtigung des Weiblichen, Lust- und Faulheitsprinzip — noch weiter: Sie werden
nicht durch blosse Verschiebungen ersetzt, sondern fallen der Zensur — wie der Text
selbst — total zum Opfer: Frauen werden bei Schlegel nicht erwähnt, (mit der
Ausnahme der französischen Tradition, wo er Quellen zitiert und um Margarete von
Navarra und Mlle de Scudery nicht umhin kommt).

Die jüngere Forschung[7] zeigt immer deutlicher, wie wichtig die Frauen in den

148

romantischen Kreisen waren, nicht nur als Anregerinnen und Briefpartnerinnen, als konkreter Teil des alltäglichen Lebens (in den anfänglichen romantischen Utopien des gemeinschaftlichen Lebens auf dem Lande hatte dies durchaus poetischen Charakter im Sinne der totalen Poetisierung des Lebens), sondern auch in der konkreten Arbeit an den Übersetzungen, aber auch in ihren eigenen literarischen Produkten — alle diese Erfahrungen scheinen bei den späteren Schlegel getilgt. Die Hinwendung zum katholischen ordo und seinem »mulier tacet in ecclesia« ist dabei nur ein paralleles Symptom, Resultat dieser Wende, nicht aber Motivation. Diese muss wohl eher im individualpsychologischen oder im sozialpsychologischen Umfeld gesucht werden. Da die Brüder Schlegel nur ein Beispiel für diese für die Romantiker typische Wende darstellen, die ihre Parallelerscheinung auch bei den liberalen Literaturwissenschaftlern hat, dürften individualpsychologische Motive als umfassende Erklärungen auszuschliessen sein.

Wir befinden uns in der romantischen Periode in einer dezisiven Umbruchszeit in den deutschen Ländern. Mit entsprechenden Verschiebungen setzt sich in diesem Zeitraum eine bestimmte Schicht von Bildungsbürgern, die von den staatlichen Institutionen, die sich in dieser Zeit herausbilden, benötigt werden, als quasi staatstragende Schicht durch.[8] Die Problematik dieses neuen Bürgertums findet im Standeskonflikt des Dramas des 18. Jahrhunderts seinen immer wiederholten Ausdruck. Manifestiert sich hier noch das wachsende Selbstbewußtsein dieser gerade entstehenden Schicht, das sich im Schutz- und Besitzanspruch gegenüber ihren Frauen und Töchtern ausdrückt, die nicht mehr der Verfügung des Adels überantwortet werden, ja, die sich teilweise schon selber schützen können, so klaffen ideologische und realsoziale Entwicklung in der folgenden Zeit auseinander: Hippels Gleichberechtigungstraktat entspricht noch den egalité-Forderungen der französischen Revolution. Mit dem Entsetzen über die Entwicklung der französischen Revolution, das nicht zuletzt durch die konsequente égalité, und die damit implizierte Gefährdung der eigenen, eben erreichten privilegierten Position motiviert war, setzte bei den Romantikern — und nicht nur bei ihnen — ein eindeutig konservativer Trend ein.

Dies ist verbunden mit der Befestigung der Privilegien der neuen bürgerlichen Schicht, die ihre Rechte nicht mehr von Geburt oder Besitz, sondern von der Bildung herleitet. Die damit verbundenen Funktionen im sich gerade in seiner modernen Form der Verwaltung etablierenden Staat fundieren die Bedeutung dieser neuen Schicht und resultieren in einer zunehmenden gesetzlichen Regelung bisher freier Bereiche — darunter auch des Schul- und Universitätswesens, in denen wiederum neue einflussreiche Posten für diese Schicht entstehen. Mit diesen Funktionen ist aber auch ein neues Familien- und damit auch Frauenbild verbunden. Die Ideologie des ganzen Hauses wird ersetzt durch die klare Trennung von Berufs- und Privatsphäre, die Frau eindeutig dem internen, privaten Bereich, der Reproduktions- und Rekreationssphäre zugeordnet. »Und drinnen waltet die züchtige Hausfrau, die

Mutter der Kinder« wie es in Schillers »Lied von der Glocke« programmatisch heisst. Diese Position der Frauen schützt sie einerseits vor den (sexuellen) Übergriffen durch die Mächtigen (Adel oder Besitz), sie schützt aber gleichzeitig auch die neue Schicht vor der internen Konkurrenz durch die Frauen—; der zwar expandierende, aber doch begrenzte Markt der neuen mit einem regelmässigen Einkommen versehenen Posten ist der Gruppe der Männer vorbehalten. Sie sind durch die Bildung, die sie in öffentlichen Institutionen mit Diplom erworben haben, dafür qualifiziert, während die Frauen von eben diesen Männern nun per Gesetz aus eben diesen Bildungsinstitutionen ausgeschlossen werden. Das Ideal und die Realität des gelehrten Frauenzimmers des 18. Jahrhunderts[9] wird damit durch das der bürgerlichen Hausfrau verdrängt. Die Romantikerinnen waren noch Beispiele für das — durch den Privatunterricht — gelehrte Frauenzimmer. Da das Experiment des utopischen Lebens der Frühromantik — nicht zuletzt an der mangelnden finanziellen Basis der Familien Arnim und Schlegel — gescheitert war, wurde dieses Scheitern kompensiert durch einen totalen Paradigma-Wechsel: Literatur, Wissenschaft, Politik werden zum öffentlichen Bereich, der finanziell entlohnt wird und den Männern vorbehalten ist, die Frauen sind für das Haus, für das Empfangen zuständig: Sie empfangen Briefe, Kinder, Gäste — ihre Aktivität wird total überlagert durch Passivkonnotationen; dort wo sie gegen dieses neue Bild verstossen, wie Bettina in ihrem politischen Berliner Salon und ihren politischen Schriften, setzt bereits zu Lebzeiten die Zensur ein — die Familie trennt sich von ihr, die Töchter eröffnen einen eigenen, dem neuen Verständnis der Frau als passiver kultureller Mittel- und Sammelpunkt entsprechenden Salon; die Literaturgeschichte verschweigt ihre selbständigen, vor allem auch die politischen Schriften, presst sie in das neue Frauenbild (Briefwechsel mit einem Kinde — Definition in Relation zu Goethe) oder verschweigt sie völlig.

Das neue Lebensmodell zeigt in der Radikalität, mit der es propagiert wird, die Stärke der Gefährdung, die durch die — wenn auch nur auf den kleinen Kreis der romantischen Zirkel beschränkte — gleichberechtigte Teilnahme der Frauen an der romantischen Kunst- und Lebensproduktion erfahren worden ist.[10] Die Gefährdung ging einerseits von diesen konkreten Erfahrungen aus, wurde aber überlagert durch die Gefährdung der eigenen neu errungenen sozialen Position durch die nachdrängenden unteren (proletarischen?) Schichten, wie sie sich einerseits im Schreckbild der »Gewalt- und Pöbelherrschaft« in der französischen Revolution, andererseits durchaus auch in Teilen der 1848-Revolution in den deutschen Staaten zeigte.[11] Die Verteidigung der eigenen Position und ihrer Privilegien musste so nach oben und unten erfolgen — gegenüber den nach wie vor herrschenden Fürsten und dem Geburtsadel sowie gegenüber dem sich mit der einsetzenden Industrialisierung herausbildenden Besitzbürgertum, genauso wie gegenüber den ungebildeten Unterschichten.

Das Bildungsbürgertum versucht seine von den verschiedensten Seiten gefährdete Position dadurch zu festigen, dass es den Begriff der Bildung loslöst von einer allgemeinen humanistischen Aufgabe und einbindet in die »zentrale« Frage der deutschen Einigungsbestrebungen — die inzwischen erfolgte Institutionalisierung des Bildungswesens ermöglicht den in ihm tätigen Bildungsbürgern nun die Kontrolle des symbolischen Wissens um die deutsche Einheit, und damit den Zugang zur politischen Dimension via wissenschaftliche Begründung und Exekution.

Drängen sie so massiv ins öffentliche Leben, nehmen teil an politischen Kontroversen, so entspricht dieser Beanspruchung auf der anderen Seite die Notwendigkeit des privaten Schutzraums — die Frauen übernehmen die Funktion der Rekreation der Kräfte im Privaten, ihnen wird aber auch die Ausbildung einer typisch bürgerlichen Lebensform übertragen, die sich von der adeligen und der proletarischen unterscheiden muss. Häuslichkeit, Zufriedenheit, Ordnung, Sauberkeit, Gehorsam — die Liste der bürgerlichen Tugenden, ihren emanzipatorischen Anfängen aus der Aufklärung entfremdet, wird zunehmends zum (bildungsbürgerlichen) Sozialisationsinstrumentarium, das die Position des Hausvaters in Analogie zum Fürsten befestigen soll. In den Anfängen dieses Familienmodells im 18. Jahrhundert ist die Wichtigkeit der Rolle der Frau in diesem Modell noch durchaus bewusst, diverse Wochenschriften dienen dazu, sie für diese Aufgabe zu erziehen; je fester das Modell in seinem — begrenzten — gesellschaftlichen Wirkungsbereich jedoch etabliert ist, desto selbstverständlicher bzw. reduzierter wird die Rolle der Frau: sie ist letztlich nur mehr Schmuck, Zierat, Requisit in der Lebensform, die durch den Mann bestimmt wird — Haushaltsführung und Kindererziehung liegen in den Händen von Domestiken, die Frau ist (notwendiger) Luxusgegenstand.

Die Bindung der Literatur und der Literaturwissenschaft an die politische Funktion der deutschen Einheitsstiftung hat den Blick auf die Literatur entscheidend beeinflusst. Negativ gesehen werden alle Literaturformen, die einem feudalistischen Kontext zugeschrieben werden (Barock, teilweise Wieland). Ähnlich wird aber auch Literatur ausgeschieden, die privatistisch erscheint, in der nicht — wie im positiv akzentuierten Bildungsroman — die Integration des Individuums in die Gemeinschaft im Zentrum steht, sowie Literatur, die zu nahe am französischen Vorbild bleibt. Kompliziert wird die Situation dadurch, dass sowohl die rationalistische Spielart der Aufklärung, als auch die individualistische Spielart des Geniekults der neuen Konzeption nicht entspricht. Auf jeden Fall aber zeigt sich, dass Frauen durch ihre neue Funktionsbestimmung innerhalb der Familie nicht für den öffentlichen (politischen) Bereich »Literatur« befähigt sind, dass sie auch andererseits inhaltlich mit ihren eher dem privaten Bereich zugeordneten Werken nicht in den Bereich der hohen Literatur aufgenommen werden können. Da allerdings zu dieser Zeit die Zahl und die Verbreitung der belletristischen Produkte, die von Frauen verfasst worden sind, nicht mehr übersehen werden kann, muss diese Textfülle kategorisiert werden — und zwar als Trivialliteratur. Auch hier gibt es wieder — zurückreichend ins 18. Jahrhundert — die eigenartige Vermischung von Argumentationsmustern, die sich nur aus einem globalen Abwehrgestus erklären lässt: Frauen wird vorgeworfen, Trivialliteratur zu lesen — die Klagen über den Niedergang der Literatur durch die Romane, die von den Frauen als Lesestoff verlangt werden, sind Legion, die Produzenten dieser Produkte, die auf die Marktforderung nach Trivialität reagieren, sind hier noch Männer. Das Weibliche zieht hier also die Kultur nicht »hinan«, sondern hinab. Die Negativcharakterisierung der Frauen als Rezipientinnen von Trivialliteratur geht jedoch bruchlos über in den Vorwurf, Literatur, die von Frauen produziert werde, sei Trivialliteratur. Nicht von ungefähr sind im deutschen Sprachraum Courths-Mahler und Marlitt Synonyme für Trivialliteratur — eine Gleichsetzung, die sich im angelsächsischen und französischen Raum nicht in vergleichbarer Weise findet; dort ist der Bestseller, der grosse Verkaufserfolg durchaus nicht nur materiell, sondern auch vom Prestige her, anstrebenswert, während er im deutschen Sprachraum noch immer mit dem Odium der Trivialität behaftet ist. Eines der Resultate dieser Dichotomisierung der Literatur ist das Faktum, dass gute Unterhaltungsliteratur, aber auch Genreliteratur wie Kriminalroman oder SF, im deutschen Sprachbereich weitgehend nur durch Übersetzungen präsent ist.

Die soziale Herkunft der Begründer der deutschen Literaturwissenschaft und die sozialhistorische Funktion, die sie in ihrer Eigenschaft als Universitätslehrer in der politischen Entwicklung übernommen haben, führte dazu, dass ihr Frauenbild defensiv und präskriptiv die bürgerliche Familie mit der Trennung von Privatsphäre und öffentlichem Raum zum Muster erhob. Dieses individual- und sozialhistorisch motivierte Frauenbild hatte dezisive Auswirkungen auf ihre Literaturkonzeption und die Kanonbildung, die sich im Anschluss an ihre grundlegenden Werke in Repetition und zeitlicher Weiterführung als gültig etabliert hat. Die Dichotomisierung der Geschlechterrollen (nach dem Scheitern der Versuche der Egalität) hatte dabei eine Dichotomisierung der Literatur zur Folge in hohe und Trivial-Literatur, die den deutschen Sprachraum ähnlich auszeichnet wie die Absenz von Frauen. Schriftstellerinnen werden — wie die Frauen ins Private — in diesen nichtöffentlichen, nicht wissenschaftsfähigen Bereich der Literatur abgeschoben. Die sich daraus ergebende Paradoxie, dass eine Wissenschaft, die sich als politische versteht, sich derjenigen Teile der Literatur begibt, die breite und damit wohl auch politische Wirkung haben, tritt nicht ins Bewusstsein der Produzenten, da ihr Politikbegriff nicht demokratisch ist, sondern an eine Bildungselite gebunden erscheint.

Die Frage nach der Zeichenhaftigkeit der Absenz, die am Anfang gestellt wurde, findet hier mögliche Antworten. Wird der etablierte historische Diskurs von Aussenseitern problematisiert, so werden nicht nur die weissen Flecken auf der Landkarte entdeckt, sondern das Modell der umfassenden Repräsentation der Vergangenheit durch die Geschichte/durch die Geschichten wird ersetzt durch das Paradigma der Archäologie, das die überlieferten, zu einem jeweiligen Zeitpunkt und von jeweilig spezifischen Individuen mit ihrer Interessenslage wahrgenommenen Aspekte einer Vergangenheit als archäologische Fundstücke begreift, die als Bruchstücke der Re-Konstruktion bedürfen, die letztlich immer auch Fiktionscharakter hat. Die Absenz greift hier über vom nicht zu füllenden weissen Fleck in einer bestimmten Rekonstruktion auf die Nicht-Rekonstruierbarkeit des Gesamtbildes, der Landkartenumrisse im anfänglich verwendeten Bild.

Absenz wird aber auch im sozialpsychologischen Modell zum Indiz der Verdrängung — im konkreten Beispiel spricht das Fehlen des Texts von »Lucinde« in den Gesammelten Werken, seine Ausmerzung, ein »beredtere Sprache« als seine Präsenz es jemals könnte. Die penible Anwendung klassischer Formen der Quellenkritik genügt in einem solchen — individuellen — Fall eines Œuvres, ursprüngliche und »gereinigte« Version zu rekonstruieren; die Diskrepanzen können mit den Mitteln der Psychoanalyse »zum Sprechen« gebracht werden.

Schwieriger wird die Situation, wenn ganze Bereiche, wie eben z.b. die Produktion von Frauen, oder die Trivialliteratur aus dem Blickfeld der Wissenschaft ausgeschlossen werden. Hier bietet sich das semiologische Modell an. Da Bedeutung über Differenz hergestellt wird, stellt sich das Ausgeschlossene wieder ein, wenn es um Definitionsfragen geht. Die häufig so provokant vorgetragene Frage, ob es denn eine Männerliteratur gäbe, zeigt die semiologische Operation und ihre Verdrängung deutlich. Der abgelehnte Begriff »Frauenliteratur« wird sofort der Definitionsoperation via Opposition unterzogen, ein Verfahren, das bei der normalen =akzeptierten Literatur scheinbar nicht nötig ist. Trat der Produktionsaspekt von Literatur ins Zentrum, so wurde auf die Opposition Genie - Epigone rekurriert, die Interessensfrage durch die Wertfrage ersetzt. Dass der Begriff Autor auch den der Autorin impliziert, tritt erst seit der Zeit ins Bewusstsein, seit neben den Begriff des Wissenschafters auch der der Wissenschafterin getreten ist.

Anmerkungen

1   Der Titel ist eine Anspielung auf eine Übersetzung eines Teils aus dem Séminaire XX von Jacques Lacan in Alternative 108/109 »Das Lächeln der Medusa« pp. 103-106. Dort ist LA allerdings grossgeschrieben. — Der Satz kommt so im Text von Lacan nicht vor, er trägt den Titel »Dieu et la jouissance de Femme« und behandelt die Unmöglichkeit, den universalisierenden bestimmten Artikel auf die Frau anzuwenden. Im Gegensatz dazu ist in diesem Aufsatz sehr wohl von einer universalisierenden Tendenz der Verdrängung der (konkreten) Frauen die Rede.
2   Zum Begriff des Subjekts der Wissenschaft vgl. Michel de Certeau: Histoire, science et fiction. In: Le Genre Humain, 1983, pp. 147-169, Übersetzung in diesem Band.
3   Die Arbeiten dazu sind zahlreich. Für die Malerinnen sei Germaine Greer: Das unterdrückte Talent. Die Rolle der Frauen in der bildenden Kunst. Ullstein 1984 erwähnt, für die Musi-

kerinnen Rosario Marciano und ihre Plattenedition, für Schriftstellerinnen Elisabeth Fried-richs: Die deutschsprachigen Schriftstellerinen des 18. und 19. Jahrhunderts. Ein Lexikon. Stuttgart, Metzler 1981 und Sigrid Schmid und Hanna Schnedl: Österreichische Schrift-stellerinnen 1880-1938. Eine Bio-Bibliographie. Stuttgart, Heinz 1982.

4 Hermann Hettner: Das moderne Drama. Ästhetische Untersuchungen. In: H.H.: Schrif-ten zur Literatur. Berlin/Ost, Aufbau 1959, pp. 169-268, hier p. 204 und 281.

5 Vgl. dazu Michel de Certeau: Histoire, science et fiction, zit. Anm. 2.

6 August Wilhelm Schlegel: Geschichte der romantischen Literatur. Stuttgart, Kohlhammer 1965, p. 21.

7 Zu den Romantikerinnen vgl. jüngere Biographien von Ingeborg Drewitz oder Christa Wolf. Zur Lucinde und ihrer Bedeutung bzw. Verdrängung jüngst Kurt Lüthi: Feminismus und Romantik. Sprache, Gesellschaft, Symbole, Religion. Wien u. Köln, Böhlau 1985, pp. 81-104.

8 Zur Herausbildung der neuen Schicht der Bildungsbürger vgl. Hans J. Haferkorn: Die Entstehung der bürgerlich-literarischen Intelligenz und des Schriftstellers im Deutschland zwischen 1750 und 1800. In: Literaturwissenschaft und Sozialwissenschaften 3: Deutsches Bürgertum und literarische Intelligenz 1750-1800. Stuttgart, Metzler, 1974, pp. 113-276.

9 Zur Auseinandersetzung zwischen Gelehrtem Frauenzimmer und Empfindsamer Frau vgl. Silvia Bovenschen: Die imaginierte Weiblichkeit. Exemplarische Untersuchungen zu kulturgeschichtlichen und literarischen Präsentationsformen des Weiblichen. Frankfurt (es 921), Suhrkamp, 1979, die allerdings etwas zu stark die patriarchalische Unter-drückungsthese betont, was teilweise, bei der Interpretation des Frl. von Sternheim, zu Missdeutungen führt. Als zeitgenössisches Dokument ist zu dieser Frage wichtig und aufschlussreich die Abhandlung der praktizierenden Ärztin Dorothea Christine Leporin: Gründliche Untersuchung der Ursachen, die das weibliche Geschlecht vom Studiren abhalten. Berlin 1742 (Nachdruck Hildesheim, New York, Olms, 1975)

10 Dass die beängstigende (kastrierende?) Wirkung dieser starken Frauen diesen selbst durchaus bewusst war, zeigt eine Stelle aus dem Briefroman von Bettina von Arnim: Die Günderode. Frankfurt 1982, p. 100, wo die Autorin Bettina die fiktive Briefschreiberin Bettina an ihre reale und fiktive Freundin Günderode über den Bruder Clemens schreiben lässt »und der Clemens, mit dem kann ich doch nicht sein, wie ich bin, er fürchtet sich und kann es nicht vertragen, dass ich mich ausström.«

11 Die Auswirkungen der Entwicklung der Romantiker auf ihr Mittelalter- und Ritterbild unter-sucht Dieter Richter: »Ritterliche Dichtung«. Die Ritter und die Ahnengalerie des deutschen Bürgertums. In: D.R. (Hrsg.): Literaturwissenschaft und Sozialwissenschaften 5, Literatur im Feudalismus. Stuttgart, Metzler, 1975, pp. 9-40.

12 Die Beziehungsmöglichkeiten und gegenseitigen Bedingungen stellt Georg Schmid im »square of (hi)stories« logisch und graphisch dar. G.S.: Das »Square of (Hi-)Stories«. »Qualifizierung« in der Geschichtswissenschaft oder Semiologie der Dissimulation. in: Der Computer und die Geisteswissenschaften, hg. von Manfred Thaller und Albert Müller. Wien, 1985.

SEVERIN HEINISCH

Geschichte und Geschichtetes.
Die unbewusste Schrift der Historie

Die Historie ist eine Geschichte wie jede andere. Sie wird »geschrieben«, allerdings keineswegs vom Historiker allein. Wenn wir einen Unterschied zu einer beliebigen Geschichte gelten lassen würden, dann wäre es der der Quellen, auf die sich der Wissenschaftler beruft, die Quellen, die den Historiker an seinen Gegenstand binden, die also die Verbindung zwischen der Schrift des Historikers und dem *Gewesenen* darstellen, die damit an die Stelle der unmittelbaren Evidenz des *Seienden* der empirischen Wissenschaft treten und die letztlich die Wissenschaftlichkeit der Geschichtswissenschaft legitimieren.

»Quelle« meint Ursprung, Authentizität, gleichsam Urquell und suggeriert damit die Vorstellung eines Originals, in dem sich *die* Geschichte direkt manifestiert, quasi als »Geschichte zum Anfassen«, zum direkten (Nach-)Erleben. Tatsächlich lässt sich aber »Realität« — ob »vergangene« oder »gegenwärtige« — nicht per se wahrnehmen, sondern ist nur über ein System von Zeichen zu erfahren oder mitzuteilen. Prototyp eines solchen Systems ist die Sprache, deren Aneignung ein Prozess des Lernens ist, die Welt zu be-zeichnen. Das gilt nicht nur für die gesprochene Sprache oder die geschriebene Schrift, die sich in ihrer Modellhaftigkeit praktisch auf alle Bereiche der menschlichen Kommunikation übertragen lassen. Die historische Quelle ist in diesem Sinn eine *Schrift* (ob sie nun eine schriftliche Quelle ist oder nicht), auf die sich die Schrift des Historikers bezieht: der Schriftwald, in dem wir uns hier fortbewegen, ist ein geschlossenes System, das nicht verlassen werden kann.

Die Quelle ist die mehrdeutige Schrift der Historie. Sie hat gleichsam einen doppelten Boden. Um das zu untersuchen, ist es von Vorteil, den Boden des klassischen Kanons zu verlassen und kurz auf das weniger vertraute Gebiet der bildlichen Quellen einzugehen, da sich in der allzugrossen Selbstverständlichkeit beim Umgang mit historischen Texten bestimmte Fragen oft gar nicht stellen. Auffallend ist ja, dass Bildern bei der didaktischen Umsetzung von »Geschichte« eine verhältnismässig grosse Rolle zukommt und dass sie in Geschichtsbüchern oder Ausstellungen zum beinahe unverzichtbaren Bestandteil der »Veranschaulichung« geworden sind. Das, was hier veranschaulicht wird, wird jedoch nicht aus diesen Bildern selbst abgeleitet, sondern man sucht die anderswoher gewonnene Geschichte in den Bildern bestätigt zu finden. Das Bild wird in der Regel auf seinen illustrativen Wert reduziert und nicht als Quelle verstanden. Dahinter steckt die seit der Renaissance kulturell so tief verankerte Vorstellung des Bildes als *Abbild* einer Realität, der der Bildner nachzueifern versucht und die aus dieser Sicht keiner weiteren Interpretation bedarf.

Demgegenüber kann der Paradigmenwechsel der Bildenden Kunst in der Renaissance (und das ist entscheidend für unser Bildverständnis) auch als Unbewusstmachung des *Zeichencharakters* des Bildes verstanden werden. Wir halten für Abbild, was in Wirklichkeit ein mit artifiziellen Mitteln produziertes Simulakrum des Imaginären ist. Die sogenannte »natürliche« Perspektive ist ebensowenig natür-lich wie die Farbgebung oder die Linienführung. Erst ein kulturell festgelegter Code (der einem historischen und sozialen Wandel unterliegt) lässt uns die Flecken, Schattierungen und Linien systematisch ordnen und in den Zusammenhang mit einer imaginären Vorstellung von Realität bringen. Das soll nicht heissen, dass es nicht so etwas wie »Realität« gibt, sondern nur, dass wir uns keine Vorstellung davon machen können, ohne uns eines Zeichensystems zu bedienen. Wir eignen uns einen Vorrat von Bildern (Imagines) an, die sich wie Schablonen vor unseren Augen verhalten. Das klingt höchst unwahrscheinlich in einer Zeit und in einer Gesellschaft, in der man beliebig auf den Auslöser einer Pocketkamera drücken kann, um das eben Erblickte »festzuhalten« und in der die Holographie die Illusion des Simulakrums perfektioniert. Dass es letztendlich nur eine scheinbare Pluralität des Beliebigen sein kann, die angesichts der Stereotypie etwa der touristischen Motivwahl eben diese Schablonenhaftigkeit durchblicken lässt, sei nur erwähnt, wobei ich auf die detaillierten Unterlagen und Interpretationen dazu bei Pierre Bourdieu hinweise.[1] Es entwickeln sich aber seit der Renaissance an den Randbereichen der Kunst auch gewisse Sub- und Gegenkünste (als Beispiele seien hier das Bilderrätsel, die Karikatur, die Anamorphosen, die Arcimboldesken u.ä. genannt), die sich des latenten Zeichencharakters des Bildes bedienen, um ihn mit der dem Bild zugesprochenen Abbildfunktion zur Kollision zu bringen. Am deutlichsten wird dieser Vorgang bei der Karikatur, die hier als entgleiste Kommunikation, als provozierte Fehlleistung zu verstehen ist. Der Karikaturist setzt kleinen Körpern etwa viel zu grosse Köpfe auf, er versieht die Köpfe auch oft mit überdimensional grossen Nasen und übertreibt und entstellt quasi nach Belieben, scheinbar ohne sich um die Realität zu kümmern, denn wo gibt es schon derart groteske Gestalten in diesen absurden Handlungszusammenhängen. Die Karikatur unter diesem Gesichtspunkt der Abbildung beurteilen zu wollen, wäre offensichtlich sinnlos und kaum zielführend. Wir kommen also zu unserer Vorstellung der Imagines und der vollkommenen Artifizialität des Bildes zurück, und es lässt sich erkennen, dass sich die Karikatur gegen die Normen der Schönheit, der Proportion, der Komposition und der Perspektive richtet. So bringt die Entstellung der Körperproportionen die ganze Komposition der Figur aus dem wohlkonstruierten Gleichgewicht und sie gerät in den labilen Zustand des semiologischen Gleitens.

Die Reduktion der Linien auf das Notwendigste, die masslose Übertreibung bestimmter Züge eines imaginären Abbildes, die Entstellung, das alles führt nicht (wie man eigentlich erwarten würde) zu einer immer verschwommeneren Vorstellung des Dargestellten, sondern es wird im Gegenteil das Gefühl des besonders Treffenden hervorgerufen. Schon von Berninis Karikaturen wurde im 17. Jahrhundert gesagt, sie kämen »der Wahrheit näher, als die Wirklichkeit«.[2] Das ist überraschend angesichts des akribischen Bemühens vieler Zeitgenossen, die »Wirklichkeit« mit mathematischer Genauigkeit in die Bildfläche zu übertragen, aber es zeigt, dass das Bild eine Schrift ist, nur dass diese Schrift verdeckt ist unter dem Mantel der Abbildung, den zu lüften den Randbereichen der bildlichen Darstellung vorbehalten ist. Die Karikatur treibt ihr Spiel mit dieser Schrift, sie lässt doppelte Bedeutungen aufblitzen und stellt provokante und skandalöse Verbindungen her. Die Schrift der Karikatur kann am ehesten als emblematisch bezeichnet werden. Es ist eine Schrift, die zudem mit vielen Unbestimmtheiten besetzt ist und die vielleicht mit den chinesischen Schriftzeichen vergleichbar wäre. Diese Eigenschaft teilt die Karikatur (wie auch Entstellung, Übertreibung, Verfremdung und Verschiebung etc.) mit dem Traum, von dem noch die Rede sein wird. Will man Bilder in den wissenschaftlichen Diskurs aufnehmen (und nicht auf die erwähnte illustrative Funktion beschränken), so müssen sie erst einmal in gesprochene Sprache übersetzt werden. Geschieht das, so ist die Aussage, die dabei herauskommt, meist recht platt und wenig ergiebig, solange man auf dieser Ebene bleibt. So werden etwa Karikaturen kaum neue Aspekte bringen, wenn man sich auf die Ereignisse beschränkt, die thematisiert werden. Jedoch ist das offensichtlich nicht die einzige Ebene des Bildes. Karikaturen rühren an tiefere Schichten des mentalen Apparates und lösen eine bestimmte affektive Reaktion aus, die, zumal sie von sozialer Bedeutung ist, das Interesse des Historikers finden müsste. Das hängt jedoch in erster Linie von dem verwendeten Geschichtsbegriff ab. »Geschichte« in der Singularform ist im deutschen Sprachraum erst seit etwa 1770 gebräuchlich. Diesem Begriff geht die Verwendung von Geschichte(n) als Pluralform von »das Geschichte«, beziehungsweise »die Geschicht« voraus.[3] Dieser »Kollektivsingular« steht in einem epochalen sprachgeschichtlichen Zusammenhang. Eine Reihe von Vereinfachungen und Singularisierungen richten sich in dieser Zeit sozial und politisch gegen die ständische Gesellschaft: »aus den Freiheiten wurde die Freiheit, aus den Gerechtigkeiten die eine Gerechtigkeit, aus dem Fortschreiten (les progrès im Plural) der Fortschritt, aus der Vielzahl der Revolutionen 'La Révolution'.«[4] Die vielen Geschichten wurden zu einer »Geschichte schlechthin«, zu der um einen Strang gebündelten Geschichte des Abendlandes, die im Zeitalter der Nationalstaaten am klarsten gesehen wurde. Dieser universalistischen, eindimensionalen Geschichtsauffassung stehen heute alternative Geschichtsmodelle gegenüber. Inhaltlich weitet sich die Geschichtswissenschaft auf die ganze Bandbreite sozialen Verhaltens aus, wobei sich theoretische Überlegungen in erster Linie am Begriff der geschichtlichen

Zeit entzünden. Fernand Braudel entdeckt drei geschichtliche Zeitabläufe: den kurzen Zeitablauf (»courte durée«) der vor allem politisch orientierten Geschichtsschreibung, die das Individuum und das Ereignis betont und uns an eine dramatische, kurzatmige Schilderung gewöhnt hat. Weiters den zyklischen oder konjunkturellen Zeitablauf der Ökonomie- und Sozialgeschichtsschreibung, die die Vergangenheit in langen, zehn- bis fünfzehnjährigen Abschnitten behandelt, und drittens die Geschichte des sehr langen Zeitablaufs (»longue durée«), die Zeiträume von Jahrhunderten umfasst und Strukturen aufweist, die sich nur sehr langsam ändern. Strukturen sind langlebige, »konservative« Elemente, die sich der Geschichte widersetzen, diese blockieren und damit ihren Ablauf beeinflussen. Auch Denkverfassungen zählen zu den geistigen Gefängnissen der langen Zeitabläufe.[5]

Geschichte ist ein Geschichtetes, wobei die »schillernde Oberfläche« mit dem kurzen Zeitablauf der Ereignisgeschichte korrespondiert, während sich die Schichten der längeren Zeitabläufe darunter bewegen. »Für mich ist die Geschichte die Summe aller möglichen Geschichten«[6] meint die Summe der Geschichten unter der einen »oberflächlichen« Ereignisgeschichte, die Summe der vertikalen Ge-Schichten. Der »unbewussten Geschichte«, die sich jenseits der Ereignisblitze abspielt und von der er annimmt, dass sie wissenschaftlich reicher sei als die Oberfläche, gilt Braudels Interesse. Die Referenzen auf die Psychoanalyse, obwohl niemals explizit ausgesprochen, sind unübersehbar. Wir konstatieren darüberhinaus eine auffallende Parallele zum Bild, das in der europäischen Neuzeit immer mehr zum dargestellten Augenblick, zum historischen Schnappschuss tendiert. Das zeitliche Vorher und Nachher verschwindet unter dieser Ebene zum latent Mitgedachten, wohingegen es etwa im mittelalterlichen Tafelbild noch durchaus möglich war, verschiedene Zeit- und Raumebenen auf der Bildfläche nebeneinander darzustellen und zu verflechten. Diese Verdrängung verleiht dem statischen Bild erst die Narrativität, die es ermöglicht, unbewusste Schichten einer kollektiven Geisteshaltung in den Dienst einer politischen Tendenz zu stellen. Das Barockzeitalter und die Gegenreformation brachten es hier zu einer Blüte, das Zeitalter der (scheinbar neutralen) Fotografie auf andere Weise ebenso. »Nur dadurch, dass eine Vorstellung verdrängt und damit ins Unbewusste *fixiert* wird, können Gegen- und Überbesetzungen entstehen.«[7] Diese Verdrängung hat also wesentlichen Anteil an der »Sprachwerdung« der Quelle, und jede Interpretation, die diesen Vorgang nicht mitberücksichtigt, muss an der Oberfläche bleiben.

Die Verdrängung der emotionalen durch die intellektuellen Tätigkeiten ist ein weiterer fundamentaler Teil des Prozesses der Zivilisation. In zunehmendem Masse wird die Emotion als Störung des intellektuellen Verfahrens vom sozialen Handeln gesehen und nur noch in den Reservaten des Irrationalen geduldet. In einer Geschichte der Mentalitäten und der »sensibilités« ginge es darum, Bruchstellen an der Oberfläche sozialen Handelns zu finden, Fehlleistungen, in denen das Unbewusste hervortritt.

Wir berühren hier das Gebiet der Ethnopsychoanalyse, denn es geht um den sozialen Bereich des Unbewussten, jenes Teils des Unbewussten des Individuums, »den es gemeinsam mit der Mehrzahl der Mitglieder seiner sozialen Klasse hat (wobei 'Klasse' den Stellenwert im Machtsystem angibt).«[8] Ein zentrales Problem auf diesem Gebiet stellt die Übernahme von Begrifflichkeiten, die ursprünglich bestimmte Bereiche des mentalen Apparates oder Denkvorgänge des Individuums bezeichnen sollten, für ganze Sozietäten dar. Begriffe wie »Unbewusstes«, »Unbewusstheit«, »Mentalität«, oder »Gedächtnis« werden recht unterschiedlich mit den Adjektiven »kollektiv«, »sozial« oder »gesellschaftlich« versehen, wobei differenziertere Analysen natürlich von einer schichtspezifischen Kollektivität ausgehen, wie sie etwa Marc Bloch betont.[9]

Es ist in erster Linie die Adoleszenz, die zweite Phase der sexuellen Entwicklung (nach der frühkindlichen Sexualität), die in der Herausbildung des gesellschaftlichen Unbewussten eine entscheidende Rolle spielt, und in der verschiedene Gesellschaften auf verschiedene Weise in das Leben des nunmehr Erwachsenen und »vollwertigen« Mitgliedes der Gesellschaft »initiierend« eingreifen. Das Inzesttabu ist dabei wohl der allgemeinste und grundlegendste gemeinsame Nenner aller Gesellschaften, denen es darum geht, bestimmte libidinöse und aggressive Strömungen zu ächten und verbotene Triebregungen von sich abzuhalten. In den Sog dieser Unbewusstmachung geraten dabei auch andere Wahrnehmungen und Phantasien, die die Stabilität der Kultur in Frage stellen könnten und die im Unbewussten verschwinden müssen.[10] So ergibt sich ein konservativer Trend in der Kultur, der durch Individuen getragen wird, bei denen dieser Prozess der Unbewusstmachung am besten gelingt und die durch Konsensus und soziale Auslese das Kulturmuster (die »culture«) perpetuieren.[11]

Das Unbewusste tritt hier als eine Art Behälter auf, in den all das hineinkommt, was eine Gesellschaft gegen ihren Willen verändern könnte, das, was gegen das Kulturmuster verstösst. Eine nicht unberechtigte Kritik an dieser Vorstellung könnte die Argumentation umdrehen und das Unbewusste als eine Art Behälter bezeichnen, in dem der Historiker all jene Ideen deponiert, von denen er *glaubt*, sie würden in den postulierten Sog der gesellschaftlichen Triebunterdrückung geraten. Das gesellschaftliche Unbewusste sei also Teil jenes Wunschdenkens, dem der Historiker als Individuum unterliegt und das ihm die Geschichte zum Objekt seines Begehrens werden lässt. Gehen wir also einen Schritt weiter und fragen wir, wo und wie sich das Unbewusste in der Geschichte nachweisen lässt.

In der Traumdeutung entdeckt Sigmund Freud das, was Lacan ausformuliert: die »Rhetorik des Unbewussten«. Der Traum ist ein Text, der mit rhetorischen Figuren geschmückt ist, wobei die Schrift des Traumes einer Bilderschrift oder einem Rebus gleicht. Das Unbewusste bedient sich aller zur Verfügung stehenden sprachlichen und bildersprachlichen Mittel, um vom eigentlichen Traumgedanken abzulenken. Die Traumdeutung, die eben diesem Gedanken auf die Spur kommen will, hat demnach sehr viel mit dem Lösen eines Rätsels gemeinsam, wobei Freud immer wieder betont, dass man sich nicht vom manifesten Inhalt ablenken lassen dürfe und die Zeichen nicht nach ihrem Bilderwert lesen solle, sondern nach ihrer Zeichenbeziehung.[12] Versuchen wir hier einige Gedanken für die Geschichte umzusetzen.

Wir dürfen annehmen, dass im »Zentrum« der Geschichte (des Geschehens) der Mechanismus der Verdrängung und der Unbewusstmachung am besten gelingt, und dass die Quellen, die das Siegel des Souveräns oder der Macht generell tragen, selbst Teil dieser Inszenierung sind. Mit ihren klaren Aussagen stellen sie dem Historiker die Falle der narrativen Aneinanderreihung, die die Oberfläche der Ereignisse nicht durchdringt. Ergiebiger versprechen hier die weniger urkundlichen Überreste zu sein, die sozusagen unbeabsichtigt auf uns gekommen sind. Hier ist die Kontrolle ungleich geringer, und es gibt bestimmte Bereiche, die, um mit Ernst Kris zu sprechen, ein Stück weit als »Ferien vom Über-Ich« verstanden werden können,[13] jenem Über-Ich, das wir korrekterweise als Über-Wir bezeichnen müssten.

Kommen wir auf das Beispiel Karikatur zurück: Stellen wir uns eine Karikatur zu einem bestimmten politischen Ereignis vor, zum Beispiel eine jener unzähligen englischen Propagandablätter zum Thema der Französischen Revolution etwa um 1800. Mit Hilfe dieser Karikatur das Ereignis der Französischen Revolution untersuchen zu wollen, wäre wenig ergiebig, denn hier gibt es in der Tat bessere und verlässlichere Quellen. Wenn wir aber wissen, dass das Publikum dieser Karikaturen in erster Linie der englischen »middle class« angehörte, und wir unser Interesse auf die »Mentalität« dieser Gesellschaftsschicht richten, so könnte eine genaue Untersuchung der Karikaturen dieser Zeit durchaus von grosser Bedeutung sein. Es liesse sich etwa feststellen, dass der Typus des »Sansculotten«, der eine »stehende Figur« der englischen Karikatur dieser Zeit war und der mit Vorliebe ohne Hosen gezeichnet wurde (rückführbar auf die wörtliche Bedeutung von sans culotte), gewisse analerotische Züge trägt und dass sich diese Figur ikonographisch vom Typus des Londoner Lumpenproletariers in den Hogarthschen Moralbildern des 18. Jahrhunderts ableiten lässt und damit im Zusammenhang mit den grossen sozialen Spannungen in England um 1800 steht. Das heisst nun nichts anderes, als dass sich die Hierarchie des klassischen Quellenkanons auf den Kopf stellt und das unterste zuoberst kehrt. Gerade das Unbestimmte, das Mehrdeutige, letztlich das Rhetorische ist es, das unser besonderes Interesse hervorrufen muss.

Die Quelle ist die Schrift der Historie und das Unbewusste äussert sich im Verschreiben, ja, das Wesen der Schrift liegt in diesem Entgleisen, so wie das Wesen des Traums in der Traumarbeit liegt. Nicht die Traumgedanken sind es also, die bestimmend sind, sondern die Form oder genauer: die Verformung. Zwar lässt sich der Inhalt des Traums auf einen latenten Gedanken zurückführen, doch ist gerade dieser »Inhalt als Inhalt«[14] nicht das Konstituens, sondern die Arbeit, mit der dieser Inhalt übersetzt wird. Mit der Rekonstruktion des latenten Gedankens ist somit auch nicht der Traum »gelöst« (hier scheint ein wichtiger Unterschied zum Rätsel zu liegen), sondern dieser Gedanke verweist auf ein Geflecht von weiteren Gedanken und Wünschen. Das Unbewusste gleicht demnach einer »Übersetzung ohne Original«, einer Übersetzung, die nur auf weitere Übersetzungen verweist. Die Triebfeder dieser Bewegung der endlosen Versprachlichung ist das Begehren; und die Feststellung Freuds, dass die Menschen, noch bevor sie anderen Bindungen unterliegen, in ihrer Eigenschaft als geschlechtliche Wesen miteinander zu tun haben, als Wesen, die dieses Geschlecht versprachlichen, führt zu Fragen wie »Objekt welcher Lust und welchen Wunsches ist die Macht, welche Bereiche des Wunsches kommen bei einer Rebellion ins Spiel, was geht zwischen dem Herrscher und einem Rebellen vor, und welche Lust geht verloren, sobald sich die Menschen zu Massen zusammenschliessen usf.?«[15]

Das Begehren ist für alle Bereiche des menschlichen Handelns und Kommunizierens relevant, die »Ökonomie des Wunsches« ist omnipräsent und das Unbewusste ist Bestandteil jeder menschlichen Kommunikation. Wo gesprochen wird, wird auch *ver*sprochen, wo gezeichnet wird, auch *ver*zeichnet, und wo gebildet wird, auch *ver*bildet.

Das widerspricht der Vorstellung einer reinen Denotation und stellt das Modell der einfachen, binären Operation des »klassischen Zeichens« (sa/sé) in Frage. Das Unbewusste kennt kein Signifikat, das sich nicht seinerseits als Signifikant definieren würde, und in diesem Regress ad infinitum verbirgt sich das Wesen der unbewussten Schrift: die Dekonstruktion der Konstruktion.

Die Zeichenhaftigkeit der historischen Quelle bestimmt sich unter anderem durch ihre Relativität: der Text wird bei jedem Mal Lesen neu geschrieben, er wird erst durch den Leser produziert,[16] und die Historiker, die Leser der historischen Quellen, ändern, genau wie die Quellen, ihren sozialen Kontext, der also wieder den Text der Quellen neu erzeugt. Diese Stelle, an der sich die *Ver*wandlung der Zeichen vollzieht, ist der Ort, an dem sich die Geschichte selbst produziert.

Anmerkungen

1 Pierre Bourdieu: Die feinen Unterschiede. Kritik der gesellschaftlichen Urteilskraft. Frankfurt/M., Suhrkamp, 1984.
2 Zit. nach Ernst Kris: Psychologie der Karikatur. in: ders.: Phänomene der Kunst in der Sicht der Psychoanalyse. Frankfurt/M., Suhrkamp, 1977, pp. 145-161, p. 147.
3 Vgl. Reinhart Koselleck: Historia Magistra Vitae. Über die Auflösung des Topos im Horizont neuzeitlich bewegter Geschichte. in: ders.: Vergangene Zukunft. Zur Semantik geschichtlicher Zeiten. Frankfurt/M., Suhrkamp, 1984, pp. 38-66, pp. 50sq.
4 Ebd., p. 54.
5 Vgl. Fernand Braudel: Geschichte und Sozialwissenschaften. Die *longue durée*. in: M.

Bloch, F. Braudel, L. Febvre u.a.: Schrift und Materie der Geschichte. Vorschläge zur systematischen Aneignung historischer Prozesse. Hrsg. v. Claudia Honegger, Frankfurt/M., Suhrkamp, 1977, pp. 47-85, pp. 50sq.

6 Ebd., p. 59.

7 Samuel Weber: Freud-Legende. Drei Studien zum psychoanalytischen Denken. Olten, Walter, 1979, p. 73.

8 Mario Erdheim: Die gesellschaftliche Produktion von Unbewusstheit. Eine Einführung in den ethnopsychoanalytischen Prozess. Frankfurt/M., Suhrkamp, 1984, p. 221.

9 Vgl. Carlo Ginzburg: Mentalität und Ereignis. Über die Methode bei Marc Bloch. in: ders.: Spurensicherungen. Über verborgene Geschichte, Kunst und soziales Gedächtnis. Berlin, Wagenbach, 1983, pp. 97-114.

10 Vgl. Erdheim, Die gesellschaftliche Produktion von Unbewusstheit, p. 221.

11 Paul Parin: Das Mikroskop der vergleichenden Psychoanalyse und die Makrosozietät. in: Psychoanalyse im Wandel. Hrsg. v. Peter Kutter. Frankfurt/M., Suhrkamp, 1977, pp. 94-121.

12 Vgl. Sigmund Freud: Die Traumdeutung. Sigmund Freud, Studienausgabe Bd. II, hrsg. v. Alexander Mitscherlich, Angela Richards, James Strachey. Frankfurt/M., Fischer, 1982, p. 280.

13 Kris, Psychologie der Karikatur, p. 155.

14 Samuel Weber: Rückkehr zu Freud. Jacques Lacans Ent-Stellung der Psychoanalyse. Frankfurt, Berlin u. Wien, Ullstein, 1978, p. 7.

15 Jacques Derrida: Freud und der Schauplatz der Schrift. in: ders.: Die Schrift und die Differenz. Frankfurt/M., Suhrkamp, 1972, pp. 302-350, p. 323.

16 Vgl. Roland Barthes: Rhétorique de l'image. in: L'obvie et l'obtus. Paris, Seuil, 1982, p: 25-42, p. 37.

KARL AIGNER

Die Blicke im Zeitalter ihrer technischen (Re-)Produzierbarkeit.
Zum photographischen Verhältnis von Vor-Bild und Ab-Bild.

> *Aber was bedeutet ihrerseits die Behauptung,*
> *eine Photographie sei ein getreues Abbild, eine*
> *Abschrift also, (...) da wir ja nicht Vorbild und*
> *Abbild, sondern nur verschiedene Abbilder*
> *vergleichen können?*
>
> (E. H. Gombrich)
>
> *En résumé, la photo ne peut pas être transcription*
> *pure et simple de l'objet qui se donne comme*
> *naturel, (...).*
>
> (R. Barthes)

Es gehört zur gängigen Redeweise der Historiker/-innen zu sagen, dass sie *zeigen*, was gewesen ist, dass sie Einblicke und Rückblicke auf Geschichtliches geben. Im Hin-Blick auf das zunehmend historische Interesse[1] an Photographien gerät diese visuelle Metaphorik[2] gewissermassen ausser sich: Historisches nicht nur zu *wissen*, sondern nun auch noch (zumindest punktuell) zu *sehen*, wie es eigentlich gewesen[3] — in Vergangenes Ein-Sicht nehmen zu können, sich in seiner visuellen Präsenz zu befinden und aus dieser Ein-Sicht heraus objektivere Geschichts-Bilder, somit eine grössere historische Tiefenschärfe aus Bildern von Geschichte(n) destillieren zu können. Von einer (historischen) *Bild-Realität* zu einem historischen *Realitäts-Bild* gelangen: *Historio-Visionen*.[4]

In einem kurzen Text mit dem Titel *Photographien der Weltgeschichte* schreibt Villiers de l'Isle-Adam Ende des neunzehnten Jahrhunderts im Hinblick auf die Tatsache, dass Photographien erst 1839 möglich geworden sind:

Wie jammerschade um all die Bilder, Porträts, Ansichten und Landschaften, welche sie uns bewahrt hätte, und die nun auf immer für uns vernichtet sind. Die Maler imaginieren: sie aber hätte uns die nackte Wirklichkeit überliefert. Allein niemals werden wir das wahre Bild von Menschen und Dingen vergangener Zeiten kennen.[5]

Photographien vermitteln uns die *nackte Wirklichkeit*, das *wahre Bild*, einen *authentischen, unmittelbaren Einblick, pure Fakten*. So (und ähnlich) wurde und wird das photographische Verhältnis von Vor-Bild und Ab-Bild bezeichnet, lautet der sprachliche Einsatz, via dem sich ein Bild einstellt, als ob Photographien den

Betrachter an den *Nullpunkt der Geschichte*[6] versetzen könnten, an jenen Ort, wo Vor- und Ab-Bild sich decken, an den Ort des *Ur*-Bildes. Am radikalsten hat dieses Verhältnis Oliver Wendel Holmes 1859 formuliert:

> Give us a few negatives of a thing worth seeing, taken from different points of view, and that is all we want of it. Pull it down or burn it up, if you please. We must, perhaps, sacrifice some luxury in the loss of color; but form and light and shade are the great things, and even color can be added, and perhaps by and by may be got direct from nature.[7]

Aufhebung des Vor-Bildes durch das Ab-Bild — Holmes' Fiktion der reinen Mimesis markiert auch gleichzeitig das Verhältnis der Historiker/-innen zur Geschichte: Absenz des Vor-Bildes, die immer nur im gegenwärtigen Ab-Bild die (Her-)Stellung von Vergangenem zulässt. Dies bedeutet eine Verkehrung dieses Verhältnisses, d.h., das Ab-Bild wird zum Vor-Bild für den Betrachter. Mit der Entwicklung der Photographie vollzieht sich eine *piktorale* Revolution, die eng an die industrielle Revolution gekoppelt ist: die mechanisch-chemische, visuelle Verfügbarmachung von *Realität*.[8] Den semiologischen und technischen Aspekten dieser neuen *Zeigbarkeit* (des Vergangenen) soll im folgenden andeutungsweise nachgespürt werden, wobei das Verhältnis von Vor- und Ab-Bild in sensu stricto verstanden sein will (ausgespart werden also die verschiedenen Veränderungen an Photographien etwa in Form von Retusche, Färbung etc., kurz: die soziokulturelle Maskierung von photographischen Bildern, wie sie speziell für das neunzehnte Jahrhundert typisch war).

1. E i n semiologischer Blick

(Photographische) Wahrnehmung ist noch immer von einer Aura der *Natürlichkeit* umgeben. Semio-linguistische und semiotische Forschungen jedoch haben aufgezeigt, dass auch die Perzeption einer *Kultürlichkeit* unterliegt, kraft der visuelle Erkennbarkeiten überhaupt erst möglich werden (auch wenn sich diese vor allem in den Zonen des Latenten abspielen).[9] Das photographische Zeichen wird in der Semiotik unter dem Terminus *ikonisch* diskutiert, also unter dem Aspekt der referentiellen Relation.[10] Das ikonische Zeichen markiert eine einmal stattgefundene, *reale* Beziehung zwischen dem Zeichen (Ab-Bild/Darstellung) und dem Referat (Vor-Bild). Somit existiert ein ikonisches Zeichen dank seines Referenten, der das entscheidende Moment für das photographische Bild schlechthin ist:

> J'appelle »référent photographique«, non pas la chose *facultativement* réelle à quoi renvoie une image ou un signe, mais la chose *nécessairement* réelle qui a été placée devant l'objectif, faute de quoi il n'y aurait pas de photographie. La peinture, elle, peut feindre la réalité sans l'avoir vue. Le discours combine des signes qui ont certes des référents, mais ces référents peuvent être et sont le plus souvent des »chimères«. Au contraire de ces imitations, dans la Photographie, je ne puis jamais nier que *la chose a été là*. (...). Ce que j'intentionnalise dans une photo (ne parlons pas encore du cinéma), ce n'est ni l'Art, ni la Communication, c'est la Référence, qui est l'ordre fondateur de la Photographie.[11]

Dies bedeutet eine neue semiologische Konstellation und Qualität von *Zeichen*:

Insofern die Photographie einen Effekt eines Referenten darstellt, wird in seiner *Verwendung* die Fixierung signifikant, womit sich auch eine mögliche Affinität zum Autogramm und zum Autograph ergibt. Im Hinblick auf das strukturale (binäre) Zeichensystem von Ferdinand de Saussure heisst dies, dass sich eine Koinzidenz von Signifikant und Signifikat einstellt. Diese Konstellation — Roland Barthes spricht von einem *paradoxe photographique*[12] — produziert semiologisch den photographischen Realitätseindruck, der eine Auto-Repräsentation von *Wirklichkeit* suggeriert und simuliert: unmittelbare Zeigbarkeit von (historischer) Realität, so als ob keine *Codes* zu ihrer Lektüre nötig wären, da sie sich im reinen Sein, unberührt von jedweder historischen Differenz quasi automatisch selbst vor-zeigt, zum Vor-Schein bringt.

Die semiologische Operation, die diesem *Realitätseindruck* zugrunde liegt, können wir unter Bezugnahme auf die Hjelmslevsche Differenzierung des Saussureschen Zeichenbegriffs präzisieren. Sowohl im Bereich des Signifikanten (Sa) als auch dem des Signifikats (Sé) nimmt Hjelmslev eine Unterscheidung von *Form* und *Substanz* vor, die er als Straten bezeichnet:[13]

Auf das photographische Bild projiziert, ergibt sich folgende Einschreibung in das stratische Konzept: Dem Bereich Sa-S können wir die physikalischen, chemischen bzw. technischen Aspekte zuordnen, also die Materialität des photographischen Bildes selbst; Sa-F stellt die Ausführungen von Sa-S (Format, Kontrast, Farben etc.) dar; dem Bereich Sé-F entsprechen die figurativen Momente im Photo-Bild, während Sé-S die Aspekte des Niveaus kollektiv-kultureller Wertungen präsentiert. Dieses hier nur grob skizzierte Schema — es wird an anderer Stelle en détail exemplifiziert werden[14] — ermöglicht uns eine subtilere semiologische Formulierung des *Realitätseindrucks*, der vor allem aus einer Interferenz von Sa-F und Sé-F resultiert.[15]

2. *E i n phototechnischer Blick*[16]

»C'est l'avènement de la Photographie — et non, comme on l'a dit, celui du cinéma, qui partage l'histoire du monde.«[17] Barthes' Äusserung bezieht sich auf die referentielle Gewissheit des *ça a été*, die eine piktorale Zäsur darstellt. Phototechnisch gesehen greifen drei Ebenen der photographischen Bildproduktion ineinander, welche die referentiellen Qualitäten des Ab-Bildes herstellen bzw. *bilden*: die *optische*, die *kameratechnische* und die *chemische*, die letztlich das innovatorische Moment der Photographie ist.

Geschichtlich bilden die Camera obscura, die Camera lucida (die keine Kamera im eigentlichen Sinn des Wortes ist), diverse Zeichenmaschinen (etwa Perspektivtische,

Physionotrace, Diagraph etc.) sowie Panorama oder Diorama das piktorale Vorfeld der Photographie, sind gewissermassen ihre Vor-Bilder. Die erstgenannten weisen durch ihre *Technik*, also die mechanische Herstellung von Bildern, genauer, der Konturen der jeweiligen Sujets, auf die Photographie voraus, Panorama und Diorama durch das Moment der Perzeption, d.h. des Realitätseindruckes, der durch sie evoziert wird. Trotz der Intention, möglichst *originalgetreue* Abbildungen zu verfertigen, rückt aber auf Grund eines veränderten Imitationsbegriffs der Aspekt der *Illusionierung* in den Vordergrund. Der Betrachter wird sich des perzeptiven Gleitens zwischen Vor- und Ab-Bild bewusst. Das Vor-Bild ist der Parameter für eine *realistische* Abbildung. Mit der Erfindung der Photographie verändert sich dies insofern, als sie selbst zu einem Parameter für *Realität* wird; damit beginnt die Vorherrschaft des Ab-Bildes gegenüber seinem Vor-Bild, tritt der Zauber der Analogie in Kraft.[18] Bekanntlich wird die Erfindung des photographischen Bildes — wenn auch nicht unumstritten in der Photoliteratur[19] — dem Franzosen Joseph Nicéphore Niépce zugeschrieben, dem es 1826/27 erstmals gelang, ein chemisch fixiertes Ab-Bild auf Basis des sogenannten *Asphaltverfahrens* herzustellen, welches er als *Heliographie* bezeichnete. Dieses Verfahren erwies sich u.a. auf Grund der langen erforderlichen Belichtungszeit (6-8 Stunden) praktisch als nicht verwendbar.

Die erste praktikable Verfahrensweise wurde (teilweise gemeinsam mit Niépce) von Louis-Jacques-Mandé Daguerre entwickelt und 1839 der Öffentlichkeit präsentiert. Bei dem nach ihm benannten Verfahren (*Daguerreotypie*)[20] wurde eine durch die Behandlung mit Joddämpfen lichtempfindlich gemachte Silberplatte verwendet. Nach deren Belichtung wurde das darauf entstandene *Negativ* mit Hilfe von Quecksilberdämpfen zu einem *Positiv* entwickelt (Fixierung mit Natriumthiusulfat).

Nahezu parallel zu Daguerres Entdeckung entwickelte der Engländer William Talbot die erste Negativ-Positiv-Photographie, die sogenannte *Kalotypie*. Er verwendete anstelle der Silberplatte Papier, das mit Chlorsilber und Silbernitrat präpariert war. 1840 gelang es Talbot auch, auf Jodsilberpapier mit Hilfe von Gallussäure ein latentes Bild zu erzeugen. Nach einer weiteren Behandlung mit Silbergallonitrat wurde es mit Hilfe von Wasser und Bromkaliumlösung fixiert. Auf diese Weise entstand eine transparente Negativ-Kalotypie. Unter Verwendung von lichtempfindlichem Chlorsilberpapier konnten im Durchkopierverfahren mittels Sonnenlicht Positivabzüge hergestellt werden. Wurden mit der Daguerreotypie lediglich seitenverkehrte und leicht zu beschädigende Unikate verfertigt, so ermöglichte Talbots Verfahren die Herstellung einer x-beliebigen Anzahl von Positiven.

Eine weitere wichtige Neuerung stellte das 1851 von Frederick Scott Archer publizierte *Nasse Kollodiumverfahren* dar. Kollodium wurde mit Jod- und Bromsalzen versetzt und auf eine Glasplatte gegossen. Unmittelbar nach der Verfestigung dieser Emulsion wurde sie mit Silbernitratlösung sensibilisiert und in noch nassem Zustand belichtet. Anschliessend musste sie sofort mit Pyrogallussäure (die spater durch Eisensulfatentwickler ersetzt wurde) entwickelt und mit Natriumhypersulfid fixiert werden. Dieses Verfahren war bis Ende der 70er Jahre des vergangenen Jahrhunderts das am häufigsten verwendete. Erst durch die Erfindung der sog. Trockenplatte, welche mit Bromsilber-Gelatine beschichtet war, erfolgte ab 1871 eine wesentliche Innovation im photographischen Verfahren.

Die diversen chemischen Möglichkeiten einer photographischen Bildproduktion bis ca. 1880 (von denen wir nur die hinsichtlich ihrer Verwendung und Verbreitung wichtigsten angeführt haben), differieren beträchtlich bezüglich ihrer Ab-Bild-Ergebnisse, die eng an die Belichtungszeit gebunden sind, welche einen Parameter für Abbildbarkeit darstellt. Daguerreotypien erforderten (je nach Lichtintensität) eine Belichtungszeit von bis zu 30 Minuten, die bis 1841 auf wenige Minuten reduziert werden konnte. Kalotypien (auch Talbottypien genannt) erlaubten eine Reduktion auf 3 Minuten. Die Einführung des Nassen Kollodiumverfahrens ermöglichte die Verkürzung der Belichtungszeit auf 3 Sekunden. Erst für das (verbesserte) Bromsilber-Gelatine-Verfahren waren nur mehr Sekundenbruchteile an Belichtungszeit erforderlich, d.h. Momentaufnahmen im heutigen Sinne wurden möglich.[21]

Eng verknüpft mit dem Faktor Belichtungszeit spielt die jeweils verwendete chemische Verfahrensweise eine wichtige Rolle bei der Ausbildung der Abbildungsqualitäten, die keineswegs eine lineare Entwicklung zum besseren Photo-Bild markiert.

Im Gegensatz zur Kalotypie wies sich die Daguerreotypie durch sehr *präzise* Abbildungsergebnisse aus. Eine annähernd äquivalente Wiedergabequalität wurde durch das Kollodiumverfahren erreicht, das damit (trotz der Kompliziertheit der Herstellung der Platten) die Daguerreotypie verdrängte.

Das Trockenverfahren (insbesondere dessen Verbesserung durch Charles Bennett 1878) vereinigte hohe Wiedergabequalität (also grosses Auflösungsvermögen bzw. Konturenschärfe) und geringe Belichtungszeit mit einfacher Handhabung (darüber hinaus ist sie die erste Negativplatte, die eine industrielle Fertigung ermöglichte, d.h., sie stand am Beginn der sog. *Amateurphotographie*).

Ein weiteres wichtiges Moment für die Abbildmöglichkeit und -qualität resultiert aus der Koinzidenz der *optischen* Ebene einer Kamera und der physikalischen Bedingungen des Lichtes, wobei das Objektiv die Aspekte der Lichtstärke bzw. Lichtbrechung umfasst, also die optischen Abbildungsgesetze (Gauss'sche Dioptrik): Distorsion, Aberration (sphärisch, chromatisch), Astigmatismus. Für die ersten Daguerreotypien benutzte man bereits einfache Achromate (in farbfehlerfreien Linsen, welche die chromatische Aberration korrigieren), die aus einer bikonvexen Kronglaslinse und einer bikonkaven Flintglaslinse (also einer Sammel- und einer Zerstreuungslinse) zusammengesetzt waren. Damit wurde eine Vereinigung der optisch wirksamsten Strahlen erreicht. Um die Focusdifferenz auszugleichen, musste eine Blende vor die Linse geschaltet werden, was allerdings eine Reduktion der Lichtstärke des Objektivs bedeutete.

Eine wesentliche Steigerung der Lichtstärke wurde Ende 1839 von Josef Petzval erreicht. Sein kompliziert berechnetes Objektiv ermöglichte eine ca. 20 Mal grössere Lichtstärke als die bis dahin verwendeten. Ende der 50er Jahre errechnete Petzval ein neues Objektiv, welches bereits grossteils anastigmatisch konzipiert war (allerdings blieb es unbeachtet). Petzvals Objektive waren — im Jargon unserer Zeit — Best- und Longsellers.

Eine Neuerung in der Objektivkonstruktion erfolgte 1860 bzw. 1861 durch Thomas Sutton und John H. Dallmeyer, die ein sog. Triplet-Objektiv (bestehend aus zwei achromatischen Konvexlinsen und einem achromatischen Meniskus) entwickelten. Diese Objektive waren frei von jedweder Distorsion, wenngleich die Helligkeit der Bilder nach den Rändern hin abnahm. Trotz dieser Weiterentwicklungen und Verbesserungen im Objektivbau gab es noch immer eine Reihe von Abbildungsfehlern im Bereich der sphärischen Aberration, der Abbildung in verschiedenen Ebenen (Focusdifferenz), der Verzerrung der Bildränder, der Bildfeldkrümmung sowie im Bereich der Farbenzerstreuung (die alle unter dem Terminus *Seidelsche Bildfehler* zusammengefasst werden). Eine wesentliche Verbesserung der optischen Wiedergabe-qualität erreichte Hugo A. Steinheil mit der Berechnung des Aplanaten 1865. Nicht nur eine bis dahin unerreichte Farbenreinheit, sondern auch eine weitgehend von sphärischer und chromatischer Aberration, Verzeichnung sowie Koma (Asymmetrie) freie Abbildung zeichnet dieses symmetrisch gebaute, in der Regel vierlinsige Objektiv aus. In seiner Bedeutung war es dem Petzvalschen Objektiv ebenbürtig und das am meisten verwendete und verbreitete Linsensystem bis zum Ersten Weltkrieg. Eine neuerliche Innovation bedeutete die Konstruktion des ersten Anastigmats 1890 bzw. 1891. Dieses vor allem auch durch neue, verbesserte Glassorten möglich gewordene Objektiv (es wurde von Paul Rudolph entwickelt) behob alle Seidelschen Bildfehler.

Die Kombination von lichtempfindlicheren Objektiven und verbesserten chemi-schen Verfahren ermöglichte die ersten sog. Sekundenbilder und in der Folge die ersten Momentaufnahmen. So konnte etwa bereits 1840/41 von Franz Kratochwila bzw. John Goddard auf Basis einer Steigerung der Lichtempfindlichkeit photographischer Platten durch Verwendung von Bromjodid sowie der Petzvalschen Objektive die Belichtungszeit auf wenige Sekunden reduziert werden.

Eine zumindest bis Ende der 50er Jahre marginale Rolle hinsichtlich der Abbil-dungsqualität spielten, bis auf wenige Ausnahmen wie etwa Irisblende, die diversen kameratechnischen Aspekte (zu dieser Zeit entstand auch eine Flut innovatorischer Kameratypen, wie etwa der *Pistolgraph* oder die *chambre noire automatique*). Mit der Möglichkeit zu ersten Momentaufnahmen ergab sich auch die Notwendigkeit, präzise Kameraverschlüsse zu entwickeln, welche diese wiederum erst realisierbar machten (1853 wurden der Guillotine- und Rolloverschluss konstruiert, 1862 der Schlitzver-schluss). Eine wichtige Funktion — insbesondere in der Frühzeit der Photographie —

besassen die verschiedenen Blenden (Irisblende, Einsteck- oder Scheibenblende etc.). Sie sind nicht nur ein bestimmender Faktor für die Schärfentiefe einer photographischen Abbildung, sondern beeinflussen auch (zusammen mit der jeweiligen Brennweite) das Öffnungsverhältnis eines Objektivs; gleichzeitig beeinträchtigen sie das Auflösungsvermögen optischer Systeme (Diffraktion).[22]

3. Ansichten / Einsichten / Umsichten

Seh(n)sucht und Begehren nach Bildern markieren das piktorale Vorfeld der Photographie, bringen den Tausch von Vorbild und Abbild in Gang und setzen die Abbildmaschinen in Bewegung. Der Blick — okkupiert vom *Wahrnehmen* — nimmt nicht (mehr) wahr, dass das photographische Bild ebenfalls einer *Fertigung* unterliegt. Mit der Gewöhnung an *naturalistische* Abbildbarkeit naturalisiert sich gewissermassen das. Abbild bzw. die Photographie. In dem Mass allerdings, in dem sie an *Natürlichkeit* gewinnt (der mathematische Traum eines 1:1 Verhältnisses von Vor- und Abbild), denaturalisieren sie das Vor-Bild:

> Jede Abbildung von Wirklichkeit wird von den Vorstellungen von Wirklichkeit geprägt, und jede Abbildung von Wirklichkeit prägt ihrerseits wieder die Vorstellungen von dieser Wirklichkeit.[23]

Es sind diese *korrelativen* Momente im (Aus-)Tausch von Vor- und Abbild, aus dem letzteres seine (neue) Authentizität und seinen Realitätseindruck bezieht. Die *zertifikatorische* Kraft resultiert dabei aus der (scheinbaren) Autodokumentation des Referenten, der quasi per se von seinem Vorhanden(gewesen)sein Zeugnis ablegt.

Doch dazu bedarf es — wir haben es im phototechnischen Teil anzudeuten versucht — des Einsatzes verschiedener *Relais*. Sie sind es letztlich, die eine neue referentielle *Zeigbarkeit* in Form einer spezifischen Darstellungsweise von Referenten (v)er(un)-möglichen. Dies bezieht sich einerseits generell auf ihre visuelle Verfügbarmachung (so war es phototechnisch in den ersten beiden Jahrzehnten der Photographie nicht möglich, bewegliche Sujets abzubilden), andererseits auf qualitative Merkmale der Wiedergabe (etwa Bildschärfe, Farbe oder schwarz-weiss), nach Hjelmslev also Ausdrucksform und Ausdruckssubstanz. Wir haben gesehen, dass die referentiellen Wiedergabequalitäten eines photographischen Bildes beträchtlich divergieren können: es gibt nicht *die* Photographie, sondern Photograph*ien*. Ausdrucks- und Inhaltsform ergeben so auf Basis der Ausdruckssubstanz spezifische Realitätseindrücke. Gerade dies zeigt uns, dass eine statische Annahme von (historischer) Realität bezüglich ihrer *Wahrnehmbarkeit/Vorstellbarkeit* nicht adäquat ist: sie unterliegen ebenfalls einer Historizität, wie auch der *Blick*, der wiederum selbst (photographische Bilder) *historisiert*, indem er in einem Verhältnis des *Kontextes* zu ihnen steht.[24]

Anmerkungen

1 Dies zu einem Zeitpunkt, wo sich erneut eine *révolution des images* (so der Titel eines Spezialheftes der französischen Zeitschrift *La Recherche*, n° 144, mai 1983) abzuzeichnen begonnen hat.

2 Die spezifische Schreibweise bestimmter Wörter soll den Blick des Lesers ein wenig auf diese visuelle Metaphorik in der Sprache lenken, die in letzter Zeit auch in das Blickfeld wissenschaftlicher Forschung getreten ist (so ist etwa im Wilhelm Fink Verlag für Herbst 1985 eine umfangreiche Publikation über *Das Auge im Mittelalter*, so der Titel, projektiert); vgl. dazu auch Jürgen Manthey: Wenn Blicke zeugen könnten. Eine psychohistorische Studie über das Sehen in Literatur und Philosophie. München, Hanser (Ed. Akzente), 1983, sowie Dietmar Kamper und Ch. Wulf (Hg.): Das Schwinden der Sinne. Frankfurt/M., Suhrkamp (es 1188), 1984.

3 Rankes berühmtes Diktum lautet: »(...) er (der Historiker, Anm.d.Verf.) will bloss zeigen (sic!), wie es eigentlich gewesen«. Vgl. dazu Rudolf Vierhaus: Rankes Begriff der historischen Objektivität. in: Objektivität und Parteilichkeit, hrsg. v. Reinhart Koselleck u.a., München, Deutscher Taschenbuch Verlag (wr 4281), 1977 (=Theorie der Geschichte. Beiträge zur Historik, Bd.1), p. 63.

4 So gab es im 16. Jahrhundert eine semantische Kongruenz von Bild *und* Geschichte; vgl. Reinhart Koselleck: Vergangene Zukunft. Zur Semantik geschichtlicher Zeiten. Frankfurt/M. (Weisses Programm), 1984, p. 17; en passant sei auf das Moment der Augenzeugenschaft, von der Koselleck schreibt (pp. 182ff.) und deren mögliche Übernahme/Transformation durch die Photographie verwiesen.

5 In: Die Eva der Zukunft. Frankfurt/M., Suhrkamp (st 947), 1984, pp. 29-33 (Erstpublikation 1886). Die Photographie figuriert hier gewissermassen als eine optische Zeitmaschine, eine Art historischer Zauberspiegel, mit dessen Hilfe Vergangenheit visuell revozierbar ist; vgl. hiezu auch die (spekulativen) Überlegungen zu einem *Retardit-Glas* von Bob Shaw: Andere Tage, andere Augen. München. Heyne (SF Bibliothek 36), 1984.

6 Vgl. dazu Hans Petschar: Kritik der historischen Vernunft. In diesem Band, pp. 51-66.

7 The Stereoscope and the Stereograph. in: Photography & Images. Illustrated Readings in the History of Photography. Ed. by Beaumont Newhall. New York, The Museum of Modern Art, 1980, p. 60.

8 So ist die Bezeichnung *photographische Maschine* ein geläufiger Ausdruck im 19. Jahrhundert. Vgl. Michel Frizot: Le diable dans sa boîte ou la machine à exploiter le sens. in: Romantisme, n° 41 (1983), pp. 57-74.

9 »Der *reine* Blick ist eine geschichtliche Erfindung«, heisst es einmal bei Pierre Bourdieu: Die feinen Unterschiede. Kritik der gesellschaftlichen Urteilskraft. Frankfurt/M., Suhrkamp (Weisses Programm), 1984, p. 21; vgl. hiezu auch Ralph Werner: Das gefundene Auge. Essays von Georg Schmid. Salzburg, Edition Séraphin, 1985.

10 Umberto Eco: Zeichen. Einführung in einen Begriff und seine Geschichte. Frankfurt/M., Suhrkamp (es 895), 1977 sowie Roland Barthes: Elemente der Semiologie. Frankfurt/M., Syndikat, 1979, insbesondere pp. 31ff.; speziell zur Terminologie vgl. Algirdas J. Greimas u. J. Courtés: Sémiotique. Dictionnaire raisonné de la théorie du langage. Paris, Hachette (université), 1979.

11 Roland Barthes: La chambre claire. Note sur la photographie. Paris, Gallimard/Seuil (cahier du cinéma), 1980, p. 120.

12 Le message photographique. in: Communications 1 (1961), p. 130. Barthes meint damit den analogischen Effekt der Photographie.

13   Vgl. Louis Hjelmslev: Aufsätze zur Sprachwissenschaft. Stuttgart, Ernst Klett Verlag, 1974, insbesondere pp. 76ff.

14   In meiner Dissertation über Photographie und Geschichte.

15   Vgl. dazu Georg Schmid: Die Sache und die Sprache. Semio-Logisches zur Stadtbezeichnungsgeschichte, in diesem Band, pp. 347 sqq.

16   Im folgenden werden sozialgeschichtliche Aspekte ausgeklammert; zu ersten Arbeiten dazu vgl. Rita Bischof: Die soziale Bedeutung der Photographie. in: dies.: Souveränität und Subversion. München, Matthes & Seitz (Batterien 21), 1984, pp. 83-93; Pierre Bourdieu u.a.: Eine illegitime Kunst. Die sozialen Gebrauchsweisen der Photographie. Frankfurt/M., Europäische Verlagsanstalt 1981; Gisèle Freund: Photographie und Gesellschaft. Reinbek bei Hamburg, Rowohlt TB, 1979; Ando Gilardi: Storia sociale della fotografia. Milano, Feltrinelli, 1981.
Zeitlich beschränke ich mich hier auf den Zeitraum von der Erfindung der Photographie bis etwa 1890, wo sich erneut eine phototechnische Zäsur herauskristallisiert: die Entwicklung des Rollfilms durch H. Goodwin 1887 — und nicht durch G. Eastman, wie fälschlich oft geschrieben wird — Erfindung der Autotypie durch G. Meisenbach 1881.

17   Barthes, La chambre claire, p. 136. Angesichts dieser Einschätzung der Photographie mag es verwundern, dass Historiker/-innen diesem Medium bisher so wenig wissenschaftliche Aufmerksamkeit zukommen liessen (dies gilt vor allem im Bereich der Photogeschichte, aber auch für ihren Stellenwert als historische Quelle).

18   Vgl. dazu Heinz Buddemeier: Panorama Diorama Photographie. Entstehung und Wirkung neuer Medien im 19. Jahrhundert. München, Wilhelm Fink, 1970; Helmut Gernsheim: Geschichte der Photographie. Die ersten hundert Jahre. Frankfurt/M., Berlin, Wien, Ullstein, Propyläen, 1983; Stephan Oettermann: Das Panorama. Die Geschichte eines Massenmediums. Frankfurt/M., Syndikat, 1980. Zum Aspekt des Realitätsparameters vgl. die lesenswerte Arbeit von E. H. Gombrich: Kunst und Illusion. Eine Studie über die Psychologie von Abbild und Wirklichkeit in der Kunst. Stuttgart und Zürich, Belser, 1978.

19   Vgl. Erich Stenger: Die beginnende Photographie im Spiegel von Tageszeitungen und Tagebüchern. Würzburg, Triltsch Vlg., 1943, insbesondere pp. 17ff.

20   Damit wurden das Verfahren *und* das Bild bezeichnet; der Terminus *Photographie* wurde zwar 1839 das erste Mal verwendet, wurde jedoch erst ein Jahrzehnt später üblich; vgl. dazu Buddemeier, Panorama Diorama Photographie, pp. 145ff.

21   Joseph Maria Eder: Geschichte der Photographie. Halle/Saale, Wilhelm Knapp Vlg., 1932, Bd. I, zweite Hälfte, p. 611.

22   Vgl. zu diesen Ausführungen vor allem Eder, Geschichte der Photographie; op.cit. Gernsheim, Geschichte der Photographie, op.cit. sowie Wolfgang Baier: Geschichte der Photographie. München, Schirmer/Mosel, 1980.

23   Oettermann, Das Panorama, p. 27.

24   Eine Geschichte des Sehens auf Basis einer *historischen* Theorie der Perzeption müsste also fragen, wie etwas, wann, wo wahrgenommen werden konnte. Zum Aspekt eines visuellen Paradigmawechsels im 19. Jahrhundert vgl. die interessante Studie von Wolfgang Schivelbusch: Geschichte der Eisenbahnreise. Zur Industrialisierung von Raum und Zeit im 19. Jahrhundert. Frankfurt/M., Berlin, Wien, Ullstein (Materialien 35015), 1979; zum Aspekt der Vieldeutigkeit von Photographien vgl. John Berger & Jean Mohr: Une autre façon de raconter. Paris, Ed. François Maspero, 1981, insbesondere pp. 41ff.

JEFF BERNARD, GLORIA WITHALM

| *Materie* | *Dialektik* | *Arbeit* |
| *Gesellschaft* | *Geschichte* | *Vermittlung* |

Ortende Bemerkungen zu Rossi-Landis sozio-prozessualer Zeichentheorie

Der Philosoph und Semiotiker Ferruccio Rossi-Landi (1921-1985),[1] sehr zu unrecht ein wenig im Schatten noch prominenterer Namen der internationalen Semiotikszene stehend, hat eine völlig eigenständige Zeichentheorie entwickelt, die zudem weit mehr ist als dieses, da ihr das Geschichtliche immanent ist. Vor kurzem auf tragische Art gestorben, war es ihm nicht mehr vergönnt, den in tiefster denkerischer Durchdringung bewegter Materie begangenen Weg vollends auszuschreiten, in seinem Sinne: um erfahren zu können, dass seine »Theorie (...) zur materiellen Gewalt«[2] geworden sei, d.h. hier, die Praxis des zeitgenössischen Denkens über Praxis und damit letztlich diese selbst verändert hätte. Sein Name darf in einem Band, der Zeichen und Historie zugleich thematisiert, nicht fehlen. Wir nutzen daher den Anlass, in Fortsetzung dieses Weges durch Veranschaulichung einiger der zentralen Aussagen Rossi-Landis diese und damit ihn selbst in jene Traditionen einzubinden, aus denen er die Kraft zur Entfaltung des inhärent Vorwärtstreibenden bezog und auf heutige wissenschaftliche Problemstellungen, im speziellen auf moderne Zeichentheorie, übertrug.

Die dem Autor und seinem Gegenstand angemessene Ortung müsste am Ursprung unseres Denkens ansetzen, da die angesprochenen Traditionen Konstanten desselben sind. Wir versuchen dies in gebotener Knappheit. In dem nicht zufällig diagrammatisch angeordneten Titel sind die Topoi genannt, die uns den Anlass zur Einbindung bieten, in geschichtlicher und in inhaltsmässiger Sicht. Es müsste also bei den Vorsokratikern und »Gründervätern« des historischen Materialismus begonnen und weitergeführt werden zu jenen vorerst fragmentarischen Ansätzen marxistischer Zeichentheorie, wie sie zum Beispiel Georg Klaus und Adam Schaff vorzulegen versuchten. Der knappe zur Verfügung stehende Raum zwingt uns, dies alles nur kürzelhaft anzudeuten.

Auf den Fundamenten Hegels, Feuerbachs also und der marxistischen Klassiker (und all deren Vorläufern) aufbauend, entwickelte er ein weder »modernes« (im Sinne trivialer »Modernität« noch auch »moderner« Semiotik schlechthin) noch gar ein »postmodernes« (im Sinne des spät- und poststrukturalistischen Diskurses und anderer verwandter »Postismen«), sondern ein zukunftsweisendes Denkgebäude, innerhalb dessen er sehr aktiv aber weithin unverstanden an der sprachtheoretischen und philosophischen sowie selbstverständlich semiotischen Diskussion der letzten Jahrzehnte teilhatte. »Per un uso marxiano di Wittgenstein« [3] lautete beispielhafterweise und um eine der Stossrichtungen anzudeuten der Titel eines Essays über den von ihm sehr geschätzten österreichischen Philosophen, der ebenfalls zentral mit dem Vermittlungscharakter in Form der Werkzeughaftigkeit der Sprache befasst war — wobei am Rande aber nicht nur en passant, darauf hinzuweisen ist, dass »marxiano« und »marxista« im Italienischen nicht dasselbe bedeuten.[4]

Alle seine Texte kreisen von Anfang an um jene von ihm stets unkonventionell und überzeugend ausgeleuchteten Themenstellungen wie Zeichen, Denken, Sprache, Werkzeug (und in der Folge *Homologie* des Sprachlichen und des Materiellen), Arbeit, Produktion, Gesellschaft, Ökonomie, gesellschaftliche Reproduktion und gesellschaftliche Praxis, Politik, Ideologie, Werte, Materie, Natur/Kultur, Menschwerdung, Totalität, Bewusstsein, Diskurs, Entfremdung, Kommunikation, (R-) Evolution, Prozessualität, Dialektik, Geschichte — ohne dass wir durch die zunächst ergeben sich nämlich aus den Dingen und dem Denken über die Dinge selbst, aus den Körpern und dem Denken über die Körper, aus den Zeichen und dem Denken über die Zeichen etc. Dialektik ist die eine Grundlegung, und sein gesamtes Werk ist einfach: souveräne angewandte Dialektik; lapidar wollen wir diesen Sachverhalt behaupten, da er dem Leser/der Leserin an jeglicher Stelle einsichtig werden müsste. Was den materialistischen Gehalt betrifft, als gleichwertige Grundfeste des Gebäudes, ist seine Position a priori zu eindeutig, um noch fortlaufend in Frage gestellt zu werden.:

> The whole process of social reproduction is a material process. With this we want to assert both that needs and the conditions of material life determine all the rest, and that there are no ontological dimensions distinct from that of matter. The two assertions are much more strictly interconnected than might seem at first glance. It is indeed only when one denies that the needs and conditions of material life determine all the rest, that one fancies ontological dimensions, distinct from the material one to which that very »rest« would belong. We maintain instead that *any* phenomenon is in principle always liable to be explained in terms of material modifications. Such modifications can be external or internal to man: by which we mean to say, unmetaphorically, that they can take place either outside or inside the human organism (or both). While much is already known about material modifications external to man, as far as the modifications internal to his organism are concerned, we must make a distinction (...) Bearing in mind the fundamental materiality of every human activity, and of the whole process of social reproduction with it, let us take a closer look at the various moments of the process, with particular attention to its *intermediate moment* — exchange. (Hervorhebung d. Verf.)[5]

Zugleich mit der dezidiert materialistischen Position haben wir damit auch bereits das den spezifischen Objekt- und Erkenntnisinteressen zugrundeliegende Programm enthüllt, eben die Vermittlung betreffend. Und da »exchange«, der Austausch, dialektisch-materialistisch fundiert, im Arbeitsprozess wurzelt, steht die Kategorie *Arbeit* als weiterer hervorragender durchgängiger Topos zwangsläufig fest. Den spezifischen Interessen entsprechend sind es sodann nolens volens die *Arbeitsmittel* im engen und weiteren Sinn, die zur Untersuchung anstehen: die materiellen, die Werkzeuge, Instrumente also, und die sogenannten immateriellen, die informationellen, die Zeichen, die Sprache, die gleichwohl materielle sind (wie auch das Denken materieller Prozess a priori ist). Die *Zeichen* in ihrer genuinen Werkzeughaftigkeit und Materialität, in ihrer dialektischen Beschaffenheit und Eingebundenheit, und damit gesellschaftliche Beschaffenheit und Eingebundenheit, und damit geschichtlichen Beschaffenheit und Eingebundenheit, sind das Thema der dialektisch-materialistischen Zeichentheorie unseres Autors, die wir vorläufigerweise im Titel als geschichtlichen Beschaffenheit und Eingebundenheit, sind das Thema der dialektisch-materialistischen Zeichentheorie unseres Autors, die wir vorläufigerweise im Titel als *sozio-prozessuale* charakterisiert haben, wobei die nicht-abstrakt-technizistischen Konnotationsfelder dieses Sozio-Prozessualen hiermit geklärt sein sollten. Ohne Arbeit keine Werkzeuge, ohne Werkzeuge keine Arbeit, ohne beide keine Produktion, gesellschaftliche Reproduktion, Gesellschaft schlechthin in qualitativem Sinne. Und alle zusammen machen den Menschen geschichtsfähig, und ihn selbst (und er damit sich selbst) zum Menschen. Dies ist das »Credo« (man/frau gestatte uns die angesichts des diesseitigen Diskurses unseres Textes ausnahmsweise traditionalistisch gefasste Emphase) des dem Rossi-Landischen Denken innewohnenden *Humanismus* — des von Foucault und seiner Nachfolge totgesagten Humanismus, der de facto aber unzerstörbar bleibt und ist.

Neben dem in den Inhalten seines Werks begründeten Motiven gibt es noch trivialere, aber situational gleichwohl wichtige Gründe, die uns veranlassen, hier den Kern seiner Theorie herauszuschälen und unsererseits »weiterzuvermitteln«, und wir benützen den diesbezüglichen Exkurs zugleich, um ansatzweise das bibliografische Skelett dieser Inhalte vorzuweisen. Denn die Rossi-Landi-Rezeption im deutschen Sprachraum war bisher sicherlich eine sehr verkürzte, da nur auf wenigen übersetzten Büchern beruhend (wie *Sprache als Arbeit und Markt*,[6] *Dialektik und Entfremdung in der Sprache* und *Semiotik, Ästhetik und Ideologie*[7]) sowie auf einigen wenigen verstreuten Aufsätzen. Sie war verkürzt auch deshalb, weil jene Gruppen, die diese Texte aus Gründen weltanschaulicher Disposition aufnahmen, wohl wenig mit der Semiotikszene zu schaffen hatten. Und weil andererseits die Fachsemiotiker mit wenigen Ausnahmen eminente Schwierigkeiten zu haben scheinen, die zugrundeliegenden Denkvoraussetzungen auch nur in rein akademischem Sinne nachzuvollziehen (obwohl nicht Konvertitentum, sondern Einsicht in übergeordnete Zusammenhänge und wissenschaftliche Berücksichtigung derselben zur Debatte stehen). Es dürfte hier daher sehr angebracht sein, auch auf Rossi-Landis andere Hauptwerke hinzuweisen, vor allem auf jene schon in seiner (zweiten) Dissertation präsente Auseinandersetzung mit Ch. W. Morris,[8] da hierin einer der Schlüssel für seine eigene zeichentheoretische Grundausrichtung liegt. Wir können diesen Konnex hier zwar festhalten, doch leider nicht eingehender darlegen. Er liegt u.a. einerseits darin, dass Rossi-Landi jenseits der üblich gewordenen verzerrenden Sichtweise, für Morris nur den von dessen Ausgangspunkt her präsenten Bevaviorismus als charakteristische Etikettierung wahrzunehmen, deutlich erkannt hat, in welchen Perspektiven der grosse Amerikaner über diese hinausweist: nämlich in seiner synthetisierenden Konzeption hinsichtlich der »auseinandergefallenen« Hauptströmungen avancierter moderner bürgerlicher Philosophie, dadurch auch letztere selbst in manchen Aspekten dialektisch aufhebend. Denn:

> Morris betonte, dass es wichtig sei, einen radikalen Empirismus, einen Rationalismus als methodische Untersuchung und einen kritischen Pragmatismus miteinander zu vereinbaren. Hierbei handelt es sich um die drei Komponenten, die den *drei Dimensionen der Semiotik* entsprechen. Der radikale Empirismus ist eine *semantische* Untersuchung, der methodologische Rationalismus ist eine *syntaktische* Untersuchung und der kritische Pragmatismus ist eine *pragmatische* Untersuchung. Die Einheit der Wissenschaft resultiert aus der Einheit ihrer sprachlichen Struktur, aus den semantischen Beziehungen, die sie etablieren kann, sowie aus den praktischen Wirkungen, die sie hervorruft. Es sollte festgehalten werden, dass auf diese Weise sogar die drei traditionellen Bereiche der Philosophie — die Logik, die Metaphysik und die Werttheorie — indirekt in semiotischen Begriffen repräsentiert werden.[9]

Andererseits war Morris dem Rekurs auf *gesellschaftliche* Praxis näher, als in der Regel konzediert zu werden pflegt, wenn auch »informelleren« Belegen redlicher Informationswert zugebilligt werden mag. Nach Rossi-Landi hat ersterer nämlich

> den schmalen Pfad des *Behaviorismus* verlassen und sich auf das Gebiet einer *Behavioristik* (ein von ihm selbst benutzter Ausdruck) vorgewagt, die letzten Endes mit der Untersuchung der Praxis menschlicher Handlung im allgemeinen gleichgesetzt werden kann. Da der Mensch nur in gesellschaftlichen Kategorien als Mensch zu bestimmen ist, könnte Morris selbst die menschliche Handlung als *gesellschaftliche Praxis* aufgefasst haben. Er hat diesen Ausdruck sogar in der Überschrift eines kurzen Aufsatzes von 1940 benutzt und in unseren Unterhaltungen akzeptierte er diese Interpretation seines »Behaviorismus« als wesentlich zutreffender als alle anderen Interpretationen, die er sich vorstellen konnte.[10]

Dies also nur andeutungsweise zur Verwandtschaft und Verknüpfung zweier der wichtigsten Gestalten im Bereich moderner Zeichentheorie, mit dem Hinweis, dass dies keine Zufälligkeit gewesen sein kann. Dabei wollen wir es vorläufig belassen, da es diese Querverbindung an anderer Orten noch ausführlicher zu kommentieren gilt. Wir kehren daher zurück zur zuvor angeschnittenen Rezeptionsfrage im deutschen Sprachraum.

So ist in diesem nämlich auch Rossi-Landis brilliante Abhandlung zur Bedeutungskonstitution in der Alltagssprache, *Significato, comunicazione e parlare comune*,[11] nahezu unbekannt. Auch *Ideologies of Linguistic Relativity*,[12] eine Abrechnung mit der Sapir/Whorfschen Richtung moderner Sprachtheorie, und vor allem *Linguistics and Economics*,[13] worin viele wesentliche Topoi seines Denkens bereits in hochelaborierter Form vorlagen, wurden und werden kaum reflektiert. *Ideologia*,[14] sein im engeren Sinne »philosophisches« Hauptwerk, mit den Interdependenzen von (»falschem«) Bewusstsein und gesellschaftlicher Praxis befasst, blieb aus übersetzungstechnischen Gründen und verlegerischem Wankelmut bisher ebenfalls hierzulande unpubliziert; und welches Schicksal diesbezüglich seinem neuesten Sammelband *Metodica filosofica e scienza dei segni*[15] widerfahren wird, ist noch nicht geklärt;[16] auch der schon seit längerem geplante Sammelband *Worte und Werte* scheiterte bislang am mangelnden Engagement des Verlagswesens. Ebenfalls als in unseren Breiten nicht zur Kenntnis genommen müssen wir Rossi-Landis herausgeberische Tätigkeit bezeichnen (etwas Morris,[17] Vailati,[18] Ryle[19] betreffend, vor allem aber mehrere Zeitschriften und Reihen, darunter von 1967 bis 1974 als weitaus wichtigste *Ideologie* — 17 reguläre und mehrere Sonderbände einer zu ihrer Zeit führenden philosophisch-gesellschaftskritischen Reihe). Fest steht also, dass ein ungeheurer Aufholbedarf vorliegt. Unsere praktische Aufgabe ist es folglich hier, als kleinen Schritt einen Beitrag zur Rezeptionsanregung auch im deutschen Sprachraum zu leisten, in der nicht unbegründbaren Zuversicht, dass sich die damit einhergehende, an fundamentale philosophische, erkenntnistheoretische und auch politische Fragen rührende Auseinandersetzung à la longue ohnedies nicht vermeiden lassen wird.

Werkzeug — Zeichen — Homologie

Was in diesem Rahmen *nicht* geleistet werden kann, ist eine auch nur stichwortartig-lückenlose Präsentation aller wesentlichen Topoi und ihrer hervorstechenden Aspekte. Umfangreiche Sektoren, wie etwa jene die Ideologie und gesellschaftliches Bewusstsein, oder jene die die allgemeinen und spezielleren sprachtheoretisch-sprachphilosophischen Konzeptionen betreffen, etc. etc. sind nicht vertreten, auch nicht die zahlreichen Anwendungszusammenhänge. Wir beschränken uns zwangsläufig auf das diesem Sammelband angemessene Thema: auf Rossi-Landis Zeichentheorie, die, da sie eine sozio-prozessual eingebundene ist, aus sich selbst in nuce das Geschichtliche umschliesst (genetisch gesehen stellt sich dies Verhältnis allerdings als reziprokes dar, »gesellschaftsontologisch« — um einen Lukacsschen Terminus[20] nicht ganz in dessen Sinne zu gebrauchen — als fundamental dialektisches). Die gesellschaftliche Reproduktion, Motor der Dinge, ist im Umschlossenen allgegenwärtig. Das zunächst scheinbar schlichte Thema »Zeichentheorie« ist demnach trotz unseres Beschränkungsversuches ein derart gewaltiges, dass wir es zwangsläufig nur durch fingerfertige Diagrammatik umrisshaft und auf das Entscheidende konzentriert darlegen werden können. Bruchstückhafter noch und hier als Vorlauf gedacht, erwähnen wir auch das bereits um eine Spur bekanntere »Homologiemodell« der materiellen und sprachlichen

Produktion, da es ein markanter, gut ausgearbeiteter Baustein des Gesamtsystems ist, und einführend dürfen wir auf ein Modell im Mikrokosmos der Zeichen/Werkzeuge verweisen, dem dennoch alles Wesentliche bereits inhärent ist, vor allem: Arbeit/ Menschwerdung, das »Reich der Notwendigkeit« und das »Reich der Freiheit« — als Kernstück der instrumentellen Vermittlung.

Zunächst lassen wir unseren Autor anhand seines letzten zu Lebzeiten veröffentlichten Buches zwecks Grundsatz- und auch Begriffserklärung selbst die Einführung vornehmen:

Si noti che nel corso di questo libro abbiamo sempre parlato di sistemi segnici, non di meri codici. Un sistema segnico comprende almeno un codice, cioè i materiali su cui si lavora e gli strumenti con cui si lavora; ma comprende anche le regole per applicare i secondi sui primi (il locus delle regole è duplice: esse stanno in qualche modo anche nel codice, ma ancor più stanno in chi lo adopera), i canali e le circostanze che permettono la comunicazione, e inoltre gli emittenti e riceventi che di quel codice si servono. Un sistema segnico comprende dunque anche tutti i messaggi che si scambiano e si possono scambiare all'interno dell'universo che il sistema stesso istituisce. Un sistema segnico è insomma una fetta di realtà sociale, e non certo solo una macchina simbolica che se ne sta lì in attesa, a disposizione di tutti, sicché chiunque potrebbe adoperarla in una maniera che sarebbe allora per metà almeno astorica. Non si dà riproduzione sociale senza sistemi segnici; né esistono sistemi segnici umani se non nell'ambito di un'istanza storicamente reale di riproduzione sociale.

(Man beachte, dass wir im Verlauf dieses Buches immer von *Zeichensystemen* sprechen, nicht von blossen *Codes*. Ein Zeichensystem enthält wenigstens einen Code, d.h. die Materialien, die man bearbeitet, und die Instrumente, mit denen man arbeitet; aber es enthält auch die Regeln, um die letzteren auf die ersteren anzuwenden (der *locus* der Regeln ist doppelt: sie sind in mancher Weise auch in den Codes, aber noch mehr sind sie in dem, der sie benutzt), die Kanäle und die Umstände, die die Kommunikation erlauben, und darüberhinaus die Sender und die Empfänger, die sich dieser Codes bedienen. Ein Zeichensystem enthält daher auch alle Nachrichten, die getauscht werden oder getauscht werden können, innerhalb des Universums, welches das System selbst stiftet. Ein Zeichensystem ist in Summe ein Stück gesellschaftlicher Realität, und sicher nicht nur eine Symbol-Maschine, die damit dort auf Abruf bereit stünde, zur Verfügung aller, sodass ein jeder sie in einer Weise würde benützen können, die dann wenigstens zur Hälfte ahistorisch wäre. Es gibt keine gesellschaftliche Reproduktion ohne Zeichensysteme, noch auch existieren menschliche Zeichensysteme ausserhalb des Bereichs einer historisch realen Instanz gesellschaftlicher Reproduktion.)[21]

Fundamentales Anliegen Rossi-Landis war es also, die menschliche *Semiosis* nicht isoliert zu betrachten, sondern ihren Stellenwert im gesamtmenschlichen/-gesellschaftlichen Bezugsrahmen zu orten und jeweilige Abhängigkeiten, Interdependenzen zu erforschen, oder wieder mit den Worten des Autors:

Mein eigenes Interesse konzentriert sich auf die Humansemiotik, und zur Zeit tendiere ich dazu, die menschliche Semiosis in der *gesellschaftlichen Reproduktion* anzusiedeln.[22]

Nicht von ungefähr fällt hier ein Begriff, der »eine starke ökonomische Konnotation« (O-Ton Rossi-Landi) hat, andere wären — nochmals aus Gründen didaktischer

Redundanz, auszugsweise — gesellschaftliche Praxis, Produktion, Austausch, Konsumtion, Arbeit ... Der letztgenannte Begriff bildet wie schon bei Marx den Schlüssel zum Verständnis. Vor dem Hintergrund der Aussagen des Klassikers zur Arbeit und deren konstitutiven Elementen,

> the material on which one works; the instruments (or utensils) with which one works; the worker; the working operations; the end for which one works; the product of the work,[23]

entwickelt er das *homologische Produktionsmodell,* das sowohl sprachliche als auch materielle Produktion/Artefakte umfasst. (Der Begriff der Homologie ist präzise abzugrenzen gegenüber denen der Identität oder blossen Analogie; letzterer besonders würde bedeuten, dass »man irgendein Kriterium im Nachhinein auf heterogene und genetisch unverbundene Sachverhalte anwendet.«[24] »In the case of *homology,* instead, the two different artefacts are taken into consideration all along the range of the work regarding them.«[25] Die Homologie der Produktion ist »at the same time a logico-structural and a historico-genetical homology.«[26])

Die wesentlichste Aussage dieses Modells besteht darin, dass auf insgesamt zehn aufeinanderfolgenden Ebenen ausgehend von der auf der Null-Ebene anzutreffenden nichtbearbeiteten lautlichen und nicht-lautlichen Materie mittels Arbeit Elemente jeweils höherer Ordnung produziert werden, die auf den Elementen der vorhergehenden Ebene(n) aufbauen.[27]

> *Aufeinanderfolgende* Generationen wurden *unterrichtet,* durch die gesellschaftliche Praxis, die gemeinsame Tätigkeit des Menschen, neue Zeichensysteme zu entwickeln und zu benutzen. An diesem Prozess ist wesentlich, dass *neue Resultate kontinuierlich als neue Materialien und neue Instrumente benutzt wurden.* Tatsächlich ist der konstruktivste Aspekt der gesellschaftlichen Praxis die Arbeit.[28]

Die grundlegende Dialektik dieses Modells (die Synthesen/Produkte einer Triade werden zu den neuen Thesen/Materialen und/oder zu den neuen Antithesen/Werkzeugen der nächsten) zeigt sich auch in den insgesamt fünf qualitativen Sprüngen, die von einer Ebene bis in die übernächste gehen können, da erst dies dort neue entstehende Produkt die dialektische Summe von Produkten der Ausgangsebene und der bisher geleisteten Arbeit bildet, während sich in der »übersprungenen« Ebene die den Produkten inhärente Dialektik erst zu externalisieren beginnt. Diese Fähigkeit der Arbeit an Produkten und mit Produkten, mithilfe derer neue entstehen, die Produktion von »tools to build tools«,[29] ist nur dem Menschen eigen.

> Dieser Faktor, die Entstehung eines Werkzeug- und Satzgebrauches, (...) geniesst eine definitorische Vorzugsstellung gegenüber jedem anderen Faktor. (... Die Definition des Menschen über) seine Fähigkeit zur Produktion materieller Artefakte (*faber*) und zur Produktion sprachlicher Artefakte (*loquens*) (... ist die radikalste und ein) geschichtliches Argument (...) in Hinblick auf die Entstehung der Geschichte selbst.[30]

Wenn Rossi-Landi hier Werkzeuge und Sätze als homologe Produkte der gleichen Ebene ansieht, tritt er einem beliebten aber falschen Vergleich von Werkzeugen und Wörtern entgegen, der in der Annahme gipfelt (u.a. infolge einer verkürzenden

Wittgenstein-Tradition): »You use a word as you use a tool«.[31] Bei einer genaueren Betrachtung von Werkzeugen und deren Produktion aus bereits produzierten Elementen qua Arbeit erweist sich diese als dialektischer Prozess, der den jeweiligen Artefakten zugrunde liegt. Jedes der Produkte ist auf es zusammensetzende andere — die ihrerseits wieder zusammengesetzt sind — zurückführbar, bis auf die einfachsten Modifikationen der nichtbearbeiteten natürlichen Materialien (und damit zum Beginn jeglicher *Arbeit*). Basierend auf dieser Erkenntnis können in der Produktion von Werkzeugen ebensoviele einzelne Arbeitsoperationen unterschieden werden wie in der Produktion von Sätzen, und damit mehr als in der Produktion von Wörtern, die nur den einzelnen »vollständigen Stücken« eines Werkzeugs homolog wären (etwa dem Kopf oder Stiel eines Hammers, die erst die Totalität dieses Werkzeuges ergeben).

Die Dialektik von Einheit und Widerspruch, kann auch in der geläufigeren Formulierung einer Entwicklung von These - Antithese - Synthese wieder aufgenommen werden, um letztere Einzelfaktoren auf die »*Arbeitstriade*« zu applizieren. Diese grundlegende Triade konkretisiert sich demgemäss folgenderweise: *Material - Operationen (Arbeit mit Instrumenten) - Produkt*. Diesem dialektischen Prozess, in dem die Synthese/das Produkt des einen Zyklus zur These/zum Material des nächsten wird, ist aber ein zweiter zur Seite zu stellen, der die spezifisch menschliche Fähigkeit der Produktion von Werkzeugen *zur* Produktion von Werkzeugen umfasst: die Synthese/das Produkt wird zur neuen Antithese/zum Werkzeug. Es ist der Punkt, der die Dialektik

> aus jeder metaphysischen Zwanghaftigkeit befreit und zu einem Instrument in den Händen der Menschen macht.[32]
> The forming of a dialectical tension between a new thesis and a new antithesis is now open to empiricism and history. There is some sort of freedom which is beginning to emerge.[33]

Der Begriff Arbeit, der immer und ausschliesslich, wie nicht oft genug betont werden kann, ein prozessualer ist, muss hier — neben seinem temporalen Aspekt, der immer und selbst in »simple cases in which one individual piece of material is transformed by some simple operation into one individual product« vorhanden ist, aber wesentlich komplexer und ausgedehnter wird, »and thereby also more relevant, when the working process articulates itself into successive stages«[34] — auch in seiner menschbezogenen, gesellschaftlichen Dimension betrachtet werden:

> *Il lavoro è anche trasmissione consapevole o inconsapevole di un qualche sapere. Proprio per questo esso si situa necessariamente e definitoriamente in una dimensione sociale. Il lavoro è* attività umana sociale.
> (Die Arbeit ist auch bewusste oder unbewusste Übermittlung irgendeines Wissens. Gerade darum tritt sie notwendigerweise und per definitionem in eine soziale Dimension. *Die Arbeit ist menschliche gesellschaftliche Aktivität*)[35]
> (...) it is work that creates the social dimension from the beginning.[36]

Wenn hier die soziale Dimension der Arbeit betont wird, so liegt darin auch das Hauptinteresse Rossi-Landis. Man müsse sehr gut unterscheiden

il lavoro sociale della produzione dei modelli, degli esemplari secondo modelli e dei programmi d'uso degli esemplari, dal lavoro individuale *dell'uso di esemplari quale esecuzione di programmi.*
(die *gesellschaftliche Arbeit* der Produktion der Modelle, der Exemplare nach Modellen und der Programme zum Gebrauch der Exemplare von der *individuellen Arbeit* des Gebrauchs von Exemplaren als Ausführung von Programmen.)[37]
Vielleicht sollte hier erneut die Homologie der Produktion materieller und sprachlicher Artefakte in die Überlegung miteinbezogen werden. Die angesprochenen Modelle, Programme etc. haben gemäss dieser, ebenso wie die gesellschaftliche Arbeit, für beide Bereiche Geltung, letztere steht wie schon bei Marx so auch bei Rossi-Landi am Ursprung des Gesellschaftlichen (»*il lavoro ha trasformato la materia in società.* (die Arbeit hat die Materie in Gesellschaft transformiert.)«[38])
Es sind die Prozesse in der Gesellschaft, die Rossi-Landi erkennen, erforschen und modellhaft darstellen wollte. Die Gesamtheit der Prozesse — sowohl der materiellen als auch der sogenannten nicht-materiellen — mittels derer »*una comunità o società sopravive, accrescendosi o almeno continuando a esistere* (eine Gemeinschaft oder Gesellschaft überlebt, indem sie sich vergrössert oder wenigstens fortfährt zu existieren)«[39] — ist die *gesellschaftliche Reproduktion*. Alle Aussagen Rossi-Landis zur gesellschaftlichen Reproduktion, zu den in ihr wirksamen Elementen und deren Beziehungen zueinander, sind zutiefst in einem dialektischen, materialistischen und zugleich semiotischen Denken, das ersteren verpflichtet ist, verwurzelt, und nicht davon und voneinander zu trennen.

Produktion — Austausch — Konsumtion / Basis — Zeichensysteme — Überbau
Als erste prinzipielle Unterscheidung von fundamentalen Momenten oder Kategorien in der gesellschaftlichen Reproduktion ist nunmehr bereits evidentermassen jene in *Produktion-Austausch-Konsumtion* herauszugreifen. Diese bilden eine dialektische Einheit, sie sind — seit Marx denkerisch, de facto seit jeher — aufs engste miteinander verbunden und nur arbeitshypothetisch voneinander zu scheiden; sie sind aber nicht identisch, sondern bilden »Glieder einer Totalität (...), Unterschiede innerhalb einer Einheit.«[40]
Diese drei Momente gelten gleichermassen für den materiellen Bereich wie für den der Semiose als materiellem weiteren Sinnes; Körper und Zeichen werden produziert, ausgetauscht und konsumiert. Diese Homologie darf aber nicht zu einer Verwischung der beiden Begriffe »Körper« und »Zeichen« führe, die entweder in der Negation »Zeichen sind keine Körper« oder der Affirmation »Alle Körper sind Zeichen« mündet.[41] Der Begriff »Zeichen« umfasst hier die Gesamtheit von verbalen und nonverbalen Zeichen. Der folgende Teil eines umfassenderen Schemas zeigt die Relation der Grundtriaden in Bezug auf Körper und Zeichen:[42]

Schema della riproduzione sociale

La riproduzione sociale comprende sempre, in modo costitutivo, tre momenti indissolubil-mente correlati:

1. Produzione materiale esterna, che pur servendosi di *segni non produce segni bensi corpi.*
   produzione segnica

2. Scambio, che è sempre al tempo stesso, costitutivamente,
   - *scambio materiale esterno, cioè il processo di scambiare non già segni bensi corpi;*
   - *segnico, cioè comunicazione: come tale ricomprendente in sé*
     - *produzione segnica*
     - *scambio segnico in senso stretto,*
     - *c o n s u m o segnico*

3. C o n s u m o materiale esterno, che anche quando si serve di segni non consuma segni bensi corpi.

(Schema der gesellschaftlichen Reproduktion

Die gesellschaftliche Reproduktion beinhaltet immer in konstitutiver Weise drei unauflöslich aufeinander bezogene Momente:

1. Äussere materielle **Produktion**, die obwohl Zeichen *gebraucht* nicht Zeichen produziert sondern Körper.

2. Austausch, der immer zum selben Zeitpunkt und zwar konstitutiverweise stattfindet als
   - äusserer materieller Austausch, d.h. der Prozess des Austauschens noch nicht von Zeichen sondern von Körpern;
   - zeichenhafter, d.h. Kommunikation, die als solche selbst wieder beinhaltet:
     - Zeichen**produktion**
     - Zeichenaustausch im engeren Sinn
     - Zeichen**konsumtion**

3. Äussere materielle K o n s u m t i o n, die selbst wenn sie Zeichen *gebraucht* nicht Zeichen konsumiert sondern Körper.)

Die Momente dieser Trichotomie(n) können einander, was weder für einen Dialektiker noch für einen Semiotiker allzu schwer nachzuvollziehen sein dürfte, in Form einer

182

grafisch formulierten Triade zugeordnet werden, worin die Zeichensysteme bzw. die Austauschsphäre dieser Provenienz als Subtriade organisch einzubringen ist:

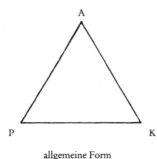
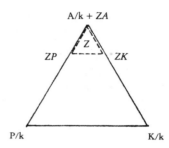

allgemeine Form   detailliertere Form entsprechend dem Schema der gesellschaftlichen Reproduktion

P	Produktion	A	Austausch	K	Konsumtion
P/k	Produktion von Körpern	A/k	Austausch von Körpern	K/k	Konsumtion von Körpern
ZA	Zeichenproduktion	ZA	Zeichenaustausch im engeren Sinne	ZK	Zeichenkonsumtion

(ZP + ZA + ZK = Z, d.h. die Kommunikation qua Zeichensysteme)

Durch die Einführung der Subtriade innerhalb des Austauschmoments wird erneut verdeutlicht, dass nicht nur die unmittelbar materiellen Güter, sondern auch »*i beni cosiddetti culturali e spirituali* (die sogenannten kulturellen und geistigen Güter)«, zu denen auch »*istituti sociali d'ogni genere, i sistemi di valori, la distribuzione e organizzazione degli individui dentro al sistema sociale* (soziale Institutionen aller Art, die Wertsysteme, die Distribution und Organisation der Individuen innerhalb des gesellschaftlichen Systems)«[43] gehören, dem Zyklus von Produktion - Austausch - Konsumtion unterliegen, womit die Zeichen einerseits stärker mit gesellschaftlichen und ökonomischen Begriffen bzw. Kategorien (wie jenem der Arbeit, aber auch jenem des Gebrauchswertes) verbunden und andererseits eindeutig prozessual definiert werden.

Das zweite Modell, dessen sich Rossi-Landi zur Darstellung der gesellschaftlichen Produktion bedient, ist zunächst wiederum jenes Marxsche von *Basis* und *Überbau*. An mehreren Stellen verweist er auf die Relation dieser Elemente zum vorhergehenden Modell als »*un opposizione fondamentale* (eine grundlegende Opposition)«, die »*taglia di traverso, in ogni momento sincronicamente isolato, il circolo dinamico di produzione, scambio e consumo* (den dynamischen Kreislauf von Produktion, Austausch, Konsumtion in jedem vom synchronen Standpunkt aus isolierten Moment *quer durchschneidet* (Hervorh. d. Verf.).)«[44] In einem Brief an W. Borgius schreibt Engels u.a. folgendes über diese Opposition:

> Unter den ökonomischen Verhältnissen, die wir als bestimmte Basis der Geschichte der Gesellschaft ansehen, verstehen wir die Art und Weise, worin die Menschen einer bestimmten Gesellschaft ihren Lebensunterhalt produzieren und die Produkte untereinander austauschen. (...) Wir sehen die ökonomischen Bedingungen als das in letzter Instanz die geschichtliche Entwicklung Bedingende an. (...) Die politische, rechtliche, philosophische, religiöse, literarische, künstlerische etc. Entwicklung beruht auf der ökonomischen. Aber sie alle *reagieren auch aufeinander und auf die ökonomische Basis.* Es ist nicht, dass die ökonomische Lage Ursache, allein aktiv ist und alles andere nur passive Wirkung. Sondern es ist *Wechselwirkung* (...) Es ist also nicht, wie man sich hier und da bequemerweise vorstellen will, eine automatische Wirkung der ökonomischen Lage, sondern die Menschen machen ihre Geschichte selbst, aber in einem gegebenen, sie bedingenden Milieu, auf Grundlage vorgefundener tatsächlicher Verhältnisse (Hervorh. d. Verf.)[45]

Im Definitorischen und auch im Inhaltlichen rekurriert Rossi-Landi zwar durchaus und folgerichtig auf die Tradition des historischen Materialismus, er verweist aber ergänzenderweise zwingend auf die bislang fehlenden Erklärungsmuster der sich zwischen diesen beiden Hälften der gesellschaftlichen Reproduktion ergebenden komplexen, ja verwickelten Beziehungen, die daher im Geiste der Klassiker aufklärungswürdig sind:

> *i padri fondatori li hanno appena accennati; nessuno fra gli interpreti successivi li ha chiariti fino in fondo, o anche solo in maniera sufficientemente sistematica*
> (die Gründungsväter haben sie kaum erwähnt; keiner unter den nachfolgenden Interpreten hat sie bis zum Grunde oder auch nur in hinreichend systematischer Weise geklärt)[46]

Nur Gramsci und Raymond Williams nimmt er teilweise von dieser Kritik, die als konstruktive zu versehen ist, aus. Zwischen den »Gründungsvätern« und den »Interpreten« herrscht in zwei wesentlichen Punkten (eine gewisse) Übereinstimmung: jede Produktionsweise übt einen kontinuierlichen Einfluss auf ihren Überbau aus, der seinerseits auf die Produktionsweise *rückwirkt* (oder rückwirken kann).[47]

Dem semiotischen Dialektiker und dialektischen Semiotiker Rossi-Landi war die Auffindung und Abklärung jener vermittelnden Instanz ein wichtiges Anliegen; er fand sie aus der konkreten Beschaffenheit des Gesellschaftlichen heraus in den *Zeichensystemen,* mithilfe derer jegliche Kommunikation/Vermittlung stattfindet. Bereits im ersten Modell (Produktion - Austausch - Konsumtion) wurden die Hauptwurzeln der Kommunikation im Moment des Austauschs gefunden. Der Autor entwickelte daher aus dem dualen Konzept Basis/Überbau, deren dialektische Vermitteltheit aspektuell betonend, mithilfe der Einführung der expliziten Kategorialität dieser Vermittlung zwischen dessen Elementen qua Zeichensysteme ein neues, *triadisches Modell* der gesellschaftlichen Reproduktion.

> *La riproduzione sociale avverrebbe pertanto a tre livelli: dei modi di produzione, dei sistemi segnici e delle sovrastrutture. Fra questa triade, che in sé comprende la bipartizione del secondo*

modello, e la triade del primo (produzione, scambio, consumo) ci sarebbe un'intima corrispondenza, in parte già segnalata dalla terminologia corrente.
(Die gesellschaftliche Reproduktion würde sich dadurch auf drei Ebenen vollziehen: der Produktionsweisen, der Zeichensysteme und des Überbaus. Zwischen dieser Triade, die in sich die Zweiteilung des zweiten Modells beinhaltet, und der Triade des ersten (Produktion, Austausch, Konsumtion) würde es eine tiefe Übereinstimmung geben, wie teilweise bereits in der geläufigen Terminologie signalisiert.)[48]

Statt des Begriffs »Überbau« verwendet Rossi-Landi auch jenen der *ideologischen Institutionen.* Obwohl der ideologische Faktor vorrangig auf der Überbau-Ebene erkennbar ist, so begegnet man ihm doch auf allen drei Ebenen. Auch diese Triade ist wieder als *dialektische Einheit* aufzufassen. Ohne in einen »semiotischen Panlogismus« bürgerlich/idealistischer Prägung zu verfallen, trifft das eben über den ideologischen Faktor Gesagte auch auf die Zeichensysteme zu:

Ogni modo di produzione e ogni istituzione ideologica sono anche, essi stessi, sistemi segnici (...) nel modo in cui la produzione e il consumo sono scambio, così come lo scambio è produzione e consumo, dentro alla totalità sociale cui tutti appartengono.

(Jede Produktionsweise und jede ideologische Institution sind *auch* selbst Zeichensysteme (...) in der Weise in der die Produktion und die Konsumtion Austausch sind, so wie der Austausch Produktion und Konsumtion ist innerhalb der gesellschaftlichen Totalität, der alle angehören.)[49]

Diese triadische Gliederung der gesellschaftlichen Reproduktion umfasst notwendigerweise auch jedes menschliche Individual- und/oder Gruppenverhalten — sowohl im Sinne von dessen gesellschaftlicher Planung als auch im Sinne der Entfaltung von Aktivitäten — innerhalb einer historisch-gesellschaftlich definierten Situation. Speziell im Bereich von Fragen gesellschaftlicher Planung ist die ausdrückliche Beachtung der Vermittlungsfunktion der Zeichensysteme in der entfaltenden Erläuterung komplexer Phänomene hilfreich. Immer ausgehend vom je konkreten Einfluss der Produktionsweisen/Basis auf die ideologischen Institutionen/den Überbau und deren Rückwirkung auf die erstere(n) können zwei grundlegende Möglichkeiten unterschieden werden. Einerseits dienen Zeichensysteme der (herrschenden) Macht zur Herbeiführung der Konsensbildung bzw. *»si facciano portatori delle strutture del modo di produzione, permeandone le istituzioni ideologiche, le quali servono allora a giustificarlo.* (werden zu Trägern der Strukturen der Produktionsweise gemacht, damit die ideologischen Institutionen durchdringend, die also zu deren (der Produktionsweise) Rechtfertigung dienen).«[50] Andererseits kann sich eine davon qualitativ verschiedene politische Arbeit der Zeichensysteme bedienen *»per permeare di nuovi valori ideologici il modo die produzione dominante* (um die vorherrschende Produktionsweise mit neuen ideologischen Werten zu durchdringen)«,[51] diese neuen Werte harren in der Folge ihrer politischen Umsetzung:

In determinate circostanze, la Mente Sociale emerge e si organizza: una specie di Nuovo Principe disvela allora la sua struttura di fondo, che è quella dei sistemi segnici fra loro

organizzati dalla forza di una nuova progettazione sociale.
(Unter bestimmten Umständen taucht der Soziale Geist (hier von Rossi-Landi nur als Abstraktion des überindividuellen Moments eingeführt! Anm. d. Verf.) auf und organisiert sich: eine Art von Neuer Ordnung (Machiavellis *Il principe* vs. *Nuovo Principe* als idiomatisch-metaphorischer Gegensatz eingeführt! Anm. d. Verf.) enthüllt dann ihre Grundstruktur, die jene der Zeichensysteme ist, untereinander organisiert durch die Kraft einer neuen gesellschaftlichen Planung.)[52]
Auch diese Triade ist in Anlehnung an die früheren Überlegungen zur diagrammatischen Umsetzung folgendermassen grafisch darstellbar:

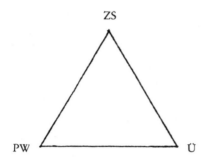

PW   Produktionsweisen/Basis
ZS   Zeichensysteme
Ü   Überbau/ideologische Institutionen

Gesellschaft: Praxis — Reproduktion — Geschichte

Mit den Hinweisen auf gesellschaftliche Planung und deren Entfaltung erhält die semiotische Modelltheorie Rossi-Landis eine weitere explizit historische Dimension. Darüberhinaus versuchte er, auch die »Geschichte« selbst in ein genetisch gefasstes Produktionsmodell einzugliedern, um die Prozesse ihres »Entstehens«, genauer eben: ihre Produktion, adäquat erläutern zu können. Die zentralen Begriffe in diesem Modell — dem zu beschreibenden Objekt, *gesellschaftliche Praxis, gesellschaftliche Reproduktion* und *Geschichte* (die in diesem Zusammenhang ohne nähere Erläuterung unmittelbar evident *gesellschaftliche* ist). Der mittlere der drei Termini — bereits als umfassende Totalität, die aus je aufeinander bezogenen Elementen besteht und solcherart aus den vorhergegangenen Modellen bekannt ist — wird nunmehr (vorläufig) selbst zum Moment der *gesellschaftlichen Realität.* Als *gesellschaftliche Praxis* wurde bereits jene Instanz angesprochen, durch die »*aufeinanderfolgende* Generationen (...) *unterrichtet«* wurden.[53] In der eben zitierten Arbeit grenzt sich Rossi-Landi von bestimmten Denktraditionen (z.B. Deweys und Morris') die ebenfalls diesen Terminus verwenden, eindeutig ab:

der verallgemeinerte Begriff der gesellschaftlichen Praxis stellt die aktive Seite der gesellschaftlichen Reproduktion dar und wird in gewissen Zusammenhängen nahezu zu ihrem Synonym. Für sich betrachtet handelt es sich um die zentrale Stütze der historisch-materialistischen Weltauffassung. Dieser Auffassung zufolge haben einige Lebewesen auf diesem Planeten begonnen *zusammenzuarbeiten,* d.h. sie fingen an, eine quasi-gesellschaftliche Praxis zu begründen, die neuartig war und sich von den Praktiken aller anderen Lebewesen unterschied.[54]

Dieser ebenfalls bereits erwähnte zentrale Aspekt der *Arbeit* innerhalb der gesellschaftlichen Praxis — jener Arbeit, die am *Beginn* jeglicher Aneignung der Natur steht —, ist im Zusammenhang des Modells »Gesellschaftliche Realität« von besonderem, da initialem Interesse.

Geschichte schliesslich kann innerhalb einer historisch-materialistischen Denktradition, um dies für die Zwecke des Modells nochmals festzuhalten, nicht anders denn als eine von menschlich-gesellschaftlicher Arbeit produzierte angesehen werden. Wenn nun noch die Gesamtheit aller Prozesse »by which any given society proceeds in time from generation to generation«,[55] d.h. eben die *gesellschaftliche Reproduktion* als Instrument betrachtet wird, dann korrelieren die drei Momente (gesellschaftliche Praxis - gesellschaftliche Reproduktion - Geschichte) jenen der dialektischen Einheit der *produktiven Arbeit: Arbeit - Instrument - Produkt.* Zusammenfassend stellt Rossi-Landi das Modell in folgender Weise dar:[56]

realtà

> pratica sociale: *lavoro svolto dagli uomini in società; adopera come materiali gli uomini stessi e la natura già da essi modificata, cioè la storia passata;*
>
> riproduzione sociale: *enorme macchina inventata e costruita dagli uomini per produrre la storia; la macchina è comprensiva sia degli uomini stessi sia della natura;*
>
> storia: *prodotto della pratica sociale per mezzo della riproduzione sociale, a sua volta comprensiva degli uomini e della natura quali prodotti.*

Realität

> gesellschaftliche *Praxis*: die von den Menschen in der Gesellschaft entwickelte Arbeit; als Materialien benutzt sie die Menschen selbst und die bereits von ihnen modifizierte Natur, d.h. die vergangene Geschichte;
>
> *gesellschaftliche Reproduktion*: eine enorme Maschine, von den Menschen erfunden und konstruiert, um die Geschichte zu produzieren; die Maschine umfasst sowohl die Menschen selbst als auch die Natur;
>
> *Geschichte*: Produkt der gesellschaftlichen Praxis mittels der gesellschaftlichen Reproduktion, die ihrerseits die Menschen selbst und die Natur als Produkte umfasst.

Auch dieses Modell muss als ein ausschliesslich dialektisches interpretiert werden; es darf nicht als mechanisches oder gar statisches missverstanden werden: hier wird nämlich ein vereinzelter Zeitpunkt eines Prozesses arbeitshypothetisch isoliert, der in sich bereits eine Historizität aufweist, da vorhergehende Produktionszyklen über ihre Produkte miteinbezogen sind, die hier in das Moment des Materials oder in das Moment des Instruments der neuen Arbeit Eingang fanden (die Synthese kann wie erläutert sowohl zur neuen These als auch zur neuen Antithese werden!). Da der Mensch selbst einerseits Material, andererseits Instrument ist, klärt dieses Modell die oft genannten Ungereimtheiten

fra »gli uomini che producono la storia«, »gli uomini quali strumenti di forze sovrapersonali« e »gli uomini quali prodotti storici«: producendo la storia, gli uomini producono e riproducono se stessi adoperando se stessi — anche se per lo più non sanno come.

(zwischen »die Menschen, die die Geschichte produzieren«, »die Menschen als die Instrumente überindividueller Kräfte« und »die Menschen als die historischen Produkte«: *die Geschichte produzierend produzieren und reproduzieren sich die Menschen selbst, sich selbst benutzend — auch wenn sie meistens nicht wissen wie. (Hervorh. d. Verf.))*[57]

Die drei in diesem Modell enthaltenen Begriffe sind auf das engste miteinander verbunden und werden mitunter sogar synonymisch verwendet. Für die *gesellschaftliche Produktion* erscheint es daher wesentlich, sich immer sowohl ihren instrumentellen als auch ihren Totalitätsaspekt zu vergegenwärtigen. Durch den Versuch des Autors, diesen letzteren Aspekt deskriptiv zu präzisieren, die Gesamtheit aller Prozesse konkret darzustellen,[58] wird klar, dass die gesellschaftliche Reproduktion *die* fundamentale Kategorie ist; sie ist *»il principio di tutte le cose«//*(«das Prinzip aller Dinge«), nicht als *»una mera parte della realtà oggettivata«* (blosser Teil der objektivierten Realität)«,[59] sondern:

Il »principio« è la realtà stessa quale somma di fattori naturali e fattori storici: una »somma« che l'uomo è andato componendo via via che produceva e riproduceva se stesso in forme sempre più complicata e sempre più consapevoli.

(Das »Prinzip« ist die Realität selbst als Summe natürlicher Faktoren und historischer Faktoren: eine »Summe«, die der Mensch, sowie er sich selbst in immer komplexeren und immer bewussteren Formen produzierte und reproduzierte, gebildet hat.)[60]

(Rossi-Landis Hinweis, dass diese Aussage keinesfalls in einem idealistischen Sinn zu verstehen sei, muss hier wohl nicht näher erörtert werden!)

Wenn gesellschaftliche Reproduktion einerseits als Totalität die Realität selbst ist, andererseits ihr instrumenteller Aspekt als integraler nicht übersehen werden darf, kann die erläuterte Triade auch durch eine »vereinfachende« ersetzt werden:[61]

riproduzione
sociale

{
pratica sociale *come lavoro;*

macchina *per produrre la storia, con le sue interne articolazioni: cioè la riproduzione sociale stessa vista nel suo momento strumentale;*

storia *come prodotto.*
}

gesellschaftliche
Reproduktion

{
gesellschaftliche Praxis als Arbeit,

Maschine um die Geschichte mit ihren inneren Artikulationen zu produzieren: d.h. die gesellschaftliche Reproduktion selbst in ihrem instrumentellen Moment gesehen;

Geschichte als Produkt.
}

Auch bei diesem Modell auf unsere grafische Darstellungsweise zurückkommend, ergibt sich folgende Triade:

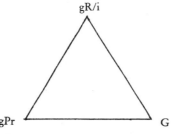

gPr   gesellschaftliche Praxis
gR/i   gesellschaftliche Reproduktion in ihrem instrumentellen Aspekt
G   Geschichte

Synopsis / Superimposition
    Ferruccio Rossi-Landi selbst betont — wie wir jeweils wiederzugeben versuchten — bei jedem einzelnen Modell seine organische Verbindung zu allen anderen; *alle* Modelle stellen, isoliert betrachtet, Einzelmomente der dialektischen Einheit *gesellschaftliche Reproduktion/Realität* dar. Letzterer kann man/frau sich also bei der Betrachtung *eines* Modells nur unter ständiger Mitberücksichtigung aller anderen in »asymptotischer« Simultanrepräsentation nähern, wobei die wesentliche Dimension des Prozesshaften, durch die Modelle nur je ausschnittmässig abgebildet, immer mitreflektiert werden muss (ungeachtet der Tatsache, dass der jeweilige Ausschnitt aufgrund seines dialektischen Gehalts den statischen Charakter durchbricht, prozes-

189

sual *ist*). Hier wird also der Versuch unternommen, diesen unabdingbaren Prozess der Synthetisierung von Modellen in einem visuellen Zeichensystem ikonisch-diagrammatisch nachzuvollziehen. Die diagrammatische Darstellung einer triadischen Relation wurde bereits bei den Ausführungen zu den einzelnen Modellen eingeführt. Die Form der Darstellungsweise von drei aufeinander bezogenen Elementen ist aus verschiedenen Bereichen bekannt: sie wird sowohl in der Graphentheorie[62] als auch zur Visualisierung der Dialektik[63] benutzt, und nicht zuletzt finden wir sie sehr häufig in der Veranschaulichung dreigliedriger Zeichenmodelle[64]. Beweggrund zu dieser Operation der »Superimposition« verschiedener Modelle[65] ist die »unmittelbare Einsichtigkeit« von Diagrammen (die hier keinesfalls phänomenologisch-Husserlianisch verstanden werden darf, sondern auf die ganzheitlich-sinnlich-kognitive Qualität des Betrachtens bestimmter ikonischer Zeichentypen rekurriert, im Gegensatz zur linearen Rezeption der Sprachketten — gemäss dem Peirceschen Satz: »Diagrammatic reasoning is the only really fertile reasoning.«[66]).

In einem aus der Überlagerung von Einzelmodellen resultierenden Diagramm sind weiters in Summe komplexere Aussagen enthalten als in den jeweiligen Einzelmodellen zusammen, da auch die Relationen ansonsten disparat gezeigter Momente zueinander (die, wie im Falle Rossi-Landis verbal formuliert in dessen Werk an vielen verschiedenen Stellen, zu unterschiedlichen Zeiten, präsent sind) im Gesamtmodell berücksichtigt werden. Ausgangspunkt des Gesamtmodells der gesellschaftlichen Reproduktion ist deren Haupttriade *Produktion - Austausch - Konsumtion*, die ihre Dialektik in *Basis* als auch *Überbau* entfaltet und somit in Duplizität abgebildet werden muss, also in zwei voneinander hypothetisch getrennten Triaden (mit dem Austausch an der »Spitze«, dem Integrationspunkt, dem ideellen Zentrum von allem Vermittelnden). Da Austausch immer zum selben Zeitpunkt als Austausch von Körpern und Austausch von Zeichen stattfindet, würden die duplizierten Triaden an ihrer »Spitze« — im Moment des Gesamtaustausches — zusammenhängen. Rossi-Landi findet die Relationen zwischen den Teilen dieses Gegensatzpaares in den *Zeichensystemen*. Wenn wir nun die einzelnen Triaden (die ja für sich dialektische Einheiten sind) in einem einzigen ihrer Punkte komprimiert darstellen — dies wäre der Mittelpunkt der jeweiligen Dreiecks-Grundlinie — kann dieses zweite Modell *Basis/Produktionsweisen - Zeichensysteme - Überbau / ideologische Institutionen* zwischen die Triaden von Basis (Produktion - Austausch - Konsumtion) und Überbau (Produktion - Austausch - Konsumtion) eingespannt werden (»querdurchschneidend«, wie Rossi-Landi s.o. dies formulierte), wieder in seiner Spitze mit den beiden vorhergenannten verbunden — wieder mit homologischen Implikationen, — Um zuletzt das dritte Modell *gesellschaftliche Praxis - gesellschaftliche Reproduktion in ihrem instrumentellen Aspekt - Geschichte* (das auf der Triade der produktiven Arbeit basiert) in das bisherige Resultat einzuführen, sollten wir noch einmal zur Vergegenwärtigung seine Elemente betrachten.

Nämlich: Die gesellschaftliche Praxis hat, wie erinnerlich mit Rossi-Landi, als »konstruktivsten Aspekt« die Arbeit, die, wie das Homologiemodell zeigte, die Grundlage der materiellen und sprachlichen (und im weiteren Zeichen-)Produktion bildet.

Die gesellschaftliche Praxis setzt ihre Entwicklung in drei prinzipiellen Formen fort: dem Produktionskampf, d.h. der Aneignung und Umbildung der natürlichen Resourcen; dem Klassenkampf in dem weitesten Sinne von Gruppenunterscheidungen und -oppositionen und der Ausbeutung innerhalb der Gemeinschaft; der wissenschaftlichen Forschung, die neue technologische Entwicklungen ermöglicht und ihrerseits den Produktionskampf fördert. (...) Die gesellschaftliche Praxis brachte gleichfalls die Mythen, Illusionen, moralischen Techniken und Kontrollmechanismen für die Konsensbildung hervor, die sie mit fortschreitender Entwicklung benötigte — *wozu im übrigen auch unterschiedliche Realitätsvorstellungen gehören*. Der wesentlichste Aspekt ist hier darin zu suchen, dass die gerade zu irgendeinem Zeitpunkt vorherrschende Realitätsvorstellung ein Ausdruck der dominanten gesellschaftlichen Praxis ist, und nicht umgekehrt. Würde man statt dessen annehmen, dass sich die gesellschaftliche Praxis aus einer gegebenen Realitätsvorstellung entwickelte, so liefe das auf eine kolossale Verkehrung der Tatsachen hinaus.[67]

Aus den angeführten Erläuterungen geht hervor, dass die *gesellschaftliche Praxis* den Momenten der Produktion sowohl in der *Basis* als auch im *Überbau* zuzuordnen ist, sie findet daher nach unserer Wahl aus in in den Sachverhalten zwingend liegenden Motiven ihren Platz in der Mitte einer gedachten Verbindungslinie von Produktion/ Basis und Produktion/Überbau.

Gesellschaftliche Reproduktion als Instrument wird in den Komplex »Vermittlung« (an der »Spitze«) gesetzt, wo sich ja bereits in der grundlegenden Arbeitstriade Material - Operation - Produkte die Instrumente als Teil der zweiten an nämlicher Stelle befinden.

Geschichte, im Holismus dialektisch-materialistischer Prozessualität der umfassendste aller Prozesse endlich, ist das *Produkt*, das zwischen den konsumtiven Momenten von Basis und Überbau hervorgetrieben wird.

Gesellschaftliche Reproduktion kann demnach in ihrer Totalität in folgendem Diagramm dargestellt werden.

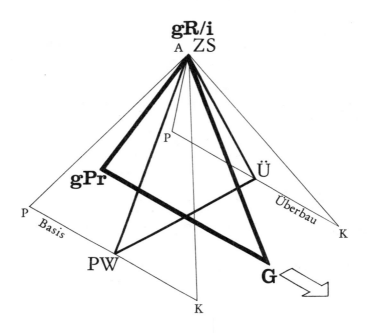

Gesellschaftliche Reproduktion

P	Produktion	PW	Produktionsweisen	gPr	gesellschaftliche Praxis
A	Austausch	ZS	Zeichensysteme	gR/i	gesellschaftliche Reproduktion
					in ihrem instrumentellen Aspekt
K	Konsumtion	Ü	Überbau	G	Geschichte

(Ein wesentlicher Schritt zur Vernetzung der Aussagen in dieser Superimposition der Einzeldiagramme, dies als Randbemerkung zu dem von uns gewählten Zeichensystem, zu unserer Vermittlungs-»Maschine«, war jener von der Zwei- in die (fiktive) Drei-dimensionalität. Dieser »Sprung«, so nehmen wir an, ist dazu angetan, Vorstellungen besser zu »vergegenständlichen«, also handhabbar zu machen in werkzeughaftem Sinn, und damit zu konkretisieren. Doch der wichtigste »Sprung« muss, hier zumindest, dem Leser/der Leserin überlassen bleiben. Denn da eben jene, für den vollständig abbildenden Nachvollzug eines Prozesses wesentliche vierte Dimension

192

»Zeit« notwendigerweise nach wie vor fehlt, muss hier nochmals dezidiert auf die Ausschnitthaftigkeit unserer Diagrammatik, deren Objekt sich realiter in der Zeit entfaltet, hingewiesen werden. Zur Korrektur also im Konnotativen: obwohl einer Pyramide, mit ihren Bedeutungsfeldern von Solidität, Starrheit, Unveränderbarkeit ähnlich, muss doch die Aufmerksamkeit auf deren »Offenheit« — in vielfachem Sinn — längs der Achse *Gesellschaftliche Praxis - Geschichte* gelenkt werden. Daher, als vielleicht hilfreicher Index, ein Richtungspfeil im Gesamtdiagramm, der die *Geschichte* »richtet«. Da dies kein Film ist, sondern dürre »écriture«, können wir nicht mehr des Prozessualen bieten. Wir ersuchen um Nachsicht.)

Von Nutzen und Notwendigkeit der Kopfarbeit

Das obige Modell kann hier weder in allen seinen Implikationen noch hinsichtlich seines Gebrauchswertes ausdiskutiert werden. Ebenso bleibt es weiteren Arbeiten vorbehalten, andere triadische Gliederungen in die Darstellung zu integrieren (etwa die erwähnten dialektischen Momente der gesellschaftlichen Praxis, des gesellschaftlichen Konflikts oder jene der Geschichte selbst). Über letztere sagt Rossi-Landi, sie eignete sich für

un'immediata tripartizione in storia passata, presente e futura, con il presente che media incessantemente fra passato e futuro: il che permette, fra l'altro una precisazione dei rapporti fra conservazione e innovazione, fra reale e possibile, fra ideologia e utopia.

(eine unmittelbare Dreiteilung in vergangene, gegenwärtige und zukünftige Geschichte, mit der Gegenwart, die unaufhörlich zwischen der Vergangenheit und der Zukunft vermittelt: das erlaubt u.a. eine Präzisierung der Beziehungen zwischen Bewahrung und Erneuerung, zwischen Realem und Möglichem, zwischen Ideologie und Utopie.)[68]

Welche Perspektiven! Die angemessene logische und konzeptionelle Stringenz des Bisherigen vorausgesetzt, müsste sich die von Rossi-Landi angedeutete Auffächerung und Erweiterung des Modells/der Modelle trotz oder gerade eben wegen derselben u.E. dahingehend auswirken, die Stringenz und gesamtheitliche Aussagekraft des Superimpositionsmodells noch zu verstärken und im einzelnen zu vertiefen. Am Horizont unserer Vorstellungen erscheint ein in allen existentiellen Konsequenzen verdichtetes Modell, welches als polydimensionaler dialektischer Raster zur Ortung jeglicher Dinge, Körper und Sachverhalte und jeglichen Denkens über diese das adäquate Instrumentarium lieferte; Ortung zunächst in analytischem Sinne, im Sinne der Standortbestimmung, d.h. die Dinge auf den »Punkt« zu bringen, im weiteren aber auch raum/zeitlich gedacht, als Vergegenwärtigung jeglicher Dynamik, jeglichen Prozesses im je relevanten Kontinuum. Was wäre dies, wenn nicht Geschichte? Eine solch hochkomplexem Ansatz heutigen Tags noch sehr ferne stehende Geschichtswissenschaft könnte davon wohl profitieren. (Aber nicht nur diese.) Wenn wir, mit Rossi-Landi,

Geschichte als interpretierende Rekonstruktion des Vergangenen (ohne die Angst davor, an die Räder der unmittelbaren Vergangenheit zu stossen), die diachronisch alles umschliesst, aber den anderen Humanwissenschaften die von diesen erarbeiteten synchronen Strukturen schuldet,[69] verstehen wollen, dann könnte dies solcherart wohl eines Tages von konkreter Utopie in konkrete Praxis umschlagen. Unter einer Voraussetzung nämlich, in welcher wir uns mit Rossi-Landi in kongenialem Verbunde wähnen:

> Diese Rekonstruktion gelingt, wenn die ideologischen Modelle angewendet werden, die aus der gesellschaftlichen Projektion, an die wir uns halten, gewonnen wurden.[70]

Und in unmittelbar vorwärtstreibendem Sinne müssten wir anschliessen: Gleiches gilt für die zukünftige Geschichte. Die Einsicht in deren mögliche und sie ermöglichende Strukturen, zunächst im Modellhaften simulatorisch antizipiert, kann mit ein Agens sein, auch die wünschbare und wünschenswerte endlich zu konkretisieren. (Denn dies ist ja wohl die Aufgabe einer wahrhaft fortschrittlichen, emanzipatorischen Futurologie: durch Denken gestaltetes Werden im Sinne der Selbstverwirklichung des Menschen, die in dessen »eigentliche Geschichte« fluchtet.) Der Nutzen der Kopfarbeit, nicht nur auf der gleichwohl wichtigen Funktionslust des Denkens beruhend, scheint mit solchen Überlegungen, solchen Zwecken, durchaus und hinreichend auch begründet. Die genuine Notwendigkeit dieser Arbeit aber, dialektisch-materialistisch besehen aus dem Gegebenen selbst erwachsen, hat ihren Kern darin, eben dieses weiter und weiter zum Besseren zu verändern, um die eigne Entfremdung darin zu überwinden.

Um vom vorwärtsblickenden Höhenflug der Gedanken (oder der Kopfarbeit, wie wir, um den produktionellen Aspekt zu betonen, diese zuletzt benannten) wieder in unmittelbar konkrete Nutzungsbereiche zurückzufinden, kommen wir auf das engere Thema der Zeichensysteme, des Vermittlungsbereichs, nochmals in klärendem Sinne zu sprechen. Denn die vielleicht auf den ersten Blick in obigem Gesamtmodell reduziert erscheinende Rolle der Zeichensysteme im komplexen Gefüge der Totalität des Wirklichen darf den Semiotiker — insbesondere den Pan-Semiotiker — nicht enttäuschen. Erstens soll daran erinnert werden, dass *jede* der Triaden eine dialektische Einheit abbildet. Zweitens befinden sich die Zeichensysteme darstellungstechnisch und auch de facto in jenem Punkt, der als einziger alle Triaden berührt und vermittelt. Und drittens: selbst bei maximalem persönlichem Interesse an zeichentheoretischen Fragestellungen darf einerseits des »author's approach to a *materialistic semiotics* as a portion of a general science of man«[71] ebensowenig vergessen werden wie folgende Feststellung:

> Signs are immensely important; but the furniture of the world does not consist of signs alone, and there is something of the ideology of total control in the contention that it does.[72]

Zeichensysteme haben zweifellos ihre eminente Wichtigkeit in der Gesellschaft; *wie* und *wozu* sie die Menschen gebrauchen oder gebrauchen könnten, missbrauchen oder missbrauchen könnten, wurde bereits erläutert. Es wäre mit eine Aufgabe der Zeichentheoretiker (und natürlich -theoretikerinnen), verstärkt Überlegungen zu eben diesem

Wie und Wozu anzustellen:

Von der Wiege bis zum Grab, vom Erwachen bis zum Schlaf ist der moderne Mensch einer unendlichen Zeichenflut ausgesetzt, mit der andere Menschen ihre Ziele durchsetzen wollen. Wenn er nicht wachsam ist, wird er tatsächlich zu einem von Zeichen manipulierten Roboter, der in seinen Überzeugungen, Valuationen und Handlungen passiv ist. (...) Gegen diese Ausbeutung des individuellen Lebens kann die Semiotik als Gegenkraft dienen. Wenn ein Individuum den Zeichen, mit denen es konfrontiert wird, mit dem Wissen über die Wirkungsweise der Zeichen begegnet, kann es sich besser vor der Ausbeutung durch andere schützen, und es ist eher befähigt, mit anderen zu kooperieren, wenn Kooperation angebracht ist.[73]

Dies schrieb niemand geringerer als Ch. W. Morris, schon 1946, in jener Dekade bereits, an deren Ende Rossi-Landi sich ihm geistig nähern wird, als einer der wenigen Europäer, die ihm auch in obigen Aspekten Gefolgschaft leisten würden. Bei ihm heisst es ja, selbiges vom Besonderen ins Allgemeine überführend, doch mit nämlicher Intention:

Ideologien werden mithilfe von Zeichensystemen tradiert, und durch Reflexion über die Zeichensysteme wird es möglich, die inneren Mechanismen der Ideologien freizulegen.[74]

Semiotik als solche bearbeitet ein »Feld« und hat ihre »Untersuchungsobjekte«, dies ist das Wissenschafts-Übliche; eine im Geiste Rossi-Landis und der Morrisschen Aussage perspektivierte »emanzipatorische« Zeichentheorie muss darüberhinaus, und hier dürfen wir mit der Wiener Sozio-Semiotikergruppe auch uns selbst in eine solche Tradition einfügen, Zeichentheorie zwecks Veränderung nicht-konvivialer Zeichenpraxis werden:

Zeichen vermitteln, und Menschen vermitteln sich (und) einander durch Zeichengebrauch, d.h. durch informationelle Arbeit; Zeichentheorie, umfassend verstanden, formuliert also den Anspruch, generelle Theorie der Vermittlungsarbeit zu sein; emanzipatorische Zeichentheorie untersucht demnach, wendet an und setzt schliesslich um, was innerhalb der soziokulturellen oder Vermittlungssphäre (früher gern »Überbau« genannt) im Sinne sozialen Wandels inhaltlich umsetzungswürdig erscheint, oder liefert zumindest das zur Umsetzung erforderliche gedanklich-modellhafte Instrumentarium, mit der Zielvorstellung, auch auf die »Basis« alle jene denkmöglichen Rückwirkungen in Gang zu bringen, so wie dies eine sozio-kybernetische Modellkonzeption von Gesellschaft als »offenem System« gestattet. (...) die Vermittlung der Vermittlungsproblematik nach Massgabe der vorfindbaren konkreten Bedingungen, ihrer Möglichkeiten und Grenzen, ist die prozessuale Zielvorstellung jener konkreten Utopie.[75]

Voilà! Auch den Vermittlungsbereich betreffend muss also gelten: eine gute theoretische Praxis zeitige eine gute praktische Theorie ...

Theorie und Praxis ...

Das ursächlich Semiotische von Rossi-Landis Modelltheorie — als eine Art Metasemiotik — ist evident und muss nicht näher diskutiert werden, ebenso wie das ursächlich Dialektische seiner Vorgangsweise — u.a. auch im Sinne der erwähnten

Zyklen produktiver Arbeit. Auf ihn selbst angewandt, bedeutet seine Lehre dies: im Laufe der Menschheit qua Arbeit entstandene Produkte (von der Sprache selbst bis zu Theorien/Denktraditionen) fanden als Materialien und Instrumente Eingang in seine Arbeit, die wir hier in einzelnen ihrer Produkte, diese unsererseits wieder als Materialien und Instrumente gebrauchend, vorstellten. Auch *diese* Arbeit ist somit ein kleiner Ausschnitt von, aus, in endlosen dialektischen Ketten. Die hier dargelegten Theorien und Modelle zu Momenten der dialektischen Einheit *gesellschaftlicher Reproduktion* (der sie ihrerseits selbst wieder angehören!) sind nicht Selbstzweck, sondern Produkte, die in neue Arbeitszyklen einbezogen werden *sollen*. Die Modelle der gesellschaftlichen Reproduktion — in der Form wie sie von Ferruccio Rossi-Landi vorgelegt wurden — zeigen Relationen auf zwischen den unmittelbar materiellen Bereichen und jenen des Überbaus, die in der je konkreten Analyse bestimmter Phänomene/Teilaspekte/Entwicklungslinien der menschlichen Gesellschaft und ihres Produkts Geschichte notwendigerweise immer mitreflektiert werden müssen, da die letztere eben durch die einzelnen Momente der dialektischen Einheit und deren Relationen zueinander erst produziert wurde — und weiter produziert wird — und in diesem Prozess wieder auf die Momente zurückwirkt.

An jedem Zeitpunkt des Prozesses — von der Menschwerdung bis zu jener Sekunde, die während des Lesens dieser Zeilen bereits Vergangenheit ist, ja prospektiv bis zum letzten Augenblick des Lebens des letzten Menschen — kann jedes Moment der dialektischen Einheit deskriptiv in allen Einzelheiten erfasst werden (sowohl »gesamtgesellschaftlich« als je sektoriell der spezifischen Fragestellung einer Analyse angemessen) und in seinen Einflussnahmen, Rück- und Wechselwirkungen auf jedes andere definiert werden. Vielleicht kann diese Vorgangsweise die Bedingungen erfüllen, von denen Friedrich Engels in einem Brief im Jahre 1889 schrieb:

> Und es ist theoretisch doch noch so viel zu tun, namentlich auf dem Gebiet der ökonomischen Geschichte und ihrer Zusammenhänge mit der politischen, der Rechts-, Religions-, Literatur- und Kulturgeschichte überhaupt, wo nur ein klarer theoretischer Blick den richtigen Weg im Labyrinth der Tatsachen zu zeigen imstande ist.[76]

Sechs Jahre nach diesem Ausspruch starb Friedrich Engels, ohne die selbstgestellte Forderung im erwünschten Ausmass eingelöst zu haben. Seine ideellen Nachfolger, die sich ob ihres Praxisbezugs *und* ihres umfassenden Anspruchs häufig und gern selbst auf die Schulter zu klopfen pflegen, haben gerade im Feld der »Vermittlung« ihre theoretische Praxis nur kümmerlich oder nie entfaltet (von Rossi-Landi natürlich abgesehen). Der »Wahrheit« aber sind sie sich dennoch sicher, merkwürdig, wenn die Lücken so gross sind. Mit einer Stimme aus ihren Reihen selbst wäre ihnen entgegenzuhalten:

> Waren die grossen klassischen Philosophen alle auch ideologisch befangen und haben deshalb — entgegen ihrer eigenen Überzeugung, die absolute Wahrheit endlich erfasst zu haben — wesentliche Zusammenhänge der Realität nicht erkennen können, so ist nicht einzusehen, wieso die marxistische Philosophie hier eine Ausnahme bilden sollte.[77]

Mit demselben Autor, Friedrich Tomberg, wären ihnen nämlich, auch auf *unser* Thema umgelegt, entgegenzuhalten:

> In welcher Form der Erkenntnisfortschritt einmal eine qualitativ höhere Stufe erreichen wird, lässt sich nicht voraussagen, braucht uns auch nicht zu kümmern, sofern wir nicht nach der unvermittelt absoluten Wahrheit fragen, sondern nach jenem Mass an Erkenntnis über die Realität, dessen wir in der gegenwärtigen gesellschaftlichen Praxis bedürfen.[78]

Und in dieser Realität hat eben Vermittlung, als wesentlicher und augenfälliger gewordener Sektor des Gesellschaftlichen, einen Stellenwert gewonnen, der im Überbau »Marxismus-Leninismus« sich kaum »widerspiegelt«. Es wäre hoch an der Zeit, die Bemühungen um die relative (relationale) Wahrheit des Vermittelnden — um Tomberg dialektisch zu paraphrasieren — in Angriff zu nehmen. Rossi-Landis Vorarbeit bietet den Schlüssel dazu (oder sollte es andere, weniger ehrenhafte Gründe geben, dies nicht zu versuchen?). Und die folgenden Worte von Morris sprächen, gerade in diesem Kontext, im Sinne unserer Forderung:

> Das Wissen, das sie (die Semiotik, Anm. d. Verf.) fortwährend entwickelt, kann zu verschiedenen Zielen benutzt werden. Die Zeichen der Individuen zu beeinflussen heisst, sie mit den stärksten Ketten zu fesseln, die die Menschheit erfunden hat, oder in ihre Hände das machtvollste aller Instrumente zur individuellen Befreiung und sozialen Erneuerung zu legen.[79]

Der Semiotikerriege demgegenüber ist unter dem Aspekt verbesserungswürdiger theoretischer Praxis zwecks Erarbeitung praktischerer Theorie auch manch Unverzichtbares entgegenzuhalten, das im dialektischen Materialismus per definitionem miteinbeschlossen empfehlungswürdig erschiene. Der Befund des dialektich-materialistischen Zeichentheoretikers *und* Philosophen Ferruccio Rossi-Landi ist nämlich, was die Kapazität zur Erkennung und durchdringenden Erkenntnis von Totalitäten betrifft, eher vernichtend:

> Auf die beunruhigenden Probleme hinsichtlich der Beziehungen zwischen der heutigen semiotischen Forschung und demjenigen, was man auch immer unter Philosophie verstehen mag, kann ich hier nicht näher eingehen. Auf jeden Fall ist mir jedoch niemand bekannt, der sich hinsichtlich dieser Fragen völlig im klaren wäre. Eins ist mir jedoch klar, dass es einen bemerkenswerten Mangel an philosophischer Tiefe in einem Grossteil der linguistischen, literaturwissenschaftlichen und semiotischen Literatur gibt, wenn gelegentlich solche historisch aufgeladenen Termini wie beispielsweise »materiell«, »ideal«, »natürlich«, »gesellschaftlich«, »individuell« und eine ganze Reihe anderer Verwendung finden; sie werden so benutzt, als *wären* sie einer commonsensistischen Interpretation unterworfen, was aber Nonsens *ist*.[80]

Und wenn wir mit »Philosophie« besonders den dialektischen Materialismus selbst, von seinen gewissen »realsozialistischen« rechtfertigungs-ideologischen Verkürzungen befreit, verstehen wollen, so wie wir dies schon weiter oben explizierten (mit Rossi-Landi selbst als exemplarischem Fall), dann kann, dann muss den Semiotikern geradezu mit den »Klassikern« selbst für alle Zukunft ins Stammbuch geschrieben werden:

Eine von Philosophiefeindlichkeit getragene Einzelwissenschaft entrinnt keinesfalls der Philosophie, sondern verfällt in dieser oder jener Form dem Positivismus und von da — in letzter Instanz — dem Mystizismus und Aberglauben.[81]
Für eine Disziplin, die noch sehr um ihre Disziplinhaftigkeit ringt, wäre die Nichtbeachtung ihrer Beschränktheiten, die Fehleinschätzung ihres eigenen Stellenwerts, die Überschätzung ihrer Möglichkeiten, Ansprüche, Geltungsbereiche die jämmerlichste Basis für eine solide theoretische Praxis zur Erarbeitung praktischer Theorie, wie wir oben forderten. Vor allem aber: die *Grundfrage der Philosophie*, das Verhältnis von Materie und Bewusstsein betreffend, wurde zeichentheoretisch zwar neu gestellt und in einem neuen Anwendungsbereich, der Vermittlungssphäre, angesiedelt, aber nicht gelöst — sondern umgangen … Da die Frage aber in den Dingen, Körpern, Zeichen und Gedanken selbst als Widerspruch an sich vorhanden ist, werden auch die Semiotiker nicht um die Tatsache herumkommen, ihre Entscheidung treffen zu müssen. Das Instrumentarium zur Erleichterung dieser Entscheidung wurde zum Teil schon von Rossi-Landi geliefert; es gilt dieses auszubauen, auch in der Anwendung und gesellschaftlichen Empirie: Theorie und Praxis fordern, als dialektischer Widerspruch eo ipso - die Einheit von Praxis und Theorie.

Was die Zeichen-Praxis der »Volksmassen« — die gerade dies nicht sind, sondern ein höchst kompliziertes Gefüge, in dem der/die Einzelne ebenso wichtig ist wie die Summe Aller und all ihrer Beziehungen — anginge, ist: dass ihr allseits vermitteltes Sein, von den Zeichen geregelt und kontrolliert, ihnen als solches grösstenteils unbewusst ist, sodass auch das Bewusstsein über die Sachverhalte, die die Zeichen zu kontrollieren machen, über die Verhältnisse im Dispositionellen, auf den Produktionsverhältnissen jeglicher Art begründet, ihnen nicht gegenwärtig ist. Dies macht, dass sie sich selbst nicht vermitteln können, weil ihr Anteil an der Aneignung der Welt nur ein partialer ist, weit zurückgeblieben hinter dem Möglichen. Gäbe es eine entwickeltere fortschrittliche Semiotik, könnte sie in breitestem Sinne hilfreich sein, die Aneignung des Wirklichen qua Vermittlung in Gang zu setzen. Dies ist ein Plädoyer für nicht nur formale sondern inhaltliche Demokratie. Heraklit wusste bereits um die Probleme des Manipulativen, nämlich, dass die Manipulierten zum Rohmaterial derjenigen werden, die die Macht über die Dinge, Körper und Zeichen besitzen:

> Die Erwachten haben eine und eine gemeinsame Welt; bei den Schlafenden aber wendet sich jeder seiner eigenen zu. Nicht sehen wir wie die Schlafenden handeln und reden. Doch auch die Schlafenden sind Wirker und Mitwirker bei dem, was in der Welt geschieht.[82]

Dem haben wir nichts mehr hinzuzufügen.

Anmerkungen

1 Vgl. Jeff Bernard/Gloria Withalm: In Memoriam Ferruccio Rossi-Landi. in: Semiotische Berichte, Jg. 9/1,2 (1985), pp. 4-9.

2 Karl Marx: Ausgewählte Schriften. Hg. v. Boris Goldenberg. München, Kindler, 1962, p. 74.

3 Ferruccio Rossi-Landi: Per un uso marxiano di Wittgenstein. in: Nuovi Argomenti, N.S. 1 (1966), pp. 187-230.

4 Vgl. hierzu auch Ferruccio Rossi-Landi: Wittgenstein:Old and New. in: Tasso Borbé (Ed.): Semiotics Unfolding. Vol. 1, History and Theory of Semiotics/Semiotics and Social Interaction. Berlin, Mouton (Approaches to Semiotics 68), 1984, p. 328.

5 Ferruccio Rossi-Landi: Linguistics and Economics. Den Haag, Mouton (Janua Linguarum, Series Maior 81), 1977, p. 55f.

6 Ferruccio Rossi-Landi: Sprache als Arbeit und Markt. München, Hanser (Reihe Hanser Kommunikationsforschung), 1974.

7 Ferruccio Rossi-Landi: Dialektik und Entfremdung in der Sprache. Frankfurt, Makol, 1973; Ferruccio Rossi-Landi: Semiotik, Ästhetik und Ideologie. München, Hanser (Reihe Hanser Kommunikationsforschung), 1976. Beide Bände zus. enthalten Beiträge des ital. Originals: Ferruccio Rossi-Landi: Semiotica e ideologia. Milano, Bompiani, 1972.

8 Später erschienen als: Ferruccio Rossi-Landi: Charles Morris. Roma. Bocca, 1953 bzw. Ders.: Charles Morris e la semiotica novecentesca. Milano, Feltrinelli, 1975 (erw.).

9 Ferruccio Rossi-Landi: Über einige nach-Morrissche Probleme. in: Achim Eschbach (Hg.): Zeichen über Zeichen über Zeichen. 15 Studien über Charles W. Morris. Tübingen, Narr, 1978, p. 239f.

10 ibid., p. 244.

11 Ferruccio Rossi-Landi: Significato, comunicazione e parlare comune. Padova, Marsilio, 1961 bzw. veränd. Neuauflage: Venezia, Marsilio, 1980.

12 Ferruccio Rossi-Landi: Ideologies of Linguistic Relativity. Den Haag, Mouton (Approaches to Semiotics 4), 1973.

13 Rossi-Landi, Linguistics.

14 Ferruccio Rossi-Landi: L'ideologia. Milani, ISEDI, 1978.

15 Ferruccio Rossi-Landi: Metodica filosofica e scienza dei segni. Nuovi saggi sul linguaggio e l'ideologia. Milano (Studi Bompiani - Il campo semiotico), 1985.

16 Eine umfängliche Rezension in deutscher Sprache ist vor kurzem erschienen: Jeff Bernard, mit Ilse Hanl, Gloria Withalm. in: Semiotische Berichte, Jg. 9/1,2 (1985), pp. 94-121; der Rezension ist eine »Provisorische bibliografische Übersicht - Ferruccio Rossi-Landi« beigegeben, pp. 122-127.

17 Charles Morris: Lineamenti di una teoria dei segni. Trad., introd. e commento di Ferruccio Rossi-Landi. Torino, Paravia, 1954.

18 Giovanni Vailati: Il metodo della filosofia. Saggi di critica del linguaggio. A cura di Ferruccio Rossi-Landi. Bari, Laterza, 1957.

19 Gilbert Ryle: Lo spirito come comportamento. A cura di Ferruccio Rossi-Landi. Torino, Einaudi (Biblioteca di cultura filosofica 19), 1955.

20 Georg Lukács: Zur Ontologie des gesellschaftlichen Seins. Neuwied, Luchterhand, 1971. »Ontologie« als solche ist eine dem orthodoxen Marxismus-Leninismus keineswegs immanente philosophische Teildisziplin; unser Verständnis dieses Begriffs lehnt sich an das Ferruccio Rossi-Landis an, der eine »gesellschaftliche Ontologie der Eigenschaften« thematisiert, und zwar in: Ferruccio Rossi-Landi: Die Ontologie der Eigenschaften in philosophischer und psycho-analytischer Entmystifizierung. in: Wittgenstein, der Wiener

Kreis und der kritische Rationalismus. Akten des 3. Internationalen Wittgenstein-Symposiums 13. bis 19. August 1978, Kirchberg am Wechsel. Wien, hpt, 1978, pp. 445-450.

21 Rossi-Landi, Metodica, p. 242.

22 Rossi-Landi, Nach-Morrische Probleme, p. 237.

23 Rossi-Landi, Linguistics, p. 39. Es würde in diesem Konzept zu weit führen, Begriffe in Marxscher Terminologie zu präzisieren. Rossi-Landi selbst verweist in der zitierten Arbeit vor allem auf folgende Werke von Marx: Ökonomisch-philosophische Manuskripte, Grundrisse der Kritik der politischen Ökonomie, Das Kapital (»especially the fifth chapter of First Book, which remains the fundamental text on the topic«, wobei »besides Chapter 5 of Book First, there are in the three books, as well as in the Theorien über den Mehrwert, a high number of passages which can only be found through integral reading«, ibid., p. 36).

24 Rossi-Landi, Sprache, p. 186.

25 Rossi-Landi, Linguistics, p. 74.

26 ibid., p. 71, vgl. Rossi-Landi, Metodica, p. 48.

27 Ein erster Entwurf dieses Homologiemodells findet sich bereits in Ferruccio Rossi-Landi: Il linguaggio come lavoro e come mercato. Milano, Bompiani, 1968 (Dt.: Rossi-Landi, Sprache, pp. 178-228; pp. 200-204 fassen die Ebenen zusammen); die Ausarbeitung ist publiziert in Rossi-Landi, Linguistics, pp. 70-120, bzw. Rossi-Landi, Metodica, pp. 47-84 (vgl. auch Bernard, Rezension, bes. pp. 106ff.). - In ursächlichem Zusammenhang mit diesem Homologiemodell werden jene der fünf qualitativen Sprünge, weiters der fünf »Parkplätze« der Artefakte (die jeweils die Produkte jener Ebenen, zwischen denen qualitative Sprünge stattgefunden haben, enthalten) und der vier Artikulationen (die auf den Produkten der »parcheggi« beruhen) vorgelegt, vgl. Rossi-Landi, Linguistics, pp. 108-120; Rossi-Landi, Metodica, pp. 85-98). - Der Versuch einer diagrammatischen Synthetisierung all dieser Konzepte findet sich in unserer noch in Arbeit befindlichen Studie mit dem Arbeitstitel »Ferruccio Rossi-Landis materialistische Zeichentheorie«, die voraussichtlich in: Klaus D. Dutz/Peter Schmitter (Hg.): Historiographie der Semiotik. Geschichte und Theorie(bildung). Akten der 8. Arbeitstagung des Münsteraner Arbeitskreises für Semiotik, 2. und 3.10.1985. Münster, MAkS Publikationen (Materialien zur Geschichte der Sprachwissenschaft und der Semiotik 2), 1986 erscheinen wird.

28 Rossi-Landi, Nach-Morrische Probleme, p. 245.

29 Roman Jakobson, Linguistics in its relations to other sciences. in: Actes du Xe Congrès international des linguistes (Bucarest 1967). Bucarest, Editions de l'Académie de la République Socialiste de Roumanie, 1969, p. 103.

30 Rossi-Landi, Sprache, p. 188.

31 Jeff Bernard (Hg.): Didaktische Umsetzung der Zeichentheorie. Akten des 4. Symposiums der Österreichischen Gesellschaft für Semiotik, Linz 1981. Wien, ÖGS (Angewandte Semiotik 2), 1983, p. 177 (Diskussionsbericht d. Hg.).

32 Rossi-Landi, Semiotik, p. 59.

33 Ferruccio Rossi-Landi: Work, Sign, and Some Uses of Language. in: Jeff Bernard (Hg.): Zeichen/Manipulation. Akten des 5. Symposiums der Österreichischen Gesellschaft für Semiotik, Klagenfurt 1984. Wien, ÖGS (Angewandte Semiotik 6), 1986 (in Vorbereitung).

34 ibid.

35 Rossi-Landi, Metodica, p. 8.

36 Rossi-Landi, Linguistics, p. 39.

37 Rossi-Landi, Metodica, p. 24.

38 ibid., p. 32.

39 ibid., p. 175.

40 Karl Marx, Grundrisse der Kritik der politischen Ökonomie. in: Ders.: Texte zu Methode und Praxis, Bd. III. Hg. v. Günther Hillmann. Reinbek, Rowohlt (Rowohlts Klassiker der Literatur und der Wissenschaft), 1967, p. 23.

41 Vgl. dazu Rossi-Landi, Signs and Bodies, in: Seymour Chatman, Umberto Eco, Jean-Marie Klinkenberg (Ed.): A Semiotic Landscape. Den Haag, Mouton, 1979, pp. 141-150, wo das Basismodell einer materialistischen Semiotik dem einer idealistischen gegenübergestellt ist.

42 Rossi-Landi, Metodica, p. 38. (Das Schema findet sich in Rossi-Landi, Linguistic, p. 65 und in Rossi-Landi, Metodica, p. 38; in Pkt. 2 dieses Schemas finden sich in den beiden Arbeiten leicht divergierende Formulierungen, nämlich »sign EXCHANGE « bzw. »segnico«. Da zu vermuten ist, dass Rossi-Landi hierbei trotz der ungefährdeten Gleichwertigkeit der Aussagen eine feine semantische Umgewichtung im Auge hatte, erachteten wir es als unsere Aufgabe, den Leser/die Leserin an dieser Stelle darauf hinzuweisen.)

43 ibid., p. 108.

44 ibid., p. 180 bzw. p. 238.

45 Zit.n. Marx/Engels/Lenin: Über Kultur, Ästhetik, Literatur. Hg.v. Hans Koch. Leipzig, Reclam, 1975, p. 31ff.

46 Rossi-Landi, Methodica, p. 181.

47 Vgl. ibid., p. 181, 239.

48 ibid., p. 182.

49 ibid.

50 ibid., p. 195.

51 ibid.

52 ibid.

53 Rossi-Landi, Nach-Morrissche Probleme, p. 245.

54 ibid., p. 244.

55 Ferruccio Rossi-Landi: Towards a Theory of Sign Residues. in: VERSUS 23 (1979), p. 15.

56 Rossi-Landi, Metodica, p. 176; vgl. auch Rossi-Landi, Ideologia, p. 44.

57 Rossi-Landi, Metodica, p. 176.

58 Rossi-Landi führt hier einen Katalog an, der zusammengefasst von Produktion/Austausch/ Distribution/Konsumtion der Güter über Gebrauch und Konstruktion einer adäquaten Umwelt, Übermittlung aller soziokulturellen Kenntnisse (nonverbale und verbale Zeichensysteme inklusive Sitten, Rituale, Werte) an die nächste(n) Generation(en), Organisation der Beziehungen zwischen den Mitgliedern der Gemeinschaft, Sorge für physisch/sozial schwächere oder deviante Individuen bis zur freien Entfaltungs- und Übermittlungssmöglichkeit kultureller, religiöser, philosophischer, wissenschaftlicher etc. Aktivitäten reicht (Metodica, p. 177).

59 ibid., p. 178.

60 ibid., p. 179.

61 ibid.

62 Graphentheorie als eine ursprünglich mathematische Theorie wird in zunehmendem Masse in sozial-, kommunikationswissenschaftlichen (und teilweise auch bereits in semiotischen) Kontexten zu Beschreibung und Analyse von Relationen benutzt, deren Struktur zu einem bestimmten Zeitpunkt mittels Graphen dargestellt wird. Vgl. dazu etwa: Frank Harary/ Robert Z. Norman/Darwin Cartwright: Structural Models. New York, Wiley, 1965; Per Hage/Frank Harary: Structural Models in Anthropology. Cambridge, Cambridge University Press (Cambridge Studies in Social Anthropology 46), 1983; Iva Osolsobě: Vienna's Popular Musical Stage as a Semiotic Institution. in: Borbé, Semiotics, Vol. III, pp. 1739-1751.

63 Vgl. dazu Helmut Seiffert: Einführung in die Wissenschaftstheorie, 2. Bd. München, Beck, 1975, p. 211f. Entgegen den dort angeführten Verkettungsdarstellungen von These/Antithese/Synthese=These/ usw. wählen wir hier (wie auch Rossi-Landi selbst in »Work«) ein auf der Grundlinie ruhendes Dreieck.

64 Die verschiedenen dreigliedrigen Zeichenmodelle von Peirce, Morris, Ogden/Richards bis Bense/Walther oder Groupe μ und deren spezifische Unterschiede sowohl im Inhalt schlechthin als hier im Besonderen in der visuellen Darstellung können hier nicht diskutiert werden. Ansatzweise Vergleiche finden sich u.a. in: Günther Bentele: Zeichen und Entwicklung. Vorüberlegungen zu einer genetischen Semiotik. Tübingen, Narr (KODI-KAS/Code Supplement 15), 1984; Umberto Eco: Zeichen. Einführung in einen Begriff und seine Geschichte. Frankfurt, Suhrkamp, 1977.

65 Jeff Bernard: Sozialwissenschaftliche Grundüberlegungen zur »autonomen« Kulturarbeit. in: Walter Buchebner Gesellschaft et al. (Hg.): Autonome Kulturarbeit. Wien, MuTh, 1983, pp. 14-29, im Bes. 16f.

66 Charles S. Peirce: The simplest mathematics. Zit.n. Hage/Harary, Structural, p. 14.

67 Rossi-Landi, Nach-Morrissche Probleme, p. 246f.

68 Rossi-Landi, Metodica, p. 176.

69 Rossi-Landi, Dialektik, p. 50.

70 ibid.; der vom Übersetzer mit »gesellschaftliche Projektion« für *progettazione sociale* eingeführte Begriff wurde von uns in Übernahme von Rossi-Landis bevorzugter Übertragung stets als »gesellschaftliche Planung« zitiert.

71 Rossi-Landi, Sign Residues, p. 16.

72 ibid., p. 17f.

73 Charles W. Morris: Zeichen, Sprache und Verhalten. Düsseldorf, Schwann (Sprache und Lernen, Internationale Studien zur pädagogischen Anthropologie 28),1973, p. 352f.

74 Rossi-Landi, Semiotik, p. 9.

75 Jeff Bernard: Zeichen und Strategien. in: Wolfgang Bandhauer/Robert Tanzmeister (Hg.): Romanistik Integrativ. Festschrift für Wolfgang Pollak. Wien, Braumüller (Wiener Romanistische Arbeiten 13), 1985, p. 43f.

76 Zit.n.: Marx/Engels/Lenin, Über Kultur, p. 35.

77 Friedrich Tomberg: Der dialektisch-historische Materialismus in philosophiegeschichtlicher Begründung. in: Helmut Arnaszus et al.: Materialismus. Wissenschaft und Weltanschauung im Fortschritt. Köln, Pahl-Rugenstein, 1976, p. 62.

78 ibid., p. 76.

79 Morris, Zeichen, p. 356.

80 Rossi-Landi, Nach-Morrissche Probleme, p. 240f.

81 Marx/Engels, Werke, Bd. 20, p. 346. Zit.n.: Georg Klaus/Manfred Buhr (Hg.): Philosophisches Wörterbuch. Leipzig, VEB Verlag Enzyklopädie, 1964, p. 14.

82 Heraklit: Urworte der Philosophie. Frankfurt, Insel, 1957, p. 7.

Alle in den Text eingefügten Übertragungen italienischer Originalstellen aus Rossi-Landi, Metodica wurden von den Verfassern erstellt.

PETER STOCKINGER

Systeme, Prozesse und Entwicklungen im Strukturalismus

*»Rien ne change, rien ne dure, mais si rien ne
dure, tout progresse ou tout regresse«.*

Ch. Morazé

Halten wir schon zu Beginn fest, dass unter den Begriffen »Strukturalismus« und »Semiotik« keine besondere sozial- oder humanwissenschaftliche Disziplin (oder »Hilfsdisziplin«) gemeint ist, sondern eine besondere »Sichtweise«, eine besondere »Erkenntniseinstellung« gegenüber Phänomenen, von denen angenommen wird, dass sie den Wissenschaften vom Menschen zentral sind. Ob eine solche Sichtweise operationell ist und ein gewisses Erkenntnisinteresse besitzt, hängt von dem durch sie eingesetzten und entwickelten theoretischen Programm ab.

1. Bevor wir dieses theoretische Programm, durch das sich die Semiotik und der humanwissenschaftliche Strukturalismus definiert, in sehr allgemeinen Zügen darzustellen versuchen, möchten wir eine unseres Erachtens nach sehr wichtige Unterscheidung in Hinblick auf das wissenschaftstheoretische Problem der Beziehung zwischen Semiotik/Strukturalismus und Geschichte treffen. Diese Unterscheidung, die die zwischen dem Erkenntnisobjekt »Geschichte« und den verschiedenen Formen von Repräsentation und Simulation desselben (oder Teilen desselben) thematisiert, führen wir deshalb explizit an, da gerade von Seiten der Historiker häufig gegenüber den strukturalen Forschungen der Vorwurf erhoben wird, dass sie unhistorisch verfahren würden und demzufolge anscheinend dem szientistischen Mythos der Verbannung der Geschichte aus der »conditio humana« nachträumten.

Dieser Vorwurf verfehlt allerdings sein Ziel, weil er der bedauerlichen Verwechslung zwischen dem Erkenntnisobjekt, dem der »Geschichte«, und seinen verschiedenen »wissenschaftlichen« oder »nicht-wissenschaftlichen« Arten von Darstellung, d.h. von intentionalen Objektivierungen im Sinne Husserls unterliegt. Dass diese Unterscheidung eine epistemologisch gewissermassen notwendige Bedingung für die Geschichtswissenschaften selbst darstellt, scheint uns selbstverständlich zu sein, denn die Negation derselben würde prinzipiell die Möglichkeit der Konstituierung einer Wissenschaft *von* Geschichte ad absurdum führen.

Was nun der Anthropologe Claude Lévi-Strauss, der Epistemologe Jean Piaget oder der Semiotiker A. J. Greimas unter einem »methodischen« Strukturalismus verstehen, ist gerade die Anerkennung und Aufrechterhaltung der Unterscheidung zwischen einerseits Erkenntnisobjekt und andererseits den verschiedenen Versuchen, dasselbe durch adäquate Modelle zu beschreiben. Denn der Versuch, anhand strukturaler oder semiotischer Modelle spezifische Objektbereiche (z.B. die Sprache, die Verwandtschaftssysteme, die soziale Organisation, die genetiche Entwicklung der Intelligenz) zu beschreiben und systematische sowie dynamische Eigenschaften derselben nachzuweisen, hat nichts gemein mit den diversen philosophischen und gnoseologischen Strukturessentialismen, die in ihrer vor- (und un-)kritischen Haltung alte Mythologeme von Wesenhaftigkeiten durch neue ersetzen. Die strukturale Methode bedeutet eine konstruktive Tätigkeit, eine im Sinne Kants kritische Haltung des erkennenden Subjekts gegenüber Phänomenen, über deren Aufbau und Entwicklung es Aufschluss erhalten will. Fügen wir hinzu, dass gerade dieser konstruktive Prozess konstitutiv ist für die Erkenntnisdynamik im allgemeinen und für die Wissenschaften im besonderen.[1]

Es ist auffallend, dass der Vorwurf des »Unhistorischen«, durch das sich der methodische Strukturalismus und die Semiotik auszeichnen sollen, häufig in den Teildisziplinen der Geschichtswissenschaften formuliert wird, die selbst Probleme haben, für ihren Objektbereich ein theoretisches und operationalisierbares Programm zu entwickeln, und die zumeist noch in einem präkonstruktiven Stadium verharren — in einem Stadium, das sich einerseits duch eine unsystematische, unmethodische Aufhäufung und Aneinanderreihung von »Fakten«, andererseits duch universalistische, global determinierende Philosophien oder Weltanschauungen auszeichnet. In diesem Sinne bilden auch die Behauptung, Geschichte sei ein vollständig determinierter Ablauf von Ereignissen, und die Meinung, Geschichte sei bloss ein kontingenter Flux, zwei Seiten einer Medaille. Mangels adäquater und operationeller Modelle und mangels einer kognitiv genügend dezentrierten und damit kritischen Haltung gegenüber dem Objektbereich verfallen Forscher in einem solchen präkonstruktiven Stadium häufig dem Irrtum, das Wesen der Geschichte im Detail, in den Fakten selbst »ergreifen« oder »sehen« bzw. mittels einer grossen Illumination im allgemeinen »fühlend« oder »verstehend« nachvollziehen zu können. Gerade eine solche Haltung, die ihren Niederschlag etwa in der Literaturgeschichte, in der Diplomatiegeschichte oder in der Universalgeschichte findet, führt aber zu einer Fehleinschätzung des Beitrags strukturaler Modelle, indem sie letztere nicht primär als Mittel und Werkzeuge versteht, durch die man zu einer Erkenntnis des »Geschichtlichen« gelangen kann, sondern sie ausschliesslich als Erscheinungen des »Geschichtlichen« (bzw. seines Gegenteils) selbst behandelt.

Halten wir daher fest, dass sich das Thema »Strukturalismus/Semiotik - Geschichte« auf zwei Ebenen entwickeln muss: einerseits auf der der Konfrontation struktural er Doktrinen epistemologischer und methodologischer Natur mit denen, durch die sich die Wissenschaften *von* Geschichte auszeichnen; andererseits auf der der Darstellung und Simulation von Prozessen, durch die in strukturalen Forschungen ein Phänomen wie das der »Geschichte« zum Ausdruck kommt.

2. Mit ungewöhnlicher Klarheit hat Jean Petitot anhand einer kritischen Betrachtung der Phänomenologie, der strukturalen Anthropologie, der Gestaltpsychologie und der strukturalen Linguistik deren gemeinsame epistemologische und theoretische Ebene als die der Beschreibung, der Konzeptualisierung und der Formalisierung der »abstrakten Formen von Organisation«[2] identifiziert, die nicht als Komplexifizierungen physiko-chemischer Systeme aufgefasst werden können:

> Dans les sciences biologiques naturalistes et descriptives ainsi que dans les sciences humaines, le structuralisme relève d'une attitude rationaliste qui marque l'avènement de la théorie et de la formalisation. Son point de vue s'oppose aussi bien au point de vue reductionniste de l'"atomisme" qu'à celui historiciste de l'evolutionisme. Le passage de la psycholgie atomiste à la Gestalttheorie, de la linguistique historique, comparative et philologue des néo-grammairiens à la linguistique structurale de Saussure, de la de Chomsky, de la critique littéraire biographique et socio-psychologique à la critique structurale, etc., sont autant d'étapes dans l'élaboration d'une pensée génerale des *systèmes* conçus comme totalitée reglée.[3]

Strukturalismus bedeutet in diesem Sinne, wie Petitot in Anlehnung an die von Husserl inspirierte logistische Mereologie ausführt, zuerst eine phänomenologische Beschreibung der *formalen* Beziehungen der *Abhängigkeit*, die Teile zu einem Ganzen fügen, und anschliessend ihre Formalisierung. Aber dieses gewissermassen *statische* Programm des Strukturalismus muss, worauf schon J. Piaget hingewiesen hat[4], durch ein *dynamisches* vervollständigt werden. »Dynamik« bedeutet hier nicht ein einem System, einer »Gestalt« externes Phänomen, sondern die in der internen Organisation des Systems selbst enthaltene und durch sie ermöglichte »Entfaltung«, eine dem System inhärente »Geschichtlichkeit«. Die Frage nach den gestaltbildenden Prozessen wird auch als die der Morphogenese beschrieben. Die vielleicht konsequenteste Anwendung eines solchen dynamischen Strukturalismus in den Wissenschaften vom Menschen sind in den Forschungen Jean Piagets zur Wissenschaftsgeschichte und zur Psychogenese der operatorischen Intelligenz zu sehen.[5] Dem Schweizer Epistemologen und Psychologen nach lässt sich die Entwicklungslogik des Erkennens in seinen verschiedensten raumzeitlichen Ausdrücken als eine Dynamik beschreiben, durch die die kognitiven Strukturen (wie etwa die der Klassifikation, der Programmation oder der Inferenz) sich suzessive, ausgehend von einer »konkretistischen« und quasi an den Dingen »selbst« klebenden Haltung, zu einem auto-organisierenden Ganzen zusammenfügen, für das das Auftreten von unbekannten Variablen eines äusseren Raumes Anlass für lokale Reorganisierungen und Reäquilibrierungen ist. Diese Form von »Autopoetizität«[6], die sich sehr schön etwa auch in der Geschichte der wissenschaftlichen Doktrinen der Physik ausdrückt[7], bezeichnet einen Endzustand in der intrinsischen Entfaltung eines Systems, durch das dasselbe seine Möglichkeiten ausschöpft, und ist daher nicht im Sinne eines Apriorismus zu interpretieren.

Während Piaget der Erhellung der dynamischen Faktoren, die in den internen Entwicklungsprozessen, in der Morphogenese eines Systems zum Tragen kommen, nachgegangen ist, stellt sich der Mathematiker und Epistemologe J. Petitot die Frage, wie eine Theorie der Morphogenese in abstracto aussehen und wie sie die Doktrinen des humanwissenschaftlichen Strukturalismus und der Semiotik bereichern kann.

Wie schon erwähnt, haben der humanwissenschaftliche Strukturalismus (mit Ausnahme des von der Phänomenologie inspirierten Strukturalismus R. Jakobsons) und die Semiotik Bedeutungssysteme kaum unter dem Aspekt der Morphogenese sondern eher unter dem ihres Aufbaus als geordnete Sinneinheiten behandelt. Ein Bedeutungssystem (sprachlicher oder nicht-sprachlicher Natur) wird dabei unter seinem *paradigmatischen* als auch unter seinem *syntagmatischen* Aspekt untersucht. Ein Paradigma bedeutet einen abstrakten *Klassifikations*typ, durch den die Beziehungen der Teile untereinander (=Parataxe) und der Teile zu einem Ganzen (=Hypotaxe) festgelegt werden. Ein Syntagma beschreibt einen abstrakten *Programmations*typ, der die Veränderungen in den Beziehungen zwischen den Teilen oder zwischen den Teilen und dem Ganzen angibt. Den einzelnen Klassifikations- und Programmationsstrukturen entsprechen jeweils spezifische *Ordnungs*strukturen, durch die, etwa in Form von Inferenzregeln, das »Verhalten« eines Systems, seine möglichen Veränderungen und Gleichgewichtszustände algorithmisch festgelegt werden können. Dieser »kombinatorische« Ansatz, der seine Verlängerungen etwa in den Forschungen zur künstlichen Intelligenz hat,[8] besitzt seine konsequentesten Vertreter in der linguistischen Theorie der Glossematik[9] und in den Mythenforschungen von C. Lévi-Strauss[10].

Diese Form von Strukturalismus wurde in den letzten zwanzig Jahren besonders in der Semiotik von A. J. Greimas und seinen Mitarbeitern weiterentwickelt, wobei einerseits auf den Ausbau von theoretischen und operationellen Modellen, andererseits auf deren Anwendung in den verschiedensten humanwissenschaftlichen Disziplinen geachtet worden ist. Es übersteigt den Rahmen unseres kurzen Essais, diese semiotische Theorie in extenso vorzustellen. Wir möchten nur darauf hinweisen, dass die theoretischen Forschungen zu einer erheblichen Vertiefung und Ausfeilung klassifikatorischer und programmatorischer Modelle geführt haben, die unter Heranziehung weiterer Komponenten, wie etwa der der Modalitäten, der Intentionalität, der Sanktion oder der Manipulation, zu einer Theorie abstrakter Handlungsformen beitragen[11]. Die Kenntnis solcher abstrakter Handlungsformen ist für die Semiotik von hervorragender Bedeutung im Hinblick auf die Beschreibung der internen Organisation eines Systems (eines Handlungsträgers), die sich durch einen besonderen Typ von Aktivitäten in einem »Äusseren Kontrollraum«[12] externalisiert. Anders ausgedrückt, erst durch eine allgemeine Theorie abstrakter Handlungsformen kann die *Kompetenz*, das »Verhalten« eines bestimmten Systems beschrieben und simuliert werden. Darüber hinaus stellen solche abstrakte Handlungsformen einen nicht zu unterschätzenden Beitrag zu der von Piaget aufgestellten Behauptung dar, dass die Fundamente einer sich erst langsam konstituierenden Wissenschaft vom Menschen in den »allgemeinen Koordinaten von Handlungen« zu suchen wären. Zurückkommend auf den Beitrag von J. Petitot zur »Morphogenese des Sinnes« und in Anlehnung an die Überlegungen René Thoms[14] kann man sagen, dass sich die Semiotik in der Tradition eines logiko-kombinatorischen Strukturalismus mit bereits *konstituierten* paradigmatischen und syntagmatischen Bedeutungsunterschieden beschäftigt hat. Das heisst, dass die semiotische Theorie hauptsächlich die Zustände und Prozesse einer internen Entwicklungsstufe eines Systems simuliert, ohne jedoch die dynamischen Faktoren zu berücksichtigen, durch die die *Genese* der Kategorisierung und Diskretisierung eines raumzeitlichen Kontinuums beschrieben werden kann. Es zeigt sich aber, dass die Modellisierung der dynamischen Faktoren, auf deren Wichtigkeit bereits die Gestalttheoretiker hingewiesen haben, von zentralem Interesse nicht nur für die Phasenübergänge in der Thermodynamik und für die grossen homöostatischen Regulierungen in der Biologie sind, sondern auch eine determinierende Rolle in der Erkenntnis anthropologischer Phänomene spielen.[15] Der Mathematiker René Thom hat mittels seiner topologisch-geometrischen Katastrophentheorie einen ganz entscheidenden Beitrag zur Erhellung von solchen morphogenetischen gestaltbildenden Prozessen geliefert. Wie die Gestalttheoretiker oder die Strukturalisten, behandelt R. Thom eine physische, perzeptive oder »imaginäre« Gestalt bzw. Ganzheit als eine mehr oder weniger stabile Konfiguration von Teilen, die keine intrinsische Bedeutung haben, sondern nur aufgrund ihrer besonderen Stellung zueinander bedeutungstragend werden. In der strukturalen Linguistik drückt sich diese Vorstellung durch die »geographische Metapher«[16] aus: Die verschiedenen Terme erhalten ihre Bedeutung in dieser Geographie einerseits nur durch ihre Zugehörigkeit zu einem besonderen *»Gebiet«*, das durch eine Grenze von einem anderen Gebiet getrennt ist. Wenn ein Term x eine Grenze K überschreitet, d.h. wenn er sein Gebiet verlässt, um sich in einem anderen anzusiedeln, dann ändert sich der Term x *qualitativ*, d.h. mit anderen Worten: der Term x ändert seine Bedeutung. Dieser qualitative Wechsel von einem Gebiet in ein anderes wird duch die elementare Katastrophe des *Konflikts* ausgedrückt. Neben dem Konflikt gibt es noch eine andere elementare Katastrophe, die der *Gabelung (bifurcation)*, deren wesentliche Eigenschaft darin besteht, dass sie den irreduziblen morphogenetischen Kern des Prozesses von zwei anfänglich nicht-differenzierten Termen in zwei differenzierte und umgekehrt darstellt.

Es wird nun angenommen, dass einerseits das interne Potential (die »Kompetenz«) eines Systems, einer Gestalt durch eine gewisse Anzahl von untereinander geregelten Zuständen (Positionen oder Gebieten) bestimmt ist, und dass sich andererseits dieses Potential in einem strukturierten (und nicht a-morphen) »äusseren« Raum ausdrückt und durch ihn auch begrenzt wird. Mittels der beiden, nicht weiter reduzierbaren elementaren Katastrophen und mittels der Dialektik zwischen einem »internen«

Potential eines Systems und seinem »externen« Umfeld, werden nun in der Katastrophentheorie komplizierte Geometrien entwickelt, durch die nicht nur die universellen Entfaltungsmöglichkeiten eines Potentials in einem identifizierbaren Kontrollraum dargestellt, sondern auch die Bedingungen der strukturellen Stabilität offensichtlich werden, die die internen Dynamiken und Äquilibrierungen eines sich aus- oder umbildenden Systems betreffen.

Wie J. Petitot für den Strukturalismus und die Semiotik im allgemeinen[17] und W. Wildgen für die strukturale Linguistik[18] im besonderen dargestellt haben, fügt die Thomsche Katastrophentheorie den strukturalen Forschungen nicht nur eine dynamische Komponente hinzu, sondern stellt auch für diese Forschungen die adäquate Formalisierung dar. Die Katastrophentheorie scheint dem Strukturalismus zum ersten Mal die Möglichkeit zu eröffnen, seinen begrifflichen Modellen einen expliziten mathematischen Inhalt zu verleihen.

Es stellt sich jetzt die Frage, welche Auswirkungen die Modellisierungen von bedeutungsdynamischen Eigenschaften einerseits auf die semiotische Theorie und andererseits auf die Problematik von Semiotik und Geschichte besitzen.

In der semiotischen Theorie stellt man sich die verschiedenen Aktivitäten eines nicht weiter spezifizierten Systems als durch eine besondere *Qualifikation* determiniert vor. Eine solche Qualifikation stellt einen mehr oder weniger äquilibrierten Zustand dar, der die operatorische und potestive Kompetenz, die Intelligenz und die Fähigkeit zu handeln bezeichnet. Der äquilibrierte Zustand eines Systems ist selbst zielorientiert, insoferne er, wie schon A. Schütz[19] in seinen feinen Analysen deutlich gemacht hat, durch einen auto-oder hetero-motivationellen Hintergrund, durch »Wünsche« oder »Zwänge«, die intentionalen Züge in den Handlungen eines Systems artikuliert. Ähnlich wie in den den Systemtheorien nahestehenden Handlungstheorien wird die Realisierung eines Zieles durch die besondere Kompetenz, deren sich ein Handlungssystem erfreut, determiniert. Das bedeutet, dass die Erfüllung von intentionalen Kriterien in Analogie zu einem Entscheidungsgraphen mehrere mögliche Trajektorien von einem Ausgangs- zu einem Endzustand zulässt und nicht notwendigerweise auf den tatsächlich gewählten oder einfach begangenen Weg reduziert werden kann. Neben einem tatsächlichen Handlungsvollzug, durch den sich die Zielorientierung eines Systems realisiert, gibt es noch andere, mögliche, die ebenfalls in der operatorischen und potestiven Kompetenz desselben Systems enthalten sind.

Wenn wir wieder auf die Qualifikation eines Handlungssystems als einen mehr oder weniger äquilibrierten Zustand zurückkommen, können wir einerseits annehmen, dass das Erreichen eines solchen Gleichgewichts Resultat von vorhergehenden gestaltbildenden Differenzierungsprozessen ist Andererseits kann das intentionale Streben eines Handlungssystems, ein Ziel zu erreichen, selbst wieder Anlass für einen weiteren Differenzierungsprozess sein, der eine gegebene Quali-

fikation durch eine angemessenere ersetzt. Die verschiedenen Formen von Differenzierungsprozessen, die die genetische Epistemologie sehr eingehend auf dem Gebiet
der Wissenschaftsgeschichte beschrieben hat[20], bezeichnen das »Lernverhalten«, den
Erwerb von Kompetenz eines Systems — ein Verhalten, das sich als ein interner
Stabilisierungsprozess in Bezug auf die Integration von »äusseren« Faktoren
darstellt, die relevant für die Erfüllung von intentionalen Kriterien sind.[21]

Diese kurzen Ausführungen zeigen demzufolge, dass man in den gegenwärtigen
strukturalistischen und semiotischen Theorien *zwei Typen von Dynamiken* unterscheiden kann. Der eine Typ artikuliert sich mittels einer bereits konstituierten
Handlungskompetenz und simuliert die verschiedenen Syntagmen, die möglichen
Programmationsstränge, die von einem Ausgangs- zu einem Endzustand führen.
Dieser erste Typ von dynamischen Prozessen stellt den initialen Gleichgewichts-
zustand der internen Organisation eines Systems nicht prinzipiell in Frage, sondern
setzt die Handlungsintentionalität und ihre erfolgreiche »Befriedung« als bereits
erworben voraus. In diesen Bereich fallen somit u.a. als eine besondere Klasse von
Handlungsgeschichten standardisierte, stereotypisierte und automatisierbare Vorgänge.

Der zweite Typ von dynamischen Prozessen, die man besser als Entwicklungs-
vorgänge, als Morphogenesen bezeichnen könnte, simuliert hingegen die Ent-
faltungen, die von einem wenig stabilisierten, wenig differenzierten Kompetenz-
zustand zu einem differenzierteren und damit auch stabilisierteren führen. Theoretisch kann natürlich dieser zweite Typ auch rückläufige Entwicklungsformen, d.h.
solche abbilden, die von einem differenzierteren Zustand zu einem weniger
differenzierten führen.

4. In Hinblick auf den Begriff der »Geschichte« oder der »Geschichtlichkeit« kann
man sagen, dass derselbe in den durch die morphogenetischen Überlegungen er-
weiterten strukturalen und semiotischen Theorien *systeminterne*, d.h. durch die
besondere Organisation eines Systems hervorgerufene Phänomene umfasst. »Geschichte« kann demzufolge entweder die (morphogenetischen) Entfaltungsmöglichkeiten eines Systems bezeichnen oder seine »syntagmatische Intelligenz«, durch die
ein bereits in einem Ausgangszustand aktualisierter Endzustand realisiert wird.
»Geschichte« unterscheidet sich demzufolge analytisch in eine *Formationstheorie*
und in eine *Handlungstheorie* strictu sensu — zwei Komponenten, die in der Praxis
jedoch zumeist unentwirrbar miteinander verbunden sind. Hinsichtlich der von
Georg Schmid gemachten Überlegungen zu einer *Konjekturalgeschichte*[22], zu einer
Simulierung möglicher, aber nicht tatsächlicher vorgefallener Geschichten, kann man
hinzufügen, dass dieselbe (a) die verschiedenen, nicht realisierten Alternativen bei der
Erreichung eines Zieles bezeichnet (=Gebiet der Handlungstheorie strictu sensu)
und (b) die verschiedenen, aber nicht durchlaufenen Entwicklungslinien eines sich
ausbildenden Systems umfasst (=Gebiet der Formationstheorie).

Mit dieser letzten Bemerkung kommen wir zu einem weiteren Punkt, der die Logik der Entwicklungsdynamik betrifft. Grosso modo wurde »Entwicklung« entweder als ein völlig determinierter oder völlig aleatorischer Prozess definiert — eine Idee, die in den jüngeren epistemologischen Diskussionen um das Thema »Ordnung aus Unordnung« in verwandelter Form wieder aufgeflammt ist. Wie es aber bereits die empirischen Arbeiten Piagets zur Psychogenese des Erkennens gezeigt haben, ist dem nicht so. Ganz im Gegenteil lassen die Arbeiten Piagets den Schluss zu, dass die Entfaltung kognitiver Strukturen auf *morphologischen Archetypen* basiert, die das Entfaltungspotential begrenzen, ohne dass damit inneistischen oder nativistischen Theorien das Wort geredet werden müsste. Die Annahme der Existenz von morphologischen Archetypen, die dem Denken und Handeln inhärent sind, ist eine der leider häufig unterdrückten Botschaften der grossen Strukturalisten wie C. Lévi-Strauss[23], R. Jakobson[24] oder A. J. Greimas[25]. Bei allen diesen Wissenschaftlern kommt zum Ausdruck, dass die Intelligibilisierung von Welt durch das erkennende und handelnde Subjekt einerseits durch formale Eigenschaften geschieht, die eher topologischer als logischer Natur[26] sind, und dass andererseits die Ordnungssuche und die »Ordnungsstiftung« nicht im Sinne eines naiven Idealismus durch das Subjekt alleine veranstaltet wird, sondern in Interaktion mit den besonderen Beschaffenheiten einer »äusseren« Welt. Wie J. Petitot gezeigt hat, ist es ein Verdienst der Katastrophentheorie, dieser zentralen Intuition der Strukturalisten von einer abstrakten Morphologie, die in den verschiedensten und mannigfaltigsten Bedeutungsprozessen impliziert ist, einen konstitutiven Rahmen verliehen zu haben.[27] Dieser konstitutive Rahmen rechtfertigt aber nicht nur die Wohlfundiertheit der strukturalen Intuition, sondern zeigt auch, dass die morphologischen Dynamiken, die sich aus den verschiedenen Typen der elementaren katastrophistischen Geometrien ableiten lassen, strikten Entfaltungsbedingungen unterworfen sind, innerhalb derer jedoch eine grosse Mannigfaltigkeit von Entfaltungslinien möglich ist.

Stellt man sich nun die interne Organisation eines komplexeren Handlungssystems als eine Gleichgewichtsfunktion einer gewissen Anzahl von Zuständen oder Prozessen vor, dann erfährt schliesslich auch der Begriff des Determinismus eine nuanciertere Verwendung. Wenn in bezug auf die Prozess- und Zustandsfunktionen die (Formations- und Handlungs-)Dynamik eines Systems *lokal* determinierbar ist, dann muss sie es dennoch nicht in bezug auf sein *globales* Verhalten sein.[28] Prinzipiell heisst das, dass die Bedeutungen lokaler Erscheinungen nicht notwendigerweise globalisierbar sind; methodologisch hat das zur Folge, dass die adäquate Beschreibung und Simulierung eines globalen Verhaltens eine Komplexifizierung nicht nur der gegenwärtigen strukturalen Theorien, sondern auch der Katastrophentheorie bedeutet — eine duch die Einführung einer grossen Menge von Parametern verursachte Komplexifizierung, die man sich zur Zeit noch nicht einmal vorstellen kann.

Die vorangegangenen Überlegungen zu den Entfaltungs- und Prozessdynamiken von Handlungssystemen mögen empirisch orientierten Berufshistorikern vielleicht ziemlich praxisfern erscheinen. Aber wie die Wissenschaftsgeschichte zeigt[29], hat eine rein empirische Haltung noch nie zur Konstituierung einer Wissenschaft geführt und kann auch nie dazu führen, da sie über kein ausarbeitbares und operationalisierbares theoretisches Erkenntnisinstrumentarium verfügt, durch das die empirischen Observablen, die berühmten »Fakten« der Historiker, zu einem (wissenschaftlichen) Erkenntnisproblem werden.

Es ist jedoch frappierend, dass die von den Strukturalisten und Semiotikern vertretene Auffassung von systeminternen Typen von Dynamiken den Kern der theoretischen Überlegungen eines Historikers bilden, der zu den renommiertesten der Gegenwart zählt. Wir sprechen von Charles Morazé, einem der Mitbegründer der Schule der *Annales*, der in seinen schon mehr als dreissig Jahre dauernden Forschungen zur Wissenschafts- und Wirtschaftsgeschichte[30] der Frage nachgeht, inwieweit Veränderungen und Entwicklungen in diesen beiden Bereichen modellisierbar sind und welche Implikationen ein solcher Ansatz für eine Art von »Geschichtslogik«[31] besitzt. Anders ausgedrückt: ohne natürlich der quasi unbegrenzbaren mannigfaltigen Proliferation historischer Ereignisse die prinzipielle Offenheit selbst abzusprechen, versucht Morazé, rekurrente Eigenschaften in den Ausformungen und Umschichtungen mentaler Dispositiva herauszuarbeiten. In der Erhellung dieser für eine Historiologie (als theoretisches Pendant zu einer empirischen Historiographie) so zentralen Fragestellung bezieht sich Morazé auf die Analyse und den Vergleich verschiedenster Mythen und Epen alter Kulturvölker sowie auf die Entwicklung der modernen Wissenschaften[32] und im besonderen der Mathematik seit dem ausgehenden 16. Jahrhundert. Seine Ergebnisse bestätigen einerseits die der bekannten Forscher zur sukzessiven Konstitution und Autonomisierung wissenschaftlicher Doktrinen gegenüber den philosophisch-gnoseologischen[33] und andererseits die Annahme Lévi-Strauss' von der Existenz zweier grosser Kulturmodelle (dem des »Mythos« und dem der »Wissenschaft«), die in jeder Gesellschaft in variierenden Dominanz- und Distributionsverhältnissen kopräsent sind.

Das Neue in den Arbeiten Morazés liegt jedoch darin, dass den beiden Kulturmodellen (und damit auch dem mythischen und dem wissenschaftlichen Diskurs) ein »gemeinsamer Kode«[34] zugrundeliegt, ein gemeinsames »Reservoir« von elementaren Formen, deren abstrakte Eigenschaften und dynamische Kombinationsmöglichkeiten im vierdimensionalen Raum durch die geometrische Figur des Tetraeders und seine geometrischen Ableitungen repräsentierbar sind. Während also die mathematische Katastrophentheorie Thoms eine Theorie der Morphogenese in abstracto ist (d.h. in der der vierdimensionale Raum nur ein besonderer Fall ist), ist die Theorie Morazés eine, die die elementaren Bedingungen der raumzeitlichen Gestaltung von Ordnungen im allgemeinen zu beschreiben versucht. Sowohl die mythologischen als auch die im modernen Sinne rationalistischen Intelligibilisierungs- und Erkenntnisprojekte beziehen sich auf eine der raumzeitlichen Existenz inhärente Morphologie. Während sie jedoch in den Mythen und den ihnen verwandten »Geschichten« entweder eine konkretistische oder eine universalistische (globalisierende) Bedeutung besitzen, entledigen sie sich in den Wissenschaften und besonders in der Mathematik dieser beiden Aspekte, um zu abstrakten *und* spezifischen Symbolen zu werden.

Wie aber schon der bekannte Philosoph F. Gonseth in seinem Buch über die Beziehungen von Mathematik und Wirklichkeit[35] gesagt hat, existiert noch in den abstraktesten Axiomatiken der Geometrie ein Residuum konkreter und intuitiver perzeptiver Formen, genauso wie die konkreteste räumliche Wahrnehmung zumindest ein Minimum an abstrakten Regeln und Kategorien voraussetzt. Gerade diese Behauptung verweist jedoch auf den Umstand, dass zwischen diesen beiden Extremen des menschlichen Denkens und Handelns etwas Gemeinsames existiert, das kein a-morphes Kontinuum ist.

Anmerkungen

1   Vgl.: J. Piaget (Ed.): Logique et connaissance scientifique. Paris, Gallimard 1967 (Encyclopédie de la Pléiade)
2   Jean Petitot-Cocorda: Morphogenèse du Sens I. Paris, PUF 1985, p. 24.
3   ibid.
4   J. Piaget: Le structuralisme. Paris, PUF 1968.
5   J. Piaget: L'Equilibration des structures cognitives. Paris, PUF 1975 (Etudes d'Epistémologie Génétique XXXIII).
6   Vgl. Francisco J. Varela: Principles of Biological Autonomy. New York, Elsevier 1979 (General Systems Research).
7   Vgl.: J. Piaget und Rolando Garcia: Psychogenèse et Histoire des Sciences. Paris, Flammarion 1983 (Nouvelle Bibliothèque Scientifique).
8   Vgl. Nils Nilsson: Principles of Artificial Intelligence. Berlin/Heidelberg/New York, Springer 1980; Douglas R. Hofstadter: Gödel, Escher, Bach. Ein endloses geflochtenes Band. Stuttgart, Klett-Cotta 1985.
9   Louis Hjelmslev: Prolegomena zu einer Sprachtheorie. München, M. Huber 1974.
10 Claude Lévi-Strauss: Mythologica I-IV. Frankfurt/M., Suhrkamp 1976.
11 Vgl. A. J. Greimas (Ed.): Sémiotique. Dictionnaire raisonné de la théorie du langage, Band II. Paris, Hachette 1985; A. J. Greimas und J. Courtés: Sémiotique. Dictionnaire raisonné de la théorie du langage (Band I). Paris, Hachette 1979; P. Stockinger: Prolégomènes à une théorie de l'action. in: Actes Sémiotiques, VII, 62/1985, ders.: Pour une théorie sémiotique de l'action. Paris 1984 (Thèse de Doctorat).
12 Vgl. J. Petitot-Cocorda: Pour un Schématisme de la Structure, De quelques implications sémiotiques de la théorie des catastrophes. Paris 1982 (Thèse d'Etat).
13 J. Piaget: Biologie et connaissance. Paris, Gallimard 1967, p. 485.
14 René Thom: Modèles mathématiques de la morphogénèse. Paris, 10/18, 1974.
15 Vgl. J. Petitot-Cocorda: op.cit. und ders.: Morphogenèse du Sens II. Théorie des catastrophes et structures sémio-narratives. Paris, PUF (erscheint Ende 1985); vgl. auch:

René Thom, Claire Lejeune und Jean-Pierre Duport: Morphogenèse et imaginaire. Paris, Ed. Lettres Modernes 1978 (CIRCÉ, Cahiers de Recherche sur l'Imaginaire, 8-9).

16 J. Petitot-Cocorda: Pour un Schématisme de la Structure.

17 J. Petitot-Cocorda op.cit.

18 Wolfgang Wildgen: Catastrophe Theoretic Semantics. Amsterdam/Philadelphia, John Benjamins 1982.

19 A. Schütz und Th. Luckmann: Strukturen der Lebenswelt I. Frankfurt/M., Suhrkamp 1979.

20 Jean Piaget: Die Entwicklung des Erkennens I-III. Stuttgart, Klett 1975. (Studienausgabe, Bd. 8, 9, 10).

21 Vgl. Ch. Taylor: The Explanation of Behaviour. London, Methuen 1964.

22 Georg Schmid: Das »Square of (Hi-) Stories«. »Qualifizierung« in der Geschichtswissenschaft oder Semiologie der Dissimulation. in: Der Computer und die Geisteswissenschaften, hg. von Manfred Thaller und Albert Müller. Wien 1985.

23 Claude Lévi-Strauss: Das Wilde Denken. Frankfurt/M., Suhrkamp 1973

24 Roman Jakobson et Linda Waugh: La Charpante phonique du langage. Paris, Minuit 1980.

25 A. J. Greimas: Du Sens I. Paris, Seuil 1970.

26 Gerade Piagets Untersuchungen zur Entwicklung der Raumvorstellung beim Kind haben gezeigt, dass die logiko-mathematischen Strukturen, die der Operationalisierung und Metrisierung räumlicher Konzeptualisierungen zugrunde liegen, die topologischen Strukturen (»Benachbartsein«, »Trennung«, »Reihenfolge«, »Umschlossensein«, ...) psychogenetisch voraussetzen; vgl. J. Piaget, Bärbel Inhelder, u.a.: Die Entwicklung des räumlichen Denkens beim Kinde. Stuttgart, Klett 1975 (Studienausgabe, Bd. 6).

27 J. Petitot-Cocorda: Les catastrophes de la parole. De Roman Jakobson à René Thom. Paris, Maloine 1985 (Collection Recherches Interdisciplinaires).

28 J. Petitot-Cocorda: Locale/Globale. in: Enciclopedia Einaudi. - Turin, Einaudi 1979.

29 Vgl. Alexandre Koyré: Von der geschlossenen Welt zum unendlichen Universum. Frankfurt/M., Suhrkamp 1980.

30 Charles Morazé: Essais sur la Civilisation d'Occident. Paris, Colin 1950; ders.: La France Bourgeoise. Préface de Lucien Febvre. Paris, Colin 1946; ders.: La Logique de l' Histoire. Paris, Gallimard 1967.

31 C. Morazé: op.cit.

32 C. Morazé: Expansion and diffusion of modern science. in: ders. (Ed.), Science and the factors of inequality. Paris, Unesco 1979, pp. 43-180; ders.: Le Point critique. Paris, PUF 1980 (Tiers Monde, I.E.D.E.S.); ders.: Les Origines sacrées des Sciences modernes et le Code Mental. Paris, Fayard (erscheint Frühjahr 1986).

33 Vgl. A. Koyré: op.cit. und Gernot Böhme, W. van den Daele und W. Krohn: Experimentelle Philosophie. Frankfurt/M., Suhrkamp 1977.

34 C. Morazé: Les Origines sacrées de Sciences modernes et le Code mental. Paris, Fayard (erscheint im Frühjahr 1986).

35 F. Gonseth,: Les mathématiques et la réalité. Essai sur la méthode axiomatique. Paris, Blanchard 1936 (1974).

D. N. RODOWICK

Die Figur und der Text[*]

1. Der Film: ein Schauplatz der Schrift

1971. In »*De l'œuvre au texte*« führt Roland Barthes aus, dass ein epistemologischer Wechsel und eine Verlagerung des Objekts im Feld der Literaturtheorie stattgefunden habe.[1] Dieser Wechsel des Blickpunktes war zum Teil das Produkt der Seminare, die zu *S/Z* inspirierten.[2] In Barthes' Kritik wird die Bewegung vom Werk zum Text im Feld der literarischen Theorie als eine Transformation der Aktivität des *Lesens* verstanden, wie sie im genannten Essay durch die Einführung von sieben Figuren beschrieben werden kann: Methode, Genre, Zeichen, Pluralität, Abkunft (Autorschaft, Lektüre und Vergnügen. Was Barthes hier erreicht, ist zugleich ein detailliertes Bild der Prozesse und Prozeduren unseres Verständnisses des Lebens hin zu einer *Schreibarbeit*. Die werden kann: Methode, Genre, Zeichen, Pluralität, Abkunft (Autorschaft), Lektüre und Vergnügen. Was Barthes hier erreicht, ist zugleich ein detailliertes Bild der Prozesse und Prozeduren unseres Verständnisses des Lesens hin zu einer *Schreibarbeit*. Die Lektüre wird zur Aktualisierung des *Textes*.

1975. In *Le texte introuvable* stellt Raymond Bellour eine direkte Verbindung zu Barthes' Essay her: es sei völlig klar, dass der Film ein Text sei, in dem Sinn, wie Barthes diesen Begriff verwende.[3] Dass Bellour die ganze Bandbreite der Ironie bemerkt, die ihm völlig klar ist, ist keineswegs selbstverständlich, und wir werden der Frage weitere Aufmerksamkeit zu schenken haben, ob seine Idee des Film-*Textes* ein ähnliches Verhältnis zur Schrift impliziert wie jenes Barthes'. Es kann jedoch kein Zweifel daran bestehen, dass Bellour die tiefe Schuld zu würdigen weiss, in der die Semiotik des Films zu Barthes hinsichtlich ihrer Theorien des Textes und der Lektüre steht. Von grösserem Interesse ist aber Bellours Feinfühligkeit in bezug auf eine paradoxe Unzulänglichkeit, mit der die Analyse des Films sogar noch die radikalen

[*] A. d. Ü.: Der folgende (mit Einverständnis des Autors teilweise gekürzte) Beitrag demonstriert die anglo-amerikanische Rezeption der französischen Filmtheorie vor allem unter Bezugnahme auf Derridas »dekonstruktive« Philosophie. In der Übersetzung wird die Auflösung der Opposition *work*-text in Anlehnung an Freud (*dream-work/Film-Work*) in Form der Triade *Werk-Arbeit-Text* wiedergegeben. Rodowick bezieht sich hauptsächlich auf die Übersetzungen von: Thierry Kuntzel: The Film-Work. in: Enclitic, 2/3 (Spring 1978), pp. 38-61. Thierry Kuntzel: The Film-Work, 2. in: Camera Obscura, 5 (Spring 1980), pp. 6-69. Marie-Claire Ropars-Wuilleumier: The Graphic in Filmic Writing: *A bout de souffle*, Or the Erratic alphabet. in: Enclitic, 5.2/6.1 (Spring 1982), pp. 147-161. Marie-Claire Ropars-Wuilleumier: Le texte divisé, Paris, PUF, 1981.

literarischen Theorien konfrontieren kann. Bellour merkt hier korrekterweise an, dass eine Analyse eines literarischen Textes wie Barthes' *S/Z* viel der Fähigkeit verdankt, das Objekt der Analyse, das literarische Werk, zu zitieren. In anderen Worten, die Passage vom lesbaren Werk zum schreibbaren Text — in der der letztere die Intelligibilität des ersteren neu verteilt — wird erleichtert, weil beide, das Werk und der Text, an der selben Ausdrucksweise teilhaben: beide okkupieren sie den Ort der Schrift. Dennoch ist es notwendig zu bemerken, dass, obwohl diese Bewegung eine Verschiebung in der Epistemologie der Schrift beinhaltet, sie letztlich weder die Gründe dieser Epistemologie befragt, noch das Privileg, das die Schrift in der Kommunikation des Wissens innehat.

Das ist das Paradoxon, das Bellour nicht lösen kann, noch wünscht er es zu lösen. In einer bestimmten Weise scheint das barthesianische Verständnis des Textes durch die konventionellen Prozesse der kinematischen Signifikation vollständig erreicht worden zu sein. (Hier würde Bellour möglicherweise mit Benjamin die Modernität des Kinos hervorheben.) Der kinematische Text (wenn wir über und gegen das Vorurteil der literarischen Kritik übereinstimmen, dass der Film einen »habe«) ist in irreduzibler Weise plural. Er widersteht der Einvernahme durch ein univokes Zeichen, weil er fünf verschiedene Ausdrucksweisen in sich versammelt — den phonetisierten Ton, die Musik, Geräusch oder Tonspuren und photographische Aufnahmen — und weil seine Prozesse der Signifikation und seine Textualität irreversibel und unentrinnbar durch den Code der Bewegung konstituiert werden. Deshalb ist für Bellour in Anbetracht der Qualitäten der Pluralität und der Bewegung sowie einer Vermählung von Spatialität und regulierter Temporalität der Film ein Text, jedoch ein unzitierbarer und untangibler Text. Obwohl am meisten »textualisiert« von allen Texten, ist für Bellour der Film unauffindbar, seine Materialität kann nicht *begriffen* werden, da sie dem *Beschreiben* widerstrebt.

Indem er ausführt, was für den kinematographischen Text spezifisch sei im Verhältnis dazu, was er mit den literarischen, den theatralischen, den musikalischen oder bildenden Künsten teile, kommt Bellour stets zurück auf die Schrift als das Mass der Zitierbarkeit und deshalb des Wissens und der Rationalität. Was aber, wenn wir annähmen, dass die figuralen und die plastischen Künste weniger ausserhalb der Schrift stünden als vielmehr selbst *geschrieben* wären, das heisst auf den *Schauplatz der Schrift* gestellt, wie Derrida das bedacht hat?[4] Notwendigerweise müsste man zwei darauf bezogene Fragen behandeln. Erstens (wie ich bereits ausgeführt habe) würde man den symptomatischen Platz zu verstehen haben, den die Schrift derzeit in der Filmtheorie als eine Art epistemologische Grenze besetzt. Zweitens wäre es notwendig zu untersuchen, wie die Problematik der Schrift der potentiellen Intelligibilität der figuralen Diskurse, zu denen wir auch das Kino zählen, begegnet und sie neu definiert, in der Tat auch neu definiert werden könnte durch sie.

Zusammengefasst, · was bedeutet es für die Semiotik des Films, die Analyse des

Textes neu zu setzen als ein Problem der *filmischen Schrift*? Oder auch, die kontinuierliche Präsenz Saussurescher Konzepte in der Filmtheorie zu untersuchen und dieses Feld einer grammatologischen Reflexion zu öffnen? Zwei mögliche Wege sind in dieser Hinsicht bereits aufgetan worden, der eine von Thierry Kuntzel unter der Bezeichnung der *Figuration* und hinsichtlich des Verhältnisses der kinematischen Signifikation zur Traumarbeit, der andere durch Marie-Claire Ropars' Untersuchungen zu einer *cinécriture*.

2. Mit Träumen versetzt in einen Wald der Schrift ...

In »*The Film-Work*«, einer Textanalyse von Fritz Langs *M*, nimmt Thierry Kuntzel die Bewegung vom Werk zum Text in einer Art auf, die Barthes und Bellour viel verdankt, während sie ihre Ideen in eine neue Richtung lenkt. Nach Kuntzel ist es die Aufgabe der Textanalyse, zu demonstrieren, dass der Spielfilm eine ideologische Lektüre produziert, die letztlich aus seinen technologischen Bedingungen der Präsentation hervorgeht. Getrieben von einer linearen Bewegung, deren Geschwindigkeit und Anordnung der Präsentation nicht verändert werden kann, drängt die filmische Narration eine kontrollierte Lektüre schon auf dem Niveau ihrer technologischen Möglichkeiten auf. Ruft man sich für einen Moment Barthes' Ausführungen in S/Z hinsichtlich der Irreversibilität des hermeneutischen Codes in Erinnerung, so kann der Film nun in der Weise gesehen werden, dass er die ideologischen Zwänge des klassischen, realistischen Textes in noch höherem Masse legitimiert als der *lesbare* Roman selbst. Eine analytische Beschreibung, welche die restringierten spatialen und temporalen Sequenzen der filmischen Narration aufbrechen würde, verlangte daher nach einer spezifischen Weise der Intervention in die filmische Art der Repräsentation. Um die Bedingungen seiner Textualität zu verstehen, muss der Film unterbrochen und neu hergestellt werden. In beiden Essays Kuntzels zielt dieser Prozess der Fragmentierung und Umsetzung, der S/Z so viel schuldet, darauf ab, die figurale Aktivität des Films in Erwägung zu ziehen: ein bestimmtes Verweben visueller und auditiver Motive, welches, wie Freuds Verständnis der Traumarbeit, der bewussten Bedachtnahme nicht verfügbar ist, da es den Formen der sekundären Bearbeitung unterliegt.

Für Kuntzel ist die Text-Kritik deshalb eine spezifische Aktivität der Entzifferung und Transcodierung oder eine Bewegung vom Werk zum Text, in dem das Objekt der Analyse von einer lesbaren in eine schreibbare Modalität versetzt wird. In dieser Hinsicht bietet Kuntzel zwei mögliche Lösungen für das Problem des *texte introuvable* an, beide könnten sie unter der Rubrik der *filmischen Schrift* bedacht werden. Auf der einen Seite muss der Prozess der Signifikation, der den Film-Text strukturiert, als das verstanden werden, was von seiner lesbaren Modalität unterdrückt oder verleugnet wird. In einer direkten Referenz auf Derridas *Freud et la scène de l'écriture* argumentiert Kuntzel, dass die Ähnlichkeit der Textualität des Films zur Traumarbeit eine primäre Schrift impliziere oder einen Archi-Text »unter« seiner sichtbaren

Präsentation — eine *Bilderschrift*: nicht ein inskribiertes Bild, sondern eine figurative Schrift, ein Bild, welches nicht zu einer einfachen, bewussten, präsenten Wahrnehmung des Dings an sich einlade, sondern zu einer Lektüre. Auf der anderen Seite impliziert diese Schrift ein epistemologisches Problem, in welchem sowohl die Gestaltung des kinematischen Textes als auch seine Lektüre berücksichtigt werden müssen. Der Film muss verschieden re-präsentiert werden. Das Verständnis seines textualen Funktionierens ist nur möglich um den Preis einer Transformation: der Dissimulation der narrativen Verwebung von Bildern, Tönen, graphischen Spuren usw. und der Transposition des Films in einen *geschriebenen Text*. Die Aktivität der Dekonstruktion erweist sich hier als notwendig, da eine potentielle Kenntnis des Film-Textes nur durch seine Wiederaufnahme in Form der Schrift in ihrer doppelten Bedeutung produziert werden kann.

Traumarbeit, Figuration, *Bilderschrift*. Kuntzels Rekurs auf diese Termini kann als durch den besonderen semiotischen Charakter kinematographischer Formen motiviert aufgefasst werden. Obwohl oftmals als hauptsächlich visuelles Repräsentationssystem gedacht, teilt der Film nichts mit der Immobilität konventioneller piktoraler Künste — die Zeit seiner Wahrnehmung und Bedeutung ist fundamental verschieden von der Photographie und anderen plastischen Künsten. Er verteilt sich selbst im Raum und in der Zeit wie die Sprache oder die Schrift, jedoch kann keine dieser Ausdrucksweisen in vollem Ausmass die semiotische Heterogenität des Films zur Geltung bringen, welche freizügig die eigentlichen' Räume der Repräsentation passiert. Hier erhalten wir eine weitere Rechtfertigung, mit der phänomenologischen Lese-Zeit des Films in ihrer streng regulierten Logik der Sukzession und der Kontiguität zu brechen. Nur durch diese Transformation geschieht es, dass die Text-Analyse die unbewussten Prozesse zur Geltung bringen kann, welche die Lesezeit determinieren und die Logik, die allen intelligiblen Zeichen unterliegt. So kann die diskursive Logik des Traumes — welche der Artikulation der Logik unbewusster Gedankenprozesse mit ihren Mechanismen der Verdichtung, Verschiebung und Rücksicht auf Darstellbarkeit am nächsten steht — ein generatives System beschreiben, das alle semiotischen Phänomene bearbeitet.

Kuntzels Position kann vielleicht besser verstanden werden, wenn man eine andere, in gleicher Weise mächtige Analogie ausschöpft. Durch eine unentwegte Vorwärtsbewegung charakterisiert, unterläuft die Lektüre, die der Film präsupponiert, das, was Jakobson und Barthes als den profunden metonymischen Charakter der Narration bezeichnet haben. Kuntzel möchte jedoch dieses System von Prioritäten (der Metonymie über die Metapher, der Verschiebung über die Verdichtung) umstürzen. Seine Text-Analysen von *M* und *The Most Dangerous Game* in *The Film-Work, 2* können daher am besten als Anstrengungen verstanden werden, die Kraft der Metapher in der figuralen Aktivität des Films oder die Strukturierung der Verschiebung durch die Verdichtung zu enthüllen. Auf diese Art wird eine Lektüre produziert, die darauf achtet, was Barthes das *Plurale* des Textes nennt. Für Kuntzel erschöpft sich die Vorwärtsbewegung des narrativ-repräsentativen Films nicht in der Metonymie allein. Sie lässt sich besser charakterisieren durch etwas, das er ein *Relais* semischer Bündel oder *Konstellationen* nennt. Die Bedeutung dieser Terminologie für Kuntzel sollte nicht unterschätzt werden. In *The Film-Work, 2* beschreibt das Konzept der Konstellation eine komplexe Figur, die, indem sie das Konzept des Zeichens ersetzt, sowohl die semiotische Heterogenität des Film-Textes als auch seine besondere Dissemination der Seme zur Geltung bringt. Diese Figur kann von den verschiedensten Ausdrucksweisen durchwoben sein; spezifischen und unspezifischen Codes gleich, partizipieren an ihrer Strukturierung graphische, ikonographische und auditive Spuren. Weiters sind in der Bewegung von einer Konstellation zur anderen die Fäden der verschiedenen Themen oder Motive frei beweglich; verbindend oder trennend innerhalb der vermischten Ausdrucksweisen, geben sie der Fiktion einen komplexen Raum in einem pluralen Netz von Signifikanten. Weniger eine fixierte und konventionelle Signifikation, ergibt dies jetzt Bewegung und Verräumlichung im Text. Die Konstellation ist deshalb unsicher, ein zusammengesetztes »Zeichen«. Im früheren Essay charakterisiert Kuntzel diese zusammengesetzte Figur als »structure de surimposition des signifiants«, was genau Lacans Definition der *Verdichtung* in *L'instance de la lettre dans l'inconscient* entspricht.[5] Die Arbeit der Verdichtung müsste daher in jeder post-strukturalen Theorie der kinematischen Signifikation in besonderer Eindringlichkeit berücksichtigt werden.

In *The Film-Work, 2* untersucht Kuntzel die Kraft der Verdichtung in der Figur des Türklopfers, die *The Most Dangerous Game* eröffnet. Dieses unheimliche Objekt — gefertigt in Form eines Kentauren, der, von einem Pfeil durchbohrt, ein Mädchen entführt — wird dahingehend verstanden, dass es der Narration in zweifacher Funktion diene. Zunächst verschafft es auf seiten des Betrachters buchstäblich den Eintritt in die Fiktion. Unter dem Vorspann greift eine Hand ins Bild und betätigt den Türklopfer dreifach dreimal hintereinander. Vom Körper gelöst, noch niemand zugehörig und daher jedem, drückt diese Handlung die Herstellung des Betrachteten durch die Kamera aus, um den Betrachter als das absente Subjekt der Narration aufzurufen. Später wird diese Szene wiederholt werden, mit einem Unterschied. Sie wird jetzt mit der Hand und dem Blick Rainfords identifiziert, des Helden der Narration, der als Agent des Betrachters in den Film gekommen ist, indem er seinen/ihren Blick durch die doppelte Herstellung der Kamera und der Diegese leitete. (Eine Frage also der *doppelten* Identifikation, wie Kuntzel ausführt, welche sogar noch in den klassischsten Fiktionen ein zerteiltes, verstreutes und mobiles Subjekt präsupponiert.) Zweitens verdichtet der Türklopfer in einer einzigen Figur, die aufgelöst und neu verbunden wird in Form der »Konstellation« des Kentauren, des Pfeils und der Jungfrau, die paradigmatische Achse des Films. Jede dieser Konstellationen zeichnet für eine bestimmte Bindung von Semen in verschiedenen semiotischen

Materialien verantwortlich. Das Bild des Kentauren zum Beispiel wird im Wandteppich, der Graf Zaroffs Schloss schmückt, wiederum figurieren, ebenso wie in den Physiognomien des kranken Zaroff selbst und seines Dieners, Ivan. Aber wichtiger noch, das Aufspringen dieser Figur wird dazu dienen, die prinzipiellen Themen der Narration zu verteilen: die unsichere Transaktion zwischen Bestialität und Humanität, Wildnis und Zivilisation, dem Jäger und dem Gejagten. Die Figuration des Pfeiles eröffnet eine bestimmte signifikante Flugbahn: er ist Zaroffs Lieblingswaffe für die Jagd, das gefährlichste Spiel; er ist das Zeichen seiner Verwegenheit; er dient der ersten Aufgabe, die Rainsford gestellt wird, und schliesslich ist er die Waffe, durch die Zaroff besiegt werden wird. Die Konstellation der Jungfrau jedoch wird sich davon verschieden auffälteln. Während die zwei anderen Figuren Paradigmen errichten, die sich durch Unsicherheit, Wiederholbarkeit und Umkehrbarkeit von Termen charakterisieren, bleibt die Figur der Frau, die im Charakter von Eve ausgespielt wird, konstant. Das eine Paradigma, das unbestritten bleibt, ist jenes, welches die sexuelle Differenz regiert. Die Umkehrbarkeit des Paradigmas Jäger/Gejagter, welche die Geschichte als einen Konflikt zwischen Männern vorwärts treibt, wird von der Frau vorweggenommen, da sie die letztendliche Beute ist, der Einsatz sowohl der Geschichte und der Fiktion, des Verlangens und der Signifikation.

Die Vorstellung des *Relais* ist in dieser Hinsicht in gleicher Weise wichtig. Denn in dem Ausmass, in dem sie die Entstehung des Textes als Durchwindung und Verbindung von semischen Bündeln durch einen Prozess der Wiederholung und der Verschiebung versteht, bringt sich auch die Möglichkeit einer Lesezeit, welche asynchron und non-identisch von der Präsentationszeit des Films wiedergegeben wird, zu Geltung. Das Konzept des Relais ist die erste Stufe zum Verständnis der Komplexität der Lektüre. Was die Film-Arbeit präsentiert, ist nicht länger eine Abfolge von Zeichen — eine Lektüre, die linear, progressiv und additiv verläuft —, sondern eine komplexe figurale Aktivität, eine Beschriftung, die der Interpretation vorangeht, und eine Lektüre, die von temporaler Stratifikation und Diskontinuität bestimmt wird. Dies würde nicht länger eine Lektüre sein, die vom thetischen Subjekt ausgeführt wird — dem Subjekt der linearen Zeit, der prädikativen Syntax und der progressiven Sinnproduktion —, sondern vom zersplitterten Subjekt, non-ident mit sich selbst, das von der psychoanalytischen Theorie enthüllt wird. Es ist, in Derridas Auslegung, das Subjekt der »Schrift.«

Deshalb beschreibt Kuntzel die Zeit der Lektüre als jene des *après-coup* oder der aufgeschobenen Handlung. Wir könnten in Erinnerung rufen, dass diese Vorstellung die Entdeckung von Freuds Analyse des Wolfsmanns ist.[6] Dort demonstriert Freud die Strukturierung des phantasmatischen Textes als den fortgesetzten Aufschub des Sinns eines Ereignisses, zu traumatisch oder übervoll von Verlangen, bis zu dem Zeitpunkt, in dem die Erinnerung einen Kontext zu präsentieren vermöchte, in welchem das Ereignis figurieren könnte. Die aufgeschobene Bedeutung impliziert also eine spezifische Struktur der Wiederholung, in der die Verschiebung den Anforderungen der Zensur gehorcht, und die Verdichtung, mit ihrer Beweglichkeit des signifikanten Materials, den Figurationsmöglichkeiten des Verlangens. Der Raum und die Zeit der Lektüre werden hier als eine Aktivität der Wiederholung und der Erinnerung verstanden; oder, in einer anderen Freudschen Maxime, die von Kuntzel bevorzugt wird, ist sie ein Prozess der *Erinnerung, Wiederholung und Durcharbeitung*.[7]

Dieses Verständnis der aufgeschobenen Handlung ist Derridas Beschreibung der Semiosis als *différance* nahe. Der Fortschritt zur Bedeutungsbildung hin ist zur Vorwegnahme verurteilt und daher zur Wiederholung, die den Signifikanten zum Zersprengen und zum Verteilen bringt, während sie dem Text Tragweite und Volumen verleiht. Kuntzel vergleicht diesen Prozess ausdrücklich mit jenem der Äusserung der Phantasie, wie sie in Freuds Essay *Ein Kind wird geschlagen* beschrieben wird.[8] In Freuds Analyse wird diese einfache Hervorbringung als originäre Matrix einer sadomasochistischen Phantasie gezeigt, einer *Urszene*, welche alle folgenden Inszenierungen dieser Äusserung regiert und perpetuiert. In ähnlicher Weise werden die Eingangsbewegungen des narrativen Films — die Figuration des Türklopfers in *The Most Dangerous Game* und die Zirkulation des Buchstaben *M*, die den Terror des Kindermörders in diesem Film vorhersagt — von Kuntzel als Formulierungen einer Art Archi-Text oder einer *Urschrift* analysiert, welche in eine sekundär ausgearbeitete Narration eintritt und ihre folgenden Wiederholungen und Figurationen regiert. Kuntzels Gebrauch der Traumarbeit als Homologie für den kinematographischen Text lenkt hier die Aufmerksamkeit insbesondere auf die Dramatik der Psychoanalyse, welche innerhalb des figurativen Diskurses des Films die Struktur des Phantasielebens einschreibt, dem jener die *Äusserung* verleiht. Denn das *Relais*, das die diskursive Ordnung des Films als Vorwärtsbewegung des Phänotextes herstellt, antwortet auch eine Logik, die anders ist, *ausserhalb* des Textes, die das Subjekt an die *regressive* Bewegung des Traumes, des Verlangens und des Phantasielebens bindet. Die diskursive Logik des Films korrespondiert mit der Logik dieser Lust — der *In-Szene-Setzung des Verlangens*. Deshalb kann die Figur des Türklopfers in der Weise verstanden werden, dass sie eine dritte Flugbahn in den allerersten Bildern des *Most Dangerous Game* errichtet, die eine phantasmatische Matrix bildet, welche den Verhältnissen des Verlangens, die in der Fiktion ausgespielt werden, Form und Bedeutung verleiht. Am verführerischsten ist dabei, dass die Identität des Textes mit sich selbst — die Beständigkeit seines Körpers — in Frage gestellt werden muss. Die Arbeit der Verdichtung, die durch das Figurationspotential des Türklopfers errichtet wird, kann daher in der Weise verstanden werden, dass sie eine Korrespondenz zwischen drei verschiedenen diskursiven Registern schmiedet — jenem der Narrativität, der figuralen Repräsentation und jenem der Äusserung, des Phantasmas —, deren Grenzen mobil und versetzbar und keinesfalls deutlich sind.

3. Hieroglyphen, Montage, Äusserung

Anders als bei Kuntzel wird im jüngsten Werk einer Text-Analyse von Marie-Claire Ropars ihre Problematik explizit als jene einer *filmischen Schrift (cinécriture)* bezeichnet, mit einer unzweifelhaften Referenz auf Derridas Philosophie. Für Ropars bedeutet, das Problem der *Schrift* in die Filmtheorie einzuführen, eine auf linguistischen oder phonozentrischen Modellen der Signifikation beruhende Kritik zu überschreiten. Ähnlich wie bei Kuntzel, ist es Ropars' Verlangen, die filmische Schrift als Ersetzung des kinematographischen Zeichens durch komplexere Konzepte zu verstehen. In dieser Hinsicht wird sie inspiriert durch das gemeinsame Interesse von Freud, Derrida, und dem sowjetischen Filmtheoretiker Sergej Eisenstein an piktographischen Schriften (Rebus, Hieroglyphe, japanisches Ideogramm), von denen eine figurale Aktivität vorgeschlagen wird, die die phonozentrischen Modelle der Signifikation unterhöhlt. Das Interesse an Hieroglyphen als Modell für die kinematischen Signifikation würde sowohl in ihrer Mischung von phonischen, graphischen und figuralen Ausdrucksweisen gründen als auch in ihrer fundamentalen Polyvalenz. In den Hieroglyphen kann ein phonetisches Element ein Objekt symbolisieren, ein Element transkribieren (übersetzen), das mit anderen Phonemen kombinierbar ist, oder durch die Juxaposition von verbundenen Figuren eine völlig neue Vorstellung formulieren.

Insoferne als die hieroglyphischen Schriften das westliche Vorurteil einer Rationalität des Wortes, das dem Bild gegenübersteht, umstürzen, ist für Ropars deren Lektion in gleicher Weise wie für Freud, Derrida und Eisenstein klar geworden: die einer *Schrift*, welche nicht von der Sprache abgeleitet wird. Weiters führt Ropars aus, dass eine Theorie der kinematographischen Schrift auf diese Art eine noch radikalere Kritik des Logozentrismus enthalten könnte als jene Derridas. Durch seine inhärente Opposition der *Schrift (écriture)* zur Sprache *(parole)* hat Derrida die radikale Heterogenität der skripturalen Form unberührt belassen. In anderen Worten, indem Derrida seine Kritik auf die Priorisierung der Sprache über die Schrift richtet, hat er die radikale Lektion der Hieroglyphen unüberprüft gelassen, die die Priorisierung des Wortes über das Bild enthüllen würde. Das Kino würde einen besonders fruchtbaren Boden zur Untersuchung dieser Frage abgeben, da sein semiotisches Potential von der Beweglichkeit diverser Ausdrucksweisen abhängt. Wie ich zudem schon mit Referenz auf Kuntzel ausgeführt habe, sind die Latten für dieses Problem in der Filmsemiotik höher gelegt. Die historische Entwicklung des Kinos als Praxis der Signifikation ist von der Ideologie der Mimesis dominiert gewesen, die, indem sie die Organisation der Bilder gemäss eines Schemas der räumlichen Kontinuität, der linearen Exposition und der temporalen Irreversibilität determiniert hat, die realistische Abrufbarkeit des Films privilegiert hat: die direkte Entsprechung der Bilder zu den Dingen. Indem sie die visuelle Repräsentation als das hinstellt, was einen direkten Zugang zum Realen verschafft, bei gleichzeitigem Kurzschliessen des symbolischen Ausdrucks oder der

Vermittlung durch die *Schrift* (nicht länger das Zeichen eines Dings, sondern das Ding selbst), hat die Ausbeutung der mimetischen Möglichkeiten des Films dazu geführt, die Signifikation zugunsten der ikonischen Präsenz untergehen zu lassen. In gleicher Weise könnte daher das Verlangen, den Film und die Filmtheorie innerhalb der Provinz der *popular culture* zu marginalisieren, als eine Anstrengung begriffen werden, den figuralen Diskurs zu exorzieren, da er, die Schrift überlistend, dem bestehenden Kanon des philosophischen Wissens entwischen und sie unterhöhlen könnte. Wie ich bereits bemerkt habe, rührt diese Problematik an die Wurzel der Schwierigkeiten, die der Film Linguisten und Literatursemiotikern gestellt hat, und die Anstrengungen Barthes', Metz' und Bellours sind davon in dieser Hinsicht nicht ausgenommen. Dass Derrida in dieser Richtung der Fragestellung nicht nachgegangen ist, unterminiert in keiner Weise die Radikalität seiner Kritik; es weitet sie nur auf ein anderes Gebiet aus. Denn wenn die Kritik des Logozentrismus auf der Demonstration einer Scheidung innerhalb des Zeichens und der Umkehrbarkeit der Terme, die in ihm opponieren — Sprache/Schrift, phone/graphe, signifiant/signifié — gründet, dann kann diese Kritik nicht weniger verdienstvoll auf die Opposition von graphischer und figuraler Schrift angewandt werden, oder, in Freuds Terminologie, auf die Präferenz von *Wortvorstellungen,* die *Dingvorstellungen* opponieren. Deshalb könnte das Studium der kinematischen Signifikation, da es so tiefgründig von der Beweglichkeit und dem Zusammenfügen von Differenzen durch eine Multiplizität von Codes und Ausdrucksweisen abhängt, einen entscheidenden Beitrag zum Feld der grammatologischen Untersuchung liefern.

Ropars' Interesse an hieroglyphischen Schriften gleicht also Kuntzels Interesse an der Traumarbeit, da beide ein Modell der kinematischen Signifikation liefern, das auf einem vermischten und versetzbaren *Zeichen* basiert. Ropars würde in dieser Hinsicht die akzeptierten Verständnisse der *Montage* gerne erweitern, da das Kino die Möglichkeit liefert, Bild und Ton zu disassoziieren, das eine mit dem anderen zu zersetzen, oder, mehr noch, die Figuration von Dingen mit der von Buchstaben in ihren Repräsentationsmöglichkeiten zu verbinden oder neu zu kombinieren. Ropars merkt jedoch an, dass der konventionelle narrativ-darstellende Film allzu oft diese Möglichkeiten des Bruches dahingehend moduliert, Bilder und Töne in einer analogischen Repräsentation an ihre diegetischen Referenten zu binden. Es ist also die Intention ihrer Text-Kritik, die Aufmerksamkeit auf jene Texte zu richten, in denen man *privilegierte Zonen der Fraktur* ausmachen kann. Von erstrangiger Bedeutung für Ropars sind in dieser Hinsicht Filme und Theorien von Sergej Eisenstein ebenso wie jene anderer moderner Cinéasten wie Marguerite Duras, Alain Resnais und Jean-Luc Godard.

Es sollte daher nicht allzu sehr überraschen, dass Ropars bei der Lektüre von *Freud et la scène de l'écriture* in *Le texte divisé* von Derridas Übersetzung der *Zusammensetzungen* als *Montage* gefesselt wird. Freud versucht in der *Traumdeutung* die syntaktische

Kraft konnektiver Relationen in der Traumarbeit zu beschreiben.[9] Da die Filmarbeit gleich der Traumarbeit diese Versetzbarkeit, in der die Wörter bisweilen als Dinge figurieren und die Dinge mit den syntaktischen Fähigkeiten von Wörtern versehen werden, erlaubt und sogar erfordert, argumentiert Ropars, dass einige der hochgeschätzten Begriffe der Filmsemiotik aufgegeben werden müssten. Sie behauptet daher, dass das Studium der filmischen Schrift das Konzept des Zeichens durch jenes des *Textes* ersetzen wird.

In *Le texte divisé* nähert Ropars ihr dynamisches Modell des Textes Emil Benvenistes Theorien der *énonciation* und der ästhetischen Kommunikation an. Von besonderem Interesse für ihre eigene Theorie ist Benvenistes *Sémiologie de la langue* in *Problemes de la linguistique générale, II.*[10] Ihrer Lektüre zufolge versucht Benveniste in diesem Essay auf der einen Seite, die Besonderheit des Sprachsystems mit Rücksicht auf die Mannigfaltigkeit seiner Verwendungsweisen zu definieren, auf der anderen den Prozess der Äusserung mit Rücksicht auf die Mannigfaltigkeit möglicher Aussagen zu verstehen. Zu diesem Zweck unterscheidet Benveniste zwischen *Zeichen* und *Diskurs:* die Funktion des Zeichens ist die Identifikation, und seine eigentliche Sphäre des Agierens ist die Bezeichnung; der Diskurs ist mit der Produktion von Botschaften beschäftigt, und seine Sphäre ist die der Äusserung. Weiters wird der *Prozess* der Äusserung dahingehend verstanden, die gültigen Grenzen zwischen den Zeichen und dem Diskurs zugleich zu tilgen und zu konstituieren: das Verständnis der Zeichen unterliegt der semantischen Modulation durch den Diskurs, die Identität des Diskurses mit sich selbst wird aber durch seine Teilung in Zeichen aufgehoben.

Was Ropars besonders interessiert, ist, wie diese Unterscheidung das Verhältnis eines Hieroglyphen (wie Kuntzels Verdichtung eine singuläre und austauschbare Figur) zum System in der Entstehung eines Textes (der selbst eine singuläre diskursive Instanz ist) beschreiben kann. Dieses Verhältnis zwischen einem System und seinen singulären Erscheinungen scheint mit der bekannten Unterscheidung zwischen *langue* und *parole*, einem hochgeschätzten Konzept der saussureschen Linguistik und einer hinderlichen Blockade für die frühe Filmsemiotik, viel gemeinsam zu haben, doch argumentiert Ropars gegen diese Interpretation. Das Verhältnis zwischen Zeichen und Diskurs ist nicht das einer dialektischen Reziprozität, sondern einer irreduziblen Differenz, einer Disjunktion der Sprache in Rücksicht auf sich selbst. Die Hierarchisierung der Bedeutung, von den Linguisten als das Problem der doppelten Artikulation definiert, kann nicht länger aufgelöst werden, indem die Assimilation der Teile zum Ganzen angenommen wird. Denn das Faktum der Bedeutung ruht in der irreduziblen Differenz des semantischen Modus, der die Identität des Zeichens mit sich selbst spaltet, während er sich selbst durch ihre Bewegung konstituiert. Was den Zeichen eignet, wird durch den Diskurs gelöst; doch das Ausmass, in dem der Diskurs bedeutungsvoll ist, hängt von der Erkenntnis dessen ab, was das Zeichen bezeichnet. Die beiden Register der Signifikation sind irreduzibel zu- und untrennbar voneinander, und ihre Ko-existenz leitet eine fundamentale Heterogenität in das Funktionieren der Sprache ein. Es gibt kein Zeichen, das nicht schon ein Text wäre, da sein Verständnis vom System, das durch den Diskurs festgesetzt wird, abhängt; doch der Diskurs kann sich nur durch die Bewegung von Zeichen konstituieren. Die Produktion des Sinns hängt von der unterschiedlichen Bewegung zwischen diesen ab. Die Erscheinung der textualen Bewegung hängt wiederum von einer aufgeschobenen Handlung ab, in der nicht nur das Verhältnis von *langue* und *parole* unentscheidbar ist, sondern auch jenes von Synchronie und Diachronie. Die Struktur und die Zeit sind beide polyvalent geworden.

Zusammengefasst ist für Ropars die Bedeutung ein Effekt des Text-Systems und nicht rückführbar auf eine punktuelle Quelle, sei es Autor oder Leser. Sie hat weder entscheidbare Ursprünge noch stabile Codes, von denen sie abgeleitet werden kann. Die textuale Äusserung würde deshalb die Möglichkeit der Bedeutung nur als Prozess garantieren, der nicht länger von der Temporalität des Systems, sondern von seinen konstitutiven Erscheinungen abhängt. Hier treffen wir wieder auf das Paradoxon des *texte introuvable*, denn: die Zeit des Systems zu unterbrechen heisst, das Zeichen zu erkennen und zugleich die Gründe seines Verständnisses aufzuheben; die Erscheinungen des Textes wiederzuerlangen heisst, das Zeichen im Spiel der Bewegung aufzulösen.

Ropars wird in der Folge argumentieren, dass das beste Einzelbeispiel in der Filmtheorie zu dieser Problematik in Eisensteins Schriften von 1929 und später zu finden ist, wo er seine Theorie der Montage auf dem Modell der japanischen Schrift, Literatur und Dramatik aufbaut. Eisensteins Überlegungen zum Ideogramm und zur kinematischen Signifikation sind für Ropars' Theorie der filmischen Schrift in zweierlei, Hinsicht von Bedeutung. Erstens heisst es von Eisenstein in Ropars' Lektüre, dass er ausführe, die Montage arbeite sowohl innerhalb als auch zwischen den *shots*. Deshalb ist sie »querschüssig«: sie durchläuft den Raum des *shots* durch die multiplen Codes, die sie in der Konstruktion der kinematischen Bedeutung ins Spiel bringt. Weiters ist Ropars fasziniert von Eisensteins Vergleich der Struktur der Montage mit der des Ideogramms, da beide konstitutive Elemente oder »Zeichen« miteinander verbinden, die auf einem Faktor der Ähnlichkeit basieren, um ein völlig abstraktes oder symbolisches Konzept zu erreichen. Ropars zufolge sucht Eisenstein hier nach einer »abstraction du signe non dans la représentation véhiculée par les matériaux, mais dans la négation de leur dimension représentative; négation qu'un certain type de montage, conflictuel et non additionnel, peut seul réaliser«.[11] Die Organisation eines textualen Systems durch das Prinzip der Montage steht daher den Verhältnissen der Sukzession und der Kontiguität gegenüber, auf denen die konventionelle narrative Denotation gründet. Anstatt dessen maximiert sie die Verhältnisse des Konflikts und der Diskontinuität sowohl innerhalb als auch zwischen den *shots*, um auf diese Art in einem non-referentiellen Raum der Signifikation zu figurieren. Die Montage wird hier zum privilegierten *Zeichen* der filmischen Schrift.

Auf dieser Basis müssen jedoch die Theorien der filmischen Schrift, wie sie von Kuntzel und Ropars präsentiert werden, auseinandergehen. Denn während ersterer das epistemologische Privileg der Schrift mit Rücksicht auf den figuralen Diskurs dekonstruiert, behauptet letztere, dass die Dekonstruktion des logozentrischen Denkens *de facto* in einer bestimmten Organisationsform des filmischen Diskurses erreicht wird. Während weiters Kuntzel seine Theorie der »*Schrift*« auf einer Bedachtnahme der *Arten der Interpretation und der Lektüre* gründet, erstellt Ropars eine Theorie, die auf der *Dekonstruktion* gründet, wie sie durch kinematische *Formen* erreicht wird.

In dieser Hinsicht könnten wir untersuchen, ob Ropars selbst fähig gewesen ist, die radikaleren Aspekte der Kritik des Logozentrismus in ihr eigenes Werk der textualen Kritik einzubringen und in die Aktivität der Lektüre, die diese voraussetzen. Eine Untersuchung ihrer Analyse von *A bout de souffle* könnte daher einige symptomatische Schwächen in ihrer Theorie der Montage und der Äusserung enthüllen.

Ropars folgt einer doppelten Bewegung, die das vielfältige Spiel zwischen Formen der Schrift ist — der *kinematischen* und der *poetischen* —, die sich unaufhörlich gegenseitig durchdringen und miteinander verbinden. Ropars zufolge zirkuliert die *kinematische* Schrift im Film wechselseitig in Form von graphischen Spuren — Filmposters, Photos, Kinomagazinen — durch welche Michel, gespielt von Belmondo, eine imaginäre Identifikation finde, insbesondere mit dem Bild von Bogart. Die poetische Schrift umspiele den Text in der von Ropars am meisten privilegierten *Zone der Fraktur,* die mit der Sequenz 10 des Films identifiziert wird. Diese Szene entwickelt sich innerhalb des Raumes eines einzigen *shots*; Belmondo und Seberg, die ins Kino gegangen sind, um einen Western zu sehen, werden en face im *close up* gezeigt, vom flimmernden Licht beleuchtet, das von der Leinwand reflektiert wird. Eine männliche Stimme spricht im Off einen Text, auf den eine weibliche Stimme im Off antwortet. Dieser Dialog wird über zwei Gedichte verbreitet, das eine von Apollinaire, das andere von Aragon, und ist diegetisch weder in den Charakteren, deren Lippen anderwärtig beschäftigt sind, noch in dem Off-Sound der vorgestellten Kinoprojektion verankert. So ist der Ton im Bild abgetrennt worden, während die poetische Schrift in Form von körperlosen Stimmen zirkuliert. Das kinematische Zeichen wird von der Disjunktion seiner zwei prinzipiellen Register gespalten und die poetische Schrift besetzt die Sprache, während sie in einem Netzwerk der Assonanz, Homonymie und Homophonie (*trop vite, évite, tragique, magique, pathétique*) vorherläuft. In diesem kurzen Moment hat Ropars zufolge die Disassoziation von Bild und Ton, die durch die Montage ermöglicht wurde, die Grenzen zwischen Figur und Zeichen, Sprache und Schrift und in der Tat auch zwischen dem Kinematischen und dem Poetischen verdunkelt, indem sie sie offen, vielfältig und austauschbar gemacht hat. Daher treffen in dieser kurzen Passage zwei semiotische Phänomene aufeinander: die *Instabilität des*

226

Bildes und die *Abtrennung der Stimme.* Diese kurze Sequenz könnte inkonsequent erscheinen, würde sie nicht verdichten, was für Ropars das *System* des Textes ist. Wie in Godards Film entwickelt, ist dieses System durch Montage-Muster oder *hieroglyphische Setzungen* organisiert, die dazu tendieren, die Register der figuralen, skripturalen und vokalischen Repräsentation zu destabilisieren, ein jedes dieser Art sowohl die *In-Szene-Setzung* des Films als auch der hergestellten Fiktion durchlaufend.

In Ropars' Analyse wird aber die Schrift nicht nur mit der hieroglyphischen Schrift und dem freien Spiel assoziiert, sondern auch, paradoxerweise, mit einer Endlichkeit, deren ultimatives Signifikat der Tod ist, anders gesagt, das geschriebene Wort zirkuliert in einer morbiden Ökonomie. Durch ihre Hinweise auf die Presse, den Roman, die Poesie und schliesslich das Kino, bezeichnet die Schrift eine Flugbahn, die die Identität verschliesst. Für Michel Poiccard, der durch die vielfältigen Gestalten beschützt wird, die seine Nähe zum Imaginären des Kinos ihm gewähren, bedeutet dies Festnahme und Auslöschung. Die Endlichkeit des Textes, sein narrativer Abschluss, wird nur durch die Bezeichnung Michels gesichert, die ihn also *immobilisiert.* Weiters wird in Ropars Lektüre diese Ökonomie letztendlich von der sexuellen Differenz regiert, und es passiert hier, dass die Figuration der Schrift eine überraschende Kehre macht. In der Zone der Fraktur der Sequenz 10 wird die Schrift nicht nur zur *Quelle* der Sprache, sie ist auch damit belastet, die graphische Spur abzuweisen, deren Körper sowohl begehrt als auch untersagt zu sein scheint, denn der Text von *A bout de souffle* gibt diesen für einen unzweideutig femininen aus, versiegelt in der Figuration von Seberg als Patricia.

Deshalb besetzt die Schrift drei intertextuale Räume in Ropars' Analyse von *A bout de souffle.* Zuerst käme das Register der *Buchstaben* oder die *Literatur,* die in einem komplexen Netzwerk von Zitaten von Aragon, Apollinaire, Maurice Sachs sowie aus zahllosen anderen kulturellen Diskursen zusammengedrängt wird. Als zweites käme das Register, das durch die Triebkraft der hieroglyphischen Setzung definiert wird, die in der Umkehrbarkeit der *buchstabierten Stimme* und des *bestimmten Buchstaben,* von Bild und Ton, Figur und Zeichen den eigentlichen Raum der Repräsentation in einem System der Metapher und der Metonymie, der Verschiebung und der Verdichtung zum Erlöschen bringt. Als letztes käme die Assoziation des weiblichen Körpers (als *organischer* Signifikant der sexuellen Differenz) mit dem geschriebenen Wort, die die Opposition von Zeichen auf die Unterscheidung der Geschlechter reduziert. Hier würde Ropars vorsichtig formulieren, dass das radikale Potential der zwei ersten Register durch das letztere überwacht wird. Indem sie ein Paradigma (maskulin/feminin) in seiner machtvollen Wirkung formt, kontrolliert die Textualisierung des weiblichen Körpers in *A bout de souffle* die Dissemination der Buchstaben im Film, indem sie den Status guter Fiktion durch die Triebkraft eines schlechten Objekts instand setzt. (In Kuntzels Analyse von *The Most Dangerous Game* spielt das Paradigma der sexuellen Differenz eine ähnliche Rolle, indem es als fester Grund dient, der die Umkehrbarkeit der Terme in den anderen Paradigmen überwacht.) Der Charakter von Patricia wird in Godards Film als dieses *gefährliche Supplement* entwickelt, eine Verdoppelung des Buchstabens in der Stimme und narzisstisches Double der maskulinen Identität, das das Zeichen der Kastration trägt, das entweder erforscht und gemeistert werden muss oder meistert und zerstört. Obwohl das Feminine die lineare Fortbewegung des Textes zerstört, indem es den eigentlichen Raum der kinematischen Signifikation in einer hieroglyphischen Verstörung von Bild und Ton, Figur und Zeichen versetzt, unterstützt es dennoch einen Widerspruch, in dem die Stabilität der Fiktion durch die Narration und das Gesetz der sexuellen Differenz wieder eingesetzt wird.

Ich würde unterstellen, dass trotz einer Tendenz, bisweilen eine eigenwillige und dunkle Lektüre zu praktizieren, die Bedeutung von Ropars' Arbeit in der Text-Analyse in folgendem besteht: Während die meisten früheren Text-Semiotiken sich auf die wechselseitigen Transformationen von kinematischen und narrativen Codes konzentriert haben, präsentiert Ropars' Text-Theorie diese Transformation als ein destabilisierendes Potential, das die Narration durch die Möglichkeiten der Montage, die der kinematischen Ausdrucksweise inhärent sind, fragmentiert und dissimuliert. Obwohl Ropars jedoch dazu geführt wird, die explosive und zentrifugale Kraft der Hieroglyphen zu betonen, kann sie doch ihr gleichzeitiges Potential zur textualen Stabilisierung nicht ignorieren. Diese mächtige Differenz, die dahingehend begriffen wird, den integren Körper des Zeichens zu disfigurieren, wird, wie gezeigt wird, von einer gegebenen Logik der sexuellen Differenz beschränkt. Wie Ropars andernorts deutlicher ausgeführt hat, enthüllt diese Assoziation des weiblichen Körpers mit der Schrift eine profunde *Dubiosität* in Godards Film, Faszination und Argwohn zugleich, was Godard als die *Feminisierung des Mediums* ansehen würde.[12] Die Schrift zirkuliert in *A bout de souffle* mit einer tödlichen Mächtigkeit. Die Eruption der hieroglyphischen Setzung im Film wird als eine Austreibung der Gefahr und der Differenz verstanden, die der weibliche Körper voraussetzt. Die Schrift erscheine in Godards Film nur, um gebrochen, ausgelöscht oder in eine Figur transformiert zu werden. Die epistemologische Mächtigkeit und die Dekonstruktion, die Godard dem kinematischen Zeichen zuweist, würde demzufolge als von einer masochistischen Ökonomie auf seiten des maskulinen Subjekts geleitet erscheinen. Die Differenz erscheint hier in der Fraktur des Zeichens aufgeschoben, nur um sich selbst im Tod des maskulinen Helden aufzulösen. (*Pierrot le fou* ist ein in dieser Hinsicht ebenso wichtiges Exempel.)

So besteht ein Teil des Werts von Ropars' Werk im Hinweis auf ein viel breiteres Phänomen in der kinematischen Signifikation: jenes der Reduktion der Opposition von Zeichen auf die Unterscheidung der Geschlechter als teilweises Ergebnis der Zurückweisung, die die Schrift in der Geschichte des okzidentalen Denkens erfahren hat. Jedoch ist das gegenwärtige Ergebnis nicht auf ein System von Godards Filmen bezogen, sondern auf eine Theorie des Textes, die Ropars Lektüre ihnen (vor)unterstellt. Es scheint daher nötig, ein Paradoxon aufzulösen, das schon offenbar geworden sein sollte. Den Unternehmungen der sexuellen Differenz zufolge, die das System der hieroglyphischen Setzung in Godards Filmen beaufsichtigen, *ist es genau die Aufspaltung der Zeichen, die auf seiten des maskulinen Subjekts die Integrität der Äusserung und ihre Kohärenz garantiert.* Wenn aber in verschiedenen Beispielen Ropars' die Dezentrierung der Subjektivität ganz entschieden mit der dekonstruktiven Kraft der Hieroglyphen assoziiert wird, wie können wir dann dieser Ausweglosigkeit begegnen, die die Integrität des Text-Systems und der subjektiven Relationen, die es determiniert, zugleich bestärkt und verleugnet. In diesem Zusammenhang muss das Konzept der *Stimme*, wie es in Ropars Theorie operationalisiert wird, betrachtet werden. Sie ist sorgsam darauf bedacht, dieses Konzept von jenem der *parole* oder der Sprache zu trennen; aber wenn die Stimme mit dem Prozess der Äusserung assoziiert wird, können wir berechtigterweise fragen, ob sie das Gespenst der Schrift, das die Filmsemiotik verfolgt hat, vertreibt oder es herbeiruft. Untersucht die Frage der »Schrift« in Ropars' Theorie den Status des Zeichens und des Textes in der Filmtheorie mit der ganzen Kraft der dekonstruktiven Philosophie, oder bezieht sie die Schrift auf eine tangiblere Entität, auf die graphische Form oder auf *Buchstaben* im Sinne der literarischen Kommunikation?

Am Ende ihres Essays über *A bout de souffle* führt Ropars aus, dass Godards Film sich selbst als Schrift geltend macht, gleichwohl aber eine Demontage der Schrift praktiziere, während er seine Ressourcen aus ihr ziehe. Es *ist* daher eine Frage nach *zwei* Schriften. Auf der einen Seite behauptet Ropars, dass die filmische Schrift bei Godard eng mit einer Reflexion über das Kino verbunden sei. Für Godard impliziere die Entwicklung der *cinécriture* eine direkte Bedachtnahme auf die schriftliche Form. In *A bout de souffle* nimmt die Reflexion die Form einer Zitation von Kino-Schrift im buchstäblichen Sinn an: Film-Posters, das Bild von Bogart, der Verkauf von *Cahiers du cinéma* usw. Anders als in den Anspielungen von *Vent d'est* und *Tout va bien*, wo es einen direkten Anspruch gibt, die Vermittlung des kinematischen Diskurses zu erkennen, ist es hier eine Frage der *filmischen Anspielung* oder der *kulturellen Repräsentation des Kinos.* Diese strategische Anspielung ist ein Zitat oder eine Formgebung für einen populären Diskurs oder eine populäre Schrift des Kinos und über das Kino.

Aber wir wissen auch, dass für Ropars dieses Niveau der Zitation in einer bestimmten Weise parasitär ist, seine Wichtigkeit für die Äusserung des Textes oder sein Beitrag zur *paragrammatischen* Dichte des Films wird vom verbindenden Netzwerk formuliert, das, zusammengefasst in Sequenz 10, das textuale System durch einen kabbalistischen Diskurs der Fragmentierung hindurch verteilt, vereint in seiner eigentlichen Bezeichnung: *A bout de souffle.* Und was wäre diese Sequenz, wenn nicht jener Moment, wo die populäre amerikanische Narration (der Western) auf die modernen französischen Schriftarten trifft? Zwei Dimensionen der Schrift in diesem Film, oder zwei Netzwerke der intertextuellen Zitation, die jedoch nicht gleichwertig sind. Ropars wird in dieser Hinsicht ziemlich deutlich: die erste begleite die Fiktion nur, indem sie sie reflektiere, die letztere, die mit der Semiotik zu tun habe, veranlasse die Narration zurückzutreten, indem sie sie zeitweilig unterbreche. Die hieroglyphische Dimension von Godards Text verursache daher durch die exzentrischen spatialen Konfigurationen, dass die modernen Schriftarten in die populäre Fiktion hineinfallen und sie verstellen und diese Fiktion in ihrem Aussehen umformen.

Für Ropars garantiert der Text von Godard selbst die Schrift; erstens durch die Repräsentation und die Thematisierung der graphischen Spuren (der Literatur) und zweitens in einer direkten Anrufung der modernen, der poetischen Schriften. In der Theorie des Textes, die Ropars auf dem Modell der Hieroglyphen basieren lässt, wird die filmische Schrift, sogar wenn das Privileg nicht länger der Narration zukommt, nur durch die Konformität mit einer vorgegebenen literarischen Modalität gewährleistet. In anderen Worten, die Filmsemiotik würde ihr begründendes Moment nicht länger im narrativen Text finden, sondern eher im *poetischen* Text. Interessant in diesem Zusammenhang, dass Ropars' Beschreibung der hieroglyphischen Dimension des Film-Textes ziemlich genau mit Jakobsons Definition der poetischen Kommunikation übereinstimmt.«[13] Deshalb wird in Ropars' Theorie die Fähigkeit der paradigmatischen Dimension des Films, die lineare Entfaltung der Narration zu unterbrechen, nicht nur durch das Paradigma der sexuellen Differenz geregelt, sie wird überdies von einem zweiten Paradigma kontrolliert, das die *Poiesis* der *Mimesis* gegenüberstellt. Der epistemologische Standpunkt des Logozentrismus, der das Verständnis des figuralen Diskurses angesichts der Schrift vernachlässigt, ist hier nicht *dekonstruiert* worden, er ist nur auf eine neue Unterscheidung verschoben worden. Es kann kein Zweifel daran bestehen, dass in Ropars' Theorie die *Schrift* durch diese Oppositon definiert wird und innerhalb derselben verbleibt, in der sie als ein Mittel der Kommunikation gezeichnet wird und ihre einzigartige Form als *Text* erhält. Und indem sie die kinematische Form innerhalb einer Theorie des poetischen Textes fesselt, zeichnet sie das Kino als ein Objekt der ästhetischen oder literarischen Kommunikation, während sie es vom *populären* Diskurs oder der praktischen Sprache löst.

Weiters führt diese Opposition in Ropars Schlussfolgerung eher zu einer *Stilistik* als zu einer Theorie der Signifikation. Die Analyse wird so zur Handlungssphäre einer Pragmatik des ästhetischen Textes. Die Montage läuft hier Gefahr, das Zeichen eines Künstlers zu werden, welcher seine eigene Semiotik kreiert. Trotz ihrer Wertschätzung der Probleme des Saussureanismus bei Benveniste leidet Ropars' Theorie in dem Mass, als sie nicht entscheiden kann, ob die Beziehung von Montage und Äusserung von der künstlerischen Ausbreitung eines *formalen Systems* oder von dem Druck einer dekonstruktiven Lektüre regiert wird. Wir wissen zum Beispiel, dass für Ropars der Wert des Konzeptes der Äusserung darin besteht, dass es die Vorstellung des Prozesses und der Bewegung der Theorie des Textes zurückgibt, indem es die Austauschbarkeit von Zeichen und Diskurs ebenso aufzeigt wie aller anderen hierarchisch bestimmten Elemente der textualen Struktur. Wir wissen aber auch, dass, indem es die Abtrennung der Sprache von sich selbst voraussetzt, dieses Konzept einen Raum im Diskurs öffnet, der vom Subjekt okkupiert werden muss. Es ist dies der Punkt, an dem wir uns fragen müssen, ob es ein Raum ist, in dem das Subjekt herumstolpert und verloren geht, oder in dem es mit der ganzen Kraft einer imaginären Präsenz aufrecht gestellt wird.

Auf dieser Basis müssen wir schliesslich entscheiden, ob die Assoziation von Benveniste mit Freud und Derrida Ropars' Theorie dienlich ist, oder ob die Theorien der Äusserung auf der einen Seite und der *écriture* auf der anderen inkompatibel sein könnten. Die Komplexität, die vom Konzept der Äusserung unterstellt wird, gibt dem Text paradoxerweise die Selbst-Identität eines Systems zurück; sie umschliesst den Text, etabliert seine Grenzen, und zeichnet ihn als ein Objekt, welches intelligible subjektive Verhältnisse vorherbestimmt. Die Schrift, die Ropars in Form der Hieroglyphen und der Montage beschreibt, wird letztlich von diesem Konzept eingeschränkt, das sowohl die Integrität des Text-Körpers als auch die Plazierung eines kohärenten (maskulinen) Subjekts durch vielfältige Abwandlungen der *Stimme* garantiert: jener des *Autors* (Godard), dessen Plazierung den Status des Kinos als Schrift garantiert und es gleichzeitig in die Geschichte der modernen Schriftarten stellt; jener des *Stils* oder der literarischen Stimme, die das System des Textes als ein Objekt der ästhetischen Kommunikation und der poetischen Sprache definiert und schliesslich jener der *Meisterschaft des Bildes*, welche der Fetischisierung des Buchstaben entgegengestellt wird, in der sich die Kohärenz des maskulinen Subjekts auf der Meisterschaft der Absenz oder jener Gefahr des Verlustes gründet, die zu bezeichnen der weibliche Körper gebracht wird.

In dem Ausmass jedoch, in dem sie ein kulturell determiniertes Verhältnis zwischen Figur und Zeichen aufzeigt, ist Ropars' Analyse der sexuellen Differenz unschätzbar wertvoll. Indem sie Derrida auf ihren eigenen Grund bringt, hat Ropars in der Filmtheorie gezeigt, wie die Schrift mit der Feminität in der okzidentalen Kultur assoziiert worden ist als das, was den Körper des logozentrischen Zeichens disfiguriert, indem es ihn nicht eins macht, nicht ganz, nicht identisch mit sich selbst. Die Gefährdung durch die Schrift korrespondiert hier mit jener der sexuellen Differenz und mehr noch: indem sie die Integrität des Körpers in der Stimme und des Zeichens in der Sprache verstellt, partizipiert sie an der Dekonstruktion von Unterscheidungen, der Interiorität und der Exteriorität, der Präsenz und der Absenz und aller Subjekt/Objekt-Verhältnisse. Dennoch schreibt in Ropars' Theorie des Textes das Gespenst der Schrift beständig die Einbildung der Stimme in das Spiel der *Schrift* wieder ein. Als dekonstruktive Lektüre verstanden, sind Ropars' Text-Analysen kraftvoll und überragend. Aber als eine Theorie der Figuration und des kinematischen Textes sind sie problematisch in dem Ausmass, in dem sie von Modellen der literarischen Sprache und

Kommunikation überlagert sind.

Zusammengefasst, wenn wir daran gehen, eine Semiologie des figuralen Diskurses und der hieroglyphischen Form zu inaugurieren, müssen wir den widersprüchlichen Platz, den die Schrift nun im Feld der Filmtheorie und der Text-Analyse besetzt, voll in Rechnung stellen. Es ist ein Teil des grossen Wertes der Arbeiten von Kuntzel, Ropars und anderen, aufgezeigt zu haben (wenn auch zeitweilig nur versteckt und ansatzweise), dass der Status der Schrift in der Filmtheorie oft eine Austreibung der Differenz, die sie bezeichnet, voraussetzt. Das epistemologische Privileg, das der Schrift in unserer Kultur gewährt wird, ist mehr als die Transkription der Sprache, die Übertragungswelle der Rhetorik oder die Vorratskammer der Erinnerung zu sein. Es ist auch das, was sich selbst konstituiert, indem es dem visuellen Feld gegenübersteht, es besetzt und einschränkt. Auf diese Art wird das Verständnis des figuralen Diskurses als das beschränkt, das entweder der Sprache entbehrt oder die Bedeutung überschreitet und dessen Bezeichnungsfähigkeit entweder von der Schrift gemeistert oder in einem Fetisch des metaphysischen Denkens wie dem der *intuitiven* oder der versteckten Bedeutung gefasst werden muss. In der postmodernen Ära, dem Zeitalter der Massenkultur, das vom sozialen Hieroglyphen dominiert wird und dem, was Baudrillard als *Economie politique du signe* bezeichnet hat, ist die Schrift im visuellen Feld aufgegangen, disfiguriert worden. Ohne eine gründliche Kritik steht sie nun als eine mächtige Grenze des kulturellen Wissens. Wenn die Filmtheorie durch die dekonstruktive Philosophie ihr eigenes Gebiet, das jenes generellen Verständnisses der kinematographischen Signifikation ist, erweitern will, sollte es vielleicht die Schrift selbst sein, die nun gestutzt werden muss. Denn was die Text-Analyse des Films an den Beispielen von Kuntzel und Ropars enthüllt, ist zugleich der Segen und der Fluch der *Schrift,* die in den Klauen des logozentrischen Denkens gefangen ist. Es passiert innerhalb des kinematographischen Feldes — charakterisiert durch die Heterogenität seiner Ausdrucksweisen und das Spiel der vielfältigen signifikanten Systeme —, dass die Mächtigkeit des Hieroglyphen als gemischtes und verstellbares *Zeichen* nun das Feld seiner grössten Einschränkung oder Befreiung besetzt.

(Aus dem Englischen von Hans Petschar)

Anmerkungen

1 Roland Barthes: De l'œuvre au texte. in: Essais critiques IV. Le bruissement de la langue. Paris, Seuil, 1984, pp. 69-77.
2 Roland Barthes: S/Z. Paris, Seuil /(Tel Quel), 1970.
3 Raymond Bellour: Le texte introuvable. in: L'analyse du film. Paris, Albatros, 1979, pp. 35-41.
4 Jacques Derrida: Freud et la scène de l'écriture, in: L'Écriture et la Différence. Paris. Seuil, 1967.

5 Jacques Lacan: L'instance de la lettre dans l'inconscient ou la raison depuis Freud, in: Ecrits I. Paris, Seuil, 1966, pp. 249-289, p. 269.

6 Sigmund Freud: Aus der Geschichte einer infantilen Neurose. (Der Wolfsmann), in: Studienausgabe Band VIII: Zwei Kinderneurosen. Frankfurt/M., Fischer, 1982, pp. 125-232.

7 Sigmund Freud: Erinnern, Wiederholen, Durcharbeiten. (Weitere Ratschläge zur Technik Psychoanalyse II). in: Studienausgabe Ergänzungsband: Schriften zur Behandlungstechnik. Frankfurt/M., Fischer, 1982, pp. 205-215.

8 Sigmund Freud: Ein Kind wird geschlagen (Beitrag zur Kenntnis der Entstehung sexueller Perversionen). in: Studienausgabe Band VII: Zwang, Paranoia und Perversion. Frankfurt/M., Fischer, 1982, pp. 229-254.

9 Cf. Sigmund Freud: Die Traumdeutung. in: Studienausgabe Band II: Die Traumdeutung. Frankfurt/M., Fischer, 1982, pp. 297 sqq.

10 Emil Benveniste: Sémiologie de la langue. in: Problèmes de linguistique générale, II. Paris, Gallimard, 1974, pp. 43-66.

11 Marie-Claire Ropars-Wuilleumier: Overall Perspectives. in: The Enclitic International Conference on the Textual Analysis of Film. 16 May 1981.

12 Diese Unterscheidung bezieht sich auf die signifikativen Veränderungen innerhalb (intra-) bzw. als differentielle Beziehung zwischen verschiedenen Codes, die im Rahmen einer konventionellen Narratologie beschrieben wird.

13 Roman Jakobson: Linguistik und Poetik. in: Poetik. Ausgewählte Aufsätze 1921-1971. Frankfurt/M., Suhrkamp, 1979, pp. 83-121, p. 94. A.d.Ü.: Jakobson spricht hier von der poetischen Funktion der Sprache und nicht, wie Rodowick via Ropars übersetzt, vom poetischen Text. Da die Definition des Äquivalenzprinzips semiologisch gesprochen nichts anderes besagt, als dass die Ausdrucksweisen an der Bedeutungsbildung partizipieren, kann Ropars' Theorie der Montage m.E. als die adäquate Übersetzung dieses Prinzips in den Bereich der filmischen Signifikation begriffen werden und nicht als Übernahme eines linguistischen Modells. Zutreffend ist allerdings, dass Ropars das dekonstruktive Potential der Montage betont, während die poetische Funktion der Sprache bei Jakobson, die in jedem semiologischen System wirken kann, zugleich konstruktiv und dekonstruktiv, auflösend und verfestigend gefasst wird.

HERBERT LAUENROTH

»… ein Text ohne Stimme« (Derrida).

Anmerkungen zur historio- bzw. kinematographischen »Authentizität«

> *Immobilmente collocato invano,*
> *Muto, mirando dell'etadi il volo,*
> *Sta, di memoria solo*
> *E di dolor custode, il simulacro*
> *Della scorsa beltà. Quel dolce sguardo,*
> *Che tremar fe', se, come or sembra, immoto*
> *In altrui s'affisò;*
> (Giacomo Leopardi, Canto XXXI)

> *Das graphische Abbild wird nicht gesehen und*
> *das akustische Abbild wird nicht gehört. Uner-*
> *hört bleibt die Differenz zwischen den erfüllten*
> *Einheiten der Stimme. Und unsichtbar auch die*
> *Differenz im Korpus der Inschrift.*
> (Jacques Derrida, Grammatologie)

In einem der unprätentiöseren Kapitel seines methodologischen Einführungs-
werkes »Theorie der Geschichtswissenschaft«[1] resümiert der Historiker Karl-Georg
Faber eine traditionelle hermeneutische Grundposition, die auf die Bedeutung
narrativer Strukturen im Umfeld geschichtlicher Erkenntnis verweist:

Die Fähigkeit, aus der eigenen Sprache herauszutreten und sich auf die Sprache des jeweiligen
Gesprächspartners … einer anderen Zeit — einzustellen, gehört zu den subjektiven
Voraussetzungen des Verstehens überhaupt und damit jeder historischen Wissenschaft. Sie
beruht objektiv auf der Struktur der Sprache … (deren) Geschichtlichkeit … nicht nur
Bindung an einen bestimmten Sprachraum oder an ein Zeitalter, sondern permanente
Fortbildung ist … Alle Sprachen besitzen, indem sie aus Wörtern bestehen, eine rationale
Struktur … Auf dieser 'intermittierenden Allgemeinheit' der Sprachen beruht die Tatsache,
dass sie prinzipiell ineinander übersetzt werden können. In Wahrheit ist jedes Übersetzen das
Sich-Vergewissern einer bereits existierenden gemeinsamen Basis der beiden Sprachen, *aller*
bekannten Sprachen …[2]

Die solchermassen definierte hermeneutische Praxis lässt sich im Hinblick auf das
ihr vorgelagerte Interesse als Verfahren einer (historisierenden) mehrdeutigen »Kontext«-bildung begreifen, die in einer dialektisch konzipierten Repräsentationsfunktion

235

von Subjekt und Objekt, Gegenwart und Vergangenheit, Kompetenz und Performanz angelegt ist und eine normative Instanz der die Taxonomie des Faberschen Konventionsmodells begründenden, diffus konnotierten »Wahrheit« verbindlich setzt.[3]

Die Kategorie der »Geschichtlichkeit« ist dabei für den weiteren Zusammenhang von Bedeutung, als hier die kaum reflektierte temporale auf die narrative Struktur bezogen wird und die Substantialität einer semantischen Linearität in ihrer von organischen Vorstellungen durchzogenen Begrifflichkeit (»Fortbildung«) ausweist. In seinem Rekurs auf die metaphysisch wie linguistisch bestimmbare Origo des (Kon-)-textes, die als »ontologische Differenz« (Heidegger) das Motivinventar der okzidentalen Philosophie in der Bewegung und Erstarrung einer hermeneutischen Reflexion von »Sprache« und »Sein«, »Buchstabe« und »Geist« bzw. der in ihrer Diachronizität vielfältigen »Codes« und des synchronen, ein-fältigen »Metacodes« evoziert, zeichnet sich das Widersprüchliche bei Faber als Einsicht in die Determination historischer Erkenntnis durch die »Sprache« ab, deren Bedeutung ausserhalb ihrer kategorialen Bestimmung konstituiert wird.[4]

Die Argumentation Fabers lässt sich im Hinblick auf die von ihr implizierte Methodologie eines »ontologischen Strukturalismus«[5] als triadische (an das entsprechende semiologische Modell von C.S. Peirce, dessen Dekonstruktion einen Schwerpunkt der vorliegenden Arbeit bezeichnen wird, angelehnte) Relation formalisieren:[6]

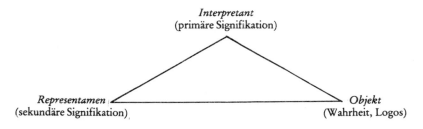

Interpretant
(primäre Signifikation)

Representamen   *Objekt*
(sekundäre Signifikation)   (Wahrheit, Logos)

Die semiologische Konzeptualisierung einer dialektisch-historistischen Theorie der Bedeutung fasst die »intermittierende Allgemeinheit« als strukturelle Homologie aller Zeichen und Codes (als »Natura naturata«), die in der Repräsentation einer historischen wie phänomenologischen Totalität (»Eigentlichkeit«, »Vernunft«, »Kongenialität«, als Synonyme einer »Natura naturans«) gründet und jene Tendenzen des »Phono«-bzw. »Ethnozentrismus« freisetzt, von denen noch zu reden sein wird. Der historiographische Code fungiert als »Interpretans« des »historischen« Codes, bezeichnet also jenen umwegigen, vermittelten Vorgang einer (semantisch klassifizierbaren) »Synonymie« bzw. einer »kontinuierlichen Kommutation« (Eco).[7] Die »sekundäre« Signifikation, die in ihrer Begrifflichkeit die Derivation bzw. vieldeutige »Zu«-Schreibung einer Sinnstiftung konnotiert, erschliesst in dem für sie konstitutiven, gewissermassen genealogisch konzipierbaren Verweisungszusammenhang auf die Ebene der Historio-graphie ihre Re- als Depräsentation. So lässt sich im Rahmen eines von der Metaphysik des Referens strukturierten Modells jene provozierende Feststellung lesbar machen, derzufolge »Historie« qua Historiographie existiert.[8]

»Kommutation« bzw. »Synonymie« sind Begriffe, die der hermeneutischen Praxis ihre signifikative bzw. referentiale Organisation zurückerstatten und im Hinblick auf die Klassifikation des »ikonischen Zeichens« bzw. der diesem entsprechenden, wiederum taxonomisch strukturierten Codes, deren Gesamtheit das komplexe Umfeld einer visuellen Semiologie konturieren soll, eine Reihe von naiven Auffassungen umschreiben, die im weiteren Kontext einer das Verhältnis von Geschichtswissenschaft und Film prägenden Gleichsetzung von Signifikation und Repräsentation wirksam werden: So dominiert der von Peirce eingeführte Objektbezug die Klassifikation der Zeichensysteme[9] als Korrelation einer Analogie bzw. Motivation.

Auf eindrucksvolle Weise exemplifiziert sich diese von weitgehender methodo- bzw. semiologischer Ignoranz überschattete Annäherung der Historio- an die Kinematographie in den Ausführungen eines italienischen (Film-)Historikers:[10] Die einem phänomenologischen Wirklichkeitsbegriff entsprechende kategoriale Differenzierung nach »Dokumentar-« und »Spielfilm« wird einerseits im Hinblick auf ihre strukturelle Homologie relativiert als »rapporto intrinseco tra il filmico e il profilmico, tra il processo di significazione del linguaggio cinematografico ... e la realtà fenomenica«, um andererseits ihre rigide Trennung unter Berufung auf die im Peirceschen Modell als Denotatum codifizierte »Wirklichkeit« in ihrer analogischen Repräsentationsfunktion erneut festzuschreiben; so merkt Rondolino bezüglich des dokumentarischen Films an: »I fatti sono mostrati ... in una sorta di simbiosi fra la realtà e la sua rappresentazione«.[11]

Im Hinblick auf die offensichtlichen Mängel einer in ihre Dichotomien verstrickten Hermeneutik scheint es notwendig, die fetischisierte Konzeption einer referentiellen, »objektiven« Wirklichkeit im Rahmen einer semiologischen Analyse, deren Gewinn vor allem in der Erschliessung innovativer kriteriologischer Zugänge liegen dürfte, zu dekonstruieren.

Faber verwendet in der oben zitierten Passage einen feststehenden, eher sprachphilosophisch-spekulativ standardisierten »Zeichen«- und »Code«-Begriff, dessen »Geschichtlichkeit« sich mit der Vorstellung einer linearen, begriffsgeschichtlichen Entwicklung verbindet, einer historisierenden Syntax, die sich den semantischen Werten (»Wörtern«) unterordnet. Damit ist die Strukturierung eines »Kontextes« in der etymologischen Funktionalität eines inter- bzw. intra-codischen[12] Montageprinzips erfasst; zugleich stellt sich die weitergehende Frage nach der klassischen

Konzeption des »Zeichens«, die in ihrer Gültigkeit für eine filmsemiologische Analyse diskutiert werden soll.

Eine komprimierte Lektüre des Saussureschen Cours, die die auktoriale Intention zunächst einmal unberücksichtigt lässt, resümiert die Widersprüchlichkeiten des Genfer Strukturalisten in folgender Weise: Die differentielle Bedeutungskonstitution geht dem binären Zeichenmodell voraus, die Pluridimensionalität der Linearität,[14] die Bewegung der Signifikanten der nachträglich gesetzten Positivität einer signifikativen Identität,[15] die Metonymie der Metapher bzw. die Syntax der Semantik. Diese Befunde markieren eine Unvereinbarkeit mit der Konzeption einer originären sinnstiftenden Instanz, wie sie beispielsweise in der normativen Zurichtung des Attributs der »Sprachlichkeit« deutlich wird.[16] Dieses substantialistische Kriterium reflektiert den eingangs skizzierten (sprach)philosophischen Topos der auf Heidegger zurückführbaren »ontologischen Differenz«, an der die Problematik der ursprünglichen Konstitution von Bedeutung deutlich wird, die die »Sprache« auf das »Sein« bezieht. Die im »Spruch des Anaximander« erörterte Bahnung des »Seins« im »Seienden« als Spur der im Diktum der »Seinsvergessenheit«[17] erloschenen Differenzierung wird an die Stelle einer dichotomischen Matrix von An- und Abwesenheit, der ein repräsentationales Zeichenmodell entspricht, die generative Bewegung einer im Unterschied zu ihrer ontologischen Präformation unabschliessbaren »Urspur« bzw. »différance« gesetzt, die keine nominale, codifizierbare[18] Einheit mehr besitzt, sondern deren Bestimmung als »Kette von differierenden Substitutionen«[19] eine negative Ausgrenzung bezeichnet. Diese Dekonstruktion der Transzendentalphilosophie impliziert in ihrem Neologismus der »différance«[20] die Überschreitung einer empirisch gesetzten, originären »Wirklichkeit« auf ihren »Nicht-Ursprung«,[21] die jene methodologische Konvention einer hermeneutischen Ur-Struktur selbst zerstört.[22] Die Absenz einer repräsentationalen Instanz entgrenzt den Prozess der Semiosis als (vielfach metaphorisierbare) Verschiebung des Signifikates und irrealisiert dessen referentiale Identität.[23] Damit wird die von metaphysischen Residuen geprägte Konzeption der Saussureschen »Sprache« durch den Terminus der »Schrift« ersetzt, der eine pluridimensionale Tendenz der »Verräumlichung« bezeichnet, die der Konsekutivität der akustischen Signifikanten entzogen bzw. vorgelagert ist. Die wiederum innovatorische Einführung und Verwendung des Begriffs der »Schrift« bezieht sich auf ein Anti-Modell der (von okzidentalen Konnotationen als Ausdruck eines ethno-bzw. phonozentrisch bestimmten Selbstbewusstseins überlagerten) Signifikation, das mit dem auf Saussure zurückgehenden, (von J. Lacan beispielsweise weiterhin adaptierten und damit auch in der Subversion des Zeichenbegriffs seiner hermeneutischen Restfunktion verpflichteten) Binarismus von Signifikant und Signifikat endgültig bricht.[24]

Die Konzeption der »Brisur« (als »articulation par charrière de deux parties d'un ouvrage de menuiserie«)[25] entspricht in ihrer Metaphorisierung dem artikulatorischen Prinzip der »différance«. In dieser zergliedernden Öffnung der »Sprache« vollzieht sich die »Schrift«-werdung eines Texts, dessen unausgesetzte Depräsentation einer definitorischen Sinnstiftung seine Entgrenzung beschreibt. Die bei Saussure noch konstatierbare Unterordnung der (syntaktisch)-differentiellen Konstitution von Bedeutung gegenüber der (semantisch)-signifikativen Binäropposition bezeichnet gerade im Hinblick auf eine filmspezifische Theorie der Signifikation die jener Unterscheidung entsprechenden Leistungen einer quanti- bzw. qualifizierenden Montage, deren Elaboration im linguistisch wie metaphysisch skizzierten Kontext den Film als »ciné-langage« bzw. »cinécriture«[26] begreift.

Diese Verwurzelung des klassischen Zeichen- und Code-Modells in einer linearen Temporalstruktur durchzieht als semiologisch unreflektierte Voraussetzung die programmatischen Reflexionen und ersten filmischen Experimente Lew Kuleschows, dessen Montageprinzip Pudowkin folgendermassen beschreibt:

> Kuleschow war der Meinung, dass der Rohstoff der Filmarbeit aus Filmstücken und die Kompositionsmethode aus ihrer Zusammensetzung in einer bestimmten schöpferisch entdeckten Reihenfolge bestehe ... Die Filmkunst beginne in dem Augenblick, wo der Regisseur daran ginge, die verschiedenen Filmstücke zu kombinieren und zusammenzusetzen.[27]

Dieser Montagetyp schränkt das differentielle Prinzip einer Artikulation von Bedeutung ein und erinnert in dieser signifikativen Restriktion an diesbezügliche Ausführungen Saussures. Wenngleich es sich in beiden Fällen um eine arbiträre Korrelation handelt und Pudowkin wie Kuleschow die kategoriale Nichtidentität der filmisch bzw. aleatorisch konzipierten gegenüber der phänomenologischen bzw. einer »pro-filmisch« attribuierten »Wirklichkeit« betonen, so bleibt dennoch eine Darstellungsstrategie bestimmend, die eine illusorische Kontiguität des »Realen« codifiziert. Die Kombinatorik der Einstellungsoppositionen besteht in der Kumulation verschiedener (im Rahmen eines von Pasolinis rasendem »Empirismo eretico« als referentielle Grösse über Ecos Klassifikation folgerichtig hinausgedachten »Wahrnehmungscodes«) bedeutungstragender Elemente, deren Identität unangetastet bleibt.[28]

Dieses Modell einer »epischen« Montage — wobei sich hinsichtlich der Verwendung dieses Adjektivs eine bezeichnende Verschneidung der Eisensteinschen mit der Derridaschen Begrifflichkeit feststellen lässt[29] — hat Sergej Eisenstein in seiner (als »dramatisch« attribuierten) Theorie einer diskontinuierlichen Bedeutungskonstitution aus der methodologisch fruchtbaren Hinwendung zu orientalischen Schriftsystemen verworfen:

> Meiner Ansicht nach ist aber Montage nicht ein aus aufeinanderfolgenden Stücken zusammengesetzter Gedanke, sondern ein Gedanke, der im Zusammenprall *zweier voneinander unabhängiger Stücke* entsteht.[30]

Hier ist die Axiomatik der Eisensteinschen Montage als qualifizierende Tendenz der Verräumlichung als (piktographisches) Schriftsystem formuliert, die den traditionellen Zeichen- und Code-Begriff auf die Voraussetzung seiner bei Saussure zugunsten einer etablierten signifikativen Identität konzipierten Arbitrarität bezieht: Die Montage als Metapher der »Brisur« erschliesst den Zwischenraum ihrer bedeutungstragenden Elemente; genauer: die Bedeutung konstituiert sich in jenem Intervall, das Eisenstein als »Grad der Nichtübereinstimmung« einer diskontinuierlichen Verkettung der autonomen Einstellungsgrössen definiert. Das »tertium comparationis«[31] bezeichnet nicht mehr die originäre narrative Instanz eines hypertrophen »Meta-Codes«, sondern die Bahnung einer nicht hintergehbaren Differentialität, die jede a priori gesetzte (logosspezifische) Semantisierung in ihrer generativen Bewegung aufhebt.

In vereinfachender Formalisierung lassen sich die beiden Montagemodelle (der »ciné-langage« bzw. »cinécriture«) als $A+B=AB$ (Pudowkin, Kuleschow) bzw. $A+B=C$ (Eisenstein)[32] darstellen, deren Spezifikum in der Identität bzw. Fragmentierung ihrer Glieder besteht.

Wenn man die Formalisierung der Eisensteinschen Montage auf die eingangs evozierte triadische Modellbildung bei Peirce überträgt, wird die Dekonstruktion einer dialektischen Beziehung von Representamen und Interpretans,[33] die sich dem referentialen Objektbezug verdankt, deutlich:

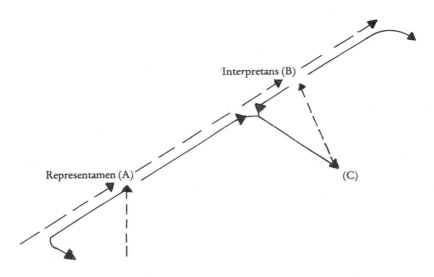

Die triadische Struktur verfügt an der Basis über das Representamen, das in keine direkte Beziehung zu dem Objekt gesetzt wird, das es zu repräsentieren vorgibt. Die umwegige Konstitution der Bedeutung spaltet das Representamen als semiotischen Verweisungszusammenhang, der das Interpretans generiert und in der unausgesetzten Zeichenwerdung[34] eine irrekuperable Bewegung der Substitution eröffnet. In dieser Paradoxie einer Identität, die sich durch diesen Vorgang der Spaltung bestimmt, vollzieht sich die Bahnung der »différance« bzw. eröffnet sich jene spielerische Bewegung, die in der Axiomatik des »Omne symbolum de symbolo« begründet ist. Die Affinität zu dem insertiv montierten Theorem Eisensteins liegt dabei in der qualitativen Bestimmung eines analogisch konzipierten Potentials einer im Hinblick auf den Referens klassifizierten Signifikation: In beiden Modellen geht die triviale Konnotation der Repräsentation in der a-referentialen Deixis auf, die das Prinzip der konfliktuellen Montage der konstitutiven Dissoziation des Representamen zuordnet und eine neue Qualität als Resultante der negativ-differentiell bestimmten Werte (A und B, die in ihrer Funktion als positive signifikative Identitäten einer sprachlich definierten Zeichen- und Code-Ebene destruiert werden) bezeichnet. Die Entmotivierung des symbolischen, indexikalischen und ikonischen Zeichens wird in diesem Zusammenhang als gleichermassen semio- wie phänomenologische Dekonstruktion erkennbar, der eine Theorie der Dinge als Theorie der Zeichen (Lambert) programmatisch entsprechen soll: Das Repräsentierte wird also in einer strukturell der Saussureschen Dekonstruktion vergleichbaren Bewegung dem Representamen zugeordnet und etabliert als immaterielles tertium datur (C) anstelle des »Objekts« die intersemiotische Relation von Representamen und Interpretans.

A me la psicologia, intesa nel tradizionale contesto narrativo, non interessa. ... La psicologia per me è il montaggio. (Francesco Rosi)

Der Film *Cristo si è fermato a Eboli*[35] wird nicht im Hinblick auf seine Zugehörigkeit zu dem referentiellen Code des »Neorealismo« beschrieben, dessen ikonographische Konventionalisierung als stereotypisierter »dialogo iniziato tra cinema e realtà« in den verschiedenen rezeptionsgeschichtlichen Wirkungslinien — zu denken wäre beispielsweise in diesem kulturspezifischen Zusammenhang an die umfassenden Klassifikationsbemühungen eines Cesare Zavattini bzw. Pier Paolo Pasolinis —[36] weitgehend abgeschlossen bzw. erschöpft zu sein scheint und in seiner semiologisch naiven Insistenz auf die ästhetische Maxime einer »Authentizität« den bereits skizzierten strukturellen Gesetzmässigkeiten des historiographischen Diskurses folgt.

Der für Film und literarische Vorlage gleichermassen verbindliche Kontext, den das Moment der Einschreibung — als Gesamtheit von Anwesenheiten — des Autors, des Regisseurs, der Konzeption eines kontinuitätsstiftenden Zeitraumes, auf den sich der Film in der Eingangssequenz (als insertive Montage: »1935«) bezieht, organisiert, macht einen Bruch, eine Diskontinuität erkennbar, die sich der taxonomischen Geschlossenheit eines Diskurses entzieht: Die traditionelle poetische Chiffrierung des »Mezzogiorno« als Motivkomplex der neorealistischen Literatur restituiert sich, jenseits einer substantialistischen Prägung ihrer Begriffe der »Spur«, die jene texthermeneutische Exotisierung des Referens als Effekt der Verräumlichung begreift, der die Konstitution der »Schrift« entspricht: So bestimmt sich die Position des »Mezzogiorno«, die in der Konnotation seiner Sinn-, Sprach- und Geschichtslosigkeit erkennbar wird,[37] als Verweigerung seiner Repräsentationsfunktion; das gilt etwa im Hinblick auf die — sprechakttheoretisch formuliert — gewissermassen performative Instanz eines pragmatischen auktorialen Diskurses, der weite Passagen des Romans beherrscht. Die Iterierbarkeit (bzw. literarische wie filmische Re-produktion) des »Mezzogiorno« indiziert die Abwesenheit eines fixierten (literarisch wie filmisch rezitierbaren) Kontextbezuges als »nicht anwesende Übriggebliebenheit eines differentiellen, von seiner angeblichen Produktion oder seinem Ursprung abgeschnittenen Zeichens.«[38]

Der semiologische Komplex des »Mezzogiorno« offenbart in seiner unablässigen Transformation die Pluridimensionalität einer nicht linearen Bilderschrift bzw. jener »Grapheme«, deren Positionalität das artikulatorische Prinzip der Brisur bezeichnet, an der die »différance« der Eisensteinschen Montageleistung einer qualitativen Bedeutungskonstitution zu entsprechen scheint in ihrer approximativen Definition einer, wie Derrida behutsam formuliert, »nicht-originäre(n) Synthese (und nicht Addition, Anm.d.Verf.) von Merkmalen.«[39]

Die Dekonstruktion der in ihrer Poetizität bewahrten referentialen bzw. signifikativen Identität[40] schliesst die Bestimmung einer weiteren »historisierend« gesetzten Grösse ein, die die intentional markierte Repräsentationsfunktion Gian-Maria Volontès als »Carlo Levi« betrifft: In der Einstellung wird die Dissoziation von (akustischem) Representamen (»Carlo Levi«) und (visuellem) Interpretanten (»Amerikanische« Einstellungsgrösse auf Volonté) als dissimulatorische Operation einer doppelten Abwesenheit deutlich, die die »Simultaneität« als temporale Kategorie einer narrativen Konvention zumindest fragwürdig erscheinen lässt.[41] Das dramaturgisch signifikante *aggancio* besteht in der (an Kuleschow zu orientierenden) Kumulation disparater Codefragmente, deren Aleatorik mithin immer auf eine Dialektik von akustischen und visuellen Zeichen bezogen bleibt.

An dieser Stelle soll eine Subjektkonstitution des Anderen evoziert werden, die diese intercodische Differenz auf jenen intuitiv von Carlo Levi erfassten Zusammenhang von Schriftwerdung und Tod in der Ekstasis des Textes überschreitet. Das Vorwort zu der 1963 erschienenen Neuauflage des Romans ist von dieser Bahnung einer sich dislozierenden Perspektive geprägt:

> Chi era dunque quell'io, che si aggirava, guardando per la prima volta le cose che sono altrove ... Era forse anch'esso un altro ... perchè si trovasse nell'altrove, nell'altro da sè, perchè scoprisse la storia fuori della storia e il tempo fuori del tempo?[42]

Die auktoriale Signatur löst sich in der Kette der Substitutionen, mit der sich der Text dezentriert und die Retrognose einer selbstgegenwärtigen Subjektivität seiner Dynamik ein-bildet, auf, um als »sub-iectum« sein vieldeutiges »fade-out« hinsichtlich der Emanzipation der Zeichen zu beschreiben.[43] So konstituiert sich der

»Mezzogiorno« als Mythogramm, das die hermeneutische Codierung einer anthro-pozentrischen Perspektive auf die (bei Rimbaud, Lacan wie Derrida) reflektierte Formation des Unbewussten als Implikation der Schriftwerdung destruiert und in der »marque d'énonciation« als Subjekt der Montage zu formulieren sucht,[44] die der Regisseur Francesco Rosi eher beiläufig und von den hier erörterten methodologischen Problemen gänzlich unberührt als Leistung der Montage in der oben zitierten Äusserung anvisiert hat.

Der Film *Cristo si è fermato a Eboli* ist als »Spielfilm mit historischem Sujet« klassifizierbar. Im Hinblick auf diese kategoriale Bestimmung, so fragwürdig sie sein mag, ist die Frage nach der Qualität oder dem Grad der Historizität zu stellen,[45] also jener Determination durch einen Kontext, der zunächst in seiner vulgärphilosophi-schen Interpretation einer Dichotomie von »Realität« und »Fiktion« gedacht werden muss. Vor dem Hintergrund dieser Abgrenzungsversuche wird die auf J. Leyda zurückgehende Definition des »compilation film«[46] bedeutsam:

> In questo caso il materiale che viene impiegato per la ricostruzione del passato (ovviamente il passato recente) è materiale documentario autentico (cinegiornali d'attualità, documenti, interviste ecc.) e il montaggio consiste nella sua organizzazione ai fini di una precisa interpretazione storica (formuliert Rondolino).[47]

Der hier beschriebene »film di montaggio« verrät in der Verwendung des (synonym gebrauchten) quellenkritischen Terminus der »Kompilation« seine Affinität zu der kombinatorischen Bedeutungskonstitution einer »epischen« Konzeption: Die Kom-pilation als Prinzip der (kumulativen) Montage bewahrt die signifikative Identität der verschiedenen Zeichen und Codes und lässt die Repräsentationsfunktion im Hinblick auf eine aleatorische »Zusammensetzung« (Pudowkin) bzw. »Hyperrealität« (Bau-drillard) unangetastet.[47]

In der vorliegenden Sequenz, die hinsichtlich der ihrer ersten Einstellung voraus-gehenden betonten Artikulation zwischen den Segmenten (Ab- und Aufblende, die eine Variation hinsichtlich der »harten« Schnittechnik darstellen) seine exponierte Stellung innerhalb der filmischen Signifikation bezeichnet, markiert der Film *Cristo si è fermato a Eboli* seine »Historizität«, indem er akustische und visuelle Enunzianten, die an dem trivial konnotierten referentiellen Code des Neorealismo bzw. des von ihm zitierten Faschismus partizipieren, verwendet:

IN	OFF
VISUELLE GRAPHEME	*AKUSTISCHE GRAPHEME*

Einstellung 1 (15"):
Halbtotale. Stand. Aussen. Tag.

Drei Bauern, die der Kamera rück-bzw. seitwärts zugewandt sind, bearbeiten den Boden im Umkreis eines mächtigen Baumes, dessen Stamm das linke Drittel des Bildausschnittes begrenzt und einen Hell-Dunkel-Kontrast zur restlichen Fläche, die den Blick auf Teile der Landschaft und des Himmels freigibt, bezeichnet.

Die Bauern unterbrechen ihre Tätigkeit und wenden sich mit der Blickrichtung (aus der Perspektive der Kamera betrachtet) nach rechts oben aus dem Bild.

Arbeits- und Naturgeräusche (Vogelzwitschern, metallischer Klang der Arbeitsgeräte)

Einsetzendes Glockengeläut
(einer Kirche)

1. Bauer: Was ist denn das?
2. Bauer: Ja, das weiss ich auch nicht.

Einstellung 2 (4"):
Weit. Stand. Aussen. Tag

Panorama eines Bergdorfes (Gagliano)

Stimme (männlich): Warum läuten denn die Glocken?

Einstellung 3 (4"):
Halbtotale. Stand. Aussen. Tag.

Auf einem von spärlichen Grasnarben überwucherten felsigen Abhang liegt ein alter Mann in zerschlissener Kleidung, der sich aufrichtet und mit seiner rechten Hand, frontal zur Position der Kamera, in die obere Bildmitte deutet. Links von ihm sitzt ein Kind an den Stamm eines Baumes gelehnt, das mit seinem Blick der Richtung des ausgestreckten Arms des Alten folgt.

Alter Mann: Junge, hörst Du die Glocken läuten?
Da muss doch was passiert sein!

Einstellung 4 (4"):
Weit. Aussen. Tag.

Panorama eines Bergdorfes (Gagliano). Zunächst Stand wie in E$_2$, dann Dynamisierung der Kameraposition als Beginn eines lateralen Travellings (von rechts nach links).

Glockengeläut

Einstellung 5 (2'35):
Weit. Aussen. Tag.

(Inversion der Fahrtrichtung in E$_4$).
Die Kamera folgt zunächst der abschüssigen Linie eines felsigen Massivs, die die Bewegungsachse der Fahrt bezeichnet und dabei eine asymmetrische Konturierung der Landschaft (gelblich hellbraune Flächen) gegen den Himmel (dunkles Blau) als grossflächige Aufteilung des Bildes vornimmt.
Beschleunigung der Fahrt: Die Kamera gleitet an verschiedenen Einzelpersonen bzw. Gruppierungen (der Landbevölkerung) vorüber, die perspektivisch (wie in E$_1$, E$_3$) dezentriert aus der lateralen Position erfasst werden.

Die Kamera beschreibt in ihrer Fahrtbewegung eine Linkskurve (wobei hier eine illusionäre Kontiguität der filmischen Topographie dieser Beschreibung der signifikativen Operation zugrundeliegt).

Die Kamera umfährt die Flanke des Hügels und gleitet über eine Tiefebene, deren Felder von Felsen begrenzt werden.

In ständiger Verlangsamung durchfährt die Kamera eine von (grauen) Farbtönen dominierte Karstlandschaft.

anschwellendes Glockengeläut
(Pluralität der sonoren Emission)

Überblendung in die Beifallskundgebungen einer Masse

Stimme (Mussolini) — (akustische Wiedergabe mit starken Nebengeräuschen):

Camicie nere della rivoluzione! Uomini e donne di tutta Italia! -(Beifall)- Italiani e amici dell' Italia al di là dei monti e al di là dei mari! Ascoltate! Il maresciallo Badoglio telegrafa: Oggi, 5 maggio, alle ore 16, alla testa delle truppe vittoriose sono entrato in Addis Abeba! - (Beifall)
Annunzio al popolo italiano e al mondo che la guerra è finita! (Beifall)

Stimme (Mussolini): Ufficiali, sottoufficiali, tutte le forze armate dello Stato in Africa e in Italia, camicie nere, Italiani e Italiane! Il popolo italiano ha creato col suo sangue l'imperio!

Unterbrechung, Überlagerung der Stimme durch verstärkte Nebengeräusche
Stimme (Mussolini): Lo seconderà col suo lavoro e lo difenderà contro chiunque colle sue armi!

(Nach 5 Sek. Schnitt)

245

Die vorliegende Sequenz veranschaulicht den Anbruch einer »Repräsentations-bewegung«, die jene Unmöglichkeit ihrer Unterbrechung als Verweis auf eine referentiale bzw. signifikante Identität bezeichnet. Dieser Anbruch markiert sich im wesentlichen als Ein-bruch einer akustischen Enunziation (Glockenläuten als fuori campo gesetzte Emission) in der ersten der fünf Einstellungen, aus denen diese Sequenz besteht.

Die »realistische« Codifikation der ersten Einstellung besteht in der vermeintlichen Kumulation akustischer bzw. visueller »Zeichen«, die im Rahmen einer (perzeptiv) oder (Eco kulturspezifisch »gnomisch« (Barthes) konventionalisierten) »Natürlich-keit« aufeinander bezogen sind. Diese Parallelität einer akustischen und visuellen Codierung wird in zweifacher Hinsicht für das Verfahren einer linearen Montage bedeutsam: Zum einen setzt sie die Autonomie als *intra*codische Geschlossenheit voraus, die jene *inter*codische Differenz (im Pudowkinschen Terminus der »Zusam-menfügung«) rekuperiert. Die ikonographische bzw. tonale Signifikation verweist auf das Zentrum eines hermeneutischen Codes, der in der hier entwickelten Analyse dekonstruiert werden soll.

Die gesamte Sequenz wird von der in E_1 an- bzw. eingebrochenen Diskontinuität einer unabschliessbaren Kette von Substitutionen determiniert: Die Dezentrierung der geschlossenen (akustisch wie ikonographischen) Konfiguration, die auf der narratolo-gisch bedeutsamen Pazifizierung (als Zuordnung der akustischen wie visuellen signifiants auf ein signifié) von »In« und »Off« basiert, erfolgt als — gewissermassen asymmetrische — Position des akustischen »Graphems« (Derrida), das in seiner unausgesetzten Spaltung die intra- bzw. intercodischen signifikativen Konturen der filmischen Topographie auflöst und die Schriftwerdung des »Mezzogiorno« an der Strukturation des *Cristo* vollzieht: Der perspektivische Wechsel der Einstellungs-grösse von E_1 zu E_2 markiert auf der Ebene einer Erzählcodifikation, die als metaphorische Typologie des »Kamera-Blickes« (Peters) beschreibbar wäre und jene im Rahmen einer »Kinesik« (Birdwhistell) analysierbare Veränderung einer De-perspektivierung der contadini aufnimmt, die Rekuperation dieser Spannung, d.h. des »Graphems« als »Zeichen« in der Organistion visueller und akustischer Syntagmen, die das »off« zu lokalisieren sucht. Dabei verkehrt sich dieses Konsistenz-bedürfnis zu einer Bezeichnung der »Spur«, die das akustische Graphem eröffnet und die in der Multiplikation der trivial konnotierten »Abwesenheit« des »off« — über deren Implikation hinsichtlich eines kinematographischen Realismus noch zu reden sein wird — wirksam wird: Die Diskontinuität der in der ersten Einstellung konstituierten Parallelität macht den jeder intra- bzw. intercodischen Differenz entzogenen Verweisungszusammenhang deutlich, der — unter Bezugnahme auf die oben skizzierte Peirce-Rezeption — das (in diesem Fall: akustische) Representamen auf seinen Interpretanten bezieht und die narratologisch-syntagmatische Demarche, wie sie in dem Wechsel der Einstellung der einer textualen Taxonomie verpflichteten

Verknüpfung der Segmente zum Ausdruck kommt, irrealisiert: So markiert die zweite Einstellung gewissermassen die visuelle Adäquation als dialektische »Negation der Negation«, mit der die Differenz von E_1 synthetisiert werden soll, und setzt zugleich die Auflösung einer visualisierbaren Sprecher-Instanz (als unidentifizierbare, ursprungslose, nicht mehr codifizierbare Stimme) als »Interpretans« (des akustischen »off« in E_1), das seinerseits zum Representamen in E_2 wird. Diese Substitution strukturiert die Einstellungen in der Potenzierung eines (im Hinblick auf Lacans Theorem der Subjektkonstitution des »fader« noch zu erörternden) »Begehrens«, das der (ek-statischen) Bahnung des (filmischen) Textes in der Überschreitung seiner Dichotomien entspricht.

Überhaupt wird im Rahmen der hier in ihren Voraussetzungen resümierten Analyse, die den Film als »cinécriture« begreift, die Möglichkeit einer systematischen Beschreibung der sogenannten »narrativen Strukturen«, wie sie Metz, Bitomsky oder Möller vorschlagen, notwendigerweise problematisch erscheinen,[49] da ihre Differenzierung dichotomische Kriterien (Chronologie/Achronologie; Folge/Gleichzeitigkeit; Linearität/Alternierung; Kontinuität/Diskontinuität) eines raum-zeitlichen Kontinuums[49] bzw. einer Identität der montierten Segmente zugrundelegt und hinsichtlich der Fragen einer montagespezifischen Bedeutungskonstitution ein syntagmatisch-quantifizierendes Verfahren bezeichnet. Folgt man den ansatzweise diskutierten Bewegungen einer a-referentiellen Semiosis, so lässt sich der »Film« nicht mehr als intentionale Codifikation begreifen, dessen Analyse an der Dialektik von »systematische(r) und historische(r) Beschreibung der Filmform«[50] ansetzt und die Kategorisierung der »Grammatik des Films« als Formengeschichte für eine Zuschreibung des Films auf ein morphologisches Code-Universum,[51] deren Schwierigkeiten bei der Frage nach der Position des vorliegenden Beispiels im Kontext des »Neorealismo« deutlich geworden sind, konzipiert: Folgt man bei der oben rekonstruierten Cristo-Sequenz dagegen den Gliederungsprinzipien der Metzschen Montage-Syntagmen, so lassen sich die fünf Einstellungen sowohl als paralleles bzw. lineares Syntagma klassifizieren. Die Montagestrategien lassen die bedeutenden Grundeinheiten (énoncé, ikonische Seme, ikonographische Konstellationen bzw. jene analytische Ebene der »Photogramme«, deren Sukzession eine Gliederung des filmischen Codes konstituiert)[52] einer »ciné-langage« unverändert und wiederholen jene, bereits bei Saussure konstatierbare metaphysische Bewegung, mit der sich die Syntax einer semantischen Fixierung unterordnet. Insofern stellt das Metzsche Modell eine durchaus begrenzte Möglichkeit der Differenzierung dar, die in dem Parallelismus der Linearität immer nur Modifikationen einer Letzten Struktur beschreibt, die eine Ordnung des Bewusstseins immer schon besetzt hält.

Die in den ersten beiden Einstellungen der Cristo-Sequenz beschriebene »Markierung« einer Spur, die als Operation unablässiger Substitutionen im Inneren der Erzählcodifikation wirksam wird und jeder Tendenz der intentionalen Aufhebung (als

»Sublimation« bzw. »Verinnerlichung«) der doppeldeutigen Differänz[53] von »In« und »Off« zuvorkommt, determiniert auch die akustisch-visuelle mise-en-scène der dritten Einstellung: Das akustische Representamen in E_2 generiert sein visuelles Interpretans in E_3 als aufgeschobene Präsenz, die die vorhergehende Einstellung überdeterminiert: Die fuori campo gesetzten Signale (Glocken) deperspektivieren (wie in E_1) die ikonographisch codierte Konfiguration und treiben die filmische Signifikation weiter in der vierten Einstellung als Beginn eines lateralen Travellings, das im gesamten filmischen Kon-text ausgespart bleibt. Vorherrschend im Sinne einer hochgradig konventionalisierten Typologie der »Kamera-Operationen«, die die Kamera als gewissermassen mythisch attribuierte narrative Instanz begreift, sind vielmehr die Artikulationsebenen der sogenannten »imaginären Bildachse«[54] (pan, tilt, roll) bzw. einzelner Fahrten der perspektivisch nach »innen«, d.h. auf die Aktanten (Papas, Volontè, Cuny) gerichteten, gravitierenden steady-cam, die gegenüber dem als Abstraktion bzw. Substitution des Travellings klassifizierbaren Zoom eher eine Ausnahmeerscheinung bezeichnen.[55] So weist sich der in E_4 gezeigte Beginn der Fahrt als Dezentrierung einer traditionell konnotierten indexikalisch-symbolisch-ikonischen Perspektive aus, die (sich) ihre »Spur-Werdung« buchstäblich er-fährt als »Rückgang auf ihren Nicht-Ursprung« (Derrida).

Das ungeschnittene Travelling in E_5 lässt sich im Hinblick auf den non-intentionalen akustisch-visuellen Verweisungszusammenhang als Prozess einer unendlichen Semiosis begreifen, die aus der Unaufhebbarkeit der Spannung von »in« und »off« jene ekstatische Substitution markiert, die Levis Poetisierung des »Mezzogiorno« (»altrove«, »nell'altro da-sè«) bestimmt hat.

Die vorliegende Einstellung bezeichnet eine strukturelle Homologie hinsichtlich der Positionalität der akustischen »Grapheme«, die ihrer Semantisierung im Rahmen eines spezifischen Codes vorausgehen, zu der Eingangssequenz des Films, in der der auktoriale off-Kommentar den Prolog des Levi-Romans re-zitiert und damit den Rekurs auf eine legitimatorische Instanz akzentuiert, während die Kamera in einem Panoramaschwenk dem Fahrzeug folgt, das Levi-Volontè an den Bestimmungsort seiner Verbannung, Gagliano, bringt. Die in beiden Einstellungen wirksame narratologische Konvention besteht in der dialektisch konnotierbaren Codifikation von »In« und »Off« als visuelle Präsenz (der unter Verwendung der oben eingeführten Kategorien die im triadischen Modell von Peirce in der Position des »Interpretans« befindliche »primäre Historizität« korreliert) bzw. akustischer Absenz (die entsprechend auf die andere Grösse der semiotischen Relation, das Representamen, verweist, der die »sekundäre Historizität« zugeordnet worden ist), der zwei gegensätzlich besetzte Repräsentationsfunktionen (Levi/Mussolini) entsprechen.[56]

Der Film als »cinécriture« weicht der hier in ihrer selbstzerstörerischen phonozentrischen Tendenz erkennbaren kontextdeterminierten Signifikation aus, indem er eine präfilmische Konstitution von Bedeutung, die das Wesen einer kompilatorischen

Montage bestimmt und einer temporalen Sukzession verpflichtet ist, aus dem Vorgang der pluridimensionalen Verräumlichung folgen lässt. In Bezug auf die Analyse der *Cristo*-Sequenz, die die intercodische Differenz als gewissermassen symmetrisches Kompositionsprinzip der Einstellungen 1-4 (auf der Ebene der Einstellungsgrösse bzw. der mise-en-scène als semantische Opposition von »Weit«/»Halbtotale« etc.) in ihrer spielerischen Entgrenzung nachzuzeichnen sucht, wird eine eingehendere Bestimmung jener akustischen Historizitätssignale als differentielles *concatenamento* versucht, die die fünfte Einstellung strukturieren: Die akustischen Grapheme konstituieren sich in einer unausgesetzten Bewegung der Differenzierung, die den historisch-referentiellen Code des Faschismus in der Verschiebung (als Überlagerung der auktorialen Sprecher-Instanz) einer signikativen Identität dezentriert. Die sonoren énonçants erschliessen einen Raum der Streuung, der die imaginäre, an eine kulturspezifische Kompetenz gebundene Perzeption (als Akt des Wiedererkennens im Anderen, dem sich die Elimination jeder Differenz verdankt) auflöst und die historische Potentialität ihrer »Seme« (Badoglio, Italiani, Addis Abeba) entstellt. Kurz: Die Verwendung einer sogenannten »Originalaufnahme« (Rede Mussolinis auf der Piazza Venezia in Rom am 5.5.1936) wird nicht in ihrer nur mehr als Tautologie formulierbaren Funktion einer Repräsentation der Abwesenheit verstanden, sondern verweist auf deren Irrealisierung im Medium der Reproduktion (Radioaufnahme); in der Brisur des phonozentrischen Diskurses eröffnet sich die Spur als Depräsentation des Faschismus.

Die Substitutionen der fünf Einstellungen sind auf eine Kategorie des »Begehrens« bezogen, das in der diskontinuierlichen Montage die Dichotomie von »In« und »Off« auf eine qualitative Konstitution von Bedeutung überschreitet:

Exclu, le »in« devient objet de désir et facteur de négation: désir de la présence, dans une adéquation de la voix entendue et de l'être perçu; négation au sein même de ce désir, car la présence peu à peu modulée restera toujours pénétrée d'un ailleurs qui la soustrait à la plénitude. De plus en plus approchée, la conjonction de la voix et de l'image ne sera jamais réalisée.[57]

Dem für das Representamen oder Graphem konstitutiven Verweisungszusammenhang, der seine »Eigentlichkeit« als Spaltung definiert, entspricht die differentielle Bewegung der Metonymie, die auf jenen ou-topos des »altrove« bezogen ist: »Le désir de l'Autre - de la métonymie«.[58] Dieses Textbegehren strukturiert die vorliegende Sequenz als Artikulation eines sub-iectum der diskontinuierlichen Montage, das als »Fader« (bzw. »Feder«) der »cinécriture« bezeichnet werden kann. Im Hinblick auf die metonymische Bahnung der exzentrischen Subjektivität in der fünften Einstellung gewinnen die Ausführungen Sergej Eisensteins zur Theorie der von ihm vertretenen »dramatischen Montage« insofern eine Bedeutung, als der russische Regisseur die Pluridimensionalität eines differentiellen Begehrens der Schriftwerdung mit Begriffen wie »Bewegung« und »Superposition« umschreibt: »Aus der Superposition zweier

Grössen desselben Masses entsteht überhaupt eine neue, höhere Dimension. Der Konflikt beider (bringt) die Bewegungsempfindung hervor.«[59]

Die Unabschliessbarkeit der vom Representamen eröffneten Substitution, die in der Irreduzibilität des Interpretans eine endgültige metaphorische Fixierung (Lacan spricht von der — eine verblüffende Affinität zu der Terminologie Eisensteins bezeichnenden—»surimposition«) zugunsten seiner Symbolwerdung (als Lacansche Formulierung des »déplacement«[60]) im Sinne einer ekstatischen (metonymischen) Dynamik aufschiebt, determiniert den visuellen wie akustischen (»point de vue sonore«[61]) Blick eines impliziten Montage-Subjekts, der, so Eisenstein: »die Richtung eines Elementes (verfolgt), den visuellen (bzw. akustischen, Anm.d.Verf.) (behält), der sodann zusammenprallt mit der Verfolgung der Richtung des zweiten Elements.«[62]

Das Montageprinzip der Kompilation wird in dieser »Brisur« ihrer linearen Konstitution von Bedeutung auf die Ein-bildung einer imaginären in die symbolische Ordnung (Lacan) bezogen, die die Strukturation des filmischen Begehrens markiert und die Codifikation der Wahrnehmung als Leistung eines pluridimensionalen Blickes der »cinécriture«, wie sie wiederum Eisenstein gegen die bildlich-phraseologischen Auffassungen im Umfeld der »ciné-langage« eher ahnungsvoll beschrieben hat,[63] aus dem Verweisungszusammenhang von »In« und »Off« dezentriert. In der Auflösung der narratologischen Differenz (vgl. E_l) eröffnet sich die Spaltung als (bzw. des) Ursprung(s), die die Spurwerdung im lateralen Travelling der Einstellung (E_5) ent-motiviert, d.h. auf einen Prozess der Semiosis bezieht, dessen Dynamik aus der unablässigen (metaphorisch-metonymischen) generativen Bewegung der akustischen bzw. visuellen Grapheme resultiert: Die Operationen der Substitution und Kontiguität bezeichnen als Montageprinzip der vorliegenden Sequenz jene Bahnung einer »unerhört(en)«, »unsichtbaren« (Derrida) Differenz, die das Intervall des filmischen Textes erschliesst als De-präsenz eines Simulacrums, dessen Stimm- und Ges(ch)ichtslosigkeit testamentarischen Charakter trägt.

Anmerkungen

1 K.-G. Faber: Zur Sprache der Historie. In: Theorie der Geschichtswissenschaft. München, Beck, 1974, pp. 147-164.

2 Faber, op.cit., p. 155.

3 Die zitierten Autoritäten bezeichnen in ihrer diffus konnotierten Begrifflichkeit die Notwendigkeit einer semiologisch präzisen Reflexion, mit der einer keineswegs unproblematischen Gleichsetzung von »Universalität der Sprache« bzw. »Vernunft«, wie sie Gadamer vornimmt, oder jener von Faber nicht einmal ideologiekritisch analysierten Vulgärsemiotik bei Droysen, der von einer »Gleichheit in den Zeichen und den Registern, in denen wir die sinnlichen Wahrnehmungen auffassen, in den Reflexen und Wiederklängen, mit denen das Ich sich nach draussen äussert« fabuliert, begegnet wird. (Faber, op.cit., p. 155, Anm. 17-19). Die Funktion dieser Vertreter einer legitimatorischen Instanz besteht in der

Partizipation des Autors an einem »referentiellen« bzw. »gnomischen« Code: Vgl. R. Barthes: S/Z, Frankfurt, Suhrkamp, 1976, p. 23.

4   G. Vattimo: Essere, storia e linguaggio in Heidegger. Torino, Einaudi, 1963.

5   L. Sebag: Marxisme et Structuralisme. Paris, Payot, 1964. Das Werk bezeichnet in einer über die ideologischen Unterschiede reichenden Methodologie die Aporie einer wie auch immer begründeten »Letzten Struktur«, die sich in diesem Fall als Funktion des dialektischen Materialismus bestimmen lässt und doch in den gleichen Argumentationszusammenhang der Faberschen Thesen einzuordnen ist.

6   C.S. Peirce: Collected Papers. Havard University Press, Cambridge, 1931-35, 2.228. Zit. nach U. Eco (vgl. Anm. 7), p. 77.

7   U. Eco: Einführung in die Semiotik. München, W. Fink, 1972, pp. 77/78.

8   G. Schmid: Die Figuren des Kaleidoskops. Über Geschichte(n) im Film. Salzburg, W. Neugebauer, 1983, p. 87: »Die Zeichen der Ersten Geschichte (der sekundären Signifikation, die sich als scheinbar einzige in der Inszenierung darstellt) sind verblasst, kaum mehr rekonstruierbar, die der Zweiten (der Primärsignifikation) versuchen sich im Interesse jener möglichst rasch und vollständig zu verbergen.« Diese umwegige Konstitution einer historischen Identität rekuperiert die dialektische Funktion des Interpretans im Peirceschen Dreieck, über dessen Dekonstruktion im Rahmen der vorliegenden Arbeit zu reden sein wird.

9   M. Bense: Einführung in die informationstheoretische Ästhetik, Reinbek, Rowohlt, 1969, p. 40 bzw. Eco, op.cit., p. 198. Bezeichnenderweise hat Eco selbst diese Rezeption der auf Peirce zurückgehenden Terminologie in einem späteren Aufsatz revidiert. Vgl. dazu: U. Eco: »Pour une réformulation du concept de signe iconique. Les modes de production sémiotique«. in: Communications 29/78, Image(s) et culture(s), pp. 141-191.

10 G. Rondolino: Il cinema. in: Il mondo contemporaneo. Vol. X. Gli strumenti della ricerca. Tomo 3. Questioni di metodo. La Nuova Italia, 1983, pp. 1155-1169, p. 1159.

11 Rondolino, op.cit., p. 1160.

12 Diese Unterscheidung bezieht sich auf die signifikativen Veränderungen innerhalb (inter-) bzw. als differentielle Beziehung zwischen verschiedenen Codes, die im Rahmen einer konventionellen Narratologie beschrieben wird.

13 Vgl. die diesbezügliche Anmerkung Derridas im Hinblick auf das (Selbst)verständnis seiner Saussure-Rezeption in: J. Derrida: Grammatologie. Frankfurt, Suhrkamp, 1983, p. 128.

14 Die Widersprüche innerhalb der Saussureschen Konzeptionen beziehen sich auf die Privilegierung einer sinnstiftenden Instanz (binäres Zeichen, dessen Verknüpfung den Codebegriff konstituiert) gegenüber ihrer vorgängigen negativ-differentiellen Auskernung: »Obwohl das Signifikat und der Signifikant, jeder für sich betrachtet, rein differentiell und negativ sind, bleibt ihre Zusammensetzung ein positives Faktum, es ist sogar die einzige Art von Fakten, die das Sprachsystem beinhaltet, da die Eigenart der linguistischen Einrichtung gerade darin liegt, den Parallelismus zwischen den zwei Ordnungen aufrechtzuerhalten.« (p. 144) Diese Auffassung impliziert ein lineares Zeitkonzept als (syntaktische) Verknüpfung der Zeichen, die sich einem semantisch-pragmatischen Kriterium der »Verständlichkeit« unterordnet: »In Wirklichkeit sind es die materiellen Einheiten, nach einer gewissen Reihenfolge arrangiert, die allein den (syntaktischen) Wert erzeugen. Ausserhalb einer Summe von konkreten Termini bleibt ein syntaktischer Fall unverständlich.« (p. 165) Alle Zitate aus: F. de Saussure: Grundfragen der allgemeinen Sprachwissenschaft. Berlin, de Gruyter, 1967.

15 Vgl. die linguistische Dekonstruktion Saussures durch Derrida, in der die Differentialität als notwendige Voraussetzung einer Bedeutungskonstitution zu Ende gedacht wird, wobei in der resümierenden Feststellung, dass »das Signifikat sich immer schon in der Position des

Signifikanten befindet«, die metaphysische Implikation der grammatologischen Demarche erkennbar wird: Derrida, op.cit., p. 129.

16 De Saussure, op.cit., p. 144.

17 Vgl. Heideggers Formulierung: »Die Seinsvergessenheit ist die Vergessenheit des Unterschiedes des Seins zum Seienden.«, zit. n. Derrida, Die différance. in: Randgänge der Philosophie, Frankfurt, Berlin, Wien, Ullstein, 1976, pp. 6-39, p. 6.

18 Derrida, op.cit., (vgl. Anm. 13), pp. 124-129.

19 Derrida, op.cit., (vgl. Anm. 17), p. 35.

20 J. Derrida: Ousia und Gramme. Notizen über eine Fussnote in Sein und Zeit. in: op.cit. (vgl. Anm. 17), pp. 38-87, p. 87.

21 Derrida, op.cit. (vgl. Anm. 13), p. 108.

22 U. Eco: Struktur und Abwesenheit. Die ontologische Selbstzerstörung der Struktur. in: op.cit. (vgl. Anm. 7), pp. 395-408, p. 396: »Die Struktur S_n, die ich als letzte und tiefste der Reihe feststelle, ist dies nur an dem Punkt, an dem mein Wissen angelangt ist; eine neue Untersuchung kann dazu führen, dass ich sie als tiefe Struktur, als letzten Code zerstöre und in ihr eine der vielen mittleren Oberflächenstrukturen erkenne.« Die Überlegungen Ecos stellen in dem hier evozierten Argumentationszusammenhang ein Scharnier dar, das die kritische Erörterung einer Regressbewegung des hermeneutischen (historiographischen) Codes auf seine Meta-physik der Letzten Struktur auf die ebenso unkritische Rezeption einer taxonomischen Modellbildung der generativen Transformationsgrammatik bezieht. Darin liegt eine der Ambivalenzen, die die Arbeiten des italienischen Semiotikers durchziehen: Die Entgrenzung eines stricto sensu a-referentiellen bzw. a-signifikanten Textbegriffs leistet überhaupt erst - allerdings nicht allein im Hinblick auf Eco — das Konzept der Derridaschen »Schrift«.

23 Bezüglich des historiographischen Diskurses verweist Barthes unter Verwendung eines sprechakttheoretischen Terminus auf die phonozentrische Implikation, die eine tautologische Selbstdefinition eines absenten Referens in dessen Substitution durch das Signifikat bezeichnet: »... la confusion (illusoire) du référent et du signifié définit, on le sait, les discours sui-référentiels ... on peut dire que le discours historique est un discours performatif truqué ...«. in: R. Barthes: Le Discours de l'Histoire. in: Essais critiques IV: Le bruissement de la langue. Paris, Seuil, 1984, p. 165.

24 Die kritische Dekonstruktion des Saussureschen Zeichenmodells durch Derrida beschliesst sich in der lakonischen Feststellung: »Denn schliesslich bleiben sowohl der Zeichenbegriff selbst als auch die scharfsinnigste Unterscheidung zwischen der Seite des Signifikanten und der Seite des Signifikates der Geschichte der Ontologie verhaftet.« (Derrida, op.cit. (vgl. Anm. 13, p. 127). Dieser Vorbehalt gilt auch für die Konzeption der Lacanschen »chaîne signifiante«, die in Umkehrung des Saussureschen Binarismus — als rezeptionsgeschichtliche Bewegung, die im übrigen berühmte Vorbilder kennt — Gefahr läuft, ihrerseits den Signifikanten zu fetischisieren. Wir wollen an dieser Stelle die Frage nach den weitergehenden semiologischen Implikationen der Lacanschen Modelle ausklammern und uns im Hinblick auf die Erfordernisse einer filmsemiologischen Kriteriologie auf die (von Derrida betonte) Notwendigkeit einer Dynamisierung der »Theorie«-bildung im weitesten Sinne, zu der nicht zuletzt auch diese Arbeit beizutragen sucht, beschränken.
Pier Paolo Pasolinis Terminologie, die in einem weniger ketzerischen denn naiven Empirismus verwurzelt ist, verweist in ihrer Tendenz der »Naturalisierung« einer semiologischen Begrifflichkeit auf jene von Roland Barthes skizzierte Aporie des historiographischen Diskurses und bezeichnet andererseits eine unwägbare Affinität zu der Axiomatik einer von metaphysischen Spekulationen kritisch abgehobenen, wiederum dem

252

Modell der »Sprache« verhafteten »Deutlichkeit der Signifikanten, Undeutlichkeit der Signifikate«. Vgl. dazu: P.-P. Paslini: Ketzererfahrungen »Empirismo Eretico«. Schriften zu Sprache, Literatur und Film. Frankfurt, Berlin, Wien, Ullstein, 1982, pp. 271ff. bzw. H. Bitomsky: Die Röte des Rots bei Technicolor. Kinorealität und Produktionswirklichkeit. Neuwied u. Darmstadt, Luchterhand, 1972, pp. 63-66.

25 Derrida, op.cit. (vgl. Anm. 13), pp. 114f.

26 M.-C. Ropars-Wuilleumier: Le texte divisé. Essai sur l'écriture filmique. Paris. puf-écriture, 1981.

27 W.I. Pudowkin: Über die Filmtechnik (Der Kuleschow-Effekt). in: Filmtechnik, Filmmanuskript und Filmregie. Zürich, Arche, 1961, pp. 196-199, p. 198.

28 Vgl. die diesbezüglichen kritischen Anmerkungen bei Ropars-Wuilleumier, op.cit., p. 42 (mit den entsprechenden Anmerkungen 33/34).

29 Vgl. die entsprechenden Parallelstellen: Derrida, op.cit. (vgl. Anm. 13), p. 155 bzw. Eisenstein: Dialektische Theorie des Films. in: D. Prokop (Hrsg.): Materialien zur Theorie des Films. Ästhetik, Soziologie, Politik. München, Hanser, 1971, p. 72.

30 Eisenstein, op.cit., p. 72.

31 Die Verwendung dieser traditionellen Definition der Metapher (»eine wirkliche, mittels des Durchschnitts żweier Wörter manifestierte Identität«, vgl. dazu: J. Dubois: Allgemeine Rhetorik. München, UTB, 1974, p. 179) bezieht sich auf die bei Eisenstein bzw. Kuleschow unterschiedlich bestimmte Dritte Größe (C als Produkt bzw. Summe), an der sich eine nicht unironische Doppeldeutigkeit im Italienischen deutlich machen lässt, die der Dekonstruktion der bedeutungstragenden Termini (— der »Wörter«, die den metaphorischen Bedeutungseffekt als »intermittierende Allgemeinheit« hervorbringen —) als Bewegung der »différance« entspricht: com/scomparazione zu com-parazione.

32 M.-C. Ropars-Wuilleumir, op.cit., p. 40.

33 U. Eco: Der kinematographische Code. in: op.cit (vgl. Anm. 7), pp. 250-261.

34 Derrida, op.cit. (vgl. Anm. 13), p. 86.

35 CRISTO SI È FERMATO A EBOLI. 1978/79. Italia Francia. Regia: F. Rosi. Soggetto: dal romanzo omonimo di Carlo Levi. Sceneggiatura: Tonino Guerra, Raffaele La Capria, F. Rosi. Fotografia (Technospes): Pasquale de Santis. Scenografia: Andrea Crisanti. Costumi: Enrico Sabbatini. Musica: Piero Piccioni. Montaggio: Ruggero Mastroianni. Interpreti: Gian-Maria Volonté, Lea Massari, Paolo Bonacelli, Alain Cuny, Irene Papas. Produzione: Rai-TV - Video (Roma)/Action Film (Paris). Der Film lag in der für das ZDF geschnittenen (195 min.) und synchronisierten Fassung vor.

36 Vgl. pars pro toto: M. Argentieri und A. Turchini: Cinema e vita contadina. Bari, Edizione Dedalo (Ombra sonora 18), 1984. Darin bes.: die resümierende Darstellung über Tendenzen des Neorealismo im Nachkriegsitalien von Argentieri, pp. 7-39.

37 L. Salinari u. C. Ricci: Storia della letteratura italiana III,2, Roma, Bari, 1981, p. 1372: Der »Mezzogiorno« wird als »enigma ancora da decifrare« attribuiert.
»... nessun messaggio umano o divino si è rivolto a questa povertà refrattaria« merkt Levi im Vorwort seines Romans an (C. Levi: Cristo si è fermato a Eboli. Con una presentazione dell' autore. Nuova Universale Einaudi Torino [8]1969, p. 4) und leitet aus diesem Motiv einer sozialen wie religiösen Sprach- und Geschichtslosigkeit die Konstitution des »Mezzogiorno« als hermeneutische Verweigerung einer »alterità presente« gegenüber der symbolischen Instanz einer »Logo« — bzw. — »Teocrazia« ab: »Parliamo un diverso linguaggio: la nostra lingua è qui incomprensibile ... Cristo è sceso nell' inferno ... Ma in questa terra ... Cristo non è disceso. Cristo si è fermato a Eboli.«

38 J. Derrida: Signatur Ereignis Kontext. in: op.cit. (vgl. Anm. 17), p. 138.

39 Derrida, op.cit. (vgl. Anm. 17), p. 19.

40 Ropars-Wuilleumier, op.cit., p. 60 bzw. Derridas »grammatologische« Delinearisierung der mehrdimensionalen symbolischen Struktur als »Mythographie«, die nicht (gerade im Hinblick auf Positionsbestimmung des semiologischen Komplexes »Mezzogiorno« eine »Simultaneität dar(stellt), welche immer zwei absolute Präsentia koordiniert und damit ein linearistischer Begriff bleibt.« (Derrida, op.cit. (vgl. Anm. 13), p. 152).

41 Vgl. zu dieser Fragestellung nach der Qualität des »Interpretans« den im Umfeld der Peirceschen Modellbildung angesiedelten Beitrag zur »Interpretantenbildung« von W. Hildebrand anlässlich des 5. Symposions der Österreichischen Gesellschaft für Semiotik (ÖGS), 15.-16.12.1984 in Klagenfurt. (In Vorbereitung; vgl. das zu diesem Vortrag erschienene Abstract in: Semiotische Berichte. Sondernr. III-IV-84, Thema: »Zeichen und Manipulation«).

42 C. Levi: L'autore all'editore. in: op.cit., p. VIII.

43 Vgl. dazu: O.J. Adler, G. Jutz, H. Lauenroth, H. Petschar, G. Schmid: L'imagologie dynamique. Ellipse sur l'analyse de l'»histoire embobinée. in: IRIS. Revue de théorie d'image et du son. Vol. 2, Nr. 2: Pour une théorie de l'histoire du cinéma, pp. 127-136: »Le régard se transforme et 'historise' (...) le film.« Die »Historisierung« der Wahrnehmung wird in der vorliegenden Arbeit auf die Überlagerung der referentiellen, codespezifischen (hier: akustischen) Bezüge als Resultante der sich in der innersemiotischen Bewegung fortwährend depräsentierenden Kontextdetermination in ihrer Problematik gestreift.

44 P. Sorlin: Fascisme en images, fascisme imaginaire. in: Risorgimento 1981, 2/3, pp. 225-245, p. 235. Sorlin bezeichnet damit im Rahmen einer traditionellen hermeneutischen Codierung ein kumulatives Montageprinzip, das aus der Modifikation von An- und Abwesenheit eine lineare Zeitkonzeption impliziert und eine klassische narratologische Interpretation aus der Perspektive einer ästhetisch-politischen Dialektik entwickelt: »... une séparation radicale entre le régime et la population: il a fallu sortir de la trame narrative, éliminer le témoin principal, opérer un coup de force visuel pour introduire des propos qui n'ont guèrre de sens pour les habitants.« (p. 237) Wenig später resümiert Sorlin seinen analytischen Befund hinsichtlich eines historisch instabilen Signifikates, das sich in der Labilität wechselnder Kontexte der dezentrierten Mythographie des »Mezzogiorno« verliert: »Vers 1960, il s'agit d'un ensemble préexistant ... dont on fait dériver, de manière linéaire, des descriptions sérielles. Vers 1980 ... il est indéfinissable autrement que par la manière dont il se dit lui-même.« (p. 237)
Die gewissermassen an Lacans Konzeption vom Diskurs des Anderen erinnernde Beschreibung evoziert die differentielle Artikulation als Spezifikum einer diskontinuier-lichen Montage im Hinblick auf ihre Affinität zur Derridaschen Kategorie der »Marque«, deren Identität in der Spaltung re- bzw. depräsentiert wird, die »cinécriture« als Verlöschen der énoncés (»pas de Levi, pas de village« p. 236) und »Bahnung der Spur« als »Abwesenheit des Subjekts der Schrift«, die jener der Sache oder des Referenten entspricht. Die »marque d'énonciation« bezeichnet das andere Subjekt der Montage. In diesem Zusammenhang einer a-repräsentationalen unbewussten Signifikationsarbeit, die dem Film neue Möglichkeiten der Bedeutung erschliessen könnte, werden auch Argentieris kritische Anmerkungen hinsichtlich einer verstärkten ikonographischen Konventionalisierung (»I registi ... mostrano spesso una preferenza dell'astrazione, della generalizzazione e della massima simbolizzazione«. Vgl. Argentieri, op.cit., p. 23) lesbar.

45 Vgl. dazu: G. Schmid: Ermittlungen über einen nicht über jeden Verdacht erhabenen Film. Elemente einer italienischen Kinogeschichte seit 1943. in: Risorgimento 1981, 2/3, pp. 247-267.

46 J. Leyda: Films beget Films. Allen and Unwin, 1964, London.
47 J. Baudrillard: Agonie des Realen. Berlin, Merve, 1978, p. 10.
48 C. Metz: Semiologie des Films. München, W. Fink, 1972, pp. 165ff. bzw. H. Bitomsky: Kinematographische Operationen I: Die syntagmatische Inskription. in: op.cit. pp. 55-62 und zuletzt K.-D. Möller: Filmische Formen und propagandistische Funktion am Beispiel der Parallelmontage. Thesen zum Referat, 5. Symposion der ÖGS, Klagenfurt, 15./16.12. 1984, p. 4.
49 Bitomsky, op.cit., pp. 55-57.
50 Möller, op.cit, p. 1.
51 Eco, op.cit. (vgl. Anm. 7), pp. 236-249.
52 Bitomsky, op.cit., p. 61.
53 Vgl. diese kongeniale Eindeutschung des Derridaschen Neologismus bei J. Hörisch, der die deutsche Ausgabe von »La voix et le phénomène« besorgt hat: J. Derrida: Die Stimme und das Phänomen. Frankfurt, Suhrkamp, 1979.
54 J. Monaco: Film verstehen. Reinbek b. Hamburg, Rowohlt, pp. 89-93.
55 Vgl. Eco, op.cit. (vgl. Anm. 7), pp. 246ff.
56 Ropars-Wuilleumier, op.cit., p. 142.
57 Ropars-Wuilleumier, op.cit., pp. 143f. In der dort angegebenen Annotation findet sich eine Definition, die im Gegensatz zu dem konventionellen Sprachgebrauch eines kinematographischen Realismus steht: »... on appelera son 'off' une émission sonore dont la source n'est pas représentée à l'image *(et non pas: dont la source se trouve hors l'image)*«. (Hervorhebung von mir, H.L.)
58 J. Lacan: Ecrits. Paris, Seuil, 1966, p. 518.
59 Eisenstein, op.cit., p. 72.
60 Lacan, op.cit., p. 515.
61 Vgl. die entsprechene Formulierung bei: F. Jost: L'oreille interne — Propositions pour une analyse du point de vue sonore. in: IRIS Vol. 3., Nr. 1, op.cit. (vgl. Anm. 43), pp. 21-34.
62 Eisenstein, op.cit., p. 72. Eisensteins Begriff der »Bewegung« bzw. der »Superposition« dekonstruiert die vulgäre Auffassung der Montage als »Verschmelzung«, indem er die sukzessive Ordnung der Kuleschowschen Kombinatorik (»Zwei nebeneinandergerichtete Unbeweglichkeiten ergeben das Entstehen eines Begriffes von Bewegtheit.«) auf das Phänomen der »Raumtiefe« als »Aufeinanderreihung« überschreitet. Diese Einsteinsche Reflexion der Bewegung dynamisiert die Unbeweglichkeit einer Signifikation der »ciné-langage«, deren semantische Positionalitäten (»bildlich-phänomenologisch«) ihre (syntaktische) Differenz einschränken, in einer Bahnung ihrer Pluridimensionalität, deren Vexatorik die naive Wahrnehmung erliegt.

Der Historizitäts-(Kon-)Text im Film.
Rohmers Ma nuit chez Maud.

Eric Rohmers *Ma nuit chez Maud*[1] (Meine Nacht bei Maud, 1969) erzählt eine einfache Geschichte: der Erzähler (Jean-Louis Trintignant), ein katholischer Ingenieur, fühlt sich einer jungen Frau (Françoise — dargestellt von Marie-Christine Barrault) verbunden. Er sieht sie regelmässig in der Sonntagsmesse. Durch Vermittlung seines Freundes Vidal (Antoine Vitez), Marxist und Professor für Philosophie, lernt er Maud (Françoise Fabian) kennen und verbringt einen Abend und eine Nacht bei ihr. Kurze Zeit später trifft er Françoise wieder. Sie heiraten.

Die Romanfassung des Films, gleichfalls von Rohmer, war bereits Anfang der sechziger Jahre entstanden, wurde aber erst 1974 als dritte Erzählung der *Six Contes Moraux*[2] publiziert. Den Begriff »moralisch« möchte Rohmer im Sinne der französischen Moralisten verstanden wissen:

> Une des raisons pour lesquelles ces Contes se disent »moraux« c'est qu'ils sont quasiment dénués d'actions physiques: tout se passe dans la tête du narrateur.[3]

Allen sechs *Moralischen Erzählungen* — sie wurden zwischen 1962 und 1972 verfilmt — ist ein gemeinsames Sujet eigen: ein Mann A ist einer Frau B verbunden, lernt die Frau C kennen, kehrt aber zu B zurück, ohne dass es zu einer Verbindung mit C gekommen ist.[4]

In *Ma nuit chez Maud* steht der Abend bei Maud im Zentrum des Films. Das nun folgende Protokoll einer Sequenz (I), das meinen Überlegungen als Ausgangspunkt dienen soll, versucht Bild und Dialoge simultan zu erfassen.

Der Erzähler (N) und Vidal (V) haben sich bei Maud (M) zu einem nachweihnachtlichen Diner eingefunden. Man trinkt Chanturgue und diskutiert ausgiebig über Philosophie.

E = Einstellung
D = Dauer der Einstellung in Sekunden

E	D	Beschreibung der E		Dialoge
9	35	(N, M, V bei Tisch) Halbnahe von N im Profil und M im Hintergrund en face	V	*off* Eigentlich verstehe ich sehr gut, dass man Atheist ist, ... ich bin es ja selbst, aber das Christentum hat etwas Faszinierendes, etwas das man anerkennen muss. Das ist sein Widerspruch.
			M	Ach weisst du, Dialektik zieht bei mir nicht ...

Schwenk nach rechts um M und V zu kadrieren	V	Sie macht aber die Kraft eines Pascal aus. Du kennst doch Pascal?
	M	Ja, »Der Mensch ist ein denkendes Schilfrohr«, ... »Die beiden Unendlichkeiten« ... hm, ich weiss nicht ...
	V	Die Nase von Kleopatra.
	M	Der ist bestimmt nicht mein Lieblingsautor.
	V	Gut, ich bin allein gegen euch zwei.
(M zu N)	M	Wieso, Sie haben ihn nicht gelesen? ...
(M zu V)	M	Siehst du!
	N	*off* Gelesen doch.
(V zu N)	V	Er hasst Pascal, denn Pascal ist sein schlechtes Gewissen, ... er zielt auf ihn, auf ihn, den falschen Christen.
	M	Stimmt das?
	N	*off* Ich ...
	V	Er ist die Inkarnation des Jesuitismus.
	M	Er soll sich verteidigen.
10 105 Nah-Aufnahme N	N	Nein, ... ich habe gesagt, dass ich Pascal nicht mag, weil er eine Auffassung vom Christentum hat, die sehr eigentümlich ist ... die übrigens auch von der Kirche verurteilt wurde.
	V	*off* Pascal wurde nicht verurteilt, zumindest nicht die »Pensées«.
	N	Aber der Jansenismus doch ... und dann ist Pascal kein Heiliger.
	M	*off* Gut geantwortet.
	N	Ausserdem ist er nicht ...
	V	*off* Nein, nein ... Achtung das stimmt nicht.
	M	*off* Lass ihn doch ausreden ...
	V	*off* Ich muss ja auch 'mal 'was sagen können ...
(M zu N)	M	*off* ... man hört ja nur dich hier. Also Sie sagten?
	N	Nichts ... Nein ... Ich glaube, es gibt eine andere Art, das Christentum aufzufassen. Als Wissenschaftler habe ich grossen Respekt vor Pascal. Aber als Wissenschaftler schockiert es mich auch, dass er die Wissenschaft verurteilt.
	V	*off* Er verurteilt sie nicht.
	N	Am Ende seines Lebens doch.
	V	*off* Das war keine richtige Verurteilung. Er hat es so nicht gesagt.
	N	Ich drücke mich schlecht aus ... nehmen wir ein Beispiel ... zum Beispiel im Augenblick essen wir ... und wir, wir, wir unterhalten uns und vergessen das Essen. Wir vergessen diesen guten Chanturgue ... ich trinke ihn zum ersten Mal ...

V *off* Man trinkt ihn nur in den alteingesessenen Familien von Clermont.

M *off* Wenn sie ihn mögen.

V *off* In den alten katholischen und Freidenkerfamilien.

M *off* Hör auf damit!

N Diesen vorzüglichen Chanturgue hat Pascal sicher auch getrunken, weil er aus Clermont stammte. Und ich werfe ihm vor, dass er nicht darauf verzichtet hat. Ich halte viel vom Verzicht und vom Fasten. Ich bin gegen die Abschaffung des Fastens.
Nein, es ist so: er hätte ihn trinken sollen, aber nicht geniessen. Da er krank war, musste er eine Diät einhalten und durfte nur gute Sachen zu sich nehmen. Aber er wusste nachher nie, was er gegessen hatte.

V *off* Ja, seine Schwester Gilberte erzählt dieses Zeug. Er hat nie gesagt: das hier ist gut.

N Bitte, aber ich sage: das hier ist gut.

M *off* Bravo!

N Nicht anzuerkennen was gut ist, ist schlecht. Als Christ sage ich, das ist eine Sünde.

V *off* Findest du dein Argument nicht ein bisschen dünn?

N Überhaupt nicht dünn ... und es ist sehr, sehr wichtig. Und da ist noch eine andere Sache, die mich tief getroffen hat bei Pascal. Er sagt die Ehe

11 40 Nah-Aufnahe: *(off)* sei der niedrigste Stand im Christentum.

M und V

M Ja, ich finde die Ehe ist ein ziemlich niedriger Stand. Allerdings hab' ich sicher nicht dieselben Gründe dafür.

V Aber Pascal hat recht. Du hast vielleicht Lust zu heiraten, ich auch. Aber trotzdem: in der Reihenfolge der Sakramente kommt die Ehe eben nach der Priesterweihe.

N *off* An diesen Satz dachte ich vor ein paar Tagen, als ich in der Messe war. Vor mir war ein Mädchen ...

V Das bringt mich auf den Gedanken, dass ich in die Messe gehen müsste, um ein Mädchen zu finden.

M Da sind sie sicher weniger hässlich als im Parteibüro.

V Dein Vokabular verrät deine kleinbürgerliche Natur ...

M Kleinbürgerlich ... ganz genau!
Also, dieses hübsche Mädchen?

12 24 Nah-Aufnahme N N Ich habe nicht gesagt, sie sei hübsch. Tatsächlich war sie es ... naja ziemlich. Nein, ich sollte auch nicht sagen, ein Mädchen ... eine Frau, eine junge Frau mit ihrem Mann ...

V *off* ... oder ihrem Liebhaber.

M *off* Hör auf!

N Sie trugen Eheringe.

M *off* Sie haben aber sehr genau hingesehen.

N Also gut, es ist ... ein Eindruck, der schwer wiederzugeben ist.

V *off* Ja ...

13 24 Nah-Aufnahme   N *off* Ihr macht euch über mich lustig, ich hör' auf.

M und V   M Aber nein, Überhaupt nicht.

V Im übrigen finde ich das sehr, sehr, sehr, sehr gut von dem Gedanken an die Ehe besessen zu sein. Das ist ganz richtig in deinem Alter ... in unserem Alter. Dieses christliche Paar war wunderbar.

N *off* Ja.

V Das willst du doch sagen.

N *off* Ja.

V Durch Religion gewinnen Frauen sehr.

N *off* Ja. Und ich sehe nicht ein, was daran schlecht sein soll.

14 Halbtotale   Durch die Religion gewinnt die Liebe. Aber durch die

Wohnzimmer   Liebe gewinnt auch die Religion.

Zunächst einige terminologische Präzisierungen:
Innerhalb des Filmischen kann man zwei Gruppen von Codes unterscheiden: kinematographische und ausser-kinematographische. Erstere greifen ein, wenn das Vorfilmische zum Film wird. Es handelt sich dabei um genuin kinematographische Zeichensysteme wie Kameracodes (Einstellungsgrösse, Kamerabewegung, Kamerawinkel zum Objekt), Filmmaterial, Montage und Wechselwirkung zwischen Visuellem und Akustischem.

Die ausser-kinematographischen Codes hingegen betreffen Zeichensysteme, die auch ausserhalb des Filmischen, in anderen *langages* (z.B. Musik, Theater, Gestik, Verhaltensformen, Mode usw.) vorkommen.

Der Film, ein heterogenes Ensemble von heterogenen Codes, entfaltet sich auf der Achse des Syntagmatischen, was aber nicht mit dem linear Konsekutiven gleichbedeutend ist, denn die syntagmatische Ebene — der *Kontext* im engeren Sinne — schliesst vier simultane Reihen ein: die visuelle (Bild und Schrift), die sprachliche, die der Geräusche und die musikalische.[5] *Ma nuit chez Maud* zeichnet sich durch einen neutral-sachlichen Kamerastil aus, der die »natürlichen« Sehbedingungen des Zuschauers respektiert und einem semiologisch Realen verpflichtet ist. In unserem Beispiel, das hinsichtlich des Kamerastils für den gesamten Film bezeichnend ist, überwiegen die Nah-Aufnahmen. Im Unterschied zur Gross- oder Detail-Aufnahme wahrt die Nah-Aufnahme Abstand zum Objekt und wirkt gemässigt, beinahe klassisch. Dieser Eindruck wird durch die Position der Kamera verstärkt: sie befindet sich zumeist in Augenhöhe des/der Dargestellten. Ungewöhnliche Kamerawinkel zum Objekt, wie Aufsicht oder Untersicht, sind selten und immer diegetisch motiviert. Auch von langen Einstellungen,[6] die im Gegensatz zur Montage die

Kontinuität von Raum und Zeit berücksichtigen und die »heiligkeit von realität«[7] bewahren, macht *Ma nuit chez Maud* ausführlich Gebrauch.

In der untersuchten Sequenz scheint die Kamera den Erzähler zu privilegieren: Einstellung 9 beginnt mit einer Halbnah-Aufnahme des Erzählers, dann schwenkt die Kamera auf Maud und Vidal und kommt schliesslich in einer überdurchschnittlich langen Einstellung (E 10) auf den Erzähler zurück. In den Einstellungen 10 bis 13 kadriert die Kamera den Erzähler insgesamt 329 Sekunden lang, Maud und Vidal hingegen nur für eine Dauer von 64 Sekunden. Auch die räumliche Aufteilung der Personnagen ist aufschlussreich: während der Erzähler allein im Bild ist, erscheinen Maud und Vidal als Paar. Dieses Schema wird nur zu Beginn von Einstellung 9 durch die Halbnah-Aufnahme des Erzählers mit Maud im Hintergrund durchbrochen.

Darf nun dieses den Erzähler privilegierende Kameradispositiv als Indiz dafür gelten, dass sich der Zuschauer tendenziell mit dem Erzähler identifiziert?

Quantitative Verfahren allein sind nicht geeignet, diese Frage zu beantworten. Es muss vielmehr versucht werden, der Eigentümlichkeit des Identifizierungsprozesses Rechnung zu tragen. »... le film est comme le miroir« schreibt Christian Metz in *Le signifiant imaginaire*[8] und vergleicht den Prozess der kinematographischen Identifizierung mit dem Spiegelstadium des Kleinkindes, in dessen Verlauf sich das Ich des Subjekts durch Identifizierung mit seinem Spiegelbild, das ihm ähnlich und zugleich von ihm verschieden ist, konstituiert.

In seinen Ausführungen betont Metz jedoch, dass sich der Film vor allem in einem wesentlichen Punkt von seinem Vergleichsobjekt unterscheidet: während das Bild des Kleinkindes im Spiegel reflektiert und dem Kind somit die Möglichkeit bietet, es als seine eigene Widerspiegelung zu erkennen, erscheint das Bild des Zuschauers niemals auf der Leinwand. Da jedoch der Prozess der Identifizierung eher durch die Erfahrung der Andersheit (Differenz) als durch die der Ähnlichkeit (Identität) motiviert ist, ist der Film, wie Metz ausführt, trotz dieses Mangels intelligibel. Zudem darf nicht übersehen werden, dass der Zuschauer die für die Ich-Bildung wesentliche Phase, das Spiegelstadium, bereits überschritten hat.

Doch wie kommt der Prozess der Identifizierung nun wirklich in Gang? Die Möglichkeit, der Zuschauer würde sich, angeregt durch ein bestimmtes Kameradispositiv, bevorzugt mit einer Figur der Fiktion (Erzähler) oder dem Darsteller (Trintignant) identifizieren, wurde bereits angedeutet, kann jedoch nicht als Modell für das Zustandekommen von Identifizierungsprozessen angesehen werden, denn dies würde ja bedeuten, dass Filme nur dann funktionieren, wenn menschliche Identifikationsobjekte im Bild vorhanden sind.

»...c'est toujours l'autre qui est sur l'écran«[9] fährt Metz fort. Tatsächlich scheint das Wesentliche in der Konstatierung der Andersheit zu liegen. Der Zuschauer, der sich ausserhalb des filmischen Dispositivs befindet, ist dazu da, das Andere, das der Film ist, wahrzunehmen und wird durch diesen perzeptiven Akt zur »instance constituante«[10] dieses Anderen. Der filmische Signifikant konstituiert sich erst durch den Blick des Zuschauers. Das Ergebnis seiner Untersuchung vorläufig zusammenfassend stellt Metz fest: »Le spectateur, en somme, s'identifie à lui-même, à lui-même comme pur acte de perception ...«[11] Indem sich der Zuschauer mit sich selbst als Blick identifiziert, muss er sich auch mit der Kamera identifizieren, denn er kann nur wahrnehmen, was das Kamera-Auge aufgenommen hat. Der Prozess der kinematographischen Identifizierung erscheint nun als Effekt einer doppelten Bewegung: Einerseits hat der Film — im Sinne des zitierten *le film est comme le miroir* — für den Zuschauer Spiegelfunktion. Das Auge, eine Art zweiter Leinwand, nimmt den von der Leinwand ausgehenden Bilderstrom auf. Diesen Vorgang bezeichnet Metz als *introjective*. Andererseits übernimmt auch der Zuschauer für den Film die Funktion eines Spiegels, denn erst sein Blick, ein zweiter Projektionsapparat, konstituiert den filmischen Signifikanten. Der Strom fliesst vom Zuschauer ausgehend in Richtung Leinwand *(projective)*.

Das komplexe, kreislaufartige Zirkulieren, das den filmischen Signifikanten produziert und auf einer Reihe von Spiegeleffekten aufbaut, kennt keinen Ursprung: *l'un devient le miroir de l'autre*. Dieses zirkulare Modell ist auch geeignet, das Zustandekommen und die Ausbreitung von Geschichtsbildern zu interpretieren. Es lässt erkennen, dass diese, ähnlich wie das Spiegelbild oder die Bilder des Films, keinen Ursprung haben und somit von keiner vorgeordneten Präsenz ausgehen, sondern vielmehr auf die Realität, die sie angeblich repräsentieren oder rekonstruieren, zurückwirken, sodass wir mit Georg Schmid feststellen: »das Konstrukt rekonstruiert die Realität«.[12]

Unter diesem Blickwinkel, der vor allem die Andersheit (Differenz) von Vorbild und (Ab)bild akzentuiert, erscheint das Geschichtsbild der Realität heterogen. Dies trifft nicht nur für die von den Massenmedien verbreiteten Geschichtsbilder zu, die leicht als »trivial« oder »vulgär« demaskiert werden können, sondern auch für die akademische Form der Geschichtsschreibung, die diesen uneingestandenen *Mangel* durch Verweis auf die Fakten zu kompensieren versucht.

Der Zuschauer adoptiert den Blick des Kameraauges und identifiziert sich, wie wir festgestellt haben, mit der Kamera, die während der Filmprojektion im Bild selbst nicht präsent ist. Dieses Fehlen des identifikatorischen Objektes bedeutet aber auch, dass sich der Zuschauer mit dem nicht Sichtbaren, folglich mit dem Absenten identifiziert. Die Kamera befindet sich, um mit François Jost zu sprechen, in *ocularisation interne*:[13] wir nehmen sie selbst nicht wahr, sondern nur das, was sie *wahrgenommen haben wird*.[14] Dem Konzept der *ocularisation interne*, das eine visuelle Erzählhaltung bezeichnet, entspricht auf verbaler Ebene das der *focalisation interne*. Dieser aus der Literaturwissenschaft stammende Terminus steht für die Narration in erster Person, wobei der Erzähler zugleich Figur der Handlung ist.

Genau dies ist bei *Ma nuit chez Maud* der Fall: durch autobiographische Kommentare aus dem *off* (E 43 und 249) teilt der Erzähler nicht nur seine Gedanken mit, sondern begibt sich auch eindeutig in die Position des Ich-Erzählers. Konsequenterweise müsste dieser verbalen Narration in der ersten Person eine subjektive Kamera *(ocularisation interne)* entsprechen: die Kamera dürfte folglich nicht ausserhalb des Erzählers postiert sein, sondern müsste seinen Platz einnehmen, wir dürften nicht ihn selbst, sondern nur das, was er wahrnimmt, sehen. Erst eine Identifizierung des Erzählers mit der Kamera könnte die Identifizierung des Zuschauers mit dem Erzähler gewährleisten. Das Ich des Zuschauers, das sich (in) die Figuren der Fiktion nicht einbilden kann, geht dadurch auch des eindeutigen Referenten verlustig.

Wir haben das Problem der Identifizierung bis jetzt ausschliesslich unter dem Blickwinkel kinematographischer Codes (Kameradispositiv) betrachtet. Es darf aber nicht übersehen werden, dass auch ausser-kinematographische oder präziser: kulturelle und damit historische Determinanten den identifikatorischen Prozess mitbestimmen. So könnte zum Beispiel der Umstand, dass Trintignant, der Erzähler in *Ma nuit chez Maud,* dem frankophilen Publikum aus zahlreichen Filmen bekannt ist, eine Identifizierung mit diesem Darsteller als Person oder auch als Figur begünstigen. Weiters wäre auch eine geschlechtsspezifische Priorisierung bestimmter Figuren denkbar, was aber nicht heissen soll, dass zum Beispiel Frauen automatisch Maud (Françoise Fabian) als Identifikationsobjekt bevorzugen. Da der Katholizismus des Erzählers im Kontext der Sechzigerjahre als Marginalität interpretierbar ist, steht er in metonymischer Beziehung zu Mauds Marginalität als Frau *an sich* und ist geeignet, über das Relais der Marginalität zwischen weiblichem und männlichem Blick zu vermitteln.

Der bereits hinsichtlich des Kameradispositivs konstatierte Eindruck, *Ma nuit chez Maud* versuche ausserfilmische Sehbedingungen des Zuschauers zu simulieren, wird paradoxerweise durch die Verwendung von Schwarz/Weiss-Material bestätigt. Denn obgleich die uns umgebende, »objektive« Realität farbig ist, steht die Verwendung von Schwarz/Weiss im Film der Entfaltung von Realität nicht entgegen, sondern ist ihr eher förderlich, weil der Einsatz von Farbe im Film gemeinhin als subjektives Ausdrucksmittel empfunden wird. Dass auch hier kulturell bedingte Darstellungskonventionen eine Rolle spielen, ist offensichtlich. Marie-Claire Ropars beleuchtet diesen scheinbaren Widerspruch zwischen alltäglicher und ästhetischer Wahrnehmung aus einem anderen Blickwinkel:

... le regard courant réduit le monde au gris, effaçant les couleurs pour ne retenir que le sens et l'utilité immédiate de la réalité perçue; c'est pourquoi le cinéma traditionnel, fondant le noir et le blanc en un camaïeu de dominante grise, reconstitue l'image la plus exacte de cette accommodation fonctionelle. On ne vit pas dans la couleur, on y rêve tout au plus, et après; pour retrouver la teinte d'un objet, il faut souvent en reconstruire le souvenir; et c'est cette reconstitution inconsciente que le spectateur opère dans un film sans couleur.[15]

Auf konnotativer Ebene entsprechen dem Signifikanten »Schwarz/Weiss-Film« eine

Vielzahl von Signifikaten: intrafilmisch evoziert er Winter, Schnee, Dunkelheit und Nacht, das Grau der Morgendämmerung, die Eintönigkeit des Provinzlebens, die Tristesse. Zudem ist er geeignet, die Opposition Maud (la »noire«) / Françoise (la »blanche«) zu transportieren. In interfilmischer Hinsicht erinnert er an andere französische Filme der sechziger Jahre, vor allem an jene der *Nouvelle Vague,* als deren Markenzeichen das Schwarz/Weiss inzwischen gilt, und gestattet in weiterer Hinsicht eine konnotative Verbindung mit der Sachlichkeit und dem seriösen Gestus von Dokumentarfilmen und Wochenschauen. In transfilmischer Hinsicht schliesslich lässt der Signifikant »Schwarz/Weiss« beschränkte Produktionsmittel vermuten.

Die Art der Kameraführung und das verwendete Filmmaterial vermitteln den Eindruck, *Ma nuit chez Maud* unterhalte eine privilegierte Beziehung zur Realität. Auf der Ebene der Montage scheint sich dieser Eindruck zunächst zu bestätigen: die einzelnen Einstellungen sind in chronologischer Reihenfolge aneinandergereiht, die Handlung progrediert kontinuierlich und die Anschlüsse sind immer diegetisch motiviert. All dies steht im Dienste eines semiologischen Realen und ist dazu angetan, das eigentlich diskontinuierliche Prinzip der Montage[16] zu verschleiern.

Untersuchen wir nun, im Kontext der Montage, die wir vorläufig neutral als *Zusammensetzung* definieren wollen, die Wechselwirkung zwischen Visuellem und Verbalem.

Beim Übergang von E 10[17] (Erzähler im *in*) zu E 11 (Maud und Vidal) hat der Erzähler seinen Satz noch nicht zu Ende geführt, als die Kamera bereits Maud und Vidal kadriert. In ähnlicher Weise sind E 13 (Erzähler) und E 14 (Wohnzimmer) montiert: der Schnitt erfolgt, während der Erzähler spricht. Bei den Einstellungen 9/10, 11/12 und 12/13 ist der Schnitt durch eine Wende im Gespräch motiviert.

Innerhalb der untersuchten Sequenz lassen sich nun zwei Anschlusstypen unterscheiden: bei Typ A (10/11, 13/14) kontrastiert die Diskontinuität auf visueller Ebene (Schnitt) mit der Kontinuität auf verbaler Ebene (Sprecher im Redefluss), bei Typ B (9/10, 11/12, 12/13) wird der Schnitt durch eine Diskontinuität auf verbaler Ebene (Wende im Gespräch) motiviert.

Während traditionelle Schuss/Gegen-Schuss-Verfahren das Verbale automatisch dem Visuellen unterordnen, zeigt *Ma nuit chez Maud* hingegen die Tendenz, die verbale Narration zu privilegieren: ein Bruch (Diskontinuität, Schnitt) auf visueller Ebene kann den Redefluss bzw. das Zuendeführen eines Räsonnements nicht stoppen, wird jedoch seinerseits durch eine Wende im Gespräch motiviert

Diese detaillierte Untersuchung einer Sequenz zeigt, dass visuelle und verbale Narration nicht deckungsgleich, sondern gegeneinander verschoben sind und ihre Signifikation keinem kontinuierlichen Progredieren, sondern einer Serie von *Diskontinuitäten* verdanken.

Wenden wir uns nun wieder, nach diesem Vergleich zwischen Visuellem und Verbalem, der Ebene des Bildes zu: tatsächlich ist die Montagetechnik in *Ma nuit chez*

Maud (und insbesondere in unserer Sequenz) dazu angetan, den Eindruck von Kontinuität zu erzeugen. Doch dass das Wesen der Montage nicht im kontinuierlichen Repräsentieren, sondern vielmehr im *diskontinuierlichen Dekonstruieren der Realität* begründet liegt, kann an Hand von Ropar's theoretischen Überlegungen zur Montage[18] verdeutlicht werden.

Ropars sieht in der Montage, deren diskontinuierlichen Charakter sie betont, das eigentlich filmspezifische Moment, das den Prozess der Signifikation in Gang setzt. Diese Auffassung von Montage steht in engem Zusammenhang mit dem Begriff der *écriture* (Schrift): Ropars, die die filmischen Referenzen von Derridas Schrift-als-Differenz-Konzept[19] ins Auge fasst, versteht unter *écriture* weder die graphische Notierung der Sprache, noch ein semiotisches System, sondern ein allgemeines Modell für visuelle Semiologien, demzufolge jeder Signifikationsprozess auf eine differentielle Bewegung verwiesen wird, wodurch Bedeutung erst *nachträglich*, durch das formale Spiel der Differenzen entsteht.

Die Schrift in ihrer Materialität ist zugleich visuell und räumlich und scheint daher als Vergleichsobjekt des Kinematographischen geeigneter als die gesprochene Sprache[20] bzw. die Rede (parole), die die Multidimensionalität des Kinematographischen der eindimensionalen Linearität des Sprechens und dem zeitlichen Ablauf unterordnet. Erst das *écriture*-Modell gestattet es, die Montage als diskontinuierlichen Prozess zu begreifen und fördert eine dynamische Konzeption von Signifikation: der filmische Text[22] wird nicht länger als Knotenpunkt mehr oder weniger stabiler Codes angesehen, sondern als *Ort,* an dem Bedeutung erst nachträglich entsteht.

Doch in welcher Beziehung stehen Text und Geschichte? Kann das *écriture*-Modell *historisiert* werden? Der filmische Text als Produktivität ist insofern an die Geschichte gebunden, als er selbst in sie eingreift. Diesen Eingriff des Textes in die Geschichte anzuerkennen, bedeutet eine Absage an jede Abbild-Ideologie, die den Text, insbesondere den filmischen, als Repräsentation eines vorgegebenen Realen bestimmt.

Wenn wir annehmen, dass der filmische Text von keinem stabilen Code ausgehend gelesen werden kann, sondern seine Bedeutung der Montage, dem eigentlich filmspezifischen Moment, verdankt, so heisst dies auch, dass die Bedeutung einer einzelnen Einstellung kein a priori feststehender Wert, sondern allein vom Kontext abhängig ist. So kann zum Beispiel der Signifikant »Einstellung mit langer Dauer« als Indiz für die Wichtigkeit des Dargestellten aufgefasst werden, aber auch als spannungsverzögernd oder realitätsbewahrend. Erst der syntagmatische Kontext kann über seine Bedeutung entscheiden.

Die filmische Signifikation wird jedoch nicht nur durch die Montage, den innerfilmischen bzw. syntagmatischen Kontext bestimmt, sondern auch durch Inter- und Transfilmisches. Diese Ebene, die man als paradigmatischen Kontext bezeichnen könnte, führt über den Film hinaus und lässt erkennen, auf welche Weise ausserfilmisches Wissen (*savoir*) das Sehen (*voir*) von Filmen beeinflusst.

Ma nuit chez Maud ist in doppeltem Sinne ein *film de fiction*: einerseits — und dies ist eine Eigenschaft des Kinematographischen an sich — auf der Ebene des filmischen Signifikanten: »c'est le signifiant lui-même, et entier, qui est enregistré, qui est absence ...«[22], andererseits aber auch auf der Ebene des narrativen Inhalts, der Geschichte, die erzählt wird. Der Eindruck von Realitätsnähe und Authentizität wird auf der Ebene des narrativen Inhalts dadurch erzeugt, dass *Ma nuit chez Maud* in geschickter Weise Zeichen des Realen und Fiktion ineinander verwindet, so dass eine stabile Textur entsteht, die geeignet ist, der unkontrollierten Proliferation der Fiktion standzuhalten.

Realer, beinahe dokumentarischer Hintergrund der Handlung ist die Stadt Clermont-Ferrand etwa Mitte der sechziger Jahre. In den Dialogen ist mehrfach von Clermont die Rede, von seinem provinziellen Charakter, seinen Menschen. Clermont wird auch visuell bezeichnet: die weihnachtlich geschmückten Strassen, die Kathedrale, das Michelin-Werk (die Arbeitsstätte des Erzählers), das Café *Le Suffren*, die *Librairie Centrale de la Poche*. Reale Orte werden zu Schauplätzen der Fiktion, erfahren aber eine genaue Bezeichnung, was sie davor bewahren sollte, von der Fiktion absorbiert zu werden. Dazu ein Beispiel: bevor der Erzähler das Café betritt, in dem er seinem Freund Vidal begegnen sollte, kadriert die Kamera die Fassade des Gebäudes und verweilt einige Sekunden auf ihr, wobei der Name des Cafés (*Le Suffren*) deutlich zu erkennen ist. Ähnlich wird mit den ins Spiel kommenden Objekten verfahren: Maud raucht Zigaretten der Marke *Marlboro*; auf die Einstellung, die den Erzähler am Schreibtisch seines Arbeitszimmers über ein Buch gebeugt zeigt, folgt die Grossaufnahme der gerade aufgeschlagenen Buchseite (es handelt sich dabei um mathematische Formeln); ähnlich in der Buchhandlung: der Blick des Erzählers gleitet über verschiedene Bände, die auf einem Ladentisch und in Regalen ausgestellt sind. Pascals *Über die Religion* zieht seine Aufmerksamkeit an, worauf der Buchtitel als Insert erscheint.

Doch die Zeichen des Realen schreiben sich nicht nur auf der Ebene des Visuellen, sondern auch auf der der Dialoge in dem Film ein. Unter diesem Blickwinkel sind die Gespräche über Pascal besonders aufschlussreich. Betrachten wir nun folgende Sequenz (II) vor allem mit Blick auf die Dialogpassagen:

Der Erzähler und Vidal treffen sich zufällig nach 15 Jahren im Studentencafé *Le Suffren*.

E	Beschreibung der E	Dialoge	
6	Nah-Aufnahme N	N	Kommst du oft hierher?
		V	*off* Eigentlich nie. Und du?
		N	Ich bin zum allerersten Mal hier.
7	Nah-Aufnahme V	V	Und genau an diesem Ort ist es, wo wir uns getroffen haben. Eigenartig.
8	Nah-Aufnahme N	N	Nein, im Gegenteil, es ist normal. Unsere Berührungspunkte können nur im Aussergewöhnlichen liegen, da

unsere üblichen Bahnen sich nicht treffen. Ganz klar …
Ich vertreibe mir die Zeit gerade mit Mathematik. Es wäre
amüsant, die Chance zu ermitteln, die wir hatten, uns in
weniger als zwei Monaten zu treffen.

V   *off* Glaubst du, dass das möglich ist?

N   Das ist eine Frage der Information und ihrer Verarbeitung.
Aber dazu müsste man die Information haben. Die Wahrscheinlichkeit, die besteht, jemanden zu treffen, von dem
man weder den Wohnort, noch den Arbeitsplatz kennt,
ist selbstverständlich unmöglich zu bestimmen … Interessiert dich Mathematik?

V   *off* Ein Philosoph muss mehr und mehr über Mathematik
Bescheid wissen.

9   Nah-Aufnahme V   *in* In der Linguistik zum Beispiel ist sogar für die
einfachsten Sachen das pascalsche Dreieck an die Ge-
schichte mit der Wette gebunden … und selbst bei dieser
Überlegung muss man sagen, dass Pascal sehr modern ist.

10   Nah-Aufnahme N   *off* Der Mathematiker und der Metaphysiker werden eins.

N   Ach schau, Pascal.

V   *off* Das erstaunt dich?

N   Ich bin gerade dabei, ihn wieder einmal zu lesen.

V   *off* Na und?

N   Ich bin sehr enttäuscht …

V   *off* Ja, rede weiter, es interessiert mich.

N   Naja, ich weiss nicht … zunächst hab' ich den Eindruck,
ihn beinah' auswendig zu kennen und dann … gibt er mir
überhaupt nichts. Ich finde ihn ziemlich öde. Ich bin
katholisch … oder zumindest versuch' ich es zu sein. Und
es geht nichts mit meinem Katholizismus konform. Und
gerade weil ich ein Christ bin, mache ich Front … gegen
die Unduldsamkeit. Oder wenn das das Christentum ist,
dann bin ich Atheist … Du bist immer noch Marxist?

11   Nah-Aufnahme V   V   Gerade für einen Kommunisten ist der Text von der Wette
ausserordentlich aktuell. Glaub' mir: im Grunde zweifle
ich, dass die Geschichte einen Sinn hat. Trotzdem setz' ich
auf den Sinn der Geschichte … und ich bin in der
Pascalschen Situation.
Hypothese A: Das Gesellschaftsleben, jede politische
Aktion, haben keinerlei Sinn. Hypothese B: Die Geschichte hat einen Sinn. Ich bin ganz und gar nicht sicher,
ob Hypothese B eher zutrifft als Hypothese A. Ich würde
eher das Gegenteil behaupten.
Nehmen wir an, dass für Hypothese B eine Wahrscheinlichkeit von zehn Prozent besteht und für Hypothese A neunzig Prozent. Jetzt pass' auf: aber trotzdem,
ich muss auf sie setzen, auf Hypothese B, denn sie gibt der

			Geschichte einen Sinn ... sie ist die einzige, die mir ermöglicht, zu leben. Nehmen wir an, ich habe auf Hypothese A gewettet und Hypothese B stellt sich als wahr heraus, trotz der zehn Prozent Wahrscheinlichkeit. Dann hab' ich mein Leben völlig verloren. Also muss ich mich entscheiden, für Hypothese B, denn sie ist die einzige, die mein Leben rechtfertigt.
12	Nah-Aufnahme N		*off* Natürlich spricht eine Wahrscheinlichkeit von neunzig Prozent dafür, dass ich mich irre ... aber das ist unwichtig.
		N	Sowas nennt man mathematische Hoffnung, das heisst, der Gewinn wächst mit der Wahrscheinlichkeit. Und was deine Hypothese B betrifft, mag die Wahrscheinlichkeit vielleicht gering sein, aber der Gewinn ist unermesslich. Denn für dich ist er der Sinn des Lebens und für Pascal der Gewinn des Unendlichen.
13	Nah-Aufnahme V	V	Es war Gorki oder Lenin oder Maiakovski, der sagte, ich glaube während der russischen Revolution aus Anlass der Machtergreifung, dass ... die Situation erforderte, dass man sie wählen musste, die Chance unter tausenden. Denn die Hoffnung, indem man sie ergriff, die Chance unter tausenden, war unendlich viel grösser, als hätte man es nicht getan.

Das Reden über Pascal, eine historisch abgesicherte Gestalt, hat denselben Effekt wie das genaue Bezeichnen realer Orte oder Objekte: es verstärkt den Eindruck von Authentizität und verleiht den fiktiven Figuren eine Art *Realitätsaura*, wodurch sich diese in die Wirklichkeit einspeichern: *der Text greift in die Geschichte ein.*

Was Theresia Klugsberger in diesem Band in Bezug auf Mythen und Sagen feststellt, gilt auch für *Ma nuit chez Maud*: *die* Geschichte und die Geschichte(n) der Protagonisten werden miteinander verwoben. Diesem Kunstgriff verdanken die fiktiven Figuren ihre Glaubwürdigkeit, ihre Authentizität.

Das Gespräch über *Die Wette* bringt auch den Sinn der Geschichte ins Spiel. Die von Vidal aufgeworfene Frage, ob die Geschichte einen Sinn habe, kann nicht durch rechnerische Operationen entschieden werden:

> Die Vernunft kann hier nichts bestimmen: ein unendliches Chaos trennt uns. Am Rande dieser unendlichen Erfahrung spielt man ein Spiel, wo Kreuz oder Schrift fallen werden.[23]

Der Ausgang dieses Spiels hängt nicht von Regelhaftem oder Notwendigem, sondern allein vom Zufall ab. Doch das imperative *il faut parier* der Pascalschen Wette drängt zur Entscheidung, und da man wetten *muss*, erscheint es am *sinnvollsten,* auf den Sinn der Geschichte zu setzen, denn erst dies gibt der Geschichte einen Sinn.

Diese Verbindung von Zufall und Geschichte birgt Konsequenzen: sie lässt den Sinn der Geschichte (die Wahrheit) als artifizielles *Konstrukt* und nicht als »natürlich«

Vorgegebenes erkennen. Der Konstruktcharakter der Geschichte, ihr nicht repräsentativer Charakter und, damit verbunden, das Fehlen eines Eindeutigen Referenten lässt sich im Kontext des Filmischen besonders deutlich veranschaulichen.

Anmerkungen

1 *Ma nuit chez Maud* (Meine Nacht bei Maud), Fr 1969, Darsteller: Jean-Louis Trintignant (Erzähler), Françoise Fabian (Maud), Antoine Vitez (Vidal), Marie-Christine Barrault (Françoise) u.a., Buch und Regie: Eric Rohmer, Kamera: Nestor Almendros, Ton: Jean-Pierre Ruh, Schnitt: Cécille Decugis.
2 Eric Rohmer: Six contes moraux. Paris, Editions de l'Herne, 1974.
3 Marion Vidal: Les six contes moraux d'Eric Rohmer. Paris, Lherminier, 1977, p. 12.
4 Vgl. Ulrich Gregor: Geschichte des Films. Bd. 3. Hamburg, Rowohlt, 1983.
5 Vgl. Christian Metz: Sprache und Film. Frankfurt/M., Athenäum, 1973, p. 188.
6 Eine quantitative Analyse ergibt, dass die durchschnittliche Dauer einer Einstellung 25 Sekunden beträgt.
7 Eileen Mc Garry: dokumentarisch, realismus und frauen-film. in: Frauen und Film, 11 (1977), pp. 19-27, p, 23.
8 Christian Metz: Le signifiant imaginaire. in: Communications. 23 (1975), pp. 3-54, p. 32.
9 Metz, signifiant imaginaire, p. 34.
10 Metz, signifiant imaginaire, p. 34.
11 Metz, signifiant imaginaire, p. 34.
12 Georg Schmid: Die Figuren des Kaleidoskops. Über Geschichte(n) im Film. Salzburg, Neugebauer, 1983, p. 13.
13 François Jost: Narration(s): En deça et au-delà. in: Communications, 38 (1983), pp. 192-212, p. 196: »Pour caractériser la relation entre ce que la caméra montre et ce que le héros est censé voir, je propose de parler d'ocularisation: ce terme a en effet l'avantage d'évoquer l'oculaire et l'œil qui y regarde le champ que va prendre la caméra. Quand celle-ci semblera être à la place de l'œil du personnage on parlera d'ocularisation interne.«
14 Dieses Lacansche *Futurum exactum* ist geeignet, die Nichtidentität des filmischen Signifikanten, der, um zu werden, des Blickes bedarf, zu bezeichnen.
15 Marie-Claire Ropars-Wuilleumier: L'écran de la mémoire. Essais de lecture cinématographique. Paris, Ed. du Seuil, 1970, p. 164.
16 *Ma nuit chez Maud* ist aus 252 Einzeleinstellungen *montiert*.
17 Vgl. die eingangs zitierte Sequenz.
18 Marie-Claire Ropars-Wuilleumier: Le texte divisé. Essai sur l'écriture filmique. Paris, Presses universitaires de France, 1981.
19 Vgl. Jacques Derrida: Die Schrift und die Differenz. Frankfurt/M., Suhrkamp, 1976.
20 Traditionellerweise geht die Linguistik vom Primat der gesprochenen Sprache über die Schrift aus. Dies basiert auf der Vorstellung, die Stimme und somit das gesprochene Wort stünden dem Atem, dem Geist oder der Seele näher als das Schriftzeichen.
21 In der allgemeinen Semiologie wird Text für jedes Zeichensystem, das sich räumlich und visuell manifestiert, verwendet. Auf das Kinematographische übertragen, bezeichnet der Textbegriff die Gesamtheit des Films und nicht allein verbale Elemente des Films wie z.B. Dialoge oder Szenario.
22 Metz, signifiant imaginaire, p. 31.
23 Blaise Pascal: Die Wette. in: Albert Béguin: Blaise Pascal in Selbstzeugnissen und Dokumenten. Hamburg, Rowohlt, 1959, pp. 140-144, p. 142.

GEORG SCHMID

Bilderschrift und Geschichtsbilder.

Miniatur zu Les sœurs Brontë von André Téchiné[1]

Ganz gegen Ende des Films tritt Thackeray (alias Roland Barthes) auf; Téchiné legt ihm die Worte in den Mund, dass das Leben zu kurz sei für die Kunst... Bald darauf war Barthes tot, an den Folgen eines Unfalls verstorben, hiess es...

»Im« Film *überlebt* Barthes (die Sequenzen, in denen er als »Thackeray« vorkommt, geben ihm noch gut 10 Jahre; dieser starb bekanntlich 1863); im Film »sterben« Isabelle Adjani (alias Emily) und Isabelle Huppert (alias Anne) *symbolische Tode* ... anstelle von Roland Barthes. Ausserhalb des Films (aber gibt es dies Aussen, so wie *»hors texte«*?) gehört der Tod in den Bereich des Realen (das ein Reich der Toten ist). *Im* Film — einem Reich virtueller Unsterblichkeit — werden die Tode bloss dar-, vorgestellt.

Fünf Jahre nach Barthes' Tod kann man/frau den Verstorbenen immer noch sehen (allerdings *in einer Rolle*). Ça a été... Es liegt auf der Hand, die Beziehung zwischen diesem letzten (und ersten) Film mit Barthes und seinem Buch über den Tod herzustellen (*La chambre claire*), das sich als eines über die Photographie ausgibt.[2]

Was können wir heute über die Brontës wissen — und wie schreibt sich der Film in ein mögliches Wissen ein? Unsere (heutige) Einbildungskraft (respektive die Téchinés von 1978) stellt Beziehungen her zu den Einbildungskräften der Brontës: zweierlei Imaginationen werden korreliert; indem Téchinés Film nicht direkt referentiell ist, kein Film »über« das Scheitern, macht er das Zugrundegehen auf andere Weise anschaulich. Offenkundig funktioniert vieles kraft der Schauspieler/innen (zu denen in diesem Fall Barthes gehört); um sie haben wir uns in den letzten Jahren, primär die »auteurs« betrachtend, zu wenig gekümmert. Die Schauspieler/innen aktivieren in uns Register der Identifikationen (halbwegs zwischen »Realem« und »Imaginärem«); vermittels des Symbolischen sehen wir uns in diese geheimnisvollste aller Zonen ein; wir sehen uns (hin)ein; wir sehen ein.

... Als ob ein Reservoir angezapft würde: in jedem/r von uns ist zumindest das Phantasieren des Scheiterns angelegt (dergestalt ist es uns möglich, die Niederlagen der vier Geschwister Brontë einzusehen). Dies ist von uns zu investieren; der Film kann niemals die Niederlage »direkt« thematisieren (er ist in gewisser Weise immer »Erfolg«: einfach weil er teuer ist, — und weil er *bleibt*: er behauptet sich; seine Zelluloid- oder elektronische Spur bleibt erhalten: sein Bestehen hat materalistische Gründe).

Scheitern? Niederlagen? Zugrundegehen? Wieso, woran, weswegen? Téchiné (und sein Koautor Pascal Bonitzer)[3] zeigen deutlich genug, dass frau/man an den Zwängen der gegebenen Soziokultur scheitert. Das ist im Prinzip nichts Neues; der Wert dieser Aussage besteht jedoch darin, dass diese Zwänge auch alles Sprechen determinieren (beim *Zeigen* hingegen scheint es, jenseits blossen »Referierens«, andere Möglichkeiten zu geben). Was haben wir an die Stelle (den Ort) der *absenten* Geschichte zu setzen? Zeichen, die deren Präsenz simulieren, Zeichen eines narrativen Diskurses, wo ein realer »*Parkurs*« ausgenommen zu werden scheint.

Les sœurs Brontë beginnt mit einer Binnennarration, die den Film auch gleich sozialhistorisch *placiert* (verbale Schilderung des Lebens der Fabrikarbeiter; »...und die Schwestern schrieben...«). Zusammen mit dem Vorspann (ist es nicht gerade er, der die *Gangart* eines Films »stilistisch« signalisiert?) ergibt dies ein Anrufen mehrerer Codes: eines kulturalen (Sozialgeschichte der Unterschichten), eines hermeneutischen (Spannung wird erzeugt), aber auch eines ikonischen (und das bezieht sich auch auf die »Klangbilder«), der bestimmte bildliche Vorstellungen nahelegt.

Ob er es will oder nicht, »zeigt jeder Film Flagge« — erste Sequenz(en); Vorspann; »Einstimmung« —; eine semiologische Geschichte des Vorspanns wäre ein Desiderat seriöser Filmforschung. Der Begriff Vorspann wird hier sehr umfassend verstanden. Die Titelmusik etwa kann emotional ungleich mehr (prä)disponieren, als man/frau üblicherweise denkt. Für *Les sœurs Brontë* hat Philippe Sarde eine Musik komponiert, die die (deutsche) romantische Lied-Tradition ebenso aufruft (Text, »Stil«) wie verfremdet (Orchestrierung, »anomale« Führung der — weiblichen — Singstimme). Was — und wie — signifiziert Musik? Wir wissen es nicht. Doch dass sie zum signifizierenden Instrumentarium gehört, ist gewiss (Jahrzehnte Filmmusik erweisen es).

Der »Soziale (oder sozialhistorische) Hintergrund« (eine Art metaphorischer Projektionsfläche) ist indessen ebenso fingiert, wie die (Film)Musik komponiert ist; auf dem Plateau *gestellt*, ergibt er so etwas wie eine als Quasi-Natur erscheinende Geschichte. Die Doppeldeutigkeit von »Geschichte« wird hier sogleich ganz deutlich. »Die« Geschichte (sie ist eine Ab- oder Anrufbarkeit, Göttin der verhiessenen und nie erreichbaren Wahrheit, von der die Philosophen geschwätzig plaudern, ein Verbürgtes, eine Matrix, Garantie für alle Parameter) ist nur via Geschichten(-erzählen) erreichbar.

Indem Titelmusik und Binnennarration zu Anfang »historisches Sujet« signalisieren (ähnlich wie die Kostüme und die ikonische Qualität von cadrage etc.), setzen sie einen Ton, schaffen eine Atmosphäre, ein Air — kurz: ein (Temporal-)*Kolorit*. Und genau dieses Kolorit, das uns emotional disponiert (manipuliert?), schafft dann, zusammen mit dem Auftreten bekannter Schauspieler/innen, den (falschen) Eindruck der Authentizität. Denn können wir sagen, reale Personen *denotieren* (in unserem Fall) solche, deren Existenz historisch verbürgt ist? Es geht viel eher um eine *Simulation;* von hier aus *greift* auch die Konnotation: wir sehen in Isabelle Adjani nicht nur »Emily

Brontë«, sondern (je nachdem) »Adèle Hugo« oder die Protagonistin aus Claude Millers *Mortelle randonnée / Das Auge* etc. (Der Film ist, vor allem *wenn man/frau die Identifikation denkt,* die Kunst der Konnotation par excellence.)

Wie wir welche Schauspieler/innen sehen (empfinden), bestimmt, was für Saiten in uns angeschlagen werden, welche Seite in unserem imaginären Existenzbuch aufgeschlagen wird. Die Musik, meinte Barthes in *Rasch,* sei eher einem Bild als einer Sprache (langage) vergleichbar (»en ce que toute image rayonne«)[4] — eine Auffassung, der wir uns semiologisch umso eher anschliessen wollen, als uns gerade die Musik (Klangbild, Klangkörper!) im Film über »das Herz« anspricht. Es sind gewisse Blicke der Drei Frauen (!), die uns diegetisch in die Geschichte der Geschwister einbauen (das ist es ja, was wir mit Identifikationen meinen). Blick impliziert Miene (Mienen*spiel*) ebenso wie Erblicktes. Was gibt es zu erblicken in den *Schwestern Brontë*: drei (oder vier, wenn wir Patrick Branwell mitzählen) Schicksale?, eine »soziohistorische Realität«? Es scheinen in der Tat Klang- und sonstige Bilder zu sein, die in uns etwas auslösen.

Was von Téchiné ins Bild gesetzt wird: die Yorkshire-Landschaft, gewisse Intérieurs, die Beziehungen zwischen Personen in einer bestimmten sozialen Konfiguration (hier wird vor allem eine *feministische Lesart* sichtbar). Als Frau muss »man« scheitern; keine Alternative. Yorkshire (die Extérieurs) erhält also signifikante Expressivitäten und Positionen zugeschrieben; die Art und Weise, wie die *interiors* gefilmt sind (cadrage und Farbe, Anordnung der Personen im Raum und Motivik insgesamt), ruft ikonologisch die Malerei in etwa der »behandelten Zeit« auf; die »condition féminine« wird (wie könnte es anders sein?) aus der Perspektive der Herstellungszeit reflektiert.

Im übrigen sind es vor allem die drei Frauen — die uns auch (literar-)historisch verbürgt sind — *von heute,* die signifizieren (der historische Referent bleibt entrückt); in unserem Imaginären identifizieren wir uns nicht (sagen wir) mit Emily — sondern mit Isabelle, wie sie (von Téchiné *»dirigiert«*?) Emily *spielt.* Doppelte Entfremdung vom scheinhaft Dargestellten: einmal wegen der Absenz alles Historischen (wir sehen nie »die« Geschichte — wir sehen nichts als Geschichtsbilder); die andere Entrückung ist Resultat eines *konnotativen Systems,* das Genrekundigkeit ebenso umgreift wie Kenntnisse über Darsteller/innen und Cinéast/inn/en, aber auch etwas, das man *Kino, mode d'emploi* nennen könnte.

Es ist bezeichnend, dass man/frau gerade von Schauspieler/inne/n sagt, sie hätten eine »Präsenz«. (Es ist diese Präsenz nicht zuletzt, die die Absenz des scheinhaft Dargestellten kompensiert.) Aber der jeweilige Film *funktioniert* in jedem Fall — egal wie genrekundig (etc.) man/frau auch sein (oder nicht sein) mag. Der Film spielt gewissermassen auf verschiedenen Registern (er funktioniert auf verschiedene Weisen), und mit der von Barthes erträumten Bathmologie (bathmos=Stufe, Grad) — der Wissenschaft von den Differänzialitäten (oder deren Methodik) — wäre das zu erklären.[5]

Die Präsenz des/der Schauspielers/in beruht nicht so sehr auf seinen/ihren intrinsischen Fähigkeiten des (Schau-)Spielens (des Agierens), auf der Fähigkeit, durch irgendeinen (sei es ein Gesichts-) Ausdruck einen Eindruck zu erzeugen. Jene Präsenz ist in weiterem Sinn das Spiel des Films in und mit uns (wie alle seine Artikulationen und Expressivitäten in und an uns *Wirkung zeigen*); das Kino ist auch in diesem Sinn eine *Konnotationsanstalt*. Es gibt in *Les sœurs Brontë* eine sehr hübsche Sequenz mit Adjani, Pisier und Alice Sapritch. Adjani/Emily spielt, um die Tante (Sapritch) günstig zu stimmen (es geht um die Finanzierung des Aufenthalts in Brüssel), ein paar Takte auf dem Klavier — und patzt dabei. Erschrockenen Blicks hebt sie (so will es die Konvention weiblichen Signalisierens) eine Hand an den Mund. Das ist sozusagen noch »historisierend«; Pisier/Charlotte hingegen wiegt kritisch den Kopf (Gestik und Mimik sind »typisch französisch«, durchaus an Gabin erinnernd, jedenfalls nicht »stimmig«). Indessen ist es genau dies Aus-der-Rolle-Fallen (wie Alice ins Wunderland), das bezaubert *und Distanz und Differenz markiert*. Wir sehen ja nicht »wirklich« Emily und Charlotte (oder nur, vermittels symbolischen Instrumentariums, imaginär); wir sehen Pisier und Adjani, die gemäss eines Szenarios *simulieren*.

Die eben aufgerufene »falsche Mimik« kann als ein *Bilderschriftzeichen* gelesen werden, das auch, wie ein (dramaturgischen Erwägungen gehorchendes) *Modul* begriffen, erweist, dass die Rührung angesichts des *Ça a été* nicht an die unmittelbare (persönliche) Kenntnis *eines* Todes gebunden ist. Die Trauer stellt sich durch die Simulationen (in Form sogenannter Kunst-Werke) ebenso ein wie durch das gerade in jüngster Zeit wieder so sehr fetischisierte Selbst-Erleben (die »Authentizität« der Eindrücke, die Unverwechselbarkeit der Grossen Gefühle, das Spontane Wahrer Emotionalität und derlei Platitüden mehr).

Es ist an der Zeit einzubekennen, dass wir im Kino oft (buchstäblich) zu Tränen gerührt sind — und keineswegs nur bei »seriösen« (oder einfach »ernsten«) Filmen, im Gegenteil. Woher, wieso diese Rührung? Vielleicht resultiert sie daraus, dass wir *das Andere* (wie es sich etwa im Traum unausgesetzt andeutet und verheisst, und doch auch verbirgt und entzieht) ständig in, mit, um uns haben. Ist es der Tod (der anderen, den wir jedoch — aus Angst vor dem eigenen — immer schon mitsterben)? Warum sich mit Sterbenden identifizieren? Und wie sind solche Identifikationen steuerbar? Raymond Bellour (den in diesem Kontext zu evozieren gewiss nicht falsch ist, da er auch zwei kritische Brontë-Ausgaben besorgt hat): »le texte du film ne cesse en effet d'échapper au langage qui le constitue.«[6]

Woher also kommt die Rührung und Empörung, wenn wir die Schwestern Brontë sehen (als wären *sie* es, und nicht Adjani, Pisier und Huppert)? Aus der Erschütterung durch einen bestimmten »Archetyp« (nicht im Jungschen Sinn) des Schicksals, der sich bei Frauen mit noch grausamerer Brutalität zu manifestieren pflegt als bei Männern. Es ist der Schicksalstypus, der dem Schreiben-aus-Notwehr (natur-, *kultur*gemäss) keinerlei Gratifikation zugesteht — im Gegenteil —; ein Existenzstereotyp, das auch die spiessbürgerliche Auffassung miteinschliesst, die da besagt, Grosse, Wahre Kunst sei unausweichlich gekoppelt an eine bestimmte Art des Scheiterns.

Was uns also (durch und durch negativ) fasziniert, ist die Art und Weise des Zugrundegehens — des Zugrundegerichtetwerdens. Es ist gut vorstellbar (anhand des Films), wie einer/m bei (den) Robinsons zumute ist (Anne, Branwell); wie gedemütigt frau/man sich von Verlegern fühlen kann (Charlotte und Anne im Londoner Büro von Newby); welche Empörung frau empfinden mag, wenn sich der eigene Vater nur auf den Sohn, nicht aber auf die Tochter freut (Emily in der Zielschiessen-Sequenz); welchen Abscheu man/frau vor *der Welt* hegen mag (abermals Emily, deren *Agoraphobie* leicht nachzuvollziehen ist). Bisweilen weht einen sogar, selbst wenn *man* (biologisch, aber auch vom *Programm* der Soziokultur her) ein *Mann* ist, ein Gefühl verzweifelter Ohnmacht an…: die Frauen (im Regen, zitternd) *vor* der Schenke sitzend, auf die drinnen trinkenden Männer wartend (… »ich bin schon trunken von dem Wein, den du gleich trinken wirst, und von dem ich nie kosten werde.«).

Man/frau muss sich vorstellen, was folgendes bedeutet: zurecht davon auszugehen, sich ein männliches Pseudonym zulegen zu müssen, um kulturell überhaupt *sichtbar* werden zu können. Und diese Vorstellung ist ohne Zweifel eine Funktion der *Dar*stellung — anders gesagt: die Möglichkeit, sich etwas auf bestimmte Weise vorstellen zu können, ist Resultat der Semiosis (und nicht einer wie immer verstandenen Mimesis). Ist es (bloss) ein »historischer Sachverhalt«, das Frauen krass benachteiligt werden? Offenkundig nicht. Insofern entspricht die Darstellung durch Geschichten den Vorstellungen von »der« Geschichte. Geschichte ver-bildlicht sich in uns *erzählt* (etwa durch visuelle Diegese); die Schauspieler/innen sind demzufolge, kraft identifikatorisch-emotionaler Einschreibungen, Relais, *Leit-Körper*.

Die signifikanten Ketten, die im Eindruck der Narration resultieren, entsprechen hinsichtlich ihres Codes den Codes, die die Erfahrbarkeit der »Realen Welt« ausmachen (wir sehen alles durch eine »kulturale Brille«). Es ist eine Entsprechung der Bilder: Welt- und Geschichtsbilder einerseits, die zu »Bilder-Schrift« chiffrierten Bilder des Films andererseits — die entsprechenden Codes stehen zueinander in homologischen Relationen. Würde das nicht vielleicht auch eine gewisse Affinität zwischen dem *savoir-parler* der. idiomatischen Wendung und dem *savoir-(dé)montrer* des Standphotos erklären? Wenn tatsächlich die idiomatischen Figuren (im linguistischen Sinn) mit diesen gleichsam gefrorenen Bildern (ein Augen-Blick für immer immobilisiert) etwas gemein haben sollten, käme jedoch letzteren, diesen Pseudo-Quintessenzen einer durch die Schrift niemals einholbaren Lebendigkeit, die Gabe zu, zumindest »imaginär« die Zeit (ihren Ablauf) zu bannen.

Roland Barthes »lebt fort« *als Thackeray* — während Isabelle Adjani schon mehrfach »gestorben« ist: (un-)totgebissen von Kinski/Dracula, mit einer roten GS-Citroën Selbstmord begehend (in *Mortelle randonnée*) oder eben als (eine) Schwester

Brontë an der Tuberkulose (ist sie nicht gleichsam indiziell-emblematische Signalisierung bewusst romantisierender — und damit, warum auch nicht, ein wenig manierierter — Gangart?). Über einen früheren Film von Téchiné (*Souvenirs d'en France / Erinnerungen aus Frankreich*) hatte Barthes von Episoden geschrieben, die, prägnante Momente und voneinander abgeschnitten, absolut signifikant seien, andererseits jedoch »Erzählungslücken« (trous de narration) erzeugten, die paradoxerweise die Geschichte in Gang brächten und signifizierten.[7] Diese Äusserung ist auch auf *Les sœurs Brontë* anwendbar, weil es egal ist, ob jene Momente der Prägnanz auf fingierte Personen bezogen werden oder auf solche, deren Existenz historisch verbürgt ist.

Die kinematographischen Spuren täuschen uns (durch ihre Ikonizität?) über die Nichtwiedergewinnbarkeit des Vergangenen hinweg. Was ist von Dauer? (Das ist natürlich die kaschierte Frage in der Heiderose-Sequenz mit Emily und Anne.) Der Ruhm? (»Deine Träume vom Ruhm sind so viel wert wie deine Liebesträume« — Emily zu Charlotte — ; wenn aber doch, so Branwell, laut Téchiné und Bonitzer, das Talent Anerkennung finden muss, um sich entwickeln zu können!?) Emilys Tod jedenfalls wird so dargestellt, als wäre er, eine Art Selbstmord, direkte Folge der (anfangs in der Tat sehr negativen) Rezeption von *Wuthering Heights*.

1849 (im Todesjahr Annes) schrieb Schumann sein »*Requiem für Mignon*« — von Barthes gibt es einen kurzen Essai *Aimer Schumann*[8] — rund eineinhalb Jahrzehnte später wählt Brahms für sein *Deutsches Requiem* Texte aus, die u.a. folgende Passage beinhalten (sie wird tröstlich ans Ende gestellt): ...dass sie ruhen von ihrer Arbeit/denn ihre Werke folgen ihnen nach. Überdauern uns die Werke? Wären *sie* die Tröstung, die auch Brahms' Musik sein möchte?

Die heuristische Nützlichkeit des visuell Diegetischen besteht also nicht zuletzt darin, eine *Dauer* zu inszenieren; so wie das Spüren von Musik die Einbildungskräfte zweier Zeiten überbrücken kann, verbindet auch die Verbildlichung von Geschichte verschiedene Semiosen — und das ist historiographische Tätigkeit par excellence.

Anmerkungen

1   Les sœurs Brontë. 35mm, Farbe. Buch: André Téchiné und Pascal Bonitzer, Bild: Bruno Nuytten, Musik: Philippe Sarde, Darsteller: Isabelle Adjani, Isabelle Huppert, Marie-France Pisier, Pascal Greggory, Jean Sorel, Roland Barthes.
2   Roland Barthes: La chambre claire. Notes sur la photographie. Paris, Gallimard/Seuil (Cahiers du Cinéma), 1980.
3   Les sœurs Brontë. Scénario original d'André Téchiné et Pascal Bonitzer. Paris, Albatros (Coll. ça cinéma), 1979.

4   Roland Barthes: Rasch, in: Langue, discours, société. Pour Emile Benveniste, ed. J. Kristeva,
     J.-C. Milner, N. Ruwet. Paris, Seuil, 1975, pp. 217-228, wiederabgedruckt in Ders.: L'obvie
     et l'obtus. Essais critiques III. Paris, Seuil (coll. Tel Quel), 1982, pp. 265-277.
5   Cf. zur »Bathmologie«: Renaud Camus: Buena Vista Park. Paris, Hachette (coll. POL),
     1980. Cf. auch ROLAND BARTHES par roland barthes. Paris, Seuil (coll. Ecrivains de
     toujours), 1975, p. 71.
6   Raymond Bellour: Le texte introuvable, in: Ders.: L'analyse du film. Paris, Albatros (Coll.
     ça cinéma), 1979, p. 38.
7   Souvenirs d'en France. 35mm, Farbe. Buch: André Téchiné und Marilyn Goldin, Bild: Bruno
     Nuytten, Musik: Philippe Sarde, Darsteller: Jeanne Moreau, Michel Auclair, Marie-France
     Pisier, Claude Mann, Julien Guiomar. Cf. Avant-Scène-Cinéma, N° 166, 1976, darin Roland
     Barthes: Ce qui est bon.
8   Roland Barthes: Aimer Schumann, in: Ders., Essais critiques III (Anm. 4), pp. 259-264.

MICHÈLE LAGNY, PIERRE SORLIN

Zwei Historiker nach einem Film: perplex

Die Geschichtswissenschaft verleibt sich das Kino ein: Um es dienstbar zu machen? Oder um es zu bannen? Das lebendigste Zeugnis einer Epoche besitzt gleichzeitig den geringsten Lehrgehalt, und jene Autoren, die ihren Büchern Filmographien anfügen, hüten sich davor, ihre Beweisführung auf jene Filme, deren Titel sie nennen, zu stützen. Photogramme und Auszüge aus Drehbüchern, illustrativ verwendet, komplettieren oder nuancieren seit geraumer Zeit Studien über Sensibilität, Repräsentationssysteme und Geschichte. Bis heute stellt das Kino jedoch bestenfalls eine Hilfsquelle dar und geniesst nicht im gleichen Masse wie die schriftliche Quelle das Renomee, als Zeugnis der Vergangenheit zu gelten. Marc Ferro meinte in den siebziger Jahren, dass diese Missachtung des Films am Misstrauen der Universitätsprofessoren liege, die nichts mit solch »Helotenspektakel« anzufangen wüssten. Doch inzwischen ist das Kino unverzichtbarer Bestandteil unserer Kultur geworden; andererseits wurde der Zugang zum Filmmaterial durch Fernsehen und die Verwendungsmöglichkeiten von Video erleichtert, ohne dass sich jedoch die Haltung der Historiker grundsätzlich geändert hätte: ihr Misstrauen einem Ausdrucksmittel gegenüber, mit dem sie schlecht fertig werden, hält unvermindert an. Diese auch für uns eklatanten Schwierigkeiten meinen wir durch Rekurs auf spezifische, der Semiotik entlehnte Dechiffrierverfahren bewältigen zu können; unsere Vorgangsweise wendet sich gegen rein impressionistische Methoden — um statt dessen vielmehr eine Formalisierung zu versuchen, die unsere Analyse auf gesicherte und überprüfbare Grundlagen stellt. Hierbei ergibt sich unwillkürlich die Frage, ob die Vorbehalte unserer Zunft nicht doch gerechtfertigt sind und ob sie nicht vielleicht in einem dunklen Wissen auf die Gefahren antworten, die der Film dem historischen Genre bereitet.

Le film est à nous

Gewissen Filmen begegnen die Historiker indes seit längerem mit geringem Vorbehalt: So ist etwa *La Vie est à nous* einer jener Filme, die sie mit Vorliebe einsetzen, um das Klima von 1936 zu evozieren und um die Haltung der Kommunistischen Partei *(PC)* zur Zeit des Übergangs von der Taktik des *Front de Classe* zu jener des *Front Unique* zu erklären. Kurz zum Inhalt: Aufgebaut auf einem didaktischen Konzept, das die wichtigsten Punkte des Vortrags von Maurice Thorez beim Kongress von Villeurbanne im Jänner 1936 aufgreift und einfache Lösungsvorschläge entwirft, bietet dieser Film sowohl den Vorteil, die Aufmerksamkeit zu fesseln, als auch die Möglichkeit eines unmittelbaren Zugangs.

La Vie est à nous beginnt wie ein Dokumentarfilm, eine Geographiestunde über die Reichtümer Frankreichs. Der Film zeigt den Ankauf dieser Reichtümer durch eine Minderheit, hebt die Schwierigkeiten der Volksklassen hervor und fordert die Wiederaneignung dieser Güter durch das französische Volk unter Leitung der *PC*. Er vermengt dabei Ausschnitte aus Wochenschauen, kurze Episoden über Aktivitäten der Kapitalisten und Faschisten, sowie Parolen, die an den Kampfgeist appellieren. Anschliessend zeigt der Film die Möglichkeiten, die den Arbeitern, Bauern und Arbeitslosen dank der Aktionen der *PC* nun offenstehen; diese Darstellung erfolgt in drei kurzen Episoden (Streik in einer Fabrik, Kampf gegen eine Festnahme auf dem Land, Arbeitssuche eines jungen Ingenieurs und dessen »Rettung« durch die Partei), von denen die ersten beiden auf Erlebnisberichten beruhen, die an *»L'Humanité«* geschickt worden sind. Nach den obligaten Reden der einzelnen Parteiführer schliesst der Film mit einer Montage, die den Reichtum Frankreichs und den Marsch der Arbeiter zur Einheit zeigt. Die Besonderheit von *La Vie est à nous* besteht darin, neben verschiedenstem Material auch Spielfilmelemente zu verwenden, die dazu bestimmt scheinen, die Dringlichkeit der Probleme und die Realisierbarkeit der Lösungen zu verdeutlichen. Der Film begnügt sich nicht mit einem blossen Nebeneinander erläuternder Dokumente: er gestaltet die Gesamtheit seines Materials, um daraus eine Geschichte zu machen, deren Progredieren den klassischen Regeln der Erzählung gehorcht. Wir werden auf das Problem der Verwendung von Spielfilmen durch Historiker noch zurückkommen, weisen aber bereits hier auf die Ambiguität vieler Dokumentarfilme hin, die nicht frei von narrativen Elementen sind.

Von *La Vie est à nous* werden wir nur eine Episode genauer betrachten, nämlich jene, die einem Streik in einer Metallfabrik in Gennevilliers gewidmet ist. Sie bietet den Vorteil, eine isolierbare und kohärente Einheit darzustellen. Bereits ein erstes Sehen erlaubt es, die Ursachen der Unruhen und die Gründe des Erfolgs der Arbeiterschaft zu erkennen: Der Druck, den die für Zeitkontrollen verantwortliche Aufsichtsperson (=*Chronométreur*) auf die Stückproduktion ausübt und die Entlassung eines älteren Arbeiters aus Rentabilitätsgründen lösen den Widerstand der Arbeiterschaft aus, wobei die *PC* die Aktionen organisiert und deren Gelingen sichert. Der Zuseher versteht die Ablehnung von Produktionsbedingungen sofort, die zur Normierung des Arbeitstempos und zur Entlassung der Schwächsten führen. Er kann nicht ignorieren, dass der Ausgang des Konflikts von einer Organisation abhängt, das heisst sowohl von der Existenz einer konstituierten politischen Gruppe als auch vom Koordinieren der Aktion (alles entscheidet sich bei einer Zusammenkunft einer politischen Zelle) durch einen Aktivisten, dessen Führungsrolle bereits von Beginn der Sequenz an betont wird. Die Episode illustriert den Inhalt eines Briefes, der vom Streik berichtet und von Cachin gelesen wird: Auf diese Weise wird eindeutig die Meinung der *PC* über die Ziele und die Leitung einer Streikbewegung zum Ausdruck gebracht. Obwohl der Klassengegensatz im ganzen Film zum Tragen kommt, scheint er sich erst in der Konfrontation Parteigenosse vs. Chef zu entladen: die Klarheit des Genossen, der eine Reihe präziser und fundierter Anliegen vorbringen kann, gewinnt die Oberhand über das zögernde Verhalten des Chefs, der sich, mangels Alternativen seinerseits, vor einem gerechtfertigtem Aufstand beugen muss. Die direkte Verantwortung für den Affront trifft den Chronométreur, Personifikation einer neuen dynamischen und inhumanen Ordnung, der vorübergehend zugunsten eines alten patriarchalen Werkmeisters ersetzt wird: ein klarer Hinweis auf die Unfähigkeit und Hypokrisie des französischen Unternehmertums, gespalten zwischen dem Wunsch nach Modernisierung einerseits und dem Bestreben nach Fortführung seiner Betriebe auf familiärer Basis andererseits.

Zusätzlich zur filmischen Umsetzung des Programms der *PC* bietet der Film Motive, die zwar mit dem Zentralthema in Verbindung stehen, aber nicht systematisch ausgeführt und nur durch serielle Inserierung wahrnehmbar werden. So kommt der Zeitbegriff in obsessioneller Weise immer wieder: exakt umreisst der Chronométreur die Arbeitszeit, der Blick auf die Uhr wiederholt sich, selbst der Streikbeginn hat einen genauen Zeitpunkt; allem Anschein nach versuchen die Arbeiter, die Kontrolle über die Zeit wiederzuerlangen, die bislang als Instrument der Herrschaft in den Händen der Firmenleitung lag.

Ein anderes Beispiel: Obwohl Frauenfiguren für den Handlungsverlauf unbedeutend sind, stellt der Film unaufhörlich Frauen in den Vordergrund: eine junge Arbeiterin, die vom Chronométreur belästigt wird, eine Genossin, die den Parteiführer kurz begleitet, schliesslich eine kinderreiche Witwe illustrieren die Ansichten der *PC*. Die Haltung der *PC* in bezug auf Frauen wird übrigens auch in jener kurzen Szene, in welcher die Arbeiter ihre Delegation erstellen, durch den Zwischenruf »Eine Frau fehlt«, deutlich. Die Frauendarstellungen sind derart konventionell, derart offenkundig dazu bestimmt, jenen programmatischen Ausruf zu illustrieren, dass sie das von der *PC* propagierte Frauenbild eher in Frage stellen.

Eine themenbezogene Analyse, die auf Wiederholung rekurriert, öffnet Wege, deren Logik sie nicht konstruiert. Man sieht sich daher zu einer strukturalen Analyse veranlasst, die nicht die durch den Diskurs der *PC* präkonstituierten Elemente vorwegnimmt, sondern bemüht ist, die Ganzheit des filmischen Funktionierens zu entdecken, und dies ausgehend von Kategorien, die der Textanalyse entlehnt sind: raum-zeitliche Anordnung, Situieren der Darsteller, Zuordnung der politischen Aussagen, Evaluation der formalen Gegebenheiten (Konstruktion der Einstellungen, Montage ...)

Diese Episode (sketch), die wir ausgewählt haben, kann in drei Sequenzen unterteilt werden: das Entstehen des Konflikts in der Fabrik, die Vorbereitung des Streiks durch die politische Zelle, welche sich im Hinterzimmer eines Cafés versammelt, zuletzt der Ausbruch und Erfolg des Streiks. Diese Sequenzen sind durch zwei Einstellungen (Nacht, Aussen), getrennt, die erste als formaler und diegetischer Bruch, die zweite lose mit der Handlung verbunden.[1] Die beiden Sequenzen erklären affektive/psychologische Motivationen und begründen dergestalt zwei individuelle Reaktionen als abweichende Formen des Kampfes: die Eifersucht treibt einen unreifen Metallarbeiter dazu, dem Chronométreur das Maul einzuschlagen, weil dieser um seine Freundin herumschleicht; aus Verzweiflung über seine Entlassung will ein älterer Arbeiter die Maschinen zerstören. Die PC rettet die Situation: der Metallarbeiter lässt sich bei der Versammlung der Zelle zur Räson bringen, ja, mehr noch, die PC übernimmt die weitere Verantwortung, wodurch sie ihre Kaderfunktion demonstriert: in der zweiten eingeschobenen Einstellung wird der ältere Arbeiter (Gustave) von zwei Genossen gepackt, beruhigt und fortgebracht. Im Verlauf der Fabrikssequenz werden die Arbeiter nacheinander an ihren jeweiligen Maschinen gezeigt, der Werksraum jedoch niemals in der Totalen; die Kamera folgt dem Auf- und Abgehen des Chronométreurs und suggeriert so eine zeitliche Kontinuität, eine Kontrolle über die Zeit, die die Firmenleitung durch die Person des Chronométreurs ausübt. Letzterer ist durch die Aufnahmetechnik mit der Arbeiterin, die er belästigt, dann mit dem alten Mann, den er entlässt, verbunden, doch die Montage kontrastiert ihn mit dem Metallarbeiter, der alleine an seinem Werktisch die Szene beobachtet; das Spiel ihrer Blicke, die entweder angenommen oder abgewiesen werden, macht die Arbeiterin und den Metallarbeiter zu Komplizen, den Chronométreur und den Metallarbeiter jedoch zu Rivalen. So transponiert diese kurze Szene schon zu Beginn den Konflikt auf eine sexuelle und affektive Ebene, welche auch in den Folgesequenzen residual weiterbesteht, während doch der offenkundige Diskurs rein politischer Natur ist. Auf programmatischer Ebene verwirft der Film zwar individuelle Lösungen, beginnt aber mit einer persönlichen Rivalität; diese Tendenz wird auf diegetischer Ebene verstärkt, da ein Einzelschicksal (die Entlassung Gustaves) den Warnstreik auslöst. Die Analyse deckt einen Widerspruch auf zwischen dem theoretischen Diskurs der PC einerseits, der Gegensätze in Klassenbegriffen definiert und individuelles Handeln als anarchistisch ablehnt, und dem Verlangen andererseits, den Zuschauer zu fesseln, was dazu führt, dass der Film dramatische Situationen wiederaufnimmt, die beständig auf der Leinwand präsentiert werden. Dank einer solchermassen verfeinerten Betrachtungsweise wird die Unmöglichkeit sichtbar, indiskutablen Beziehungsdarstellungen wie Eifersucht oder Verzweiflung zu entkommen. Um Arbeitsprobleme interessant zu präsentieren, muss der Film Situationen schaffen, von denen man annimmt, dass sie für jeden nachvollziehbar sind. Ohne Zweifel ist genau hier der Ansatzpunkt, an dem der Historiker beginnt, einer unausgesprochenen Übereinstimmung Gestalt zu geben.

Die zweite Sequenz bietet Konflikten keinen Raum. Ohne Ortswechsel und zentriert auf die Aktivitäten des Parteiführers betont sie erneut die Bedeutung von Zeit: eine Uhr zeigt zunächst »Acht«, dann »Zehn« — indem sich diese beiden Einstellungen direkt verbinden, schreiben sie eine Ellipse in die diegetische Kontinuität ein. Dies evoziert die Aneignung der Zeit durch die Arbeiter und wird den ganzen Beginn der dritten Sequenz über dominant bleiben.

Die Einheit der politischen Gruppe, die sich im Café konstituierte, besteht auch nach der Rückkehr in die Fabrik weiter fort. Der ersten Totalen der Fabrikshalle während der Arbeitszeit geht eine Schuss/Gegenschuss-Einstellung mit dem Parteiführer und seinen Genossen voran - diese Einstellungen sind nun durch Montage und den Austauch von Blicken verbunden. Einer solchermassen bekräftigten Komplizenschaft steht die Isoliertheit des Chronométreurs entgegen: seine Blicke beobachten zwar, verlieren sich aber, wie es scheint, ins Leere, da uns der Film nicht zeigt, was er sieht. Seine Isolierung wäre eine vollkommene, gäbe es dazwischen nicht die Einstellungen mit dem Metallarbeiter: selbst inmitten der Streikvorbereitungen behält der Film den privaten Konflikt bei. Die Arbeitsniederlegung um »Punkt Neun« bringt auch formale Änderungen mit sich. Zunächst ändert sich der Rhythmus des Films schlagartig, indem nahtlos von einigen sehr kurzen zu zwei sehr langen Einstellungen übergegangen wird; diese Montage suggeriert, dass die Arbeiter nun selber Herren der Zeit sind und gleichzeitig kann der aufmerksame Zuseher diesen Herrschaftswechsel mitvollziehen. Ferner leitet der Film eine Aneignung des Raumes durch die Arbeiter ein. Ausgehend von Nahaufnahmen erweitern sich die Einstellungsgrössen bis hin zur Totale, die Arbeiter verlassen ihre einzelnen Werktische, belagern die gesamte Fabrik und dringen sogar bis vor die Direktionsbüros vor. Waren in den beiden ersten Sequenzen die Büros und Arbeitsstätten noch als klar unterscheidbare Einheiten konstituiert, ein Oben und Unten, verbunden nur durch eine Treppe, die allein die Werkmeister benutzen durften, so beginnt mit dem Streik ein ununterbrochenes Zirkulieren zwischen Oben und Unten, die Büroangestellten kommen herunter, um sich den Arbeitern anzuschliessen, eine Arbeiterdelegation formiert sich am Fuss der Treppe und geht hinauf zum Direktor. In diegetischer Hinsicht besiegen ihn die Arbeiter, aber die Ortsveränderung der Kamera reinstalliert eine Trennung des Raumes und eine zeitliche Alternanz, die die Montage nicht länger übernimmt. Die Negation und der Triumph des Streiks kommen in zwei Einstellungen zum Ausdruck, zum einen durch die Bewegungen der Kamera, die dem Kommen und Gehen des Chefs folgt, zum anderen durch die Tür zum Direktionszimmer, deren Schwelle die Arbeiter nicht überschreiten. Das Einhalten der Arbeiter auf dem Treppenflur zeigt die Grenzen der 1936 vorstellbaren Überschreitung auf: Zweifel an der Autorität des Chefs, Respekt vor seiner Entscheidungsgewalt. Die Ekritüre verschafft indessen dem Zuseher ein Privileg, das die Diegese den Streikenden vorenthält: indem er in das Bureau wechselt und die Aktionen des Chefs beobachtet, kann er die zwei Gesichtspunkte miteinander konfrontieren und sich vorstellen, was im Kampf auf dem Spiel steht. Die patronale Macht wird entschleiert, aber allein für die Augen des Zusehers (des zukünftigen Wählers), und, im Gegensatz dazu, lässt der Film, der den Sieg an die Arbeiter vergibt, die Möglichkeit offen, dass die Direktion wieder die Oberhand gewinnen könnte. Implizit begrenzt der Film die Folgen der direkten Aktion und induziert durch sein Funktionieren eine Valorisierung der dialektischen Analyse (die durch die PC offenbar gemacht wird), die im freien Unternehmertum eine Gegenreaktion von seiten der Direktion erwarten lässt.

Die Berücksichtigung gewisser wesentlicher Elemente der Ekritüre — ohne den Wert einer direkten Lektüre schmälern zu wollen — führt uns dazu, die Verschiebungen im Einsatz der Propaganda zu bestimmen. Hinter der unmittelbaren Hierarchie, die die Arbeiter rund um die Aktivisten und ihren Anführer organisiert, zeichnet sich eine Trennung der alltäglichen Praxis der Aktion in der Fabrik ab, die auf den plötzlichen Siegen basiert, und einer Planung auf lange Sicht, die auf einer politischen Analyse gründet.[2] Um bis zu diesem Zeitpunkt zu gelangen, war es auch notwendig, Konflikte individueller Natur zu passieren (Rivalität Metallarbeiter/ Chronométreur), was die Annahme begünstigt, dass der Film die Verankerung sozialer Konflikte in persönlichen Rivalitäten nicht in Frage stellt. Man könnte sich ebensogut fragen, inwiefern die Montage und die Aufnahme die Darstellung der Frauen bestärken oder sie entstellen, die zugleich in traditionellen Rollenmustern gefangen sind, sich freiwillig an der Aktion beteiligen und schliesslich ausgeklammert werden: künstlich der Delegation assoziiert, verschwinden sie und partizipieren nicht am Triumph.

Auf diese Art eingeleitet und wieder unterbrochen — denn es liegt nicht in unserer Absicht, uns weiter mit *La Vie est à nous* zu beschäftigen — zeigen sich die Vorzüge einer filmischen Analyse: das Auge, das vom Fluss der Bilder gefangen wird, behält nur jene Darstellungen, deren Offensichtlichkeit derart evident ist, dass sie jede Befragung blockiert. Beim Sehen des Films ist nicht mehr seine Herstellungsweise erkenntlich und folglich auch nur das Ergebnis einer Auswahl filmischen Ausdrucksmittel. *La Vie est à nous* bringt eigentlich nichts anderes als die Rede von Villeurbanne, aber was bezweckt die *PC*, indem sie den Wähler in den dunklen Kinosälen stellt, und welchen Veränderungen unterliegen die Pläne von Thorez auf der Leinwand? Einzig die Bedachtnahme auf den Signifikanten gestattet es aufzuzeigen, was der Rekurs auf den Film induziert, und den Anfang einer Antwort auf folgende beiden Fragen zu bringen:

1) Während die äusseren Angaben (Entscheidung des Zentralkomitees, die Herstellung eines Films betreffend; Bericht über die Durchführung des Projekts) nur über das Ziel aufklären (Erweiterung der Zuhörerschaft), erlaubt es die Analyse, die

Vorstellung abzuschätzen, die sich die *PC* vom Wähler-Zuschauer macht, und die Art und Weise, wie sie versucht, ihn zu verstricken. Wie wir gesehen haben, ist das Publikum, in die Lage des Zeugen versetzt, in der Lage, die Notwendigkeit der Aktion zu ermessen;

2) Ausser wenn das Ergreifen des Worts durch ein didaktisches und redundantes Bild verstärkt wird, muss der Film die verbale Argumentation, die eine Parole begründet und rechtfertigt, durch eine Reihe von illustrativen Beispielen ersetzen. Die Verschiebung vom Abstrakten zum Konkreten erschwert die Konzeptualisierung; die Strenge des Diskurses wird der etwaigen politischen Effizienz untergeordnet. Hingegen hat die Inszenierung eine expansive Ausweitung der Dokumentarinformation zur Folge: was auf der Leinwand im Detail jeder Einstellung wie in der Montage nahegelegt wird, eröffnet neue erkundbare Signifikantenketten.

Die kurze Szene, mit der wir uns hier beschäftigt haben, bezieht sich auf die Meisterung der Zeit; sie drückt eine 1936 verstärkt bestehende Sorge aus, die man besonders in den Beobachtungen von Simone Weil wiederfindet. Ihr Text vom Juni 1936[3] versucht die Motive des Metallarbeiterstreiks zu beschreiben; der Streik beginnt genau wegen des Arbeitstempos und erinnert an die ersten Erfahrungen mit der Stückproduktion. Das Aufrufen, vor allem quantitativer Art, berechnet, veranschlagt und wiederholt quasi obsessional die Wörter, die den Ablauf (Stunde: 8 Vorfälle, Tage: 5, Minute: 3, Sekunde: 1) und die Bemessbarkeit (kontrollieren, zählen, Takt, rechnen, Zahl) der Zeit markierten; repetitiv ist auch die Verwendung von Begriffen, die die Produktion bezeichnen (Stückzahl: 6, Maschinen: 3, Fabriken: 4), die systematisch wiederholt werden und durch ihren allgemeinen Charakter jede konkrete Gegebenheit ausschliessen: welche Art von Stücken? welche Maschinen? Eine Beschreibung gäbe nichts her, sie würde den beschleunigten und monotonen Rhythmus des Textabschnitts zerstören; ein Gesamteindruck wird erzielt, indem die genauen Bezeichnungen ausgeschaltet werden. Der Film hingegen, selbst wenn er die Repetition einsetzt, öffnet auf diese Weise zwangsläufig neue deskriptive Bahnen (Verhalten des Arbeiters, Art der Produktion, Aussehen des Werkstoffs und der räumlichen Gegebenheiten). Während im schriftlichen Text der Parcours markiert ist, drängen die Bilder ein fiktives Erlebtes auf, das über das Itinerar hinausgeht, welches man vergeblich mit zahlreichen Anstrengungen nachzuzeichnen sucht. Der Werkmeister bei Simone Weil ist nichts als ein Zahlen-Aussender, der *Chronométreur* aus *La Vie est à nous* trägt eine Reihe distinktiver Merkmale, die der Zuschauer spontan in Opposition zu anderen Merkmalen setzt, und die sich eben dadurch zu Differentialcharakteristika des Arbeiters, des Vorarbeiters alten Stils und des Chefs verändern. Wenn der Film, indem er uns auffordert, präkonstituierte Bilder zu erinnern, auf den Kampf gegen das Arbeitstempo ausgerichtet ist, öffnet er die Möglichkeit, sich über die Definition sozialer Typen zu befragen, die in Begriffen der Opposition und der Differenz konstruiert sind. Ein einfaches, aufmerksames Sehen lässt die Kontraste auf der Ebene der Kostüme, der Sprache, des Benehmens auffallen; eine verfeinerte Studie kann es gestatten, den Platz, den der Film den einzelnen Stereotypen zuweist, abzuschätzen. Indem der Film die erzählte Kontinuität auf die Positionswechsel des *Chronométreur* zentriert, gibt er den Sachwaltern der Macht eine Initiativkraft, die er ihnen wieder entzieht, sobald sich eine andere Form von Kontinuität instituiert, nämlich jene der politischen Versammlung im Café, die das Objekt der zweiten Sequenz darstellt. Durch die Bestimmung der narrativen Funktionen, die den Personen eingeräumt werden, kann man die Bedeutung, die ihnen der Film in der Repräsentation des sozialen Kräfte-Spiels beimisst, abschätzen.

Der Film, Träger verschiedenster Anregungen und Hinweise, ein ständiges In-Beziehung-Setzen der auf der Leinwand visualisierten Gegebenheiten aufdrängend, ruft bisweilen flüchtige Fragestellungen auf, die sich mit der Rezeption des expliziten Anliegens vermischen. Man fragt sich nicht mehr nur nach den Motiven des Streiks, man kann auch zu den Darstellungen der Fabrik, der Arbeit, der Funktion des Chefs abtriften. Der Signifikant selbst führt dazu, die Analyse zu sprengen, die Dichte des Bildes und die Vielfalt der möglichen Kombinationen vermitteln dem Betrachter den Eindruck grosser Fülle und die Angst, irgendetwas vergessen zu haben oder eine mögliche Lesart vernachlässigt zu haben.

Um das Arbeitermilieu zur Zeit der Volksfront anzugehen, sind der Artikel von Simone Weil und *La Vie est à nous* von gleich grosser Bedeutung.[4] Doch wenn ersterer zum Wesentlichen vordringt, ist es nicht wegen der Regelmässigkeiten in der Anordnung der Sätze, der Wiederkehr der Begriffe, die der Leser so lange einander annähern kann, bis er semantische Knoten ausmachen kann? Auf jeden Fall öffnet der schriftliche Text, der in der Lexik integriert und durch die Syntax kanalisiert ist, nur eine beschränkte Zahl deskriptiver Itinerare, also auch eine beschränkte Zahl von Analysemöglichkeiten. Da er sich gut für Reduktion und Fragmentation eignet, rechtfertigt er die Synthese wie auch das Zitat und bietet dergestalt dem Historiker ein leicht zu verwertendes, ein leicht verarbeitbares Material. Hingegen gibt es beim Film keine Grenze für eine Dekomposition des Bildes, die Möglichkeiten kombinatorischer Expansion bleiben unbegrenzt. Der Umstand, dass unsere Analyse, wenn auch unvollständig, ziemlich lang geraten ist, und die Vielfalt der angepeilten, doch kaum genau untersuchten Richtungen enthüllen die Ratlosigkeit des Historikers gegenüber dem audiovisuellen Material. Ein Dokument, zugleich flottierend und reich, führt mehrfach in Versuchung: so tun als existierte es nicht oder eher versuchen, daraus Informationsbrüche zu gewinnen oder versuchen, es in einen schriftlichen Text umzuwandeln (entweder durch ein »Résumé« oder durch eine Beschreibung Einstellung für Einstellung). Um diese Probleme, die den Film negieren oder ihn auf das, was er nicht ist, reduzieren, haben wir an eine Formalisierung gedacht, die es, ganz unter Beachtung des Filmspezifischen, gestatten würde, den Film zu analysieren und ihn in eine historische Synthesearbeit zu integrieren.

Textanalyse und historische Vorgangsweise

Die Neugier des Historikers bezieht sich zunächst auf die Spuren einer Vergangenheit: ein Gegenstand, der in Spuren ein Ensemble, in das er eingeschrieben war, evoziert, zieht unsere Aufmerksamkeit an; er reizt uns weniger seiner selbst wegen, sondern wegen des Wertsystems, für das er Zeugnis ablegt; er verlangt, dass wir ihn in seiner Unversehrtheit wiederherstellen, damit wir ihn dann einer Befragung unterziehen können.

Für den Film entsprechen die Vorbedingungen der Textanalyse den Erfordernissen der historischen Methode: die Regeln der Beschreibung, a priori nach der Art des Dokuments und in Zusammenhang mit der Fragestellung definiert, führen zu einem produktiven Lesen, umso mehr als dieses nicht darauf beschränkt bleibt, einen Inhalt zu ermitteln, sondern es eher die Globalstruktur jener Elemente, deren innere Beziehungen, erhellt, privilegiert und auf diese Weise die Zerstückelung des Texts und seine fragmentarische Verwertung zurückweist. Dieser Zugang scheint die Maximalforderungen der historischen Vorgangsweise zu erfüllen. Mehr noch, indem er den Sinn eines Dokuments nicht in den Umständen seiner Produktion sucht, vermeidet er, beim ersten Durchgang der historischen Untersuchung, die bequeme Möglichkeit einer zirkularen Bewegung, die den Text durch den Kontext erklärt und den Kontext aus dem Text bezieht, und die uns etwa den Streik aus *La Vie est à nous,* ausgehend von den Arbeitsbedingungen anno 1936 kommentieren und uns das einstige Leben in der Fabrik auf der Basis von Filmeinstellung und anderen Quellen erklären liesse.

Der oben skizzierte Versuch gestattet es, den Fortschritt zu ermessen, den die Filmanalyse darstellt; durch systematische Berücksichtigung des Organisationsmodus des Textes konnten wir zeigen, auf welche Weise sich die Welt der Fabrik, wie man sie Mitte der 30-er Jahre inszeniert hat, diesseits der Bauwerke, die als Dekor gedient haben, diesseits der evozierten Konflikte und der Schauspieler, die als Arbeiter figuriert haben, konstituiert. Durch Einblicke in einen Aufbau, dessen Totalansicht niemals erreicht wird, reduziert der Film eine Arbeit zu Bruchstücken und zeigt dann durch den Kampf die Wiedergewinnung eines für den Eingriff der Arbeiter offenen Raums. Die Aufteilung der Einstellungsdauer und der Protagonisten lösen durch das kombinierte Spiel der Aufnahmen und der Montage den Einbruch der Klassenkämpfe in die Permanenz der individuellen Konflikte aus. Über die Beschreibung eines Kampfes gegen das Arbeitstempo hinaus gestattet es unsere Vorgangsweise, die Art und Weise, wie das Bild des Konflikts in der unmittelbaren Vorkriegszeit auftaucht, einzukreisen. Hinter den politischen Aussagen und Äusserungen mit kämpferischem Unterton, so beständig betont, dass sie die Leinwand schaffen, ist ein Substrat konservativer Wertvorstellungen auszumachen.

Im Stadium dokumentarischer Aufklärung versichert uns die Textanalyse solider

Erkenntnisse, die Möglichkeiten vielfältiger Untersuchungen offenlassen; die Geschichte hingegen kommt nicht aus Einzeldokumenten zustande, sondern erfordert die Korrelationierung verschiedener Quellen; darauf festgelegt, eine endgültig verlorene Vergangenheit wiederzuerwecken, kann sie nur auf Wahrscheinlichkeiten gründen, die umso grösser sind, je häufiger die Wiederholung ist: ein Text ist nichts als ein Zeuge, mehrere konvergierende gestatten es, eine Quasi-Sicherheit zu konstruieren, wenn auch nicht in bezug auf eine Realität, so doch wenigstens im Hinblick auf deren Erfahrung durch eine soziale Gruppe. Eine isolierte Auskunft über die Beschleunigung und die Kontrolle des Arbeitstempos um die Mitte der 30-er Jahre könnte nur eine zufällige Fragestellung hervorrufen, die Konvergenz verschiedener Quellen erweist indessen eine Problemlage, die die traditionelle Historie rückübersetzt in eine objektive Veränderung der Arbeitsbeziehungen, die wir weiters als das Erwachen einer neuen Sorge um die Ausbeutung der Industriearbeiterschaft interpretieren. Mag er sich gleich an »Realitäten« oder an »Darstellungen« halten, der Historiker kann nicht im Text eingeschlossen bleiben. Er muss zunächst die Logik, die den Entstehungsbedingungen des Dokuments inhärent ist, erkennen, dann durch Gegenüberstellen und Überprüfen die Zugänge vervielfachen, um Übereinstimmungen und Gegensätzlichkeiten im Inneren des Diskurses, den die Gesellschaft über sich selbst führt, kenntlich zu machen.

Hier kommt eine erste Schwiergkeit zum Tragen: die Textanalyse besitzt ihre eigene Kohärenz, die alle jene befriedigt, die sich für die Art und Weise der Sinnproduktion interessieren; sie kennt keine anderen Grenzen als die Neugierde des Wissenschaftlers und peilt die maximale Ausdehnung im Eröffnen neuer Analysewege an; als beständige Aktivität der Neuschreibung des Textes erkennt sie keine anderen Grenzen an als diejenigen, die sie sich selbst setzt; je mehr sie die semischen Kräfte erhellt, desto mehr entfernt sie sich von der einschränkenden und konjunkturellen Interpretation, die die des Historikers ist, und wenn sie gleichzeitig mehrere Texte befragt, so geschieht das eher, um die Produktivität des einen durch den anderen anzukurbeln, als um Konvergenzen und Divergenzen aufzudecken. Eben weil der Historiker seine Vorgangsweise auf Vergleich und Überprüfen gründet, belastet er den Text mit seinen Ausgangshypothesen und gibt einen Raster vor, der indem er ein Forschungsfeld begrenzt, nur Interpretationen innerhalb der Grenzen des zu Beginn abgesteckten Rahmens zulässt. Obwohl textuale und historische Vorgangsweise einander nicht ausschliessen, bleiben sie doch widersprüchlich. Die innere Kritik des Dokuments, das dessen bessere Kenntnis gewährleistet, und die deshalb von Nutzen ist für eine Analyse der Darstellungen, hört auf, eine Textanalyse zu konstituieren, sobald sie sich im voraus auf die Schnittpunkte und Zwischenräume beschränkt, die eine Reihe von Texten bestimmten. Entweder beugt sich die Analyse den Bedürfnissen des Historikers und wird zu einer noch unbekannten Hilfswissenschaft, die man versucht ist, »systematisierte Lektüre« zu nennen, oder aber sie entwickelt sich selbständig und überschreitet die Historie. Sich den Freuden der Textproduktion hinzugeben, ist im Falle des Films eine umso grössere Versuchung, als wir gesehen haben, wie schwierig es ist, seinen Diskurs festzulegen und ihn mit anderen Texten in Beziehung zu setzen.

Ein weiteres Problem hat mit der Notwendigkeit zu tun, die den Historiker dazu zwingt, Vergleiche ins Leben zu rufen, derer er sich im Rahmen einer Chrono-logie — sei es diachronisch (Analyse einer Periode in ihrer Dauer, ausgehend von Einzel-dokumenten, die aus jener hervorgehen), sei es synchronisch (Feststellen der struk-turellen Merkmale, die einem im voraus festgelegten Augenblick zu eigen sind), sei es komparativ (Erhellen struktureller Veränderungen mit Hilfe zeitlich gestaffelter Dokumente) — widmet. Auf keinen Fall kann der Historiker auf äussere Anhalts-punkte verzichten, da sich durch ihre Korrelationierung die Serie der Dokumente ergibt. Die festgelegten Verbindungen zwischen dem Vorher und dem Nachher variieren je nach den methodologischen Voraussetzungen der Wissenschaftler; einige gehen über das Schema Abfolge/Wirkung nicht hinaus; andere, ohne sich mit den Ursachen aufzuhalten, beschäftigen sich mit der Bewegung selbst und versuchen die verschiedenen Rhythmen abzuschätzen, die die Veränderungen innerhalb einer Gesellschaft bestimmen. Im einen wie im anderen Fall ist das Ziel der Historie, die Transformationen zu ermitteln, die sich lediglich an der Zeitskala bemessen lassen. Ob man sich bemüht, die Ursprünge und das, was bei den Streiks von 1936 auf dem Spiel stand, zu bestimmen, oder die Bilder, die man sich vor den Arbeitsbedingungen in der Fabrik zur Zeit der Volksfront machte, man legt sich doch, wenn man Historiker ist, auf die Spezifizität eines Ereignisses, einer Darstellung fest, dem man Sinn nur in Beziehung zu anderen Fakten beimisst, oder auf andere typische Vorstellungen von vorangegangenen (Beginn der Industrialisierung) oder nach-folgenden (Zeit der Automatisierung) Zeitabschnitten, gegebenenfalls sogar charakteristisch für andere Kulturbereiche. Man muss daher jedes Dokument in seinem Bezugssystem ins Auge fassen und folglich auch in seiner chrono-logischen Einschreibung. Hingegen kann man die kurze Szene von *La Vie est à nous* als Text analysieren, ohne die damaligen Konflikte, den Zustand der Gewerkschaftsbewegung oder die politische Lage in Rechnung zu stellen. Selbst wenn der Film zum Teil durch seine Drehzeit bedingt ist, hat er doch seine eigene Kohärenz und bringt Sinneffekte hervor, deren Entstehen Gegenstand der Text-analyse ist. Deshalb braucht sich diese nicht um chronologische Einbettung zu kümmern, welche für den Historiker eine fundamentale Vorbedingung darstellt; der Kommentar, den die Textanalyse anbietet, ist völlig achronologisch; durch eine Korrelationierung mit anderen ebenso achronologichen Objekten erlaubt er es, eine allgemeine Theorie der Schrift und Bedeutung einzuleiten. Die Unterschiede übertreibend, bemerkt man hier, was zwei inkompatible epistemologische Schritte trennt: während die Bedingungen, unter welchen der Text hervorgebracht worden ist, im Hinblick auf das Ermessen der Bedeutungsherstellung wenig Bedeutung haben, sind sie essentiell, um aus diesen in den Augen der Historiker ein Dokument, ein Zeugnis von einem Beziehungsgeflecht zu machen, das er bezeichnet und konstituiert.

Die Ratlosigkeit, in die uns das filmische Material stürzt, hat uns dazu geführt, nach Lektüreinstrumenten zu suchen, die wir durch Textsemiotiken zu finden meinten. Am Ende eines langen Weges stellen wir nun ernsthafte Divergenzen fest; keine andere Methode scheint uns aber beim momentanen Forschungsstand ein ähnliches Minimum an nötiger Strenge für das Erfassen des Films zu gewährleisten. Da wir die Absicht haben, das vom Historiker eingebrachte Material zu einem Maximum auszuweiten, bleibt uns nur noch, uns über unsere anfänglichen Postulate zu befragen, die die Art und Weise, »Geschichte zu schreiben«, betreffen. Unser Vorsatz, das Kino verwenden zu wollen, verpflichtet uns zunächst im Hinblick auf die Unsicherheiten, die der Film auslöst, den Status und die Funktion der Quelle und dann die Modalitäten der Geschichtsschreibung in Erwägung zu ziehen.

Das Bild an der Quelle

Wir haben betont, dass das Dokument eine Spur ist, und müssen nun präzisieren, welche Art Spuren es verzeichnet. Als Überrest des Tauschs ist es für den Historiker nur interpretierbar, nachdem es in das Kommunikationsnetz, in dem es funktionierte, wieder eingeführt worden ist. Von der *PC* in Auftrag gegeben, entstanden im Rahmen einer Wahlkampagne, besitzt der Film, den wir als Beispiel gewählt haben, alle Eigenschaften eines historischen Dokuments: Wir wissen wie, warum und kraft wessen es entstanden ist, und wir kennen das Publikum, dem er gezeigt worden ist. Der Film stellt daher kein Problem für die Auswertung durch den Historiker dar, insoweit sein Status und seine Funktion klar definiert sind. Umgekehrt weisen die meisten der im Kino präsentierten Filme nicht diese Eigenschaften auf, sind jedoch eine Fundgrube an Material für den Zugang zu den Repräsentationen.

Der Status einer Quelle verändert sich mit der jeweils gültigen Ausdrucksweise: In einer Kultur, in der das Mündliche dominiert, hat das schriftliche Dokument den Charakter des Aussergewöhnlichen; zu der Zeit, in der das Kino auftritt, hat der Film, inmitten einer Gesellschaft des Schriftlichen, einen Platz inne, der nicht zu vergleichen ist mit demjenigen, den er heute, da das Audiovisuelle triumphiert, besitzt: eine Seltenheit machte ihn damals gleichermassen wertvoll wie unzulänglich. Die Verwendung des schriftlichen Textes hat sich verallgemeinert, indem sie immer verschiedenere Funktionen übernahm: als Erinnerbarkeit (er setzt getroffene Abkommen zwischen Privatpersonen und öffentlichen Körperschaften fest), als Festlegung von Normen (Gesetzen, Bestimmungen, Verhaltensmassregeln), als aposteriorische Darlegungen von Erlebtem (Information, Memoiren, Geschichtsschreibung) oder als apriorische Rechtfertigung (Propaganda). Jede Verwendung löst bestimmende Formen aus, die an eine Funktionsweise gebunden sind und die regelhafte Modelle aufstellen: ein Gesetz gleicht weder einer Rede noch einem Zeitungsartikel, und ihre jeweiligen Rollen bringen jenen Fragetypus hervor, dem sie der Historiker unterwirft; von einer Betriebsordnung verlangt man nicht, dass sie uns darüber informiert, wie das Arbeitstempo erlebt wird, ebensowenig verlangt man vom engagierten Artikel Simone Weils Genaues über die Leistungsnormen, die von den Metallarbeitern verlangt wurden. Selbst wenn die relative Seltenheit von Texten, besonders im Mittelalter und in der Neuzeit, den Historiker dazu brachte, die Zugänge zu vermehren, können die Fragestellungen dennoch die möglichen Funktionen des Textes nicht überschreiten. Duby, der von der Anordnung der Kathedralen aus, vielfache Kreisläufe des Tausches folgert, gesteht, dass es ihm nicht gelungen sei, die Texte über die Heirat über das hinaus, was ihre zivile und religiöse Funktion zulässt, aufzubrechen.[6]

Obwohl die literarischen Fiktionen eine enorme Masse an Schriftlichem darstellen, werden sie von den Historikern mit Misstrauen betrachtet: zurückhaltend im Hinblick auf Dinge, deren Verankerung ungewiss ist, ziehen sie immer eine Verordnung einem Roman vor. Um Geschichte zu schreiben, darf man weder »Geschichten« erzählen noch sie sich erzählen lassen: selten sind die Studien, die die literarischen Darstellungen berücksichtigen, ausser wenn diese eine Beweisführung illustrieren oder bestätigen, die aus anderen Quellen hervorgegangen ist. Die Wissenschaftler, die im Umgang mit der Wahrhaftigkeit der Tatsachen oder der vorgeschlagenen Interpretation sehr gewissenhaft sind, anerkennen die Zeugenschaft des Augenblicks nur, wenn dieser Bezug nimmt auf ein Erlebtes, berücksichtigen im allgemeinen aber nicht die fiktionalen Elemente, die in jedem Schriftstück, auch im Bericht, am Werk sind.

Als Aufnahme wie als »Schriftstück« legt der Film Zeugnis ab, doch die Unsicherheit, welche die ihm zugefallenen Funktionen ergeben, erklärt, dass es schwierig ist, die Fragen, auf welche er Antwort geben soll, zu formulieren. Wir versetzen uns hier in die Zeit vor dem Fernsehen; durch die Schnelligkeit ihrer Übermittlung sind die Videotechniken heute in der Lage, die meisten Aufgaben, die einst dem Bereich der Schrift vorbehalten waren, zu übernehmen. Ganz anders sieht es für die Zeit vor 1960 aus, für die wir praktisch nur über Filme verfügen, die im Kino gezeigt wurden. Abgesehen von ganz wenigen Filmen, Propaganda- oder Agitationsfilmen, handelt es sich um Spielfilme, die offenkundig weder zum Festhalten von Erinnerungen noch zur Festlegung von Regeln noch zum Belegen von Ereignissen dienen. Cinéasten wollen häufig Zeugnis ablegen oder ihre Zeitgenossen beeinflussen, doch der Film weist weder die Unmittelbarkeit noch die geringen Herstellungskosten oder die Freiheit des Geschriebenen auf. Die technischen und wirtschaftlichen Herstellungsbedingungen, unabweisbare Termine und die Forderung nach Profit tragen zu einer

Homogenisierung der Produktionen bei, gleich wie die individuellen Intentionen ausgesehen haben mögen. Aus Gründen der erforderlichen Investitionen ist der Hervorbringer im Grunde die Gesamtheit der Institution Kino. Die Ziele der Produzenten stehen zweifelsfrei fest: es geht darum, den Zuschauer zu unterhalten und dabei Geld zu verdienen; aber die Zielgruppe (die grösstmögliche Anzahl von Menschen) ist nur ein Ziel*punkt*, keine objektive Realität — selbst dann nicht, wenn sie durch eine vorangegangene Marktstudie erkundet worden ist. Die Quantifizierungen, die man anstellen kann (Zahl der Eintrittskarten, Höhe des Gewinns), gestatten es, die wirtschaftliche Effizienz der Filme abzuschätzen, aber sie verraten uns nichts über ihre eventuellen sozialen Funktionen. Der Film als Produkt eines diffusen Senders, der sich an einen anonymen Empfänger wendet, zirkuliert, ohne dass, auf ihn bezogen, das klassische Kommunikationsschema zustandekäme. Auf diese Weise erlaubt es der Film, ohne festgelegte Position, nicht, Vorfragen zu stellen: er besteht, was die Formulierung von Fragestellungen angeht, nur ausgehend von Textgegebenheiten; die Textanalyse erweist sich daher umso nützlicher, als man mit ihrer Hilfe hinsichtlich Sender, Empfänger und Kommunikationskreislauf ökonomisieren kann.

Dem Vorsatz von Produzenten, dem Massengeschmack zu entsprechen, hat sich die fiktionale Form als Modell in einem Masse aufgedrängt, dass selbst viele Dokumentarfilme deren Regeln angenommen haben. Sogar ein Film wie *La Vie est à nous* passt sich diesem Muster an, indem er verschiedene gesellschaftlich-berufliche Milieus durch Miniaturgeschichten aufruft, welche ihrerseits in eine Gesamtgeschichte eingebunden sind, die die PC bei der Wiedergewinnung der Reichtümer Frankreichs, von den *Zweihundert Familien* beschlagnahmt, zu spielen meint. Indessen hat die Fiktion ihre eigenen Gesetze; das Wahre und das Falsche, das Erlaubte und das Verbotene sind nach den Bedingungen des narrativen Progredierens kodifiziert, nicht nach den von Menschen erlebten Normen, deren Spur der Historiker wiederzufinden meint. Das Genre hat im übrigen derart konstante Gesetze der Schreibung, dass es die Narratologie unternehmen kann, sie zu formulieren, ohne den Zeitpunkt des Aussageaktes zu berücksichtigen; er verliert sich im Vagen und in der Ungewissheit, was das Misstrauen des Historikers begründet und seine Verwirrung erklärt, wenn er ausschliesslich über imaginäre Quellen verfügt, die er mit Hilfe anderer Dokumente weder für gültig noch für ungültig erklären kann. Die Althistoriker träumen von Inschriften und Denkmälern, die sie nur mit den Einzelheiten Homerscher Gedichte gegenüberstellen müssten, um aus dem Mythos das Konkrete einer gelebten Vergangenheit gewinnen zu können. Da wir unsererseits über quantitative Quellen und unterschiedliche Zeugnisse verfügen, erkennen wir, dass die Fiktion irreduzibel ist: sie verschiebt und repräsentiert zugleich. Sie muss, um Zustimmung zu erlangen, dem Leser oder Zuschauer wiedererkennbare Elemente bieten, die sie allerdings ihren eigenen

Gesetzmässigkeiten anpasst; um die Auseinandersetzungen über das Arbeitstempo und die Hitzigkeit der Arbeitskämpfe spürbar zu machen, muss *La Vie est à nous* die gut ausbalancierten Begriffe einer Opposition für alle klar kenntlich machen, in unserem Fall die Gefühlsrivalität um die Arbeiterin; das Kenntlichmachen eines Konflikts läuft über die Ausnutzung einer Konstellation, bei der niemand an eine Überprüfung denkt und die einen Konsens nicht über das tatsächliche Objekt, sondern über die Art zu bedeuten, dass eine Opposition besteht, impliziert. Genau durch das Auffinden von Permanenzen oder Variationen dieses Konsensus hoffen wir, die Darstellungsweisen unserer Gesellschaft ausfindig machen zu können.

Wir sind hier am Kern des Problems: die Darstellungen erhärten sich nur durch die Texte hindurch, ohne dass man hier ihren Ursprung oder die Einschätzung ihrer Wirksamkeit finden könnte. Allein die Textanalyse scheint sie uns fassbar und, über eine Reihe von Filmen oder anderen Texten hinweg, in ihren Veränderungen absteckbar zu machen. Ein Vergleich mit Serien, die auf verschiedenen Grundlagen aufgebaut und fest in der Chronologie verankert sind, hat nur hypothetischen Wert; politische und wirtschaftliche Veränderungen ereignen sich kurzfristig, während die Variationen in den akzeptablen Bildern langsam sind und keine einschneidenden Abwandlungen aufweisen. Die Art des herkömmlicherweise verwendeten Materials drängt die Historiker dazu, eher über Brüche als über Permanenzen zu arbeiten; nun zeugt das Kino aber von dem, was eine soziokulturale Kohärenz hinter dem äusseren Anschein von Konflikten gewährleistet. Eine Veränderung des Konsensus, der den »klassischen« Film durchzieht, würde auftauchen, wenn die Figur des Konflikts nicht mehr über Liebes- oder Gefühlsrivalitäten laufen würde. Aber eine solche Veränderung würde eine langfristige Entwicklung darstellen, nur schwer mit dem zu vereinbaren, was Braudel »l'histoire à oscillations brèves, rapides, nerveuses« nennt, also die Geschichte der hinreichend kurzen oder so ausreichend bezeugten Veränderungen, damit man sie direkt wahrnehmen kann.

Gefangen zwischen der Welt der Fiktionen, die ihm seinen Erfolg sichert, und der Aussenwelt, woraus er seinen Bezugsrahmen und seine Figuren schöpft, unterrichtet uns der Film weniger über Konjunkturen, als über Permanenzen. In dieser Eigenschaft ist er eine unersetzliche Quelle für das Studium von Stereotypen, die für natürlich gehalten und, unter diesem Blickwinkel, nicht beachtet werden, und die unseren Vorstellungen von sozialen, sexuellen, rassischen und familiären Beziehungen zugrundeliegen. Als Historiker bringt uns der Film in dreifacher Hinsicht in eine missliche Lage:

1. Wir müssen die Gesamtheit der Quelle berücksichtigen, haben dabei aber nicht die Fertigkeit, hier die Wege nachzuzeichnen, die zur Kenntnis seiner Funktionen befugte;

2. wir analysieren langsame und diskontinuierliche Entwicklungen, in denen Brüche selten sind;

3. wir können nur schwer offenkundige Korrelationen mit anderen Ordnungs-systemen sozialer Tatsachen herstellen und erreichen folglich auch nicht die Ebene der Synthese, die für uns das Geschichtliche ausmacht.

Dazu kommt noch das Vergnügen, sich vom Fluss der Bilder und Töne mitreissen zu lassen, Kontrast zum Zwang zur Distanzierung. Scheinbar schuldlos lässt uns die Auf-nahme des Films in den Quellenkanon des Historikers vom sicheren Pfad, von den vorhersehbaren Weichenstellungen und den fixen Fahrplänen abweichen, sie entzieht uns die Gewissheiten, die durch eine korrekte Anwendung der historischen Methode gesichert schienen.

Am Ziel, noch immer das Bild ...

Es gibt keine Historie ohne Synthesearbeit: der Historiker bezieht aus den Quellen Elemente, die es ihm gestatten sollen, daraus Fakten zu konstruieren; aus der Masse der Zeugnisse über das Arbeiterleben behält er diejenigen Charakteristika zurück, die oft genug sich wiederholen, um als typisch zu erscheinen, oder aber die aussferge-wöhnlichen Begebenheiten, d.h. diejenigen, die selten vorkommen, auch jene, die ihm die Quellen als solche bezeichnen. Die Reduktionsarbeit, der er sich hingibt, gestattet es ihm, zu generalisieren, indem er das Bild des Arbeiters der 30er-Jahren mit seinen Varianten zeichnet. Soweit man die Nuancierung auch treibt, die Abstraktion ist jedenfalls nötig, um von der Kompilation zur Geschichte zu gelangen. Die Präsen-tation ausgearbeiteten Materials stellt den Kern des wissenschaftlichen Unternehmens dar; der Wissenschaftler wählt aus, läutert die Quellen, die er benützt hat und gibt genügend Anhaltspunkte, um es dem Leser zu ermöglichen, seinem Weg zu folgen. Im günstigsten Fall stellt er eine Beweisführung auf, der das zitierte Dokument als Beweisstück dient; als Mosaik von Zitaten und als durch Überlegung verbürgte Referenzen weisen die Geschichtswerke die Folgen einer doppelten Schreibung auf, die in die Kontinuität einer Analyse zuvor rekonstruierte Elemente einfügt. Die Geschichte ist eine besondere Form der Narration, die das Progredieren ihrer Erzählung einbehält, um ihren Diskurs in das Schaufenster ihrer Rechtfertigungen zu stellen. Vielleicht liegen die Vorbehalte der Historiker dem Audiovisuellen gegenüber daran, dass sie die Gefahren erkannt haben, denen der Film das Schriftmodell, das ihre Disziplin begründet, ausliefert: das Bild behält eine erschreckende Autonomie bei und widersetzt sich umso mehr der Abstraktion, als es nicht durch Beschreibung zu bändigen ist. Die Ansprüche einer visuellen Inszenierung verleiten, wie wir anhand von *La Vie est à nous* festgestellt haben, zu einer intensiven Erforschung der Lehren, die vom Flimmern der Leinwand aufgeworfen werden; das Bemühen um Systemati-sierung, das vermittels der Textanalyse unternommen wird, löst Schriftmechanis-men aus, ohne, diesseits ihrer Strukturen, die Substanz der Darstellungen zu erreichen; diese Zugangsweise lässt die Gegebenheit des Bildes, das der Historiker aber gerade nutzbar machen können möchte, im Bereich des nicht zu Organisierenden. Die thematische Gliederung, unternommen von der Inhaltsanalyse, führt durch Verzicht, auf das, was nicht seriell fassbar ist, zur Verdoppelung der offenkundigen Züge des Bildes: das Leinwand-Bild des Arbeiters der 30er-Jahre lässt sich nicht durch Übereinanderlegen von Gemeinplätzen konstruieren; da die Unterschiede ebenso gross sind wie die Gemeinsamkeiten, wäre der Durchschnittstypus, den man auf diese Weise erhalten würde, bemerkenswert armselig. Man sieht sich also entweder auf die Notwendigkeit, unablässig zu beschreiben oder alle Einstellungen im Rohzustand wiederzugeben, zurückverwiesen, was wiederum mit der der Geschichte eigenen Forderung nach Generalisierung inkompatibel ist. Die Gefahr besteht darin, nichts anderes als eine unlesbare Kompilation oder eine unorganisierte Gegenüberstellung zu erreichen. Der Rekurs auf den Film blockiert die Geschichtsschreibung und zwingt uns, nach einer anderen Ausdrucksmethode zu suchen.

Die beste Lösung könnte darin bestehen, eine Montage auszuarbeiten, die sich nicht damit begnügt, auf passive Weise einen Kommentar im Off zu illustrieren, sondern die eine Dynamik quer durch einen aktiven Bezug zwischen den verwendeten Materialien konstruiert; das Dokument würde nicht mehr als ein in die Beweisführung integriertes Zeugnis auftreten, sondern würde der Stoff des Textes sein; der Eingriff des Historikers würde auf die Korrelationierung der Elemente, die er ausgewählt hat, beschränkt bleiben. Die beiden Etappen der Neuschreibung — synthetische Behandlung der Dokumente und ihre Einführung in eine kohärente Darlegung — wären durch direktes Namhaftmachen der Einstellungen und Sequenzen ersetzt. Das Bild, notwendigerweise in seiner Gesamtheit, wird sich nach seinen potentiellen Kräften entwickeln lassen; die Lesarten, die sich so in jedem Augenblick eröffnen, die auf Distanz immer möglichen Anknüpfungspunkte werden die Linearität des Textes verwischen, weil es niemals gelingen wird, wie straff die Montage auch sein mag, eine eindeutige Interpretation aufzuzwingen. Das Publikum wird gleichzeitig die Selbsteinschätzung einer Epoche und den Versuch einer verbindlichen aposteriorischen Rekonstruktion bekommen. Wie streng der Film auch sein mag, er wird immer einen Spielraum aufweisen, der dem Betrachter eine gewisse Freiheit sichert. Wenn es heute auch als gesichert gilt, dass sowohl Interpretation wie auch Beobachtung der Tatsachen das Imaginäre des Historikers ins Spiel bringen,[7] ist der Forscher doch Herr über den Text, den er hervorbringt, und seinem Leser anbietet; dieser bleibt zwar in der Lage, die Arbeitsweise zu kritisieren, hat aber keinen direkten Zugang zu den Quellen, die ihn lediglich transkribiert und homogenisiert erreichen. Dank der Pluralisierung der Wege, die das Bild eröffnet, müsste der Film unmittelbar die Tür zum Imaginären des Zuschauers aufstossen, der immer die Musse hätte, andere Bezüge als die, welche die Montage vorschlägt, herzustellen. Zunächst würde die Rolle des Historikers erschüttert werden, der lange Zeit als allmächtiger Mittler zwischen dem Quellenmaterial und der Allgemeinheit, als freier Sachwalter des Rechts, die historische

Wahrheit auszusagen, fungierte. Die gefilmte Geschichte böte jedem die Möglichkeit, sein eigenes Itinerar zu konstruieren, sie würde die Konvergenzen, auf denen ein Konsensus beruht, vom Zufall abhängig machen. Bleibt die Geschichte eine Schreibung, einer Körperschaft von Spezialisten anvertraut, dann wird sie nicht dem Schock der Bilder standhalten; ist sie hingegen ein Blick auf die Vergangenheit, kann sie furchtlos das Wuchern des Imaginären ertragen.

Anmerkungen

1   Zwischen den Sequenzen 1 (Ursprung des Konfliktes) und 2 (Zusammentreffen der Zelle) sieht man, wie die junge Arbeiterin im Licht einer Straßenlaterne einen ihrer Arbeitskollegen umarmt. Am Ende des Treffens (Ende der zweiten Sequenz) treffen zwei Aktivisten den alten entlassenen Arbeiter im Hof.

2   Bemerkenswert ist die Absenz jeglicher gewerkschaftlichen Organisation; der Streik wird nicht von der C.G.T., sondern von der kommunistischen Zelle organisiert. Lediglich die (partei-)politische Dimension ist wichtig.

3   Simone Weil: La vie et la grève des ouvriers métallos (sur le tas), in: La Condition ouvrière, Paris: Gallimard, 1951, pp. 219-221.

4   Den Erscheinungsformen zum Trotz ist die Unterscheidung Fiktion/Reportage im Artikel von Simone Weil keineswegs offensichtlicher als in La Vie et à nous. Um ein Gefühl davon zu geben, was eine Fabrik ist, muss Simone Weil einen fiktiven Arbeitstag ablaufen lassen und »kleine Ereignisse« sammeln, d.h. eine Fiktion konstruieren.

5   Georges Duby: Le chevalier, la femme et le prêtre. Le mariage dans la France féodale. Paris: Hachette, 1981, pp. 19-20.

6   Fernand Braudel: Les Temps de l'histoire, in: Ecrits sur l'histoire, Paris: Flammarion, 1969, p. 12.

7   Georges Duby und Guy Lardreau: Dialogues, Paris: Flammarion 1980, pp. 44-45.

ARTHUR MARWICK

Der Film ist Realität

Die allgemeine Meinung hält den Film für eine äusserst unvollkommene Wiedergabe
der Realität, in der nur das Bild einer Gesellschaft ausgedrückt wird, das am
geeignetsten ist, die Macht der herrschenden Klasse zu erhalten. In dem Masse, in dem
mich das Sehen von Filmen Wahrheiten über verschiedene Gesellschaften hat wahrnehmen lassen, die durch die schriftlichen Quellen sehr schwer erkennbar sind, bin ich
mehr und mehr geneigt, diese allgemeine Meinung umzukehren. Ich werde von zwei
radikal unterschiedlichen Meinungen über die britische Gesellschaft der 30-er Jahre
ausgehen, wie man sie bei zwei Autoren ausgeprägt findet. Zuerst die 1937-er Ausgabe
des Standardwerkes *The Social Structure of England and Wales* von Alan Carr-
Saunders und David Caradog Jones. Sie fragen rhetorisch:

> Is it not a misreading of the social structure of this country to dwell on class divisions when,
> in respect of dress, speech, and use of leisure, all members of the community are obviously
> coming to resemble one another?[1]

Wenn wir uns nun dem entsprechenden Band einer kürzlich erschienenen Reihe von
autoritativen Studien über *Britain in the 1930s* von Noreen Branson und Margot
Heinemann zuwenden, finden wir darin eine fast diametral entgegengesetzte Meinung
ausgedrückt: Grossbritannien, so hören wir, sei radikal in Klassen geteilt gewesen, es
hätte sich praktisch am Rand eines offenen Klassenkrieges befunden.[2]

Dies ist nicht erstaunlich: diese Art von Meinungsunterschieden ist in den Augen
jedes Historikers eine Banalität: Carr-Saunders und Caradog Jones, wohlsituierte
Mitglieder des britischen Establishments, vertreten in aller Ehrlichkeit ihre Ansichten
von der einen britischen Gesellschaft. Was Branson und Heinemann betrifft, so sind sie
als Marxisten bekannt. Die gängige Ansicht liesse uns vermuten, dass diese unterschiedlichen Perspektiven ihr Pendant im Kino finden müssten. Die Wochenschauen
und natürlich die Spielfilme müssen ein einheitliches Bild der Gesellschaft zeigen,
während die Handvoll von »Arbeiter«-Wochenschauen, die überlebt haben, genauso
wie eine Dokumentation wie *Peace and Plenty* (1939) von Ivor Mantague, eine
Gesellschaft abbilden, die entlang der Klassengrenzen tief gespalten ist.

Wenn wir die Filme etwa so analysieren, wie es jeder Historiker tun sollte, d.h.
indem man versucht, die Aufmerksamkeit primär auf die unbewussten Aussagen und
nicht auf die bewussten zu legen,[3] entdecken wir eine unmittelbare Stimmung der 30-er
Jahre, die weder durch die Ignoranz von Carr-Saunders und Caradog Jones noch durch
die Überzeugungen von Branson und Heinemann gefiltert ist. Was uns der Film von

Montague wirklich zeigt, sind Lebensbedingungen eines bedauernswerten Elends, gesundheitsschädliche Slums etc. Im Kontrast dazu präsentiert er uns die geschmückten Strassen, in denen das königliche Jubiläum gefeiert wird. Man sollte über diesen patriotischen Aufwand wohl zynisch lachen, wenn man ihn mit den Elendsszenen konfrontiert. Man erwartet hier von uns auch, dass wir eine strenge Parallelität herstellen sollen zwischen den Regierungsprojekten für die Verbesserung der Gesundheit der Kinder, die hauptsächlich durch die Bilder von spielenden, hüpfenden Kindern illustriert werden, und der Gesundheitsschädlichkeit, der Krankheit, die offensichtlich in den Elendsvierteln ihre Heimstatt hat, die uns auf der Leinwand so anschaulich ins Bild gebracht werden. Ein insistierender, eindeutiger Kommentar, mehr aber noch eine geschickte Montage drängt uns derartige Kontraste auf. Und dennoch, die Dokumente, die wir vor unserer Nase haben, zeigen folgendes:

1. es gibt erbärmliche Elendsquartiere
2. in Grossbritannien *existierte* eine starke monarchistische Haltung
3. die Regierung war, in einem gewissen Ausmass, um die Gesundheit der Kinder besorgt.

Was wir nicht finden, ist auch nur die Spur eines Klassenkonflikts. Sicherlich, es muss einen Klassenkonflikt gegeben haben, und wenn es ein Mittel gegeben hätte, ihn filmisch darzustellen, so würden wir ihn zweifelsohne in der Dokumentation von Montague finden. Das direkte Eintauchen in die Realität, das der Film versucht, entspricht nicht den Absichten des Autors: es zeigt tatsächlich die Absenz des Klassenkampfes im Grossbritannien der 30-er Jahre.

Wenden wir uns nun den Wochenschauen zu. Wenn wir die wichtigsten kommerziellen Wochenschauen, die in den Kinosälen gezeigt wurden, betrachten, so müssen wir zugeben, dass eines ihrer beliebtesten Themen das Interesse des Prince of Wales (Edward VIII., um kurz zu sein) am Schicksal der Arbeitslosen war. Diese Filmspulen wollen die soziale Harmonie zeigen, das Pflichtbewusstsein, die Entschlossenheit der königlichen Persönlichkeit; aber, ohne es zu wollen, strafen sie die Behauptungen von Carr-Saunders und Caradog Jones, die wir oben erwähnt haben, Lügen. Wir sehen ganz klar, dass sich die Arbeiter in Wirklichkeit deutlich anders kleiden als die Mitglieder der Mittel- und Oberschicht, und dass sie ihnen überhaupt nicht gleichen. Es ist auch klar, dass sie in dunklen, abstossenden Gegenden leben, die sich von den angenehmen Vierteln der Bürgerlichen, die in allen möglichen Nachrichten gezeigt werden, prinzipiell unterscheiden.

Um meine Demonstration zu untermauern, dass sich überlegte und intellektualisierte Sekundär-Arbeiten von der Realität sehr wohl entfernen können, während uns Filme, ganz egal, was die Absicht ihrer Autoren ist, direkte Einblicke in die Realität geben, werde ich einige Spielfilme aus der Zeit untersuchen. Zuerst *South Riding*, der Film von Victor Saville (1938), gedreht nach dem gleichnamigen Roman von Winifred Holtby (1936). Als ich den Film zum ersten Mal gesehen habe — es ist ungefähr 10 Jahre her, im Laufe einer Untersuchung über »Bilder der Arbeiterklasse« — habe ich ihn banal, ärgerlich und unwichtig gefunden (eine Reaktion, die sich kürzlich bei einem universitären Publikum an der Universität Warwick bestätigt hat). Im Vergleich mit dem Roman schienen dem Film Differenzierungsvermögen und Dynamik abzugehen; auf jeden Fall erweckt der Film — er spielt im ländlichen Milieu in Yorkshire — kaum den Eindruck, dass es eine Arbeiterklasse gebe. Ich war zu sehr in meinen damaligen Interessen befangen, zu sehr bereit, mich von den ideologischen Aussagen des Films stören zu lassen, die ihren Ausdruck in einer patriotischen Versammlung am Krönungstag von König George und Königin Elisabeth und im Gesang des Liedes »Land of Hope and Glory« am Ende finden. Was ich verabsäumt habe, war, den Film seine eigentliche Arbeit machen zu lassen, ihn seinen eigenen Weg gehen zu lassen, um mir die Augen zu öffnen für die Realitäten, die in ihm ganz einfach gezeigt werden. Es ist eine gängige Kritik zu sagen, dass die amerikanischen oder englischen Filme der 30-er Jahre Konflikte als bloss individuelle darstellen, nicht als Klassenkonflikte, und dass sie darausfolgend eine Perspektive der Befriedung der Konflikte einnehmen, da die unterschiedlichen Persönlichkeiten zu einer gegenseitigen Verständigung kommen.[4] Was mich spätere Betrachtungen von *South Riding* lehrten, ist ein Gefühl dafür, dass die britische Gesellschaft der 30-er Jahre tatsächlich eine Gesellschaft der Anpassung und der Kompromisse war, der patriotischen Begeisterung, in der man glaubte, dass soziale Wohlfahrt durch gute Absichten erreicht werden könne; *South Riding* bietet uns in der Tiefenstruktur ein Bild der wahren Natur der britischen Gesellschaft, die so leicht durch ideologisch orientierte Schriften entstellt wird. Man sieht eine sehr arme Familie, die Holleys, die in Bruchbuden leben, in einem Elendsquartier, das die wohlmeinenden Reformer abschaffen wollten. Hier werden diese Bruchbuden genauso plastisch vorgeführt wie in der kommunistischen Kritik der britischen Gesellschaft von Montague. Ruhig, mit grosser Aussagekraft, führt der Film die tragische Sklaverei vor, zu der Frau Holley verdammt ist. Hier decken sich die verschiedenen Blicke, die dieser ambitionierte, aber letzten Endes doch sehr platte Film auf die britische Gesellschaft der 30-er Jahre wirft genau mit denen, die man in der Fülle der gutgemeinten Wochenschauen und in den gesellschaftskritischen alternativen Filmen zusammen vorfindet.

Die britische Filmzensur hielt *Love on the Dole*, den Roman von Walter Greenwood aus dem Jahr 1933, für weitaus gefährlicher als *South Riding*. Mehrere Male wurden projektierte Szenarios nach dem Buch zurückgewiesen, da sie angeblich die Gefahr bargen, dass Themen, die die sozialen Spannungen anheizen könnten, entwickelt würden. Erst nach dem Beginn des Zweiten Weltkrieges konnte John Baxter einen Film nach dem Roman drehen und in den Verleih bringen. Dieser Film hat mir sofort gefallen und ich habe ihn in meiner Filmzusammenstellung *Images of the Working Class* benützt. Er stellt eine starke und bewegende Verurteilung des tragischen Schicksals, das die Arbeitslosigkeit für die Arbeiterklasse in Lancashire bedeutete, dar.

Trotzdem entwirft er kein Bild der 30-er Jahre, das dem von *South Riding* oder sonst einem anderen Film der Epoche widerspräche: er komplettiert sie und nuanciert das Bild. Sally, das junge Mädchen, hat nur eine Rettungsmöglichkeit, nämlich mit Sam Grundy, dem reichen Buchmacher, wegzugehen, dessen soziale Stellung (ein Arbeiter, der es zu etwas gebracht hat?) niemals eindeutig geklärt wird. Die zentralen Elemente sind Resignation (bei Frau Hardcastle), verletzter Stolz durch Arbeitslosigkeit (bei Herrn Hardcastle), und die Auflehnung auf individueller Ebene bei Sally. Wir befinden uns in einem homogenen sozialen Milieu: d.h., dass hier keine Spannungen oder Klassenkonflikte sichtbar werden. Alle diese Filme beleidigen die vorgefassten Meinungen, die ich über die 30-er Jahre als Periode des Konflikts und der scharfen Trennungen gehabt habe, wenn man sie genau betrachtet.[5] Immer, wenn man sich mit Filmen beschäftigt, wird es notwendig, an einem bestimmten Punkt zu den klassischen Quellen zurückzukehren, um zu überprüfen, ob sie die neuen Perspektiven, die uns das Kino eröffnet, bestätigen. Eine genauere Überprüfung der Dokumente aus den 30-er Jahren beweist, dass das Bild einer Gesellschaft, die Sektoren eines fürchterlichen Elends enthält, aber trotzdem im grossen und ganzen von einer bemerkenswerten Geschlossenheit ist, richtig ist.[6]

An diesem Punkt meiner Arbeit möchte ich einen anderen Film zitieren, der mich besonders beeinflusst hat, und der all das illustriert, was ich über die Bedeutung des Films für einen Historiker wie mich sagen möchte. Es ist ein Film, der etwas später, während des Kriegs, gedreht wurde, von demselben John Baxter nach einem Roman von Georges Blake (1936) — Film und Roman haben denselben Titel: *The Shipbuilders.* Die Kraft des Films liegt in seiner Rekonstruktion des Arbeitermilieus von Glasgow. Die Hauptfigur, Danny Shields, seine Familie und seine Freunde, werden von innen, nicht von aussen gesehen, wie z.B. — um einmal das Land zu wechseln — die Bergarbeiter in *Le Point du Jour,* wo sie durch den Blick des Pariser Ingenieurs, der von Jean Desailly gespielt wird, gesehen werden. Die Traurigkeit und die Verzweiflung der grossen Wirtschaftskrise finden hier ihren beklemmenden Ausdruck, aber es wird auch gezeigt, wie der lokale Arbeitgeber ebenfalls darunter leidet, der wahre Gegner sind die Mächte des Kapitals in London. Mit dem Krieg kommt der Wohlstand zurück: die Fabrik, vorher stillgelegt, wird wieder in Gang gesetzt, Arbeitgeber und Arbeitnehmer reihen sich in die nationalen Aufgaben ein. Auf dieser Ebene nimmt der Film offensichtlich seinen Platz in den nationalen Propagandabemühungen ein. Er sagt aber auch aus, wie wir bemerken müssen, dass der Gemeinschaftsgeist aus der Kriegszeit auch im Frieden aufrecht erhalten werden muss, und dass man die Depression, Resultat der *laisser-faire* Politik, nicht wiederkehren lassen dürfe. Eine Menge von klassischen Dokumenten beweisen, dass die Sichtweise, die der Film vorschlägt, richtig ist. Auch wenn die Arbeiterklasse von Glasgow eine der am besten organisierten von ganz Grossbritannien war, eine, die sich ihres Klassenstandpunktes sehr bewusst war, so existierte in ihr doch auch gleichzeitig ein starkes

Zugehörigkeitsgefühl zur lokalen Gemeinde; der schottische Nationalismus verstärkte sich in den 30-er Jahren; unter den Politikern, den Journalisten zeichnete sich während des Krieges eine Meinungsbildung in Richtung auf eine dirigistischere Wirtschaftspolitik ab. Der Film verschönert nicht, sondern zeigt vielmehr in aller Härte die Realität der Klassenunterschiede: trotz aller gemeinsamen Interessen, die es gibt, lebt der Unternehmer, Leslie Pagan, offensichtlich in einer anderen Welt, einer luxuriösen, die in hartem Kontrast zum kümmerlichen Leben im Elendsviertel von Danny Shields steht. Die *Wahrheit* des Films (ich unterstreiche es noch einmal, oft weniger in dem, was er bewusst, als in dem, was er unbewusst zeigt) erscheint noch besser, wenn man ihn mit dem Roman, nach dem er gedreht wurde, vergleicht. Im Roman werden die Klassenverhältnisse ausschliesslich als Unterordnung und Verehrung dargestellt, sie sind ident mit dem Verhältnis des Offiziers und seines Burschen. Im Roman ist Danny Shields (ärgerliches literarisches Klischee der Epoche!) tatsächlich der Bursche seines Arbeitgebers Leslie Pagan im Ersten Weltkrieg gewesen. Die Ideen, die Danny Shields zugeschrieben werden, sind von einem Journalisten, der der Glasgower Mittelklasse angehört, erfunden worden, der absolut nichts von den Haltungen der Arbeiter versteht; sie sind herausfordernd durch die Verzerrung, mit der sie die unbestreitbare Würde und das Selbstbewusstsein der Glasgower Arbeiterklasse darstellen:

> A toff and a gentleman, thought Danny Shields as he walked eastwards along the Dumbarton Road that night of the Estramadura's launching; a toff and a gentleman.
>
> His admiration of Leslie Pagan was flawless. To this decent working man's sense of respect for a good and efficient master there was added his memory of courage in battle, of steadfastness and kindness in the long trial of trench and camp. He never ceased to praise in his private mind and in the presence of whomsoever cared to listen the uniqueness of the younger man he adored and trusted with a faith almost religios. A toff and a gentleman.[7]

Meine zentrale Idee ist nun völlig klar: ich behaupte, dass die literarische Kreation, die verbale Kommunikation, das Risiko in sich trägt, eine imaginäre Wirklichkeit zu präsentieren. Zwar verfügt der Film über mehr Tricks und Verführungskünste, um uns dazu zu verleiten, die falsche Realität, die sein Autor beabsichtigt hat, zu akzeptieren, dennoch kann uns der Film auch zwingen, wenn wir ihn genau betrachten, etwas wirklich zu sehen, was von der Literatur so leicht verschleiert wird.

Kurz gesagt, was mich tatsächlich dazu gebracht hat, die letzte meiner universitären Arbeiten zu entwickeln, *Class: Image and Reality*,[8] war das Anschauen von Spielfilmen. Wenn die Herausgeber dieses Artikels die Frage stellen, was bedeutet der Film für mich als Historiker, so muss ich antworten, dass die zentralen Ideen und das Grundkonzept meines Buches *Class: Image and Reality in Britain, France and the USA* kaum möglich gewesen wären, ohne ausführliches und systematisches Sehen von Spielfilmen. Der Hauptteil meiner Forschungsarbeiten wurde notwendigerweise in den klassischen Archiven durchgeführt, aber die Notizen, die ich während des Anschauens von Filmen gemacht habe, dienten mir als leuchtende Signale. Im Zentrum meines Unternehmens stand das intensive Studium von Filmen aus drei verschiedenen Ländern: Grossbritannien, Frankreich und den Vereinigten Staaten. Es fällt sofort auf, dass jeder Film auf unauslöschliche Weise kulturelle Markierungen der Gesellschaft trägt, in der er hergestellt worden ist: man kann sich keinen englischen Film vorstellen, der in Frankreich gemacht wird (Gott sei gepriesen, mag man sagen), keinen amerikanischen Film, der in England gemacht wird, oder einen französischen Film, der irgendwo anders als in Frankreich hergestellt wird. Das ist weniger eine Frage des Stils als des sozialen Gehaltes. Was immer auch seine ideologische Botschaft sein mag, ein Film muss irgendwo situiert werden: dieses »irgendwo« hat angefangen, mir Kennzeichen für die unterschiedliche soziale Struktur zu sein, die in den drei Ländern herrschen. Sicherlich werden bestimmte Theoretiker diese Unterschiede für zu banal halten. Aber meiner Ansicht nach müssen die kleinen Probleme genauso erklärt und analysiert werden wie die grossen; im Gegenteil, ich bin der Meinung, dass die Probleme, die ich als Probleme mittlerer Grösse bezeichnen möchte, in das Blickfeld des Historikers gehören, da die grösseren Probleme letztlich immer nur zu Spekulationen führen können.

Es ist sicherlich notwendig, dass ich erkläre, was ich unter Problemen mittlerer Grösse verstehe. In *His Excellency* (1952), einer Produktion der Ealing Studios, wird ein alter Dockarbeiter, seit ewig bereits Mitglied der Labour Party, zum Gouverneur einer Kolonie ernannt, die an Malta erinnert. Ohne den ganzen kolonialen Kontext einzubeziehen, ist es unmöglich, sich eine ähnliche Figur vorzustellen, die in einem französischen oder amerikanischen Film spielt. Warum? Hier haben wir eine Frage mittlerer Grösse, die selbstverständlich zusammenhängt mit der bekannten Frage nach der Natur der Labour Party und der Absenz von entsprechenden Parteien in Amerika oder in Frankreich. Warum fühlte sich der Kommunist Louis Daquin verpflichtet, die Bergarbeiter in *Le Point du Jour* so indirekt darzustellen, während sie in *The Brave Don't Cry* direkt gesehen werden? Das ist ein weiteres Problem mittlerer Grösse. Makrosoziologische Klassentheorien traditionellen Stils helfen hier wenig. Ich wurde dazu gebracht, ein eher empirisches Analyseinstrumentarium zu entwickeln. Aus den Filmen konnte ich natürlich nur subjektive Eindrücke und Bilder gewinnen, auch wenn sie mich eine grosse Nähe zur sozialen Realität fühlen liessen.

Die nächste Etappe meiner Untersuchungen bestand darin, eine grosse Anzahl von »Bildern« für jedes der drei Länder zu sammeln. Zu den Bildern aus Filmen kamen Impressionen aus einer grossen Anzahl von klassischen Quellen dazu, darunter auch gedruckte Bilder aus theoretischen Arbeiten und soziologischen Analysen, denen ich, meiner neuen Einstellung entsprechend, keine grössere Bedeutung zugestand, als den filmischen Bildern. Obwohl die Bilderwelt jedes einzelnen Landes Widersprüche enthielt, wurde es doch möglich, in groben Zügen den Rahmen der Sozialstruktur, der sozialen Haltungen in jedem Land zu zeichnen: die Widersprüche in jedem einzelnen Land erweisen sich als weniger wichtig als die enormen Unterschiede, die im Vergleich zwischen den Ländern deutlich wurden. Es wurde also notwendig, diese Unterschiede historisch zu erklären und sie zu situieren: so wurde der erste Teil meiner analytischen Forschung eine Erforschung des historischen Kontextes der Klassen. Ich ging von den klassischen Quellen aus, wurde aber, wie ich bereits gesagt habe, oft von filmischen Anregern geleitet, und ich entwickelte eine vergleichende Analyse der Geographie, der industriellen Strukturen und Verhältnisse, der Traditionen, der politischen, sozialen und kulturellen Wertvorstellungen, der Erziehungssysteme, der Ideologien und der Ausdrucksweisen in den drei Ländern. Das war aber noch nicht genug. Die Bilder konnten, wie am Beginn des Artikels erwähnt, sehr genau mit den allgemeinen Realitäten übereinstimmen. Aber den Bildern fehlte die Genauigkeit, sie geben keine Zahlen an, sie zeigen nicht alle Zusammenhänge mit der Macht, die sie andeuten. Ich musste daher noch eine dritte Rubrik einführen: Reali(tät)en. Die quantitativen Informationen über die Verteilung der Einkommen, des Besitzes und der politischen Macht, der allgemeinen Lebensbedingungen, zeigen die enormen Unterschiede, die in allen drei Ländern bestehen. Das genügt aber noch nicht, um eine klare und direkte Relation zwischen den Ungleichheiten und der Klassenstruktur herzustellen, wie man sie im Inneren dieser Gesellschaften wahrnimmt. Die Arbeit bestand darin, diese quantitativen »Realitäten« in den breiten Rahmen der Klassenstrukturen zu integrieren, die das Studium der Bilder nahegelegt hatte, das selber wieder durch die Analyse des historischen Kontextes überprüft worden war. All das lief, zumindest nach meinen Absichten, darauf hinaus, eine klare Beschreibung der Klassenstruktur der drei Länder zu erreichen, die für die Bewohner dieser Länder erkennbar und akzeptabel ist, und die fest verbunden ist mit den ökonomischen, sozialen und politischen Ungleichheiten, die für die Klassen und das Verhältnis der Klassen zueinander als am wichtigsten erachtet werden, wenn man der grossen und wichtigen Tradition soziologischer und historischer Studien folgt. Ich konnte anschliessend die Bedeutung der Klassen diskutieren, indem ich ihre Rolle in den verschiedenen Ländern verglich und ihr Gewicht im Vergleich mit anderen Quellen der Ungleichheit wie Rasse oder Geschlecht. In einem gewissen Sinn bin ich damit zu meinem Ausgangspunkt zurückgekehrt, da Filme, wovon sich der flüchtigste Betrachter überzeugen kann, voll von Einsichten in diese Art des Vergleichs sind.

Zum Abschluss dieses Essays werde ich einige Filme nennen, die ich studiert habe, und Beispiele für die Beobachtungen gebe, die sie hervorgerufen haben, um die Relationen aufzuzeigen, die sich mit anderen Arten von Dokumenten herstellen lassen.

Nehmen wir die gigantische Hollywood-Produktion in Farbe aus dem Jahr 1956, *Giant*, Regie Georges Stevens, mit Elizabeth Taylor, James Dean und Rock Hudson. Am Beginn glauben wir uns ins Herz der englischen Landaristokratie versetzt (der Film fängt in den 30-er Jahren an, dauert aber bis in den Krieg und über das Kriegsende hinaus): wir sehen eine Jagd in voller Montur, am Buffett sehen wir alles, was zu einem englischen Frühstück dazugehört. Wir befinden uns allerdings in der Oberschicht von

Maryland. Der reiche Texaner — Rock Hudson — ist gekommen, um ein Pferd zu kaufen; er reist mit der Tochter des Hauses, Elizabeth Taylor, als Frau wieder ab. Im Zug, der durch Texas fährt, hat er einen eigenen Waggon, er hat eine eigene Bahnstation und einen riesigen Besitz in der Wüste. Die Familie in Maryland hat einen eleganten schwarzen Butler, er hat mexikanische Domestiken. Zum Frühstück serviert man durchgebratene Steaks und Eier; auf dem Tisch steht eine industriell fabrizierte Sauce in der Flasche. Von allem Anfang an ist der Zusammenprall von zwei Kulturen, beide reich und stark, ganz offensichtlich; einer der durchgehenden Fäden in der Entwicklung der Handlung ist die zunehmende Assimilation von Elizabeth Taylor in die »gute« texanische Gesellschaft.

James Dean spielt einen unglücklichen Prospektor. Als sich Elizabeth Taylor auf ihn als »Arbeiter« bezieht, antwortet er: »Das ist etwas, was ich ändern werde.« Er hat wirklich Glück und der zentrale Kampf um Macht und Einfluss, der den Rest des Films ausmacht, entspinnt sich zwischen diesem Neureichen und Mitgliedern der traditionellen herrschenden Klasse in Texas. Von Anfang bis zum Ende wird keinerlei Versuch gemacht, die rassische Minderwertigkeit der Mexikaner zu kaschieren, und zu ihrer Unterstützung dient das mutige Bekenntnis von Rock Hudson am Ende des Films. Auf diese Art suggeriert der Film *Giant*, obwohl das Wort Klasse niemals ausgesprochen wird, die Existenz von unterschiedlichen Oberschichten, er stellt eine Gesellschaft dar, die von Konflikten zerrissen ist, in der man wichtige materielle Vorteile erringen kann, die aber offensichtlich der mexikanischen Unterschicht nicht offenstehen. Zwischen diesen Extremen gibt es wenig: auf keinen Fall wird die Existenz einer industriellen Arbeiterklasse angedeutet. Wir sehen hier die Vor- und die Nachteile des Films, um die soziale Realität zu studieren, und wir sehen auch, wie die Nachteile zu Vorteilen werden können. Es gab natürlich zu dieser Zeit eine industrielle Arbeiterklasse in Amerika. Aber eine zu dieser Zeit weit verbreitete und sozial sehr erfolgreiche Konvention wollte es, dass diese Klasse nicht existierte: die Industriearbeiter wurden als Mitglieder der riesigen amerikanischen Mittelklasse angesehen, und wie die Umfragen bewiesen, sahen sich viele der Arbeiter selber als solche.

Das wichtigste in dem Film ist nichtsdestotrotz, was er über das obere Ende der höheren amerikanischen Gesellschaft angibt. Die Existenz einer amerikanischen Oberschicht mit distinkten kulturellen Charakteristika ist immer wieder geleugnet worden, teilweise weil die amerikanischen Spezialisten der Sozialwissenschaften ihre Vergrösserungsgläser auf kleine, triste Städte gerichtet haben, die von den Familien, die tatsächlich der Oberschicht angehören, wie die Pest gemieden wurden, teilweise wegen des Mythos, der Amerika als eine Demokratie der Mittelklasse darstellt. Aber Generationen von Hollywoodproduktionen haben den entscheidenden Einschnitt zwischen Oberschicht und Mittelklasse thematisiert. Der Journalist Bing Crosby, in *Here comes the Groom* (Frank Capra, 1951), beginnt eine Liebes-Rivalität mit einem wahren Bostonianer, dessen Familie ungefähr die Hälfte aller Gebäude in Boston besitzt, und der sich nicht damit begnügen kann, wie alle anderen zu heiraten, sondern bei dessen Hochzeit es eine Liste von Eingeladenen geben muss, die so lang wie das Blue Book und das Who's Who zusammen ist. Walter Matthau ist in *A New Leaf* (Elaine May, 1971) ein verarmtes Mitglied der New Yorker Aristokratie — aber er muss sich eine reiche Frau suchen, denn, wie ihm sein englischer Butler sagt, hier (in New York) gebe es keine anständige Armut. (Das Phänomen der englischen Butler ist äusserst signifikant und interessant, wenn man, ausgehend vom Film, Einblicke in die Lebensgewohnheiten und Ansichten der amerikanischen Oberschicht sucht). Professor William Domhoff hat behauptet, dass die verschiedenen Oberschichten Amerikas seit dem Zweiten Weltkrieg zu einer nationalen Oberschicht verschmolzen sind.[9] Wenn wir uns für einen Moment vom Film abwenden, können wir ein aussagekräftiges Symbol dafür in der Verschmelzung der verschiedenen lokalen *Social Registers* in dem einen nationalen *Social Register* im Jahr 1975 finden. Ohne Zweifel ist es diese Tendenz, auf die mit der Assimilation von Liz Taylor in die texanische Oberschicht hingezielt wird.

Und wie steht es mit dem Land der égalité, liberté, fraternité? In *Les Amants* von Louis Malle (1958) treffen wir Jeanne Moreau (die in der Ankündigung des Films als normale Hausfrau aus der Provinz vorgestellt wird[10]) bei einem Polo-Match. Sie lebt in einem grossen Haus, das von einem riesigen Park umgeben ist. Ihr Mann ist Besitzer einer Zeitung. Sie hat einen englischen Butler und (äusserst aufschlussreich für mich) sie spricht mit ihm in seiner Sprache — »Good evening, Cowdray«. Es ist kaum weniger aufschlussreich, dass der junge Archäologe mit seinem billigen Wagen in enger Verbindung mit den Polo-Spielern steht. Die Grenze zwischen dieser Klasse und der darunterliegenden Mittelklasse der freien Berufe wird für mich in *Edouard et Caroline* von Jacques Becker (1952) sehr deutlich. Edouard, ein Konzertpianist, lebt mit Caroline in einem vollgestopften Appartement: sie ist verwandt mit M. Beauchamp, der in einem wahren Palast wohnt. Hier lagen für mich der Wahrnehmungsschock und die Erleuchtung in der affektierten und übertriebenen Sprechweise der Pariser Oberschicht durch M. Beauchamp — wer kann da noch sagen, dass der Akzent nur in England wichtig ist. Was mich in der Menge von französischen Filmen überrascht hat, ist die grosse Zahl von Filmen, die im Handwerkermilieu oder unter den kleinen Gewerbetreibenden angesiedelt sind. Claude Chabrol mag sehr wohl versucht haben, die Existenz von Klassen durch den Unterschied anzuzeigen, den er zwischen dem Fleischhauer macht, der einem seiner Filme den Namen gibt, und der Lehrerin, die sein Opfer ist. Aber, was immer auch die beabsichtigte Aussage, was sich mir aufgedrängt hat, vor allem in der wichtigen Hochzeitsszene, die den Film eröffnet, war der Eindruck, dass hier eine fest zusammengewachsene Gemeinde der unteren Mittelschicht porträtiert wird, das Frankreich, das man bis vor nicht allzu langer Zeit als *majorité* bezeichnet hat. Die beginnende Freundschaft zwischen dem Polizeiinspektor und dem Uhrmacher in *L'Horloger de St. Paul* (1975) (sicherlich, sie muss wegen der politischen Aussage zerbrechen) wäre in einem englischen Film unmöglich.

Wenn man die kommerziellen amerikanischen und französischen Filme zusammennimmt (im Unterschied zu denen, die bewusst eine linke politische Botschaft ausdrücken), kommen Klassen in ihnen nur als Teil des Milieus vor. Wenn wir direkte Aussagen über Klassen suchen, müssen wir uns dem englischen Film zuwenden. Das ist übrigens kein besonders neuer Zugang, denn wenn es auch dumm ist, vorzugeben, Frankreich und Amerika kennen keine Klassenunterschiede, so ist es doch offensichtlich, dass England als erstes industrialisiertes Land den ausgeprägtesten und am besten definierten Sinn für Klassen hat. Die Filme der Nachkriegszeit inszenieren die unterschiedlichen Klassen, sie zeigen, was sie voneinander unterscheidet, aber implizit wird ausgesagt, dass jede Klasse ihre spezifische Aufgabe habe; wenn die Klassen nur aufeinander hören würden (was in diesen Filmen immer der Fall ist), dann könnte eine wohlverstandene Hierarchie der Klassen dem Interesse der gesamten Nation nur dienen. Die momentan gängige Theorie will darin das Werk der herrschenden Klasse sehen, die ihre Ansichten der anonymen Menge aufzwingt. Wenn man aber der Richtung, in die uns der Film weist, folgt, und zu den klassischen Quellen zurückkehrt, zu Dokumenten, die die Einstellung der Gewerkschaften gegenüber der industriellen Demokratie betreffen, oder die Zukunft der so prestigeträchtigen und so privilegierten *public schools,* dann wird klar, dass die Einstellungen, die im Film in Bilder umgesetzt werden, in der britischen Gesellschaft tatsächlich weit verbreitet sind. Die zugrundeliegende Realität, die hier erscheint, ist nicht ein Erfolg der Oberschichten-Propaganda, sondern der tiefe Konservativismus und das Sicherheitsbedürfnis, die in der britischen Gesellschaft verwurzelt sind. In *Guinea Pig* (Boulting Brothers, 1948) wird Richard Attenborough, Exschüler einer Grundschule (Sohn eines Trafikanten in einem der besseren Londoner East-End-Bezirke, nicht eines Industriearbeiters) nach einer anfänglichen Phase der Revolte in das Ethos einer äusserst exklusiven Public School einbezogen. Aber auch der griesgrämige alte Erzieher lernt etwas, dank des Zusammentreffens mit dem Trafikanten gegen Ende des Films, der selber ein alter Adjutant ist (Bernard Miles). Der Geist des Films kommt der Aussage eines konservativen Parlamentariers von 1944 sehr nahe, der in einer der hitzigen Debatten um die Zukunft der *Public Schools* gemeint hat — ohne übrigens bei den Labour-Abgeordneten besonderen Widerspruch zu erregen — dass die *Public Schools,* würden sie sich nur ein wenig öffnen, Grossbritannien davor bewahren könnten, eine Gesellschaft von Kasten oder eine Gesellschaft ohne Klassen zu werden.[11]

Der erste Film, der die Auffassung in Frage gestellt hat, dass das Bewusstsein der feineren Klassenunterschiede eine Kraft für die britische Nation darstellen, war *I'm all right, Jack* (Boulting Brothers, 1957). Plötzlich wird hier gezeigt, wie eine geldgierige und verbrecherische Oberschicht und eine arbeitsscheue und verknöcherte Arbeiterklasse das Land in den Ruin führen. Der Film benützt alle Freiheiten der Satire, aber die

Klassenkennzeichnungen sind äusserst subtil. Stanley Ian Carmichael ist hier das archetypische Witzbild aus der Oberschicht, der zum Gentleman erzogen worden ist, dem das Universitätskommitee sagt, was am meisten zählt, ist, immer den Anschein von Sicherheit zu erwecken. Die Darstellung von Kite, dem Gewerkschafter des Betriebs, von Peter Sellers lebendig gespielt, verursachte aufgeregte Proteste auf seiten der linken Kritiker und selbst der liberalen, aber wenn man den Film unter Weglassung des politischen Lärms wirklich ansieht, prägt sich Kites Schicksal tief ein, der voll von ehrenhaften Absichten, zu einem Objekt der Lächerlichkeit wird, weil er in einer Gesellschaft aufgewachsen ist, die duch die Erziehung soziale Schranken aufbaut, weil sein Ehrgeiz weit über seine Möglichkeiten, sich auszudrücken, hinausgeht. Kite spricht stolz von der Woche, die er bei einem Sprachkurs in Balliol verbracht hat (mit einem wunderschönen Ausprachefehler, einem langen »a« statt einem kurzen). Stanley verliebt sich in die Tochter von Kite, Cynthia (Liz Frazer), eine Glasschleiferin. »Are them your own teeth«, fragt sie ihn, »you keep them so nice and white«. Am Anfang des National Health Services waren schlechte Zähne tatsächlich häufig ein Kennzeichen für Arbeiterklasse. In diesem Film, einer Satire, die tiefe Wahrheiten offenlegt, wird die soziale Barriere nicht überwunden: Stanley und Cynthia heiraten am Schluss nicht. Eine andere Satire, die ein ungeschminktes Bild der Oberschicht entwirft, ist *Nothing But the Best* (Clive Donner, 1966). Alan Bates ist hier ein Angestellter in einer grossen Finanzfirma, deren Präsident, ein typischer Vertreter der herrschenden Klasse, von Harry Andrews gespielt wird. Bates überredet das schwarze Schaf der Familie (Denholm Elliott) dazu, ihm die Umgangsformen und Eigenheiten der oberen Gesellschaft beizubringen. Am besten für ihn ist es, sich als Historiker auszugeben. Da genügt es, wen er bei jeder Gelegenheit »bloody« sagt — »bloody Cromwell«, »bloody Napoleon«, und wenn er sich auf bekannte Historiker mit ihrem Vornamen bezieht — *Alan* Taylor, *Hugh* Trevor-Roper. Bates lernt sehr schnell, die Arroganz der Oberschicht auszustrahlen, und er erringt leicht geschäftliche Erfolge — unter anderem die Hochzeit mit der Tochter des Präsidenten (zu diesem Zeitpunkt schickt er seine kleinbürgerlichen Eltern vorsichtshalber weit weg ins Ausland). Die Anspielungen, die diese Filme auf das Weiterbestehen einer Oberschicht in England machen, die fortfährt, Stellen und ökonomische Macht zu monopolisieren, und die sich primär durch ihre Aussprache und ihren Stil unterscheidet — weniger durch ihre politischen oder geschäftlichen Qualitäten — diese Ansichten werden durch eine grosse Zahl von anderen Dokumenten bestätigt.

Aber wie steht es mit der Arbeiterklasse? Die amerikanischen und die französischen Filme haben die Arbeiterklasse kaum berührt. Im Gegensatz dazu hat England — was immer auch die gängige Kritik dazu sagt — einige wenige, aber interessante Filme aus dem Arbeitermilieu. Ich habe *Love on the Doles*, *The Shipbuilders* und *The Brave Don't Cry* schon erwähnt. Die Bildwelt, die im letzten entwickelt wird, stellt eine einheitliche verschworene Gemeinschaft dar; das zeigt sich besonders in den genau komponierten Einstellungen, in denen der Dorfarzt, der Dorfpolizist und der (ungesetz-liche) Buchmacher gemeinsam per Telefon mit den unter der Erde eingeschlossenen Bergarbeitern sprechen. Es ist möglich, dass Filme, die im Bergarbeitermilieu spielen, notwendigerweise Hunger, Streiks, dramatische Konfrontationen zwischen Arbeit und Kapital zeigen müssen. Aber nach meiner Anschauung stellt *The Brave Don't Cry* eine erhellende Perspektive über die Rolle der Arbeiterklasse in der britischen Sozial-struktur dar.

Die Ankündigungen von *Antoine und Antoinette* von Jacques Becker (1948) haben die Innovation betont, die ein Film darstellt, der ganz im französischen Arbeiter-milieu spielt.[12] Tatsächlich liegt das Quartier La Fourche nicht im Zentrum der für die Arbeiterklasse charakteristischen Banlieu des Nordens oder Süd-Westens. Antoine ist Drucker, Antoinette arbeitet in einem grossen Kaufhaus. Während Edouard (in *Edouard et Caroline*) die Chance eines Aufstiegs durch sein Talent als Klavierspieler hat, haben Antoine und Antoinette lediglich die Hoffnung, ihrem Milieu durch einen Gewinn in der Nationallotterie zu entkommen, wobei das Milieu eher kleinbürgerlich als proletarisch ist (der andere Gewinner der Lotterie ist übrigens, wie wir sehen, ein Fleischhauer). Obwohl die Idee, dass der Unterschied zwischen der Arbeiterklasse und den Bürgerlichen in der praktischen Unmöglichkeit eines sozialen Aufstiegs besteht, nicht neu ist, ist sie doch richtig und von weiterbestehender Aktualität.

Der eine amerikanische Film, der vor 1970 exklusiv im Arbeitermilieu spielt, ist Elia Kazans *On the Waterfront* (1954). Terry Malloy (gespielt von Marlon Brando), der junge Landarbeiter, sagt einmal über die Waterfront, es ist, als ob das nicht Amerika wäre. Die Kleidung der Arbeiter, die grammatikalisch falsche Redeweise, die Hochzeitsfeier in der Kneipe an der Ecke, sind äusserst gut dargestellt. Johnny Friendly, der Gewerkschaftsboss (Lee J. Cobb) versichert am Beginn des Films, »My old lady raised ten kids on a stinking watchman's pension.« Aber mit seiner verrotteten Gewerkschaft ist er nicht mehr und nicht weniger als der Bösewicht des Films. Der Kampf richtet sich gegen die Gewerkschaft. Der einzige Arbeitgeber, den wir sehen, erscheint gegen Ende des Films, als der Sieg schon errungen ist. Er sagt lediglich: »All right, let's go to work.« Die Rituale, die Konventionen der amerikanischen Mytholo-gie, die selbst ein wichtiger Aspekt der amerikanischen Realität sind, erfüllen den ganzen Film. Als ich mich dem Studium der Klassen in Amerika widmete, musste ich mir dauernd die Vorherrschaft der *Frontier*-Ideologie in diesem Land präsent halten, in dem die Einsätze sehr hoch sind und wo an sich recht sympathische Ziele der Gewerkschaften sehr rasch ins Gangstertum abgleiten können.

Wenn man amerikanische Filme über eine bestimmte Zeit hinweg betrachtet, so lassen sie einen erkennen, dass sich die Einstellung zu den Klassen in diesem Land in der letzten Zeit sehr stark verändert hat. Diesen Punkt kann man kaum bezweifeln, wie auch das Studium der schriftlichen Quellen zeigt.[13] Der traditionelle Glaube an den offenen Charakter der Gesellschaft, an das Fehlen von Klassen in der amerikanischen

Gesellschaft hat einem realistischeren Gebrauch der typisch britisch klingenden Etiketten »Mittelklasse« und »Arbeiterklasse« Platz gemacht. Der Wechsel springt einem in *The Deer Hunter* (Michael Cimino, 1978) in die Augen, wo sich die Einstellungen — abgesehen vom Kontrapunkt in Vietnam — auf die Eisenhütten von Pennsylvanien konzentrieren, und in *Blue Collar* (Paul Schrader, 1978), in dem der Feind wiederum die Gewerkschaft ist, und der in der erdrückenden Atmosphäre der Fliessbänder von Detroit spielt. In *Breaking Away* (Peter Yates, 1979) wird die Klassentrennung zwischen den Kindern der Steinklopfer (»cutties«) und den Mittel-klasse-Studenten am prestigereichen Campus der Staatsuniversität von Indiana deutlich und klar ins Bild gebracht.

Die Eindrücke und die Hinweise, die uns der Film liefert, sind, so scheint es mir, echte Fragmente der Realität. Ist der Film deshalb nicht in vielerlei Hinsicht ein offeneres Medium als die (ab-)geschlossene geschriebene Erzählung?

Philip Abrams hat kürzlich die traditionelle historische Darstellung heftig kritisiert: The form of exposition is both doing analytical work and, without *doing the necessary analytical work*, luring the reader into accepting the author's preferred interpretation simply as a happening. It enables him both to obscure the degree to which he is theorising and to pursue the validation of his theory in a peculiarly, and to my mind improperly, privileged way, undistracted by the need to justify his own criteria of interpretation or proof. The silences of narrative are not the least of its argumentative strengths.[14]

Trotz ihrer Grobheit, trotz ihrer naiven Verschlagenheit strahlen die kommerziellen Filme, so scheint es zumindest mir, eine charmante Ehrlichkeit aus.

(Aus dem Französischen von Sigrid Schmid-Bortenschlager)

Anmerkungen

1   A. Carr-Saunders und D. Caradog Jones: The Social Structure of England and Wales (1937), p. 66.
2   N. Bramson und M. Heinemann: The Nineteen Thirties (1971), pp. 83-104, 148-161.
3   Zu »unbewusste Aussagen« vgl. A. Marwick: The Nature of History (revised edition, 1981), p. 144.
4   Vgl. z.B. A. Bergmann: We're in the Money: Depression America in the Movies (1972), pp. 105-107.
5   Teil 2 des 5. Kapitels meines Buches »Britain in the Century of Total War« (1968), pp. 223-239 heisst »The Bitter Society«. Um fair zu sein, muss ich erwähnen, dass der nächste Teil von »The Politics of 'Agreement' and the Sociology of 'Progress'« handelt.
6   Die beste Zusammenfassung der jüngsten Forschung bieten John Stevenson und Chris Cook, The Slump: Society and Politics in the Thirties (1978).
7   George Blake: The Shipbuilders (1935), p. 29.
8   Veröffentlicht (London und New York), 1980.

9   William Domhoff: The Highers Circles: the Governing Class in America (1970).
10 Cinématèque de Toulouse.
11 Cinématèque de Toulouse.
12 House of Common debates, 28. März 1944.
13 Vgl. A. Marwick: Class: Image and Reality in Britain, France and the USA since 1930 (1930), p. 306.
14 P. Abrams: Historical Sociology (1982), p. 307-308.

MARIE-CLAIRE ROPARS-WUILLEUMIER

Der Film, Leser des Textes

Ich nehme hier ein problematisches Vorhaben in Angriff. Entsprechend unserer Projektanordnung* schlage ich vor, die literarische Analyse mit der filmischen Analyse zu vergleichen, besser gesagt, die Möglichkeiten einer Lesart des Films zu überprüfen, und die Prozesse zu reflektieren, die bei der Lektüre eines Textes stattfinden. Die Schwierigkeit beginnt mit dieser zweiten Formulierung, die die Entdeckung einer Übereinstimmung dort vermutet, wo man einen Einfluss feststellen kann. Die textuelle Analyse des Films hat sich am Textmodell formiert; trotz der Verschiedenheit des Materials und der Techniken haben dieselben Hypothesen, wie vorläufige Einengung, systematische Beschreibung, Interpretation mit Ausdrücken aus der internen Textualität zur Ausbildung des Konzepts einer Filmizität bei den filmischen Annäherungen beigetragen, nachdem die literarischen Analysen durch die Kriterien der Literarizität erneuert worden sind. Aber die Konstitution eines Objekts als Text sagt nichts aus über die Methoden, die verwendet werden müssen, um die möglichen Funktionsweisen des Systems an den Tag zu bringen; egal, ob man Bezüge zur Welt ausserhalb des Textes behandelt oder die Triebkräfte des Unbewussten, ob man die Herstellung von Wirkungen untersucht oder die Spuren der Ekritüre verfolgt, jede in der Literaturwissenschaft angewendete Methode unterwirft ihr Objekt unterschiedlichen Segmentierungen, deren gemeinsame Regularität darin besteht, dass sie zerlegen, um beschreiben zu können, und dabei das Risiko eingehen, einzelnes zu isolieren, statt es zu lesen, d.h. den Text einem Verfahren der Zerstückelung zu unterwerfen, wobei die Einheitlichkeit des linguistischen Materials der Bürge dafür ist, dass das Objekt wieder vereint werden kann.

Und genau hier kann der Rekurs auf den Film kritisch einhaken. Weit davon entfernt, noch einmal die textuelle Struktur des Films zu beweisen, handelt es sich darum, den umgekehrten Weg zu gehen: von der Textualität des Films zur literarischen Textualität. Im Vergleich mit der Literatur besteht die Spezifität des Films ohne Zweifel in der Heterogenität der verwendeten Materialien; wenn sich die Gangart des

*) Cf. hiezu die Nachweise am Ende des Bandes. — Terminologie und Duktus dieses Aufsatzes sind im Deutschen schwer wiederzugeben; *écriture* wurde, in Anlehnung an Lektüre, bisweilen mit *Ekritüre* wiedergegeben, *tracé* — wie schon in »L'imagologie dynamique« (verzeichnet im Aufsatz von H. Lauenroth in diesem Band) — mit *Trasse*.

Films durch die Montage eines pluralen Dispositivs auszeichnet, was bedeutet dann die Projektion dieses Dispositivs auf die offensichtliche Homogenität, die die Einheitlichkeit des linguistischen Materials dem geschriebenen Text verleiht? Mit anderen Worten, was passiert, wenn man die Prinzipien der filmischen Montage auf die Dekonstruktion des literarischen Textes anwendet, wenn man versucht, die Lektüreoperation ausgehend vom reflektierten Bild zu formulieren, das der Film ausstrahlt? Der Hinweis auf den Spiegel beinhaltet hier die volle Aktivität des Spiegelungsprozesses, immer anfällig dafür, das ursprüngliche Bild aufzurufen, um seinen eigenen Reflex zu reflektieren — nicht ohne einige Veränderungen aufgrund des unterschiedlichen Blickwinkels. Und die Analyse des Filmtexts soll nur soweit aufgerufen werden, als sie als Indikator dienen kann, sogar als Operator für die Ausarbeitung des literarischen Textes.

Diese Vorbemerkungen mögen abstrakt erscheinen. Die Durchführung des Projekts, das ich vorschlage, kann nur an Beispielen erfolgen. Ich habe als Bezugstexte einen Film von Resnais, *Hiroshima mon amour* (1959), und ein fiktionales Werk von Blanchot, *L'arrêt de mort* (1948), gewählt. Trotz ihrer gemeinsamen narrativen Erscheinungsform, die die Zusammenschau erlaubt, bieten diese zwei Werke den Vorteil, in keinem vorgegebenen Zusammenhang zu stehen, ausser dass sie ungefähr aus derselben Zeit stammen; sie gehören auch nicht homologisierbaren Diffusionssystemen an. *Hiroshima mon amour* ist der erste Film mit normaler Spielfilmlänge von Resnais, und er markiert den Beginn des Auftretens einer neuen Generation in der Filmproduktion; der Skandal, den der Film beim Festival von Cannes ausgelöst hat, hat es ermöglicht, dass ein Film, der sonst als Avant-garde eingestuft worden wäre, ein breites Publikum erreicht hat. Der Roman von Blanchot steht in einer einsamen Werkreihe eines Schriftstellers, der sich seit 1930 der fiktionalen Arbeit als Einsatz einer theoretischen Recherche gewidmet hat, die sich auf das Schreiben konzentriert. Dieselbe Modernität der beiden Werke lässt sie ebenso komplex sein, und die Versuchung ist gross, jedes einzeln zu analysieren, und die Reflexion über die textuelle Analyse durch einen Vergleich der beiden Textstudien zu ersetzen. Lediglich die Schwierigkeit des Projekts kann die Verführung der Objekte herbeiführen und kann eine Arbeit sichern, die gleichzeitig beide Arbeiten behandelt, aber vermeidet, sie zu vergleichen, und die an den Passagen des Romans die Lektüremöglichkeiten zu verifizieren sucht, die die Teile des Films eröffnet haben. Man wird hier keine systematische Dekonstruktion der Fiktionen finden, auch wenn sie, jede für sich, in die Hypothesen der Interpretation einfliessen. Die eine Hypothese wird aufzeigen, wie die Übertragungsoperation in *Hiroshima mon amour* die atomare Gewaltanwendung in die atomisierte Erzählweise überführt, die andere betrifft die Ambiguität eines Textes wie *L'arrêt de mort*, eines Textes, der unter der Referenz auf die Wahrheit die Dissimulationsarbeit verbirgt, mit der die Schrift jegliche Wahrheit in die Absenz drängt. Diese Vorschläge werden nur insoweit ausgeführt, als sie uns die nötigen

Markierungen für das Verständnis jedes Textes liefern und die intellektuelle Gymnastik erleichtern, die ein Leser erbringen muss, von dem man verlangt, dass er dem Prozess einer Lektüre folgt, ohne all die Mäander nachvollziehen zu können, die die Details jeder Lektüre ausmachen.

Weder die Wahl noch der Vergleich der Werke war geplant. Im nachhinein hat sich jeder der beiden Texte als besonders günstig für das Unternehmen erwiesen. Die Originalität von *Hiroshima mon amour* in seiner Praxis der Inszenierung beruht auf der speziellen Zusammenarbeit von Alain Resnais mit Marguerite Duras, die als Schriftstellerin beigezogen worden ist, aber um ein Original-Szenario zu schreiben, nicht einen Roman, und die damit beauftragt war, rund um das ursprüngliche Projekt romaneske Abläufe zu entwerfen, von denen sich der Film inspirieren liess und sie damit gleichzeitig auslöschte.[1] Indem sich also der Regisseur einem Adaptionssimulakrum auslieferte, wollte er den Film anscheinend in die Position der Lektüre eines Romans versetzen, dessen Ekritüre zur gleichen Zeit stattfand. Der Text wurde, als extreme Literarizität, in demselben Augenblick, in dem er geschrieben wurde, bereits gelesen, zerteilt und zerstückelt durch den zukünftigen Film, Bild und Text vermischt. Das filmische System hat die Operationen der Lektüre nur sichtbarer gemacht, zu denen er einlädt — nicht die Operationen, die der Film von Resnais auf die Texte von Duras anwendet, sondern ganz allgemein die, die ein Film auf einen Text anwendet in der disjunktiven Beziehung, die er zwischen Bild und Text herstellt.

L'arrêt de mort kann noch als Roman bezeichnet werden — eine Bezeichnung, die in der Folge aus der Terminologie von Blanchot verschwindet —, wenn man die stellenweise Dunkelheit ignoriert, an der sich eine Fiktion zeigt, die von einem gesichtslosen Schrecken gejagt wird: der Bericht eines anonymen Erzählers, wehrlos ausgesetzt der gleitenden Vermehrung der weiblichen Personen, reiht sich ein in das Projekt von Blanchot, die »Diskontinuität der Form« zu entwickeln.[2] Dieser indirekte Bezug auf die Arbeit der Montage begünstigt die Vermehrung der Ellipsen, der unvollständigen Abweichungen, oder der Spannung, die alle nicht genügen, die seltenen referentiellen Anspielungen, die die »Ereignisse« auf dem drohenden Hintergrund des Zweiten Weltkrieges situieren, auszufüllen. Die Anwendung der Filmmontage auf diesen Text findet hier ihre schöne, vielleicht zu schöne Erfüllung. Sie kann es gleichwohl erlauben, das Risiko zu umgehen, immer naheliegend, wenn es sich um Blanchot handelt, die Schriften durch Konzepte zu erklären, die Blanchot in seinen theoretischen Reflexionen über das Schreiben ausgearbeitet hat: weder »das Neutrale« noch »der unmögliche Tod«, noch der Widerspruch, den »der Blick des Orpheus« in Angriff nimmt, sollen von Anfang an aufgerufen werden.[3] Und der Rekurs auf Hiroshima (als Operator) soll vor allem dazu dienen, die Zonen der Dunkelheit im Text zu erweitern, indem die Momente des Textes markiert werden, wo sich das Zeichen verliert und dabei gleichzeitig mit seinem Verlust ins Imaginäre führt.

Dieses Verschliessen der Imagination, diese Weigerung, die Bilder durch den

Verlauf der Zeichen hervorrufen zu lassen, zeichnet den Prolog von *Hiroshima mon amour* in höchstem Mass aus. Wie bekannt, beginnt der Film mit einem langen Rezitativ, in dem zwei anonyme Stimmen, eine männlich, eine weiblich, der Bewegung der Kamera unterlegt sind, die über eine Stadt schwenkt, die noch die Zeichen der Bombe trägt. Einige isolierte Einstellungen unterbrechen die Enthüllung der atomaren Spuren, um in Grossaufnahme zerstückelt die Umarmung von zwei nicht identifizierbaren Körpern zu zeigen; aber erst nach einer Viertelstunde (genau nach 16' 48") werden die Stimmen in der Einstellung 133[4] mit den Körpern verbunden und zwei Liebende werden in Szene gesetzt, die im Anschluss ihre Liebesbeziehung im »Bericht von Nevers« fortsetzen, in dem sich die Französin den Erinnerungen an ihren deutschen Geliebten ausliefert, aber die neue Liebe zu einem Japaner in Schwebe lässt.

Ohne den ganzen Film wiederzugeben, lässt diese kurze Beschreibung die Einmaligkeit des Prologs hervortreten, der sich der narrativen Einschreibung entzieht und damit aber gleichzeitig das Erscheinen der Erzählung vorbereitet. Wir halten dies hier als bevorzugtes Werkzeug der Analyse fest, und bauen auf Lektüreoperationen auf, die die problematische Koexistenz von Wort und Bild ins Spiel bringen — materialisiert im Film, im literarischen Text hingegen erst zu konstituieren.

Zwischenräume

Während des ganzen Prologs verhindert die Aktivität der Desynchronisation, die zwischen den Stimmen im *off* stattfindet, trotz der visuellen Präsenz der Körper nicht situierbar, und den Bildern, die einer irrenden Kamerabewegung ohne diegetische Voraussicht ausgeliefert sind, eine Ortung der Erzählung. Dieser anfängliche Bruch lässt die Beschlagnahme des Wortes in einem multisensoriellen Feld spürbar werden, das es zugleich transgrediert und desintegriert, ohne es absorbieren zu können. Diese Verräumlichung des linguistischen Systems durch das visuelle und das Ton-System erscheint von der Ouvertüre an, die die erste verbale Äusserung bis zur fünften Einstellung aufschiebt, und sie entwickelt sich durch jede Rückkehr zu den Körpern weiter, die die Absenz der Stimmen verstärkt und den Bruch durch das Bild betont. Auch die Äusserung, die in der fünften Einstellung vorkommt, erhebt sich nur auf dem Hintergrund der Unlesbarkeit: vor dem Wort vier Einstellungen auf opake, stille Körper, die die Überblendungen auslöschen, indem sie sie verketten; vor den Körpern, und immer noch ausserhalb des Wortes, die lange Vorspann-Einstellung, wo eine Trasse in Form eines unregelmässigen Sterns — ein versteinerter Abdruck? eine Landschaft in Vogelperspektive? eine Zikade? — nur durch die graphische Einschreibung von Zeichen gestützt wird, ohne Zusammenhang mit dem Bild.

Das Unnennbare — in der Umarmung —, das Unzeigbare — mit der Trasse — schieben das Auftreten der Benennung und der Repräsentation hinaus und regeln sie damit gleichzeitig. Hören wir uns den Beginn von *L'arrêt de mort* an: »Ces événements me sont arrivés en 1938. J'éprouve à en parler la plus grand gêne. Plusieurs fois déjà, j'ai tenté de leur donner une forme écrite. Si j'ai écrit des livres (...) Si j'ai écrit des romans«,[5] und bemerken wir dabei die Zurückhaltung des Wortes, die die Form der Schrift an die Stelle der Figur des Ereignisses setzt. Dieses Zusammentreffen stellt sicherlich nichts Aussergewöhnliches dar. Durch die Disjunktion von Bild- und Tonspur, die zusammen den Tonfilm begründen, wird im filmischen Dispositiv des Prologs der Unterschied von Repräsentation und Signifikation ans Licht gebracht, den die Schrift durch die Buchstaben des Vorspanns unterstreicht oder durch die Thematisierung des Schreibens, die zwischen den Roman und sein Objekt eingeschoben wird. Der Beginn des Films hält die narrative Artikulation von Gesagtem und Gezeigtem ebenso in Schwebe wie der Beginn des geschriebenen Textes von Satz zu Satz die figurative Ausbildung eines Berichts aufschiebt; alles geht so vor sich, als könnte die Diskontinuität der syntaktischen Verkettungen zwischen den Sätzen Lagunen der Stille erzeugen: Orte für ein zurückgewiesenes Bild, die dennoch das Zeichen neutralisieren, es auf die blosse Spur reduzieren (*en, leur*) oder auf das Echo (*si, si ...*). Entfesselt führt die Montage den Raum in die Zeit ein; sie projiziert auch die Vertikalität, die den filmischen Text auszeichnet, auf die offensichtliche linguistische Linearität, und hüllt gleichsam das Wort durch das Bild ein und führt damit das Bild ins Wort, ohne das Wort dem Bild vollständig zu überantworten.

Der Film löst den Text, indem er ihn mit Pausen umhüllt. Er bindet ihn aber auch — und das heisst, er liest ihn — durch die Spannung, die er zwischen den visuellen Aussagen und den verbalen Äusserungen aufflammen lässt.

In der fünften Einstellung kommt es, nachdem ein Netz von Körpern gezeigt worden ist, zum ersten Dialog und Konflikt zwischen einer männlichen Stimme, die vor allem das Sehen leugnet (»Tu n'as rien vu à Hiroshima, rien«) und einer weiblichen Stimme, die das Sehen behauptet (»J'ai tout vu. Tout.«) und die vorgibt, es zu beweisen: »Ainsi (Ende der 5. Einstellung) l'hôpital, je l'ai vu. J'en suis sûre« (Einstellung 6). Das Bild scheint auch der weiblichen Stimme zu gehorchen, denn es führt, von der Einstellung 6 bis zur Einstellung 12, eine imaginäre Kamerafahrt durch ein Spital vor. Aber dieser Parkurs strukturiert sich so, dass er sich selbst negiert: von Einstellung 7, in der sich die Kamera in einem langen Gang halboffenen Türen nähert, an denen Kranke stehen, bis zur Einstellung 12, in der sie dieselbe Fahrt wieder aufnimmt, aber diesmal ohne Kranke und mit geschlossenen Türen, wird die Repräsentation durch ihre eigene Aufhebung konstituiert, die auch noch unterstrichen wird durch die männliche Antwort in der Einstellung 12: »Tu n'as pas vu d'hôpital à Hiroshima ...«. Man könnte diese negative Aktivität einer männlichen Voreingenommenheit der Montage zuschreiben, aber es ist interessanter aufzudecken, dass die männlichen Dialogpartien viel seltener als die weiblichen sind, und dass sie diese nur umkehren. Es ist die Stimme der Frau, die das Erscheinen des Krankenhauses auslöst, ebenso wie sie später das Museum, die Wochenschauen, die Neubauten hervorruft. Und es ist auch in einer weiblichen Aussage, dass das Bild seine Aktivität der kritischen Umkehr zu entlehnen scheint. Die weibliche Beharrlichkeit in Szene 7 — »l'hôpital existe à Hiroshima. Comment aurais-je pu éviter de le voir?« — führt dazu, dass von Einstellung 8 bis 11 in schneller Abfolge weibliche und männliche Kranke gezeigt werden, die ihre Gesichter abwenden, sobald sich ihnen die Kamera nähert. Und man kann sich durchaus denken, dass das Bild hervorgegangen ist aus einer Lektüre des Satzes, der als einziges Syntagma »es zu sehen vermeiden« vorwegnimmt, um ihm eine wörtliche Interpretation zu unterschieben, die dem Sinn, der den gesprochenen Kontext ihm geben möchte (»Comment aurais-je pu«), entgegengesetzt ist.

Das Bild hat das Zeichen gelesen, aber es hat es auch gleichzeitig deplaciert in Richtung des im Dialog ausgetragenen Konflikts; es hat die Affirmation, die die Stimme der Frau ausgedrückt hat, gegen sie selbst gekehrt — und hat damit zur Rückkehr der männlichen Stimme geführt. Diese Operation wird ausgeführt durch eine Kritik des Aktes des Sehens. Der Blick der Kranken verweigert sich in dem Masse, indem sie sich von der Kamera abwenden, und vom Zuschauer, der sie durch jene (die Kamera) sieht; wenn sich schliesslich jeder abwendet, so um zu einem Buch, einer Zeitung zurückzukehren (Einstellung 8, Einstellung 11). Lesen ist nicht gleich Sehen: später wird die Nahaufnahme eines zerstörten Auges, letztes Fragment einer Wochenschau (61), einige Einstellungen später die Sperre der Imaginationen (70), das Ende der Rekonstruktion hervorrufen. Das Imaginäre, das durch eine dynamische und nicht durch eine diegetische Verkettung von der Kamera placiert wird, ist ein negatives; es verneint nicht nur die herrschenden Aussagen, sondern führt die Negation in das Sehen ein — die Negation des Sehens.

Eine analoge Operation kommt gegen Ende des Prologs vor (Einstellung 101-105): auch sie beruht genau auf der Tatsache zu verneinen. Der Konflikt der Stimmen hat sich von der Weigerung zu sehen auf die In-Frage-Stellung des Gedächtnisses verschoben: »Pourquoi nier l'évidente nécessité de la mémoire?«, erklärt die weibliche Stimme, aber der Satz ist durch die rasch wechselnden Einstellungen (1''), die ihn, die Kamera *contre-plongée*, begleiten, in einzelne Wörter zerstückelt, durch Bilder, die ineinander übergehen und die Ruinen darstellen, die sich gleichen, und Kuppel, eine intakt, eine zerstört. Das Spiel der Differenz zwischen den Ruinen (101 und 102) holt nicht dasjenige der Differenz zwischen den Kuppeln wieder ein (zerstört in 101 und 103, intakt in 104); die immer näher kommende Kameraeinstellung, die von der Totale zur Grossaufnahme übergeht, erzeugt die Illusion des Gleichen im Gleiten des Anderen. Das Augenfällige wird negiert, und die Erinnerung im Vergessen verankert, in der Erinnerung des Vergessens. Auch hier setzt die visuelle Montage für das Auge des Zuschauers einen Mechanismus der *fausse reconnaissance* in Szene, der zwei Zeichen im Satz (»évidence« und »nier«) privilegiert, ihren Bezug zueinander umkehrt (»évidence niée«) und sie damit im Widerspruch zu dem Satz erscheinen lässt, der die Negation nur verwendet hat, um die Frage besser formulieren zu können (»pourquoi?«), um behaupten zu können (»nécessité«).

Das Zerlegen des Satzes bringt ihn von seinem Sinn ab: lesen, das heisst, ein Nicht-Sagen in das Sagen einführen; sich in die Risse der Wörter stürzen, um sie zu erweitern. Als Leser des Textes gibt ihm der Film auch seinen Vektor. In dieser Hinsicht bezeichnet die Schrift (Ekritüre) des Films bloss das Spiel der kritischen Arbeit; aber sie führt gleichzeitig vor Augen, dass die Kraft der Montage auf Kosten der Repräsentation und der Signifikation ausgeübt wird; genauer gesagt, sie (die Schrift) sichert den gegenseitigen Ablauf der beiden Netze, transportiert vom vorgeschriebenen Text wie vom filmischen, sei es auch weniger sichtbar. Zwischen den Zeichen lässt die Fiktion Bilder zirkulieren; aber zwischen den Bildern und den Zeichen arbeitet die Ekritüre an der Negation sowohl der Zeichen als auch der Bilder. Von diesem doppelt negativen Imaginären — es wird verneint, weil es verneint — erhält man lediglich Anzeichen der Lektüre für einen literarischen Text, eine Vorsicht gegenüber den optischen Täuschungen, die das Gesagte durch ein Sehen beruhigen wollen. Wenn das Bild das Wort einhüllt und sich in den Satz einfügt, dann geschieht das nicht, um ihn zu erhellen, sondern um ihn zugrunde zu richten.

Zu viele Äquivalenzen markieren den Text von Blanchot, um nicht eine Übereinstimmung, die sich eher auf eine gemeinsame theoretische Basis als auf eine methodische Beziehung stützt, suspekt zu machen. Merken wir trotzdem die Erhellung an, die hier auf das Verbot des Blicks gelegt wird, durch das der Erzähler von *L'arrêt de mort* vor den Kopf gestossen zu sein scheint. Als er dem Tod seiner Freundin J. beiwohnt, die er einmal ins Leben zurückholt, indem er sie mit ihrem Vornamen (der im Text fehlt) ruft, bezeichnet diese Szene augenscheinlich den orphischen Charakter dieser Geste und die visuelle Transgression, die sie in Bewegung setzt: »J'avais vu et surpris ce que j'en aurais pas dû voir«.[6] Aber was der Erzähler gesehen hat, ist weniger der starre Körper der Sterbenden mit geschlossenen Lidern als der Blick, den er von dieser beim Anruf ihres Namens erhält. Das Verbot bezieht sich nicht auf ein Gesehenes, sondern auf die Absenz von Sichtbarem, was ein (»furchtbarer«) Blick ausdrückt, dem das Sehen abhanden gekommen ist, und den der Erzähler nur empfangen, wieder-sehen (»rece/voir«) kann.[7] Dieser erste Abstieg in die Unterwelt ist lediglich eine Etappe auf dem Weg in die Nacht, ins Schwarze, ins Opake; und der Blick des Orpheus, der in *L'arrêt de mort* noch erweckt, wird auf den Blick von Euridike stossen, in dem sich die Negation jedes erblickbaren Bildes eingeschrieben hat, und zwar mit den Augen von J., die durch das Fieber leicht erweitert sind,[8] wie mit denen von N., die nach einer kleinen Augenoperation durch eine Binde bedeckt sind.[9]

Die Sicht negieren durch die Vision des Blicks, im Wort die Erinnerung an oder die Erwartung eine(r) andere(n) Stimme im *off* verständlich machen, die das Gesagte auslöscht durch die Trasse des Sagens, das heisst die semantischen Aussagen dem Anhorchen einer syntaktischen Struktur unterordnen, deren Beweglichkeit und kinematographische Pluralität den gleichermassen vielfachen wie entzogenen Charakter insistent bezeichnen. Über die symbolischen Übereinstimmungen hinaus, die zwischen den Fiktionen von Blanchot und denen von Resnais-Duras auftauchen, zeigt das In-Beschlag-Nehmen des Textes durch den Film besonders scharf das Spiel einer diskursiven Aktivität, die Bilder nur aufruft, um die Arbeit des Imaginären zu annullieren.

Besternung (Die Schrift des Desasters)
Die vorangegangenen Analysen haben die Handlung gegenüber der Rede privilegiert, die punktuell nur auf die Signifikation hinwies, und gegenüber dem Bild, das sie bestätigt oder dem es umgekehrt sie unterwirft. Das hat bereits die Unmöglichkeit involviert, jedes einzelne Netz zu isolieren, um es in selbständiger Weise zu studieren: die Krankenhausserie entsteht durch den Konflikt der zwei filmischen Pisten, und das Verlangen zu sehen bei Blanchot beinhaltet auch gleichzeitig die Negation des Gesehenen. Diese Resistenz des Textes gegen die Zerlegung, die in der vertikalen Montage offensichtlich ist, vergrössert sich noch auf dem Niveau des horizontalen Aufrollens, das eine Trennung der Segmente sehr oft problematisch macht. Nicht nur Wort und Bild, wie auch Musik und visuelle Momente existieren in jedem Augenblick, man konstatiert auch, dass sie sich mit unterschiedlichen Geschwindigkeiten entwickeln, deren Verkreuzungen die Unregelmässigkeit des Parkurses multiplizieren. Das Beispiel der zwölf ersten Einstellungen des Prologs erhellt dieses Phänomen der heterogenen Strukturation, das eine Dekomposition vom strukturalen Typ in homogene Elemente behindert.

Begrenzt durch eine Ausblendung ins Schwarze bietet dieses Ensemble den Vorteil, dass es sich auf eine Markierung einer Zeichensetzung stützt, die dazu tendiert, es von dem folgenden Ensemble zu isolieren. Aber die interne Organisation dieses Segments führt zu seiner eigenen Entgrenzung. Tatsächlich sind drei Arten der Segmentierung (découpage) für dieses eine Fragment möglich:

1) nach dem semantischen Wert der Repräsentation: man kann sukzessive den Vorspann, der die Spuren der Unlesbarkeit zeigt (Einstellung 0), das Netz der Körper(teile) (2-5) und die Fahrt durch das Krankenhaus (6-12) unterscheiden, wobei man allerdings feststellen muss, dass keine der solcherart herausgeschälten Serien eine Kontinuität des diegetischen Typs bietet, weil die Körper durch Überblendungen getrennt sind und die Fahrt durch das Krankenhaus durch die Kamera montiert ist;

2) nach der fragmentarischen Logik der Konversation: man könnte hier die Einstellungen 0-4 zusammenstellen, ohne Gesprochenes, dann Einstellung 5-7, denen der erste Dialogaustausch unterlegt ist, 8-11, wo die verbale Stille wiederkehrt, und schliesslich 12, hervorgehoben durch die negative Rückkehr der männlichen Stimme;

3) nach der akustischen Dynamik der Musik, die das gesamte Fragment begleitet: man kann feststellen, dass sie den Vorspann isoliert durch ein erstes stark rhythmisiertes und schnelles Thema (T_1), und dass sie die Einstellungen 1 bis 12 durch die kontinuierliche Entwicklung eines neuen, langsamen Themas (T_2) miteinander

318

verbindet, das am Klavier begonnen wird.

Ohne einer dieser *découpages* zu folgen — eine Wahl, die die vorangegangene Analyse Lüge strafen würde — kann man nur das Zusammenspiel ihrer Divergenzen hervorheben: die erste Lektüre würde dem Netz der Körper eine kompakte Autonomie verleihen, die zweite würde die Risse betonen, die das Wort einführt, die die Serie fragmentieren, und die dritte würde die Verschmelzung zwischen Umarmung und Hospital unterstreichen, zwischen den erotischen Körpern und den leidenden Körpern. Dieser Unterschied in der Segmentierung, von der zurückhaltendsten zur ausgeprägtesten, lässt einen den Status der Körper unterschiedlich lesen, je nachdem, ob sie sich in sich selbst abschliessen, ob sie sich zur Stimme erheben oder den Parkurs durchlaufen: eine Episode der liebenden Körper (Lektüre 1), Öffnung der begehrenden Körper (Lektüre 2), Gleiten der Leitkörper (Lektüre 3). Folglich übersteigt die Spannung die Abblendung ins Schwarze, die die Szenengruppe mit der Einstellung 12 abzuschliessen scheint: in der Einstellung 13 wird die Umarmung aus der Schwärze wiedergeboren, für eine einzige, stumme Einstellung, die aber durch die Wiederaufnahme des musikalischen Themas, das den Vorspann begleitet hat (T_1), unterstrichen wird, und das in der Einstellung 14 unter dem Andrang eines neuen Themas (T_3) verschwinden wird (die eine Serie im Museum eröffnet). Diese kurze Wiederaufnahme des Themas des Vorspanns scheint eine andere *découpage* ausdrücken zu wollen, die die Einstellung 13) herstellen möchte, die durch das gemeinsame ursprüngliche Thema verbunden sind. Aber diese neue Begrenzung findet ihren Widerspruch im völligen Fehlen irgendeiner Trennungslinie zwischen den Einstellungen 13 und 14, da sich die erste Einstellung im Museum unmittelbar mit der letzten Einstellung auf die Körper verkettet.

Die Kennzeichnung durch Pausen ist kein notwendiges Zeichen für die Segmentation; auch ist der semiotische Einschnitt, der das Ende der Prologe auszeichnet, wo sich die Körper den Stimmen zugesellen und ihre Gesichter entdecken, nur durch eine verkettende Überblendung unterstrichen — ein sehr schwaches Trennungszeichen, wenn es überhaupt eines ist, das man in diesem Werk schon seit den Einstellungen 1 bis 5 findet, wo es nichts markiert, sondern im Gegenteil die Wiederholung der Körper ent-bindet, wie es das später mit der Wiederholung des Flusses Ota tun wird (Einstellungen 119-126).

Visuelle Serien, textuelle Netze, Atem der Stille, musikalische Themen, figurale Zeichen zerschneiden also widersprüchlich und simultan den Ablauf des Films. Die Montage — horizontal und vertikal — funktioniert nach Art einer Partitur und die Trasse der Linie und der Masse blockiert die Verteilung der Laute und der Bewegungen. Man soll sich davor hüten, daraus auf eine Polyphonie des Textes zu schliessen: das hiesse zumindest als tonalen Horizont einen Zusammenklang der Teile zu unterstellen, der die oben festgestellte Disharmonie zwischen zumindest zwei Ebenen zweifelhaft erscheinen liesse. Aber man muss unterstreichen, dass die

Metapher der Trennung, so passend sie ist, um die unterschiedlichen Einstiege, die den Parkurs regeln, zu evozieren, die Fähigkeit des Textes nicht verdunkeln darf, seine eigenen Codes zu ent-regeln, indem er den Bau einer Hauptlinie brüchig werden lässt. So könnte die Gesamtheit des Prologs dazu aufrufen, die Linie der Körper als dominanten Vektor zu errichten (Lesart 3): die Häufigkeit, mit der sie aus dem Schwarzen auftauchen (siebenmal), ihre Fähigkeit, jedesmal eine neue semantische Serie zu generieren (Spital, Museum, Wiederaufbau, Überlebende, Denkmäler, Wiederbeginn, Stadt) scheint ihren strukturierenden Status zu bestätigen; aber letztlich zerfallen die Serien, die sich hier entwickeln, alle unter metaphorischen Stössen, die die Kohäsion der Teile ins Wanken bringen, und sie werden damit enden, dass die Körper selbst eingeschrieben werden in ein Netz von Metaphern, die sie figurativ neu lesen, mit Hilfe des Netzes von Überblendungen, die die Einstellungen 118-127 miteinander verketten, mit dem Vorspann (der in Einstellung 118 wieder aufgenommen wird), mit dem Fluss (der in 119 und 126 auftaucht), und mit der Stadt, die es schafft, ein letztes Mal in der Umarmung in 127 vorzukommen. Die Leit-Körper, mögliche Agenten einer strukturellen *découpage*, sind auch abgewiesene Körper, zerdehnt und zerstückelt: Objekte der De-Strukturation, die nach und nach von einer Ähnlichkeit ergriffen werden, die sie selbst auseinanderlaufen lässt (118-127), nachdem sie sie selbst ineinander hat verschwimmen lassen (1-5).

Aus diesem doppelten Status der Körper, als Integratoren des Textes und vom Text desintegriert, muss man auf die Konstitution einer globalen Figur schliessen, in der Form eines Sternes, einer strahlenden Struktur, und von dissoziativer Energie: ausgehend von den Körpern, einem kompakten, aber bereits gespaltenen Knoten, breiten sich unregelmässige, bewegliche (instabile) Zweige aus, die schlussendlich die Körper selbst zur Explosion bringen. Ist es Zufall, dass sich diese Figur, die im Vorspann als Spur eines Abdrucks, der die Form eines unregelmässigen Sterns annimmt, gezeigt wird, im Museum wiederfindet, wenn eine kurze Einstellung, ohne Kommentar, ein Modell, das die bewegliche, leuchtende, explosive Struktur des Atoms darstellt, wiederaufbringt? Die Unlesbarkeit des Abdrucks aus dem Vorspann wird nicht mit figurativen Ausdrücken entziffert: sie ist von destrukturierender Kraft gegenüber dem Werk, Spur oder Matrix in der Montage des Prologs, und übt sich durch und gegen den Knoten der Körper aus. Ihre umgekehrte Wiederaufnahme in der Einstellung 118,[10] die die dissoziative Bahn eröffnet, bezeichnet nur die Inversion, der sie im Lauf des Prologs unterworfen worden ist, indem das Objekt des Diskurses sich in eine Figur des Textes verwandelt hat. Hiroshima oder die Ekritüre der Desintegration der Zerstörung? »Tu n'as rien vu à Hiroshima, rien«.

Wir brechen hier diesen Versuch einer Interpretation ab, die einzigartige Perspektiven der Möglichkeiten eines Avant-garde-Textes, die Geschichte gegen die Schrift zu tauschen, freilegt. Wenn wir der Verlockung der Analyse nachgegangen sind, so deshalb, weil sie uns nötig erschien, um die Atomisierung des Textes und seine

Resistenz gegen die Segmentation zu belichten. Wenn wir sie auf *L'arrêt de mort* anwenden, werden wir in befremdlichen Übereinstimmungen hinsichtlich der In-Szene-Setzung von Figuren den gleichen Hang finden, Segmentierungen abzulehnen.

Der Text von Blanchot scheint, obwohl ohne Kapiteleinteilung, in zwei Teile zu zerfallen, die sich um eine zentrale weisse Seite gruppieren — eine Zeichensetzung, die im Text selbst stark betont wird, der hier sein Ende signalisiert. Der erste Teil zeichnet die Agonie nach, den falschen Tod und den letztlich echten Tod von J., der der Erzähler die Spritze gibt, die sie verlangt; der zweite Teil, in dem jede Erwähnung von J. verschwindet, führt in abgehackten Episoden zum Zusammentreffen des Erzählers mit N(athalie), das durch eine brutale Unterbrechung beendet wird, die den Sinn und die Zukunft dieser Beziehung in Schwebe lässt. Mit Ausnahme des Erzählers und des Arztes, der J. behandelt hat, erscheint keiner der Protagonisten des ersten Teils im zweiten Teil wieder, und der zentrale Einschnitt scheint mit dem Stillstand, den der Tod für J. gebracht hat, auch einen Stillstand im Leben des Erzählers zu markieren, vor allem, weil er der Anziehungskraft des Todes unterworfen ist, und weil er in eine unendliche Agonie eintritt, deren Motor Nathalie ist.

Diese Lektüre, die eine Hauptlinie privilegiert, ruft offensichtlich dazu auf, die symbolischen Entsprechungen, die innerhalb jedes Teiles aufgerichtet sind, zu untersuchen (den doppelten Tod von J., der sich im ersten Teil wiederholt, oder der Erzähler in einem Zimmer, in dem Dunkelheit und Furcht herrschen), und auch die, die die Spiegelbeziehung zwischen den beiden Teilen beherrschen. J., anonymer Buchstabe, von doppelter Aussagekraft eines Ich (Je) ohne Namen, aber auch das Zeichen für Jour (Tag); N., bald Buchstabe, bald Name, Zeichen der Nacht, das das J. in Umkehrung wiederholt. Und man wäre versucht, indem man dieser Achse der Symmetrie folgt, *L'arrêt de mort* als Präfiguration des Abstiegs von Orpheus zu interpretieren, der sich weigert, die Werke des Tages (jour) mitzunehmen, weil er ja die Nacht (nuit) begehrt — wo sich das Werk in seinen Verlust begibt.[11]

Einer derartigen Interpretation scheint auch ein Indiz zu entsprechen, das der Text selbst liefert: im Laufe des ersten Teils erhält der Erzähler, ausserhalb von Paris, Briefe von J., vor allem, wie er sagt, einige Zeilen »de sa main plutôt que de son écriture, car l'écriture était extraordinairement tourmentée«.[12] Ist die Hand(schrift) von J. eine Figur der Schrift? Der Erzähler scheint dies zu denken, da er einen Abdruck dieser Hände gemacht hat, um sie einem Chirologen zu geben, und sie danach beschreibt: »die weisse und müde Hand, mit Ausnahme einer tiefen zentralen Furche«, einer »tiefen Narbe«, die diese »Schicksalslinie tragisch macht«.[13] Offensichtlich bestärkt dieses *mise-en-abyme* die Hypothese einer Hauptlinie, die durch die Weisse der zentralen Seite getragen ist: tragische Linie, wahrer Strahl des Todes (»*raie de mort*«), wie eine phonetische Lesart die Graphie des Titels lesen lässt.[14] Diese Linie, sagt der Erzähler, »ne se montrait bien qu'au moment de l'eclipse de toutes les autres«; er evoziert indes diese anderen immer wieder insistent als »singulières, hachées, enchevêtrées, sans la moindre unité apparente«, wahrhaft »rides«, die »la faisent paraître presque vieille«.[15]

Sollte man die Verfinsterung betonen, die uns die einzigartige Furche des Todes sehen lässt, wobei die zentrale Unterbrechung die Wiederholung über den Einschnitt hinwegführt? »L'extraordinaire commence au moment ou je m'arrête« — dieser Satz, der — beinahe — den ersten Teil abschliesst, verneint das Stehenbleiben in dem Moment, in dem er es ausspricht: »Mais je ne suis plus maître d'en parler«,[16] fügt der Erzähler hinzu, und dennoch entfaltet sich, unmittelbar nach der Pause, der zweite Teil. Der Stillstand des Todes bringt nichts zum Stillstehen, es gibt keinen Stillstand, der vom Tod her kommen könnte, denn der Tod bringt nichts zum Stillstand, und er hört nicht auf, ständig zu kommen, da er immer schon angekommen ist: unmöglicher Tod, unbeendbare Agonie, Wiederkehr von J. in N., die wie jene einen Abdruck ihrer Hände machen lassen wird, und mit dieser Handlung eine Katastrophe hervorrufen wird, die der Erzähler bezeichnet, ohne sie beschreiben zu können.

Oder sollte man nicht besser die Verwobenheit der einzelnen Linien ineinander betonen, die Absenz der Einheit, die Sternförmigkeit? In diesem Fall wäre die Hand von J. eine Figur des Textes auf Grund der Vielfalt der Netze, die einander überschneiden und ineinander gleiten, wie sie durch diese Hand zum Erscheinen gebracht werden. Um mit der Hand zu beginnen: dieser zerstückelte Text-Körper, wie die Körper in Hiroshima, dessen Identität durch den ganzen Text hindurch nie aufhört, sich seiner Identität zu entkleiden: sicherlich, die Hand von J., aber auch die Hand, die wie vom Erzähler abgetrennt ist und ausgestreckt nach einer anderen Hand, die sie »maintenant«[17] (jetzt, main=Hand) berührt — sei es ausgestreckt nach »la main qui les écrit«, was der letzte Satz, der nach 1948 zurückgezogen worden ist, dem Leser klar bezeichnen würde![18] Auch ein Netz von Falten (rides), ausgelöscht auf der Hand, sobald die zentrale Linie erscheint, aber das man im zweiten Teil wiederfindet mit dem rideau (Vorhang) in einer Wohnung, der, indem er den Raum in zwei teilt — »un côté pour le jour, l'autre la nuit«,[19] das Licht durchlässt, das vom Tag noch übrig ist, oder das sich in der Nacht beleuchtet? Aber diese rides, die der Schnitt des Messers (hache) daran hindert zu sehen, könnten sie sich nicht mit dem H verbinden, wie mit dem rideau (Vorhang), um dieses Hôtel de la rue d'O. zu ergeben, den einzigen dauernden Aufenthaltsort des Erzählers, an dem er sowohl die Nachricht vom Tod J.s im ersten Teil erhält, als auch die unterbrochenen Besuche von N. im Laufe des zweiten? Beständiger Ort, und doch gleichzeitig auch blossgelegter Raum, sowohl durch die Anziehungskraft eines anderen Hotels, in dem er manchmal wohnt (in der rue S.), als auch durch die episodische Anwesenheit einer Nachbarin, die im Nebenzimmer (»chambre d'à côté«[20]) wohnt, und deren Name im Text nicht auftaucht — C(olette) —, bis den Erzähler ein Abstieg in die Metro bemerken lässt, dass er sie — sie jeden Tag sehend — bereits vergessen hat.[21] C(olette) — benachbarte Figur (du côté) und du Léthé (des Lethe, des Vergessens), eingeschrieben in dieses Hôtel, wo das Vergessen, gerichtet auf den Fluss in der Unterwelt, die Rückkehr und die Suche nach den Gesichtern von Frauen erlaubt, die umso weniger, trotz ihrer Namen, gekannt werden können, als sie durch eine Idee des Erzählers[22] hervorgerufen scheinen, die sie in Gedanken verwandelt, ohne ihnen ihren femininen Status zu nehmen. Diese Sie, an die sich der weite Appell des enigmatischen letzten Satzes richtet (»à elle, je dis *éternellement: Viens* et éternellement elle est là«),[23] ist das ein Gedanke oder eine Person? Denn »une pensée n'est pas tout à fait une personne«.[24] Aber ist die Frage überhaupt noch zielführend? Wenn man *ôte elle* wegnimmt, wird vielleicht das L zum Wegnehmen bleiben. L, Buchstabe des Alphabets, das die Namen, auf Initialien reduziert, nie aufgehört hat aufzuzählen; nur der Name Louise, der Schwester von J., ist nicht reduziert, und wenn wir hier das L wegnehmen, so entdecken wir *oui*. Rufen wir uns den ersten Vers von Racines Athalie in Erinnerung: »Oui, je viens dans son temple adorer l'Eternel«. Dieses *oui,* ist es nicht auch das, welches, indem es ihn setzt, den Namen N(athalie) auch verneint, wo mit der Nacht die Negation des Namens wacht,[25] und die Neutralisierung, hervorgerufen durch eine Ekritüre, die weder das Ja noch das Nein ausspricht, sondern sie unaufhörlich ineinander überführt?

Ich habe die Dekonstruktion der Zeichen durch die Vernetzung der Buchstaben bis zu ihrem schwindelndsten Punkt geführt, zu der die Hand von J. einlädt, und der sie sich übergibt, wie der Text, der sie trägt. Die thematische Homogenität ist durch die skripturale Heterogenität zerlegt worden. Aus dem Wort *rides* hat sich das Wort *rideau* ergeben, und im Hinblick auf dieses warnt uns der Beginn des zweiten Teils, dass es auch nur ein Wort sein könnte — unter der Bedingung, dass man die Relation, die der Satz zwischen den beiden Ausdrücken herstellt, umkehrt: »il se peut que tout ces mots soient un rideau...«.[26] Die hier skizzierte Lektüre hat zwei Hypothesen ins Spiel gebracht. Die erste, die die Analyse der Hiroshima-Struktur ermöglicht hat, besteht darin, die zentrale Achse, die die zwei Teile trennt, nur dann beizubehalten, wenn man gleichzeitig die ausgelöschten Linien beibehält, die diese Trennung überschreiten und zu ihrer Verzettelung führen, so z.B. wenn J. zum zweiten Mal stirbt, »son pouls s'éparpilla comme du sable«,[27] wie er es auch schon beim ersten Tod getan hat, und genauso macht die Krankheit des Erzählers, die letztlich vom Arzt, der seinen Tod will, hervorgerufen wird, sein Blut »atomique«.[28] In dieser Perspektive steht die zentrale Zweiteilung nicht für die symmetrische Inversion der Teile, sondern viel eher, durch den dazwischengeschalteten Raum, für die Verwirklichung der multiplen Kreisläufe, gleichzeitig heterogen und simultan, und setzt die beiden Teile in ein Verhältnis der reziproken Zerlegung zueinander; und der zweite Teil führt weder die Folge noch das Gegenteil des ersten ein, sondern er beschleunigt den Übergang zur Seite — »une vie et l'autre côté d'une vie«,[29] deren Austausch reversibel, retroaktiv wird: weder ein mehr noch ein weniger, sondern ein anderes, das die anfängliche Figur anders macht. Es gibt hier ein Ausufern der Erzählung durch den Text, im Bild der Netze des Films, das sich jeder Segmentation in stabile Einheiten verweigert.

Trotzdem konnte dieser Prozess der Destrukturation, der die Idee der Identität in Frage stellt, nicht nur durch die Infragestellung von homogenen Teilen ausgelöst werden. Die Desintegration betrifft nicht nur die Teile, sie berührt auch die Verknüpfung der Sätze, und grundsätzlich die Struktur des Zeichens, dessen desartikulierte Syntax seine Zerstörung erlaubt. Man kann sich auch fragen, ob die paragrammatische Lektüre, die durch die Ekritüre von Blanchot in hohem Mass hervorgerufen wird, nicht einen unüberschreitbaren Endpunkt für die Assimilation der beiden textuellen Dispositive bedeutet, das des Films und das des literarischen Textes. In dem Masse, wie die Atomisation auch das spezifische Statut des Zeichens ergreift — die Kombination von Buchstaben, die gespalten wird durch die mögliche Kombination von Buchstaben, die gespalten wird durch die mögliche Kombination anderer Zeichen —, kann es schwierig erscheinen, eine direkte Äquivalenz mit einer Desintegration herzustellen, die sich, im Film, auf dem strukturalen Niveau abspielt. Und die Assimilation würde hier nur eine globale Analogie erkennen lassen, wenn sie nicht vergleichbare filmische Phänomene aufzeigen könnte, die nicht nur die Struktur des Bildes wie auch die des Zeichens betreffen, sondern die das hieroglyphische Spiel, das zu einer Explosion des Materials selbst führen würde, treffen würden. Die Lektüre wird diesmal von einer einzelnen Einstellung in Hiroshima ausgehen.

Explosion (Hiroshima-Hieroglyphe)

Zunächst drängt sich eine Präzisierung auf. Im Laufe der vorangegangenen Analysen hat der Leser ein Flottieren des Vokabulars bemerken können: einmal bezeichnet der Terminus »Lektüre« die Operationen, die die Montage des Films auf die linguistische Aussage ausübt, auf diese Weise gewisse Aspekte der Kritikerarbeit wiedergebend; dann wieder implizierte er eine Rückkehr zum globalen Text und zur Notwendigkeit, eine Arbeit der Schrift in ihrer gesamten textuellen Aktivität zu entziffern. Wenn die Ambiguität absichtlich beibehalten worden ist, so ohne Zweifel auf Grund des Postulats, demzufolge lesen Lesen der Schrift bedeutet: aber es geschah auch, weil der Film selbst in der Ekritüre den Katalysepunkt des Textes und seiner Lektüre aufweist.

Zum Beispiel die Einstellung 91 des Prologs. Sie tritt im Zuge einer raschen Montage auf, die die »Erinnerungen« von Hiroshima aufruft — Skizzen, Vitrinen, Tagebücher, Monumente, Gedenktafeln — während der widersprüchliche Dialog der zwei Stimmen das Vergessen in die Erinnerung einschreibt und die Erinnerung ins Vergessen. Diese Objekte entwickeln also, oft identifizierbar durch die Inschriften, die graphische Darstellung des Zeichens im Bild. So also zeichnet die Einstellung 91 (»Non. Tu n'es pas douée de mémoire«, sagt die männliche Stimme) links die Erwähnung »Hiroshima gift shop« in das ein, was als Photogeschäft erscheinen kann, auf der rechten Seite verdoppelt durch eine Inschrift, die sie, gefolgt von japanischen Hieroglyphen, wiederholt; zwischen den beiden Zeichensystemen kann man, in vertikalen Hieroglyphen, die von grossen horizontalen Buchstaben gefolgt werden, das Wort FILM lesen. Die Dichte der Einstellung, wenn auch durch die Montage rasch verwischt, beruht auf der Multiplizität der Wege, die sie verknüpft.

1) Am offenkundigsten ist die Infraierung (*mise en abyme*) des Films, die sich, indem sie Hiroshima als Film bezeichnet, selbst bezeichnet: es ist auffällig, dass es ein geschriebener Text ist, der hier die Autorepräsentation des filmischen Objekts versichert, was die Hypothese einer privilegierten Beziehung zwischen dem Film und der Schrift bestärkt.

2) Dieser geschriebene Text ist doppelt, gleichermassen wiederholt wie geteilt; das Double wird damit in die Schrift eingetragen, alphabetisch wie auch hieroglypisch, verwischte Buchstaben im Zeichen, und Figur, die das Zeichen auf die Form verweist; und so wird auch die Sprache verdoppelt, japanisch und englisch, während die männliche Stimme die Fremdheit des Akzents in der französischen Aussage andeutet.

3) Die Hieroglyphisierung des Textes, die hier auf seiner materiellen Heterogenität ebenso beruht wie auf der bezeichneten Hieroglyphe, drückt sich um den Namen »Hiroshima« aus. Gewiss ist es nicht das erste Mal, dass der Name ausgesagt wird; aber bisher war er ausschliesslich ausgesprochen, den Stimmen vorbehalten, die nicht aufgehört haben, ihm zu verfallen. In der Rede, die in die Schliessung der Imagination mündet, seit der Einstellung 67 nicht mehr vorkommend, scheint er also hier als Text wieder auf, eine graphische Trasse, die umso spaltbarer wirkt, als sie sich genau in dem Moment verdoppelt, als sie sich schreibt. Man wird bemerken, dass diese Einstellung 91 das letzte Auftreten der männlichen Stimme bringt, die künftig aus dem Prolog verschwindet; und dass in der letzten Einstellung des Films die Französin dem anonymen Japaner diesen Namen gibt: »Hiroshima c'est ton nom«.

Die Entdeckung des Namens führt dergestalt zur Verschmelzung der Rede und der Person: Hiroshima, das ist ein Name, ein Wort, ein Zeichen. Das Zeichen schreibt sich, als sein vokales Homonym sich zurückzieht, aber es teilt sich zur selben Zeit, als die Stimme aufhört, sich zu teilen. Wie schon im Titel wieder graphische Trasse geworden, öffnet sich das Zeichen zahlreichen verschiedenen Laufwegen, die seine Aufsplitterung gestatten: *Hiroshima mon amour*, Hiroshima qui *nomma*, ire* (contre qui la colère des villes entières«?, Einstellung 87), Eros der Körper, Aufeinandertreffen von ihm (he) und ihr (she), der griechische Buchstabe Rho, der sich in der zweiten Mündung des Flusses »Ota« zum »Delta« von sieben Läufen (Einstellung 119) verändert, die in sieben Einstellungen eingeschrieben sind ... Diese polymorphe Dekomposition des Namens, deren verschiedene inkompatible Sprach-, Buchstaben- und Figurennetze, setzt nicht nur das linguistische Niveau in Bewegung. Wenn der Name Nevers — der endgültige, der Französin gegebene Name —, nachdem der Prolog abgeschlossen ist, nur einmal vorkommt, wie die erzählten Liebenden (»Avant d'être à Paris,

*) Beruhend auf einem anagrammatischen Wortspiel, das etwa lauten könnte: »Hiroshima benannt, erzürnt«, Anm. d. Ü.

j'étais à Nevers. Ne-vers. — Nevers?«, Einstellung 137), geht er nicht nur aus den »grünen Augen« (grün=*verts*) hervor, die der Mann an seiner Gefährtin bemerkt, oder aus den »*neuf* secondes« (neuf-*Ne*vers), die der atomare Kataklysmus währte (Einstellung 108); das Glas (verre-Ne*vers*) der Vitrinen und die Scheiben, die der Blick des Museumsbesuchers erlebt, die lange Made (ver), die die »neuen Tierarten« vorstellt, die nach der Bombe der Erde entstiegen sind, oder die Kamerabewegungen unaufhörlich zu (vers) den Objekten hin, die sie anvisiert, tragen zu der visuellen Repräsentation von Hiroshima die Überreste des Namens Nevers bei, wie sie auch das semantisch notwendige Material zur Erzählung generieren, das die junge Frau aus dem Ereignis (événement (Nevers)) machen wird (Fahrrad, Haar, Höhle, Ruinen, Katzen, Steine, Passanten — über den Hiroshima-Prolog verteilt und kombiniert in der Nevers-Narration).

So gibt sich der Film als dreifache Schreibung: weil er den Referenten zum Signifikanten macht,[30] weil er sich in der Ekritüre sagt und weil er die Ekritüre sagt, indem er den Konflikt der Stimme und des Graphs und des inneren Risses jeder graphischen Trasse aussagt.

Diese Enthüllung der Ekritüre als hieroglyphischer Mechanismus verankert sich offenkundig im von der Stadt getragenen Hieroglyphennetz und singularisiert a conto dessen *Hiroshima* unter anderen Filmen; umgekehrt könnte die kritische Beziehung, die die Montage zwischen der graphischen Inskription und der stimmlichen Äusserung herstellt, die Spannung zwischen der Rede, die ein Bild anvisiert und einem Bild, das die Rede genau in dem Moment auflöst, wo sie sie zu überschreiben scheint, auch in einer Reihe anderer Filme nachgewiesen werden,[31] wobei *Hiroshima* hier die Fähigkeit des skripturalen Eingriffs nur steigert: die Hieroglyphe gibt sich im Text in dem Moment zu lesen, wo die Stimme — eine Stimme wenigstens — in die Ekritüre umschlägt: aber das ist auch der Moment, in dem die männliche Identität schwankt, aus dem Prolog seit seiner graphischen Transformation ausgeschlossen, wie durch den Druck einer von der weiblichen Stimme ausgegangenen Metapher, die dazu tendiert, jene zu absorbieren: »Comme toi …« — über die Einstellungen 88 bis 99 verteilter Gesang. Wir werden diese doppelte Indikation der Lektüre in einer letzten Hinwendung zu *L'arrêt de mort* ausspielen.

Kurz vor der letztendlichen Katastrophe — dieser brutalen Unterbrechung des Textes, ausgelöst durch die Geste N.s, die ihren eigenen Abguss machen lässt (Kopf und Hände), so wie »Je« es für die Hände von J. machen liess — steigt der Erzähler aufs Neue in die Metro ab, um sich vor dem »Bombardement von Paris« zu schützen; aber diesmal wird er von N. begleitet, der er in seiner Muttersprache (slawisch[32]) und schliesslich auf Französisch einen seinen Intentionen völlig ungemässen Heiratsantrag macht. Und augenblicklich wird ein Kataklysmus entfesselt: Kaum hätten diese »unsinnigen Worte« sie »berührt«, sagt der Erzähler, wurde sie »enlevée de moi, ravie par la foule, et l'esprit déchaîné de cette foule, me jetant au loin, me frappa, m'écrasa moi-même, comme si mon crime, devenu foule, se acharné à nous séparer à jamais«.[33]

Der apokalyptische Ton dieser Szene lässt sich schwer aus einer Heiratserklärung ableiten. Das »Verbrechen« deutet auf die Verwendung der vom Erzähler angenommenen Sprache hin, einer »fremden« Sprache, die die Wörter »unbekannt«, »fiktiv« und sie selbst »mit der Sprache eines anderen«[34] sprechen macht, bis zu dem Moment, wo der Effekt der Verdunkelung der Sprache sich auf die eigene Sprache bezieht, deren Transparenz er zerschmettert. Die Beziehung zwischen dem Erzähler und Nathalie kristallisiert sich dergestalt in einer verwischten Verwendung der Rede und der Aussage: so wie die Hand von J., den Erzähler zum Leser transformierend, den zu entziffernden Text trug, so ist es also bei der Berührung mit N. die Rede selbst, die sich verliert, und mit ihr die Fähigkeit des Erzählers, Subjekt seiner Aussage zu sein. Nathalie, die Übersetzerin, ist jene, die die Schrift in die Sprache einführt und das Wort auslöscht, das sie in die Sache überführt; und so enteignet sie dem Erzähler seine eigene Stimme, wie er schon seiner eigenen Schrift beraubt war (Kopf zusätzlich zu den Händen, der zweite Abdruck indiziert das Supplement). Die Katastrophe tritt ein, als die Hieroglyphisierung des Textes den Punkt ihrer maximalen Dichte erreicht. Es wird der Moment sein, wo der Name des Bildhauers, den N. ihren Abguss hat machen lassen, sich mit dem Namen des Erzählers deckt: »J'ai téléphoné à X, je lui ai demandé de me faire un moulage de ma tête et de mes mains«;[35] und es ist dieser Buchstabe in seiner hieroglyphischen Form, durch den der Erzähler vom Arzt bezeichnet worden ist: »X … Il faut faire une croix dessus«.[36]

Bildhauer-X oder Erzähler-X? Kreuz über X, X des Kreuzes, Buchstabe und Figur untermischt, abseits aller Möglichkeit der Identifikation. Die tragische Leidenschaft des Erzählers angesichts der verdoppelten Stimme, und wie das Double einer anderen, absenten Stimme, kann ein Äquivalent lediglich jenem »christlichen« *mise-en-abyme* finden, das den Namen dem doppelten Spiel von Bild und Zeichen unterwirft. In der Arztpraxis findet sich »eine bewundernswerte Photographie des Heiligen Schweisstuchs von Turin«, in dem der Mediziner »die Überlagerung zweier Bilder, von Christus, aber auch von Veronika« erkennt.[37] Bewundernswert die Duplizität der Doppelbelichtung: Antlitz der Frau hinter demjenigen Christi, gewiss, aber auch der nicht vorhandene Schleier Veronikas, auf das Tuch von Turin projiziert, dessen Photographie im übrigen nichts als das Bild eines Bildes ist. Der Name Christus wird der Schirm der Dissimulation des Textes, der, indem er die Substitution einer femininen Figur durch eine maskuline vorgibt, zur gleichen Zeit auch die Kontamination mehrerer ikonischer Symbole dissimuliert sowie die Fraktur des Eigennamens in der Vervielfältigung der Namen: ironische Wahrheit eines Christus, den der Text schliesslich in »Christiana« wandeln wird, Heiliges Tuch (Saint-Suaire), das die Initiale S wiederholt, wie um das Hotel in der S.-Strasse zu generieren und die fatale Zimmertür, vorwegnehmbar in einem *Tur*in (frz. gesprochen: Türë), die hier als fernes Echo einer Katastrophe à la Mallarmé eingreift, wo man schon den enthobenen Namen von J (*gît*) und den fremden Buchstaben von *Je* (ich) (*I*) ausmachen kann.[38]

So also fungiert der Name als Hieroglyphe in Blanchots Text, dessen filmartige Montage die Lektüre erhellt, indem er kraftvoll die explosive Fähigkeit eines dissoziativen Mechanismus bezeichnet: Desintegration des Zeichens durch die Spur, die unentwirrbare Wiedergewinnung der Figur und des Buchstabens, der Riss, der die Enteignung der Sprache provoziert, die durch die feminine Sprache einer maskulinen Stimme auferlegt wird. Diese letzte, im Prolog verankerte Perspektive wird der Interpretation eines Romans neue Pfade erschliessen, in der ein Konflikt des Maskulinen und des Femininen hinsichtlich der Ausübung der Schrift eine Schreibarbeit konterkariert, die dazu tendiert, die Marken des Maskulinen und des Femininen zu verdrängen.

Eine solche Interpretation wird hier nicht entwickelt werden: sie würde aus einer spezifischen Textanalyse hervorgehen, die mein anfängliches Vorgehen zur Seite zu legen trachtete, auch wenn der verfolgte Argumentationsgang sie nicht immer zu vermeiden vermochte. Es ist mir bewusst, dass die Parallelmontagen der beiden Texte zunehmend zu ihrer theoretischen Fusion anstatt zu ihrer methodologischen Konfrontation führt: wenn der Abgrund im Namen ist, die Zerrissenheit im Zeichen und die Hieroglyphe in der Übersetzung, ist das folglich nicht gebunden an eine gleiche Position für die Ekritüre, die aus ihrer Entschleierung eben das Objekt ihrer Ausführung macht? Und ist nicht diese für die Ekritüre eingenommene Position, in beiden Texten gleichermassen dechiffriert, ein und dieselbe grammatologische Referenz, die ihre Enthüllung gestattet? Mit anderen Worten, war nicht der Montage-Operator, hier als Lektüre-Instrument konstituiert, schon wegen seiner theoretischen Konvergenz mit einer die Ekritüre betreffenden Hypothese, gewählt, welche die Auswahl der beiden Texte zu verifizieren die Absicht hatte?

Zwei Lösungen sind möglich, um diesen circulus vitiosus aufzubrechen. Die erste würde jetzt die tiefgreifende Divergenz der beiden Texte einkreisen, von denen einer — der Film von Resnais und Duras — in der Erzählung auf der Kippe steht, während der andere — der von Blanchot — sich von ihr losreisst. Durch die Narration von Nevers hinweg, ist es die Narrativisation von Hiroshima, die zur Debatte steht, indem sie im Film die dialektische Konfrontation der Zeit, des Subjekts, der Geschichten anwendet; und indem sie den durch die junge Frau, von ihrer deutschen Liebe auf ihren japanischen Liebhaber hin, bewirkten Transfer in Szene setzt, markiert der Film den Transfer, dem er den Betrachter des unaussprechlichen Hiroshima — von der Ekritüre-Seite — zum »Erzählbaren« von Nevers — von der *parole*-Seite — vorschlägt; auf diese Weise die Ekritüre zur Erzählung umleitend, nachdem die Geschichte der Ekritüre gewandelt worden ist. Es ist diese narrative Entlastung, die der Text von Blanchot zurückweist, der im Gegenteil den Abbau der Erzählung durch den Vorstoss einer mehr und mehr von sich selbst abgetrennten und von der Vorstellung ihres Endes aufgezehrten Narration erweitert; der Widerspruch des Textes entfaltet sich mit der Zeit, der er jede dialektische Möglichkeit abspricht; je mehr sich der Text entwickelt, desto mehr befestigt er seine innere Zerrissenheit: Risse in den Beziehungen, immer ausgedehntere Wege ins Schwarze, Multiplikatoren der Echos und internen Reflexe, die die Abgrenzung von Absätzen hintertreiben;[39] und schliesslich die Unterbrechung, wo die Zeitlichkeit flackert.

Die Divergenz dieser Texte ist nicht, wie die letzten Filme von Duras erweisen, auf die Unterschiedlichkeit der semiotischen Systeme zurückzuführen, die man unschwer auf einen theoretischen Atem zurückführen könnte, der Blanchot und Duras gemein ist, und paradoxerweise würde der Rückzug von *L'arrêt de mort* angesichts einer narrativen Invasion, die *Hiroshima mon amour* umgekehrt ausspielt, diesen Widerstand der Blanchotschen Ekritüre gegenüber der von Resnais eingesetzten Dialektisierung die Anwendung des Montageprinzips, sowohl horizontal als auch vertikal, auf den Text von Blanchot hin nur noch aktiver machen.

Wenn wir hier diese Lösung nicht gewählt haben, so vor allem deshalb, um dem Verführerischen der textuellen Analyse eine Grenze zu setzen. Aber es geschieht auch eines anderen Vorschlags wegen, der schliesslich geeigneter scheint, diese Arbeit zu beschliessen, und um die Hypothek des circulus vitiosus aufzuheben, indem die Zirkularität bedacht wird, in die die Unternehmung zu geraten in Gefahr ist.

Bisher haben wir auf die Fähigkeit der Montage gesetzt, einen Operator der Lektüre zu bilden, der gleichermassen die dissidente Beziehung des Bildes und des Zeichens anzeigt und ebenso die Entdeckung privilegierter Zonen der Dissidenz hervorruft, wo die Schrift ihren kritischen Aktivitätspunkt erreicht, indem sie die vorangenommene Einheit des linguistischen Materials sprengt. Als Montage betrachtet, stürzt der Film Absenz in Präsenz, den Blick anstelle der betrachteten Sache, und den Dienst der Stimme, die die Rede verhüllte: die Enthüllung der Textualität durch den Film erfordert es, im literarischen Text die Arbeit des *off* zu ermessen, die die Aussage negativ verdoppelt, und, weiter besehen, darin die Simultaneität konträrer Aktionen einzukreisen, die der filmische Text mit der simultaneierten Aktion zweier Spuren evident macht, die in einer Beziehung der Unverträglichkeit stehen. Paradoxerweise ist es die Heterogenität des filmischen Dispositivs, das die Auflösung des Textes in homogene Niveaus abdämmt: die Multiplizität ihrer Komponenten agiert nur durch die Einheit des Prozesses. Deklariert im Film, latent im literarischen Text, setzt sich die Simultaneität der Trennung umso mehr entgegen, als sie einen Prozess der Entflechtung aufdeckt, der nur unter der Bedingung ausgeübt werden kann, dass eine Verbindung aufrecht erhalten werde; und der Widerstand des Dispositivs der Zerlegung gegenüber, sei sie horizontal oder vertikal, macht jede Lektüre vorsichtig, die durch Serien, Niveaus oder zerlegte Partien vorginge.

Aber so das Spiel des Textes spielend, riskiert die Lektüre von der Ekritüre verschlungen zu werden; und der kinematographische Bezug könnte dergestalt durchaus die ursprüngliche Klemme aufdecken, mit der sich die textuelle Analyse herumschlägt.

Tatsächlich bietet die Anerkennung des Textes, unverzichtbar, um das Studien-objekt zu begründen, gleichzeitig der Möglichkeit eben diesen Studiums Trotz. Indem sie die Auflösung zurückweist, die Verwicklung und die reziproke Desintegration der Bausteine, wo sich der Sinn auflöst, benennt, zwingt sie die Lektüre, sich zu Ekritüre zu machen, sich zu einer Reekritüre umzugestalten, die einen anderen Text aus der Ruine des ursprünglichen Textes erstellt, dessen Homogenität zum Köder wird: so kann sich aus dem Auseinandernehmen von *L'arrêt de mort* durch *Hiroshima mon amour*, ungeachtet jeder spezifischen Verwurzelung, das flottierende Netz gewisser gelöster Figuren ergeben — die Hand, das Auge, der Tod, das Atom. Aber wenn das Lesen nur dadurch Rechenschaft geben kann, dass es einen Text gegen einen anderen eintauscht, markiert die filmische Referenz einen Haltepunkt für diesen Texttod, diesen Tod, wo sich der Text erzeugt. Offenkundig erzwingt der technologische Apparat eine präzise, klar abgrenzbare Ortung, zahlreiche Strecken, die simultan und different die diskursive Aktivität des Textes formen. Er materialisiert, selbst wenn er ihn irrealisiert, den Schirm der Deskription, der Identifikation, der Vervielfachung, wie sie durch die Pluralität der Perzeptionen der Betrachter gewährleistet wird. Wenn schreiben und lesen das textuelle Spiel in einer unausgesetzten différance halten, so erlaubt es der Zwang zu beschreiben auch, die Differenzen vorläufig zu bestimmen.

Zweifellos errichtet in diesem offenen Konflikt der Zerlegung im pluralen Code und der unauflösbaren, uncodierbaren, multiplen Ekritüre das Kino die Lektüre des Textes, sei er filmisch oder literarisch. Und der Rekurs auf den Film, wenn es gestattet ist, die Ausübung der Literatur zu orten, legt gleichzeitig auch die Ambiguität des Aktes der Lektüre offen, die nie nur einen Text an sich behandelt, sondern ihn in der Erinnerung oder im Anrufen seines Anderen anpackt.

(Aus dem Französischen von Sigrid und Georg Schmid)

Anmerkungen

1 Siehe in dem von Marguerite Duras publizierten Text die »Nevers«, »Portrait des Japaners« und »Portrait der Französin« betitelten Teile. Gallimard, 1960, pp. 127-140.
2 Einem fragmentarischen Anspruch gemäss, der das gesamte Œuvre Blanchots durchzieht und sich besonders in seinem letzten Werk abzeichnet: *L'écriture du désastre* (Gallimard, 1980).
3 Notionen, die direkt oder auf Schleichwegen in den 1955 unter dem Titel *L'espace littéraire* versammelten Aufsätzen (Gallimard) angegangen werden.
4 Nach entsprechender Verifizierung habe ich das in dem kollektiven Werk *Tu n'a rien vu à Hiroshima* (Soziologisches Institut der Freien Universität Brüssel, 1962) publizierte Dreh-buch (découpage) benützt. Die Richtigstellungen, die ich durchführen musste, betreffen vor allem die Aufteilung des Texts auf die Einstellungen, die zu approximativ waren.

5 Maurice Blanchot: L'arrêt de mort. Gallimard, 1948 (Coll. L'Imaginaire), p. 7.
6 L'arrêt de mort, op.cit., p. 37.
7 Ibid., p. 36.
8 Ibid., p. 12.
9 Ibid., pp. 96-97.
10 Die Einstellung 118 nimmt die Vorspannseinstellung wieder auf, aber erheblich weiter und in Form einer Umkehrung der Beziehung weiss-schwarz.
11 Cf. Le regard d'Orphée. in: L'espace littéraire, op.cit., p. 228 (Coll. Idées).
12 L'arrêt de mort, op.cit, p. 24.
13 Ibid., pp. 20-21.
14 Auch mit diesem »art est de mort«, das sich zu »art cache on« entwickelt, verborgen in Arcachon, wohin sich der Erzähler während des Todeskampfs von J. zurückgezogen hat.
15 L'arrêt de mort, op.cit., p. 21.
16 Ibid., p. 53.
17 Ibid., p. 112.
18 Zur Anrede des Lesers in diesem aufgegebenen Absatz siehe den Kommentar von Pierre Madaule in Une tâche sérieuse?, Gallimard, 1973.
19 L'arrêt de mort, op.cit., p. 72; siehe auch pp. 66 und 74.
20 Ibid., p. 81.
21 Ibid., p. 62.
22 Ibid., p. 55. Cf. auch den leeren Kopf des Erzählers, p. 59.
23 Ibid., p. 127, meine Hervorhebung.
24 Ibid., p. 55.
25 Auf Racine bezogene Intertextualität, wobei es mir unmöglich ist, den exakten Grad der Konzertierung und der Rolle, die die Reminiszenz dabei spielt, zu ermitteln. Lediglich die Hervorhebung (durch die Klammer) des Zeichens Athalie, verborgen im Namen von N(athalie), bildet ein beweiskräftiges Indiz dafür, um eine Beziehung der Umleitung zwischen dem letzten Satz des Textes von Blanchot und dem ersten Vers der Tragödie von Racine herzustellen.
26 L'arrêt de mort, op.cit., p. 54.
27 Ibid., pp. 52 und 34.
28 Ibid., p. 78.
29 Ibid., p. 119.
30 Damit die ideologischen Bedingungen bezeugend, die hier die Hervorhebung der Schrift regeln: so wie das Ereignis im Netz der Spur verwickelt ist, so wird auch der historische Referent — Hiroshima als in die Geschichte einschreibbarer Ort, als Datum und Faktum des Atomaren — zum Signifikanten oder zur verfügbaren Struktur für die textuale Hervorbringung. Damit macht der Film deutlich, an welche Krise — ehe sie überhaupt theoretisch reflektiert worden ist — des historischen Diskurses die skripturale Theoriebildung des Textes sich gebunden findet. Und er (der Film) erhellt an einem vergleichbaren Tag die Tilgung des Krieges in der Fiktion von Blanchot und die »Atomisierung«, der der Erzähler ausgesetzt wird.
31 Siehe vor allem A bout de souffle und Pickpocket, anhand derer ich diese Hypothese verifizieren konnte.
32 Wie auch die von Nadja, von der N. zahlreiche Züge übernimmt.
33 L'arrêt de mort, op.cit., p. 103
34 Ibid., pp. 100-102.
35 Ibid., p. 119.

36 Ibid., p. 78.
37 Ibid., p. 19.
38 Drittes in *L'arrêt de mort* feststellbares Indiz der Intertextualität - Ort der gegenseitigen Desintegration von Breton, Racine und Mallarmé.
39 Besonders indem die Möglichkeit ihrer linearen Aufgreifung verhindert wird: die Artikulation zweier Absätze ergibt oft die Notwendigkeit gegen den Strom zu schwimmen, um einen möglichen Punkt des Zusammenflusses aufzufinden, den das Ende des Absatzes im übrigen verschiebt; der Zwischenraum unter den Absätzen konstruiert dergestalt, durch Überschneidung, Doppelbelichtung, Spannung oder Disjunktion, den Raum, wo sich eine Logik des Multiplen erzeugt.

OTTO JOHANNES ADLER

Auf Wieder/Sehen/Geschichte(n): das (filmische) Remake

A. Zeitraum: Zitat

Über zwanzig Jahre nach dem ersten *The Man Who Knew Too Much* drehte Hitchcock den Stoff noch einmal, diesmal in Farbe und Vistavision, besetzt mit den Topstars des Tages, als einziges Remake eines eigenen Films in seiner ganzen Karriere. Bei einem Vergleich der beiden Versionen meinen die meisten Kritiker, dass das Remake sich sehen lassen kann, das Original aber aufregender, weil kompakter ist.[1]

B. Durchquerungen

B.1 /»Über zwanzig Jahre nach / diesmal in Farbe und Vistavision«/

Das Remake (hinter)lässt Zeit/Raum zwischen sich und dem Vorbild/Vorfilm, der früheren (Erst-)Version, dem »Original« (wie auch immer: alle diese Bezeichnungen bieten genügend Raum für Missverständnisse), und in der Regel sind es mindestens immer einige Jahre, oft sogar jedoch Jahrzehnte. In dieser Zwischenzeit (mit »Make« und »Remake« als Kontur) wurde meist eine film-historisch-technisch innovative »Grenze« passiert oder überschritten, für Auge und Ohr hierbei wohl am auffälligsten der Wechsel vom Stumm- zum Tonfilm, vom Schwarz/Weiss- zum Farbfilm. Dazu kommen noch verschiedene Breitwandformen, 3-D, Dolby-Stereo (oder Mehrkanal-) Ton oder auch Neuerungen, die sich nicht durchsetzen konnten, wie etwa Sensurround, wobei allerdings der Einsatz dieser technischen Möglichkeiten (von denen hier nur einige angedeutet wurden) nicht zu derart zäsurartigen Einschnitten führte wie die Einführung des Tonfilms binnen weniger Jahre.

So sind auch die Beispiele für Stummfilme, die ein Tonfilmremake erfuhren, äusserst zahlreich — hier nur als sehr populäres Exempel *Ben Hur* (1959), ein Remake von *Ben Hur* (1924/26),[2] wobei dieser ersten Fassung (was man oft übersieht, weil man davon nur lesen kann) bereits eine äusserst erfolgreiche Bühnenadaption der literarischen Vorlage vorausging.[3] Beide Versionen waren aufnahmetechnisch jeweils auf der Höhe ihrer Zeit, und schon die Stummfilmfassung enthielt Passagen in Farbe, jedoch für den Zuseher anno 1959 (und selbst heute noch) nicht zu vergleichen (sogar im doppelten Sinn durch die Absenz des Stummfilms) mit dem Stereoton, Todd-AO, Panavision (Camera 65), Technicolor der Tonfilmfassung. Ein Stück Werbung aus dem Prospekt von 1959 mag dies vielleicht am besten verdeutlichen, denn ausgehend von der Stummfilmfassung heisst es da in aller Bescheidenheit:

Wahrscheinlich wäre der Film heute noch zu sehen, wenn nicht der Tonfilm seinen Einzug gehalten hätte. Und jetzt geschieht alles noch einmal! Interesse und Begeisterung eilen dem neuen *Ben Hur* um die Welt voraus. Der Zauber moderner Filmkunst verspricht einen neuen Gipfel der Publikumsbegeisterung.[4]

Diese aufnahmetechnischen Erneuerungen, die eher das Kino im gesamten als das Film-Bild im Einzelnen betreffen, lösen zwar nicht automatisch den Wunsch nach der Produktion eines Remakes (natürlich: bestimmter Filme) aus, werden jedoch — wie man lesen kann und hoffentlich im Kino sieht — sehr wohl als ein wichtiger Grund oder gar als Notwendigkeit in die Werbeschlacht geworfen, während andere Erneuerungen, die das Bild direkter betreffen, wie etwa neue Kameras, lichtempfindlicheres oder allgemein besseres Filmmaterial, Montageverfahren, Bildcadrierungen etc. selten jene anregende (Werbe-)Rolle übernehmen (dürfen). Ich wüsste nicht, dass etwa die Erfindung der SteadyCam oder der Zoomobjektive jemals auslösendes oder gar tragendes (Werbe-)Element für die Gründe der Produktion eines Remake gewesen wären.

Neben diesen (technisch-flankierenden) Neuerungen vollziehen manche Remakes im Vergleich zu ihren Vorfilmen/»Originalen« auch Wechsel im Genre oder überschreiten politische (Landes-)Grenzen. Ähnlich wie in den Anfängen der Tonfilmsysteme (mangels der technischen Möglichkeit einer Synchronisation) oft von kostenaufwendigen Produktionen gleichzeitig Versionen in verschiedenen Sprachen (und mit verschiedenen Hauptdarstellern/innen bei jedoch meist unveränderter Kulisse) erstellt wurden,[5] so scheinen auch gewisse Regionalismen/Nationalismen einer »Synchronisation« zu bedürfen, um eine Identifikationsmöglichkeit für das Publikum zu erleichtern (vor allem in den USA scheint man nur die »eigenen« Stars sehen zu wollen, Stars aus anderen Ländern nur in »eigenen« Produktionen).[6] Während nicht nur aus diesen Gründen (es beginnt noch vor den Zusehern, beim Verleih) spezifisch »(west-)europäische«[7] Filme selten eine Chance auf einen Publikumserfolg in den USA haben, so schaffen es jedoch manchmal US-Remakes, einen europäischen Erfolg zu wiederholen. Als jüngere Beispiele seien hier nur *Breathless* (1983) (Remake von Jean-Luc Godards *A bout de souffle* (1959)[8]), *Sorcerer* (1977) (Remake von Henri-Georges Clouzots *Le salaire de la peur* (1952)[9]) oder *Victor/Victoria* (1982) (Remake von *Viktor und Viktoria* (1933), welches selbst schon ein deutsches Remake erfuhr: *Viktor und Viktoria* (1957), diesmal in Farbe)[10] genannt. Obwohl dieser Story-Transfer zwischen Westeuropa und den USA der quantitativ grösste ist, so gibt es auch Remakes japanischer Filme, und es ist vielleicht gar nicht so seltsam, dass die beiden (mir) bekanntesten Western wurden: *The Outrage* (1964) (»Original« war *Rashomon* (1950)[11]) und *The Magnificent Seven* (1960) (»Original« war hier *Shichinin no samurai* (1954)[12]).

Der Wechsel im Genre vollzog sich am häufigsten beinahe automatisch in jenen Fällen, wo die Vorlage für das Remake mit Gesang- und Tanznummern versehen

334

wurde, und so nun Musical(-artige) Fassungen entstehen, die ursprünglich keine solchen Einlagen hatten oder keine Musicals waren. Aus *The Philadelphia Story* (1940) wird auf diese Art und Weise das Musical *High Society* (1956),[13] und oft genügen geringe Inhalts- oder Rollenveränderungen, um den Gesang oder den Tanz zu bedingen/begründen: aus der Karriere einer Schauspielerin in *A Star Is Born* (1937) wird nun die Karriere einer Sängerin (die Comeback-Rolle für Judy Garland) in *A Star Is Born* (1954), nebenbei eines der wenigen Musicals, welches selbst (als Musical) ein Remake erfuhr: *A Star Is Born* (1976),[14] und so wurde auch aus einem Linguistik- professor (dargestellt von Gary Cooper) in *Ball Of Fire* (1941) ein Musikprofessor (Danny Kaye) in *A Song Is Born* (1948).[15] Als den auch möglichen Wechsel (nebst noch anderen) zwischen Western und Science Fiction sei hier nur *Outland* (1981) genannt, der sich aber nicht als Remake von *High Noon* (1952)[16] deklariert — dieser Film gehört zu jener Summe »verkappter« Remakes, wo der Genrewechsel manchmal gerade noch vor dem Plagiatsprozess rettet/retten kann, und derer gibt es viele.

Völlig unberücksichtigt lasse ich hier den Genrewechsel in die Komödie und Parodie — sie werden üblicherweise auch nicht zu den eigentlichen Remakes gezählt, zumal sie ja eher einzelne (genrespezifische) Szenen aus »Vor-«Filmen zitieren (oder nach-ent- stellen) und nicht zur Gänze einen Film. Streng betrachtet ist in einem Remake das Vor- bild immer nur in absentia (wenn überhaupt!) anwesend, der Film selbst zieht diesen Vergleich zur früheren Fassung nicht, während in der Parodie die Vorlage an-gespielt wird, ins Bewusstsein (zurück)gerufen, und erkannt werden muss — sonst ist eine »*Nachentstellung*« ja weniger witzig oder gar nicht. *The Nutty Professor* (1963)[17] etwa ist weniger ein Remake eines *»Dr. Jekyll and Mr. Hyde*«-Filmes (obwohl es Zitate aus solchen gibt), sondern die parodistische (und auch ernste) Auslegung der literarischen Vorlage, so wie auch *The Last Remake Of Beau Geste* (1976)[18] gar nicht das »letzte Remake« ist, sondern ebenfalls vielmehr eine Parodie des Stoffes, hier sogar zusätzlich auf die Produktion von Remakes angewendet, (das »*Last Remake*« bezieht sich wohl darauf, dass ein weiteres, ernstgemeintes Remake nun schon im vorhinein unmöglich geworden scheint), und Marty Feldman führt sogar einen Dialog mit Gary Cooper (bzw. den Bildern aus jener Verfilmung), eine Situation und ein direktes Zitat, welche in einem »echten« Remake undenkbar wären.

B.2 /»nach dem ersten The Man Who Knew Too Much«/

Ein Remake will ja nicht nur quasi uneigennützig einen Film, sondern — als Ware — vor allem wenn möglich auch den finanziellen Erfolg eines Filmes wiederholen, wenn nicht sogar übertreffen, und tatsächlich sind jene Produktionen, die zur Vorlage, zum »Original« wurden, selten Misserfolge gewesen — welcher Produzent würde schon gerne einen Misserfolg wiederholen? Diese Rechnung geht im vollen Umfang jedoch nur selten auf, und manchmal geraten trotz gigantischer Werbefeldzüge Remakes zu (oft ebenso gigantischen) Flops, wie etwa *King Kong* (1976), der, nach seinem Produzenten Dino de Laurentiis, bald als *Dinos Ding Dong* Spott erntete.[19] Bei diesem

Wunsch nach Erfolgwiederholung ist es deswegen auch naheliegend, den Erfolg und das Renommee des »Originals« (werbemässig) wachzurufen — hiezu dient auch die Beibehaltung des Original-Titels, die dann wie eine Visitenkarte präsentiert wird.

Bei der (blossen) Notierung solcher Filmtitel ist daher zur Differenzierung von »Original« und Remake die Angabe der (Herstellungs)Jahreszahlen unbedingt notwendig (und dieser Text bietet ja genügend Beispiele hierfür). Eine zusätzliche Schwierigkeit ergibt sich jedoch bei der Übertragung von Filmtiteln, wenn sie ausserhalb ihrer Herstellungsländer neue Verleihtitel erhalten (etwa in Deutschland, aber selbst im Transfer von den USA nach Grossbritannien bzw. retour)[20] — hierbei können solche Bezüge verwischt oder gar zerstört werden. Andererseits können solche neue Verleihtitel (manchmal sogar sehr willentlich) Bezüge zu anderen Filmen herstellen, die die ursprünglichen Titel nicht hatten: Der deutsche Verleihtitel *Panik um King Kong* (1949) hat zwar auch mit einem Gorilla zu tun, aber nichts mit jenem aus dem Film *King Kong* (1933), sondern, wie der ursprüngliche Titel besagt, mit *Mighty Joe Young* (1949), um hier nur einen milden Fall von Publikumstäuschung durch veränderte Verleihtitel zu nennen.[21]

Man kann jedoch die Beibehaltung des Titels des »Originals« für das Remake nicht zum Masstab für eine besonders getreue Wiederverfilmung gegenüber jenen Remakes machen, die sich durch einen neuen, anderen Titel vom »Original« diesbezüglich abheben — ebensowenig wie man auf Grund von gleichlautenden Filmtiteln (nicht nur in den Übertragungen, sondern selbst bei den ursprünglichen Titeln) auf ein Remake schliessen kann: so hat z.B. *Monkey Business* (1931) nichts mit *Monkey Business* (1952) zu schaffen.[22]

B.3 / »drehte Hitchcock den Stoff noch einmal / als einziges Remake eines eigenen Films in seiner ganzen Karriere«/

Hitchcock (wer keinen Vornamen mehr benötigt, ist wahrhaft berühmt) galt vor allem manchen französischen Kritikern (in den 50er Jahren) als ein Beweis für die These, dass ein Regisseur durchaus als der »Autor« »seiner« Filme anzusprechen sei — doch ohne auf diese These weiter einzugehen: was kann man einem Autor wohl schwerwiegenderes vorwerfen (ein Vorwurf, der weniger auf handwerkliche Qualität als vielmehr auf Kreativität/Originalität abzielt), als dass er beginne zu wiederholen, zu plagiieren, schlimmer noch, sich selbst zu wiederholen, Eigenplagiate zu verfertigen?

Hier gerät nun der Begriff des Remakes ins Fliessen: Einerseits löscht die (pure) Wiederholung/Angleichung an ein Vorbild die Autorenschaft an einem Remake aus (der »Autor« bleibt letztendlich jener der Erstversion, und schliesslich gilt es auch, die Rechte zu erwerben — diese jedoch weniger vom »Autor« als von der Firma), jedoch ist andererseits diese Form der Wiederholung ja nicht starr, nicht Kopie oder Imitation oder gar Restauration, sondern sie ist vermengt mit Neuerungen von vielerlei Art, mit Aktualisierungen und/oder Re-Aktualisierungen, neuen (modischen) Kleidern für (alt)bekannte Stories, ein modernes Kino der Gegenwart eben, eine Ver-Gegenwärtigung in mehrfacher Hin-Sicht. Diesen möglichen Vorwurf des Eigenplagiats mag auch Fritz Lang gespürt haben, als er gegen derartige Vorschläge von seiten der Produzenten protestierte: »Ich werde nicht anfangen, Remakes meiner eigenen Filme zu machen«.[23] Die Betonung liegt hier sicherlich auf »eigenen Filme«, zumal Lang vorher ein Remake drehte: *Das indische Grabmal* (1958), an dessen Erstversion er als Drehbuchautor mitgearbeitet hatte (1922).[24]

Ein Remake kann bzw. darf durch seine Nicht-Einmaligkeit, Nicht-Originalität eigentlich, wie bereits gesagt, kein genial-schöpferisch neuartiges »Werk« hervorbringen, doch in dieser Rückbezüglichkeit (wie ein Historiker an die »Geschichte« gebunden ist), in dieser Rück-Sicht-Nahme geht das Auktoriale nicht verloren; es wird eine Autorenschaft der Vergegenwärtigung, sie geht auf die Neuerung der Aus-Bildung über, auf die Differenz der Ähnlichkeit, unabhängig davon, ob nun der »Autor« als Person noch auszumachen ist oder nicht. Am deutlichsten werden solche Vergegenwärtigungen dann, wenn sie auch die Story selbst betreffen, etwa bei *King Kong* (1976), welcher ebenfalls (eine weitere »Grenze«) die Gegenwart des »Originals« *King Kong* (1933) in die Gegenwart des Remakes (1976) transferiert,[25] während andere Remakes, etwa Billy Wilders *The Front Page* (1974) der dargestellten Zeit ihrer »Originale« treu bleiben,[26] jedoch meist inklusive aller historischen Verschiebungen der Geschichts-Bilder.

B.4 / »besetzt mit den Topstars des Tages« /

Stars und Starrollen stehen in einem komplexen, diffizilen Verhältnis zueinander, wie sich an den verschiedenen Verkörperungen von Serienhelden eklatant zeigt. So ist es eben keineswegs egal, wer Tarzan, Dracula, Philip Marlowe oder James Bond darstellt bzw. verkörpert, denn einerseits können solche Rollen für den Schauspieler das Sprungbrett für eine Karriere werden (und es werden auch eher die Tarzandarsteller als die Filme verglichen), andererseits erschweren anscheinende Idealbesetzungen (ideal-identifikatorische Ver-Körperungen), etwa »Sean Connery *ist* James Bond«, Neubesetzungen solcher Rollen, oder werden — wie im US-System der Typenbesetzung (*typecasting*) häufig — für die jeweiligen Schauspieler/innen zum Fluch, da sie geradezu »lebenslänglich« mit einer Starrolle identifiziert werden — man denke nur an Sean Connerys Bemühungen (in den 70er Jahren) *nicht* James Bond zu sein.

Ähnliches gilt auch für die Remakes, wo vor allem bei aufwendigen Produktionen die Stars nicht fehlen dürfen, wobei manche dieser Rollen ihrerseits Stars etabliert oder hervorgebracht haben. (Als Beispiel für eine solche Etikettierung sei nur daran erinnert, dass Charlton Heston vor einiger Zeit in einer deutschen Samstagabend-Show als »Mister Ben Hur« angekündigt wurde). Solche Produktionen werden auch manchmal zum Vehikel für ein Comeback oder Debüt für (programmierte, aber nicht immer folgende) Starkarrieren: Wer weiss, dass Fay Wray trotz umfangreicher Filmografie immer das »King Kong-Girl« bleiben wird, der kann auch ermessen, was es für Jessica Lange bedeutete (oder bedeuten sollte), in dieser Rolle zu debütieren.

Auch Ingrid Bergman wurde dem US-Publikum in einem Remake *Intermezzo* (1939) vorgestellt (im Vorspann am Ende der Liste, doch besonders hervorgehoben durch ein dickes »Introducing«), wobei sie diese Rolle bereits in der schwedischen Vorlage verkörpert hatte (*Intermezzo* (1936)[27]).

Diesbezüglich möchte ich auf den mir wichtigen Umstand hinweisen, dass der Begriff Remake immer nur auf Filme insgesamt zutrifft, es jedoch ein »Remake« von Schauspielern (selbst wenn sie in beiden Versionen die gleiche Rolle spielen, wie etwa Heinz Rühmann in *So ein Flegel* (1934) und *Die Feuerzangenbowle* (1944)[28]) nicht (oder vorsichtiger: noch nicht) gibt — und dies selbst dann, wenn Schauspieler/innen andere (bekannte!) Schauspieler/innen trotz oder wegen einer äusseren Ähnlichkeit »spielen«: es bleibt Faye Dunaway, die Joan Crawford spielt (wenn es auch Momente geben mag, da man meint, Joan Crawford spiele durch Faye Dunaway, so bleibt doch die Differenz des Maskenhaften — wenn unter der Maske kein Gesicht mehr durchschimmert, dann endet das »Spiel«).[29]

B.5 /»bei einem Vergleich der beiden Versionen meinen die meisten Kritiker, dass das Remake sich sehen lassen kann, das Original aber aufregender, weil kompakter ist.«/

Letzteres zuerst: Vielleicht liegt einer der Gründe, warum manche Remakes schon von ihrer Filmdauer her länger/umfangreicher sind,[30] einfach darin, dass bei der Wiederholung der Story eher im Erzählen geschwelgt als verknappt wird, und alles was (wie man zu wissen glaubt) den Erfolg der Vorlage ausmachte, nun breiter, ausführlicher, in extenso dargeboten wird. Diese Liebe der seltsamen Art ist etwa im Remake zwischen King Kong und »der weissen Frau« zentral (und, wenn man so will, beidseitig), im »Original« eine eher einseitige Angelegenheit am Rande; während Jessica Lange zu (ihrem) King Kong wie zu einem Walt Disney Schmunzelmonster spricht, ist er für Fay Wray (»Something went wrong for Fay Wray and King Kong« heisst es ironisch in der *Rocky Horror Picture Show*[31]) nur bedrohlich und gar nicht so recht liebenswert; sie hat ihm auch nichts zu sagen, sondern reagiert, wie es für (rettenswerte) Frauen in den frühen Horrorfilmen üblich war: sie kreischt gehörig (aber immerhin ist dies — in Filmen — eher noch Zeichen einer Stärke, als sich gleich der Ohnmächtigkeit zu ergeben).

Solche Vergleiche zwischen Versionen geschehen allerdings selten »vor Ort«, d.h. vor den Bildern, sie geschehen nicht mittels zweier Leinwände oder Bildschirme, sondern sie werden meist im (beziehungsweise aus dem) Gedächtnis gezogen — ein Vergleich, der die Wertung oft schon involviert. Man darf in diesem Zusammenhang nicht vergessen, dass Remakes ja nicht unbedingt des direkten Vergleiches wegen produziert werden, und man möchte meinen, dass sie manchmal den Charakter einer Umtauschaktion annehmen: »Geben Sie uns die Erinnerung an den alten *King Kong* (1933), wir zeigen Ihnen jetzt den neuen *King Kong* (1976)«; doch wird gerade durch die im Remake an-visierte täuschende Ähnlichkeit (aber eben doch nicht »Zum

Verwechseln«) der analogen Reihe der Bilder eine solche Erinnerung wachgerufen und bestärkt, wenn auch schon untermengt mit den »neuen« Bildern — die Möglichkeit eines direkten Vergleiches soll sogar unterbunden werden. Dies geschieht ganz einfach dadurch, dass etwa MGM, um die Auswertung »ihrer« Version von *Dr. Jekyll and Mr. Hyde* (1941) nicht zu beeinträchtigen, die Aufführungsrechte der unmittelbaren Vorlage, nämlich Paramounts Version von 1932,[32] kauft — um die alte Version nicht mehr aufzuführen (20 Jahre lang). Die Liste der Filme, die auf diese Weise für viele Jahre im wahrsten Sinn des Wortes von der Bildfläche verschwunden sind, ist erschreckend lang — neuerdings sind solche Praktiken durch die Verwertung von Video etwas zurückgegangen, aber noch nicht passé.

Für »cinephile« Kinobesucher (TV-Spielfilmbetrachter) sind die Remakes meist nur surrogathafte Notlösungen, die eher den Wunsch wachrufen (oder die Begehrlichkeit), endlich (wieder) einmal das »Original« zu sehen und dies nicht nur um des Vergleiches willen, sondern weil manche neue Versionen nicht nur lieblos und schlecht gemachte »Remakes« sind, sondern in erster Linie oft ganz allgemein schlecht gemachte Filme — und es verzerrt etwas die Perspektive auf einen Begriff (oder die Tätigkeit) wie Remake, wenn unter der jährlichen Summe von qualitätsmässig minderer Ausschussware Filme sind, die sich als Wiederverfilmungen deklarieren, jedoch den (wenigstens ansatzweisen) Versuch von Remakes — nämlich schöner, grösser, besser, detailgetreuer, etc. zu sein — schon von vorneherein negieren. Und obwohl ganz allgemein viele Wiederverfilmungen nicht mit ihren Vorlagen mithalten können, sollte man sich doch andererseits dagegen wehren, dass der Begriff »Remake« von vornherein einen Film diskreditiert — schliesslich war ein »klassischer« und (film)historisch wichtiger Film wie *The Maltese Falcon* (1941)[33] bereits die dritte Verfilmung des Stoffes.

Und auch hier wieder dieser Widerspruch: Müsste doch eigentlich die Möglichkeit einer Reproduktion den Nimbus der »Originalität« schwer schädigen, so bringt ein Begriff wie der hier besprochene erst recht wiederum, wenn auch retrospektiv, »Originale« hervor. Walter Benjamins These, dass durch die technische Reproduzierbarkeit dem Kunstwerk die »Aura« (der Einmaligkeit) verloren gehe, widerlegt hier sein Musterbeispiel, der Film, selbst, denn die Reproduktion verklärt in manchen Fällen geradezu das Vor-Bild; was hilft es (wie bereits angedeutet), »nur das Remake« gesehen zu haben, man sollte oder muss das »Original« kennen, so wie man stolz die Erstausgabe eines Buches besitzt, die Schallplatte im Originalcover.[34] Doch auch in anderer Hinsicht ist Walter Benjamins Essay »historisch« geworden, denn wir befinden uns längst im Zeitalter der technischen Re(tro)inszenierbarkeit, der Simulationen, der Simulatorik, des Hyperrealen und der Zeichenkollaps(ar)e. Mehr noch, das Zeitalter der technischen Retroinszenierung von »Originalen« hat ebenfalls im Film (und vor allem im Videosektor) bereits begonnen: Nun ist es möglich geworden, die technischen Verbesserungen, die oft genug Begründung für die Produktion eines Remakes waren, den Originalen selber angedeihen zu lassen. Für den Videomarkt werden seit einiger

Zeit alte Schwarz/Weiss-Filme elektronisch eingefärbt (die Stan Laurel und Oliver Hardy-Slapstickkomödien machten hierbei den Anfang), und was hilft auch der Aufschrei cinephiler Puristen, wenn es sicher bald und unaufhaltsam Filme wie *Casablanca*[35] in Farbe geben wird (nebenbei erneuert eine solche elektronische Einfärbung die Urheberrechte für die Firmen), man übersieht doch leicht, wie sehr der Faktor Farbe verkaufsfördernd (vor allem, aber nicht nur) für den US-Markt ist.[36]

Eine späte Rache: Die Originale werden nun die Remakes der Remakes. Die wissenschaftliche Betrachtung wird hierbei auch neue, feinere und sensiblere Differenzierungsmöglichkeiten in der Sicht-Weise entwickeln müssen — denn die Simulationen haben längst bisherige Differenzierungen gesättigt und angefüllt, haben die Semiotik für sich instrumentalisiert, und so ist mit althergebrachten polarisierend-kontradiktorischen Oppositionsschemata, die das Wissenschaftliche bislang immer leicht inaugurierten, hinsichtlich solcher Entwicklungen keine »Wissenschaft« mehr zu machen. Es ist Unruhe in der Vergangenheit (durch die Präsenz der Vergegenwärtigung) - wenig ist vor (ent-stellender) Re-aktivierung sicher (die Geschichte der Nachstellung wird nachgestellte Geschichte) und man könnte überspitzt formulieren: Gestern ist noch längst nicht alles gewesen.

C. *Verquerungen*

Ein erstes Resümee der verschiedenen Versuche der Annäherung an diesen Begriff (der hier eher angesprochen als besprochen wurde): Das Remake ist keine Kopie oder Imitation (dies wären eher platte inaktive Reproduktionsversuche), keine Serie oder Fortsetzung (obwohl diese sehr häufig die Vorgaben schamlos ausbeuten und die Stories gleichsam wiederholen, so haben sie doch den Anspruch, diese fortzuführen: die Toten des ersten Teils kehren, von untoten Ausnahmen abgesehen, nicht wieder), manchmal ähnelt es eher einer genealogischen Abfolge: *Son Of Kong,*[37] *Draculas Daughter,*[38] es ist keine Reprise oder Retrospektive (diese betreffen nur »alte« Filme, die neu aufgeführt werden — wenn auch eine neue Art der Betrachtung, oft durch inzwischen bekannt gewordene Schauspieler/innen, die sich damals durch Nebenrollen kämpften, entstehen kann, die einen Film neuen Blicken zuführt). Erneute Verfilmungen literarischer Vorlagen »bilden« auch nur dann ein Remake, wenn es sich (direkt oder indirekt) auf das Drehbuch der früheren (Erst-)Verfilmung bezieht — oft ergeben allerdings neue Versionen (»klassischer« Stoffe wie *Robinson Crusoe, Die drei Musketiere* etc.) eine seltsame Mixtur von filmischen Zitaten und völliger Neuadaption der literarischen Vorlagen, und sind daher im filmischen Sinne gar keine Remakes, höchstens in einem weitgespannten literarischen Sinn.

Diese Umschreibung durch Ausgrenzung mag bereits erahnen lassen, dass es für den Begriff des »Remakes« eigentlich keine Definition gibt — es gibt keinen Modellfall, kein »klassisches« allererstes Remake, keinen Erfinder. Das Remake ist — wollte man es be-greifen — gar nicht existent, ist so wenig vorhanden wie die Wiederholbarkeit selbst, es hat keinen Körper, es hat daher auch keine Liebhaber/innen: Niemand betrachtet einen Film nur wegen der Tatsache, dass er ein Remake (unabhängig von Story, von Titel, von Vorlage) darstellt — das Remake ist letztendlich in einem Film unsichtbar (erst zwischen zwei erahnbar; lässt man schriftliche Hinweise im Vorspann hier unberücksichtigt), es bildet auch kein Genre und keine Klasse.

Die Irritation kommt auch daher, dass der Begriff zweierlei gleichzeitig bedeutet (bedeuten will), und ich habe diesen Hinweis absichtlich erst so spät gesetzt, weil auch dieser Text sich dieser Doppeldeutigkeit bedient: Man verwendet den Begriff »Remake« eher noch für den Film, das fertige (Re-)Produkt, und weniger in seiner eigentlichen (aktiven) Bestimmung, für den Akt der Re(tro)inszenierung, des »erneut in Szene setzen«, denn schliesslich wird nicht ein Objekt der Betrachtung (als Objekt) wiederholt, sondern die Betrachtung eines Objektes (als Betrachtung). Um diesen letzten Unterschied zu verdeutlichen: Zwar muss man King Kong als (computergesteuerte oder Trick-)Figur neu bauen (das Objekt der Betrachtung), aber es wird die Figur für einen Film neu gebaut; mehr noch, um sie in einer (visuell bereits vorgegebenen) ähnlichen Situation wieder zu filmen (Betrachtung des Objektes), um sie der vorbestimmten Betrachtung zuzuführen, und dies natürlich im visuellen Rahmen des Erzählens, der (wiederholbaren) narrativen Struktur, die mit analog-ähnlichen Bildern ihr Erzählen neu zeigt (mit Betonung auf beidem, denn ein Film erzählt nicht bloss, sondern zeigt sein Erzählen).

Und wer ein Remake nicht als solches erkennt, für den ist es nur ein weiterer Film.

D. Zitatraum: Zeit

Mag man ein Remake einfach als die Wiederverfilmung eines Filmes bezeichnen, oder auch (etwas boshafter) in juristischer Hinsicht als das rechtlich erlaubte Plagiat, so stellt doch auch der Vergleich zwischen Vorbild (»Original«) und Remake eine Art historische Betrachtungsweise dar, die nun ihrerseits Betrachtungsgegenstand der Historiographie werden kann — transportieren Filme ja nicht nur (auf populäre Weise) Geschichts-Bilder (»historisch« gewordene Filme mit historischem Sujet sogar mehrfach), sondern zeigen im Vergleich auch die Veränderungen in diesen Geschichts-Bildern (oder die Resistenz in den Klischees) — einen Kaleidoskopeffekt.[39]

Es ist jedoch Vorsicht (tatsächlich: Vor-Sicht) geboten, will die Geschichts-schreibung Spielfilme dahingehend allzu rasch und euphorisch oberflächlich für sich als »Quelle« nutzbar machen, indem sie diese Spielfilme schlicht »dokumentarisiert« — ein in mehrfacher Hinsicht unglückliches Unterfangen, zumal die filmhistorischen Bezüge (jeder Film bezieht sich auf eine Summe anderer) oftmals übersehen werden (um nicht zu sagen: ignoriert), und der Dokumentarfilm keineswegs in einer Opposition zum Spielfilm steht. Auch wenn man dem Dokumentarfilm zugestehen mag, er »dokumentiere« dem Zuseher »tatsächlich stattgefundene Ereignisse«, so verhält sich auf der Bildfläche (Leinwand, Bildschirm, etc.) der Dokumentarfilm wie jeder andere Spielfilm, ist also genauso *Genre* wie der Western oder das Musical mit allen seinen genrespezifischen Gesetzlichkeiten, ist ebenso »Projektion«. Es mag natürlich angesichts von Kriegsberichten mit »realen« Toten pervers und/oder zynisch klingen, aber diese Bilder könnten ja ebensogut gespielt/simuliert sein (im Sinne des Dokumentarischen also gefälscht) — der Anspruch zu »dokumentieren« ist letztlich ein ausserfilmischer. Aus den oben genannten Gründen ist es daher auch möglich, selbst von einem Dokumentarfilm ein Remake zu drehen.

Die Historie mag einmalig und unwiederholbar sein, und der Parteitag der NSDAP vom 4./10.9.1934 (schon das Datum soll Geschehnisse fest-halten) ist nicht wieder aufführbar — jedoch ist es, wenn auch eher theoretisch (jenseits aller Vorbehalte wären die Kosten immens) möglich, ein Remake von *Triumph des Willens*[40] herzustellen, und man könnte dieses (eher schaurige) Gedankenspiel noch weitertreiben, dass folglich Leni Riefenstahls Film zwar das »Original« wäre, Hitler jedoch nur eine Rollen-verkörperung, der Star des Tages, ein »German fascist dictator, subject of many screen documentaries«,[41] wie ein Filmlexikon in trockener Kürze feststellt.

Dieses etwas extreme Beispiel soll jedoch nur die Überlegung illustrieren, dass historische Ereignisse (die Zeiträume) unwiederholbar (also auch: unvergleichbar) sein mögen, ihre Konstrukte (die Zitaträume) jedoch Remakes zulassen. Es drängt sich hierbei die Frage auf, ob nicht ihrerseits die Historiographie, die über die Absenz der Historie (nur ihre »Geschichten« wären präsent) oftmals klagt, nicht nur ihren Gegen-stand konstruiert,[42] sondern selbst von einigen Konstrukten sozusagen »Remakes« erstellt, die die »Originale« in absentia erzeugen, also nicht nur »Retro-Scenarien«, die — wie Jean Baudrillard meint — die Geschichte/Historie ersetzen, sondern sehr wohl auch Retro-Inszenarien, die die Absenz der Geschichte/Historie quasi auffüllen.[43]

Um ein vielleicht mögliches Missverständnis zu vermeiden, möchte ich prononciert darauf hinweisen, dass es hier nicht darum geht, beweisen zu wollen, dass Historiographie lediglich Remakes erstelle — ein solcher Vergleich wäre etwas zu voreilig und wohl auch zu plump, um einen derart komplizierten Vorgang zu transportieren, geschweige denn transparent machen zu können. Hier beweist nicht der Film etwas der Geschichtswissenschaft, sondern die Filmwissenschaft etwas der Geschichte (bzw. den »Geschichten« darin), — denn eine Analyse einer Summe von Remakes ergibt sehr wohl (als ein Ergebnis unter anderen) die erstaunliche Tatsache, dass Remakes historiographische Formen annehmen können, und zwar im Sinne der Geschichts-Bild-Schreibung. Und schliesslich: »Alles, was gewesen ist, lässt sich verbessern. Das Herz der Geschichtsschreibung, ihr selber verborgen.«[44] Dies liesse sich ebenso über die Produktion von Remakes sagen, nur dort offensichtlicher, in anderen Kunstbereichen eher als Ärgernis.

Es mag zugegebenermassen Überwindung (vor allem der Realitätsdiktate) kosten, sich Historie dahingehend »filmisch« vorzustellen, dass es sich hierbei retrospektiv um Möglichkeiten von »Welt« handelt, um Zitat/Zeit/Räume, die die Historiographie zu durchqueren versucht, um Möglichkeiten, die Durchquerung zu erfassen, wozu jenseits aller theoretischen Voraussetzung vor allem eines nötig ist: Phantasie; wovon auch Georges Duby und Guy Lardreau ausführlich sprechen,[45] und was weniger zu beschreiben als vielmehr zu schreiben ist.

Anmerkungen

1 Robert A. Harris, Michael S. Laski: Alfred Hitchcock und seine Filme. München, Goldmann (Reihe Citadel 10201), 1982, p. 187.
Das Zitat bezieht sich auf folgende Filme:*The Man Who Know Too Much*(Der Mann, der zuviel wusste), GB 1934, R: Alfred Hitchcock, D: Leslie Banks, Edna Best, Peter Lorre u.a. *The Man Who Knew Too Much* (Der Mann, der zuviel wusste), USA 1956, R: Alfred Hitchcock, D: James Stewart, Doris Day u.a.

2 *Ben Hur* (Ben Hur), USA 1924/26 (MGM), R: William Wyler, D: Charlton Heston (=Ben Hur), Stephen Boyd, Jack Hawkins u.a.

3 Ray Freiman. Die Geschichte der Entstehung von Ben Hur. Random House 1959 (ohne weitere Angaben, 36-seitiger Prospekt), p. 5.

4 Ray Freiman, p. 5.

5 *F.P.1 antwortet nicht*, D 1932, R: Karl Hartl, D: Hans Albers, Sybille Schmitz, Paul Hartman, Peter Lorre, u.a. wurde zum Beispiel ebenfalls in einer englischen Version *Secrets of F.P.1* (mit Conrad Veidt, Jill Esmond) und in einer französischen Version hergestellt/gedreht: *I.F.1. ne repond plus* (mit Charles Boyer, Danièle Parola).

6 Man denke etwa an Yves Montands Hollywood-Filme.

7 Dies trifft selbst auf Grossbritannien zu, war doch Hitchcocks *The Man Who Knew Too Much* (USA 1956) prononciert das »amerikanische« Remake.

8 *A bout de souffle* (Ausser Atem), F 1959, R: Jean-Luc Godard, D: Jean-Paul Belmondo, Jean Seberg u.a.
Breathless (Atemlos), USA 1983, R: Jim McBride, D: Richard Gere, Valerie Kaprisky u.a.

9 *Le Salaire de la peur* (Lohn der Angst), F/I 1952, R: Henri-Georges Clouzot, D: Yves Montand, Charles Vanel u.a.
Sorcerer (Atemlos vor Angst), USA 1977, R: William Friedkin: D: Roy Scheider, Bruno Cremer u.a.

10 *Viktor und Viktoria*, D 1933, R: Reinhold Schüntzel, D: Renate Müller, Hermann Thimig, Adolf Wohlbrück u.a.
Viktor und Viktoria, D 1957, R: Karl Anton, D: Johanna von Koczian, Georg Thomalla, Johannes Heesters u.a.
Victor/Victoria (Victor/Victoria), GB 1982, R: Blake Edwards, D: Julie Andrews, James Garner, Robert Preston (Die GB-Produktion soll hier jedoch nicht über die US-Stars hinwegtäuschen.)

11 *Rashomon* (Rashomon), Japan 1950, R: Akira Kurosawa, D: Toshiro Mifune u.a.
The Outrage (Carrasco, der Schänder), USA 1964, R: Martin Ritt, D: Paul Newman, Laurence Harvey, Claire Bloom u.a.

12 *Shichinin no samurai* (Die sieben Samurai), Japan 1954, R: Akira Kurosawa, D: Toshiro Mifune u.a.
The Magnificent Seven (Die glorreichen Sieben), USA 1960, R: John Sturges, D: Yul Brynner, Horst Buchholz, Charles Bronson, James Coburn, Steve McQueen, Robert Vaughn, Brad Dexter u.a.

13 *The Philadelphia Story* (Die Nacht vor der Hochzeit), USA 1940, R: Georges Cukor, D: Katharine Hepburn, Cary Grant, James Stewart u.a.
High Society (Die oberen Zehntausend), USA 1956, R: Charles Walters, D: Frank Sinatra, Grace Kelly, Bing Crosby u.a.

14 *A Star Is Born*, USA 1937, R: William Wellman, D: Frederic March, Janet Gaynor u.a.
A Star Is Born (Ein neuer Stern am Himmel), USA 1954, R: Georges Cukor, D: Judy Garland, James Mason u.a.
A Star Is Born, USA 1976, R: Frank R. Pierson, D: Barbara Streisand, Kris Kristofferson.

15 *Ball Of Fire* (Die merkwürdige Zähmung der Gangsterbraut Sugarpuss), USA 1941, R: Howard Hawks, D: Gary Cooper, Barbara Stanwyck, Dana Andrews u.a.
A Song Is Born (Die tollkühne Rettung der Gangsterbraut Honey Swanson), USA 1948, R: Howard Hawks, D: Danny Kaye, Virginia Mayo u.a.

16 *Outland* (Outland - Planet der Verdammten), GB 1981, R: Peter Hyams, D: Sean Connery u.a.
High Noon (Zwölf Uhr mittags), USA 1952, R: Fred Zinnemann, D: Gary Cooper, Grace Kelly u.a.

17 *The Nutty Professor* (Der verrückte Professor), USA 1963, R/D: Jerry Lewis.

18 *The Last Remake Of Beau Geste* (Marty Feldmans drei Fremdenlegionäre), USA 1976, R/D: Marty Feldman.
Die direkt zitierte Fassung (von mehreren):
Beau Geste (Drei Fremdenlegionäre), USA 1939, R: William A. Wellman, D: Gary Copper, Ray Milland, Robert Preston u.a.

19 *King Kong* (King Kong/King Kong und die weisse Frau), USA 1933, R: Ernest B. Schoedsack, Merian C. Cooper, D: Fay Wray, Robert Armstrong, Bruce Cabot u.a.
King Kong (King Kong), USA 1976, R: John Guillermin, D: Jessica Lange, Jeff Bridges, Charles Grodin u.a.

20 Hierzu findet man aufschlussreiche Erläuterungen in Leslie Halliwell: Halliwell's Filmgoer's Companion. London 1980 (7. Aufl.), pp. 866-891.

21 *Mighty Joe Young* (Panik um King Kong), USA 1949, R: Merian C. Copper, Ernest B. Schoedsack, D: Robert Armstrong u.a.

22 *Monkey Business* (Die Marx Brothers auf See), USA 1931, R: Norman McLeod, D: Groucho-, Harpo-, Chico-, Zeppo Marx.
Monkey Business (Liebling, ich werde jünger), USA 1952, R: Howard Hawks, D: Cary Grant, Ginger Rogers, Marilyn Monroe u.a.

23 Michael Töteberg: Fritz Lang. Reinbek bei Hamburg (rororo rm 339), 1985, p. 124.

24 *Das indische Grabmal*, D 1921, R: Joe May, D: Conrad Veidt, Erna Morena u.a.
Das indische Grabmal, D 1938, R: Richard Eichberg, D: Fritz van Dongen, La Jana u.a.
Das indische Grabmal, D 1958, R: Fritz Lang, D: Debra Paget, Paul Hubschmied u.a.

25 Ein Umstand, der dazu beitrug, dass das Remake ein Flop wurde, da sich der naive Reiz Mitte der 70er Jahre — wie sich herausstellte — doch nicht wiederholen liess (zumindest nicht in dieser Art).

26 *The Front Page*, USA 1930, R: Lewis Milestone, D: Pat O'Brien, Adolphe Menjou u.a.
The Front Page (Extrablatt), USA 1974, R: Billy Wilder, D: Walter Matthau, Jack Lemmon u.a.
Dazwischen liegt eine Version, die die männliche Hauptrolle durch eine Frau ersetzt und nicht Anfang der 30er Jahre (1929) spielt:
His Girl Friday (Sein Mädchen für besondere Fälle), USA 1940, R: Howard Hawks, D: Gary Grant, Rosalind Russel u.a.

27 *Intermezzo* (Intermezzo), Schweden 1936, R: Gustaf Molander, D: Ingrid Bergman, Gösta

Ekman u.a.

Intermezzo (Intermezzo), USA 1939, R: Gregory Ratoff, D: Ingrid Bergman, Leslie Howard u.a.

28 *So ein Flegel*, D 1934, R: R. A. Stemmle, D: Heinz Rühmann, Ellen Frank, Inge Conradi u.a.
Die Feuerzangenbowle, D 1944, R: Helmut Weiss, D: Heinz Rühmann, Karin Himboldt, Hilde Sessak u.a.

29 *Mommie Dearest* (Meine liebe Rabenmutter), USA 1981, R: Frank Perry, D: Faye Dunaway, Steve Forrest u.a.

30 *Ben Hur* (1924/26): Dauer 142 Min., *Ben Hur* (1959): Dauer 212/217 Min.
The Man Who Knew Too Much (1934): Dauer 84 Min., Version 1956: Dauer 120 Min.

31 *The Rocky Horror Picture Show*, USA 1974, R: Jim Sharman, D: Tim Curry, Susan Sarandon u.a.

32 *Dr. Jekyll and Mr. Hyde*, USA 1932, R: Rouben Mamoulian, D: Frederic March, Miriam Hopkins u.a.
Dr. Jekyll and Mr. Hyde, USA 1941, R: Victor Fleming, D: Spencer Tracy, Ingrid Bergman u.a.
Der Vergleich dieser beiden Fassungen zeigt auch, dass durchaus regressiv »Grenzen« überschritten werden können, denn die Fassung von 1932 war weitaus freizügiger.
William K. Everson: Klassiker des Horrorfilms. München, Goldmann (=Citadel 10205), 1980, pp. 81-84.

33 *The Maltese Falcon* (Der Malteser Falke), USA 1941, R: John Huston, D: Humphrey Bogart, Mary Astor, Peter Lorre u.a.
The Maltese Falcon, USA 1931, R: Roy del Ruth, D: Bebe Daniels, Ricardo Cortez u.a.
Satan Met a Lady, USA 1936, R: William Dieterle, D: Bette Davis, Warren William u.a.

34 Walter Benjamin: Das Kunstwerk im Zeitalter seiner technischen Reproduzierbarkeit. in: ders.: Illuminationen. Ausgewählte Schriften. Frankfurt am Main, Suhrkamp (st 345), 1977, pp. 136-169.

35 *Casablanca* (Casablanca), USA 1942, R: Michael Curtiz, D: Humphrey Bogart, Ingrid Bergmann, Peter Lorre, Claude Rains, Sidney Greenstreet u.a.

36 So durfte etwa auch Wim Wenders seinen *Hammett*-Film nicht in Schwarz/Weiss drehen, ein Ärger, den er auch in seinem (in S/W gedrehten) Film *Der Stand der Dinge* anspricht.

37 *Son Of Kong*, USA 1933, R: Merian C. Copper, Ernest B. Schoedsack, D: Robert Armstrong, Helen Mack u.a.

38 *Dracula's Daughter*, USA 1936, R: Lambert Hillyer, D: Otto Kruger, Gloria Holden u.a.

39 Georg Schmid: Die Figuren des Kaleidoskops. Über Geschichte(n) im Film, Salzburg, Neugebauer 1983.

40 *Triumph des Willens*, D 1935, R: Leni Riefenstahl.

41 Halliwell's Filmgoer's Companion, p. 391.

42 Georges Duby, Guy Lardreau: Geschichte und Geschichtswissenschaft. Dialoge. Frankfurt am Main, Suhrkamp (stw 409), 1982, pp. 9-11.

43 Jean Baudrillard: Kool Killer oder Der Aufstand der Zeichen, Berlin, Merve (79), 1978; Jean Baudrillard: Agonie des Realen. Berlin, Merve (81), 1978.

44 Elias Canetti: Die Provinz des Menschen. Aufzeichnungen 1942-1972. Frankfurt am Main, Fischer (TB. 1677), 1981, p. 173.

45 Duby, Lardreau, Geschichte und Geschichtswissenschaft.

GEORG SCHMID

Die Sache und die Sprache.

Semio-Logisches zur Stadtbezeichnungsgeschichte

Die Stadt kann begriffen werden als Netz von Bedeutungen, die in unablässigem Wandel begriffen sind. Ich möchte anhand einiger Beispiele aus der Transportgeschichte Beschaffenheit und Permanenz dieses Bedeutungswandels darlegen. Dabei werde ich mich einer semiologischen Methode bedienen, die hier um eine Dimension der Historizität (und nicht nur der Diachronie) angereichert ist.[1] Zunächst soll die Stadtbezeichnungs- und -bedeutungsgeschichte unter dem Aspekt der Konnotation, hernach unter dem der Denotation dargestellt werden

Diesen umgekehrten Weg (man erwartet eher am Anfang die denotativen Momente, indem ja die Konnotation, wiewohl ihre Unabdingbarkeit inzwischen unbestritten ist, als höchst unsicheres Terrain gilt) habe ich gewählt, um damit zu verdeutlichen, dass der historiographische Diskurs zwar vorgibt, eine Realität zu denotieren (und *nur* zu denotieren), jedoch im Hinblick auf ein »semiologisches Universum« unweigerlich zahllose konnotative Elemente aufweist (desto mehr, je mehr er —unbewusst— bestrebt ist, sie zu verhehlen). Die Urbanistik (um sie wahrhaft betreiben zu können, müsste man, wie Barthes treffend sagte, Semiologe, Geograph, Historiker, Psychoanalytiker sein[2]) ist derart vielfältig, dass die Einheit und Einheitlichkeit eines ihr auch nur asymptotisch (oder »asymptomatologisch«[3]) — also auch nur annähernd entsprechenden — Diskurses niemals gewährleistet ist.

In der Tat ist die Stadt unter ethnologischen, »soziopsychoanalytischen«, soziologischen oder technologischen etc. Gesichtspunkten ebenso darstellbar wie unter klassisch historischen — und auch schon dargestellt worden.[4] Alle diese Darstellungen sind jedoch partial, indem der Traum einer allgemeinen (und allgemeingültigen) umfassenden und alles betreffenden Repräsentation seit langem ausgeträumt ist; und sie sind es umso eher, als sie, ihren sozial-materialen Zeichencharakter leugnend, sich in Gestalt eines Diskurses des Realen präsentieren.

Naturgemäss kann ich hier diesen *Mangel* nicht kurzerhand kompensieren. Er erscheint auch (im Hinblick auf jene Partialität) nur dann als solcher, wenn an dem uneinlösbaren Ehrgeiz insonderheit des historiographischen Diskurses festgehalten wird, er habe (»ohne Umschweife«, ohne vermittelnde Instrumentarien, ungeachtet aller Relais) »das Reale« auszusagen. Die Fragwürdigkeit, ja, Unhaltbarkeit solcher

Auffassung lässt sich in bezug auf die »Ereignisgeschichte« am besten verdeutlichen. Denn was »passiert« eigentlich in der Stadt?[5] Ist es etwas auf die Wohnverhältnisse Bezogenes, gehört es alsbald der Sozialgeschichte zu (als spezielle Domaine verstanden); betrifft es die Entfremdung und (allgemeiner) die soziokulturale Atomisierung, wird es, im deutschen Sprachgebrauch, wo psychoanalytische Ansätze destruiert worden sind, von der Wirtschaftsgeschichtsschreibung mit Beschlag belegt; geht es um soziale Unruhen, Demonstrationen oder dergleichen, hat es noch am ehesten Chancen, in jenem Bereich der Geschichtswissenschaft wahrgenommen zu werden, der bei uns schon wieder mehr als noch vor wenigen Jahren als der »eigentliche« der Historiographie gilt: der »politischen Geschichte«, die dann darangeht, diese vielfältigen, unendlich schattierten und differenzierten Zusammenhänge zu »Fakten« zu destillieren und — etwa — zur Geschichte grosser Arbeiterführer (und damit zur blossen Biographie) zu machen. Was bleibt, ist ein vager Raum — der sogenannten Urbanistik —, der noch keinen (durch eine »Zunft«) streng kodifizierten szientischen Regeln unterliegt.

Es ist aufschlussreich, dass diese urbanistischen Arbeiten, selbst dort wo sie vergleichsweise historisierend verfahren (oder von Fachhistorikern stammen), ungleich überzeugender sind, wenn sie sich auf Projekte, Pläne oder Utopien beziehen.[6] Versuchen sie andererseits, etwas über »reale« Städte auszusagen (über ihre — soziale? — Struktur), über eine kulturelle Atmosphärik oder die soziale Ingebrauchnahme durch die Bewohner, werden rasch ernste Mängel und erhebliche Beschränkungen offenkundig.[7] Das hängt einmal damit zusammen, daß wir Historiker das, was »geschichtlich passiert (ist)«, so schwer auf einen auch nur einigermassen umschriebenen *Raum* zu beziehen vermögen. Es ist andererseits Folge davon, dass es uns (paradoxerweise) gerade in der Geschichtswissenschaft schwer fällt, die Zeit zu denken, an deren Stelle wir sozusagen chronologisiert angeordnete »Ereignisse« setzen.[8] Was in der Stadt passiert, ist nicht notwendigerweise einer longue durée zuzurechnen; die (verkehrs-)technologischen Veränderungen etwa spielen sich durchaus, bei enormen Rückwirkungen in soziokulturaler Hinsicht, auch nach einer »courte durée« ab.

Zudem ist die Dauer — die in der geschichtswissenschaftlichen Diskussion da und dort über die Modernität einer Methode entscheidet (longue durée: moderne Sozialgeschichte vs. »courte durée«: veraltete historiographische Orthodoxie, respektive alle momentan laufenden Umkehrungen, Rechtfertigungen und alle Wiederkehr des Alten, kurz: jede Rehabilitierung) — nicht gleichzusetzen mit der Zeit. Jene ist nur ein Aspekt, eine Dimension, ein Moment von dieser.

Wir täten also gut daran, die Stadt als den momentan vielleicht sichtbarsten Raum zu begreifen, in den sich die Zeit einspielt und in den wir, nachdem wir sie produziert haben, die Zeichen einsetzen. Die Stadt wäre damit der Bereich, in dem die generelle Repräsentation (von der wir alle doch noch träumen) immerhin erahnbar ist — allerdings nicht im Sinne eines *natürlichen* »Datums« sondern eines »kultürlichen« *Konstrukts*. Die Stadt wird in Absenz der realen Möglichkeit genereller Repräsentation von einem (urbanistischen) Diskurs substituiert, dem auch die Funktion zufällt, jene Repräsentation zu simulieren.

Wir ergehen uns in den Städten (ergehen sie uns damit, wir *erfahren* sie dadurch[9]). Und dieser Umschlag der Metaphorik — gehen—▸ fahren — markiert zweierlei: einmal den raschen (üblicherweise technikgeschichtlich erfassten) Wandel, zum anderen die Unmöglichkeit, eben diesen Wandel, der ja Metonymie und Syntagmatisches implizierte, anders als metaphorisch zu erfassen — oder, wenn man so will, rein denotativ anhand eines klar abgegrenzten Paradigmas, wo in Wahrheit aus Konnotationen Denotatives deduziert (um nicht zu sagen: willkürlich isoliert) wird.

I. Die non-intentionalen Stadtbezeichnungen

1. Perzeption und »Bild«.

- Es gibt in einem durchaus umgangssprachlichen Diskurs die Formulierung: sich von etwas ein Bild machen. Dieses »Etwas« ist im urbanen Bereich unstreitig von extremer Komplexität; und es trifft auch genau zu, dass wir uns von Städten Bilder machen. Selbst ehe wir zum ersten Mal den Fuss in eine bestimmte Stadt setzen, können wir in diesem Sinn ein solches Bild von ihr haben, ja, im Fall der »Städte par excellence« wie Venedig oder Paris, Rom oder New York ist es in gewisser Weise unumgänglich. Die innere und äussere Distributivität dieser Bilder (»images mentales«[10]) ist kulturspezifisch und unterliegt geschichtlichen Verschiebungen. Auch unsere jeweilige Fähigkeit, die Stadt, in der wir leben (oder lediglich arbeiten), zu entziffern, ist eine Funktion der Zeit — und zwar bezogen sowohl auf Lebensalter als auch Kulturkreis, auf soziale Zugehörigkeit oder räumlich-zeitliches Vorstellungsvermögen.

Abhängig also von Akkulturation in bestimmte soziale Bereiche wird etwas scheinbar »einfach Gegebenes« wahr-genommen (für wahr genommen), das von den symbolischen Mächten hernach auch als verbindlich, eindeutig etc. deklariert wird. Es geht hier wesentlich um eine Selektivität der Blicke (wobei ich »Blick« hier in einem durchaus metaphorischen Sinn verwende). Eine an sich banale Stadt wie Salzburg kann etwa von der symbolischen Macht so lange in ihrer vorgeblichen Schönheit gleichsam verordnet werden, bis sie endgültig zu einer Abomination wird (der infantil-klassifizierende Humboldtsche Blick ist im Laufe von rund eineinhalb Jahrhunderten zu einem der Travestie geworden).

Es ist offenkundig, dass zum Beispiel etwas von der Romantik zu »Schönheit« Exaltiertes heute auf andere Weise schön sein muss als ehedem, indem sich der »historische Kontext« im Laufe »der Geschichte« umge-schichtet hat. Was also etwa ein heutiger Tourist den ästhetisch verbürgenden und verbriefenden normativen Darstellungen gemäss wahrzunehmen imstande ist, hat etwas Imaginäres an sich: die vorgeschriebene (»vor-gesehene«) Betrachtbarkeit in Gestalt einer Imagination mündet in die Imago. Es wird schliesslich — vom Reisebus aus — das erblickt, was erblickt werden soll.[11]

Diese Art von Selektivität (die sich also auch alters- und schichtenmässig distribuiert) verschleiert mehr, als sie zeigt; sie entstellt und schichtet um; sie verbirgt, was nicht sichtbar werden können soll und zeigt — suggeriert — anderes; sie ist eine Art Theater von soziokulturalem *make-belief*. Was wir in einer Stadt an Bedeutung erfassen können sollen, unterliegt einer zwar nie (quasi in Form eines Komplotts) geplanten, aber doch implizierten Inszenatorik. In der ferngesteuerten Massenkultur ist also auch das Imaginäre entfremdet (und verfremdet damit): es dirigiert. Wir apperzipieren nicht »wahre Wirklichkeit«, sondern — und zwar desto eher, je mehr wir diesen Umstand zu verleugnen trachten — Bilder, die von einem (angeblich singularen) »Realen« projiziert werden.[12]

2. *Materiell und kulturell determinierte Blicke.* - Die Darstellbarkeit (und damit auch die Erblickbarkeit, die dialektisch an die Vorstellbarkeit gebunden ist) ist fraglos Funktion einer historischen »Entwicklung«. Diese ist gleichwohl personalisiert (also durch Rekurs auf bloss Individualbiographisches) nicht fassbar; im Gegenteil ergibt sie Phantomeindrücke, *die beliebig historisierbar sind.* In unterschiedlichen geschichtlichen Perioden wurden von den (unterschiedenen Schichten zugehörigen) Menschen unterschiedliche Objekte gesehen — und auf verschiedene Weise gesehen. Die Interpretation des angeblich unschuldig Erblickten liegt also bereits im Blick; es ist demzufolge den Determinationen durch montierbare »Soziobiographeme« nachzugehen, die ihrerseits materiellen und kulturellen Regeln und Regelmässigkeiten entsprechen.

Eine Profession kann unzweifelhaft einen Blick (auf »etwas«) und eine »Sehweise« vorgeben. Niemand würde leugnen, dass ein Architekt, Stadtplaner oder Verkehrsexperte eine Stadt mit einem besonderen (partikularen) Blick »sieht«. Nun sind die beiden letztgenannten Berufe relativ rezenten Datums; der Architekt hingegen verkörpert eine relativ junge (neue) Kombinatorik: er tut (»theoretisch«) das, was früher der Baumeister getan, zielt jedoch auch, wie indirekt auch immer, auf einen früher rhetorisch im utopischen Bereich geborgenen Diskurs, den des (sei es phantasmatischen) Projekts. Diese professionistischen Verschiebungen allein würden schon eine Veränderung der Blicke, Erblickbarkeiten und Anschaulichkeiten nahelegen.

Ich möchte jedoch auf die Sichten des »normalen« Stadtbenützers hinaus. Die sozial induzierte Segmentierung der (verordneten) Blicke wird hier besonders anschaulich. Ein Pendler sieht anderes von der Stadt, in die er einpendelt — und auf andere Weise —, als ein sich nur in ihr Bewegender. Der Pendler (könnte man sagen) wird eher der momentan (also historisch determinierten) bestehenden Opposition zwischen »Stadt« und »Land« (einer Figuration von Kultur/Natur) ansichtig. Mehr noch: notwendiger- und unvermeidlicherweise — also, in Form eines »Sachzwangs«, zwangsläufig — kann er nur bestimmten Parcours folgen, um an seine jeweiligen (durchaus nur utilitär zu definierenden) Ziele zu gelangen. Er kann nur auf bestimmten *Strecken* (Eisenbahn oder Strasse) »verkehren«, die ihm unausweichlich auch bestimmte Perspektiven vorgeben.

Der Pendler wird »seine« Bahn-, Tramway- oder Autobuslinie (etc.) kennen — aber sonst kaum eine andere (oder *etwas anderes*). Das Netz reduziert sich gemäss dieses sozialgeschichtlichen Trends auf eine Linie, das Bedeutungsgeflecht auf einen charakteristischen Zug. Die Stadt steht nicht für (in der Zeit abrollendes) Geschehen, sondern wird tendenziell zum puren, allerdings nur partialisiert erfahrbaren Raum. Um auf dem Wortspiel zu insistieren: der Raum wird tatsächlich durch Befahren (einer Route) er-fahren. A. F. C. Wallace hat die Eindrücke solchen (all-)täglichen *Parkurses* eindrucksvoll transformiert zu Ausdrücken eines urbanistischen Diskurses.[13] Durch die scheinbar stereotype Aufzählung sogenannter trivialer Vorgänge und Handlungen während des mit dem eigenen Auto zurückgelegten Arbeitsparkurses — und zwar in Summe — wird klar, dass unsere Existenzen durch eine Art »Entzeitlichung« (Detemporalisierung), in Form des Zwangs zur Wiederholung gewisser Handlungen (das heisst, durch einen angeordneten Wiederholungszwang), stereotypisiert — und damit »ahistorisiert« — werden.

Indessen hat (ein wenig erinnernd an Carl Beckers Wort: Everyman His Own Historian) in diesem Sinn auch jede individuelle Existenz eine (innere und äussere) Historizität. Dieser Umstand ist urbanistisch relativ leicht zu verdeutlichen. So wie es einen Unterschied macht, ob man einen vorgegebenen Parkurs von einem Sitzplatz in einer Tramway aus wahrnimmt (mit der Möglichkeit zu lesen) oder ein Auto selbst chauffierend (bei Notwendigkeit, ununterbrochen das Verkehrsgeschehen zu beobachten), so verändert auch der Wohnort als solcher den Blick. Es ist nicht egal, in welcher geschichtlichen Konstellation wer wo wohnt: im Zentrum oder an der Peripherie oder, aus Historizitätsgründen anders ausgedrückt, akzentuiert, in den Slums oder in den Villenvierteln.

Es ist unübersehbar, dass hier die technologische Entwicklung dezisiv ist. In sehr großen Städten (wie etwa Paris) gab es einen Zug an die Ränder (der nichts mit Marginalisierung zu tun hatte, im Gegenteil), was mit dem treffenden Ausdruck *Rurbanisation* bezeichnet worden ist.[14] Dieser Trend war erst durch eine breitere Verwendung des Automobils möglich geworden, erforderte jedoch auch weit ins Umland hinausreichende öffentliche Verkehrslinien.[15] Eben das Automobil hat aber die hauptsächliche Schuld daran, dass die Städte im klassischen Sinn unbewohnbar geworden sind. Wo bleibt also die orthodoxe historiographische *consecutio*? Wir erkennen hier deutlich, dass es nicht um einen chronologisch anzuordnenden Referenten, sondern um eine (temporal) in sich unendlich schattierte Signifikanz geht.

In Städten wie Paris hat sich der eben aufgerufene Trend inzwischen auf weite

Strecken wieder umgekehrt. Die begüterten Schichten kehren in dem Mass wieder in die inneren Stadtbezirke zurück, wie sich beispielsweise die Unbequemlichkeiten des täglichen Pendelns steigern, während sich übrigens (in diesem Fall) das »Extramuros-Paris« der grande und petite couronne zu einem der Petite-Bourgeoisie wandelt.[16] Natürlich ist das auch eine Folge von Stadtsanierung, von ideologisch überdeterminierten Anschauungen oder Moden und sehr realen technisch (in diesem Fall verkehrstechnisch) (ko-)determinierten Sachverhalten. — Wenn für die so oft und gern beschworenen Massen etwas möglich wird, sind die (hier rein materiell zu definierenden) »Eliten« längst woanders.

Niemand wird bestreiten wollen, daß derartige Umschichtungen — geschichtliche Um-schichtungen — die Erblickbarkeiten bestimmen. Es greifen hier technologisch-materielle Determinationen, wie sie etwa Michael Baxandall für die Malerei des Quattrocento in ihrer Relation zu psychosozialen Daten dargestellt hat,[17] mit ideologischen Zwängen eines optisch und visuell Nahegelegten ineinander, die ihrerseits sozialpychologische Bedingungen haben, wie sie etwa von Pierre Bourdieu analysiert worden sind.[18] Wir beginnen zu sehen, wie sehr die Stadt ein Beispiel dafür ist, dass wir es in »der« Geschichte nicht im konventionellen Sinn mit Fakten zu schaffen haben, sondern mit einer unüberblickbaren (und sich doch als einfach erblickbar ausgebenden) Unsumme von Artefakten.

3. Das »Image« einer Stadt. - Wenn wir das Bild einer Stadt betrachten (oder etwa einen Film sehen, der eine bestimmte Stadt ins Bild bringt) — also irgendeine visuelle Darstellung —, wissen wir meist sofort, um welche es sich handelt. Nehmen wir, da diesem an sich erstaunlichen Sachverhalt bisher zu wenig Augenmerk geschenkt worden ist, zwei oder drei Beispiele. Um Paris zu evozieren, genügt es, den Eiffelturm zu zeigen; bei London sind die Houses of Parliament der »Auslöser«; für New York steht die sky-line von Süd-Manhattan ein. Was geht hier beim scheinbaren »Wiedererkennen« realer Plätze, die scheinhaft denotiert werden, in Wahrheit vor sich und seit wann funktioniert dies Wiedererkennen?

Auch (»typische«) Verkehrsmittel vermögen diesen Realitätseindruck auszulösen: neben den scharlachroten Londoner Doppeldeck-Bussen (oder beigefarbenen im Falle von Berlin) die Pariser Metro etc. Es ist offenkundig, dass es ikonographische Konventionen sind, die neben dem »effet du réel« auch einen Authentizitätseindruck erzeugen; diese — im barthesianischen Sinn — bildlichen Alltagsmythen sind jedoch auch imaginiert: die semiologische Konstruktion des Zeichens in diesen Bezirken zeigt sofort, dass der Signifikant, wiewohl sein Signifikat scheinbar »dem Realen« entspricht, imaginiert ist.

Die kulturale Konvention, die es ermöglicht, durch Metro, Bustyp (oder was auch immer), also auf partiale Weise, das oder jenes (als »global« deklarierbare) »Ganze« auf- oder auch abzurufen, ist zudem gewiss auf eine »Rhetorik des Bildes« zurückzuführen.[19] Insoweit diese über die Signifikantenebene funktioniert, ist es — nach

Hjelmslev—das Substanzstratum dieser Sphäre, das durch laufende infinitesimale, sich aber allmählich gravierend subsumierende Änderungen am ehesten historisierbar erscheint. Noch vor wenigen Jahrzehnten konnte New York (also eigentlich Manhattan) durch Bilder von spezifischen Formen des Reichtums evoziert werden (was übrigens auch das Ineinandergreifen von Form- und Substanzstratum erweist). Heute würden es eher die Bilder einer neuen Armut sein, die unter Umständen sogar weniger New Yorker Spezifizität aufwiesen (aber vielleicht ist immer schon New York mit den USA verwechselt worden).

Was in der Stadt passiert ist — *mit* ihr geschehen ist —, schlägt sich sichtbar im Bereich der Signifikanten nieder. Um »reale« geschichtliche Veränderungen überhaupt sichtbar und »anschaulich« machen zu können, bedarf es mehr oder weniger bewusster Manipulationen in der Signifikanten-Zone, die jedoch ihrerseits Rückwirkungen auf ein allgemeines Image einer bestimmten Stadt und »der« Stadt tout court haben. Das »Darstellen« von Gewalt in den Strassen (in US-TV-Serien) führt dazu, dass schliesslich selbst biedere Städte für »unsicher« gehalten werden. Wichtiger noch: die zur Ausübung dieser Art von Gewalt quasi Angehaltenen fühlen sich kollektiv-unbewusst nachgerade verpflichtet, dem Bild zu entsprechen (also ihm nachzueifern). Seit es »visuelle Zeichen« gibt — und es gibt sie, ungeheuerlich proliferiert, vor allem in der Stadt —, kann in der Tat mit Baudrillard davon ausgegangen werden, dass in mancher Hinsicht die Fiktion der Realität vorausgehe.

Die *Ville-panique*[20] ist in den uns geläufigen Gestalten relativ jung (die monströsen Angstbilder erweisen eine ausgeprägte Abhängigkeit gerade auch von technologischen Verlagerungen). Die extreme ideologische Überdetermination, der die Stadt immer schon ausgesetzt war, hängt zum Teil damit zusammen, dass sie sozusagen das Zentrum eines diskursiven Sternmarsches ist: von stadtplanerischen »Konzepten« bis hin zu praktischer Ingebrauchnahme (also »Diskurieren-durch-sich-verhalten«) operieren diese Diskurse indessen immer mehr *imagologisch*. Die Bilder (immer ihrerseits durch eine Handvoll standardisierter Züge repräsentiert), die wir uns von der Stadt machen — oder besser: die Bilder, die uns durch die Medien vorgesetzt werden —, laufen immer mehr über eigentlich Visuelles — anders gesagt: sie büssen in gewisser Weise immer mehr Metaphorizität ein. Will sagen: »sich ein Bild machen« war früher »metaphorischer« als heute.

Ich habe bisher hauptsächlich die »allgemeine Stadt« angesprochen; indessen ist, zumal geschichtlich, auch die »besondere Stadt« mit einiger Sicherheit auszumachen. Woran liegt es, dass wir — via imagines — so häufig diese oder jene Stadt »erkennen«? Bestimmte architektonische Formationen (Façaden und dergleichen) oder Figurationen des layouts signalisieren durchaus französisch, britisch, mitteleuropäisch etc. (und für den geübten Blick wird die unfreiwillige Autosignalisation ungleich intensiver und differenzierender).[21] Ich bleibe jedoch beim Exempel der Verkehrsmittel, weil sie auch eine temporale (historische«) Insertion erlauben. So ist etwa für bestimmte Länder (in Anlehnung an den Begriff Kulturkreis wäre das Wort »technologischer Kreis« angebrachter) das Vorhandensein einer Tramway auf einer Abbildung temporal einordnend; in Paris fuhr die letzte Tramway 1938, in London 1952; damit sagt jedes Photo, das noch eine aufweist, »vor 1938« respektive »vor 1952«.[22] Wir können demzufolge ein »*Temporalkolorit*« supponieren, das, funktional abhängig von einer gewissen soziosemiotischen Kompetenz, im Hinblick auf die Artefakte, denen wir begegnen, den performativen Aspekt regelt.

Geschichtliche »Präzision« vermag natürlich in solchen Fällen nur von den entsprechenden »Experten« geleistet zu werden. Dennoch funktioniert diese Art von signaletischer Temporalisierung (oder automatischer temporaler Insertion, wie sie auch für Mode, Intérieurs etc., etc. erfolgt) recht breit und einigermassen zutreffend. Man braucht sich zum Beispiel nur Ab-Bildungen von Strassenszenen zu vergegenwärtigen; ein Ensemble von visuellen Signifikanten deutet auf etwas hin, schreibt einer »Periode« zu und in einen Raum ein. Ich nenne hier nur noch ein Beispiel. Zu diesen imagologisch analysierbaren Faktoren zählt, was das sogenannte Strassenbild anbelangt, die (Prä-)Dominanz von bestimmten Automarken. Die Frequenz gemäss solcher Signaletik allein würde bereits zeitliche Einsetzung ebenso wie lokale Ortung zulassen. Wie sich ein Automobil-Markt aufteilt, ist dann — bezeichnend, indem er sich visuell-signaletisch in solcherart verstandenen Strassenszenen niederschlägt.

Das Image einer Stadt — ehe wir an den breiten Sinn denken, der dem Begriff Image heute innewohnt — ergibt sich, gerade im »Zeitalter« der weitgehend euphemisierten und euphemisierenden »Mobilität«, wesentlich aus den Transportmitteln, die in ihr bevorzugt werden. Wir erkennen hier ein dialektisches Ineinandergreifen von Materiellem und Ideologischem, wobei ein Drittes hinzukommt, das mittelbar beide anzeigt. Das eben erwähnte Autobeispiel gibt Aufschluss nicht nur über Geschmack, sondern auch in puncto quasi-kolonialer Abhängigkeiten, die sich dann kaschierend als jener, als »blosser Geschmack« darstellen. Ob (pejorativ so genannter) »Massen-« oder (euphemistisch so benannter) »Individual-«Verkehr bevorzugt wird, erweist wohl noch deutlicher den Status einer bestimmten Gesellschaft — und keineswegs nur in Sachen Transportstruktur. Das »Autogerechte« einer Stadt wird zurecht als typisch für die US-Stadt empfunden, ohne dass aber die Historizität dieser Anschauung mitgedacht würde. (Man übersieht dabei, dass der öffentliche Verkehr in den US-Städten bis in die 20er-, 30er-Jahre hinein teils sogar vorbildlich gewesen war, ehe er von der Autoindustrie planmässig zugrundegerichtet wurde.[23]) Andererseits wirkt für »die« europäische Stadt oft der (diesfalls meist elektrifizierte) Linienverkehr »typisch«. (In den schweizerischen Städten, die in dieser Oppositions-Konfiguration das beste Beispiel abgeben, wird der »Individual«-Verkehr oft mit recht radikalen Mitteln limitiert, was aber vermutlich erst seit 1973 auch für »unbefangene« Betrachter augenfällig wird.)

Es ist schwer zu entscheiden (und abhängig von begrifflicher Übereinkunft), was

Image und was »Ambiente« sei. Die Bewohnbarkeit (Befahrbarkeit respektive Begehbarkeit) einer Stadt ergibt sich jedoch in bezug auf beides aus und resultiert in Bildern. Wie aus den Verkehrsbeispielen hervorgeht — also nach der Semio-Logik dieser Zusammenhänge —, entspricht der sichtlichen Dominanz eines Verkehrsträgers (als Signifikant verstanden) ein Signifikat, welches ein Konzeptuelles einer gesamten Gesellschaft be-deutet. Die derart gewonnenen Zeichen entsprechen dem, was uns als »real sichtbar und einsichtig« suggeriert wird — aber sie sind es nicht: und ebenso wenig vermag der vorgeblich rein »referentielle« historiographische Diskurs, dieses »Reale« einfach abzubilden.

Die Zeichen werden dergestalt im urbanistischen Diskurs von Anschauung, Ingebrauchnahme oder Projekt/Utopie zu einer Art kollektiv-unbewusster Kreation. Durch ihre zahllosen (gegenseitigen) Durchdringungen und Überlagerungen resultieren sie jedoch nicht in klar diagnostizierenden (und ihrerseits diagnostizierbaren) denotativen Leistungen. Zwei Beispiele aus dem Transportsektor sollen dies noch verdeutlichen. Das italienische »Stadtbild« war bis in die 50er- (zum Teil bis in die 60er-) Jahre gekennzeichnet von grundsätzlich hellgrün/dunkelgrün lackierten Trolleybussen (filobus). Dieses Transportmittel war vom faschistischen Regime forciert worden (heimische Energie und Elektroindustrie etc.). Der *filobus* — ursprünglich sollte das anglisierende »bus« vermieden werden: vorgesehen war das Wort *filovia* — war also zum typisch italienischen (hochmodernen) Transportmittel hochstilisiert worden und in der Folge, nicht zuletzt auch aus diesem Grund, wieder in Misskredit geraten. Der massiven Substitution der Trolley- durch Dieselbusse (die also keineswegs nur kommerziell — bis 1973 niedrige Ölpreise —, sondern durchaus auch ideologisch diktiert scheint) konnte erst in den letzten Jahren, ökonomischer ebenso wie ökologischer Faktoren wegen, Einhalt geboten werden. (In der Schweiz etwa, einem anderen »klassischen Trolleybusland«, war diese Form des elektrischen Stadtlinienverkehrs natürlich nie auf solche Weise besetzt.) Auch nach aussen hin zeigte sich die allmähliche italienische Reorientierung, und zwar nicht nur im Verschwinden der Fahrdrähte: das während des Faschismus obligatorische hell-/dunkelgrün (und übrigens blau-crème für die suburbanen Verkehrsträger) wurde durch andere Farben, meist orange, ersetzt. Die vielfach in Italien wieder konstatierbare Rückwendung zum Trolleybus zeigt indessen gewiss auch historische Verarbeitungen an.

Vergleicht man zum anderen Frankreich und Deutschland, so fällt in Form einer merkwürdig gegenläufigen Entwicklung auf, dass in jenem Fall das Stadtbild vom Autobus, in diesem hingegen von der Tramway bestimmt wurde. Dieser Sachverhalt (der nicht ungedingt »auffallen« und bewusst werden muss) ist Teil eines niemals zur Gänze auszumachenden »Images« von Städten;[24] die Umkehrung, die ich eben angedeutet habe (und die eben nicht nur technikgeschichtlich zu verstehen ist), bringt dann Image und Realität durcheinander. Seit einigen Jahren denkt man in bundes-

deutschen Städten wie etwa Hamburg — reichlich verspätet —, »weltstädtischen«
Charakter à la Paris, London oder New York dadurch unter Beweis stellen zu sollen
(was natürlich mit stadtplanerischen und ähnlichen Argumenten verbrämt wird),
dass der elektrisch betriebene Oberflächenverkehr duch Dieselbus-Systeme ersetzt
wird — genau zu der Zeit, als in New York eine neue Tramlinie durch die 42. Strasse
Manhattans, in London zwei neue Tramlinien durch das alte Dock-Areal geplant sind
und in Paris — zunächst — eine neue Linie (Sᵗ Denis - Bobigny) gebaut wird (so wie ja
auch in der französischen Provinz neue Systeme errichtet wurden oder werden:
Nantes, Nancy (Trolleybus), Grenoble und in weiterer Folge Strassburg, Toulouse
etc., wohingegen in der BRD zahlreiche tadellose elektrifizierte Systeme aufgegeben
werden).[25] Es ist offenkundig, daß sich damit das Image von »Modernität«, wie es
auch durch Verkehrsmittel und Transportsysteme ausgedrückt wird, verschiebt.[26]

Resultat dieser vielfach determinierten und in sich wie zueinander gegenläufigen
Entwicklungen, die sich nicht auf *eine* sogenannte historische Entwicklung reduzieren lassen, ist unter anderem eine »Auflösung« der Denotationen in zahllose
konnotative Stränge. Was für den einen (technikgeschichtlich Versierten) Ausdruck
klarer Denotation sein mag, ist für einen anderen allenfalls infinitesimaler Teil eines
mehr oder weniger vagen »Gesamteindrucks«. Keiner dieser Eindrücke ist aber
jemals in der Lage, alle Ausdrucksmodi, -gestalten, -figuren etc. »der (einen) Stadt«
zusammen zu erfassen. Die Konnotation ist überall, und sie ist es vor allem deshalb,
weil die visuellen Zeichen, die wir unausgesetzt produzieren (ob wir es eingestehen
und wahrhaben wollen oder nicht), sich temporal auffächern, verzerren und ver-
lagern: kurz, die Konnotation, abhängig von permanenter Umschichtung der Wer-
tigkeiten durch die Bilder, die »wir uns machen«, *ist* kraft eben dieser temporalen
Staffelung die Historizität — sie ist *Ge-schichtung.*

II. Intentionale Stadtbezeichnungen

1. Die zusammengesetzten Systeme. — Die grossen Bauwerke für Industrie,
Handel und Verkehr sind, im Hinblick auf das 19. Jahrhundert, nicht nur als rein
utilitaristische zu verstehen; sie hatten auch die Aufgabe, eine Vielfalt von ökonomischen *und* symbolischen Verhältnissen zu demonstrieren, »anschaulich« zu machen.
Ich nehme, um der Übersichtlichkeit willen, wieder ein Beispiel aus dem Verkehrs-
sektor: die Bahnhöfe. Es ist unmittelbar evident, dass sich in deren Architektur
verkehrstechnische (und andere technologische) Vorgaben mit ästhetischem Ehrgeiz
(einer Art Selbstdarstellungssucht) treffen; in der Bahnhofsarchitektur symbolisieren
sich die gegebenen ökonomischen, sozialen, kommerziellen etc. Strukturen: sie
visualisieren sich.

Der Bahnhof ist Ausgangspunkt (oder -zone) für die Bahnstrecken, die umgekehrt
auch in ihn münden. Er ist in der jeweiligen Stadt lokalisiert, aber trägt auch schon

Elemente der Regionen in sich, die er aufschließt.[27] Er steht also in einem doppelten Verweisungs- und Bedeutungssystem. Zudem ist er mit zahlreichen weiteren Bezügen behaftet. Von hier aus tritt man die Reise an (wohin? weshalb?); hier — das heisst vor allem auf der vorausliegenden Strecke — können sich Unfälle ereignen; er markiert Fernweh ebenso wie, prospektiv, Heimweh etc.[28]

Die Symbolisierung der (materiellen) Stellung von Bahnstrecke und Bahngesellschaft ebenso wie die des konkreten Bahnhofgebäudes, also seine Situierung in etwas, das urbaner Kontext genannt werden kann, erfolgte zur Zeit des Baus der grossen Linien durch sich architektonisch manifestierende, gleichwohl vor- oder halbbewusste (also gewissermassen latente) Zeichenoperationen. Es genügt, als Beispiel den reichlich spät fertiggestellten Bahnhof *Milano Centrale* anzuführen. Seine Architektur — »un assemblage mégalomanique d'éléments stilistiques hybrides, d'inspiration vaguement assyro-babylonienne«[29] — gewann unzweifelhaft auch die Aufgabe, das faschistische Regime unter Rekurs auf die Verbildlichung und Verräumlichung imaginärer historischer Vorstellungen, also Geschichtsbilder, sichtbar zu legitimieren und erlaubte entsprechende Decodierungen signifikanter baulicher Züge. Das Ge-schichtete eines kollektiven Unbewussten, sich im konkretisierten Imaginären der Architekten und Bauherren brechend, decouvriert sich hier in Form seiner materialen (und also auch visualen) Manifestation.[30]

Die »Rückschau« der Historiker besteht natürlich ihrerseits darin, dass sie Zeichen (und diesmal »nur auf dem Papier«, wie es im — falschen — abschätzigen Sprechen heisst) konstruieren, um etwa die Bedeutung eines Bauwerks entschlüsseln zu können. Bestimme »Stilelemente« oder »-mittel« werden als Signifikanten gesetzt und »deuten auf etwas hin«. Damit wird bestimmten Modellen von Kultur Signifikatscharakter zugeschrieben, der also niemals sehr präzise sein kann.[31] In diesem Sinn ist die historiographische Operation eine Art Inversion des »tatsächlich Geschehenen«, die damit fast induktiven Anschein gewinnt: sie (die Operation) legt einen Weg von den Praktiken — so weit sie nach materialen Zeugnissen im weitesten Sinn noch rekonstruierbar sein mögen — zur Unterstellung eines Konzepts zurück, das notwendigerweise über die vergleichsweise enge Zone, auf die sich ursprünglich das »Konzeptuelle«, das konkret untersucht wird, bezogen hat, weit hinausgeht. Der Historiker gelangt hier in der Regel zum breiteren, non-intentionaleren und damit mit mehr Konnotativem durchsetzten Konzeptuellen (zurück), während bei der Hervorbringung des »untersuchten Gegenstands« partikularere, motiviertere und dadurch eher denotierende Vorstellungen Pate gestanden sind.

Um diese Beobachtung zu erhärten, genügt es, sich den traditionell historisierenden Charakter der Bahnhöfe (vor allem des 19. Jahrhunderts) vor Augen zu führen. Ihr Stil, egal ob es sich um St. Pancras, Euston, den Zentralbahnhof von Antwerpen oder Milano Centrale handelt, historisiert indes auf besondere Weise; man könnte von einer besonders euphorischen Historisierung sprechen, die ohne Zweifel einer

357

Tendenz zur Überkompensation entspringt. Die Ingenieure und Architekten, die im 19. Jahrhundert Bahnhöfe und Bahnanlagen entwarfen und bauten, waren sich — wie es im gewöhnlichen Sprechen hiesse — dessen bewusst, dass sie traditionelle Kulturlandschaft (zer)störten. Naturgemäss konnte ihnen in ihrem — anachronistisch ausgedrückt (aber wie sonst könnte man es ausdrücken?) — technokratischen Triumphalismus genau das nicht wirklich bewusst werden; es war ihnen vorbewusst. Eben dieser Umstand begründet den Hang zu Kaschierungen, wie sie sich eben in der Historisierung zeigen.

Hier lag eine entscheidende Scharnierstelle in den unablässigen Transformationsprozessen Natur/Kultur. Im 19. Jahrhundert war dieser Vorgang und sein *»sens«*[32] — gesellschaftlich positiv besetzt; die Legitimität dieses auch imaginierten Prozesses wurde symbolisch überhöht durch die heute fast schon wieder charmierenden Mammuts historisierenden und akademischen Stils. Im 20. Jahrhundert — sieht man von Beispielen wie der bereits erwähnten *Milano Centrale* oder *Limoges-Bénédictins* ab — verkehrt sich, zunehmender Zweifel wegen, diese Tendenz. Abgesehen davon, dass sich die Gigantomanie unserer heutigen Gesellschaften beim Flug- und Autoverkehr zeigt, werden Bahnhöfe (sofern überhaupt noch welche gebaut werden) möglichst unprätentiös gebaut, was, materialistisch analysiert, natürlich auch ihrer relativ gesunkenen Bedeutung entspricht.[33]

Bahnhöfe zeigen — »stilistisch« ebenso wie von ihrer rein transporttechnischen Anlage her — auch die *Art* der Durchdringung der Landstriche durch die Bahn (und damit durch die Stadt!) an. Geschichtlich markiert sich hier die »Ära der Zentralismen« in Gestalt der Kopfbahnhöfe Londons oder Paris', Wiens oder Berlins. Jede Stadt, in der (konkret soziokultural) zentralisierende Ambitionen dominierten, weist, in Form von materiellen Indizien respektive symbolischen Indikatoren (also, semiologisch gesprochen, durch indexikalisches Material), Kopfbahnhöfe auf (Budapest, Mailand, München etc.), wobei es aufschlussreich ist, ob sie nur einen besitzt — der dann Zentral- oder (in Deutschland) Hauptbahnhof geheissen wird — oder mehrere (Budapest als Exempel für durchaus in Form der Magyarisierung vor sich gehende radikal-staatliche Dominanzaspirationen). Ehemalige Territorialisierungen sind auch heute noch symbolisch augenfällig, das damalige Imaginäre in gewisser Weise nachvollziehend. Bahnhöfe wie die von Metz oder Poznań (Posen) sagen im Grunde: wilhelminisch; indessen gibt es etwa auch Signifikanten eines (latenten) »Stils des Gallizismus«, wie er sich nicht nur in den Uhrtürmen der Gare de Lyon oder Limoges-Bénédictins manifestieren.[34]

Schliesslich ist noch bemerkenswert, wie sich Bahn respektive Strasse sozusagen urban gerieren und in den Perioden, in denen sie jeweils dominieren, ihrerseits die Stadt bezeichnen. Den Strassennetzen eignet, trotz aller Bezeichnungs- und Klassifikationsversuche (Numerierung, Beschilderung, Bodenmarkierungen etc.) etwas Vages. Die zweite Hälfte des 20. Jahrhunderts ist von diesem seltsamen Sich-

Verlieren gekennzeichnet, das als verlogenes Signifikat »Freiheit« aufweist: selbst Autobahnen gehen (um nur ein Beispiel zu wählen) in einem boulevard périphérique auf, der die sogenannten Verkehrsströme weiter verteilt.[35] Es gibt hier Anfang oder Ende nur durch arbiträre Festlegung (zum Beispiel die Spitze des Stephansdoms in Wien für die Kilometrierung österreichischer Strassen und dergleichen). Die Bahn andererseits hat in ihrem »Hof« Ausgangs- wie auch End-»Punkt«: und zwar materiell-technisch, wie auch symbolisch-architektonisch klar und eindeutig. Die Bahn erscheint dergestalt als typisch für das 19., die Strasse als typisch sowohl für das spätere 20. als auch für frühere (vor dem 19. Jahrhundert liegende) Jahrhunderte (denn diese Juxtapositionierung sagt nichts über »Modernität« oder »Rationalität« aus; von weitgreifendem technikgeschichtlichen Gesichtspunkt aus ist es gewiss eine mit der Erfindung des Rades durchaus vergleichbare radikale Neuerung, dass das 19. Jahrhundert eine präzise Spurführung hervorbringt: es charakterisiert nur auch, vom intellektuellen Inventions- und Innovationsklima her, eben dieses Jahrhundert).

Die Routen waren im 19. Jahrhundert genauer vorgezeichnet; es gab eben auch deutlich unterschiedene *Klassen* auf der Eisenbahn; und der »Lebensweg«, als Parcours verstanden, mündete schliesslich in die Nekropolis, in den Todesbahnhof.[36] Im 20. Jahrhundert erfuhr die »Todesbahn« ihre zynische Erfüllung in Form der Entlade- und Selektionsrampe in Auschwitz; über dem Tor schien unter anderem das Wort »Freiheit« — Verbrämung von Tod, Mord in grausamster Form — auf: je näher wir an unsere Gegenwart »historisch« herankommen, desto sinistrer werden die Kaschierungs-, Verhehlungs- und Entstellungsmächte.

Es wäre also falsch, einer kurranten jüngeren Ideologie abzunehmen, der »Individual«-Verkehr gewähre (mehr) Freizügigkeit. Damit nähmen wir nur der ubiquitären Automobilwerbung (die auch von nicht von ihr bezahlten und also sozusagen unbewussten Agenten vermittelt wird) ab, was sie mit ihren signifikanten Operationen quasi als ultimates Signifikat schemenhaft phantasmiert: die Freiheit.[37] Diese Überlegung zeigt auch, dass unser aller (»abstrakte«) Vorstellung von Freiheit abhängig ist von ikonographisierbaren Darstellungen, die sich über materielle Manifestationen, die wir als Signifikanten setzen können, auf gesamtkulturale Signifikate beziehen.

Dass sich das Historizitätsmoment der Zeichen von »realer« Geschichte und Historiographie (das Zeichen kann in diesem Sinn fast als eine Art »shifter«, jedenfalls als Übermittlungs- oder Übertragungsinstanz gesehen werden, das Tangibilität durch Intelligibilität substituiert) aus einer jeweiligen inneren Verschiebung von Signifikant und Signifikat gegeneinander ergibt (und sohin die »reale geschichtliche Dynamik« durch eine der Semiooperation simuliert), möchte ich nun noch anhand zweier Beispiele aus einer semiotisierten Transportgeschichte respektive -historiographie vorführen. In Buster Keatons *The General* (so heisst bekanntlich in diesem Film eine Lokomotive, die also eine »Hauptrolle« spielt) sind, was die Semiokonfiguration anbelangt, nicht nur die Uniformen der Konföderierten und der »Yankees« oppositionell zueinander angeordnet. Die jeweilige Fahrtrichtung der (entwendeten) Lokomotiven (wie sie von der Kamera aufgezeichnet worden ist) erweist sich ebenfalls als signifikant. Das Wechseln der (Fahrt)Richtung oder der Uniform ergibt also »*sens*« (Sinn und Richtung); der eine (in der Narration) sucht für den anderen (der »realen Geschichte«) einzustehen. Im übrigen verweise ich nur noch en passant darauf, dass der (scheinbar »die Geschichte« zeigende und gewährleistende) »Kraftschluss« zwischen Signifikation (in diesem Fall des Films) und »referierter historischer Realität durch die artifizielle Setzung von Signifikanten erfolgt (Uniformen als Zugehörigkeitsmerkmal, Bewegung in Form von Fahrtrichtung etc.). Das rekonstruierende Transportmaterial der 1920er- respektive 1860er-Jahre diente also, vermöge historiographischer Bezeichnung, auch dazu, Bedeutung zu transportieren. Schliesslich ist dabei noch bemerkenswert, dass die blosse *Vermutung* des Gegebenseins von geschichtlichen Signifikaten eine Art Reflex auslöst, der auf das Vorhandensein von (historiographisch operierenden) Signifikanten hindeutet. Hier also erweist sich — indem sich von den 1860er- zu den 1920er- und schliesslich zu den 1980er-Jahren Signifikant und Signifikat unausgesetzt im Sinne von Entschlüsselbarkeit respektive sogenanntem historischen Wissens, das sich zudem sozial *different distribuiert* und schattiert, zueinander neu placiert — die historische Instabilität des Zeichens, indem der Referent — ausserhalb des Zeichens — unterschiedlich entrückt (»absent« nach Certeau) ist und solcherart Rückwirkung auf die Anordnung Signifikant/Signifikat hat.[38]

Von Masseau gibt es aus dem Jahr 1932 ein Reklame-Plakat für die französische Staatsbahn.[39] Es zeigt eine stark stilisierte Dampflokomotive von schräg vorn; seitlich ein Stück Perron; der Hintergrund wird von einer angedeuteten Bahnhofshalle gebildet; aus dem Führerstand schaut ein Maschinist in Blau heraus. Die Perspektivik ist so ausgelegt, dass der Fluchtpunkt exakt am rechten Bildrand liegt (und zwar fast genau am Ende des ersten Drittels der Vertikale, von unten gerechnet). Das Plakat trägt oben in eleganten, dünn linierten Buchstaben das Wort *exactitude*, auf der cériseroten Rammbohle der Lokomotive steht nur, in fetteren (weissen) Buchstaben, *ETAT*. Ohne hier die visuelle Wirksamkeit im einzelnen imagologisch analysieren zu können, möchte ich ein paar historisch interessante Punkte herausgreifen. *Etat* und *Exactitude* werden durch zweimal Majuskeln (unten respektive oben) gleichgesetzt; das Signifikat exactitude wird durch Signifikantenoperationen an Staat und Bahn gebunden; es wird auch eine Opposition (willentlich?) hergestellt, die die Etat-Strecken mit den privaten Strecken in Beziehung setzt (P.-L.-M., Nordbahn, P.O. und Midi etc.). Dem Letztgenannten entspricht auch, daß eine *Dampf*lokomotive die Rolle des (visualisierten) Signifikanten für exactitude spielt, wiewohl ja der elektrische Betrieb auf einem Teil der Atlantique-Strecken damals bereits seit einigen Jahren existierte (aber nicht bei »Etat«: Orléans war 1926 erreicht worden). Später würde sich in dieses Masseau-Bild natürlich auch die *Bête-humaine*-Verfilmung mit Gabin einspielen, die ja auch auf der Etat-Strecke spielt. Wir sehen hier also einen Signifikanten/Signifikats-Kreislauf, der nichts *eindeutig* denotiert (aber vieles *approximativ*), und der mit zunehmendem historischen Abstand vom Referenten immer anfälliger wird für konnotative »Schmarotzer«: das zusammengesetzte System (das ohne Rekurs auf Konnotatives nicht funktionieren könnte) schwingt, pendelt zwischen Denotation und Konnotation hin und her, wobei erstere im semio-historischen Prozess immer schwerer auszumachen ist. Das historiographische Zeichen ist symbiotisch: wir begehren die klare Denotation, die ohne Konnotation nicht sein könnte — sie sind ineinander verzahnt.

2. *Die bezeichnete Stadt: die »sichtbaren« und die »unsichtbaren« Netze.* — Die Kartographie ist zweifellos eine der ältesten Kulturleistungen. Sehr früh mussten sich die Menschen darüber verständigen, wie Orientierung gewonnen *und mitgeteilt* werden könne. Eine semiologische Geschichte der Kartographie steht noch aus; ich möchte daher andeuten, an welchen Punkten Kartographie und »bezeichnete Welt« (in unserem Fall: Stadt) im Lauf geschichtlicher Prozesse ineinander greifen. Zu diesem Zweck ist es zunächst angebracht, sich Borges' Geschichte *Von der Strenge der Wissenschaft* in Erinnerung zu rufen.

Hernach müssen wir uns in folgende Lage versetzen: wir sollen uns in einer Stadt zurechtfinden und zum Erreichen bestimmter Ziele öffentliche Verkehrsmittel benützen. Das real existierende Verkehrsnetz hat indessen für uns keinerlei Tangibilität (es ist unanschaulich; »tangibel« ist es für uns nur in Form bestimmter Transportmittel, also etwa individueller Autobusse, Waggons oder Züge). Der realen Struktur des *Netzes* eignet also keine Anschaulichkeit; diese ergibt sich merkwürdigerweise nur über einen Plan, eine Karte. Es gibt bekanntlich eigene Pläne, die nur ein jeweiliges Netz bezeichnen. Von unserer entsprechenden Intelligibilitätskompetenz hängt es ab, ob — respektive inwieweit — wir uns zurechtfinden.

Zunächst ist klar, dass es (in den uns inzwischen vertrauten Ausmassen) dabei um eine sehr rezente Entwicklung geht; erst eine Stadt, die so gross ist, dass sie nicht mehr (gewissermassen von einem Ende zum anderen) begangen werden kann, erfordert Transportmittel, die ihre Befahrbarkeit ermöglichen, und bringt demzufolge Netze hervor, die ihrerseits durch Karten »anschaulich« gemacht werden müssen.[40] Diese sozioökonomische, technische *und* symbolische Entwicklung bildet nicht nur neue Typen von Kartographie heraus, sondern ergibt auch eine Revolutionierung des topologischen und abstrakten Apperzeptionsvermögens. Es erweist sich auch zum ersten Mal in der Geschichte, dass »unmittelbare Anschauung« (und Betrachtbarkeit insgesamt) immer schon über Relais gelaufen war und nun ersetzt werden musste durch gesellschaftlich und symbolisch geregelte Zeichenoperationen, die es vermöge Kommunikation und Interaktion überhaupt noch gestatten, sich zu orientieren und sich über diese Orientierung allgemeinverständlich auszudrücken.

Die daraus notwendig hervorgehenden Konventionen liessen vergessen, dass es dabei auf weite Strecken um ein System von kollektiv-unbewussten Übereinkünften ging, um ein System von zwar Arbiträrem, nicht aber unbedingt und in jedem Fall Non-Intentionalem. Die geschichtliche Entwicklung der Urbankartographie erweist etwas Seltsames: der Realitätseindruck und -effekt ergab sich in zunehmendem Mass via symbolisch ins Werk gesetzter Imagination — und zwar sowohl im Hinblick auf Projekt wie auch momentanen Status. Die Stadtutopien von früher waren wesentlich beschriebene; die »idealen Ansichten« architektonisch-ästhetischer Konzepte ver-bildlichten sich zwar bisweilen (man denke an Piero della Francescas Projekt für eine Idealstadt, deren Bild in Urbino zu sehen ist), richteten sich jedoch selten nach den Gesichtspunkten direkt umsetzbarer Praktikabilität. Wo ist etwa bei Le Corbusier (aber auch schon bei Otto Wagner oder Camillo Sitte) die Grenze zwischen diesem (sei es sich verbildlichenden) Diskurs der Utopie und praxisbezogener Planung (also dessen, was umsetzbar wäre)? Der interessante (und für meine Argumentation ent-scheidende) Sachverhalt ist, dass man einem Plan *nicht ansieht,* ob er sich auf Reales bezieht. Er kann sich durchaus auch auf etwas beziehen, das »imaginär« geblieben ist. Der Plan »bildet« nicht Synchronie und Diachronie einer Wirklichkeit »ab«[41] — er kann ihr auch vorausgehen, weil sie andernfalls nie *planbar* wäre. Er ist, als Plan, nicht Syntagma sondern auch Paradigma: in ersterem Fall kann er (gegebenfalls) Bedeutungsveränderung wiedergeben, in zweiterem kann er indessen die »reale Stadt« substituieren.[42]

Der Plan bildet also offenkundig eine Brücke zwischen Anschaulichkeit und Wirklichkeit: aber der Augenschein kann trügen — und das »Dargestellte« gar nicht »wirklich« existieren. (Natürlich sind »Reales« und »Imaginäres« nicht in diesem Sinn kommensurabel; sie sind »Register« desselben »Regimes«, aber nicht beide in gleicher Weise »die Realität«). Jedenfalls kann man (vom blossen Betrachten eines Plans her) nicht sicher sein, ob das (scheinbar) von ihm Bezeichnete »real« (vorhanden) sei oder nicht, was die theoretische Unabhängigkeit der beiden Systeme (codierte Wirklichkeit und Darstellung durch den Plan) begründet. Wenn wir ihn für eine Bezeichnung des Realen halten, so ist das nur Resultat unserer Erfahrung (der aber die Zeichen der — auch »imagologisierten« — utopischen Diskurse entgegen-stehen), dass es ein unsinniger Aufwand wäre, etwas Nicht-Vorhandenes (karto-graphisch) *zu bedeuten.* Die solcherart zustandekommende (ein »symbolisches« Instrumentarium benützende) Stadtbeschreibung ist also, was die Imaginationen und deren symbolische Darstellungsweisen anbelangt, an dem der (vor allem litera-rischen) Fiktion gegenüberliegenden Pol des symbolischen Universums angeordnet.

Die Orientierung im Realen zufolge des Plans kann dergestalt als real kraft imaginär beschrieben werden — wobei dieses »kraft« die symbolische (semiotische) Operation anzeigt, sowie auch den »shifter«, der diesfalls eine Struktur in eine andere überträgt. Es gibt also permanente, sozialgeschichtlich determinierte Zeichen(de)-

konstruktion, die diverse gesellschaftliche Kapazitäten und individuelle Kompetenzen (die eine Funktion von diesen sind) des Ver- und Entschlüsselns hervorbringen. Es geht also wesentlich um eine Übertragbarkeit der »Systeme«, um »le pouvoir de constituer les objets en signes, de transformer ces signes en langage articulé et le massage littéral en message connoté.«[43]

Alles hängt hier davon ab, wie in einem bestimmten geschichtlichen Stadium »das Reale« eingeschätzt wird. Wenn wir es (wie in der Urbanistik heute üblich) als ein unbegrenztes Kontinuum ansetzen, wird klar, dass es, um überhaupt intelligibel werden zu können, sowohl zu Vorstellungen (Wünschen, Begehrtem, Ersehntem etc.) — kurz: zum Imaginären — als auch zum Symbolischen (Verständigungsinstrumentarium, gesellschaftlich emittierte Signale etc.) — also zum Symbolischen — Beziehungen unterhalten muss. »Das Reale«, weit davon entfernt, blosse »Natürlichkeit« zu sein (es ist duch unausgesetzte Operationen im Bereich der Soziokulturen, also durch geschichtliche Prozesse, herausgebildet), tritt damit in seinem Konstruktcharakter zutage; es definiert sich zudem nur aus den zeichenhaften Relationen, die es mit den beiden anderen »Registern« aufweist.

Schematisiert dargestellt, haben wir es (im Foucaultschen Sinn) mit einem auf seiner Spitze stehenden Triëder zu tun, bei dem ich unten das Reale, links oben das Imaginäre und rechts oben das Symbolische einzeichne. (Im übrigen interessieren die Relationen zwischen den »Punkten«, nicht diese selbst.) Das Reale »als solches« ist unan-schaulich: die soziokulturale Verbindung der Menschen untereinander (»die Gesellschaft« in ihrer »historischen Dimension«) ergibt sich aus der geschichtlich variablen *disponibilità* des »Realen« durch Zeichenoperationen. In bezug auf die Darstellung der Stadt durch die Karte hat Anne Cauquelin vor ein paar Jahren geschrieben:

> La complexité de repérage d'une ville dans son simple appareil spatial, entrelacs de rues, perspectives proches ou lointaines, étendue, densité, est représentable sur un plan. Ce qui est impossible à appréhender dans un ensemble en situation réelle, devient par la magie du graphisme, lisible d'un seul coup d'œil. Cette vision en simultanéité d'une totalité diachronique, c'est la carte (...) Mais, pour ce coup d'œil, encore faut-il que graphisme respecte (...) le système de signes représantatifs. (...) Cette transcription, non seulement, appelle cette vision simultanée qui est totalisante et sécurisante et qui permet, dans le cas d'une carte routière ou d'une carte du métro de se déplacer efficacement, mais permet aussi la »manifestation«. Une série de plans de ville permettent de faire apparaître successivement des éléments très divers (...)[44]

Wir können sagen, daß der Text (oder die Textur) des Realen, das uns als Natürliches erscheint, durch artifizielle »Sprachen« (also etwa durch die Kartographie) gleich aktiviert wird.

Der Stadtplan (wie er beispielsweise Verkehrslinien verzeichnet) ist dem Symbolischen zuzuordnen; in gewisser Weise handelt es sich dabei um eine Metasprache. Die Beziehung, die solcherart zwischen Realem (R) und Symbolischen (S) hergestellt wird, ist eine *signaletische*. Die Signaletik wird, um das *R* zu bedeuten, in dem Mass unvermeidbar, wie die Komplexität eines (etwa urbanen) Gefüges im Laufe der geschichtlichen Prozesse zu gross wird, um eine sogenannte »unmittelbare Wahrnehmung« (also Entschlüsselung) zu gestatten. Sie (die Signaletik) ist Reduktion ebenso wie Anweisung, Simplifikation ebenso wie Erklärung. Zwischen *R* und *S* ist also eine semiologische Relation hergestellt, die man, nach Barthes, *Kommunikation* nennen könnte: der Plan der Verkehrslinien unterweist uns in der »realen Benützbarkeit« eben dieser Linien.

Indessen bestehen auch zwischen Realem und Imaginären (I) sowie zwischen *I* und *S* Beziehungen. Jene ermöglicht beispielsweise die Insertion des Kreativen ins sogenannte Alltagsleben, diese reguliert die Verständlichkeit des »bloss« Vorgestellten. Auf das Transportexempel angewandt, heisst das, dass die Relation *R/S* zum Beispiel die (De-)Codierung realer Verhältnisse in Form (leicht) fasslicher Darstellung hervorbringt. Das *Netz* wird nur »anschaulich« (i.e. vorstellbar) durch Rekurs auf den Plan. In all diesen Fällen finden geschichtlich ungleich distribuierte Zeichenoperationen statt.

Ohne hier und jetzt schon hoffen zu können, die Gesamtheit dieser Operationen zur Gänze aufzuhellen, muß ich noch auf die mögliche Übertragbarkeit des Hjelmlevschen linguistischen Zeichenmodells in die Zonen des Imagologischen verweisen. Hjelmslev unterscheidet bekanntlich sowohl hinsichtlich Ausdrucks- (Signifikanten-), als auch in bezug auf die Inhalts-(Signifikats-)Ebene (sa/sé) zwei Straten: Form und Substanz:

Ausdruck		Inhalt	
Su	F	F	Su

Die Bezeichnung, die zwischen *I, R* und *S* Beziehungen herstellen und von denen es sechs Typen gibt — R—S, S—R, R—I, I—R, S—I und I—S — besorgen also, ein wenig an »shifters« erinnernd, jeweils die Übergänge von einem »Register« ins andere. Als Beispiel nenne ich nur die Relation, die der Plan der Verkehrslinien zwischen *R* und *S* herstellt (der Plan hier als artifizielle oder Metasprache einer »als solchen« nicht verständlichen, i.e. nicht anschaulichen, ersten Sprache). Die signifikanten »Symbole« (also eigentlich das signaletische graphische Instrumentarium der Kartographie), genauer: die Form ihrer Ausdrucksebene, stellt die Beziehungen her zu den Formen der Inhaltsebene. Das signifikante Element (im *Guide Michelin* von Italien oder Deutschland etwa die strichpunktierten Linien für Trolleybuslinien) entspricht der Form der Inhaltsebene, die sich dem Betrachter des Realen als Fahrdrähte darstellt.

364

(Dieser »Kurzschluss« zwischen Form des Ausdrucks und Form des Inhalts ist auch verantwortlich für den »Realitätseffekt«.) Das Ensemble der darstellerischen Kraft signifikanter Elemente (zum Beispiel auch der Farbcode für ein Liniensystem, wie er etwa neuerdings bei der Zürcher Tramway angewendet wird) ergibt — auch ohne direkte »Realitätsimpression« — eine Vorstellbarkeit der jeweiligen Stadt, ohne dass diese als solche betrachtet werden müsste.

Eine Verbindung zwischen *I* und *S* (wo man gefühlsmassig vielleicht am ehesten Signifikation ausmachen würde) ergibt sich eben in Form der — um Barthes' Terminologie beizubehalten — *signification*.[46] Sie regelt die Vorstellbarkeiten; ihre Analysierbarkeit ergibt sich aus der *néo-sémiotique*, aus der Wissenschaft von den Symbolen; in meinem Beispiel ermöglicht sie es, die Kartographie verzeichneter Verkehrslinien »imaginär« zur Vorstellung eines Netzes zusammenzuschliessen, in dem man aus mehreren möglichen Routen schliesslich einen bestimmten Parcours auswählen kann.

Die dritte Beziehung (ebenfalls in beiden Richtungen vorstellbar: *voies banalisées* in der französischen Eisenbahnersprache), diejenige zwischen *R* und *I*, mag die der *signifiance* sein, die Barthes den *troisième sens* (oder *sens obtus*) nannte. Er ist das Ungeregelte, die unbekannte Grösse, er ergibt jenes *Gleiten,* das erklärt, warum »das Reale« (trotz aller Versuche, es als eindeutig, zwingend und verpflichtend zu deklarieren), abhängig von unseren imaginativen Fähigkeiten, immer wieder ins *Schillern* gerät. In meinem Beispiel erklärt dieser Umstand, warum — auf der Basis ein- und desselben Stadtplans — verschiedene Menschen (oder verschieden akkulturierte Menschen) die durch ihn »angepeilte« Stadt durchaus unterschiedlich »lesen« — also ungleich interpretieren, empfinden, ja, durchaus *wahr-nehmen.*

Die Zeichen, die solcherart zustandekommen, unterliegen, es ist offenkundig, einschneidenden sozialgeschichtlichen Veränderungen, Verlagerungen, Verschiebungen. Ich füge noch einige Betrachtungen an, die die Konstruktion dieser Zeichen betreffen, und beziehe mich abermals auf Barthes — und zwar auf *Système de la Mode.*[47] Im Kontext der Urbanistik interessieren vor allem die möglichen Situierungen von Konnotation und Metasprache. In den *Elementen der Semiologie* meinte Barthes bekanntlich, dass »un *système connoté est un système dont le plan d'expression est constitue lui-même par un système de signification«;* bei den Metasprachen treffe indessen folgendes zu: »*un métalangage est un système dont le plan du contenu est constitué lui-même par un système de signification.«*[48] Es zeigt sich hier, weswegen Semiologie und Geschichte eigentlich untrennbar sind: die sogenannten historischen Prozesse sind, *was ihre Intelligibilität anlangt,* in einer unausgesetzten Abtrift von der Denotation zur Konnotation begriffen. Frei nach Barthes kann dieser Sachverhalt durch folgende (approximative) Graphik dargestellt werden:

sa	sé

Konnotationen der urbanen
»Wirklichkeitseindrücke«

sa	sé

Codes der »realen Stadt«

sa	sé

Denotationen der kartographischen
»Metasprache«

Die Diagonale, die sich, nach rechts oben aufsteigend, durch die Rechtecke legen lässt, steht in dieser Konfiguration durchaus für die Dynamik des Geschichtlichen.

Ich kann nun mit ein paar Hinweisen zur Funktionsweise dieser Schemata schliessen. Von Autobus- oder »U-Bahn«-Linien ist in der Regel »nichts zu sehen«. Im zweiten Fall sind es lediglich die Stationsgebäude, die auf das (verborgene) Netz hindeuten. Von der Intention her »denotative« Leistungen (»hier ist ein Eingang zur Métro«), ergeben sich zusätzlich konnotative Momente (denken wir etwa an die Otto Wagner-Bauten der Wiener Stadtbahn oder die art-nouveau-Stationen in Paris). Kartographisch (also bezogen auf ein weiteres »reales System«, das in diesem Fall, wie ich gezeigt habe, die Relation zwischen R und S signaletisch regelt) werden Linien dargestellt, die der Erblickbarkeit entzogen sind. (In der Stadtplanung stellt man übrigens meist die *Erreichbarkeit* der Stationen dar — und nicht die eigentlichen Linienwege—: um jeden Punkt wird ein Kreis mit beispielsweise 300 oder 500 Metern Durchmesser gelegt.)

Bei einem Autobusnetz (wo also keine sichtbaren Anhaltspunkte in Form von Oberleitungen oder Schienen gegeben sind) sind überhaupt nur die Markierungen durch Haltestellenschilder vorhanden, die — als eine Art »*Implikant*« — in bezug auf System und Netz Signifikantenrolle einnehmen; im übrigen sind es nur die einzelnen Busse selbst, die dieses bezeichnen (deshalb ist es auch tunlich, sie nach einem bestimmten Farbcode zu lackieren, der dann seinerseits wieder — denken wir zurück an das Londoner Doppeldecker-Beispiel — das »Image« einer Stadt mitbestimmt). Es ist anzunehmen, dass das durch diese Anhaltspunkte gelieferte Bild von einem »unsichtbaren Netz« dadurch zustandekomme, dass wir unbewusst die Formstraten von Ausdrucks- und Inhaltsebene »kurzschliessen«.

Eine letzte Bemerkung zur »Kartographie von Wirklichkeit«. Wir alle kennen die gestrichelten Linien auf Stadtplänen, die in der Regel projektierte oder im Bau befindliche Strecken angeben. Ich habe einen RATP-Plan von Paris aus dem Jahr 1981 vor mir, auf dem die dritte (hier blau wiedergegebene) RER-Linie (die der sogenannten »interconnexion«) nördlich von Châtelet noch strichliert angegeben ist (es könnte ebenso gut *en projet* dabei stehen: der Plan ist also, nach dem gewöhnlichen Sprechen, schon »historisch«). Das Wesen der »unsichtbaren Netze« ist wesentlich eines der

Unsicherheit: ohne die kartographisch oder verbal gelieferte (Zusatz-)Information vermöchten wir nicht zu sagen, wie es sich »wirklich verhält« — die Stadt, wie dieses Beispiel schlagend vor Augen führt, ist im Laufe der letzten Jahrhunderte (oder wenigstens Jahrzehnte) immer mehr von einer »sichtbaren« zu einer *implizierten* geworden.[49]

Der letztendliche Ehrgeiz der *»Semiohistorie«* ist es natürlich, Generativitäts- und Transformationsregeln für die Sozialgeschichte darzustellen, um damit für den symbolischen Bereich das leisten zu können, was marxistisch inspirierte Historiographien für die ökonomischen Faktoren getan haben. Die Geschichten davon, wie wir über bestimmte Zeitabläufe hinweg die sich wandelnden Bedeutungen in einem »genau« umschriebenen Raum (wie die Stadt einer ist) in Form kollektiv-unbewusster Praxen unausgesetzt sekundär, tertiär etc. ver- und entschlüsseln, rückt die sozialen Prozeduren und die wissenschaftlichen Strategien in ein Verhältnis der Entsprechung — die szientifische Operation vermag der realen Fabrikation, über zahllose Relais hinweg, zu entsprechen.

Einige Regeln sind dabei freilich zu bedenken. Indem es der modernen Geschichtswissenschaft nicht mehr darauf ankommt, letztlich beliebige »Geschichten« zu erzählen, stellt sie die Fragen anhand der (sozialen) Bedeutung sogenannten »historischen Wissens« (also nach den aktuellen Gründen der Erinnerbarkeit); die Kräfte von momentanem Interesse und momentaner Motivation werden in Relation gesetzt zu der (re)konstruierenden Bedeutung des Vergangenen; dessen Koppelung an die soziale Praxis der Gegenwärtigkeit wird vom historiographischen Diskurs (mit)besorgt — die Wissenschaft wird *auch* zu einer Kunst der Äusserungen.

Die Transportgeschichte (etwa nach einer Dialektik von jeweiliger Wertschätzung von »öffentlichem« und »Individual«-Verkehr verstanden) ist einer von sehr vielen Indikatoren im Spiel einer über die blosse Geschichte der Wortbedeutungen hinausgehende allgemeinen Semantik, aufgrund von deren Entwicklung in den letzten zwei oder drei Jahrzehnten den Signifikanten immer mehr Aufmerksamkeit beigemessen worden ist. Das »ultimate Signifikat« — das im urbanistischen Diskurs so häufig zu konstatieren ist: der euphorische Diskurs Otto Wagners (unbegrenztes Wachstum) vs. der kritizistische Diskurs Camillo Sittes (Idealbild der geschlossenen mittelalterlichen Stadt) — ist zu einer Schimäre, zu einem Phantasma geworden: alles hängt von unseren Beziehungen zum Objekt des Wissens ab und von den Korrelationen der Bausteine, wie sie aus Gründen bestimmter Konfigurationen erfahrbar werden — diese Beziehungen sind es, die Wissen in einem fort konstituieren und auch wieder unterwandern.

Wie die Transportgeschichte mit besonderer Deutlichkeit erweist, geht es um komplexe Gegenläufigkeiten (und kaum um eine blosse »consecutio factorum«). Die Ungleichzeitigkeiten von »Entwicklungen« in definierbaren Räumen gehorchen dabei nicht nur ökonomischen und technischen Zwängen oder Gesetzmässigkeiten, sondern unterliegen auch den Bedeutungszuschreibungen, deren ferne Echos etwa Stadtpläne erahnen lassen. Allein schon die semiohistoriographische Aufarbeitung der Urbankartographie wird erweisen, wie der *Plan* gesellschaftliche Phantasmen (ohne im einzelnen darum zu wissen) aussagt. Das Bild einer Stadt ergibt sich nicht zuletzt daraus, wie sie sich dergestalt der Darstellung anbietet. Aber die Transportsysteme tragen nicht nur zum »Image« einer Stadt bei — sie sind auch in der Weise sozialgeschichtlich konstitutiv, als sie immer auch an einem Alltagsmythos bauen. Die Geschichte des »Mythos: die Métro« ist für die Geschichte von Paris kokonstitutiv — und sogar über Paris hinaus: ausser im deutschen Sprachraum werden »U-Bahnen« nahezu überall, auch in germanophonen Ländern, Metro genannt.

Wir können feststellen, dass die Geschichtswissenschaft heute, über die Taxonomie hinausgehend, dazu tendiert, syntagmatisch (hinsichtlich ihrer »Gegenstände«) und metonymisch (in ihren präsentativen Strategien) zu verfahren. Mit Freud gesprochen, könnte eher die Rede von Verschiebungen als von Verdichtungen sein. Der Bedeutungswandel »in der Geschichte« wird demgemäss erfahrbar über die fabrikatorische Signifikation des historiographischen Diskurses.

Anmerkungen

1 Trotz des 1969 gefassten (terminologischen) Beschlusses der *International Association of Semiotic Studies* halte ich am Begriff *Semiologie* aus mehrerlei Gründen fest — vor allem weil er sich nicht auf die verhaltens- und informations-theoretischen US-Traditionen sondern auf die strukturale Zeichentradition beruft.

2 Man könnte hinzufügen: *Ethnograph* ... — und die Liste vermutlich so lange fortsetzen, bis man eine Aufzählung der Sozial- und Humanwissenschaft beisammen hätte.

3 Dieses Kunstwort setzt sich zusammen aus: Asymptote und Symptomatologie. Cf. hiezu meinen Beitrag: Geschichtsbilder und die unendliche Schreibbarkeit. Asymptomatologie diabolischer Argumente. Erscheint in: Das Schicksal der Moderne, hg. v. Gérard Raulet, Jacques Le Rider und Gotthart Wunberg, Tübingen, Narr.

4 Ich verweise hier nur, ziemlich »wahllos«, auf Lévi-Strauss' Überlegungen zur Anordnung eines Bororo-Dorfs (in den *Tristes Tropiques*), auf Mitscherlichs *Unwirtlichkeit unserer Städte* oder auf Sam B. Warner: Streetcar Suburbs. The Process of Growth in Boston, 1870-1900. Cambridge, Harvard U. P., 1962 sowie John P. McKay: Tramways and Trolleys. The Rise of Urban Mass Transport in Europe. Princeton, Princeton U. P., 1976.

5 Es ist aufschlussreich, sich hier die möglichen Wortfelder von »se passer«, »passé« etc. zu vergegenwärtigen.

6 Cf. etwa Françoise Choay: La règle et le modèle. Sur la théorie de l'architecture et de l'urbanisme. Paris, Seuil (coll. Espacements), 1980.

7 Eine der wenigen Ausnahme stellen die Arbeiten von Cauquelin dar. Cf. etwa Anne Cauquelin: La ville la nuit. Paris, P.U.F. (coll. la Politique éclatée), 1977.

8 Zu diesem Problemfeld neuerdings: Krzysztof Pomian: L'ordre du temps. Paris, Gallimard (Bibl. des Histoires), 1984.

9 Cf. hiezu den Abschnitt »marcher dans la ville« in Michel de Certeau: Arts de faire I: L'invention du quotidien. Paris, U.G.E. (10/18), 1980, pp. 179 sqq

10 Cf. A.-Ph. Lagopoulos: L'image mentale de l'agglomération. In: Sémiotique de l'espace, Communications 27 (1977), pp. 55 sqq.

11 Der Tourismus erscheint folglich als Machination und Manipulation; das Erblickbare gewinnt etwas (in diesem Fall) negativ Imaginäres, wie etwa sogar in einer Schulfunksendung — »Disneyland Österreich«, ausgestrahlt durch *Österreich I* von März bis Mai 1984 — angedeutet wurde.

12 Es gibt beispielsweise gleichsam vorgeschriebene »Photopunkte«, von denen aus zu photographieren *und zu sehen ist*. Dieser Gedanke ist näher ausgeführt in: Ralph Werner: Das gefundene Auge. Essays von Georg Schmid. Salzburg, Séraphin, 1985, s. p.

13 Urbanman. The Psychology of Urban Survival. Hg. v. John Helmer und Neil A. Eddington. New York, Free Press, 1973, pp. 23sqq. In bezug auf den Linienverkehr dient das Pendlerproblem als Hintergrund in dem Film: *Elle court, elle court la banlieu* von Nicole de Buron und Gérard Pirès.

14 Gérard Bauer, Jean-Michel Roux: La rurbanistion ou la ville éparpillé. Paris, Seuil (coll. Espacements), 1976.

15 Zu nennen sind hier etwa die »Interconnexion«-Strecken in und um Paris oder die »S-Bahnen« in Westdeutschland.

16 Der überproportionale Verlust von P.C.-Wählerstimmen in diesem Bereich stimmt mit dem genannten »toposozialen« Trend im »Extra-boulevard-périphérique-Paris« überein.

17 Painting and Experience in 15th Century Italy. Dt.: Die Wirklichkeit der Bilder. Malerei und Erfahrung im Italien des 15. Jahrhunderts. Frankfurt, Suhrkamp (stw), 1984.

18 Zuletzt in: La Distinction. Critique sociale du jugement. Paris, Minuit (le Sens commun), 1979.

19 Roland Barthes: Rhétorique de l'image. In: L'obvie et l'obtus. Essais critiques III. Paris, Seuil (coll. Tel Quel), 1982, pp. 25sqq.

20 Ville panique. Traverses 9 (1977). Ein *hysterisches* Verhältnis der Bewohner zu ihrer Stadt scheint inzwischen vorzuliegen.

21 Friedrich Achleitners blendende Arbeiten zur Gegenwartsarchitektur erweisen dies. Cf. Österreichische Architektur im 20. Jahrhundert. Bisher zwei Bände (Salzburg, Residenz, 1980 u. 1983).

22 Dies wird sich natürlich mit der Wiedererrichtung von Tramlinien ändern; cf. infra, pp. 355 sq.

23 Cf. hiezu: Glenn Yago: The Decline of Urban Transit. Urban Transportation in German and U. S. cities. Cambridge, Harvard U. P., 1984, wo vor allem die schädliche Rolle von General Motors präzise dokumentiert wird.

24 In Chantal Akermans *Les rendez-vous d'Anna* wird das Ambiente von Essen über die crèmefarbenen Tramways transportiert. Cf. Les rendez-vous d'Anna. Paris, Albatros (coll. Ça Cinéma), 1978.

25 Von diesem »Trend« profitiert zweifellos eine Firma wie Daimler-Benz — und sie bestimmt diesen Trend gewiss mit: per definitionem wird dieser Sachverhalt in Firmenarchiven oder dergleichen kaum jemals aufscheinen (und damit für den Historiker nicht »nachvollziehbar« werden?).

26 Bei Danièle Sallenave: Les portes de Gubbio. Paris, Hachette (coll. P.O.L.), 1980 wird die Tramway etwa bewusst eingesetzt, um »veraltet« zu signalisieren, was in ca. zehn Jahren schon wieder nicht mehr möglich sein wird; cf. pp. 16sq.

27 Der alte Wiener Südbahnhof trug zum Beispiel auf dem Dachsims zwei Marcuslöwen, die gewissermassen sagten: von hier aus ins venezianische Gebiet.

28 Es ist aufschlussreich, dass eine historische Studie über Eisenbahnreisen als Umschlagphoto

eine Aufnahme des legendären Unglücks von der Gare Montparnasse bringt: Wolfgang Schivelbusch: Geschichte der Eisenbahnreise. Zur Industrialisierung von Raum und Zeit im 19. Jahrhundert. München, Hanser, 1977. Cf. zum Unfall als solchem: Ascanio Schneider, Armin Masé: Katastrophen auf Schienen. Zürich, Orell Füssli, 1968, p. 240.

29 Le Temps de Gare (Aussellungskatalog, Centre Pompidou, Paris 1979), p. 46.

30 Der Mailänder Zentralbahnhof war 1913 begonnen, jedoch erst 1930 fertiggestellt worden. Die vor dem Faschismus geplante Architektur mag also diesen, in Form visualer Zeichen, bereits vorweggenommen haben.

31 Hiezu Pierre Boudon: Un modèle de la cité grecque. In: Communications 27 (1977), pp. 122sqq.

32 *Sens* ergibt im Französischen bekanntlich nicht nur »Sinn« (»Bedeutung«), sondern auch »Richtung«.

33 Die abominable Architektur der 50er-Jahre brachte höchst eigentümliche Bahnhofsbauten, etwa in Wien, hervor; der Wiener Franz-Josefs-Bahnhof aus der Zeit um 1980 bedient sich spiegelnder Glasfacaden, die weniger »sich selbst bedeuten« (also den Bahnhof) als die umliegenden (Gründerzeit-)Bauten, die sich in jenen spiegeln.

34 Das unsägliche »landschaftsgerechte Bauen« brachte naturgemäss auch bei den Bahnhofsbauten entsprechende Manifestationen hervor.

35 Cf. zum *échangeur* (»Autobahnknoten«) Michel Serres: Hermès II. L'interférence. Paris, Minuit (coll. Critique), 1972, vor allem pp. 132sq.

36 Cf. die Abbildung des Todesbahnhofs in: Le Temps des Gares (Anm. 29), p. X. Es gab in den U.S.A. auch eigene Totentramways; die Waggons erinnerten an Salonwagen.

37 Cf. hiezu meinen Aufsatz: »Auto-mobile« Zeichen. Zur Signaletik von Gut/Böse im Spielfilm. Erscheint in den Semiotischen Berichten, Wien.

38 Dieser Gedankengang wird näher dargelegt in: Georg Schmid: Das »Square of (Hi)Stories« »Qualifizierung« in der Geschichtswissenschaft oder Semiologie der (Dis-)Simulation. In: Der Computer und die Geisteswissenschaften, hg. v. Albert Müller und Manfred Thaller, Göttingen 1985. (Erscheint demnächst.)

39 Cf. Le Temps de Gares (Anm. 29), p. VII.

40 Cf. hiezu allgemein: Résaux. Traverses 13 (1978).

41 Plan und Planung können in gewisser Weise fast als Homonyme betrachtet werden. Im übrigen cf. zur Semiologie/Topologie: A. J. Greimas: Pour une sémiotique topologique. In: Sémiotique et sciences sociales. Paris, Seuil, 1976.

42 Bei Anthony Sutcliffe: Towards the Planned City. Germany, Britain, the United States, and France, 1780-1914. Oxford, Blackwell, 1981, pp. 160-161 finden sich »Querschnitte« (in Form von Zeichnungen) durch die »momentane« Stadt und die »der Zukunft«, die im übrigen keineswegs gestatten, den tatsächlich gegebenen »realen Stand der Dinge« zu ermessen.

43 Roland Barthes: Système de la mode. Paris, Seuil, 1967, p. 44.

44 Anne Cauquelin: Cinévilles. Paris, U.G.E. (10/18), 1979, pp. 52 sq.

45 Dies muss einer kommenden Studie vorbehalten bleiben, die sich mit der Geschichte der bezeichneten Stadt befassen wird.

46 Roland Barthes: Le troisième sens. in: L'obvie et l'obtus (cf. Anm. 19), pp. 43 sqq.

47 Cf. Anm. 43.

48 Roland Barthes: Eléments de la sémiologie. In: Communications 4 (1964), pp. 91sqq., hier p. 130.

49 Damit dürfte auch feststehen, dass Vor-/Darstellbarkeit aus der »Vogelperspektive« dem tatsächlichen »Flugzeugblick« vorausgegangen sind — der Blick von oben war möglich, ehe

man tatsächlich, technisch gesprochen, hinaufgelangte. Cf. hiezu auch die geistreiche Studie von Felix Philipp Ingold: Literatur und Aviatik. Europäische Flugdichtung 1909-1927. Frankfurt, Suhrkamp (st), 1980.

GUNTHER BARTH

Stadtutopien von Unternehmern und Religionsgründern[*].
Das Streben nach der idealen Stadt in Amerika, 1630-1900.

Vorstellungen, die in Amerika die ideale Gesellschaft durch den Bau von idealen Städten errichten wollten, waren zahlreich.[1] Das Klima, aus dem diese Utopien hervorgingen, wird in dem Bild von Erastus Salisbury »Historic Monument of the American Republic« aus dem Jubiläumsjahr 1876 deutlich evoziert. Hunderte von verschiedenen Gruppen planten Modelle von Städten, zeigten, wie die neue Welt besiedelt werden sollte. Wenige dieser Stadtutopien kamen über das Planungs-stadium hinaus, und diese wenigen konnten erst realisiert werden, nachdem ein Grossteil der utopischen Ideen, die ihnen zugrunde lagen, aufgegeben worden waren — sie bewahrheiteten damit die Bedeutung des griechischen Wortes utopia, das Thomas Morus gewählt hatte — kein Ort. Der Bau von Circleville in Ohio, in Quadratform, wie er von John W. Reps in den Jahren zwischen 1837 und 1856 versucht wurde, ist ein Höhepunkt in dieser Entwicklung der Anpassung von Idealen an die Realität.

Letztlich basierten alle diese Entwürfe auf einer utopischen Rhetorik, die von Thomas Morus inspiriert war; ihr Erfolg fand primär auf dem Papier statt. The Human Drift (Die menschliche Richtung) von King Camp Gillette ist nur einer von 200 Titeln utopischer amerikanischer Romane, die Lyman Tower Sargent zwischen 1880 und 1900 gezählt hat. Der folgende Aufsatz wird die städtebaulichen Utopien in der Literatur beiseite lassen und sich auf ein Gebiet konzentrieren, das seine Widersprüchlichkeit in sich trägt: Die Realität utopischer Städte.

Utopische Städte werden in einigen vergänglichen Momenten des 19. Jahrhunderts Wirklichkeit, als Unternehmer oder religiöse Propheten für eine kurze Zeitspanne

[*]   Anm. d. Ü.: Der Originaltitel verwendet das Wort »Propheten« und paraphrasiert auch im Untertitel mit »pursuit« die heilsgeschichtliche Komponente der amerikanischen Unabhängig-keitserklärung. Da die Konnotationen des deutschen Wortes »Prophet« eindeutig alttestamenta-risch sind, wurde hier der neutralere Terminus »Religionsgründer« gewählt, obwohl damit die Verbindung zur utopischen Vision verloren geht. Der englische Text arbeitet generell stark mit einem Vokabular, das — auf Grund der soziohistorischen Entwicklung der USA — sowohl religiös als auch allgemein zukunftorientiert verstanden werden kann (prophet, vision, pursuit etc.). Da die Konnotationen der entsprechenden deutschen Wörter eindeutig religiös sind, musste auf die Wiedergabe dieser doppelten Bedeutungsebene verzichtet werden.

genügend finanzielle und ideologische Macht in ihrer Person vereinigen konnten, um die Planung sozialer Organisationen in der Grössenordnung von Städten in Angriff zu nehmen. In diesen Unternehmungen machten sie sich grundlegende Eigenschaften der amerikanischen Gesellschaft zunutze — den Praxisbezug und den Idealismus, und sie setzten sie ein, wie es die historische Situation erforderte. In den Augen der Zeitgenossen standen diese städtebaulichen Experimente, gerade wegen des unausgewogenen Verhältnisses von praktischen und idealistischen Erwägungen, ausserhalb des typisch Amerikanischen und sie riefen Wellen der Aggression hervor, die nicht unwesentlich zum Ende dieser Träume beitrugen. Dieser Aufsatz wird die Faktoren darstellen, die die Entwicklung von städtischen Utopien im kolonialen Amerika eingeschränkt haben, und sich dann der Diskussion der Fabrikstadt Pullman in Illinois und der Tempelstadt Salt Lake City in Utah zuwenden, die aus Utopien zu realen Städten wurden.

Im 17. und 18. Jahrhundert verhinderte die Abhängigkeit von Grossbritannien und die mangelnde religiöse Freiheit den Bau von städtischen Utopien im kolonialen Amerika. Erst die politische Unabhängigkeit brachte das Ausmass an ökonomischer Macht und religiöser Freiheit mit sich, die es im 19. Jahrhundert Unternehmern und Propheten ermöglichte, grössere Gruppen von Amerikanern den Mustern ihrer idealen Städte zu unterwerfen. Ein komplexes Verhältnis zur neuen Freiheit, die auch neue Mittel der Unterdrückung bereitstellte, charakterisiert diese Versuche. Denn die Verwendung der neuen politischen und ökonomischen Freiheiten für die Verwirklichung von Utopien machten es auch notwendig, eine grosse Zahl von Menschen auf eine bestimmte, uniforme Lebensweise zu verpflichten.

Während der kolonialen Periode stand im Fall von Neuengland die religiöse Orthodoxie, im Fall von Pennsylvanien die ökonomische Schwäche der Entwicklung von Boston und Philadelphia zu städtischen Utopien im Wege. Geistliche Bedenken ersparten es den Puritanern, die »Stadt auf dem Berge« (das neue Jerusalem) tatsächlich zu bauen, und die entwicklungsfähigen ersten Anzeichen einer realen Quäker-Demokratie hielten William Penn davon ab, seine Pläne für die *City of Brotherly Love*, die Stadt der Bruderliebe, in die Tat umzusetzen.

Eine wirkliche »Stadt auf dem Berge« im Sinn des neuen Jerusalem braucht als Basis den Glauben an einen heiligen Ort, doch die Puritaner anerkannten keine privilegierten Stätten. Während der Atlantiküberquerung hatte John Winthrop, einer der Führer der grossen Emigration nach Neuengland, den Aufbau einer puritanischen Kirche in Amerika mit der Gründung der Stadt auf dem Berge bei Matthäus verglichen, der Stadt, auf die die Augen der Menschheit gerichtet seien. Diese puritanische Vision blieb jedoch, in Übereinstimmung mit der religiösen Orthodoxie, spirituell; die spätere Identifizierung von Boston mit der Stadt auf dem Berge basiert auf der geographischen Situierung von Boston am *Beacon Hill* und war das Resultat der Versuche seiner Bewohner, für ihre Stadt eine spezielle Position unter den konkurrierenden Städten des 18. und 19. Jahrhunderts zu behaupten. Die

Puritaner selbst glaubten, wie die meisten Christen seit den Tagen von Paulus, dass ihr Jerusalem nicht von dieser Welt sei. »Kein Ort ist heiliger als irgendein anderer«, so warnte Cotton Mather, eine der frühen leitenden Figuren der Kongregationalisten von Neu-England, seine Anhänger, und er betonte, dass »Kanaan nur deshalb ein spezieller Boden sei, weil der Herr dort erschienen sei«.[2]

1681 trat mit dem Baubeginn von Philadelphia die Stadtplanung als solche im kolonialen Nordamerika auf; dabei zeigten sich die Grenzen der Macht von William Penn und führten zum Konflikt zwischen Besitzer und Kolonisten. Penns städteplanerisches Meisterwerk, die Stadt der brüderlichen Liebe, geschmückt mit dem antiken griechischen Namen *Philadelphia,* ist zum Monument der utopischen Vision ihres Gründers erklärt worden. Philadelphia wuchs so schnell, dass es am Vorabend der amerikanischen Revolution seine älteren Konkurrenten überrundet hatte und eine der grössten Städte des gesamten britischen Empire war. Diese Entwicklung war aber nicht das Resultat des Erfolgs einer städtischen Utopie, sondern sie basierte vielmehr auf den sozialen Energien, die der langandauernde ökonomische und politische Kampf über die Bedeutung von Selbstbestimmung zwischen Besitzer und Kolonisten freigesetzt hatte.[3]

Versucht man die Gründe zu nennen, die das koloniale Nordamerika zu einer unwirtlichen Gegend für städtische Utopien gemacht haben, so muss man, neben der mangelnden politischen Selbständigkeit, die koloniale Erfahrung selbst nennen, die wenig Platz liess für kühne Antworten auf städtische Probleme. Die meisten Bewohner der Städte von Nordamerika versuchten, die städtische Umgebung, die sie aus England kannten, zu rekonstruieren, und dieser konservative Trend des Wiederaufbaus einer britischen Gesellschaft in der neuen Welt erstickte letztlich alle Träume von städtischen Utopien. Ausserdem führte die Ausbeutung der Natur und die Kolonisierung des Kontinents zur Entwicklung von primär kommerziell orientierten Städten wie Häfen, Umschlagplätzen und Zentren der königlichen Macht. Diese Umstände brachten die Träume von einer idealen Gesellschaft zum Welken, der wachsende Einfluss von ökonomischen Chancen förderte vielmehr die Diversität und die Heterogenität dieser dynamischen Gemeinwesen.

Während es Generationen von Amerikanern für ihre Aufgabe hielten, den neuen Kontinent nach europäischem Vorbild zu kultivieren, akzeptierte eine Handvoll radikaler Sozialisten die Wildnis als Ort für ihre Experimente. Die Umrisse dieser *backwood-Utopien,* wie sie Eugene Bestor, Jr., genannt hat, stehen in klarem Kontrast zu den städtischen Utopien. Der soziale und ökonomische Rahmen für die amerikanischen sozialistischen Gemeinwesen war eine spirituell orientierte ländliche Gesellschaft. Indem sie Frömmigkeit mit ethnischer Solidarität identifizierten, konnten einige dieser Sekten ihre Gemeinde über mehrere Generationen hin aufrecht erhalten, wie z.B. die *Ephrata* und die *Amana.* Andere Gemeinden waren gemischt amerikanisch, d.h. sie rekrutierten ihre Mitglieder auch aus ihrer ländlichen Umgebung; unter ihnen waren die hervorragendsten die *Shaker* und später die

Oneida Perfectionists. Mit wenigen Ausnahmen waren es homogene, statische und geschlossene Gesellschaften, die nicht auf urbane Entwicklung und Expansion hin orientiert waren.

Und nicht zuletzt wurden städtische Utopien in Nordamerika durch den Geist der Eroberung des Kontinents behindert, der den Glauben aufrechterhielt, dass die Menschen ihre Institutionen nach rationaler Wahl immer wieder verändern könnten. Dieser Glaube war nicht nur ein Faktor bei der amerikanischen Revolution, sondern er führte auch dazu, dass noch viel später viele Amerikaner in der Überzeugung lebten, dass ihre Gesellschaft und ihr Staat entweder bereits perfekt seien, oder sich zumindest auf dem Weg zur Perfektion befänden.

Dieser Glaube brachte auch, passenderweise, die erste städtische Utopie der jungen Republik hervor, Washington, D.C. Im Jahr 1800 wurde der Erfolg dieser Utopie durch die Verlegung der bundesstaatlichen Ämter in die neu geplante Stadt am Potomac begründet, die städtische Utopie wurde zu einem Instrument der staatlichen Macht. Da die Gründer von Washington D.C. klassisch gebildet und mit den grossen Städten der Antike und Europas vertraut waren, sahen sie in ihrer geplanten Hauptstadt nicht nur den Regierungssitz, sondern auch ein Zentrum der Schönheit, das die hohen Ideale ihrer jungen Republik symbolisieren sollte. Daher spiegelte die Stadt die republikanische Tradition der westlichen Zivilisation wider, die seit den hellenischen Städtegründungen die Stadtplanung als Mittel der Staatsmacht verwendet hatte.

Noch bevor die utopische Vision der grosszügig geplanten Bundeshauptstadt durch die alltäglichen Abnützungserscheinungen städtischen Lebens in einer demokratischen Gesellschaft in Mitleidenschaft gezogen wurde, wurde der Glaube der jungen Republik an Stadtutopien durch die Auswirkungen, die die Industrialisierung für Ökologie und Gesellschaft nach sich zog, einer grossen Belastung ausgesetzt. Im frühen 19. Jahrhundert verbanden die Amerikaner die Bewunderung für britische Technologie mit Angst vor den typischen Fabrikstädten, die in England mit unglaublicher Geschwindigkeit entstanden. Amerikanische Unternehmer versuchten, diese Entwicklung dadurch zu verhüten, dass sie ihre Fabriken auf dem Land ansiedelten, und dass sie ein striktes System der Kontrolle einführten, das die Gesundheit und die Tugend ihrer Arbeiter sichern sollte.[4]

Die utopische Vision einer Fabrikstadt als einer »totalen Institution« im Sinne von Erving Goffman, die der neuen industriellen Ordnung dienen sollte, existierte während einer kurzen Zeitspanne in Lovell, Mass. und in einigen anderen Orten Neu-Englands, wo Textilindustrie und Stadtplanung Hand in Hand gingen. Sie verschwand, als Industrialisierung und Urbanisierung in einer Komplexität von sozialen und ökonomischen Problemen resultierten, die die Vorstellungs- und Durchsetzungskraft ihrer Gründer bei weitem übertraf. Das Muster der *factory towns*, die sie errichtet hatten, basierte auf einem hierarchischen und manipulativen System, das die Arbeiter an die Bedürfnisse der maschinellen Technologie und des industriellen

Kapitalismus band. Der anfängliche Erfolg von Lowell, gut ausgebildete Frauen aus Neuengland als Fabrikarbeiterinnen zu verpflichten, implizierte gleichzeitig, dass sich unter ihnen bald eine artikulationsfähige Minorität bilden und weigern würde, Arbeit als ein Instrument der sozialen Kontrolle zu akzeptieren. Da diese Frauen aber die Arbeit in der Fabrik nur als Übergangsbeschäftigung und nicht als Berufslaufbahn betrachteten, versuchten die meisten von ihnen nicht, kollektive Antworten auf die Missstände zu finden.

Die Lowell-Fabrik wurde in den späten 1840er und 1850er Jahren aus ganz anderen Gründen als dem Nachgeben gegenüber Arbeiterforderungen verändert. Gerade als die Kontrolle über die sogenannten Fabrikmädchen, der traditionellen Arbeiterschaft, geschwächt war, erfolgte eine massive Einwanderungswelle in die USA durch die Vertreibung der irischen Landbevölkerung. Die irischen Emigranten stellten ein gelehriges Arbeiterreservoir dar und sie ersetzten die Frauen aus Neu-England in den Fabriken. Die *factory towns* verloren damit aber auch ihren utopischen Charakter, und die üblichen Textilfabrikstädte mit ihrem ansässigen Proletariat stellten das Ende der utopischen Experimente dar.

Die modernen amerikanischen Städte widersprachen von ihrem Anfang in den ersten Jahrzehnten des 19. Jahrhunderts an allen Vorstellungen einer urbanen Utopie. Sie umfassten verschiedene Lebensstile, zogen heterogene Bevölkerungsgruppen an, strahlten unterschiedliche Meinungen aus und erhielten sich ein Mass an Freiheit, das dazu führte, die Stadt als Massstab der individuellen Freiheit anzusehen. Nur der Park-Friedhof, der in der Nähe der Stadt entstand, erlaubte Möglichkeiten für die Realisierung von utopischen Bauplänen, und manchmal wurden richtige Städte der Toten, mit Mausoleum und Grüften, Obelisken und Katakomben entworfen. Denn die Toten sind, im Gegensatz zu den Bewohnern von normalen utopischen Entwürfen, die sehr wahrscheinlich mit den Ansichten der Planer über ihr persönliches Wohl nicht übereinstimmen, in diesem, für den Erfolg einer Utopie kritischen Punkt, eher stumm.

Als Antwort auf die zunehmenden Belastungen durch Urbanisation, Industrialisierung und Expansion wurden zwischen 1824 und 1849 europäische Formen der säkularisierten Utopien ins amerikanische Hinterland eingeführt, speziell die Ideen von Owen, Fourier und der *icarianism*. Diese weltlichen utopischen Experimente wurden ziemlich schnell das Opfer interner Meinungsverschiedenheiten, begrenzter finanzieller Mittel und der unfreundlichen sozialen Umgebung. Zur selben Zeit entstanden durch die Ausbeutung der Ressourcen des Kontinents gross angelegte industrielle Aktivitäten. Diese Unternehmen erzwangen ein neues Verhältnis zwischen Kapital und Arbeiterschaft[*], die ihren Ausdruck in Streiks fanden, Streiks

[*] Anm. d. Ü.: Das englische Original setzt hier Kapital und Arbeit, beides in ihrer abstrakten, unpersönlichen Form; die Personalisierung der Arbeiter bzw. der Arbeiterschaft vis à vis dem Kapital im deutschen Sprachgebrauch kann als ideologischer Erfolg der Arbeiterbewegung interpretiert werden.

als ein Teil der Bemühungen der Arbeiterschaft um ihren Anteil an der Macht des industriellen Kapitals. Unter den Antworten der Industrie auf diese Bedrohung ihrer absoluten Macht, die sich in den Jahrzehnten nach dem Bürgerkrieg herausbildete, ragt Pullman, Illinois, heraus als Schöpfung eines Unternehmers, der versuchte, die Arbeiterschaft dadurch zu kontrollieren, dass er den unregelmässigen Pulsschlag des urbanen Lebens durch Effizienz zu regulieren trachtete, das Prinzip des ökonomischen Erfolgs.

Die steigenden Grundstückskosten führten in den 1870er Jahren dazu, dass grosse Chicagoer Firmen in die Vorstädte zogen und dies stimulierte George Pullman, den Schlafwagen-König, dazu, seine Lösungsvorschläge für Arbeiterunruhen und Elend der Städte zu entwickeln.[5] Er baute seine Fabrik auf einer ebenen Prairie, neun Meilen südlich von Chicago und fand damit billiges Land und niedrige Steuern vor, aber er musste dafür auch eine neue Stadt bauen, um seinen Facharbeitern Unterkunft und Lebensmöglichkeiten bieten zu können. George Pullman wollte dieses Unterfangen als Geschäft im engen Sinn verstanden wissen. Im Jahr 1864 hatte er den kommerziellen Wert der Schönheit entdeckt, als sich herausstellte, dass die Benützer seiner luxuriösen Eisenbahnwagen sich aussergewöhnlich gut und zugschonend benahmen. Dem Geschäftsmann zeigte dies, dass Schönheit die Menschen bessere, und dass jeder, der dies verstand, davon profitieren könne. Die Amerikaner hatten, so dachte er, Schönheit meist ignoriert, da ihr finanzieller Wert nicht offensichtlich war.

Im Lichte dieser praktischen Überlegungen zahlte die Pullman-Gesellschaft nur für den Bau des Fabrikskomplexes und nicht für die gesamte Stadt. Die Ausgaben für die Wohnstadt sollten durch Mieten aufgebracht werden, die einen Gewinn von 6 % für das investierte Kapital sicherstellen sollten. Zwischen 1880 und 1884 wurde eine Graswildnis im Westen des *Lake Calumet* in eine Stadt für 8000 Einwohner verwandelt. Dieses plötzliche Wachstum war für die Amerikaner weniger verwunderlich als der Anblick einer geplanten Stadt. Mit der ersten Stadt, die nur aus gemauerten Ziegelhäusern bestand, wollte George Pullman demonstrieren, wie Planung im Zusammenwirken mit amerikanischen Geschäftsmethoden die Probleme der Städte lösen könnte. Seine Vorstellungen wurden von einem Architekten und einem Gartenarchitekten in die Realität umgesetzt. In seiner Geschichte von Pullman betont Stanley Buder, dass dies wahrscheinlich der erste Fall war, dass ein Architekt und ein Landschaftsdesigner bei der Planung einer ganzen Stadt zusammengearbeitet haben.

George Pullman glaubte an industrielle Effizienz, und der Fabrikteil der Stadt, der zuerst gebaut wurde, um ihm jeglichen Vorteil zu sichern, spiegelte diesen Glauben wider, der auch durch ein glücklich erworbenes Symbol ausgestrahlt wurde. Bei der der Eröffnung der Fabrik setzte die Lieblingstochter des Unternehmers die gigantische Corliss-Maschine in Bewegung, die im Jahr 1876 die Energie für die *Philadelphia Centennial Exposition,* die Verherrlichung des industriellen Amerika, geliefert hatte. George Pullman erwarb diese Dampfmaschine als ein Paradestück, die nun damit begann, die Maschinen, die seine Eisenbahnwaggons produzierten, in Bewegung zu setzen. Die Corliss-Maschine wurde hinter einem grossen Glasfenster plaziert, in der Nähe der *Illinois Central Railroad,* sodass sie von den vorbeifahrenden Zügen aus deutlich gesehen werden konnte. Sie machte die Fabrik zu einer Art Tempel der Industrie, mit einem wahrhaft ingeniösen Gral, der nicht nur die Tugend der Effizienz symbolisierte, sondern gleichzeitig auch die Räder der ganzen Fabrik in Bewegung hielt.

Die Corliss-Maschine bestimmte das Tempo für die ganze Anlage, und George Pullmans Vorstellungen gaben der ganzen Stadt ihr Gesicht. Industrieanlagen und Stadt waren durch einen breiten Boulevard getrennt, aber das Konzept der Konzentrierung, das das Geschäftsleben dominierte, bestimmte auch die räumliche Anordnung der Stadt und den gesamten Lebensbereich. Nach der Meinung des Unternehmers stellte Konzentrierung im Geschäftsleben Ordnung und Stärke dar, sie würde also auch die wünschenswerten Aspekte des urbanen Lebens fördern und die negativen ausschliessen. Daher zeigte sich in der Architektur der Wohngebiete die Politik der strikten Kontrolle, die die Disziplin in der Fabrik verstärkte.

Das eindrucksvollste Gebäude der ganzen Stadt war das *Arcade Building.* Es war 30 Meter hoch, und nahm einen ganzen Block ein und enthielt fast alle Geschäfte für Gemischtwaren, Kurzwaren, Möbel und eine Schneiderei. Eine Papierwarenhandlung verkaufte Bücher, Tabak und Zeitungen, und der *drug-store* verfügte auch über einen Eissalon. Im nächsten Stockwerk waren ein Billard-Zimmer und ein Friseur, eine Bibliothek und ein Theater, ebenso wie Versammlungslokale und die Räume, die an Ärzte und Rechtsanwälte vermietet wurden, sowie eine Bank und ein Postamt untergebracht.

Im Arcade Building galten die Bemühungen von George Pullman besonders der Bibliothek und dem Theater. Die Bibliothek war kein blosser Ort für ungestörte Lektüre, sie sollte vielmehr die moralische und intellektuelle Entwicklung der Bewohner fördern. Mehrere Versuche, das *Arcade Theater* zu mieten, wurden zurückgewiesen, da George Pullman auf seinem Recht bestand, nur solche Stücke auszuwählen, zu denen er ohne jegliche Skrupel seine ganze Familie einladen konnte.

Pullman hatte die Absicht, seine Stadt ordentlich zu verwalten, und das tat er denn auch. Alle Geschäfte, die im Arcade Building keinen Platz hatten, wurden in die *Market Hall* verlegt. Deren Erdgeschoss enthielt auch ein Stehbuffet und Verkaufsstellen für frisches Fleisch und Gemüse. Alle Pferde mussten auf seine Anweisung hin in den städtischen Ställen eingestellt werden. Der einzige Ort, an dem Alkohol verkauft werden durfte, war das städtische Hotel, und die *Greenstone-Kirche* war das einzige religiöse Gebäude. Die Breite der Unterhaltungsmöglichkeiten, die die Stadt bot, war sehr gering, und alle diese Unternehmungen waren auf einem sehr begrenzten Raum situiert.

Konzentrierung wurde, wie auch alles andere, von Pullman als ein Weg zum Profit angesehen. So sollte auch die Greenstone-Kirche, die der Unternehmer bauen liess, 6 % Gewinn einbringen. Der Schlafwagenkönig fand es sinnvoller, die verschiedenen religiösen Glaubensgemeinschaften zusammenzubringen und eine grosse und schöne Kirche zu erbauen als mehrere kleine. Allerdings verfügte keine einzige Religionsgemeinschaft über eine derartig grosse Gemeinde, dass sie die Miete von 3600 Dollar im Jahr aufbringen konnte. Der Industrielle wies zwar seine Besucher darauf hin, wie gut die Greenstone-Kirche in das Stadtbild passte, doch blieb sie bis 1885 fast immer geschlossen. Dann wurde die Miete auf ein Drittel reduziert, sodass sie von den Presbyterianern benutzt werden konnte. In der Zwischenzeit hatten die anderen Religionsgemeinschaften Räume im Arcade Building gemietet.

Die Konzentration von Geschäften, Büros und Kirchen in einigen wenigen Gebäuden in einem eng umschriebenen Raum hielten die Hektik und Unordnung normalen Strassenlebens von Pullman fern. Diese charakterisierten das nahe Chicago, dieses programmierte Chaos mit seinen Geschäften und Restaurants, seinen Bars und Tavernen, den Tramways und dem gesamten Verkehr und Massen von Menschen in Bewegung. Die Angst vor der Vielfältigkeit, der Verdacht, dass individuelle Wünsche Alternativen zur Ordnung George Pullmans hervorbringen würden, mag daran Schuld sein, dass die lebensnotwendigen Arterien des städtischen Lebens ebenso weggelassen wurden wie z.B. ein städtischer Park. Das Strassenleben mag auch deshalb erstickt worden sein, weil man glaubte, dass nur die Konzentration jene Grössenverhältnisse hervorbrächte, die Effizienz und Planung ermöglichen würden. Und schliesslich schien es diese Konzentration zu ermöglichen, das unübersichtliche Gewirr einer modernen Stadt, das wenige Meilen im Norden lockte, zu vermeiden.

Im Hinblick auf heutige Städte erscheint die neu gegründete Stadt als etwas besonderes in der amerikanischen Stadtentwicklung. Pullman war eine Stadt auf dem Berge, so erklärte im Dezember 1882 das *Railway Register* in St. Louis. Die Londoner *Pall Mall Gazette* nannte es im Februar 1884 eine amerikanische Utopie. Bis zum Herbst dieses Jahres hatte die Pullman Gesellschaft 8 Millionen Dollar in die Fabrik und in die Stadt investiert, über 1400 Wohnungen waren fertig, und die Bevölkerung betrug 8500. Sobald der Neuigkeitswert fiel, verringerte sich auch die Zahl der positiven Berichte, aber es dauerte bis zum Pullman-Streik im Jahr 1894, dass die Stadt in Zeitungen und Zeitschriften eher getadelt als gelobt wurde. Der Vorwurf des Paternalismus wurde zum ersten Mal im ganzen Land hörbar in *Harper's Monthly* 1885 erhoben. Die Zeitschrift identifizierte die absolute Macht der Gesellschaft und das Fehlen einer Selbstverwaltung als die Schwächen der Stadt und schloss folgendermassen: »Die Idee von Pullman ist unamerikanisch ... Es ist aufgeklärter Feudalismus, der das Glück der Menschen wünscht, aber auf eine Art und Weise, wie es der Autorität gefällt.«

Die Stadt Pullman konnte diese Vorwürfe nie entkräften. Obwohl Technologie und Geschäftsgeist zusammengearbeitet hatten, um eine moderne Utopie zu bauen, erwiesen sie sich als wenig erfolgreich, wenn sie Fragen sozialer Kontrolle behandelten und nicht solche der Produktion und Distribution. Die Zeitgenossen beurteilten das Experiment unterschiedlich, aber alle waren sich einig, dass es nicht wiederholt werden sollte. Die öffentliche Meinung, schon immer zurückhaltend gegenüber der Macht der Konzerne, wurde zunehmend kritisch gegenüber der Eigentümerschaft der Gesellschaft, speziell nach 1894, als der Streik die einschränkenden Züge von George Pullmans Plan ans Licht gebracht hatte. Allerdings behielt Pullman als Stadt einige Bedeutung für die Stadtplanungstradition, da es klar zeigte, dass die Suche nach städtischer Ordnung durch Planung zumindest zum Teil auf der utopischen Absicht eines Unternehmers beruht, industrielle Effizienz zu erreichen.

George Pullmans eindrucksvolle Utopie wirkt klein im Vergleich mit den städtischen Vorstellungen der Propheten der Mormonen (*Church of Jesus Christ of Latter-day Saints*), die im *Great Basin* des amerikanischen Westens realisiert wurden. *Salt Lake City* war nicht nur der Traum eines Unternehmers, den Profit zu maximieren, indem man für gute Arbeitsbeziehungen sorgt, es war das Zentrum des mormonischen Reichs Gottes. Hier, am *Great Salt Lake*, würden sich die Abkömmlinge Israels versammeln, um den Plan des Allerhöchsten zu verwirklichen: den Bau einer Stadt Gottes nach den Offenbarungen und Anweisungen ihres Gründers und Propheten Joseph Smith.[6]

Der Tempelstadt war eine doppelte Aufgabe zugewiesen: Die Jünger des neuen Israel zu versammeln, und den Tempel mit ihren Evangelien und Offenbarungen zu beherbergen. Die Entstehung der Stadt fiel für die meisten Mormonen mit der zweiten Stufe ihrer religiösen Entwicklung zusammen, wie sie in der Doktrin der göttlichen Vermählung dargelegt ist. In dieser Phase kämpfen die Mitglieder, die als Menschen auf der Erde wandeln, darum, die spirituelle Übermacht über ihre irdischen Körper zu erlangen. In Analogie dazu war auch ihre Stadtutopie den Kräften der bösen Welt ausgesetzt und ständig in Gefahr, für die Zwecke Babylons missbraucht zu werden. Die Gründer von Salt Lake City versuchten eine kirchliche Siedlung zu errichten, isoliert von den weltlichen Aspekten städtischen Wachstums und regiert durch ihre religiösen Prophezeiungen. Diese Ziele trennten die Mormonen von anderen Sekten und die Tempelstadt von gewöhnlichen Städten.

Als Schöpfung der Kirche der Mormonen trug Salt Lake City ihre speziellen Merkmale. Es entsprach einem Konzept des städtischen Lebens, wie es der Prophet Joseph Smith 1833 in seinem *Plan of the City of Zion* ausgeführt hatte. Im Gegensatz zu den atomisierten Gruppen von Menschen in gewöhnlichen Städten, die geformt waren von der unbehinderten Interaktion von sozialen, politischen und ökonomischen Kräften, sollte Salt Lake City eine homogene und zusammenhängende religiöse Gemeinde sein, deren Mitglieder die Isolation von der Geschäftigkeit Babylons suchten. Mit diesem Ideal als Modell begannen die Mormonen ihre Aufgabe, sobald ihre Vorhut das Great Basin erreichte. »Dies ist der Ort, fahrt fort«, soll Brigham Young seinen Mitgliedern im Juli 1847 gesagt haben. Später erklärte er, dass er das Tal in einer Vision gesehen habe und dass er eine Stimme gehört habe, die verkündete »dies ist der Ort, wo mein Volk Israel seine Zelte aufschlagen soll.«

Schritt für Schritt wurden die Prophezeiungen Wirklichkeit. Die Parzellen wurden markiert, die ersten jener Rechtecke, die mit der Zeit die Erde überziehen sollten, in Erfüllung der Prophezeiungen von Joseph Smith. Die Strassen, acht Ruten (i.e. 5,028 m) breit, bildeten quadratische Blöcke von je 10 Morgen (i.e. 40,46 ar). Die acht Parzellen in jedem Block waren je 1 1/4 Morgen gross. Sie behielten den grosszügigen Eindruck des offenen Landes bei und ein Ausmass an Privatheit, das in städtischer Umgebung ungewöhnlich war. Sie bemassen Nachbarschaftlichkeit an den Versuchen, das Beste von städtischem und ländlichem Leben zu vereinigen. Der Erfolg war das Resultat eines bitteren Erbes von urbanen Hoffnungen und Fehlschlägen.

Die mormonischen Propheten hatten 17 Jahre gebraucht, um mit der Urbanisierung so vertraut zu werden, dass sie die erfolgreiche Basis für die Gründung ihrer Tempelstadt legen konnten. Die ersten Mormonen-Siedlungen in Ohio, Missouri und Illinois spiegelten bereits ihre religiösen Haltungen wider, aber sie waren weit entfernt von der Tempelstadt. Sie alle, mit der Ausnahme von Nauvoo, der letzten Stadt, die die Mormonen vor Salt Lake City bauten, wurden errichtet, ehe das Heil der Mormonen davon abhängig wurde, dass jedes einzelne Individuum an den Tempel-Zeremonien und Pflichten teilnahm. Ausserdem hatten die Saints noch nicht voll erkannt, dass sie, um die weltlichen Nebenprodukte des städtischen Wachstums in den Griff zu bekommen, ihr Instrumentarium der sozialen Kontrolle auf die Stadtplanung ausdehnen mussten.

Jedes Zion, das die Mormonen auf ihren Wanderungen quer durch den Kontinent zwischen 1830 und 1847 errichteten, vom *Burnedover District* im nördlichen New York bis zu *New Canaan* im Westen, litt unter der Instabilität, die städtisches Wachstum und industrielle Entwicklung begleiten. Auf Grund der geringen Zahl der Siedler, der Nähe der feindlichen nicht-gläubigen *(Gentile)* Nachbarn und der kurzen Dauer der Mormonen-Siedlungen in Kirtland, Ohio, Independence und Far West, Missouri, wurden die Kompromisse, die sie mit ihren religiösen Zielen eingingen, verschleiert. Aber die Erfahrungen von Nauvoo öffneten den Mormonen die Augen für die Komplexität der Aufgabe des Baus einer Tempelstadt in einer *gentile* Welt.

Zwischen 1839 und 1844 erlebten die *Saints* in Nauvoo, wie ihre Stadt sich aus dem von Malaria geplagten Sumpf am Mississippi erhob, und ihre Einstellung gegenüber dem städtischen Leben wurde durch die Erkenntnisse, die sie aus dieser Erfahrung gewannen, geprägt. Unter der Kontrolle der Mormonen wuchs die Stadt Nauvoo in Hancock County, Illinois, von einem unbedeutenden Dorf mit Namen Commerce zur grössten Stadt des Staates, grösser als Chicago, Alton, Springfield, Quincy und Galena. Unvermeidlich dominierte Nauvoo die benachbarten Nicht-Mormonen Städte von Hancock County. Die Rivalität zwischen den Städten vertiefte den Graben zwischen Gläubigen und Nicht-Gläubigen, der geprägt war durch religiöse, ökonomische und politische Unterschiede.

Auf einem Felsen, wo sich das Ufer zu einem Hügel erhob, errichteten die Mormonen ihren wunderbaren Kalkstein-Tempel. Der Tempel war in ihren Augen ein Zeugnis für die »schöne Stadt« — so die Übersetzung des hebräischen Namens Nauvoo — und er war eine dauernde Mahnung an die Bedeutung der Kirche. Die Einführung der Tempel-Zeremonien in Nauvoo beschleunigte das Ende des utopischen Experiments und belastete die Mormonen für mehr als 50 Jahre mit der Vielehe, bevor ihr Kirchenmanifest von 1890 die Polygamie offiziell beendete. Die Tempelzeremonien boten auch einen bequemen Angriffspunkt für die Amerikaner, die den Erfolg der streng kontrollierten religiösen Gruppe in ihrer Mitte verachteten. Die Ermordung des Propheten und seines Bruders Hyram im Gefängnis von Carthage besiegelte das Schicksal der Stadt im Jahr 1844.

Obwohl das erste grosse urbane utopische Experiment der Mormonen ein Misserfolg war, wurden durch seine ehrgeizige Grösse die Probleme der Urbanisierung ins Blickfeld gerückt und die Mormonen dazu gezwungen, ihre Unerfahrenheit im Umgang mit den Feinheiten des städtischen Lebens zuzugeben. Weltlichkeit gedieh durch die Spekulation mit Grund und Gebäuden, und Profanität war das Resultat der Konzentration einer steigenden Zahl von unterschiedlichen Menschen in einem begrenzten Raum. Babylon streckte sein Arme und seinen entwürdigenden Einfluss immer näher zum religiösen Kern einer Welt agrarischer Patriarchen aus, die die Mission hatten, eine utopische Stadt zu erbauen und die entschlossen waren, ihr Leben nach dem Bild der Bibel zu formen, und die sich durch Landwirtschaft und Viehzucht ernährten.

In Nauvoo verwickelten sich religiöse und weltliche Aspekte der Mormonenkirche hoffnungslos mit den städtischen Problemen. Zusätzlich zu den vielen Ursprüngen des Fehlschlags war Joseph Smith, der Gründer und hauptsächliche Eigentümer von Nauvoo, grundsätzlich ahnungslos über die Zusammenhänge zwischen städtischem Leben, kommerzieller Entwicklung und industriellem Wachstum. Er teilte die ländliche Herkunft der meisten seiner Anhänger. Inspiriert durch den Anblick von New York ging er einmal so weit, die Stadt als das Werk des Menschen anzusehen, das Gottes Schöpfung am nächsten käme. Aber seine Versuche, das ideale und das reale Leben in Nauvoo miteinander zu verbinden, zeigten sein begrenztes Verständnis des Wesens von Städten.

Ohne praktische Führung war die Wirtschaft von Nauvoo weit offen für geschickte Manipulatoren, da Nauvoo dringend einer funktionierenden finanziellen Basis für seine Expansion bedurfte. Sobald einmal der steigende Grundstückspreis als

Ersatz für normalen Gelderwerb akzeptiert worden war, stellte Grundbesitz die hauptsächliche Quelle des Kapitals dar. Es war genauso leicht, Hypotheken auf Land aufzunehmen, wie Land auf Kredit zu kaufen. Auf der Grundlage des ständigen Bedarfs an städtischem Baugrund und an landwirtschaftlichem Nutzland wurde ohne Banken beizuziehen frei Kredit gegeben. Dieser Schwindel flog auf, als die Forderungen von vorsichtigen und zunehmends härter agierenden Kreditgebern eine Wirtschaft zerstörten, die auf blossem Glauben basierte.

Die Lektion von Nauvoo lehrte die *Saints*, ihre Tempelstadt im *Great Basin* vor Verunreinigung zu schützen. Durch den Exodus aus Illinois hatten sie eine finanzielle Basis und eine politische Organisationsform gewonnen, die es ihnen ermöglichte, das Reich Gottes auf Erden einzuführen. Die Isolation in den Bergen stärkte ihren Glauben, dass sie einen absoluten Kirchenstaat errichten konnten, weit entfernt von ihren Feinden und den mexikanischen Autoritäten, die die Gegend regierten, zumindest nach internationalem Recht. Selbst nachdem die Gegend 1848 nach dem Vertrag von *Guadalupe Hidalgo* ein Teil der Vereinigten Staaten geworden war, war sie noch ausserhalb der Jurisdiktion jeglichen organisierten Bundesstaates oder Territoriums. Weit entfernt von den Einflüssen ihrer Gegner hatten die *Saints* im Zuge der amerikanischen Expansion das Niemandsland gefunden, das sie am Missouri und am Mississippi vergeblich gesucht hatten.

Nach Nauvoo überliessen die Mormonen in ihrer Stadtplanung kaum etwas dem Zufall. Selbst die natürliche Lage musste ihren Ansichten angepasst sein. Sie waren nun mit einer Topographie konfrontiert, die sich radikal von der des Mississippitals unterschied, ein Land, das ihre Apostel leicht mit der Wüste identifizieren konnten, in Übereinstimmung mit der biblischen Tradition des Exodus. Allerdings unterschied sich diese neugefundene mormonische Wüste wesentlich von dem fruchtbaren Paradies, das frühere Reisende hier gesehen hatten, die von der Gegend begeistert waren.

Die praktische Abwesenheit von Nicht-Gläubigen *(Gentiles)* resultierte in einer Bevölkerung eines Glaubens und garantierte die Fusion von Kirche und Staat. Zum ersten Mal war es den *Saints* möglich, ein neues soziales Gebilde zu konstruieren, ohne Einfluss von aussen. Sie verloren wenig Zeit, um ihr religiöses Gemeinwesen aufzubauen. Das Land, durch das die anderen Amerikaner auf ihrem Weg nach Oregon und Kalifornien bloss durchgezogen waren, wurde von den Führern der Kirche den einzelnen Siedlern nach ihrem Bedürfnis zugesprochen. Im Gegensatz zur Praxis in Nauvoo wurden in Salt Lake City Grundstücke weder von Nicht-Gläubigen gekauft, noch an die Saints verkauft, sondern sie wurden den Bewerbern, meist durch Lotterien, zugeteilt; die Kirchenführer empfanden sich als Verwalter, nicht als Besitzer des Bodens. Grundstückspekulation war verboten, und das Eigentumsrecht wurde dem allgemeinen Zweck untergeordnet; betont wurden Selbstversorgung und Zusammenarbeit ebenso wie Isolation und Unabhängigkeit.

Die Vision des *Great-Basin-Reichs* der Mormonen, die hungrig und mittellos waren, denen Werkzeuge und Ausrüstung fehlte, wurde einer schweren Probe unterzogen, als die Entdeckung von Gold in Kalifornien im Jänner 1848 Ströme von Reisenden ins Great Basin zog, die viele Vorteile mit sich brachten. Der *Gold Rush* brachte den Mormonen Geld und bot ihnen die Mittel für Immigrations- und Kolonisierungsprojekte, die essentiell für den Aufbau ihres Reiches waren. »Viele möchten Babylon und Zion miteinander verbinden«, warnte Brigham Young, aber die Mormonen schlossen sich dem Zug in die Goldminen nicht an. »Wir sind hier versammelt«, sagte er 1854, um die Mission der Saints als soziale Gemeinschaft zu verstärken, »nicht um uns zu zerstreuen und in die Minen oder sonstwohin zu gehen, sondern um das Reich Gottes aufzubauen.«

Die Bewohner erwarteten von den kirchlichen Autoritäten Führung, und sie sahen in der Kirche selbst den ersten Schritt in der Verwirklichung des Reiches Gottes. Die Pläne für Salt Lake City stellten den bewussten Versuch dar, einige der Schwierigkeiten, die Nauvoo zerstört hatten, zu vermeiden, aber die kirchlichen Führer konnten die Auswirkungen des weltlichen Wachstums auf die hohen Pläne ihrer Tempelstadt nicht vollständig neutralisieren. Selbst wenn der Goldrausch nicht ganze Ströme von Ungläubigen in das Great Basin geführt hätte, so hätte das gewöhnliche Wachstum der Stadt Aussenseiter angezogen und ihre Isolation zerstört. Einige der Funktionen von Zion für die Kirche brachten notgedrungen die Kräfte der Welt ins Spiel.

Salt Lake City war als Versammlungsort der Mormonen der Ausgangspunkt von Migrationen und Handel. Viele der Neuankömmlinge aus dem Osten und der Immigranten aus Europa waren unvorbereitet für die Härte des Lebens im Great Basin und sie blieben eine Zeit lang in Salt Lake City, um Ackerbau- und Bewässerungsmethoden zu erlernen. Während dieser Zeit der Anpassung mussten sie sich mit handwerklichen Fähigkeiten am Leben erhalten, die sie in ihrem früheren Kontakt mit der industriellen Gesellschaft erworben hatten. Sie konnten sich ihren Lebensunterhalt in den neu entstehenden Werkstätten und kleinen Fabriken der Mormonen verdienen.

Allerdings beschleunigten diese kommerziellen und industriellen Fähigkeiten der Neuankömmlinge das weltliche Wachstum und sie verstärkten diesen Trend auch in anderen Bereichen, die schliesslich die intendierte Entwicklung der Stadt von ihrem ursprünglichen Kurs abbrachten. Es waren besonders die hohen Transportkosten für importierte Güter, fast genauso wie der Wunsch nach Unabhängigkeit von der ungläubigen Welt, die die Bürger der neuen Stadt dazu trieben, ihre Produkte selbst herzustellen. Diese Aktivitäten, die durch die Autorität von Brigham Young gefördert wurden, trugen dazu bei, dass die Abwehrmassnahmen gegen weltliche Formen des urbanen Lebens, die die Tempelstadt bisher geschützt hatten, langsam zusammenbrachen.

Als es die Umstände notwendig machten, dass eine weltliche Regierung über die kirchliche Organisation gesetzt wurde, führten diese notwendigen weltlichen Kompromisse zu einer weiteren Säkularisierung der Tempelstadt. Zusätzlich traf die neue Bedeutung von Salt Lake City als Hauptstadt des Territoriums Utah seit 1851 zusammen mit dem Höhepunkt der Migration in den Westen. Sobald es offensichtlich wurde, dass es eine Grenze für die Ausbeutbarkeit des Kontinents gab, begannen die Ungläubigen auch damit, im Mormonenland ihre Möglichkeiten zu suchen. Die ökonomische und industrielle Entwicklung der Stadt florierte, da sie gleichzeitig Zentrum der Immigration und des Handels war, und als Verbindungsglied zwischen dem Mississippi und dem Pazifik fungierte.

Die vollen Auswirkungen des Angriffs von Babylon wurden erst nach 1870 bemerkbar, als Brigham Young die Stadt durch eine Stichstrecke an die *Transcontinental Railroad* anschloss, um seine Kirche zumindest an den materiellen Vorteilen des weltlichen Einbruchs partizipieren zu lassen. Allerdings war es zu diesem Zeitpunkt auch bereits klar, dass die Gründer der Tempelstadt über die Macht verfügten, die korrosiven Einflüsse von Urbanisierung und Industrialisierung zu bekämpfen, die Resultate der Geographie und der Kommunikation, die zusammenführende Kraft der Bundespolitik genauso wie die niedrigen Aspekte der menschlichen Natur. Ihre Entschlossenheit sicherte das Überleben von Salt Lake City.

Salt Lake City und Pullman zeigen die Kraft von Propheten und Unternehmern, die tatsächlich einige wenige städtische Utopien bauten, in einer Welt, die voll war von Plänen, die ideale Gesellschaft durch den Bau von idealen Städten zu errichten. In der relativ freien Welt Amerikas des 19. Jahrhunderts hatten einige Propheten und Unternehmer die Weitsicht und die Macht, Kirchenmitglieder und Fabrikarbeiter zum Zement ihrer Konstruktionen für eine städtische Utopie zu machen. Während einer kurzen Zeitspanne blühten beide Städte entsprechend den Intentionen ihrer Gründer, aber der freie Austauch von sozialen, ökonomischen und politischen Einflüssen zeigte bald die Schwächen der prophetischen Verkündigungen und der ökonomischen Rationalität als ausreichende Richtlinien für die Stadtentwicklung in einer demokratischen Gesellschaft. Trotz der Unterschiede in Ziel, Lokalität, Form und Zeit zerschlug sich die Verwirklichung von utopischen urbanen Visionen sowohl im Great Basin als auch in der Prairie von Illinois im Angesicht der Kräfte der Urbanisierung, die die meisten utopischen Schöpfungen dem Vergessen überantwortete, und Salt Lake City und Pullman wurden in die Reihen ganz gewöhnlicher Städte herabgezogen.

Das Schicksal der städtischen Utopien in Amerika weist darauf hin, dass die grosse Mehrheit der Bevölkerung die Freiheit, Phantasiestädte zu bauen und mit ihren eigenen Vorstellungen von Glück zu experimentieren höher einschätzte als das Versprechen ökonomischer Effizienz oder religiöser Perfektion. Die Verfolgung ihrer Ziele zwang sie zu Kompromissen zwischen Praxis und Idealismus, sodass zunehmends die Ideale der Demokratie gleich gesetzt wurden mit einem wachsenden Zugang zu Konsummöglichkeiten, wobei die Wichtigkeit der Städte als eine sinnvolle Form der sozialen Organisation weitgehend ignoriert wurde. Unterstützt von der Technologie, die den Einfluss des exzessiven Konsums auf die Stadt lange verschleierte, akzeptierten sie die Standardisierung ihrer Lebensweise als einen Zugang zur Massenkultur. Indem sie Stadt und Land überzog, entstand eine moderne Form der Utopie, mit dem Element des »Nirgendwo«, das an Thomas Morus erinnert. Die meisten Amerikaner, erpicht darauf, an einem Lebensstandard teilzuhaben, der lange als utopisch galt, nahmen dafür willig eine Uniformität in Perspektive und Benehmen in Kauf, wie sie auf der Insel Utopia herrscht, die einst so entschieden von Unternehmern und Propheten in ihren Utopien aus dem 19. Jahrhundert verfolgt wurden.

(Aus dem Englischen übersetzt von Sigrid Schmid-Bortenschlager)

Anmerkungen

1   Eine frühere Fassung dieses Aufsatzes wurde als Vortrag beim *Eleventh Annual Meeting der Austrian Association for American Studies* im Schloss Leopoldskron in Salzburg im November 1984 gehalten. Ich schulde Prof. Fritz Fellner und seinen Kollegen am Institut für Geschichte der Universität Salzburg Dank für ihre Hilfe. Ich bin Ellen Barth, die den Aufsatz ediert, und Dr. Sigrid Schmid-Bortenschlager, die ihn ins Deutsche übersetzt hat, verpflichtet.

2   Richard Mather: The Summe of Seventie Lectures Upon the First Chapter of the Second Epistle of Peter, MS, American Antiquarian Society, Worcester, S. 393.

3   Gary B. Nash: City Planning and Political Tension in the Seventeenth Century: The Case of Philadelphia. in: Proceedings of the American Philosophical Society, CXII, 1968, S 54-73.

4   Die Details über die Fabrikstädte von Neuengland habe ich bezogen aus Steve Dunwell: The Run of the Mill. A Pictorial Narrative of the Expansion, Dominion, Decline and Enduring Impact of the New England Textile Industry. Boston, 1978, S. 28-49 und John F. Kasson: Civilizing the Machine. Technology and Republican Values in America, 1776-1900. Boston, 1976, S. 55-106.

5   Die folgenden Fakten über Pullman stammen aus Stanley Buder: Pullman: An Experiment in Industrial Order and Community Planning, 1880-1930. New York, 1967, S. 38-104 und S. 228-232.

6   Informationen über die Mormonen als Städtegründer s. Gunther Barth: Instant Cities. New York, 1975, S. 39-60.

ÜBER DIE AUTOR/INN/EN

Otto Johannes Adler
Studium der Geschichte und Germanistik an der Universität Salzburg, arbeitet an einer Dissertation über den US-Film der Dreissigerjahre. Publikationen in »Iris« 1984 und in den »Semiotischen Berichten« (1986).

Karl Aigner
Mag. phil., Studium der Geschichte und Germanistik in Salzburg und Paris, dissertiert über Geschichte der Photographie. Publikationen in: »Historisches Jahrbuch der Stadt Linz« (1983) und »European Photography« (1986).

Gunther Barth
Studium der Geschichte, Kunstgeschichte und Literaturwissenschaft an den Universitäten Köln, Oregon und Harvard, Professor für Geschichte an der University of California, Berkeley; Buchpublikationen: All Quiet on the Yamhill: The Civil War in Oregon, Oregon UP 1959; Bitter Strength: A History of the Chinese in the United States, Cambridge, Harvard UP 1964; Instant Cities: Urbanization and the Rise of San Francisco, New York, Oxford UP 1975; City People: The Rise of Modern City Culture in Nineteenth Century America. New York, Oxford UP 1980.

Jeff Bernard
ist Geschäftsführer der Österreichischen Gesellschaft für Semiotik; berufliche Tätigkeit als Architekt, Umweltgestalter, Sozialwissenschaftler und Publizist sowie im künstlerischen Bereich; zur Zeit wissenschaftlicher Mitarbeiter und Vorstandsmitglied des Wiener Instituts für soziales Design, Entwicklung und Forschung (Vorsitzender seit 1984). Forschungsarbeiten und Publikationen in den angegebenen Bereichen. Sein besonderes Forschungsinteresse im semiotischen Zuammenhang gilt der Ausformulierung einer emanzipatorischen Zeichentheorie, dem Theorie-Praxis-Bezug der Disziplin sowie dem Forschungsansatz Soziosemiotik.

Michel de Certeau
Directeur d'études an der Ecole des Hautes études en sciences sociales, Paris. Zahlreiche wissenschaftliche Aufsätze und Bücher, u.a. La possession de Loudun, Julliard-Gallimard, coll. Archives, 1970; L'absent de l'histoire, Mame, coll.Repères, 1973; Le Christianisme éclaté (mit J.-M. Domenach), Seuil 1974; Une politique de la langue. La Révolution française et les patois (mit D. Julia et J. Revel), Gallimard, Bibliothèque des histoires, 1975; L'écriture de l'histoire, Gallimard, Bibliothèque des histoires, 1978; L'invention du quotidien, U.G.E., coll. 10/18, 1980; La fable mystique (16ᵉ et 17ᵉ siècles) Gallimard, Bibliothèque des histoires 1982.

Christa Gürtler
studierte Kunstgeschichte und Germanistik an der Universität Salzburg, Dissertation: »Schreiben Frauen anders?« Studien zu Ingeborg Bachmann und Barbara Frischmuth. Stuttgart 1984, Aufsätze zur Frauenliteratur, derzeit Assistentin an einem Forschungsprojekt zur Metaphorik bei Musil und Th. Mann.

Severin Heinisch
studierte Geschichte und Psychologie an der Universität Salzburg, Dissertation: Bild(ge)schichten. Die Bedeutung der Karikatur für die Historie. 1985; daneben Mitarbeit an einem Projekt zur Sozialgeschichte eines Industrieortes, Lenzing; seit Oktober 1985 Mitarbeit an einem Forschungsprojekt im Zusammenhang mit dem Aufbau eines Museums der Arbeitswelt in Steyr.

Gabriele Jutz
studierte Geschichte und Französisch an der Universität Salzburg, Film und Theaterwissenschaften an der Universität Paris III (Sorbonne). Mag.phil. 1983 mit einer Arbeit über »Nuit et Brouillard«, arbeitet derzeit an einer Dissertation über Geschichtsbilder im französischen Film, Mitarbeit in der Gesellschaft für Filmtheorie, Wien. Publikation in »Iris« 1984.

Theresia Klugsberger
studiert Germanistik und Publizistik an der Universität Salzburg und am Internationalen Archiv der Frauenbewegung in Amsterdam, arbeitet an einer Dissertation über das Undine- und das Blaubart-Motiv in der Literatur des 19. und 20. Jahrhunderts. Publikation über »Wasserfrauen in der Wiener Gruppe« in den »Publikationen der Walter Buchebner Gesellschaft« 1985.

Michèle Lagny
lehrt Geschichte an der Universität von Nancy II; Publikationen (gemeinsam mit Pierre Sorlin und Marie-Claire Ropars-Wuilleumier): Octobre. Tome 1: Ecriture et Idéologie, Tome 2: La Révolution figurée. Paris, Albatros 1979.

Herbert Lauenroth
studierte Geschichte, Germanistik, Anglistik und Politikwissenschaft in Köln, Florenz und Salzburg; arbeitet an einer Dissertation über italienische Spielfilme mit historischem Sujet; Publikationen in »Iris« 1984 und in den »Semiotischen Berichten« 1986.

Arthur Marwick
Professor für Geschichte an der Open University; lehrte u.a. an den Universitäten Aberdeen, Edinburgh, State University of New York at Buffalo; zahlreiche Publikationen zur (englischen) Geschichte, u.a. folgende Bücher: The Nature of History. London, Macmillan 1970; War and social change in the 20th century. A comparative study of Britain, France, Germany, Russia, and the United States. London, Macmillan 1974; The Deluge: British society and the First World War. London, Norton 1970; Britain in the Century of Total War: War, Peace and Social Change. London 1968; The Nature of History. London 1981; The explosion of British Society 1914-1970. London; Class: Image and Reality in Britain, France and the USA since 1930. Oxford University Press 1980; British Society since 1945. Harmondsworth (Penguin Social History of Britain) 1983.

Brigitte Mazohl-Wallnig
studierte Geschichte, Kunstgeschichte, Slawistik, Publizistik in Salzburg; Forschungsstipendien am Österreichischen Kulturinstitut in Rom, am Institut für Europäische Geschichte in Mainz, der Österreichischen Akademie der Wissenschaften und des Italienischen Außenministeriums für Archivforschungen in Wien, Mailand, Venedig; Assistentin am Institut für Geschichte an der Universität Salzburg; Veröffentlichungen in italienischen und österreichischen historischen Fachzeitschriften mit dem Forschungsschwerpunkt »Sozialgeschichte von Verfassung und Verwaltung in Oberitalien im 18. und 19. Jahrhundert«.

Hans Petschar
studierte Geschichte und Germanistik an der Universität Salzburg und in Amsterdam und Paris; Dissertation: Kulturgeschichte als Schachspiel. Vom Verhältnis der Historie mit den Humanwissenschaften. 1985, arbeitet derzeit an der Österreichischen Nationalbibliothek in Wien; Publikationen in »Iris« 1983, »Semiotische Berichte« 1986.

David N. Rodowick
lehrt Theorie des Kinos an der Yale University, New Haven; Aufsätze zum Film in »Camera obscura«, »Velvet Light Trap«, »Iris«, »Diacritics«.

Marie-Claire Ropars-Wuilleumier
lehrt französische Literatur an der Universität Paris VIII (Vincennes à St. Denis); Publikationen zum Verhältnis von Literatur und Film u.a. in »Revue des Sciences Humaines« 1971, »Poétique« 1972, »Littérature« 1973; Zusammenarbeit mit M. Lagny und P. Sorlin an »Octobre« (s. Lagny); u.a. folgende Buchpublikationen: L'écran de la mémoire. Essais de lecture cinématographiques. Paris, Seuil 1970; De la littérature au cinéma: genèse d'une écriture. Paris, Colin 1970; gemeinsam mit Claude Bailblé und Michel Marie: Muriel: Histoire d'une Recherche. Paris, Ed. Galilée 1974; Le texte divisé. Paris, PUF, 1981.

Georg Schmid
lehrt Allgemeine Geschichte der Neuzeit an der Universität Salzburg; abgesehen von Romanen und kürzeren literarischen Texten publizierte er Aufsätze zur politischen, Kultur- und Sozialgeschichte sowie zur Ästhetik, Urbanistik und Semiotik. Buchpublikationen u.a.: Doderer lesen. Zu einer historischen Theorie der literarischen Praxis. Salzburg, Neugebauer 1978; Die Figuren des Kaleidoskops. Über Geschichte(n) im Film. Salzburg, Neugebauer 1983; Das gefundene Auge. Photos von Ralph Werner, Essays von G.S. Salzburg: Edition Seraphin 1984.

Sigrid Schmid-Bortenschlager
lehrt Germanistik und Komparatistik an der Universität Salzburg; Aufsätze zur modernen, experimentellen und zur Frauenliteratur sowie zur Komparatistik; Buchpublikationen: Dynamik und Stagnation. H. Brochs ästhetische Ordnung des politischen Chaos. Stuttgart: Akad. Vlg. 1980, Konstruktive Literatur. Zur gesellschaftlichen Relevanz und Tradition experimenteller Prosa-Großformen im deutschen, englischen und französischen Sprachraum nach 1945. Bonn: Bouvier 1985. Österreichische Schriftstellerinnen 1880-1938. Eine Bio-Bibliographie. Stuttgart, Akad. Vlg., 1982 (gemeinsam mit H. Schnedl); Hrsg.: Zwischenbilanz. Eine Anthologie österreichischer Gegenwartsliteratur. Salzburg, Residenz, 1976, dtv 1980 (gemeinsam mit W. Weiss); Totgeschwiegen. Texte zur Situation der Frau in Österreich von 1880 bis in die Zwischenkriegszeit. Wien: Bundesverlag 1982 (gemeinsam mit H. Schnedl).

Walter Seitter
studierte Philosophie, Politikwissenschaft und Kunstgeschichte in Salzburg, München und Paris; Dozent an der Hochschule für angewandte Kunst in Wien. Wichtigste Veröffentlichungen: Hg.: Michel Foucault - Von der Subversion des Wissens (München 1974, Frankfurt/Berlin/Wien 1978, 1982); Mithg.: Tumult. Zeitschrift für Verkehrswissenschaft (1979ff.); Der große Durchblick. Unternehmensanalysen (Berlin 1983); Jacques Lacan und (Berlin 1984); Menschenfassungen. Studien zur Erkenntnispolitikwissenschaft (München 1985).

Pierre Sorlin
Professor für Geschichte an der Universität Paris VIII (Vincennes à St. Denis); zahlreiche Publikationen zu Geschichte, Urbanistik, Kino; u.a. folgende Buchpublikationen: Sociologie du cinéma. Ouverture pour l'histoire de demain. Paris, Aubier-Montaigne 1977. The Film in History: Restaging the Past. Oxford 1980, Octobre (s. Lagny).

Peter Stockinger
studierte Germanistik und Geschichte in Salzburg und Paris; Dissertation: Semiotik. Beitrag zu einer Theorie der Bedeutung. Stuttgart, Akad. Vlg. 1983, Pour une théorie semiotique de l'action. Paris 1984 (Thèse de doctorat); Vienne 1900: De l'universalisme à la nouvelle rationalité. L'Homme sans Qualité de Robert Musil - laboratoire de differentes formes d'ordre. Paris 1986. Aufsätze zur Handlungstheorie, kognitiven Semiotik und Literatursemiotik. Lehrte Germanistik in Paris III (Sorbonne), arbeitet derzeit am Centre National de la Recherche Scientifique, Paris.

Gloria Withalm
absolvierte das Studium der Meisterklasse für Bühnen- und Filmgestaltung an der Hochschule für angewandte Kunst in Wien; studierte Geschichte und Kunstgeschichte an der Universität Wien; seit 1980 Lektorin am Institut für Kultur- und Geistesgeschichte der Hochschule für angewandte Kunst in Wien. Publizierte zu kultur-, zeitgeschichtlichen sowie medienwissenschaftlichen und semiotischen Themen. Mitarbeit an mehreren Forschungsprojekten; Vorstandsmitglied der Österreichischen Gesellschaft für Semiotik und der International Association for Semiotic Studies.

NACHWEIS DER ERSTDRUCKE

Michel de Certeau: L'histoire, science et fiction. in: Le Genre humain, 7/8 (1983), pp. 147-169. Ebenfalls erschienen in: D. Carr, W. Dray (ed).: Philosophy of History and Contemporary Historiography. Ottawa, Ottawa U. P., 1982.

Brigitte Mazohl-Wallnig: Il mito del buon governo teresiano nell' Ottocento austriaco. in: Economia, istituzioni, cultura in Lombardia nell'età di Maria Teresa. Vol. III. Istituzioni e società. A cura di Aldo de Maddalena, Ettore Rotelli, Gennaro Barbarini. Bologna 1982, pp. 307-323.

David Rodowick: The Figure and the Text. in: Diacritics, A Review of Contemporary Criticism, vol. 15/1, pp. 34-50.

Michèle Lagny und Pierre Sorlin: Deux historiens après le film: perplexes. in: Hors cadre, le cinéma à travers champs disciplinaires. N° 1 analectures, pp. 50-69.

Arthur Marwick: Le film *est* la réalité. ibidem, pp. 34-49. (Der französische Text der Druckfassung wurde mit dem englischsprachigen Originaltyposkript verglichen.)

Marie-Claire Ropars-Wuilleumier: Le film lecteur du texte. ibidem, pp. 70-93. In engl. Übersetzung ebenfalls erschienen in Diacritics 15/1.